U0541506

中世纪史名著译丛

L'EMPIRE DES
PLANTAGENÊT
1154-1224

金雀花帝国
（1154-1224年）

〔法〕马丁·奥莱尔　著
黄艳红　译

商务印书馆
The Commercial Press

Martin Aurell

L'EMPIRE DES PLANTAGENÊT

1154−1224

© Perrin, un département de Place des Editeurs, 2003

根据佩兰出版社 2003 年版翻译

译者序

1066年，诺曼底公爵征服者威廉占领英格兰，组建了一个横跨英吉利海峡的政治实体。大约一个世纪后，这个实体演变成一个中世纪西欧罕见的"安茹帝国"或"金雀花帝国"：从爱尔兰到今日法国中央高原，从苏格兰边境到比利牛斯山。但到13世纪初，随着从诺曼底到普瓦图的大片领地的丧失，这个帝国就解体了。帝国存在时间虽然只有约七十年，但它正值西欧中世纪盛期，一个经济、文化等诸方面都堪称富有活力和创造性的时期：从恢弘的军事和宗教建筑——如英格兰的多佛城堡和法国北方的哥特大教堂，到大学的孕育和新的骑士文学的繁荣。就各君主国而言，美国历史学家约翰·鲍德温曾说，从菲利普·奥古斯都（又称腓力二世或菲利普二世）自第三次十字军返回，到他占领诺曼底前后，是卡佩王朝"决定性的十年"[①]，而在英格兰，十来年后也迎来了其中世纪史上的重要篇章：1215年的《大宪章》。

---

① John Baldwin, "La décennie décisive: les années 1190-1203 dans le règne de Philippe Auguste", *Revue Historique*, T. 255 (1981), pp. 311-337.

在近代的民族-国家史学传统中，这个中世纪帝国并不受待见。英格兰注定要发展成为一个海洋帝国，因而亨利二世和他的儿子们在大陆的冒险就偏离了这条历史正道；法兰西则注定要完成"自然疆界"内的国家统一，诺曼底和安茹的大诸侯（同时也是英格兰国王）与国王的对抗就是阻碍集权和统一的"封建混乱"的典型。所以今天要重新认识这个中世纪政治实体，必须以理解并阐释传统史学在这一课题上的既有看法为前提。2004年，马丁·奥莱尔（Martin Aurell）的著作《金雀花帝国（1154—1224年）》在重新审视这个中世纪"政治怪物"时，正是从梳理学术史出发的。

马丁·奥莱尔1958年出生于西班牙巴塞罗那，后在法国普罗旺斯大学获得博士学位，师从著名中世纪史家乔治·杜比（Georges Duby）。他曾在法国索邦大学、鲁昂大学、美国普林斯顿大学等校工作，1994年到普瓦提埃大学任教，后担任该校中世纪文明高等研究中心（CESCM）主任和《中世纪文明杂志》（*Cahiers de civilisation médiévale*）主编。他的这种身份和经历，也许使他在类似课题上比较容易超越英国或法国的单一视角。近些年来，法国学界也开始关注跨国史、帝国史。2019年，中世纪史学者希尔万·古根海姆主编了一部《中世纪帝国》，对包括8—15世纪的中国和12世纪中叶到13世纪初的金雀花帝国在内的诸多中古"帝国"进行了比较研究。[①]但奥莱尔的《金雀花帝国》问世时，新的学术思潮还没有形成气候。奥莱尔甚至要为著作标题中"帝国"一词的合理性做一番辩护，他随后的很

---

① Sylvain Gouguenheim ed., *Les empires médiévaux*, Paris: Perrin, 2019.

多论述，也可以视为他尝试定义和描述这一中世纪帝国的基本特征。

奥莱尔最初研究的重点是封建盛期贵族的婚姻和家庭，[①]侧重于法国南方和加泰罗尼亚等地区，这个背景无疑有利于他解读金雀花帝国的形成、发展，特别是其解体的社会史和政治史条件。金雀花帝国的形成主要源自两次婚姻：第一次是1128年安茹伯爵美男子若弗瓦（Geoffroi le Bel）与英格兰国王亨利一世的女儿玛蒂尔达（Matilda）的婚姻，正是这位若弗瓦获得了"金雀花"（Plantagenêt）的外号，而玛蒂尔达则是神圣罗马帝国皇帝亨利五世的寡妻。第二次是1152年若弗瓦的儿子亨利与阿基坦的埃莉诺（Aliénor d'Aquitaine）的婚姻，前者当时已是安茹伯爵兼诺曼底公爵，后者的前夫是法兰西国王路易七世，二婚时是阿基坦的女公爵。1154年亨利成为英格兰国王亨利二世后，他就将征服者威廉奠定的英格兰-诺曼底政治体扩大到了安茹和阿基坦等地，并通过征战和联姻，使其影响力远及爱尔兰和布列塔尼等地，从而在欧亚大陆的最西端建立起了一个幅员辽阔的"帝国"。但缔造这个帝国的两次婚姻，甚至在亨利二世的廷臣中间也受到诋毁。奥莱尔对此类负面看法产生的原因做了一些分析。对帝国家族的婚姻和家庭关系的批评主要来自教士出身的文人，他们的斥责自然带有规范世俗贵族婚姻的道德动机，但另外两个因素也很重要。一方面，这些文人深度卷入帝国宫廷的名利角逐，他们遭遇挫败之后的怨恨需要有个出

[①] 马丁·奥莱尔教授的著作和学术履历，可参阅其法语、西班牙语和加泰罗尼亚语的维基词条。这里不详细列举。

口；另一方面，亨利二世家族内部父子、夫妻、兄弟之间连绵不绝的争斗引发持续的政治动荡，家庭婚姻方面的失德就成为这些教会道学家的方便解释。

宫廷文人揭示的问题，需要以新的角度进行阐释。奥莱尔有个大胆的说法，德国社会学家诺伯特·埃里亚斯（Norbert Elias）所谓"风俗的文明化"，无须等到17世纪的凡尔赛宫廷，在亨利二世的宫廷中就已经开始了：这里不仅是分配名利和恩宠的中心，而且是规训骑士行为的发源地，1175年前后，亨利二世的礼拜堂神甫埃蒂安·德·富热尔（Etienne de Fougères）就写了一部《风度手册》（*Livre des Manières*），以训示粗野贵族如何显得举止体面。不过，与路易十四的宫廷相比，亨利二世的宫廷具有高度的流动性，这一点与其帝国的中世纪特性颇为契合。其宫廷处在不断的迁徙之中，国王需要经常亲自现身以彰显王权的存在，甚至需要亲自处理地方纷争。"因巡视而占有"（Besitzergreifung durch Umschreiten），亨利二世的做法与封建时代卡佩君主们并无二致。[①]另外，其宫廷内部的关系，并不像凡尔赛宫廷那样等级森严，国王也远不是神一般的人物。亨利二世看上去平易近人，经常当众喜怒于形。这些现象不禁使我们有这样一个想法：中世纪国王权威，即使在亨利二世这样的强势君主那里也远没有走向路易十四式的"抽象化"。

奥莱尔认为，宫廷出行路线的空间分布，很好地反映了金雀花帝国的政治结构和治理模式。通过对亨利二世的旅行轨迹和在各地逗留时间的分析，可以发现他在诺曼底和英格兰逗留

---

① 参见拙文《中世纪法国的空间与边界》，《世界历史》2016年第3期。

的时间特别长，但其父系故地安茹，他却去得不是很频繁，至于妻子的领地阿基坦就去得更少了。国王在诺曼底和英格兰拥有最致密的治理系统，这里提供了帝国的主要经济资源，所以他对这个核心地带最为关切；相比之下，国王对安茹的控制不够有效，阿基坦、布列塔尼等边缘地带的自治性就更强了，所以国王对这些地区的关注就相对少了。这一中心－边缘的结构——以及威尔士和爱尔兰等军事边疆——看来与历史上的很多帝国并无差别。

这种政治空间格局，既有利于将骑士的战争能量引向边缘和边境地带，也可以在这些地区安顿帝国家族不安分的成员们。但家族内部争斗不断的历史表明，这个策略看来并不奏效。亨利二世的宫廷常年在外奔波，这使得国王夫妇对子女们缺少关爱，当儿子们渐次成年、纷纷要求分享权力，而父亲的吝啬和戒备心经常令他们失望时，亲情的疏远随之激化了利益纠葛。奥莱尔特别强调，1173年的大叛乱就是帝国内部各种紧张关系——首先是亨利二世与儿子们的紧张关系的一次大爆发。当时道学家们对金雀花家族的乱伦指控、安茹家族的母系起源是位不祥的女精灵的传说，既是时人解释乱局根源的一种方式，甚至也成为家族成员的某种自我诅咒：狮心理查在听到自己的家族传说之后说，"我们既然出自魔鬼，最后也归于魔鬼"；他在希农城堡见到父亲尸体时的场景，似乎是这一连串家族争斗故事的高潮。

但奥莱尔提醒我们，亨利二世的家族矛盾在当时的西欧不是特例，只是与他的对手卡佩家族比起来，金雀花的内部撕裂才显得格外醒目，并且某种意义上解释了两个王室相互竞争的结局。卡佩家族的路易七世和菲利普二世很好地利用了对手的家族矛盾，这是卡佩王朝一个世纪以来应付诺曼-英格兰强邻的策略。但在金雀花帝国时期，两个王朝之间的争斗在法学、文化象征等领域全面展开——当然还有军事对抗。[①]

奥莱尔在书中多次提到当时西欧君主和诸侯之间的"效忠臣从"（fidélité et hommage），对于这种典型的封建仪式的意义，他并没有做系统全面的论述。但从他的叙述来看，不能把效忠臣从作为一种构建政治秩序的规范，也不能认为各相关方面对同一次仪式有着同样的理解。狮心理查和无地约翰都曾为摆脱困境而向别的君主行臣从礼（hommage）。所以这种关系的缔结经常只是某一方或双方的权宜之计。当然，就金雀花帝国的命运而言，亨利二世及其父亲和儿子们对法兰西国王的效忠臣从关系意义重大，它成为卡佩君主，尤其是菲利普二世手中的一件重要的法律和意识形态武器。这件武器之所以有效，看来是好几种因素在起作用。首先，在与国王的关系问题上，与诺曼底公爵的暧昧不同，金雀花家族的父系源头，即历代安茹伯爵并不隐晦作为国王附庸的臣从地位，这个诸侯国的家族传说认为，安茹伯爵是国王的掌旗官；其次，如果英格兰国王、诺曼底等地的诸侯们要求其臣属对他们效忠，他们似乎也就有责任忠实于自己对于法兰西国王的臣从效忠誓言；再次，圣丹尼的苏热院长（Abbé Suger）构建的封建金字塔理论，看来使得11世纪封建堡主时代的政治紊乱有了某种秩序感，这种秩序感固

[①] 关于这一对抗及其影响，奥莱尔等人主编的一部论文集可供参考：Martin Aurell et Noël-Yves Tonnerre, eds., *Plantagenêts et Capétiens: confrontations et héritages*, Turnhout (Belgium): Brepols, 2006。

然有利于卡佩，但也并非不利于金雀花家族；最后，可能更为重要的是，菲利普二世是在一个特定的时刻，针对一个特定的对手运用这件武器的：在无敌约翰内外交困时要求他奉还在大陆的"采邑"。无地约翰与其前任狮心理查简直是两个极端。理查看来是典型的带有"克里斯马"的领袖，[1]勇武过人，待人慷慨，还是所谓"有文化的骑士"（milites litterati）的一员——这正是奥莱尔后期一部著作的标题[2]——但他的这个弟弟无地约翰性格缺陷很大，在骑士和廷臣中毫无号召力，当战事不利时，封君要没收他的采邑、地方贵族想解除对他的忠诚，封建法就有了实在的用途。

作为金雀花帝国的核心地区之一，诺曼底如此迅速地归附卡佩王室，无疑揭示了金雀花帝国作为一个人为政治构造的脆弱性，这个事实本身或许表明，在封建盛期，地方性政治身份与现代民族认同迥然不同。但这并不是说，金雀花的君主-诸侯们没有构建更具独立性的政治体、扩大其政治影响力的意识和行动，尽管他们的做法并不总是具有条理性和一致性，就像他们在臣从效忠方面的矛盾处境一样。奥莱尔较为详细地描绘了金雀花家族的国王及诸侯们的戴冠礼（couronnement）和加冕礼（sacre），尝试解读其中的政治意蕴；学界对王权的此类仪式素有关注，但在奥莱尔的笔下，诸侯的就职仪式也是颇具解读空间的课题，如阿基坦公爵的就职仪式是在好几个地方、分

---

[1] 现有一部关于他的传记可以参考：〔英〕约翰·吉利厄姆：《狮心王理查》，黄明浩译，民主与建设出版社2020年版。

[2] Martin Aurell, *Le Chevalier lettré: savoir et conduite de l'aristocratie aux XIIe et XIIIe siècles*, Paris: Fayard, 2011.

好几个阶段进行的。金雀花家族意识形态建设的另一个领域是在文学和史学等领域，它已经意识到文字的宣传功能。奥莱尔近年来对中古盛期的文化史用力颇多，如关注亚瑟传奇的意识形态功用，[①]而《金雀花帝国》一书已经展现了他对此类课题的兴趣。如果说卡佩逐渐将查理曼视为自己的祖先，并广泛利用"加洛林题材"作为宣传工具，金雀花的廷臣文人们则在"布列塔尼题材"中发现了亚瑟王，并尝试把这个传说中的骑士改造成王朝的祖先。在亨利二世宫廷的直接或间接推动下，有关亚瑟王及其麾下骑士的武功歌和传奇纷纷出笼，这些作品带有显明或隐含的宣传机。此外还围绕亚瑟王"发明"了一些传统，如格拉斯顿伯里修道院的亚瑟与桂妮芙之墓。金雀花的吹鼓手们还利用"帝国与学术转移"（Translatio Imperii et Studii）这一母题为自己的王朝服务：既然这个主宰世界历史的转移是自东向西的，位于已知世界最西端的金雀花帝国就是这个过程的逻辑终点了。

不过与卡佩家族比起来，金雀花在意识形态和文化竞争方面还是存在一些劣势。卡佩与教会的关系比金雀花君主和诸侯们更为融洽，与路易七世的虔诚比起来，金雀花推崇的是一种带有浓厚骑士色彩的文化，这不禁让人想起乔治·杜比在《三个等级》中的一个论点：正是在金雀花治下的法国西部，12世纪后期的作者尝试把骑士提升到比教士更高的阶层，这是对11世纪初法国北方主教们的三等级想象的重大改造，因为在后者，教士是居于首位的。[②]但过分张扬骑士做派无疑让亲教会的文

[①] 参见 Martin Aurell, *La Légende du roi Arthur*, Paris: Perrin, 2007。

[②] Georges Duby, *The Three Orders. Feudal Society Imagined*, trans. by Arthur Goldenhammer, Chicago: The University of Chicago Press, 1980, pp. 271-292.

人感到不快。另外，非常重要的一点是，卡佩的领地虽然狭小，但它是当时西欧的文化教育中心，很多为金雀花宫廷服务的文人，都是在卡佩领地内的学校接受教育的。卡佩的这个优势，在1170年托马斯·贝克特（Thomas Beckett）遇刺后亨利二世的困境中可以显示出来。不过若要全面评估这些因素的影响，仍需更为精细、范围更大的研究，奥莱尔在这里只是提出了一个有潜力的课题。但他偶尔提及的方法论，倒是能给我们某种启示。其中一个比较重要的方法，是他在考察宫廷人文时提倡的集体性人物志（prosopographie）方法，即通过对众多历史人物的社会轮廓的准确信息的综合分析，得出更具普遍意义的结论。由于近来数字人文的发展，此类研究看来可以深入展开了。

就研究方法而言，奥莱尔《金雀花帝国》中让人印象深刻的，应该还有他的历史人类学视角。在法国中世纪史学界，历史人类学方法已被以勒高夫及其弟子让－克劳德·施密特（Jean-Claude Schmitt）为代表的学者运用到诸多课题的研究中。我们可以在奥莱尔处理亨利二世与坎特伯雷大主教托马斯·贝克特的冲突，以及分析这位大主教遇刺时细致的场景还原中看到人类学方法的运用。在前一个问题上，奥莱尔分析了"吻"这一仪式性动作在诱发和激化两位主角之间矛盾中扮演的角色。不过从他的分析来看，国王和大主教对亲吻礼的理解并不一致，这是引发双方冲突的重要原因。像前文提到的臣从效忠礼一样，看来"和平之吻"（osculum pacis）也不能被视为规范性和秩序化的仪式，贵族武士和高级教士之间很可能存在理解上的偏差。但在详细描述亨利二世的四个武士杀害托马斯·贝克特时，凶手动作的政治和社会意涵看来是清晰可辨的，这些了解国王与大主教矛盾根源的刺客，显然知道他们行动的意义所在。奥莱尔的场景还原和意义辨析揭示了这场冲突的性质所在。

以上只是译者对这部著作挂一漏万式的介绍和一些粗浅的理解，作者在书中所展示的宏大而丰富的历史场景，非有全面深入的阅读不能领会。当然，由于作者述及的问题很多，该著亦有尚可完善之处，如一些同时在大陆和不列颠诸岛拥有家族产业的贵族世家，在金雀花帝国和卡佩王朝的最后冲突中采取何种立场，作者的着墨太少。

最后可以根据奥莱尔的一个看法，就金雀花帝国这一话题的当下意义做一点延伸。他认为，尽管这个帝国在13世纪初就已解体，但在百年战争中，另一个横跨海峡、在地域上与这个帝国颇为接近的政治联合体再次浮现，这次主要依靠的是武力。这个事实表明，19世纪民族-国家史学传统所鄙视的这种跨国怪物，并不是那么绝对的历史反常现象——相应地，民族国家的孕育和形成，也并非那么绝对的"历史必然"。

对于近年来英国与欧洲关系的变化，金雀花帝国或可提供另类的视角。最近离世的著名历史学家约翰·波考克（J. G. A. Pocock, 1924—2023年）曾提出过"新不列颠史"，强调近代英国的大西洋特性，致力于对不列颠身份的"去欧洲化"。[①] 某种意义上说，这种历史话语可以为英国脱欧背书。他的这些论点当然可以找到很多历史证据。但奥莱尔的论著则提供了反向的论据。如果考虑到波尔多、拉罗歇尔和加莱这些大陆海港城市

---

① 参见赵博文：《"新不列颠史"：波考克对英帝国史的反思》，《史林》2022年第6期。

与英国延续很久的特殊联系，波考克论说的片面性似乎就更明显了：既然英国已经丧失海外殖民地，回归与大陆的传统关联就是一个恰当的选择。历史的丰富性看来可以为各种非常不同的政治抉择提供论据。对于历史爱好者和研究者来说，首先应了解并理解这种丰富性。期待奥莱尔的这部著作能在这方面有所促进。

译者想就一些专有名词，特别是人名的译法做一点说明。法语和英语在此类名词的拼写上经常有不小的差别，法文中的 Giraud de Barri，英文中一般写作 Gerald of Wales，即威尔士的杰拉德。而且这个人名还有其他的写法。除较为知名的人物之外，本书在翻译时一般遵照法语拼写，并附注原文，读者可以自行查找英文拼写。这样做也是为了提供一个展示文化多样性的契机。另外，由于书中运用了一些富含历史和政治文化意蕴的术语，如12世纪史家笔下的"布列塔尼人"或"布立吞人"等拼写相近或一致的名词，很可能只有考虑作者的具体语境才可确定其译法。但在这方面，译者自觉相关处理未尽人意，期待读者批评指正。

本书的翻译得到奥莱尔教授本人的支持。商务印书馆郭可女士对译稿提出了宝贵的建议，杜廷广先生为文稿编辑工作付出了很多努力。这里一并表示感谢。

黄艳红
2024年2月

"您不该不知道,我们已经被赋予这样的天性,或者说我们从祖先那里已经继承了这样的遗产,他们反复教导我们,我们中的任何人都不会爱另一个人,我们总要兄弟与兄弟斗,儿子与父亲斗,要在这斗争中用尽全力。所以您不必费心来剥夺我们这份世袭的权利,因为您想泯灭我们的天性完全是徒劳的。"

——布列塔尼的若弗瓦这样回答温切斯特主教,当时后者请求他与父王亨利二世和解。出自基罗·德·巴里(或称威尔士的杰拉德):《论君主的教育》,1192—1218年,III,27。

"我们既然来自魔鬼,最后也就会归于魔鬼。"

——基罗·德·巴里转述狮心理查的话。出处同上。

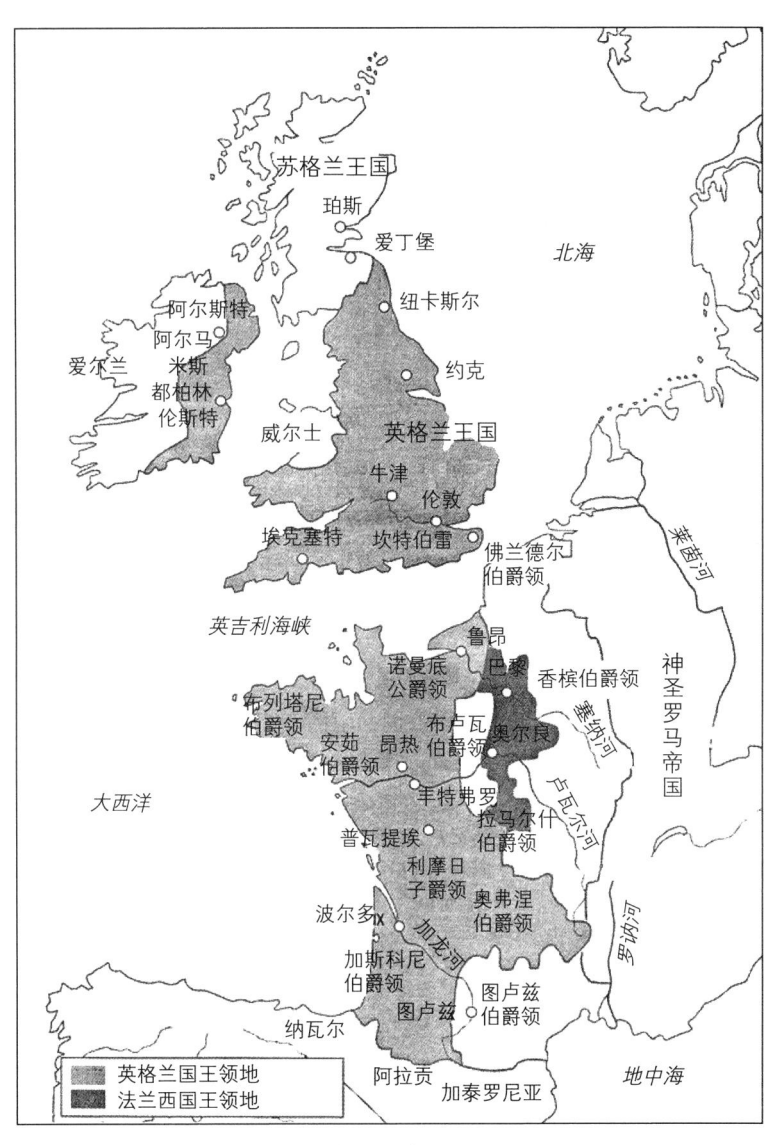

金雀花帝国

目 录

导论……………………………………………………1

王权的治理与强制

宫廷，廷臣及其学识……………………………52
  战斗中的人………………………………………56
    家庭撕裂………………………………………58
    近臣的忠诚……………………………………82
    国王的恩典……………………………………94
  批判与匡正……………………………………103
    考验中的教士道德……………………………104
    时髦的文雅骑士………………………………118
    修习文雅………………………………………128

金雀花意识形态…………………………………145
  国王，宣传大师…………………………………146
  国王，有文化的骑士……………………………165
    学识与文化的典范……………………………166

愤怒的儿子们 ························· 179
加冕的国王，登基的公爵 ················· 193
　加冕礼的限度 ······················ 194
　附庸身份的弱点 ····················· 209
　制造传奇 ························· 233

贵族和王权：尊重与反叛之间

贵族：反叛与服从之间 ······················ 289
　享有特权的贵族 ························· 290
　被驯化的战争 ·························· 303
　不可能存在的统一性 ······················ 321
　　阿基坦，反叛如家常便饭 ·················· 322
　　大安茹和布列塔尼：不可靠的驯服 ·············· 338
　　诺曼底和不列颠诸岛：经受严峻考验的忠诚 ·········· 355
贝克特案 ····························· 376
　知识分子的介入 ························· 381
　捍卫教士自由 ·························· 400
　大教堂中的谋杀 ························· 419
　　标举十字架（1164年10月） ················· 419
　　和平之吻（1169年11月—1170年7月） ············ 426
　　殉难（1170年12月29日） ··················· 431

结论 ······························· 450

大事年表 ···························· 464

金雀花简明谱系表·················468
史料和参考文献·················470
索引·························509
致谢·························535

导　　论

　　亨利二世（1151—1189年*）建立了一个帝国。作为第一位来自安茹家族的英格兰国王，他将好几个王国、公爵领和伯爵领置于他的治下，其势力超过了12世纪的任何一位君主。他之所以能将众多领地聚合在一起，是因为他是玩弄各种手腕的大师，如联姻、攫取继承权，以及能够带来新领地的军事征服。亨利二世靠这些手腕，成功地控制了濒临大西洋的辽阔地域，从诺森布里亚一直到加斯科尼，从爱尔兰中心地带到奥弗涅。对于他的扩张，他宫廷中的知识分子讲得很不够，即使有所提及，其叙述也是既敷衍又浮夸。1188年，一个来自威尔士南部、诺曼底高级贵族出身的教士基罗·德·巴里（Giraud de Barri，1146—1223年）**，写了一本《爱尔兰地理志》（*Topographie d'Irlande*），书中向亨利二世致敬道："您的胜利超出大地的边界。您，西方的亚历山大，已经将臂膀从比利牛斯山一直伸向

---

　　*　1151年为安茹伯爵，1154年加冕为英格兰国王。——译者
　　**　基罗·德·巴里的英文名字是Gerald of Wales。本书中的一些人名有英语和法语两种写法，除了少数约定俗成的人名，翻译时一般从法语。读者可以根据译名后所附的法语查询对应的英文名。——译者

北方大洋的东部边缘。"① 教士瓦斯（Wace，约1110—1174年之后）曾应这位金雀花君主的要求，撰写过一部诺曼底诸公爵史。根据这位作者的看法，亨利二世是"控制英格兰，掌握从西班牙到苏格兰沿海地带、从海岸到海岸的人"②。更有甚者，1152年，昂热的一位僧侣、圣-塞尔吉（Saint-Serge）的年鉴作者强调，这位国王平息了各地的战争纷乱，"统治着从大海到大海的辽阔地域"：这位僧侣公开引用了弥赛亚诗篇。③这是一种礼赞王权军功的神秘主义，它渗透在亨利二世资助过的很多作者的文字中，这些人总是倾向于拔高他的政治成就。

为了定义亨利二世的统治空间，作家们使用了帝国（Empire）这个术语，不过在12世纪，这个词主要是指政府，而不是指领土。但在当时的资料文献中，至少有一个文本在使用Imperium*时，其领土（territoire）方面的含义要高于传统意义上的诸侯

---

① «Topographia…», p. 20, trad. Boivin, *L'Irlande*..., p. 266. 关于文本的背景，见 Bartlett, Gerald..., p. 59-60。

② *Roman de Rou*, éd. Holden, v. 35-36, t. 1, p. 4. 这段文字出自《卢传奇》（*Roman de Rou*）第三枝（branche）《尊亲纪年》（*Chronique ascendante*），R. Bezzola, *La Cour*..., p. 175-177 认为这篇文字作者不可考，但巴里持不同意见，见其 *La Littérature*..., p. 45。同样的颂词，见 Jean de Salisbury, *Policraticus*..., VI,18, et Guillaume de Newburgh, «Historia…», t. 1, p. 106。

③ «Henricus [...] dux Normannie et Aquitanie et comes Andegavie nominatur, et a mari usque ad mare, omni guerrarum perturbatione sedata,dominatur», «Annales…», p. 101. 参见 Ps 72 (71), 8, et Avris, *Le Gouvernement*..., p. 225。另可见一份图尔纪年："volens alas suae potestatis per universas extendere regiones"（要把他的权力之翼伸到世界的各个角落），«Chronicon…», p. 137。[译者按：原作者在著作中直接引用了一些原始文本，多为拉丁语，亦有少数古法语。有些引文与正文高度对应，这种情况下一般不译；如果引文与正文有出入，则尝试将其译出。]

* 即 Empire 的拉丁词形式。——译者

统治权（principautés），而且，这片领土是通过霸权性质的政策而被组合在一起的。亨利二世的司库、伦敦主教理查德·菲茨·尼格尔（Richard Fitz Nigel，约1130—1198年）曾撰写过一本《关于财政署的对话》（*Dialogue sur l'Echiquier*，约1179年），论述的是英格兰的主要财政机关，书中有云："通过历次胜利，国王将他的帝国扩大（dilataverit）到了很远的地方。"① 在当时，古典拉丁学识正在知识分子中间传播，所以这个词的使用是有深意的；它的意思并非某个君主对某个空间的一般统治，而是让人想起罗马人靠征服建立起的帝国。另外，"帝国的扩大"（dilatation de l'Empire）是查理曼（Charlemagne）的纪年作家们使用过的说法，这些人将自己的主人比作罗马的那些伟大征服者。而且，亨利二世自己不就是皇后的儿子（fitz Empress）吗？因为他母亲就是日耳曼皇帝亨利五世（1106—1125年）的寡妻、英格兰的玛蒂尔达（Mathilde d'Angleterre），亨利就是她二婚后所生。正因为这一点，将分散的各诸侯领地组合成一个统一的地理单元，这个观念对他而言应该并不意外。虽说自10世纪以来，还没有哪位英格兰国王敢于用Imperator②一词来装点自己的头衔，但这个术语的几次出现的确让中世纪史研究者有理由使用"金雀花帝国"或"安茹帝国"的说法。

---

① «*Per longa terrarum spatia triumphali victoria suum dilataverit imperium*», *Dialogus*..., p. 27-28. 关于这句话的含义，见 Clanchy, *England*..., p. 118, et Holt, «The End...», p. 229.

② Folz, *L'Idée*..., p. 54.

当然，还是有一些史家对此持保留意见。①这些意见自有其道理，而且的确显现出这个问题的复杂性。保留意见首先来自那些认为"帝国"一词只应适用于神圣罗马帝国*的史家，在中世纪西方世界的史料中，这是唯一一个被公开冠以帝国称号的制度化实体。不过，这种看法似乎忽视了这一点：其他中世纪史家使用的表达法，经常也是年代错置的，但它们仍然很有说服力，比如封建-附庸关系，强制领主制（seigneurie banale）、圣战和城市贵族（partriciat urbain）等概念。另一些更为有力的批评意见来自法学家和政治学者，他们认为，亨利二世的领地范围在12世纪来说虽然十分可观，但与希腊、罗马、拜占庭、阿拔斯、奥斯曼和哈布斯堡诸帝国相比，就相形见绌了，更不要提19世纪的那些殖民帝国。不过，所有这些政治实体与金雀花帝国的差别只是规模上的。而且，这样的对比可以说更新了此前莫里斯·鲍维克（Maurice Powicke）爵士1913年进行的一个类比，在他那个时代，他的著作还是很富新意的：鲍维克认为，无地约翰（Jean sans Terre，1199—1216年，或译失地王约翰）时代对昂古莱姆（Angoumois）的失地收复行动，与迈索尔（Mysore）国家的行为很类似，后者要重新接续印度的君主统治传统。②

反对使用"金雀花帝国"说法的学者还强调，在亨利二世

---

① "不能讲'金雀花帝国'，甚至也不能讲'安茹国家'，因为那只是一堆封建聚合体"，Bautier, «Conclusions. "Empire…"», p. 139；"当我们默然接受那些听起来很动人但实乃时代误置的概念时，我们在追求真相时就一定会面临更多的麻烦。安茹帝国就是这样一个概念"，Fryde, Why Magna..., p. 113。

* 原作者用的是empire romain-germanique，直译为罗马-日耳曼帝国，现改为通行的"神圣罗马帝国"。——译者

② The Loss..., p. 46, 转引自 Martindale, Status..., XI, p. 24。

及其臣属的政治建构中，没有看到那些重要的帝国实体的特征：如个人统治，作为最高统治者而享有凌驾于其所有国家的高级头衔，领地上居民成分众多但应服从于单一的征服性或支配性的民族，地理上横跨一个或数个大陆，以及延续期限较长……[①]；他们还认为，中世纪西方世界的任何一个帝国都不满足这样的定义。这个论据很重要，因为它揭示了中世纪欧洲的独特性，甚或异质性，而我们都知道欧洲随后的政治演变的独特之处。但这可能还不是用以反对某个中世纪表述的论据，因为这个表述的的确确见于中世纪的史料，尽管它主要是指某种权威，而不是各个诸侯国的聚合体。

以上是对历史上领土聚合的政治属性的总体性讨论，现在我们该转向另一个话题，即金雀花帝国较为有限的幅员。的确，反对金雀花帝国一说的学者已经指出这个政治架构的虚弱性，以及它随时间而不断走向衰落的特征。如果说亨利二世和他的儿子狮心理查（Richard Cœur de Lion，1189—1199年）靠前所未有的战争行动成功地维系了其领地的完整，那么，无能的无地约翰和亨利三世（1216—1272年）则将诺曼底、大安茹和普瓦图丢失给了法兰西国王。[②]金雀花帝国的完整性只持续了五十年，即从1154年亨利二世加冕为英格兰国王到1204年诺曼底陷落。它是最短命的帝国之一。若以后见之明，这种短暂性倒是表明，这个帝国本身并不是个统一体。

[①] Gillissen, «La notion…».
[②] 大安茹指的是安茹加上曼恩（Maine），后者于1109年附属于安茹，Boussard, Le Comté..., p.7，此外还包括图兰（Touraine）和旺多姆（Vendômois），这两个地区曾间或部分地被安茹家族控制。

持批评意见的学者还指出，帝国轻易且迅速地解体，与缺少政治、制度和行政方面的统一性存在相关性。在大不列颠，20世纪后期的史学中这种思潮盛行一时，似乎是因为目睹了"二战"后新兴民族国家诞生的那一代人，对于殖民帝国的昙花一现变得很敏感了。1963年，亨利·G.理查德森（Henry G. Richardson）和乔治·O.塞尔斯（George O. Sayles）在其著作中强调："虽然存在一个被不恰当地称作'帝国'的统一体，然而这种统一仅仅来自国王个人，但他既没有进行制度建设，也没有引入共同的法律典章。"①1973年威廉·L.沃伦（William L.Warren）同样公开拒绝使用"帝国"，理由是亨利二世统治的各个诸侯领地之间的联系过于松弛；他认为顶多存在一个共同体（Commonwealth），一个包括七个"自治领"（dominions）的松散联邦，它们唯一的共同点就是，都通过效忠臣服和封君封臣关系而勉强臣服于这位国王。②两年后，詹姆斯·C.霍尔特（James C. Holt）采取了更为极端的立场："金雀花家族的各个领地绝不可被视为'帝国'，因为它不是一个庞大的集权化行政体制，并且因为反叛和在法国的攻击之下最终消亡了。相反，这些领地仅仅是被拼凑到了一起。它们的统一性是建立在君主的贪婪和家族继承的偶然性之上，这二者很不幸地结合在了一起。它的存续也依赖于这种结合。"③1984年，在安茹地区丰特弗罗（Fontevraud）举行的一次英法学者联合研讨会上，法国史家罗

---

① *The Governance*..., p. 167.
② *Henry II*, p. 228-230, 559-593.
③ «The End...», p. 239-240, 转引自 Clanchy, *England*..., p. 111-112。作者还补充道："这些地区之所以看起来像个整体，主要不是因为制度建设的结果，而是一个好战家族偶然取得的成就。"

贝尔-亨利·博杰（Robert-Henri Bautier）也认为，这种"众多实体的并置""没有共同的结构"，他建议以不太明确的"空间"（espace）一词取代含义过于确定的"安茹帝国"或"英格兰-安茹国家"。[①]在当代史家眼中，亨利二世及其继承者统治的"空间"是多元和分裂的。

所有这些细致的区分都有利于更好地理解亨利二世和他的儿子们在如此多样的领地上扮演的角色。"金雀花的空间"是由多个王国、诸侯国和领主领地构成的马赛克拼图，对于公元2000年的史家来说，不可能对这块拼图采取单一的分析方式，正如对1200年的国王来说不可能采用统一化的政府形式。对当时的西方世界而言，金雀花的空间十分辽阔，它上面有不同的权力形式。而且，这个空间中分布着众多的政治决策、军事行动和司法镇压的中心。这是个多头统治（polycratique）的世界，当然我们在使用这个术语时要做一点意义和词形上的修改，它源自亨利二世的一位臣民索尔兹伯里的约翰（Jean de Salisbury，1115—1180年）最著名的政治论著之一《论政府原理》（*Policraticus*，或译《政治论》）。在这里，我们面对的是一些独立的诸侯国暂时和人为的统一，在一个很短的时期内，这种带有威权色彩的聚合打破了地方性战争长期盛行的传统。当然，这个联合体的黏合剂应该在王室家族中去寻找，因为在12世纪，亲族关系（parenté）仍然是政治交往中最可靠和最牢固的形式。不过，王室家族关系也存在一种明显的脆弱性，用约翰·基林厄姆（John Gillingham）的话说，亨利二世并不把自己的领地视

[①] «Conclusions...», p. 140, 146-147.

为一个纯粹和统一的国家（state），而是一块可以分享的家族产业（estate）。①一开始，婚姻和继承构成了金雀花帝国，但随后，继承问题引发的争吵却成为导致它解体的原因之一。

各个诸侯国的独特性太强，这也是导致帝国迅速解体的一个原因。此外，这种独特性也制约着英格兰国王在如此不同的领地上行使权威的方式。实际上，国王与每个地区的联系，经常是迥然不同的：与英格兰-诺曼底这个坚强核心的联系非常紧密，而且这个核心地域的行政效率让所有西方君主称羡；至于王室家族的摇篮安茹地区，联系倒不那么紧密；与阿基坦的联系则很松弛，这个地区包含众多伯爵、子爵或其他领主的飞地，这些封建主会定期反叛国王；与爱尔兰的联系则更加松弛，英格兰-诺曼底武士为在这里建立统治权竭尽全力；与布列塔尼的联系与此类似，从1199年开始，这个地方的伯爵同卡佩家族结盟，拿起了武器，对英格兰王位提出了要求……帝国的这些领地，不管对金雀花王室驯服还是抗拒，其集权化和行政发展程度都很不一样。有些地方集权化程度很高，诸侯或君主（prince）与其近臣完全掌握了权力，②但在其他地区，权力碎化很严重，统治权散落在众多独立的城堡主手中。③因此金雀花的政府形态很不平衡，具体情况视各个诸侯国而定。

在政府治理问题上，关键在于城堡以及对城堡的控制，在

---

① Gillingham, *The Angevin*..., p. 32. 另见 Hollister, Keefe, «The Making...», p. 25 : "安茹帝国这个概念过于宽泛，它是靠家族联系形成的一个多变和多面的网络结构。"

② Jolliffe, *Angevin Kingship*..., Mortimer, *Angevin England*..., Neveu, *La Normandie*...。

③ Garaud, *Les Châtelains du Poitou*..., Debord, *La Société laïque*...。

这方面，各个领地呈现很不一样的面貌。狮心理查年轻时候就是阿基坦公爵，他曾费尽力气去围攻、占领和摧毁普瓦图、利穆赞和加斯科尼地区的堡垒，从泰业堡（Taillebourg）一直打到夏吕思（Châlus）。相反，在英格兰，当初在内战氛围中建立起来的一些"非法"（adultérin）城堡则被迅速拆除：1154年圣诞节，亨利二世在柏蒙塞（Bermondsey）修道院举行教务会议，发布了拆毁上述城堡的命令。① 在不列颠和诺曼底，奉还（reddibilité）的封建原则可以得到有效的执行，根据这个原则，城堡所有者应将城堡交还给国王派遣的守卫。② 另外，在这两个诸侯国，金雀花君主还能展开费用高昂的工程，建造他们自己的城堡，这些城堡往往是最坚固最强大的，加亚尔（Gaillard）城堡和肯特郡的多佛（Douvres）城堡就是最著名的代表。但在安茹，尤其是在阿基坦，情况就不一样了。在这些地区，金雀花家族不总是有办法推行大兴土木的政策，既因为他们自己在这些地区的产业较小，也因为他们在当地的收入不足。所以他们只能满足于侥幸获取贵族堡主们的臣从效忠（hommage），或满足于加固城墙，在城墙之内，他们的居民会比乡下农民更乐于接受他们的统治。③ 在英格兰和诺曼底，国王对城堡网络的控

---

① «Castella nova, quæ in diebus avi sui nequaquam exstiterant, complanari præcepit»（他祖先不曾有过的新城堡，他下令夷平），Guillaume de Newburgh, *Historia*..., p. 102; «*munitiunculas pessimas*»（那些邪恶的小堡垒），Gervais de Cantorbery, *Chronica*, p. 160.
② Coulson, «Forteress-Policy...», p. 15-23.
③ 关于金雀花王室在普瓦图的城堡，已有博士论文，参阅 Baudry, *Les Fortifications*...。关于帝国全境的情况，参阅会议论文集：*Les Fortifications dans les domaines Plantagenêt*。

制尤其能展现王权的稳固，[1]这与卢瓦尔河以南领主们享有的建造城堡的自由形成鲜明对比。正是由于这种地区多样性，安茹的政策才采取了更多的灵活性，展现出更强的适应能力。

当前，论述金雀花权力的灵活性和适应性是很流行的史学模式，但它同样遭遇到有分量的反对意见。意见来自雅克·布萨尔（Jacques Boussard），他在1956年出版的著作中坚持认为亨利二世实施过有效的治理，而几年之后，英美的史家就开始质疑这位英格兰国王诸领地的政治统一性。布萨尔的结论与最近的研究截然对立："安茹帝国可以被视为一个强有力的国家，不过是在封建制度的框架之中。"[2]在这位史家看来，亨利二世有关"威权政府"[3]有效性的观念值得肯定，这种观念也给这位国王招来了地方旧贵族的怨恨；上述见解本身反映了布萨尔对安茹家族的同情，那里是这个中世纪史家的故乡，也反映了任何一位出生于20世纪初的法国史家对于"封建混乱"的蔑视之情，而亨利二世就是大胆地反对封建混乱的君主。我们应该记得，十五年后，威廉·L.沃伦，另一位研究亨利二世的行政史的专家，使用的是"联邦"（Fédération）而不是"国家"（État）来称呼金雀花帝国，而国家才是雅克·布萨尔更喜欢的术语。不过，英吉利海峡两边不同的术语选择是有象征意义的。夏多布里昂曾在《阿达拉》（*Atala*）中写道，"联邦主义是野蛮人最

---

[1] Coulson, «Freedom to Crenellate…»; Brown, «Royal Castle-Building…»; RENN, «Plantagenêt castle-building…».

[2] *Le Gouvernement*…, p. 569. 这种"封建制度"的微妙之处在于英格兰国王因为其持有的大陆领地而向法国国王行臣从礼，但他又接受自己附庸的臣从效忠。

[3] 这个说法早在他1938年出版的博士论文中就已出现，见 *Le Comté*…, p. 77。

常用的组织形式"；对于一个第三共和国传人的法国人，联邦主义体制意味着一种倒退，吉伦特派和巴黎公社理应为此付出最惨痛的代价。联邦主义肯定没有德国人的邦联（Bund）的声誉，后者囊括一切人类联合形式，从婚姻到联合国（ONU）这样的世界组织，或与神结盟的民族。①总之，"联邦"和"国家"的二项式在不同的民族有不同的含义：每个欧洲国家的历史都会引导我们去感知中世纪的政治现实，而这个二项式就颇能体现人们的感知方式。

民族性同样展现在"金雀花帝国"（Empire Plantagenêt）和"安茹帝国"（Empire angevin）两个术语的使用之中。第一个术语在法国较通行。但一些英国中世纪史家对此提出了批评，他们的论据是，在12世纪的史料中，"金雀花"这个词只是作为亨利二世的父亲、美男子若弗瓦（Geoffroi le Bel, 1128—1151年）的外号时才被提到。②我们至多只能在他的孙子狮心理查的王座两侧，以及他的大印章的正面看到金雀花（genêt）的枝条。③直到15世纪时，金雀花才成为一个父姓（patronymique）：当时正值百年战争，人名上的手法带有直接的政治意图，即都是为了

---

① R. Koselleck, *L'Expérience de l'histoire*, Paris, 1997, p. 121.

② «Henricus, filius Gaufredi Plantagenest, comitis Andegavensis»（亨利，安茹伯爵"金雀花"若弗瓦的儿子），Geoffroi de Vigeois, «Chronique», t. 12, p. 438；丰特弗罗修道院大契据集（今已遗失）中的一份文件曾提到 «Miricem plantans»（佩戴灌木。译者按：这里的"灌木"当是与金雀花（Genest）相近的植物或其代称。），转引自 Bienvenu, «Henri II…», p. 25, n. 1.

③ Archives nationales D 10.007 et D 10.008. 感谢米歇尔·帕斯图罗（Michel Pastoureau）慷慨分享他的信息和见解。

给英格兰或法兰西国王的王朝利益诉求提供依据。[1]不过，同样的年代混淆也见于"卡佩"（Capétien）一词，在最古老的文献中，这个词本来只用于称呼于格·卡佩（Hugues Capet），但卡佩一说如今已在中世纪史学者中广泛流传了。我们还要顺带提一下，美男子若弗瓦之所以有这个外号，是因为他喜欢树林、森林和荒野，[2]他非常热衷于在这些地方打猎，正如我们将看到的，打猎对他的家族而言具有广泛的政治寓意。

我们已经说过，金雀花是法国史家习惯使用的说法，而且他们觉得这样用很合适。相反，我们的英国同行，除了约翰·勒·帕图雷尔（John le Patourel）这个例外，[3]则更喜欢用"安茹帝国"，这个说法是凯特·诺嘉特（Kate Norgate）在1887年创造的，后来詹姆斯·H.拉姆塞（James H. Ramsay，1903年）和约翰·基林厄姆（1984年，2001年）又用这个术语作为自己著作的标题。选择这个古老的称号表明，他们更倾向于将当时英格兰国王的各个领地与安茹家族联系在一起，从而更加强调这个王朝的大陆特性和其统治的家族性质。当然，凯特·诺嘉特采用的安茹这个形容词没有任何不列颠种族中心主义的

---

[1] Le Patourel, *Feudal*..., VIII, p. 289; Gillingham, *The Angevin*..., p. 3.

[2] «*Gisfrei, son frere, que l'on clamout "Plante Genest", qui mult amout bois e forest*»（他的兄弟若弗瓦，人称"金雀花"，十分喜欢树木和森林），Wace, *Le Roman de Rou*, v. 10.269-270, t. 2, p. 266。

[3] 约翰·勒·帕图雷尔是他们同胞中的特例，他建议用"金雀花帝国"，而"安茹帝国"则只用于指11世纪到12世纪初安茹伯爵集聚的领地，«Feudal...», p. 29。当然，他对帝国的理解不是很宽泛，因为帝国只勉强包含安茹、曼恩和圣通日……他甚至建议讨论图卢兹和佛兰德尔伯爵的"封建帝国"（Empires féodaux），*ibid.*, p. 282，甚至"卡佩帝国"（Empire capétien）而不是"法兰西王国"（royaume de France），*Feudal*..., VIII, p. 308！

含义，因为她强调的是统治英格兰的这个王朝是"外来"的。她的这一选择可谓"前程远大"，不列颠的思想者很是欢迎，更何况在19世纪末的民族主义背景下，它更显得明智而又振奋人心了。

确实，英国的中世纪史学者在考察金雀花家族的政策时，并不总是那么有热情，有时他们还对这个家族在大陆的冒险抱有消极的看法。有些人可能更希望这些国王能专注于英伦诸岛的事务。例如，至少自17世纪以来，不断有人尖锐抨击狮心理查在远方进行的徒劳无益的战争，因为这些战争加重了财政负担；对于这类作品，最近还出了一个摘录文集。文集收录了1930年代两位讽刺作家的文字，他们讽刺说，狮心理查被地中海的阳光海岸吸引，而且急于出发前往近东，所以他最好改一下外号："里昂车站"（Gare de Lyon）而不是"狮心"（Cœur de Lion）！① 对于很多19世纪的英国学者，以及他们那些表面超然、热衷反讽的追随者来说，国王理查一世可不是沃尔特·司各特（Walter Scott）热情描绘的浪漫主义的英雄骑士！

某种孤立主义支配着他们的视角。1849年，托马斯·B.麦考莱（Thomas B. Macaulay）甚至很庆幸金雀花家族丧失了在大陆的那些负担沉重的领地，因为它不仅在塞纳河边浮夸轻佻的节庆中浪费了太多的钱，而且享有盛誉的英语也被降低到乡村土话的地位，精英们使用的法语却受到优待了。他总结说："一个事变造成了严重的后果，英格兰本来有可能因此消失；它的

---

① Gillingham, *Richard I*, p. 10-14.［译者按：里昂车站应是巴黎前往东南方向及地中海的火车站，在法语中，它的发音与狮心理查的发音很接近。］

史学家们也经常把这个事变描绘为一场不幸。"①大约四十年后，牛津的圣公会主教威廉·斯塔布斯（William Stubbs）的说法与之并无二致，他的著作本来就是旨在向世人论证英国立宪君主制在制度上的优越性及其带来的有利影响；在他看来，"无地约翰的无能反倒很幸运"，这使英格兰"摆脱了诺曼底并重获自由"，是一次漂亮的甩包袱。②这位作者的喜悦之情当然来自他对法国的拉丁印记的鄙视，他以为自己民族的起源完全是日耳曼的。③不管这些现象看起来多么令人困惑，19世纪英国史学中的确存在一股岛国孤立主义思潮，史学家们谴责亨利二世及其继承人在海峡另一边的冒险行动，认为他们在大陆的诸侯领地是一个沉重的负担。对于不列颠的政治精英，"光荣的孤立"之外什么都无价值！

在同一时期，同样的鄙视也存在于法国中世纪史家之中，不过原因迥然不同。正如最近让-菲利普·热内（Jean-Philippe Genet）对这些史家的解读所揭示的，安茹家族对如此辽阔的"国家领土"的统治让他们很困扰；这一统治延宕了卡佩王国的孕育发展；狮心理查被描绘成民族英雄腓力·奥古斯都

---

① *History of England*, Londres, 1849 (2e éd. 1907), p. 4, 转引自 Gillingham, *The Angevin...*, p. 2。

② *The Constitutional History of England*, Oxford, 1883, t. 1, p. 482, *ibid.* 关于斯塔布斯史学的完整介绍，见 Richardson, Sayles, *The Governance...*, p.1-21。不过，这两位作者同样难以摆脱自己的民族主义立场，例如当他们抨击英格兰的最初几位诺曼国王时："他们不是文明开化的先锋。毋宁说，他们像其北欧祖先或同时代的北欧人，是死亡和毁灭的使者。" *Ibid.*, p. 120。

③ "英格兰民族具有鲜明的条顿或日耳曼起源"，*The Constitutional...*, t.1, p. 584。

（Philippe Auguste，1180—1223年*）前进道路上的一头拦路猛兽，因为腓力正在重建因为封建分裂而被撕扯得七零八落的法兰西领土。① 此类观念与法国历史的目的论观念十分契合，这种目的论只以一个目标为皈依：民族在其永恒边境之内的形成。儒勒·米什莱（Jules Michelet，1798—1874年）以其浪漫主义的炽热之情谈论"英格兰帝国"（Empire anglais），认为亨利二世及其继承者的统治是对法兰西民族领土的冒犯。② 他的同代人奥古斯丁·梯叶里（Augustin Thierry，1795—1856年），则认为阿基坦贵族对这位国王的反叛是抗击英国侵略者的爱国主义运动，而且这场抵抗外敌的斗争还有一位英雄的领导人，他就是游吟诗人贝特朗·德·博恩（Bertran de Born）。③ 亨利二世是在威斯敏斯特加冕的，所以这个安茹人及其儿子们就是背信弃义的阿尔比昂（Albion）的化身。

此后，史学——既是方法论学派的也是爱国主义的——的旗手阿希勒·吕歇尔（Achille Luchaire）对亨利二世的判决就必

---

* 作者的日期标注原则不统一，当人名与职衔相关时，日期往往指在位期限，其他的情况则为生卒年。请注意鉴别。此处即强调腓力·奥古斯都作为国王的在位日期。余同，不再说明。——译者

① Genet, «Histoire politique...», p. 622.

② 为了进行比较，请允许摘录一段英国作者截然对立的评论，以展示民族主义史学是如何产生时代误置，并导致历史认知出现严重的主观化倾向的："那时英格兰是个被征服的国家。它被法国人殖民，诺曼和安茹统治者为了自己在大陆的野心而剥削这个国家。安茹帝国是个法国人的帝国。" Le Patourel, *Feudal*..., VIII, p. 296. 这位作者出生于靠近诺曼底的英国岛屿上，他为自己独特的出身感到骄傲，因而在当时的英国中世纪史研究中采取了一条很独特的路径，不过我们还是能看到这段文字中的挑衅意味。

③ *Histoire de la conquête de l'Angleterre par les Normands*, Paris, 1859, t. 1, p. 184-186.

然是不得上诉的了:"既是家庭的暴君,也是国家的暴君。"[1]雅克·布萨尔继承了这个看法,认为金雀花家族对这些辽阔领地的统治是专制主义的。在他们看来,安茹家族的政治效率是唯一值得一提的,毕竟这对法兰西国家的形成有所贡献。领地治理的集中化有利于压制不驯服的贵族。1941年,路易·阿尔方(Louis Halphen)对亨利二世在不列颠岛的行动很是赞赏,因为"没有他,英格兰王权有可能在12世纪重蹈封建主义的覆辙"[2]。四年后,波尔多的伊夫·雷诺阿(Yves Renouard)教授在评价金雀花的大陆领地政策时采取了同样的模式,他赞扬这个王朝在实现法国南北统一中所起的积极作用:这个帝国被赋予"占统治地位的北方特色",从而为卡佩的势力向卢瓦尔河以南发展开辟了道路。[3]在继承了雅各宾主义的法国史学传统中,金雀花家族的麻烦在于它的王权是英国的,而且它总是跟卡佩处于斗争之中,不过这种传统至少在一个方面承认了金雀花王朝的意义:它镇压贵族叛乱,它摧毁不受管束的堡主势力,从而有利于法兰西的国家建设。

上述解释模式的基础在于这样一个古老的命题:中央权威长期式微之后,"封建王权"强势回归。虽然这些模式都不可避免地存在意识形态的考量,但在很多问题上它们仍然是有效

---

[1] *Louis VII, Philippe Auguste, Louis VIII (1137—1226)*, Paris, 1903, t. 3 (1re partie), p. 68; 见拉维斯(E. Lavisse)主编的《法国史》(*Histoire de la France*)。

[2] *L'Essor de l'Europe*, Paris, 1941, p. 172.

[3] Renouard, «Essai...», p. 303. 另见 R. Boutruche, *Seigneurie et féodalité*, Paris, 1968—1970, p. 189:"在亨利二世及其继承人治下……国家在封建基础之上得以强固,并因其'公共'原则而重新焕发力量。"

的。①不过，它们本身的法律和制度维度，应该被重置于一个更大的框架中，即社会、经济和心态构成的整体史框架。12世纪是公共权力成熟的时代，这一发展在观念和技术层面受到罗马法复兴的支持，当时地中海地区的一些学校已经在讲授罗马法，那里出来的几位法学家还成了金雀花王朝的近臣。在人为因素方面，政治行动力同样很关键：国王对其诸侯国真正的社会行动者，即贵族，实施了强制权：他既依靠自己的魅力和个人能力来赢得贵族的归顺，也尽可能地调动自己的行政官僚机器。对于国王而言，重要的是对附庸的精神施加影响，通过自己的人格和作为来营造一种形象，以博得附庸们的忠心。12世纪思想和文学的勃兴为这个方案的实施提供了便利：国王招引了很多作家，这些人在他的资助下为他的声名而创作。最后，在物质层面上，当时的局势也有利于金雀花王朝采取行动。12世纪末，农业发展和垦荒运动达到高潮。人口增殖，城市勃兴，大西洋贸易日益活跃。财政收入的提高为国王的新政策提供了工具。在大陆的大西洋沿岸港口，商人阶级正在兴起，他们急于获得公社特权，也乐意同英格兰建立社区联系，所以他们支持金雀花王朝。当时的历史条件比任何时代都更有利于金雀花的霸权。

但是，在通往政治成功的道路上，安茹家族碰到了一个重大障碍，这就是如何获得其全体臣民的忠诚。安茹君主尽管在英格兰被加冕为国王，但他们始终因为在大陆持有领地

---

① 参阅最近的研究：Bournazel, «La royauté féodale…», Sassier, «L'âge féodal. Le retour de la royauté (1108-1223)»。

而必须向法国国王行臣从礼（hommage）。人们始终没有充分意识到这种封臣关系（vassalité）的重要性，[①]但它对"所谓的"（soi-disant）——此说表明了其局限性——金雀花帝国的未来构成了沉重的负担。[②]这里仅举一例：1168年，普瓦图地区夏卢（Charroux）的修道院院长便公开宣称，他的修道院自查理曼创建以来就属于法兰西国王，而对亨利二世没有任何义务；很多阿基坦僧侣同样持这种看法，他们总想尽可能地压缩伯爵对其土地的管辖权，所以他们就说自己是路易七世的直接附庸（vassaux directs）。[③]正是由于安茹家族对卡佩的臣从关系，一种令人十分困惑的局面就有了一个恰当的解释：在我们学生课本的地图上，标注为"金雀花帝国"的是个巨大的红斑，而法兰西国王的领地十分局促，只是位于苏瓦松和沙特尔之间的几个模糊的浅色笔画而已——但前者是后者的臣属。路易七世，更重要的是腓力·奥古斯都和路易八世，为了最终控制法兰西西部各诸侯国的决策中心，同他们的安茹对手们进行了长期的斗争，并渐渐占据了优势。

所有这些背景对我们理解12世纪都是至关重要的。它们是进行政治史革新的沃土，新的史学将淡化事件而注重对各种权力的分析，制度史也将被角色分析，被对统治者、压力集团、统治者的庇护网络的研究取代，而思想史也将延伸到对象征和

[①] 这个问题仍然是 J.-F. Lemarignier, *Hommage en marche...* 的中心问题。

[②] "金雀花势力的主要弱点和卡佩家族的主要力量，就在于法国国王的封建宗主权"，Holt, «The End...», p. 254。

[③] Jean de Salisbury, *The Letters...*, n° 279, t. 2, p. 602. 另见 Powicke, *The Loss...*, p. 26。

政治想象物的认知之中。纯粹的政治史（de la politique）退隐之后，取而代之的是"与政治相关的现象"（du politique）的历史。从认识论上打开新路径的研究范例不胜枚举。我们只举两个例子，但它们特别能够说明我们的用意。1924年，马克·布洛赫（Marc Bloch）发表《国王神迹》（Les Rois thaumaturges），研讨英国和法国王权的神圣性问题。这部著作卓有远见地表明，实证主义或方法论史学固然只专注于描绘君主的重大决策和由此引发的战役，但拒绝这种史学并不意味着对中世纪政治史的深层研究关闭窗口。另一例子是1955年约翰·E. A. 乔立夫（John E. A. Jolliffe）的《安茹王权》（Angevin Kingship）。这部作品同样对金雀花权威的性质提出了好几种引人入胜的研究路径。由于金雀花君主们有依赖于法律的倾向，所以不能说他们是绝对主义者，但他们的行为方式是威权主义，甚至是独裁专断的。这是一本厚实深奥的著作，从方法上说更接近霍布斯（Hobbes，1588—1679年）——在他看来权威如果只有名称便毫无实际意义——的路径，而不是热衷于宪法学的19世纪英国学派的制度描述。对思考12世纪的政治思想和政治行动的人来说，他的方法具有典范意义。从很多方面看，这两部著作是后来有关金雀花帝国的全部研究的参考。1980年代以来，在法国重新流行的新政治史也产生了同样的影响。①

权力的主题应该是整个金雀花帝国研究的中心。在当时的教士思想家中，它已经是中心议题了，这些作者经常对权力作

---

① 1980年代有两部开拓性论著：B. Guenée, *Politique et Histoire au Moyen Age*, Paris, 1981, et J. Le Goff, «L'histoire politique est-elle toujours l'épine dorsale de l'histoire?», *L'Imaginaire médiéval*, Paris, 1985, p. 333-349。

19

出二元的定义：一方面是教会的auctoritas（权威），它具有神圣性和学识赋予的威望，另一方面是世俗的potestas（权力），它来自武装的强制力。在他们看来，要在有罪的人类之中建立正义与和平的统治，强制力量必不可少，因为人天性就倾向于冲突。在他们眼里，对法律和习惯的尊重给社会带来秩序，从而能确保大多数人的永生和拯救，但法律和习俗经常要靠武力来确立。不过，这些教士也能从傲慢的potestas中觉察到暴力的源头，"因为任何权力过去、现在、未来都始终敌视任何胆敢要求分享权力的人"，1198年一位来自威塞克斯郡圣斯威瑟恩（Saint Swithurn）的本笃会修士、纪年作家德维齐斯的理查德（Richard de Devizes）这样写道。他这样说是为了解释他公开的敌人、埃里主教兼文书厅长威廉·德·隆尚（Guillaume de Longchamp）为何会罢免达勒姆主教于格·德·皮塞（Hugues de Puiset）的财政官职务。[①]在12世纪，权力不是得到的，而是夺取的：这是太经常不过的事。权力主要来自影响力的争夺，来自既成事实（la voie de fait），而不是来自制度机构循规蹈矩的运转。不管权力是在何种层次上实施，为夺取和维持权力而展开冲突，包括最剧烈的冲突，都是金雀花帝国的内在特征。在这样的语境中，身处当代西方民主制中的我们，该如何去理解这种"政治性"领域呢？将这个术语运用到中世纪有时会有时代错置之嫌。

想要认识这段历史的进程及结局的中世纪史家，受资料的困扰尤其大。实际上，就12世纪末的历史而言，研究者也从文明的一个根本性变革中得益，这个变迁就是迈克尔·T.克兰

[①] *Chronicon*..., p. 10.

奇（Michael T. Clanchy）的杰出著作考察的问题：从记忆向书面档案的过渡，[1] 专属于教士的书面学识在俗人读者中的民主化的过渡，以及宗教书写向王权官僚系统的过渡。这个演进产生的结果是，英格兰的文献记录变得最为丰富了，那里的政府治理手段有了长足的进步，这表现为国王及其近臣不断诉诸文字记录。[2] 金雀花的文书厅（chancellerie）可没闲着。它的信使手执数以百计的短信函——信的末尾封有象征国王威严（majesté）的印章——前往帝国各地的收信人处。财政署（Echiquier）的工作同样繁忙，它是英格兰和诺曼底的核心税务机关，存有所有收入和支出的书面会计记录：早在亨利一世柏克勒克（Henri I Beauclerc，1100—1135年；Beauclerc或译为"儒雅者"）统治时期，这个财政机构每年发出的信件大约有4 500封。[3] 狮心理查被称为"英国王家文书学的创立者"[4]，在他治下，坎特伯雷大主教赫伯特·沃尔特（Hubert Gautier）——先任大法官后担任文书厅长——进一步完善了官僚制。无地约翰在位初年，在赫伯特的领导下，王家文书抄录在羊皮卷（pipe rolls）的做法被制度化了。[5] 官僚机构的上述活动旨在传递法令，保留法令的痕迹；

---

[1] Clanchy, *From Memory to Written Record*..., p. 7, 29-31, 41-52, 69, 156, 105-115, 258-263. 这部著作十分精彩，但遗憾的是还没有法文译本。

[2] 有关英格兰在司法方面的"先进"，尤其是在法学理论领域的进展，以及修道院记录之丰富，见 Boureau, *La Loi*...。

[3] 关于财政署的功能、记账技术以及债务登记，已有清晰的介绍，见 Clanchy, *England*..., p. 77-82。

[4] Fagnen, «Le vocabulaire...», p. 80.

[5] 关于英格兰文书厅角色的诞生，2002年4月，N. 文森特（N. Vincent）在国立文书学院宣读的论文中已有阐明，见其 «Pourquoi 1199 ? La bureaucratie et l'enregistrement de rôles sous le règne de Jean sans Terre et ses contemporains»。

但还应该指出，国王的代理人已经开始搜集信息了，这可以说是现代意义上的情报或谍报工作。比如，这些代理人不仅获得了托马斯·贝克特（Thomas Becket）保存在罗马教廷的文件的抄本，而且获取了教廷派往英格兰的特使带来的与此案相关的所有信函的抄件。[①]在安茹早期诸王的时代，英格兰和诺曼底的官僚机构的书面文献产量空前增长。

英格兰档案保存的水平也令人赞叹。两个例子可以为证。一方面，亨利二世每年发出的文件平均为120份，而路易七世（1137—1180年）仅为20份左右，腓力·奥古斯都为60份左右。另一方面，在12世纪罗马教廷发出的教令中，971份可以识别出收件人，其中434份与英格兰有关，而且它们都在英格兰被仔细保管；再有，欧洲教会法学家编纂的27份教令集中，15份出自英格兰。金雀花的政府效率，尤其是在英格兰和诺曼底，得益于王权的各级官僚机构中书写能力的传播及文件保管的进步。在欧洲大陆的很多王国，这类行政档案在中世纪后期和近代都经历了大规模的损毁，但对中世纪史家来说十分庆幸的是，金雀花王朝保留下的档案没有遭此劫难。

在西方，这样大规模的文献保存十分罕见。无论从哪方面看，金雀花的档案保存都要远远高于12世纪法国的水准。根据最近N.文森特的看法，[②]这种局面与英国研究者的一个古老癖好、跟注重文献整理的地方历史协会有关，这一点对理解海峡两边的史学传统至关重要。在英国，博学（érudition）传统未曾中

[①] Prestwich, «Military...», p. 18.
[②] «Conclusion».

断，年谱和人物志的精确度很高，这是英国的传统，它不怎么关注模式和设问的视角，而在大陆史学中，综合胜于分析，可能是因为资料贫乏催生了各种观念。但历史学家的工作需要史料！

史学书写的天平同样倾向于英国。拉丁文的纪年和年鉴在英格兰非常丰富，尤其是1180年之后。除了前文提到的基罗·德·巴里和德维齐斯的理查德，我们还应该加上：奥古斯丁会司铎、牛堡的威廉（Guillaum de Newbourgh, 1136—1198年），他来自约克郡，受过很好的教育；罗杰（Roger，1201年左右去世），也是北方人，曾为亨利二世和狮心理查服务，还与理查一起参加了十字军，晚年担任达勒姆主教区豪顿（Howden）教务会大教堂的主事，并在那里撰写了一部纪年；[①] 拉尔夫（Raoul），1207—1218年担任埃塞克斯郡科吉舍尔（Coggeshale）西多会修道院院长，他也是狮心理查的热心歌颂者；拉尔夫·迪斯或拉尔夫·迪瑟多（Raoul de Diss ou Diceto, 1120/1130—1202年）[②]，伦敦圣保罗大教堂的长老；杰维斯（Gervais，1210年后去世），坎特伯雷的僧侣；索尔兹伯里的约翰，1176年担任沙特尔的主教，威廉·菲茨·斯蒂芬（Guillaume fitz Stephen）教士，他们两人都是托马斯·贝克特的亲密助手。这个问题最出色的专家安托尼娅·格兰斯顿（Antonia Gransden）毫无夸张地说，12世纪最后二十年是

[①] Corner, «The Gesta...». 彼得伯罗的本尼迪克特（Benoît de Peterborough）并未撰写过这部著作（Gesta），它的作者是豪顿的罗杰。该著的第一位编纂者一开始就混淆了作者和手稿的所有者，见 Stenton, «Roger...» ; Gransden, Historical..., p.222-223。

[②] Dicetum 是迪斯的另一个称呼，这个名称可能是诺福克的一个村庄，但此说还不能完全确定，见 Gransden, Historical..., p.230。

"英格兰史学的黄金时代"[①]。这些英格兰纪年作家的一个兴趣,而且并非无足轻重的兴趣,是以他们的著作来描绘与整个金雀花帝国,乃至整个西方有关的事件。[②]

相反,1150—1180年,即稍早一点的时代,史家的地理视野可以说还是地区性的。空间视域的局促可以理解:这些史家大部分是来自诺曼底、安茹、普瓦图或利穆赞的本笃会修士,他们在这些地区延续着其修道机构古老的史学传统。在诺曼底,贝克(le Bec)隐修院的院长、后任圣米歇尔山修道院院长的罗贝尔·德·托里尼(Robert de Torigni,卒于1186年),对他的朋友亨利二世治下的事件留下了准确的记录。他还是亨利二世的一个女儿埃莉诺(Aliénor)的教父。[③]正是在诺曼底诸侯国,国王让两位在俗教士负责以盎格鲁-诺曼语撰写韵文体诺曼底公爵功业记,先是让瓦斯担任此事,接着又于1170年左右让圣摩尔的贝努瓦(Benoît de Sainte-Maure)负责。安茹则有几份匿名的拉丁语年鉴,保存在当地的修道院和大教堂中。在利穆赞,两位高水准的纪年作家记录了阿基坦发生的事件,他们都是僧侣出身:一位是维茹瓦(Vigeois)隐修院院长若弗瓦·德·布勒伊(Geoffroi de Breuil,1184年后去世),另一位是利摩日的圣马夏尔(Saint-Martial)修道院的图书馆员贝尔纳·伊蒂耶(Bernard Itier,1163—1225年)。此外还有克吕尼的僧侣、普瓦图人理查德

[①] Historical..., p. 219. 关于这些赋予自己文字以新权威的历史作者的修辞技艺,参阅 Damian-Grint, The New...。

[②] Gillingham, The Angevin..., p. 117.

[③] 罗贝尔抄写了让布鲁的西哥贝特(Sigebert de Gembloux)的世界纪年,后者的截止时间是1112年,罗贝尔则增加了诺曼底历史的基本元素。这部纪年现存18份手稿,其中包括他的亲笔稿。Gransden, Historical..., p. 262.

导　论

（Richard le Poitevin，约1110—1173年之后）。这些作者名单表明，人们对考察金雀花帝国有特别的兴趣，而且它有丰富的史书为基础，这在12世纪的整个西方是绝无仅有的。

这份研究者名单还可以加上一些说唱者的名字，这些职业的口头表演者在盎格鲁-诺曼语韵文歌谣中，讲述了通常是目击证人见证过的事件。生于埃弗勒的行吟诗人昂布瓦兹（Ambroise），在十字军与萨拉丁（Saladin）刚刚休战之后前往圣地朝圣，他在那里搜集了有关狮心理查武功的直接证据，并写了一篇长诗来歌颂理查。① 教士乔丹·方托姆（Jordan Fantosme）也用盎格鲁-诺曼语写作，他用一种复杂的韵文描述了在他的家乡诺森布里亚发生的一场战斗，也就是不久前1173—1174年英格兰和苏格兰军队之间的战斗。② 这两部著作完全是为了歌颂狮心理查和亨利二世的丰功伟业。1169—1175年，"强弓"斯特隆堡（Strongbow）率领诺曼底和威尔士南方的武士入侵爱尔兰，1226年左右，有人以韵文创作了长达3 459行的八音节《德默特之歌》（*Chanson de Dermot*）。③ 最后我们要提

---

①　Hubert, La Monte, 昂布瓦兹著作的英译本导言，*L'Estoire...*, p. 3-22。另可参阅 Damian-Grint, *The New...*, p. 76-79，作者认为昂布瓦兹参加了狮心理查的远征，并亲眼目睹了十字军东征。

②　Lodge, «Literature…». R. Bezzola (*La Cour...*, p. 198) 认为，乔丹的语言表明他来自普瓦图地区，不过今天的批评者认为，乔丹的盎格鲁-诺曼语之所以会有奥克语的痕迹，可能是因为他曾追随拉博雷的吉尔伯特（Gilbert de la Porrée）在普瓦图逗留过，见 Damian-Grint, *The New...*, p. 74。

③　参阅康伦（Conlon）为其编纂和翻译《德默特之歌》（*The Song of Dermot*）所写的序言。该作品仅有一份手稿传世，抄写于1226—1250年。它的作者说，拉丁文本曾被莫里斯·勒甘（Morris Regan）译成法语韵文，译者是伦斯特（Leinster）王迪亚梅特·马克·慕沙达（Diarmait Mac Murchada）的翻译，那位王曾召唤诺曼底骑士前来解决他与邻国国王的纷争。

25

一下有关英格兰摄政元帅威廉（Guillaume le Maréchal）的著名武功歌，它是1230年由埃里的约翰（Jean d'Ely）创作的。^①这些长篇武功歌介于纪年和史诗之间，都是由较为接近历史事实的证人撰写的，而且他们都毫无保留地卷入了他们描写的事件。它们让人想起为国王效劳（servientes）的宫廷，以及以奥克语撰写的武功歌，南方的行吟诗人曾借此恭维或批评金雀花家族及其政治行动，这些为宣扬某个确定的事件而趁热打铁写下的诗歌，其实涉及的是一种虚构文学。

亚瑟传奇和加洛林史诗的很多篇章，长期只通过其创作者和表演者口头传播，1200年左右，它们开始在金雀花的领地上被付诸文字。它们属于诗意的想象和创造，神奇的构思、超人的功业、超自然力量的介入是这些创作的底色。不过，尽管有这些遮蔽，中世纪史家还是应该关心此类资料，因为它们处于特定的政治和社会背景中，并与这种背景保存着复杂的关系。此外，它们也能以独特的方式阐明集体心态和政治观念。

当然，我们今天有一种带有悲观主义色彩的后结构主义倾向，它宣扬人没有撰写历史的可能，因为过去不可理解。如果仔细观察，文献提供的只有话语，唯有某种专注于内在文本的路径，也就是以文本内容为中心，忽略一切外部实在的路径，才有可能对话语作深入的理解。这样的方法在中世纪史家中也有效仿者，他们将其运用于对文书文献的解读。更不必说，对于虚构文学，该方法禁止一切试图从文字中得出事实信息，以

---

① 参阅 P. 迈耶（P. Meyer）编订 [Jean le Trouvère]，*L'Histoire...*，D. Crouch，正在准备出版。

便窥视其作者和所处社会的路径。的确应该承认，结构主义的一大优点是，它指出了发明、操控、文类、模仿或神话在文字创作中所起的作用，并敦促读者采取更审慎的眼光。不过，在有关安茹王朝权威的研究中，如果将12—13世纪的文学，尤其是亚瑟传奇扔在一边，那将是个错误，因为诗歌创作和罗曼传奇在金雀花帝国占据独特的位置。①问题的关键是要让史家意识到，接触这些文本需要采取一些独特的方法。

另一些极为分散和多样的史料也构成有益的补充。诸位主教，如托马斯·贝克特（1162—1170年）、索尔兹伯里的约翰、吉尔伯特·弗里奥（Gilbert Foliot，1148—1187年）、利雪的阿努尔（Arnoul de Lisieux，1141—1181年）之间及他们与皮埃尔·德·布卢瓦（Pierre de Blois，约1130—1212年）②——坎特伯雷大主教的文书长、伦敦的主教代理——的通信，现在已经是很方便的参阅材料，因为它们最近全部已经被编订和翻译了。③这些信件先前已经被作者或其助手搜集整理过，以便为达到某种目的而广为传播④：或是为了证明托马斯·贝克特的政治

---

① "毫无疑问，12世纪中叶最优秀的诗歌中，很多是在安茹和诺曼底的宫廷中孕育的……英格兰是12世纪文艺复兴的顶点。" Dronke, «Peter of...», p. 185.

② R. W. Southern, Scholastic..., p. 178-218曾试图证明，有两个同名的皮埃尔·德·布卢瓦，他们是叔侄关系，一个人的文字更为严肃，另一个更为轻盈，但现存的文献证据表明，这个推测似乎并不可靠。

③ 所有这些作者，均可在文献附录中参阅他们的相关史料。埃格贝特·图尔克（Egbert Türk）正在准备将皮埃尔·德·布卢瓦的许多信件译成法语。

④ 例如，皮埃尔·德·布卢瓦的信件手稿现存约200份（其中约50份是15世纪在德国抄写的），原作者还几次着手汇编这些信件，时间分别在1189年、1196年、1198年和1202年。见雷韦尔（Revell）关于皮埃尔·德·布卢瓦的导论：The Later..., p. XV; Southern, Medieval..., p. 105。

方针的合法性，这位坎特伯雷大主教在国王面前坚定地捍卫教会的自由；而在这个问题上，伦敦主教吉尔伯特·弗里奥则是贝克特公开的反对者；对于利雪的阿努尔，他在担任诺曼底大法官之后一度失去国王的信任，因为他曾试图调解1173年亨利二世与其反叛的儿子们的关系。①

除了书信类资料，还应该提一下各种向王家行政机构负责人传授知识技能的手册，如前文提到的《关于财政署的对话》，1136年撰写的、论述宫廷运行的《国王宫廷组织论》（Constitution de la maison du roi）。②除了这些实用性（utilia）著作，高深的经院学术（subtilia scolastiques）也受到英格兰知识分子的关注，这中间我们可以想到索尔兹伯里的约翰，他众多的论著中就有《论政府原理》和《论城邦治理》（Gouverneur de la Cité），这是中世纪对政治现象的第一次系统性分析。

在社会学层面上，一个有意思的现象是在俗教士作者群体的增长，这与1150年代之前的情况形成鲜明的对比，当时流传下来的著作大部分都是僧侣的作品。但从此之后，年轻的知识人纷纷前往日益增多的城市学校，向那里的老师求学，而不是为了学识而将自己封闭在静默的修道院中。新一代学者的著述，是我们今天所称的12世纪文艺复兴运动的组成部分，这个说法是哈佛大学教授查尔斯·H.哈斯金斯（Charles H. Haskins）在

---

① 关于托马斯·贝克特，见 A. Duggan, *Thomas*...，以及最近编辑出版的通信集。阿努尔晚年曾对自己的信件进行了汇编，那时他被迫离开利雪的主教职位；他最后的朋友伊尔切斯特的理查德（Richard d'Ilchester）对通信集的编排作了修改，参阅施里伯（Schriber）为译本所写的导论, p. 1–13.

② 已作为附录编订出版, *Dialogus*..., p. 129–135.

1927年发表的著作中提出的。不过，一个为亨利二世服务的教士戈蒂耶·马普（Gautier Map，约1140—1209年），当时就使用了"现代性"（Modernité）一词。[1]至少就其人本主义而言，这种新人文主义与16世纪再次出现的人文主义难分轩轾：我们同样可以从中发现对于人性的乐观主义，甚至上帝也具有这种乐观主义了；可以发现对古典古代作者的热情；发现斯多葛主义理论的基督教化；发现理性在哲学及自然科学实验中地位的上升；发现关于智识学术具有无限性的信念；发现对传统和权威学说的部分质疑；发现关于情感的严肃且深沉表达，还有书面著作中俗语占有的新地位。[2]学识的世俗化尽管还只是相对的，但它足以吸引众多教士前往金雀花的宫廷，而金雀花君主则利用他们的学识为王权服务。对人文问题的探究是他们思考的核心，促使他们熟练掌握书面表达技艺，并形成了有关君主治理的理想化表述。人文研究有时还因法学概念的萃取而走向完善，而法学对立法和审判来说不可或缺。12世纪的思想复兴毫无疑问服务于王权的政治目标，当然这也推动着文化人走进宫廷。

金雀花帝国的国家建构历程，今天我们的了解已经比较清晰了，因为资料比过去要丰富得多了。不过，这个历程发生在特定的背景之下，因此，在进入这个主题之前，我们必须对这

---

[1] «Modernitatem hanc», De Nugis..., I, 30, p. 122. 参阅 Clanchy, «Moderni...», p. 671。

[2] Southern, Medieval Humanism..., p. 29-40; Scholastic Humanism... ; Verger, La Renaissance..., Renovación intelectual....

个背景作一个回顾。①说来有点蹊跷，这个帝国起源于一场内战，也就是1135年亨利一世死去后席卷英格兰-诺曼底王国的内战，我们知道，这个王国是几十年前由征服者威廉（Guillaume le Conquérant，1035—1087年）建立的。亨利一世死去后，有两位继承人争夺王位：一个是他的女儿、皇后玛蒂尔达，但此时她已是安茹伯爵美男子若弗瓦的妻子；另一位是他的侄子布卢瓦的斯蒂芬（Etienne de Blois，1135—1154年）。1144年，双方的争斗导致了一次领地分割：1135年已在威斯敏斯特加冕为国王的布卢瓦的斯蒂芬保有英格兰，而安茹的部队则继续占据诺曼底。1151年夏，美男子若弗瓦和他的长子亨利二世前往巴黎，为他们占有诺曼底而向路易七世臣从礼，当时这位法国国王认可了他们占有这块领地。

在那次会晤上，亨利二世还获得了对其王后阿基坦的埃莉诺（Aliénor d'Aquitaine）地位的承认，他与埃莉诺于1152年结婚。在此前的博让西（Beaugency）主教会议上，埃莉诺与路易七世的婚姻被认定为无效。埃莉诺比亨利二世年长十来岁，但他与这位女公爵继承人的婚姻给他带来了阿基坦，这个地区当时包括普瓦图、加斯科尼和利穆赞。②1151年9月，亨利二世的父亲不幸过早地去世，这就使得安茹家族的首领占据了曼恩和诺曼底，当然事先并非没有斗争，因为根据父亲的遗

---

① 拉姆齐（Ramsay）的经典论著 *The Angevin...* 十分详尽，征引周详。最近富有启示性的讨论，见 Gillingham, *The Angevin...*。

② 关于10—11世纪安茹伯爵对阿基坦的政策，以及他们对圣通日的统治，参阅 Bachrach, «The Idea...», p. 295-297, et «King...»。

嘱，亨利的幼弟若弗瓦（Geoffroi）才是安茹的合法继承人。①亨利二世第三次扩大领地范围，是通过父系继承、婚姻和武力而取得的成果。②从1140年代开始，亨利二世就已在英格兰广为人知，因为他跟随自己的舅舅、势力强大的格洛塞斯特的罗伯特（Robert de Gloucester，约1090—1147年）一起战斗，此人是亨利一世与牛津郡一个贵族妇女的私生子。那时的亨利还很年轻。③1153年11月，英格兰国王布卢瓦的斯蒂芬在自己的长子厄斯塔什（Eustache）早夭之后，便根据沃灵福德（Wallingford）条约的条款认亨利二世为继子，而斯蒂芬的幼子威廉（Guillaume，卒于1160年）则只能领有布洛涅伯爵领。斯蒂芬死去时，偏向于安茹家族的英格兰王位继承格局就已经确定下来了。1154年11月19日，亨利二世和阿基坦的埃莉诺在威斯敏斯特加冕。这位21岁的英格兰国王，此时已成为一个庞大的领地聚合体的首领，它包括一系列的王国、公爵领和伯爵领，这就是我们所称的金雀花帝国。

亨利二世随后开始巩固自己的地位。他与路易七世接近，这位法国国王则于1154年在鲁昂接受他的臣从礼，认可他对大陆上各块诸侯领地的占有。为了进一步坐实这个联盟，双方还定了亲：亨利的长子小亨利，将迎娶路易七世的女儿、法兰西的玛格丽特（Marguerite de France），后者还带来诺曼底的维克

---

① 有人质疑这一分割继承的真实性，见 W. L. Warren, *Henry II*, p. 46-47, 64; Le Patourel, *Feudal...*, IX, p. 6; Keefe, «Geoffrey...»。J. 基林厄姆 (*The Angevin...*, p. 21) 认为，索尔兹伯里的约翰出使罗马，是为了说服教宗阿德里安四世（Adrien IV）解除亨利二世遵守父亲临终遗愿的誓言。

② 关于1149—1159年英格兰的局势，参阅 Amt, *The Accession...*, p. 7-29。

③ Crouch, «Robert of...»。

森（Vexin）作为陪嫁。但在卢瓦尔地区，亨利二世对他的弟弟若弗瓦采取了战争行动，因为若弗瓦始终要求获得安茹。亨利粉碎了若弗瓦的军队，但仍将他安排为南特的主人，这个城市原来的主人奥尔伯爵（Hoel，1148—1156年）于1155年在一场城市暴动中被赶跑。三年之后，年仅24岁的若弗瓦死去。亨利二世的一个儿子，另一个若弗瓦，继承他的叔叔成为南特伯爵；1166年，小若弗瓦通过与自己的岳父柯南四世（Conan IV，1156—1171年）的关系，获得了对整个布列塔尼公爵领的继承权。在南方，亨利二世继续阿基坦历代公爵的扩张政策，其目标针对的是图卢兹。[1]1159年，在文书长托马斯·贝克特的支持下，亨利召集大军，与巴塞罗那伯爵和阿拉贡的君主雷蒙·贝伦加尔四世（Raimond Bérenger IV，1131—1162年）一起围攻图卢兹。[2]但路易七世前来驰援他的妹夫图卢兹的雷蒙五世（Raimond V，1148—1194年）。英格兰国王撤退了，但兼并了卡奥尔（Cahors）和凯尔西（Quercy）的部分地区。但图卢兹伯爵直到1173年才向他行臣从礼。

1160年代，亨利二世忙着处理两件事，长期来看，这两件事对他造成了灾难性的结局。首先，他打算按最纯粹的安茹传统，[3]在各个儿子之间分割自己的各诸侯领地：小亨利领有英格

---

[1] 关于金雀花家族与图卢兹的关系，见 Mace, *Les Comtes...* ; Benjamin, «A Forty...» ；以及最近出版的 Martindale, « "An Unfinished..."»。

[2] 为了表明联盟的意愿，他让自己的儿子理查与雷蒙-贝伦加尔四世的一个女儿联姻，后者可能是雷蒙唯一身份可考的女儿，但她于1174年嫁给了葡萄牙的桑乔一世（Sanche I，1185—1212 年），Torigni, *Chronicle...*, t. 4, p. 200; Newburgh, «Historia...», II, 10; 参阅 Gillingham, *Richard I*, p. 29 ; Aurell, *Les Noces...*, p. 378。

[3] Bachrach, «The Idea...», «Henry II...»。

兰-诺曼王国和大安茹，狮心理查领有阿基坦，布列塔尼归若弗瓦。为了给1166年出生的小儿子无地约翰找一块封地，亨利二世先后想了各种办法：与拉摩里耶内（La Maurienne）联姻、安排莫尔坦（Mortain）伯爵领，以及定居在威尔士的诺曼底骑士（cambro-normands）当时征服的爱尔兰东部地区。[1]另一个问题是他与从前的文书长托马斯·贝克特发生公开的冲突，而贝克特已于1162年加冕为坎特伯雷大主教。这位大主教断然拒绝《克拉伦登法令》（Constitutions de Clarendon），国王试图通过该法典废除几项教会特权，并更有效地控制英格兰教会；此举导致贝克特被迫流亡，随后又于1170年被刺杀。这宗在大教堂中犯下的罪行大大损害了亨利二世的权威。

就在此刻，阿基坦的埃莉诺，伙同她几个急不可耐地想自由支配继承产业的儿子们，于1173年造反了。诸位王子可以依靠各自诸侯领地上的贵族们的支持，还能指望法国国王，布卢瓦、布洛涅和佛兰德尔诸位伯爵，以及苏格兰国王狮子威廉（Guillaume le Lion，1165—1214年）施以援手。1174年7月，亨利二世前往托马斯·贝克特的墓进行悔罪朝圣，并利用这个时机在安维克（Alnwick）抓捕了狮子威廉，平息了叛乱。接着国王跟儿子们和解了，但他将阿基坦的埃莉诺长期囚禁。亨利二世此时在西方世界享有巨大威望，他几次被请求担任冲突的仲裁人就可证明这一点：一次是1177年处置他的女婿卡斯蒂尔的阿方索八世（Alphonse VIII，1158—1214年）与纳瓦尔的桑乔六世（Sanche VI，1154—1194年）之间的纷争，另一次是1182

---

[1] Flanagan, *Irish Society*..., p. 278-284.

年调停另一位女婿萨克森和巴伐利亚的公爵狮子亨利（Henri le Lion, 1129—1195 年）与皇帝腓特烈·巴巴罗萨（Frédéric Barberousse, 1152—1190 年）之间的纠纷。

但他还是不能防止自己的孩子再次反叛，也不能阻止他们彼此争斗。1183 年，小亨利在利穆赞死去，当时他刚刚对该地区进行了一番蹂躏，以表达他对父亲的不满。三年后，布列塔尼的若弗瓦也在巴黎死去，他在逗留巴黎期间，经常表现出与腓力·奥古斯都的亲密联系以对抗亨利二世。而且，法国的新国王已经表现出要与金雀花的竞争对手展开斗争的坚定决心，因为在他看来，安茹家族在大陆统治着如此辽阔的领地，这是对卡佩王朝的重大威胁。[①]1188 年 7 月，他对亨利二世再次采取了敌对行动。这一次，他可以依赖狮心理查的军事支持，后者当时正在卢瓦尔河谷同自己的父亲作战，而且取得了进展。无地约翰也卷入了阴谋。在 1189 年 7 月 4 日的阿泽-莱-希多（Azay-le-Rideau）条约中，处于弱势地位的亨利二世不得不承认理查为其唯一的继承人。两天后，这位被所有人抛弃的国王在希农（Chinon）城堡死去。

1189 年 9 月，狮心理查加冕为英格兰国王。[②]但他当时的意愿中只有一个目标：兑现他与腓力·奥古斯都一起许下的十字军誓言，当时他们都得知了耶路撒冷陷落的消息（1187 年）。[③]

[①] Baldwin, *Philippe*..., p. 42.

[②] 最近有两部出色的传记详细叙述了狮心理查在位时期的重大事件，见 Gillingham, *Richard I*; Flori, *Richard*...。

[③] 理查的曾祖父安茹的富尔克五世（Foulques V），于 1131—1143 年任耶路撒冷国王，因为富尔克娶了耶路撒冷的鲍德温二世（Baudouin II）的女儿梅丽桑德（Mélisende）。但美男子若弗瓦和亨利二世都没有追随富尔克前往圣地，前者过分专注于英格兰-诺曼底的继承战争，后者则违背了参加十字军的誓言。

导　论

他设立了萨拉丁税，征召了大批部队，还租用了一支蔚为壮观的船队。理查对加斯科尼贵族和图卢兹的雷蒙五世很是提防，临走前与纳瓦尔国王桑乔六世签订了一个条约，以便自己不在时由桑乔牵制他们。这个条约还规定他娶桑乔的女儿贝伦热尔（Bérengère）为妻，婚礼于1191年5月在塞浦路斯的利马索尔（Limassol）举行。1190—1191年的冬天，十字军在西西里驻留，这时英格兰国王和法国国王的关系开始恶化，因为他们在十字军进军的方向问题上产生了争吵。到春天时，理查征服了塞浦路斯。而在圣地，理查于1191年9月在阿苏尔（Arsur）取胜，来年8月又占领雅法（Jaffa），这就保证十字军的拉丁小国几乎控制了整个巴勒斯坦海岸。

但此时腓力·奥古斯都返回法国，并与无地约翰签署了一个条约，约翰将维克森、下贝里（Berry）地区和图兰（Touraine）的一部分让与腓力，作为交换，他获得他哥哥的领地的统治权。英格兰的局势更为复杂，因为大法官隆尚的威廉无力压制各种阴谋，而阴谋的策划者既有部分贵族，也有亨利二世的私生子、未来的约克大主教杰弗里（Geoffroi），还有库唐斯的戈蒂耶（Gautier de Coutances），此人最后还夺取了威廉的大法官职务。1192年9月，理查与萨拉丁（1171—1193年）签订停战协定，启程返回西方，但中途被奥地利的列奥波德（Léopold d'Autriche，1177—1194年）俘获，并被交给皇帝亨利六世（1190—1197年）。虽然教宗西斯廷三世（Célestin III）对列奥波德发出了绝罚令，但后者公然嘲弄那位十字军战士的基本权利，国王的囚禁时间超过了一年半。亨利六世强迫他承认自己的领地是皇帝的采邑。

不过，在金雀花帝国，阿基坦的埃莉诺推动了反对无地约翰的运动，并成功地筹集到一大笔赎金来解救他的儿子理查，这笔钱相当于英格兰两年的财政收入。[①]1194年4月，国王归来，他原谅了自己的弟弟。但他发动了对腓力·奥古斯都的无情战争，为的是从这个从前的盟友手中夺回失去的领地。随后两个月中，他接连在弗雷特瓦尔（Fréteval）和伊苏顿（Issoudun）获胜，并在岳父桑乔六世的支持下占领昂古莱姆（Angoulême），这些胜利之后，他夺回了维克森、图兰和下贝里。[②]1196年的《卢韦耶条约》（traité de Louviers）认可了新的局面。[③]外交方面的成就也很显著：理查与佛兰德尔伯爵博杜安九世（Baudouin IX, 1194—1206年）接近，将自己的妹妹、西西里的威廉二世的寡妻雅娜（Jeanne）嫁给图卢兹伯爵雷蒙六世（1194—1222年），他的外甥不伦瑞克的奥托四世（Otton IV de Brunswick, 1198—1218年）则加冕为皇帝……有了上述成果，理查就可以专心平定阿基坦贵族了。1199年3月，昂古莱姆伯爵掀起的新一轮叛乱迫使理查再次前往利穆赞。在围攻利摩日子爵的一个封臣占据的夏吕思城堡时，他被一枚角镞箭击中。伤口导致的溃疡于1199年4月6日夺去了他的性命，那时他只有41岁。

他的弟弟无地约翰成了他的继承人。一开始，他通过1200

[①] 关于埃莉诺寡居后日益增长的政治影响力，见 Martindale, «Fleanor…»; Hivergneaux, «Aliénor…»。两位作者从不同的材料出发，得出了同样的结论：一个以史学文献为依据，另一个基于外交史料。

[②] 关于法国国王在弗雷特瓦尔丢失令状文献柜的传说，见 Bautier, «Le règne…», p. 17. 实际上，这些遗失的文件涉及当时的行政管理、卡佩王室的封臣名录，以及从理查转投卡佩阵营的贵族名单。

[③] Power, «L'aristocratie…».

年 5 月 22 日代价高昂的《顾莱条约》(traite de Goulet) 而确保腓力保持中立，条件是将埃弗勒、维克森的部分地区和下贝里让与腓力。①但这次停战为时很短。1200 年 8 月 24 日，为了巩固自己在普瓦图的统治，约翰和昂古莱姆的女继承人伊莎贝拉（Isabelle）结婚。但是，伊莎贝拉已经"当面许诺"(verba de presenti) 嫁给拉马尔什（la Marche）伯爵卢西尼昂的于格九世（Hugues IX de Lusignan）；但这个女孩只有九岁，还没有到完婚年龄。从母系方面说，伊莎贝拉是路易七世的兄弟库特奈的皮埃尔（Pierre de Courtenay）的外孙女，所以也是腓力·奥古斯都的远房亲戚。但是，无地约翰如跟她结婚，一方面会遏制拉马尔什诸位伯爵，也就是卢西尼昂家族对昂古莱姆的野心，另一方面也会排斥卡佩在该地区的影响力。②应卢西尼昂的于格九世的要求，腓力·奥古斯都作出了回击，他于 1202 年 4 月 28 日下令剥夺（commise，这个术语的意思是主人剥夺其不忠的封臣的权益）英格兰国王在大陆的采邑。腓力转而支持约翰的侄子、在法国宫廷中长大的布列塔尼的亚瑟（Arthur de Bretagne），并让他入侵安茹。不过英格兰国王还是在普瓦图击败了亚瑟，并于 1202 年 7 月在米尔波（Mirebeau）俘虏了他。不过对无地约翰而言，这只是个喘口气的机会。他无法利用这场胜利，而且也疏远了自己领地上的贵族。而此时腓力·奥古斯都则接连取胜，最终于 1204 年攻取诺曼底、安茹和图兰。英格兰国王永远失去了这些诸侯领地。

---

① 根据该条约，卡斯蒂尔的布朗什（Blanche de Castille）——无地约翰是她舅舅——将嫁给路易八世。参阅 J. E. Ruiz Domenec, «Les souvenirs...»。

② Vincent, «Isabella...», p. 174-182.

最后，约翰在阿基坦也遭遇相同的困境，1204年4月1日，他的母亲埃莉诺在阿基坦死去，这对他的事业造成严重损害。很快，普瓦图的城市和贵族纷纷投靠腓力·奥古斯都。此时卡斯蒂尔的阿方索八世也入侵加斯科尼，他声称这个地方是约翰的姐姐雅娜带来的嫁妆：因为当时的婚约规定，他可以在岳母死后占据这一地区。① 但由于普瓦图地方长官萨瓦里·德·莫雷昂（Savary de Mauléon）② 和波尔多大主教埃里·德·马尔默特（Elie de Malmort）的坚定决心，当地的部分精英又重回金雀花阵营，局面开始恢复。1206年夏天，无地约翰率领大军回到大陆。他与腓力·奥古斯都签订停战协定，以便能够维持阿基坦的局势。

但在不列颠，约翰面临的难题同样棘手。他反对当选的坎特伯雷大主教斯蒂芬·朗顿（Etienne Langton）前来英格兰上任；教宗英诺森三世（Innocent III）发起反击，他于1208年对英格兰王国发布禁令，1209年又对国王处以绝罚。腓力·奥古斯都当时还想入侵不列颠。但到1214年2月，无地约翰还是带着自己的部队登陆大陆了。他的随从中的诺曼底和安茹贵族，可能是因为丧失了太多的利益，③ 所以急于进行这场冒险以夺回失去的东西，而在英格兰的纷争暂时消停了下来。但这次远征于7月2日在僧侣岩（La Roche-aux-Moines）遭受失败。7月27日，约翰的盟友帝国军队同样在布汶被击溃。在希农，腓力·奥古斯都同意给予英格兰国王五年的休战期，这让后者可

---

① Alvira, Buresi, «"Alphonse…"».
② Cao Carmichael de Bagly, «Savary…».
③ 关于这个压力集团，见 Vincent, *Peter*…。

以体面地抽身。回到英格兰后，约翰面临着一场全面的反叛，最后他不得不接受1215年6月19日的《大宪章》。他的对手甚至召唤未来的法国国王路易八世前来，后者在肯特郡登陆，控制了不列颠的东部地区，并于1216年6月2日进入伦敦。但约翰于10月19日死去，英国人转而支持他的儿子亨利三世，亨利赶跑了卡佩家族的王子。无地约翰的意外死亡很可能拯救了这个王朝，毕竟它保住了英格兰的王位。

亨利三世仍然麻烦不断，不过那时他还年幼，主要的责任在于他的大法官赫伯特·德·伯格（Hubert de Burgh）。当时爱尔兰的大法官马里斯克的杰弗里（Geoffroi de Marisco）在闹分裂，威尔士北方的诸侯勒韦林·阿普·约维斯（Llywelyn ap Iorwerth）占领了英格兰在威尔士南方的好几个城堡。阿基坦的局势更无法控制了。无地约翰的寡妻昂古莱姆的伊莎贝拉回到了故土，并与拉马尔什伯爵、卢西尼昂的于格十世结婚，新郎正是她前未婚夫的儿子。这次联姻在普瓦图南部缔造了一个领地辽阔的诸侯国，当年无地约翰十分担心的局面出现了。1224年6月2日，这对新婚夫妇在布尔日与路易八世达成谅解：他们以圣特（Saintes）、奥莱龙岛（Oléron）和一笔2 000利弗尔的年金为代价，换取法国国王支持他们夺取阿基坦。路易八世还跟图阿尔（Thouars）和利摩日的子爵们结盟，占领了拉罗谢尔（La Rochelle，如果英格兰再次发起攻势，这里将肯定是个桥头堡）、圣特和圣-让-当热里（Saint-Jean-d'Angély）。英格兰的亨利三世最终没有能控制普瓦图。只有加斯科尼抵挡住了于格十世的人马，这个地区更喜欢由遥远的英格兰人来统治。但到此时，与其祖先比起来，亨利三世采取行动的资源要少得多了。他最大的成就是1230年派舰队重新攻取了奥莱龙岛。于格十世和昂古莱姆的伊莎贝拉一向喜欢在联盟政策中见风使舵，他们于1242年发起反对法国王权的叛乱，图卢兹伯爵雷蒙七世（1222—1249年）也加入了。叛乱者都得到亨利三世的支持，但他们的行动很快就被挫败。1259年的巴黎条约承认加斯科尼归英国王室，[①] 不过，随着1224年普瓦图的丢失，金雀花帝国已经不复存在了。

这个帝国持续的时间足足有七十年左右。这本书的课题就是要探讨它何以能维持这么长时间。为了阐明这些原因，有必要从国王个人、他的家庭和他的近臣出发。这个很有限的圈子有时比较团结，但经常处于冲突之中，对它应该进行深入研究，因为它就是金雀花帝国政府本身。它是王家意识形态和宣传的推动器，这种意识形态和宣传都是为了让人们接受对国王的服从，但与此同时，服从在财政和军事方面造成的负担在持续增长。正是在这种语境下，起源神话、即时创作的历史故事和浪漫传奇才受到有意识的操控，亚瑟传奇便是如此。这个宫廷虽然总是在移动中，但各路信息都汇聚于它，各项决策都来源于它——当然决策是经过商议，并由有学识的文员具文的。对于这些信息和决策，安茹王朝的地方官员从不同的政治和社会角色那里收到的反响不尽一致。贵族和主教阶层是国王的优先对话者。只有这些人和新生的公社，才有能力能够根据自己的意愿认可或拒绝国王的命令。他们的驯服和反抗就是安茹帝国聚合或解体的原因所在。在一个很难绥靖的世界中，骑士们的战

---

① J. Le Goff, *Saint Louis*, Paris, 1996, p. 257–264.

斗和暴力无所不在，所以驯服总是会与抗拒交替出现。对于一个正在蓬勃发展的高级国家权威来说，这构成了一个决定其成败的难题。

  为认识这些难题，我将首先观察政治"中心"，即决策、宣传和强制力的核心点，这个点就体现为国王及其近臣，也就是宫廷。宫廷已经披上了充分发展起来的意识形态外衣，从这里出发，才确立起了对社会"边缘"的管理结构，这个边缘是我们接下来要考察的对象。有两个群体会接受或拒绝国王的领导：一个是贵族武士集团，他们是自己领地和封建网络的主人，因为拥有武力而桀骜不驯；另一个群体是主教和有学识的教士，他们的独立地位主要来自其古老特权的保护，也受有关权力的特定思想的维护。

王权的治理与强制

1177年，亨利二世熟识的文人皮埃尔·德·布卢瓦，给巴勒莫的大主教、英国人沃尔特写了一封信，当皮埃尔年轻时在诺曼人控制的西西里逗留期间，他曾与沃尔特常有往来。同一年，英格兰国王的女儿雅娜与西西里王威廉二世（Guillaume II，1154—1189年）成亲——皮埃尔曾是新娘的老师——此举巩固了金雀花的英格兰与地中海这个大岛屿的联系。皮埃尔在信中回答了朋友的问题，后者很好奇他的主人是个怎样的人物。皮埃尔一上来就把亨利二世比作《旧约》中著名的大卫王：都有红棕色的外表。他接着描述亨利的外貌：中等身材，圆形的头颅，方形脸庞，双眼灼热有神，有着恺撒式的秃顶，鼻梁高耸……在他"骑马的双腿"上，皮埃尔多说了几句："虽然双腿严重受伤，因为马匹经常尥蹶子而伤痕累累，但他从不坐着，除非是在马鞍上或在桌边。"① 国王的身体因为不离鞍辔而留下了很多烙印。战马和坐骑就是他想要的伙伴。亨利始终是个骑士，总是与自己的宫廷同行，和自己的军队一起疾驰。②

不过，在另一封信中，皮埃尔·德·布卢瓦对亨利二世的赞美有所不同。③ 这个宫廷教士的赞美因为其顾虑而有所动摇，也因为皮埃尔纠结于两种心境之间：他既想利用自己的政治职责成就善的功业，也希望过一种冥思的生活，但在他所处的世俗环境中这已经不可能了，他还细数了尘世间的各种诱惑。④ 随

---

① *Epistulæ*, n° 66, col. 197C.

② «Una die, si opus fuerit, quatuor aut quinque diætas excurrit et sic inimicorum machinamenta præveniens»（如有必要，他一天可以赶四五天的路程，这就挫败了敌人的计谋），*ibid*.

③ *Epistulæ*, n° 14, col. 44.

④ Higonnet, «Spiritual…».

着年龄的增长，片刻不停的奔走变得很乏味，皮埃尔厌倦了让廷臣不得休息的常年旅行。他描绘了这种游荡生活中的困苦：国王的随从总是不安地等待随时启程，因为国王会由着自己的性子说走就走。随从们总是出乎意料地接到出发的命令。一旦随从队伍出现动摇，旅途就会艰险丛生："就为了这种'虚空的虚空'（《传道书》1：2），我们今天的廷臣忍受着辛苦和疲惫，经历了无数不眠之夜和重大的危险考验：航海的危险，渡河的危险，翻山越岭的危险，朋友背叛的危险（参阅《哥林多后书》11：26—27）。他们经常要面对死亡，经常精疲力竭甚至伤残，甚至会失去生命。"但是，与圣保罗和他的使徒传道之行不同，他们不是以基督之名经历这些危险："他们是宣扬俗世精神之人，是宫廷培养出的门徒，是赫勒昆（Hellequin）的骑士。"① 赫勒昆是传说中受罚的精灵，魔鬼禁止他从马上下来，他带着一群逃离地狱的鬼魂（revenant），要在尘世中永远游荡，以涤除自己的罪过。② 像皮埃尔·德·布卢瓦一样，戈蒂耶·马普也是跟随那位安茹君主的宫廷不断迁徙的不幸的陪臣之一，他对这种近乎疯狂的奔波也是记忆犹新："上一次看见赫勒昆带领的鬼魂是在威尔士的赫里福德（Hereford），时间是亨利二世在位第一年的某个午夜。他们出行的阵势和我们一样，带着马车和役马，驮鞍和筐子，飞禽和猎狗，队伍里有男有女……从这一天以后，这支队伍就再没有出现过，好像他们已经附在我们身上，让我们这些可怜的疯子成天游荡，以致途中已然衣衫褴褛，我

---

① Trad. Harf-Lancner, «L'enfer…», p. 40. 参阅 Bezzola, La Cour…, p. 43; Dronke, «Peter…», p. 194。

② Schmitt, Les Revenants…, p. 134, 188.

们蹂躏列国，我们和自己的坐骑的身体都被掏空，但仍然没有时间来疗救一下我们病态的灵魂。"[1]皮埃尔·德·布卢瓦和戈蒂耶·马普看来被国王及其随从地狱般的游荡生活造成了严重的创伤。在他们的宗教话语中，有一种对宫廷生活的妖魔化，我们后文将分析其中的多重意旨。

当下重要的是要对他们负面的看法作一番澄清。与皮埃尔·德·布卢瓦的说法相反，国王的行程完全不是毫无计划的。实际上，行程是依据事先确定的路线计划，而且，这个计划经过了仔细的酝酿和长期的完善。国王羊皮卷上的账目表明，行程有时提前六个星期就开始准备，筹备工作还得到国王各个领地管家们的合作，因为出行人马要在他们那里得到足够的补给。[2]另外，一路上还有商人跟随，农民也会出现在途中，同样是为了供应出行的队伍。[3]最后，队伍宿营时也远不是精疲力竭，因为宿营地之间的距离大约是35公里，也就是马匹和车辆一天的行程。而且，财政署保管的开支账目也清楚地表明，旅程绝非那么辛苦，因为总务部门获得了特别安排：国库的贮藏被装载在一辆大车上；厨具装在一辆或两辆由单马拉拽的马车上，食品装在另一辆车上；武器，铸造装备，礼拜堂的礼拜用品，都被打包，由役畜驮运。[4]所以宫廷外出并不是皮埃尔·德·布卢瓦和戈蒂耶·马普说的那样累人。

此外，每次出行时的住宿条件也远非没有保证。途中的住

---

[1] *De Nugis*..., IV, 13, p. 370, trad. Harf-Lancer, «L'enfer...», p. 39, et I, 9.
[2] Mortimer, *Angevin*..., p. 18–19.
[3] Le Patourel, *Norman*..., p. 128–129.
[4] Jolliffe, *Angevin*..., p. 141, 229.

宿与城堡中的家居生活几乎没有差别。当然，混居和没有私密空间是下层人共同的命运。但即便是在荒僻的原野上旅行，国王和他最亲近的随从还是可以指望有一个舒适的安身之处。实际上，亨利二世给其他君主的一份厚礼，就是一顶名贵帐篷。1157年，他送给腓特烈·巴巴罗萨一个名副其实的小亭子，这件礼品借助滑轮和各种复杂的机械装置才安装完成；日耳曼的纪年作家、弗赖辛的拉赫文（Rahewin de Freising，卒于1175年左右）将亭子描述为"一顶装饰华美、令人赞叹的帐篷"，上面镶嵌着富有异域风情的丝线和各种装饰图案。①1177年，亨利的女儿雅娜与西西里的威廉二世结婚时，他给女儿的嫁妆中也有一顶"丝质帐篷"。②亨利二世送给其他君主的礼品中总包含一个类似亭子的帐篷，因为在他看来，这是任何国王在出行时所必备的。这足以说明旅行在他眼中的重要性。

对于辽阔的金雀花帝国而言，漫游是它的政府的内在属性。亨利二世在位的三十四年中，一共在24个不同的地方度过圣诞节，28次横渡英吉利海峡，2次渡过爱尔兰海。③如果加上他在每个领地上度过的月份数量，我们就可以获得更有意义的信息。他留在诺曼底（十四年半）和英格兰（十三年）的时间特别长，在这两个地方，他的权威根基最牢固，它们也是他的税收的主要来源地。他在安茹和阿基坦一共度过了七年，相当于他在位时间的五分之一。④其出巡的路线经常是穿越他的北方领地，那

---

① ［Otton de Freising］, *Gesta*..., III, 7, p. 406.
② «*Tentorium sericum*»; Richard de Devizes, *Chronicon*..., p. 17.
③ Warren, *Henry II*, p. 302.
④ Holt, «The End...», p. 229-230. 在诺曼底，大部分文件是在鲁昂拟定的，见Gauthiez, «Paris...», p. 123.

里较为驯服，治理有序，而卢瓦尔河以南各领地则骚动不安，他去得较少。事实上，出巡路线标示乃至创建了他的帝国，仿佛这位金雀花君主仅仅是靠亲自现身才获得这个空间的统治权的。他的封建关系网几乎完全依赖与封臣的这种面对面的接触：常年不在会削弱他的统治，会怂恿被亨利二世派去统治某个领地的儿子揭竿反叛，也有利于地方贵族坐大独立。用这位国王的话来说，常年不在会诱发争端和冲突。[1]另一方面，流动的宫廷在他看来便是正义之源，是善治和庇护之源。但归根结底，出巡的根本意义在于严密监控地方贵族和国王在地方的代理人，监督后者的工作是很必要的。皮埃尔·德·布卢瓦的信件说得很清楚："跟其他的国王不同，亨利二世从不待在宫里休息，而是在各地巡视，他查验每件事，首先是审查他为别人设立的法官。"[2]这位安茹君主及其宫廷的流动性必须紧密依赖地方官员的稳定性。[3]巡游式权威带有个人化特征，而非人格化的官僚制的发展也打上了他的个人烙印。

这种情况与前文对亨利二世在各个领地逗留的月份的推算是吻合的：官员最多的地方是英格兰-诺曼底这个老王国。国王的产业（domaines royaux）在这个地区密度最高，他的宫廷可以在这里逗留，就地消费农民的劳动果实。这里的行政管理结构很早以来就比较牢固了，这从致密的司法长官（prévôtés）

---

[1] 1158年8月，亨利二世在给约克的圣彼得教堂的信件中说："我在巡视中，并不逗留，以敦促手下，使其心中彼此勿生争吵"（«nec remaneat pro passagio meo quin juste cogant firmarios suos ut sint eis ad pectum de querelas quas adverus eos habuerint»），转引自 Jolliffe, Angevin..., p. 56, n. 2。

[2] Epistulæ, n° 66, col. 198A.

[3] Hollister, Baldwin, «The Rise...», p. 868.

代理人辖区网格可以看出来。① 英格兰的治安长官（sheriffs）和诺曼底的"子爵"（vicomtes，或译伯爵代理）承担了国王领地的管理工作，他们还负责照管森林和封臣出缺时的采邑；他们在自己的辖区内确保司法和治安稳定，为此他们配备有几个执达吏和情报员。② 他们征收常税，主要是对商业贸易活动收税，还有一些非常规的税收：比如到1161年仍在缴纳的丹麦金（Danegeld），这本来是从前交给维京人的贡赋；③ 还有1188年的萨拉丁什一税；狮心理查时期按土地面积核定的运输费（carruage）；对不能完成军役义务的封臣征收的盾牌捐（écuage）；以及其他的临时战争捐税……这些地方代理人必须在财政署官员面前证明其管理的正当，后一类官员从12世纪初就开始出现在海峡两边。如果发现腐败行为，则需缴纳相当于其非法所得两倍的罚款。而且，地方官员还受到王室特派法官的定期核查，这些法官根据习惯的路线（eyre）进行巡视。金雀花的王室权威，就是通过治安长官、子爵与司法长官和其他地方官员而实现对接的。最主要的问题是，城堡的守卫者应该由国王任命、调遣、罢免，国王对印制银币的负责人也应享有同样的权威，这些人是从他那里购买印币的模子的。这套官僚机构还是会滋生职务的出租、买卖和继承现象。亨利二世在位末期，已经开始由中央机构任命官员并直接支付其薪水，以取代过去的官僚体制。不过，这种现代体制只是在英格兰和诺曼底得到部分的推行。这与安茹和阿基坦刚刚萌芽的行政特征形成鲜明

---

① 关于英格兰制度与财政的综论，见 Mortimer, *Angevin*..., p. 42-70。
② Richardson, Sayles: *The Governance*..., p. 186-188。
③ J.A. Green, «The Last Century of Danegeld», EHR, 96, 1981, p. 241-258。

对比：在后两个领地，某些司法长官经营着伯爵的产业，并自行在这些产业上行使自己的司法权。

每个诸侯领地上都有国王的一名代表。这个人可能担任国王年幼的儿子们的摄政，但在英格兰和诺曼底，我们经常看到的是某个大法官，在安茹和阿基坦则是某个地方总管（sénéchal）。① 在英格兰-诺曼底王国，掌旗官（dapiférat，地方总管的荣誉性职务，负责掌管王室内务）更主要是军事指挥职责。国王的印玺掌握在文书长手中，后者负责文件的发出。英格兰和诺曼底的部分税收不是就地使用，而是用于支付宫廷人员的薪水，向贵族支付年金采邑（fiefs-rente），并支付在卢瓦尔河和阿基坦前线的军事行动的开支。这些资金临时存放在温切斯特，1207年后转到威斯敏斯特和其他英格兰城市，以及诺曼底的卡昂；它由一名司库和两名侍从负责保管，出库后它被装上叫作"长车"（longa carreta）的大车，以及叫作"蛇船"的船只。②

《关于财政署的对话》表明了王国良好的财政管理究竟应该是什么样子："无论是在战时还是在和平时期，钱都是必需的。一方面，钱要用来加固村庄的城墙，用来支付军饷和其他履职人员的薪水；这些都是在维护王国的良好秩序；另一方面，当战争停歇时，虔诚的君主要建造教堂，基督要在穷人身上供养和穿衣（《马太福音》25：40），财富应花在其他的慈悲功业上（《路加福音》16：9）。"③ 在这个计划中，优先考虑的是建造军事

---

① 关于英格兰大法官和英格兰司法制度的演进，参阅 Heiser, «The Households...»。
② Jolliffe, *Angevin*..., p. 227-233.
③ Richard Fitz Nigel, *Dialogus*..., p. 2. 关于国王支持"穷人"（pauper）反抗"权势者"（potentes）的问题，参阅 P.R. Hyams, *Kings, Lords and Peasants in Medieval England*, Oxford, 1980, p. 261; Hudson, *Land*..., p. 269。

防御工事和支付战士的薪水；接下来才是鼓励资助教堂和救济贫病的慈善事业。这个对话继承了奥古斯丁古老神学，它将国王的职责描述为进行正义的防御战争、促进基督教信仰和减轻臣民的苦难。

我们可能永远不会知道，金雀花的国王们究竟在何种程度上认真思考过亨利二世的财政官提出的这个方案，同样也不知道他们如何考虑政治革新的实际性质。但他们的确进行了无数次战争，以维护他们领地的完整，乃至扩大领地。他们还建造了城堡、修道院和教堂。他们也受到鼓励人们为穷人服务的新福音精神的感染。此外，他们曾试图在各地确立司法公正，并且认为他们比自己的贵族封臣和教会更有资格处置纷争、维护和平。为了进行有效的治理和确立他们的权威，他们必须依赖一个亲信群体的协助和建议；他们还要为自己不断强化的统治提供理论依据，借助意识形态和宣传来向贵族和教士表明其合法性。所以他们特别注意宫廷人员的构成，注意通过资助知识分子来发展一种政治文化。

宫廷，廷臣及其学识

对于亨利二世身边的教士（clercs）来说，理解宫廷是一个很大的挑战。他们甚至认为，要对宫廷作一番分析大大超越了他们的能力。戈蒂耶·马普直截了当地说："对宫廷的探讨是一个范围极广的课题，任何尝试都不会有结果，也不会达到真正的理解。"面对这么庞杂的任务，他事先就承认失败了："我是在谈论宫廷。但至于说我对宫廷了解些什么……喏，只有上帝才知道！"[1]对于想要尝试这个课题的中世纪史家来说，这可不是个鼓舞人心的评论，何况他还要用自己的学科方法去审视这些廷臣留下的文字。但对史家而言，宫廷又是王权独一无二的中心地点。正是从这个中心，君主和他的近臣对周边地带进行着治理。各项决策也是从这里发出，虽然它们在各个诸侯领地的执行效率各有不同。宫廷在地方的辐射力取决于它的流动性，它的外派官员的调查和巡视，宫廷信息员的报告，以及文书厅起草、由其信使送出的通信。若要深入理解王权的这个硬核，就必须回顾 curia 的意义，这是 cour（宫廷）一词在12世纪的文献中的拉丁语形式。从语义范围而言，curia 涵盖了我们今天的

---

[1] *De Nugis...*, I, 12, p. 36; 参阅 I, 1, p. 6, V, 7, p. 500。

cour的三重含义：它同时指法庭、宫殿和廷臣群体。

我们首先来看司法职能。在12世纪末，司法的集中是国王与堡主贵族们斗争的主要内容。在社会层面上说，司法集中意味着国王垄断惩戒权（ban），也就是强制和惩罚的权力，压制享有司法权的领主权。在观念层面，它是在罗马法传统中展开的，当然这个传统已经被圣奥古斯丁基督教化了。根据罗马法的传统，君主如果不能公正地实施司法权，大地上就不会有和平。在英格兰，司法向"王庭"（curia regis）集中的进程很早就开始了。① 在这里，1166年的克拉伦登会议已经规定，王室法官每年都要对各伯爵领地进行全面的巡视，以防止地方长官在其辖区内滥用权力，并废除古老的司法特权。从此之后，王室派出的巡回法官就在英格兰各地巡视，以监督伯爵法庭的良好运转。② 1170年的地方长官大调查（Inquisitio vicecomitum）对各伯爵领地官员的履职进行了考察，其中一些人因为腐败而被削职，此举再次表明英格兰制度的效率。③ 对我们的话题而言，这次调查标志着一个转折：出现了与宫廷联系紧密的地方法官，对于这些从宫廷派出的官员，英国历史学家干脆称之为宫廷地方长官（curial sheriffs）。④ 在狮心理查和无地约翰时期，这些官员的控制能力进一步增强。这类地方长官因而减轻了税收压

---

① S.F.C. Milsom, *The Legal Framework of English Feudalism*, Cambridge, 1973; F.M. Stenton, *The First Century of English Feudalism, 1066-1166*, Oxford, 1961 (2e ed.); Brand, *The Making...*.

② Ramsay, *The Angevin...*, p. 76-81.

③ J. Beauroy, «Centralisation...» ; Boorman, «The Sheriffs...», 该著指出，类似的调查已经在1159—1160年和1163—1164年进行过。

④ Carpenter, «The Decline...», Morris, *The Medieval...*.

力，或者停止征税了吗？1215年的反叛者并不这么认为，他们在《大宪章》中谴责了这类官员的滥权。[①]不过，他们应该使得报给威斯敏斯特的财政署的账目更加正规化了。除了巡回法官每年巡视的全面推广，克拉伦登会议采取的另一个举措是，神职人员犯罪应该按民事案件审理。这个决定是亨利二世和托马斯·贝克特产生冲突的根源，后者坚决维护教会的司法权。总之，在英格兰，司法权向宫廷集中取得了很大的进展。从很多方面看，类似的局面也出现在诺曼底。但是，英格兰-诺曼底的范例具有欺骗性，因为在安茹和阿基坦，地方权势者在面对中央权威时，仍保留着很大的自由空间。

其次，curia是个住所。最近十年，有关金雀花王朝各个居住点的专论不断问世。[②]它们见证了城堡研究（castellologie）——这种研究既关注建筑外形也关注文字史料——给我们关于过去的政治和战争生活的理解带来的重大贡献。这些著作描绘了大陆的吉佐尔（Gisors）、洛什（Loches）和希农，还有萨福克郡的奥尔福德（Orford）的多角碉楼，这是亨利二世于1165—1173年间下令修建的，它的格局与过去的诺曼方形塔楼形成鲜明对比。但安茹家族最重要的防御堡垒是英格兰的多佛城堡和诺曼底的加亚尔城堡，前者在1180—1189年经历了一次大规模的改建，后者是狮心理查从十字军返回后于1196年建造的：它们的造价非常昂贵，分别高达7 000和11 250利弗尔；比较一下：

---

① Amt, «The Reputation...».
② 参阅近著：*Les Fortifications dans les domaines*...；另有经典研究：H.M. Colvin, *The History of the King's Works I*, Londres, 1963。

1195年诺曼底全年的税款收入也只有大约14 000利弗尔。[1]围城战的技术进步，以及圣地军事建筑的影响，是这些城堡出现众多技术革新的原因，它们都适应了同心圆式的防御规划，同时配备内围墙和外围墙。金雀花的工程师当时已将军事建筑技术发展到最尖端的阶段，这比卡佩的工程师们大约领先了三十年：完全采用切割好的石材建造，建筑带有安茹式的斜面，塔楼带有突角，配备圆形的加固墩，弧形的突堞，弓箭手埋伏在壁龛或登杆器上，瞄准孔也有了改进……[2]另外，一些较老的王家城堡得到了加固，建造了用于进攻的侧翼塔楼。城堡的主塔并不总是很舒适，金雀花君主们在里面重新规划了房间，好让人住得更舒服一点，比如在希农城堡。[3]他们经常就是在这些房间里开庭，并举办宗教仪式。例如，圣徒阿瓦隆的休（Hugues d'Avalon）的传记作者、林肯主教（1186—1200年）亚当·恩斯哈姆（Adam d'Eynsham）就这样描写狮心理查：1198年8月，他参加了在加亚尔的城堡礼拜堂举行的弥撒，当那位圣徒要求国王作出和平之吻时，国王因为跟他不睦而迟迟不愿吻他。[4]宫廷和城堡融为一体看来是西方的独特之处，而在别的地方，国王和贵族的住所都是非军事化的；而且，城堡中居住的是长子，幼子们则到平原地带自建房屋。[5]金雀花城堡的这种双重使命，

---

[1] Moss, «Normandy...», «The Defence...»; Pitte, «Château-Gaillard...».
[2] Baudry, *Les Fortifications*...
[3] Rocheteau, «Le château...».
[4] ［Adam d'Eynsham］, *Magna vita*..., V, 5.
[5] Richard, «Châteaux, châtelains et vassaux en Bourgogne aux XIe et XIIe siècles», CCM, 3, 1960, p. 433-447; D. Barthélémy, *Les Deux Âges de la seigneurie banale. Coucy aux XIe-XIIIe siècles*, Paris, 1984; *La Maison forte au Moyen Âge*, éd. M. Bur, Paris, 1986.

即居住和军事使命,从象征层面上说,它意味着君主同时也是武士的楷模,从政治层面上说,它表明统治一块叛乱频仍的领地的巨大困难。

战斗中的人

对curia的第三重含义应该进行更充分的探讨。它指国王的近臣随从(entourage),也就是人员构成,或者更普遍地说,就是协助君主进行决策、治理其领地的某种政治社会。国王总是要听取它的建议。巴特尔(Battle)修道院的纪年曾记载,院长向亨利二世出示修道院的创建令状,并请国王再次确认:这家修道院是征服者威廉在1066年哈斯廷斯战役的旧址上颁令兴建的。国王当场回答说:"没有宫廷的意见,我什么都做不了。"[1] 他大概知道,在1150年代,为了使其豁免权获得认可,这家修道院以征服者威廉之名伪造了很多文件。[2] 院长于是立刻转向王国大法官理查德·吕瑟(Richard de Lucé,卒于1179年),此人便在亨利二世及其幕僚面前为修道院说话。不过,国王只有在分别听取双方的意见之后,才下令确认这份创建修道院的令状。[3] 还有一个例子可以说明宫廷对国王的影响:在亨利二世与托马斯·贝克特的冲突刚起之时,坎特伯雷地方的教士致信教

---

[1] «Nisi ex judicio curie mee»(除非出自我的宫廷的决定),The Chronicle of Battle..., 1980, p. 310-311.

[2] E. Searle, «Battle Abbey and Exemption: the Forged Charters», EHR, 83, 1968, p. 449-480.

[3] 最近对这个事件已有深入的研究:Boureau, La Loi..., p. 112-118。

宗，认为国王的近臣应该为损害教会自由的政策负责；问题在于"特别是私下里帮助国王的亲信，国王的意见和王国事务受他们指引"①。最后，《关于财政署的对话》也以类似的措辞提到"王国的贵族以更为私密的方式向国王建言，以致这些高层人物的决定和意愿就以不可违反的法律形式垂诸久远"②。在一种不同于近代绝对主义类型的君主制中，集体决策既可以提升国王命令的威望，也可以稀释君主个人的责任，必要时还可将政治错误归咎于他的某个下级。在当时文献的语汇库中，经常出现的术语是fidelis（亲信）、familiaris（亲近或熟悉的人）、secreta（秘密）、consilium（建议）和assistere（接近、在场），它们都表明，国王的近臣圈子有一种私密的、家庭性的特征，没有他们国王根本无法进行统治。③

对于亨利二世在位时期，对国王亲信随从的研究可以依据一些十分可靠的传记材料，它们是20世纪初诺曼底的博学研究者列奥波德·德利尔（Léopold Delisle）发表的。④不过，从方法论上说，这一研究还需延续一部经典研究开创的道路，即1965年让-弗朗索瓦·勒马里涅（Jean-François Lemarignier）的著作《卡佩早期的国王政府，978—1108年》（*Le gouvernement*

---

① «*Fideles et familiares regis specialiter assistentes secretis, is quorum manu consilia regis et regni negotia diriguntur*», Materials..., t. 5, p. 507.

② «*Majores quique de regno qui familiarius regiis secretis assistunt ut quod fuerit sub tantorum presentia constitutum vel terminatum inviolabili jure subsistat*», *Dialogus*..., p. 15. 上述三例均见 Warren, *Henry II*, p. 304–305。

③ Jolliffe, *Angevin*..., p. 173–187.

④ 见他为文件汇编所写的序言：*Recueil des actes d'Henri II*, t. 1, p. 351–505。尼古拉·文森特主持编订的亨利二世令状集即将出版，其中的一卷完全用于刊载廷臣的传记。

royal aux premiers temps capétiens, 978-1108）*。勒马里涅的研究方法基于对国王文书的见证人和副署人的辨识、统计和分析，分析出国王顾问群体的特征，然后再将其重置于社会和权力演进的整体语境中。这项研究后来有不少效仿者，尤其是在研究12世纪的法国专家之中。①最近又有第二股回潮，这得益于人们对人物志（prosopographie）的兴趣，也就是通过对多种传记的分析，得出关于每个社会群体的人员和轮廓的准确信息。在英国和美国，最新的分析框架在关于金雀花随从近臣的课题上运用得最充分，例如J.E.拉里（J.E.Lally）②、托马斯·K.基弗（Thomas K. Keefe）③、拉尔夫·V.特纳（Ralph V. Turner）④和尼古拉·文森特⑤的研究。在今天，人们利用信息技术建立数据库并借助统计学方法进行处理，从而大大推动了研究的进展。

家庭撕裂

从术语的现实且严格的含义来说，国王的"家庭"（famille）

---

* 这里有笔误或印刷错误，978年应为987年，即卡佩王朝开始的那一年。——译者

① O. Guillot, *Le Comte d'Anjou et son entourage au XIe siècle*, Paris, 1972; Bournazel, *Le Gouvernement...*; Mace, *Les Comtes...*; M. AURELL, «Le personnel politique catalan et aragonais d'Alphonse Ier en Provence (1166-1196)», *Annales du Midi*, 93, 1981, p. 121-139; «Els fonaments socials de la dominació catalana a Provença sota Alfons el Cast (1166-1196)», *Acta Historica Archæologica Mediævalia*, 5-6, 1984-1985, p. 83-110.

② *The Court...*，未发表的博士论文，目前尚无法参阅。但其基本的要点已被采纳和引用，Türk, *Nugæ...*。

③ *Feudal Assesments...*, «Counting those...».

④ *Men Raised...*

⑤ *Peter des...*, «King Henry II...», «Warin...».

就是核心亲属关系的成员，他们靠亲子关系或联姻而结合在一起，这是我们在分析这个关键群体时首先应注意的一点。在当时，金雀花的家族成员彼此之间都表现出某种无可否认的攻击性。实际上，亨利二世，他的妻子阿基坦的埃莉诺，还有他们的众多子孙，彼此之间的争斗从未停歇过。1173年的大叛乱就见证了这一点。叛乱是埃莉诺和她的儿子们策动的：小亨利，狮心理查，布列塔尼的若弗瓦；1183年，小亨利在利穆赞掀起新一轮的叛乱，1189年，已经患病的亨利二世受到狮心理查的军队的袭扰并最终丧命——且不要说1202年米尔波战役之后，很可能是无地约翰谋杀了他年幼的侄子布列塔尼的亚瑟。[①]这样的暴力攻击接二连三，此起彼伏，令人瞠目结舌。

本来它们可以编写成小说。至少，家族内斗在这个时代的文献中始终存在。例如，在杰弗里·盖马尔（Geoffroi Gaimar）的《英格兰人史》（*Histoire des Anglais*，1135—1138年）中，就上演了一出丹麦人哈维洛克（Haveloc）与其舅舅的斗争，后者想剥夺哈维洛克的王权；作者还描写了赫里沃德（Hereward）为夺回被非法剥夺的继承权而对家人发动的一场正义的反抗。1138年，蒙茅斯的杰弗里（Geoffroi de Monmouth，约1100—1155年）以拉丁语编写了一部《不列颠诸王史》（*Histoire des rois de Bretagne*），他同样描写了布雷纳（Brenne）反抗他的国王兄弟贝林（Belin）的故事。瓦斯将这部作品译成法语，并对它作了进一步的演绎：他把亚瑟王最邪恶的敌人莫德雷德

---

① Legge, «William...»; Strickland, *War*..., p.257; Richardson, Sayles, *The Governance*..., p.334; Cazel,«Religious...», p.109.

（Modred）说成是国王的侄子；蒙茅斯的杰弗里对此人的看法较为正面，他则将这位莫德雷德刻画成"勇猛无畏的骑士"。① 但我们将要谈论的是完全走出当时传奇作家们想象的金雀花家族。他们是12世纪的阿特柔斯（Atrides）。这个比较可能会犯时代错误。但狮心理查的同代人和他的赞赏者、纪年作家德维齐斯的理查德就是这样说的：他声称安茹王朝是"俄狄浦斯的混乱家族"。②

当然，这种家族争斗同卡佩王朝的统一形成对立，后者深知，自己的存续有赖于家族成员之间的精诚团结和他们对长者的严格服从。此外，这些冲突经常引发难以平息的敌意和仇隙，对于由此导致的狂热，宫廷教士们总想以自己的忠告来缓和一下。虽然亨利二世经常原谅自己的儿子，并将领地交还给他们，但他对儿子们的恶意从未消退过。1188—1189年，狮心理查的反叛达到高潮，当时皮埃尔·德·布卢瓦写了一篇《国王亨利和博纳瓦尔院长之间的对话》(*Dialogue entre le roi Henri et l'abbé de Bonneval*)，对话里的那位僧侣试图让国王恢复平静，但怒不可遏的亨利还是在他面前诅咒孩子下地狱。③根据理查德·W.萨瑟恩（Richard W. Southern）的看法，亨利二世很可能

---

① Geoffroi Gaimar, *L'Estoire*..., v. 61-816, p. 3-25, et v. 5461-5465, p. 173; Wace, *Le Roman de Brut*, v. 11173-11174, p. 583-584. 参阅 Gillingham, *The English*..., p. 233-258; R. Allen, «Eorles and Beornes: Contextualizing Lawman's Brut», *Arthuriana*, 8 (3), 1998, p. 5-6, 14; Zatta, «Translating...», p. 154; Holt, *Colonial*..., p. 313。

② *Chronicon*..., p. 2-3; *Thébaïde* de Stace 中有引用（vers 45-96）。

③ «Dialogus...», p. 97. 参阅 *Epistulæ*, n° 2, col. 3, n° 33, col. 109, n° 47, col. 457, et n° 167, col. 461, 转引自 Bezzola, *La Cour*..., p. 134。皮埃尔·德·布卢瓦在这里评论了亨利二世诸子的反抗，他把这归因于王子们身边的邪恶顾问们。

的确在1188—1189年间同一个叫克里斯蒂安（Christian）的人有过一场对话，此人就是沙特尔主教区博纳瓦尔地方的圣-弗洛伦坦（Saint-Florentin）本笃会修道院院长，而皮埃尔只是转录了这场谈话。① 不过更可能的情况是，这位院长只是假托的人物，是将回荡在金雀花随从圈子内部的各个片段，通过一个修道院的名字综合起来进行表达。② 皮埃尔·德·布卢瓦利用这个场景敦促读者爱自己的邻人，要经常接受圣事的洗礼。贵族们就更加要注意去主动悔罪，因为这个假托的对话中的斗争与现实并无太大的出入——安茹王室家族内部酝酿的仇恨情绪确乎太强烈了。

　　拉尔夫·德·利斯，一个文化修养很高的纪年作家也曾

---

① 萨瑟恩的证据有：克里斯蒂安的证词，见于1188年布卢瓦伯爵蒂博（Thibaut）的一份文件；基罗·德·巴里称，亨利二世那时更经常地同教士而不是俗人交谈；国王打算参加十字军；他对儿子理查很恼怒，后者向腓力·奥古斯都行臣从礼，对他而言这是一种不忠的行为……«Peter of Blois and...», p. 208-211.

② 很难设想皮埃尔·德·布卢瓦会是两个人谈话的忠实记录者。这位假托的院长，隐约让人想起夏朗德大主教、西多会会士圣皮埃尔（saint Pierre），此人于1174年死去，1191年封圣，很快就成为崇拜对象。皮埃尔年轻时是博纳瓦尔的修士，由于该地位于维埃那教区，他直接参与了亨利二世和路易七世的和解，时间在1170年圣灰周三。欧塞尔的若弗瓦（Geoffroi d'Auxerre）撰写了他的传记，其中记载了1170年的和解，见 AA SS, 8 Mai (BHL 6773), 330-331。在金雀花的领地上，名叫博纳瓦尔的宗教机构还有好几个，不过不太可能是文中提到的那个博纳瓦尔。此处的博纳瓦尔是1119年由卢西尼昂的于格（Hugues de Lusignan）在自己领地上创办的一家西多会修道院。在利穆赞有两家格拉蒙隐修院（格拉蒙是亨利二世特别喜欢的一家隐修会），它们分别是：Bonneval-de-Montusclat 和 Bonneval-de-Serre。最后，普瓦提埃主教区还有一家本笃会女修道院，叫 Bonneval-lès-Thouars。参阅 L. H. Cottineau, *Dictionnaire topo-bibliographique des abbayes et prieurés*, Mâcon, 1939, t. I, p. 428-431。这份长长的名单佐证了博纳瓦尔一名的隐喻意义：皮埃尔·德·布卢瓦创造的这个人物，因其名字是修道院的常见名称而更显得可信了。

试图探讨，何以此前历史中有这么多争吵。他引述了圣经中的人物，如基列（Galaad）的儿子耶弗他（Jephté），大卫的儿子押沙龙，亚述王辛那赫里布（西拿基里）的儿子亚得米勒（Adrammélek）和沙利色（Scharet），他们都谋杀了自己的父亲。3—4世纪尤斯丁（Justin）对弗拉维乌斯·约瑟夫（Flavius Josèphe，37—约95年）的《犹太古史》(Antiquités judaïques)进行了缩写，此即特罗哥-庞培（Trogué-Pompée）缩写本，它与贪食者彼得（Pierre le Mangeur, 1100—1179年）的《经院历史》(Histoire scolastique)都让拉尔夫·德·利斯想起波斯人和希律（Hérode）王宫廷中的那些弑父故事；通过对让布鲁的西哥贝特（Sigebert de Gembloux，约1030—1112年）的阅读，他得以了解墨洛温、西哥特和加洛林的争吵；关于盎格鲁-撒克逊和诺曼底诸王，他的主要资料来源是蒙茅斯的杰弗里和伍斯特的约翰（Jean de Worcester，卒于1118年）；而一些口传资料很可能是从国王夫妇或其在大陆的近臣那里听来的，他关于阿基坦的纪尧姆九世（1086—1126年）和纪尧姆十世（1126—1137年）之间、安茹的富尔克·内拉（Foulques Nerra, 987—1040年）和锤子若弗瓦（Geoffroi Martel，1040—1060年）之间的争斗的描写，看来就是以这些口传素材为依据的。历史也已经服务于接近金雀花宫廷的知识分子了，他们试图证明，在各种伟大的王权或君主权的世系中，他们的主人的态度是有某种延续性的。当然，他们的做法并不新鲜。

但这并不意味着他们因此就忽视王室的争斗，他们会在某个不幸的日子里叙述这种结局。1173年，昂热的圣欧班（Saint-Aubin）修道院年鉴记载说："国王亨利的三个儿子一起反叛他们的父亲：地上诸王国经历大动乱，教堂被蹂躏，宗教被践踏，世间丧失了和平。"①家族争吵对整个王国的冲击就这样清晰地被揭示了出来；这种冲突具有意想不到的规模。正如戈蒂耶·马普说的，一个像亨利一世那样能干的国王，统治其领地"就像一个优秀的家长领导一个家庭那样"②。所以他认为，安茹家族内部的和谐是金雀花帝国的和平与稳定的先决条件。他的赞赏者和抄袭者基罗·德·巴里的分析并无太大的不同，③当他总结亨利二世父子们统治的负面清单时，强调了他们之间的严重冲突，认为这是上帝施予的惩罚，并将这归结为岛屿统治者普遍存在的，尤其是英格兰统治者的专制主义传统。④对于这两位教士，每天阅读福音书就已让他们懂得，任何王国一旦分裂就会灭亡，所以无地约翰与卡佩斗争中最后的失败，主要原因就在于安茹家族那种悲剧性的家庭冲突。

当神职人员深入思考这种持续不断的争吵的深层原因时，他们话语中的异教色彩的神奇言论和基督教天命论总是纠结在一起。例如，罗杰·德·豪顿在描述亨利二世与狮心理查之间的最后一次战争时，就沉浸在这种超自然的神秘氛围中：有一次他们在旷野中交锋，当时晴空万里，但一道霹雳突然降临在父子之间；当理查进入停放着他父亲尸体的希农城堡大厅时，尸体突然鼻孔流血，在中世纪的神判观念中，创口流血就是指

---

① «Annales Sancti Albini...», p. 16.
② *De Nugis...*, V, 6, p. 474.
③ 他们之间的这种关系不可归结为纯粹意义上的友谊，参阅 Bate, «Walter Map...».
④ *De Principis...*, III, 27, p. 303.

明凶手在场。①罗杰·德·豪顿本来是位很谨慎的纪年作家，但他在叙述家族冲突时，此类超自然现象仍层出不穷。这就强化了父子争吵非同一般的激烈特征，仿佛只有借助不可思议的魔法才能解释。

的确，好几个人就是从起源神话的角度去理解这种冲突的。②基罗·德·巴里提醒说，安茹伯爵是一位不祥的女精灵的后代——这个女精灵或许就是梅卢西娜（Mélusine），③当她受丈夫的要求和胁迫去参加弥撒祝圣时，她就化为一阵青烟升入空中，因为她一直拒绝参加弥撒。④海斯特巴赫（Heisterbach）的西多会隐修院院长、出生于科隆的塞萨尔（Césaire，约1180—1240年）根据这个在西方广为流行的传说，将英格兰诸王比作梅林（Merlin），这些不列颠人都是某个梦魇般的魔鬼孕育出来的，因为"传说他们是某位女鬼魂养育出来的"⑤。基罗·德·巴里声称，狮心理查曾评述过这个故事，以此论证家族内战的理由所在，理查总结说："我们既然来自魔鬼，最后也就会归于魔鬼。"基罗还说，法国国王的亲信克莱沃的伯纳德（Bernard de

---

① *Chronica*..., t. 2, p. 366; *Gesta*..., t. 2, p. 71. 参阅 Broughton, *The Legends*..., p. 88-89; H. Platelle, «La voix du sang : le cadavre qui saigne en présence du meurtrier», *Actes du* 99e *congrès national des sociétés savantes*, Paris, 1977, t. 1, p. 161-179; Boureau, *La Loi*..., p. 26。

② 关于贵族家世的起源神话，参阅 E.Bournazel, «Mémoire et parenté», *La France de l'an Mil*, dir. R. Delord, Paris, 1990, p. 114-124。

③ J. Le Goff, E. Le Roy Ladurie, «Mélusine maternelle et défricheuse», *Annales ESC*, 26, 1971, p. 587-621.

④ *De Principis*..., III, 27, p. 301. 这个女精灵拒绝见圣体，让人想起无地约翰在加冕当天拒绝领圣体，尽管这个联想看来过于大胆。参阅 Richardson, Sayles, *The Governance*..., p. 331。

⑤ «*De matre phantastica descendisse*», *Dialogus miraculorum*..., III, 12.

Clairvaux，1091—1153年），以及因亨利二世1185年拒绝参加十字军——借口他不在时儿子们会反叛——而对他颇感恼怒的耶路撒冷教长赫拉克利乌斯（Héraclius），都曾以同样的言辞来描绘这个家族的起源：对于这两位教会中人，金雀花家族的行径会让他们堕入地狱，但事先他们还要虐待自己的臣民。[①] 在安茹家族奠基的神话时代，与某个女魔鬼的可怕结合就已经埋下了后代人之间发生流血冲突的种子。

这里我们也碰到了对一种更为接近大众和俗世的文化的借用，但这种文化也是学术性和宗教性的，因为教士们用关于梅林的预言来对安茹的家族仇恨作事后论证。梅林虽然是魔鬼养育的，但他还是成就了善的功业，帮助他收养的孤儿、布列塔尼人的王亚瑟取得了胜利：由于他跟一位堕落天使有血亲关系，所以获得了魔法知识，能够预知未来。这些关于未卜先知的传说最初来自某个威尔士人，后经圣-阿萨夫（Saint-Asaph，或称拉内尔维［Llanelwy］）主教蒙茅斯的杰弗里加工、转译和再现，于1134年首次出现在他撰写的《梅林预言》（*Prophéties de Merlin*）中，1138年，他又将其转录在自己的《布列塔尼诸王史》第三节中，这部史书是中世纪流传最广的著作之一。[②] 像其他有关预言的文类一样，梅林预言的特征也在于其神秘性，这就给后世的解说者留下了很大的解释空间。这些预言喜欢用某个动物来呈现，而这个动物本身的神秘性又进一步放大了解释

[①] *De Principis...*, III, 27, et II, 28.

[②] «Perhaps the most popular of all medieval historics», Clanchy, *England...*, p. 27. 这部著作现存215份中世纪手稿，其中81份出自12世纪和13世纪初。该著有很多俗语版本，见 Chauou, *L'Idéologie...*, p. 234。

的弹性。例如，以拉尔夫·德·利斯和普瓦图人理查德为一方，以罗杰·德·豪顿为另一方，分别对不同的预言作出了相同的解释：一个是鹰背弃配偶关系、为第三窝雏鸟而高兴的预言，另一个是这只不安分动物的子孙们的反抗的预言。这三位纪年作家都认为，这些故事象征亨利二世与其儿子们的恶劣关系①。据基罗·德·巴里的记载，亨利二世曾命人在温切斯特宫殿中绘制一幅壁画，画中四只雏鹰在攻击一只大鹰，以此来表现他四个叛逆的儿子。②这幅绘画与前面提到的两个预言并非没有关系。③另外，戈蒂耶·马普也从众多梅林的神谕中解读他所预告的不幸："猞猁到处乱窜就表明有灭种的危险"，这让人想起小亨利的举动，他把国王的这个儿子比作反抗自己父亲的押沙龙，而他27岁就早夭正是其反叛招致的惩罚。④总之，金雀花家族及其近臣都不约而同地借助梅林预言来为家族内战开脱。

所有这些预言都禁锢了个人自由，从而削弱了他们对自己的仇恨、暴怒和暴力行为应负的道德责任。他们的命运被锁

---

① Raoul de Diss, «Ymagines...», t. 2, p. 67. 这位作者认为，鹰是阿基坦的埃莉诺，因为两个翅膀覆盖着法兰西和英格兰王国，但埃莉诺与路易七世解除婚约，从而导致这种联合破裂，而她的第三个儿子理查也总想光大他母亲的名字。Richard le Poitevin, «Chronicon...», p. 419；Roger de Howden, Gesta..., p. 42. 关于这个问题的完整叙述，见 Chronica..., t. 2, p. 274-281。梅林预言的利用与英格兰王室的关系，可上溯到1138—1145年，那时苏热（Suger）院长曾将预言用于亨利一世身上，见 Vie de Louis VI le Gros, éd. H. Waquet, Paris, 1964, p. 98-103。

② De Principis..., III, 26, p. 295-296. 参阅 Kenaan-Kedar, «Aliénor...», p. 324。

③ 在这个问题上，基罗·德·巴里并没有明确指出这幅壁画与梅林预言之间的关系，但他立刻便转向了《弥迦书》的一条评注（7：5-6）。不过，在有关梅林的文本和基罗对壁画的描绘之中，都涉及一只鹰、它的雏鹰和对大鹰被锁住的颈部的攻击。

④ De Nugis..., IV, 1, p. 282.

定在时间的暗夜中无法挣脱，因为布列塔尼的神灵已经附着在他们身上。不管他们情愿还是不情愿，命运都将要兑现，包括弑父的暴行。说到底，梅林的预言就像关于安茹伯爵祖先的女精灵故事一样，属于民间传说的范畴，它讲述鬼魂及其喽啰如何介入人间事务，以此削减作为行动者的人的自由裁量权。这一点基罗·德·巴里比任何人都表达得更好，他是金雀花被诅咒理念的积极传播者之一。在他笔下，布列塔尼的若弗瓦——他的儿子亚瑟后来终被弟弟无地约翰杀害——曾这样回答未来的温切斯特主教吕西的杰弗里（Geoffroi de Lucy，1189—1204年）——后者是受他父亲派遣，前来请求他们父子和解的："您不该不知道，我们已经被赋予这样的天性，或者说我们从祖先那里已经继承了这样的遗产，他们反复教导我们，我们中的任何人都不会爱另一个人，我们总要兄弟与兄弟斗，儿子与父亲斗，要在这斗争中用尽全力。所以您不必费心来剥夺我们这份世袭的权利，因为您想泯灭我们的天性完全是徒劳的。"① 如果我们相信皮埃尔·德·布卢瓦，那么亨利二世的说法并无二致："我生来就是怒火之子，我怎能不发怒？"② 这种超越人力的决定论，可以部分说明金雀花家族对基督教道德、对家族世系秩序和政治平衡的普罗米修斯式的挑战。根据基罗·德·巴里及其他宫廷知识人的阐述，这不可违逆的命定论主要来自异教文化，或者说来自威尔士传说中梦魇般的女恶魔，他们自小就听说过

---

① *De Principis*..., III, 27, p. 302 ; trad. Bezzola, *La Cour*..., p. 85。

② «Dialogus inter...», p. 99-100. «*Natura sum filius ire*»（我生来就是怒火之子）一说见于《以弗所书》2：3：我们本是怒火之子（«*eramus natura filii ire*»），此处保罗指的是狂暴的肉欲，基督徒在皈依之前就深陷其中。

这些故事；或者说这就是拉丁斯多葛主义者的命数，而他们也是这些作品热情的读者。

历史学家卡尔·S. 莱泽尔（Karl S. Leyser）曾强调[①]，关于安茹家族的这些惊世骇俗的言论，本身带有渎神色彩，而且，当王权的行政效率在一天天地提高时，它的世俗化也在发展，这是此类言论产生的背景。情况果真如此吗？所谓金雀花家族拒斥宗教神圣性的问题比较复杂，我稍后会作进一步讨论。现在我们来看一下这个问题：金雀花家族对教会关于人有行动自由的传统学说似乎是大不敬的，他们的决定论言论参照的是一个魔鬼、女精灵和魔法师的世界，对于这个世界，我们既不能说它具有世俗色彩，也不能说它与神圣性完全敌对。所以，将12世纪国家的现代性，与当时神学家在学术文化中部分恢复的异教想象物放在一个层次上，似乎是有些不妥的。[②]

虽然金雀花家族试图在民间神话传说中寻找他们彼此憎恨的原因，但他们并不拒绝更为正统的解释。比如，他们更多是考虑最近的姻亲关系是否有充分的根据，而不是去思量与那个在圣餐面前患上恐惧症，然后在祝圣时化作青烟的女精灵的亲缘关系。这些新缔结的婚姻违反基督教伦理，它们像与女精灵的联姻一样有害；它们将那些像其母系奠基者一样邪恶的妇女迎进了安茹家的大门。这些妇人给家族的后代带来了灾难。她们是诺曼底人或普瓦图人，构成了不幸的源泉。另外，安茹家族与一位诺曼底公爵世家的女子结婚，这固然是一门有面子

[①] *Medieval*..., p. 262-263.
[②] 很多证据表明，民俗主题与经院神学之间有互动关系，见 Schmitt, *Les Revenants*...。

的亲事,而且后来还给他们带来了英格兰的王位,但这亲事一开始就埋下了败落的种子。实际上,按照维茹瓦的若弗瓦(Geoffroi de Vigeois)、罗杰·德·豪顿和戈蒂耶·马普的说法,玛蒂尔达的第一任丈夫皇帝亨利五世,并没有死去,而是在夜里离弃了他的妻子。[①]基罗·德·巴里说,皇帝离开后到切斯特(Chester)附近隐修,他是在那里为自己的过错赎罪;这位纪年作家进而指控,玛蒂尔达在跟美男子若弗瓦结婚时犯了重婚罪,他们的儿子亨利二世就是私通后的孽种。[②]另外,在金雀花家族的亲信圈子中,总有作者认为,他们的主人与阿基坦的联姻,跟与诺曼底的联姻一样堕落——如果不是更堕落的话。刚刚发生的事情表明,荒淫放荡给普瓦图家族和亨利二世带来了同样的大挫败。12世纪初,英格兰-诺曼底的纪年作家就众口一词地斥责阿基坦公爵纪尧姆九世,说这位游吟诗人的婚姻不忠,[③]在拉尔夫·德·迪斯笔下,公爵抛弃自己的合法妻子,投入一个叫墨百荣(Maubergeonne)的女人的怀抱;[④]他的儿子纪尧姆十世为了报复他,发动了长达七年的战争,最后在前往康波斯特拉的圣雅各墓(Saint-Jacques-de-Compostelle)的朝圣途中死去;但他死后没有能入葬家族成员的传统墓葬地,所以尸体将永无安宁,这是对他的叛乱的惩罚。在寻找金雀花家族内部争吵的原因时,基罗·德·巴里重拾起有罪之爱的母题:这就是

---

① 这方面的丰富文献最近已有研究:Lecuppre, «L'empereur...»。
② *De Principis...*, III, 27.
③ *Ymagines...*, p. 366.
④ G. T. Beech, «Contemporary views of William the Troubadour, IXth Duke of Aquitaine, 1086-1126», *Medieval Lives and the Historian*, dir. N. Bulst, J.-Ph. Genet, Kalamazoo (Mi), 1986, p. 73-88.

阿基坦公爵与沙泰勒罗（Châtellerault）女子爵的爱情，虽然其他资料都认为这位公爵是纪尧姆九世，但基罗认为就是阿基坦的埃莉诺的父亲纪尧姆十世，仿佛只有通过更亲的亲属关系，他才能更有力地打击亨利二世妻子的声誉。[1]

在这个女人埃莉诺身上，诋毁诽谤尤其来势汹汹。据说在1213年，林肯主教、查尔特勒会修士阿瓦隆的圣休临死前曾预言，埃莉诺与亨利二世的婚姻将成为安茹家族即将到来的崩溃的根源。[2]这桩婚姻是在十分可憎的条件下缔结的，它给英格兰国王带来的，只有国王已亲眼目睹的父子反目。实际上，大部分作家都认为，1173年针对亨利二世的大叛乱，就是埃莉诺阴谋策划的[3]：罗伯特·德·托里尼还对她的名字玩起了恶意的文字游戏，就是埃莉诺（Aliénor）离间了（aliéna）了国王父子。[4]像中世纪所有君主诸侯的妻子一样，她在丈夫宫廷中的形象受累于自己遥远的外来者身份，这使她对这个王室家族的历史和亲属关系而言都是个陌生人，更何况，她来自一个经常处于敌对关系的家族，虽然这桩婚姻刚刚带来一个稳定的临时休战期。[5]不过在教士们看来，埃莉诺的问题要严重得多。她的第二次婚姻根本就不该发生，因为这次婚姻既是重婚，也是乱伦和背叛。首先，两位纪年作家，牛堡的威廉和坎特伯雷的杰维斯，

---

[1] *De Principis...*, III, 27, p. 298-299.

[2] ［Adam d'Eynsham］, *Vita Hugonis...*, p. 184-185.

[3] Labande, «Pour une image...»,p. 210, n. 184; 这份文献目录还可加上 Giraud de Barri, *Expugnatio...*, I, 46; Pierre de Blois, *Epistulæ*, n° 154, col. 448D; Raoul le Noir, *Chronica...*,p. 175。

[4] *Chronicle...*, p. 256, et Pappano, «Marie de France...»。

[5] Aurell, *Les Noces...*, p. 110-112.

和一位巴黎的道学家罗伯特·德·古尔松（Robert de Courson），都在没有任何论证的情况下宣称，有关她与路易七世的婚姻无效的证据是非法的。血亲关系是她的第一次婚姻宣布无效时提出的依据，随后有人指出，埃莉诺的第二次婚姻同样存在十足的血亲关系，[1]因为亨利二世和埃莉诺是第五代的堂姐弟关系；[2]宫廷中还有一个传言：在同亨利二世结婚前，埃莉诺曾与他父亲美男子若弗瓦有肉体关系，所以她犯下了更严重的乱伦罪。这个传言出现在戈蒂耶·马普和其抄袭者基罗·德·巴里的著作中。[3]最后，为了在同自己封君的斗争中处于更有利的位置，亨利二世娶了这位封君的妻子，对一个封臣来说，这可是最大逆不道的背叛了。[4]通奸、血亲联姻和背叛：安茹伯爵与阿基坦女公爵的婚姻绝不会有任何好下场。

另外，更加让人失望的是，亨利二世还找了很多情妇。当然，对一个国王来说，这并不是什么新鲜事。很早以来，诺曼底公爵世家的婚姻就同"维京丹麦人的风习"联系在一起，这

---

[1] «*lllicita licentia*», Guillaume de Newburgh, «Historia rerum...», III, 26, t. 1, p.281; «*Artificioso juramento*», Gervais de Cantorbery, *Chronica*, p. 149; Baldwin, *Masters*..., p. 335.

[2] 实际上，这种五代血亲婚姻与她第一次与路易七世的婚姻很相似。Labande, «Pour une image...», p. 196, 212.

[3] Gautier Map, *De Nugis...V*, 6, p. 476. 这部著作的法文译本标题是 *Balivernes des courtisans*（《廷臣碎语》），这个标题很能说明问题。Giraud de Barri, *De Principis*..., III, 27, p. 300. 在戈蒂耶和基罗的其他碎语中，还有皇后玛蒂尔达的重婚罪，这是在她第一任丈夫退隐并安排了一次虚假的葬礼之后发生的事。关于这两位作者对埃莉诺的敌意，参阅 Owen, *Eleanor*..., p. 30 et *passim*, 作者在这里探讨了埃莉诺行事放荡的传说的形成。另见 G. Duby, *Dames du XII*e *siècle : Héloïse, Aliénor, Yseult et quelques autres*, Paris, 1995, p. 26-27 et 34-37。

[4] Giraud de Barri, *De Principis*..., II, 3, p. 159.

种风习中存在制度化的重婚现象,姘居所生的儿子享有全权。[1]牛堡的威廉评论说,亨利二世婚姻中的不忠效仿了他的母系祖父,他对这位祖父的放纵甚至不乏赞赏。[2]现代的研究发现,亨利一世至少有19个私生子,[3]这可以佐证牛堡的威廉的说法。不过,基罗·德·巴里将亨利二世的婚姻不忠视为儿子们仇视他的诸多原因之一。[4]他坚持认为,亨利二世的母亲和埃莉诺的父亲都犯有重婚罪,普瓦图的一个隐士已经预言,这双重的通奸注定了他们后代的厄运,而阿瓦隆的休就经常重复这个预言。[5]休的圣徒传记作者亚当·恩斯海姆(Adam d'Eynsham)借这个主教临终之口说出了一个预言:由于亨利二世和埃莉诺的不法婚姻,英格兰王权将在同卡佩的斗争中失败:"私通生下的孽种不会扎下深根……通奸之后产出的苗裔终将灭绝。"[6]休对英格兰-诺曼底世系的诅咒,因为这个世系的奠基者私生子威廉而更为激烈了,因为威廉也是一桩很不合乎基督教道德的婚姻的产儿。[7]将淫荡与家族乃至整个社会的混乱动荡联系在一起,是

---

[1] F. Lefèvre, *Les Mariages des ducs de Normandie de 911 à 1066*, université de Rouen, mémoire de maîtrise multigraphié, 1991, et M. Aurell, «Stratégies matrimoniales de l'aristocratie (IXe–XIIIe siècle)», *Actes du colloque Sexualité et mariage au Moyen Âge (Conques, 15–18 octobre 1998)*, dir. M. Rouche, Paris, 2000, p. 185–202.

[2] Newburgh, «Historia rerum…», III, 26, t. 1, p. 281.

[3] Turner, «The Children…», p. 18, et Crouch, «Robert…». 参阅 C. Given-Wilson, A. Curteis, *The Royal Bastards of Medieval England*, Londres, 1984。很遗憾这部著作很少被人参阅。

[4] *Expugnatio…*, I, 46; *De Principis…*, II, 3, p. 159.

[5] *De Principis…*, III, 27, p. 298–299.

[6] *Magna Vita…*, t. 2, p. 184–185; trad. Foreville, «L'image…», p. 125; Bates, «The Rise…», p. 22.

[7] *Magna Vita…*, III, 10.

一种既古老且流传甚广的信念。

这种信念当然涉及婚姻之外的私情，但它更关心乱伦，也就是近亲婚姻，它与其引发的仇恨和冲突存在系统的关联。根据圣欧班修道院的纪年作家的说法，1032年，安茹家族的锤子若弗瓦和他的一个堂妹普瓦图的阿涅丝（Agnès de Poitou）结婚，引发他与父亲富尔克·内拉的战争。[①]在这位僧侣作者看来，乱伦就是家族争吵的根源，这里他再次提到，乱伦违背圣奥古斯丁阐发的古老理念。婚姻的目的是更为广泛地传播爱（charité），让爱走出近亲构成的狭隘封闭的小圈子。婚姻的对象越远，和平与和睦占据的空间就越广。在通常所称的格里高利改革时代，神学家和道学家们对这个论点作了特别的发挥，他们以各种例子证明，血亲联姻只能带来纷扰、争吵和战争。[②]

然而，在这条已然十分古老的话语线索中，我们已经注意到，好几位纪年作者都已指出，亨利二世和阿基坦的埃莉诺，也就是安茹和普瓦图这两个相邻的伯爵领的诸侯，他们之间存在禁止联姻的亲缘关系。更何况，这位女公爵之所以断绝第一次婚姻，理由正在于夫妻之间存在血亲关系，所以他们的论证

---

① "1032年，他娶妻时犯了乱伦，由此出现战乱" «Incesto conjugio uxorem duxit, anno MXXXII, exinde bellum gessit», «Annales Sancti Albini...», p. 46, 转引自 Bachrach, «Henry II...», p. 119。

② P. Cobert, *Autour de Burchard de Worms. L'Église allemande et les interdits de parenté (IXe-XIIIe siècle)*, Francfort-sur-le-Main, 2001, et Aurell, *Les Noces*..., p. 299. 对亨利二世还有一个严厉的指控，说他奸污了他儿子狮心理查年轻的未婚妻法兰西的艾丽克斯（Alix de France），而他本来是艾丽克斯的保护人。这个指控应该放在同一层面来考察。不过与亨利二世与阿基坦的埃莉诺的婚姻相比，描述这个案例的史料似乎无法与前者相比，后者缺少道学家的说教。法兰西的艾丽克斯的案卷最近出现在基林厄姆的著作中：Gillingham, *Richard I*, p. 5, 82 et 142。

就更加有力了。两人的婚姻刚刚二十年之后，亨利二世的儿子们就在母亲的怂恿下掀起叛乱，这已经证明了他们的说法。这场大叛乱还给他们关于族外婚的说教提供了最炫目、最有说服力的例证之一。基罗·德·巴里和戈蒂耶·马普对埃莉诺同自己情人的儿子结婚的指控，应放在这种语境下来理解。这些文字是在无地约翰在位时写下的，当时家族内战中的主要敌对角色都已死去，但它们对金雀花家族闻所未闻的激烈冲突给出了一个解释。像任何一位熟悉当时的宗教说教、受制于时代的心态工具的教士一样，基罗和戈蒂耶在这种违背伦常的极端行为中给出了解释。所以他们是事后搬出乱伦学说，用以解释金雀花家族的内部仇恨，其目的在于给出一个范例（exemplum），谴责内婚制（endogamie）的又一个教化故事。在心态史和宗教精神史的层面上，他们的见解很有价值，但在了解埃莉诺的情感生活方面则毫无意义，对这个课题的探讨仍然极端肤浅。[①]他们的记载、他们的分析和他们的道德考量顶多表明，在12世纪，任何一位英格兰教士都认为，肉体罪孽，更准确地说血亲婚姻的罪，是这个家族内部撕裂的原因。

正如人们可能怀疑的，当代中世纪史学者的解释本身也是

[①] 对于这位王后有很多心理分析研究，见 Aurell, «Aliénor...»。除了这篇文章中征引的例子，还可以认为，尽管有个说法出自对相关问题很有发言权的中世纪史家的研究，但关于埃莉诺朝三暮四的性情，并没有可靠的文献依据。我们这里说的是她对元帅威廉的情感："元帅威廉因为难以置信的好运而发了财——英格兰的王后埃莉诺为他年轻人的魅力和早年的成就而倾倒……" D. Crouch, *The Image...*, p. 131. 雅克·勒高夫在一次杂志访谈中甚至走得更远："阿基坦的埃莉诺真是风骚至极，只关心权力和性，就这样，她在十字军途中盖过了丈夫路易七世的风头。" *L'Express*, 11 juillet 2002, p. 78.

置于完全不同的另一个层次上。这些解释通过心理、家庭或教育等视角来理解安茹家族的内部斗争。① 这些研究将家族成员之间无法平息的怨恨追溯到亨利二世诸子扰攘不安的童年，并指出这位国王在孩子教育中的严重缺位，因为他总是在旅途中。埃莉诺经常回阿基坦，她在孩子们教育中的角色几乎同样有限。于是乳母就成为宫廷之中不可或缺的角色，她们取代了埃莉诺的位置。其中一个叫霍迭尼（Hodierne）的乳母深得狮心理查的爱戴，他对霍迭尼极尽关照。另一个叫阿加特（Agathe）的乳母曾照料无地约翰，埃莉诺对她也十分慷慨。② 一些研究者采用了心理分析方法，根据他们的推断，埃莉诺只对狮心理查有过真正的母爱，而且还是当理查长大、被任命为阿基坦公爵之后。所以伊丽莎白·A.R.布朗（Elisabeth A.R. Brown）在阐述她与儿子们的关系时写道：王后更像个"统治者"而不是"养育者"。③ 另外，在约翰出生和埃莉诺进入更年期后，亨利二世与年轻的罗莎蒙德·克利福德（Rosemonde Clifford）同居，这在当时就已尽人皆知。这些研究还认为，亨利的放纵，他妻子的嫉妒，夫妻二人对孩子教育和情感的缺位，是代际冲突、他们与孩子的争斗和各自的精神创伤的根源，这种创伤在无地约翰身上十分明显，研究者已指出他性格偏执，有迫害狂热症，性情不稳定，性格专横武断……这些论点当然是有道理的。在今天，几乎所有的英国中世纪史研究者都注意到国王约翰性格中的不安因素，认为这导致他不得人心，并使他疏远了自己领地

---

① Turner, «Eleanor…».
② M. Cheney, «Master Geoffrey de Lucy», EHR, 82, 1967, p. 750-763.
③ «Eleanor…».

上的贵族，这也就可以理解他1204年的失败，尽管当时英格兰的税收进账仍然高于法兰西。[1]不过，这些假说有时把个人的心理因素看得过重，而且，由于相距八个世纪，当时的社会和心态背景与今天大不相同，所以要把握当时人的心理就更是难上加难了。

由于人物内心总是有辨识不清的个性自由，离开这个领域前往社会和集体行为的领域，看来并非十分不妥，因为在后一个领域，某些普遍规则，至少是某些合理性可以被总结出来。所以更应该探讨家族内战的政治原因，而且再三强调亨利二世控制的辽阔领地的复杂性也是合适的，因为这些没有共同的历史和传统的诸侯领地都拥有一段会加剧代际仇恨的过去。安茹帝国本质上就是分裂的，它的内聚力十分脆弱，离心力却格外强大。根据美男子若弗瓦的传记作者的说法，这位伯爵在临死前，对他的儿子和继承者提出一个发自肺腑的明确告诫：永远不要将一个诸侯领地的习惯迁移到另一个领地上，而要保持各自法律上的独特性，避免任何徒劳的融合。[2]但这个劝告看来无济于事，亨利二世的政治行动旨在将各个分散的领地聚合在一个统一的政府周围，而且要有一个共同的意识形态，就像他所

---

[1] 参阅最近在诺维奇举办的研讨会文集：*King John. New Interpretations*。关于无地约翰的不得人心，见 Gillingham, «Historians without...»; Bradbury «Philip Augustus...»。关于税收体制的比较，见 «The Revenues...»; Turner, «Good...»。巴黎和鲁昂的人口比较研究也是一个有趣的话题，它涉及两位国王的资源：1204 年，这两座城市居民数量大致相当，但鲁昂在 1180 年左右人口更多，并长期占据优势，见 Gauthiez, «Paris...», p. 131。

[2] Jean de Marmoutier, «Historia Gaufredi», p. 224.

面对的法兰西国王权一样,①但这个抱负太大了,也许不切实际。狮心理查在加冕后也采取了类似的路线。②这种集权化的意愿表现在某些法律,巡回法庭,某些与英格兰-诺曼底王国,乃至整个金雀花帝国相关的调查之中。③在他的儿子统治的各诸侯国,集中化的意愿以带有侮辱性和强迫性的方式呈现出来:主要表现为亨利二世及其宫廷持续不断的命令和经常的造访。

国王还面临地方贵族的反对,尤其是在安茹、阿基坦和布列塔尼。为了维持自己的独立,地方领主会到诸侯国首领,也就是亨利二世儿子的法庭上状告他们的父亲。当时的文献反映的就是这种情形。实际上,它们怪罪"邪恶的顾问们"致使王子们走上反叛之路。在《卢传奇》中,瓦斯指名道姓地激烈抨击几个诺曼底"土霸王",因为这些人在1170年代初败坏了亨利二世和其儿子们的关系,挑拨双方彼此忿恨;④在这方面,这些贵族模仿的是法国人的劣迹:给儿子出馊主意以陷害父亲(上引书,第69行)。这句话甚至还有了官方版本,出现在一则书信资料中。1173年,亨利二世致信教宗亚历山大三世(1159—1181年),请求对叛乱者施以绝罚。他现身说法,对《圣经·箴言》17:2中的经文作了雄辩滔滔的长篇解读:"仆人办事聪明,

---

① Boussard, *Le Gouvernement*..., p. 14, 583-589.

② J. 基林厄姆的著作完全专注于狮心理查的战争,但忽视了他的治理工作。

③ 对治安长官的调查,英格兰是1170年,诺曼底在1171年;1177年针对诺曼底、安茹、阿基坦和布列塔尼发布了保证债务安全的文件;1181年英格兰和诺曼底设立军事巡回法庭(assises des armes);同年布列塔尼的若弗瓦确定长子权,这受到亨利二世在诺曼底的制度的启发,见 Holt, «The End...», p. 227-228。

④ Ed. Holden, V. 77-80, t. 1, p. 5. 这个文本撰写于1174年,而瓦斯将《尊亲纪年》的年代定为1160年。参阅 Paris, *La Littérature*..., p. 45。

必管辖贻羞之子。"① 儿子们之所以叛乱，亨利认为地方贵族进谗言是最主要的原因，这个分析套路倒是颇类似于廷臣们超自然或神话故事的解释模式。从政治方面说，这个说法的优点是将叛乱的道德责任推卸给贵族，而对于贵族，王权总想把他们踩在脚底下。

某位谋臣凌驾于年轻的王室子弟之上：这种罪名还为宽恕后者提供了很好的理由。狮心理查自囚禁归来之后，在利雪主祭那里与无地约翰见了面，约翰跪倒在哥哥脚下，理查扶起说："约翰，不要害怕。你不过是个孩子。你身边有些坏伙伴，你的谋臣要付出代价。"片刻之后，两兄弟就一起共享了一条鲑鱼，以示和解。② 其实那时约翰已经27岁了。不过，当理查就弟弟的年龄说了个真心的谎言时，他应该会想起，自己第一次反抗亨利二世时才15岁。这些关于反叛和宽恕的叙述之所以总是强调反叛者的年龄，一方面是因为想让人注意到，他们刚刚走出青春期，因而比常人更易受影响；另一方面，从"青年"（jeunesse）这个词的社会学含义来说，③ 这个年纪也使他们极易对父亲或兄长发起攻击。青年时代（juvenis）的每个王子都急不可耐地等着继承产业，当这个时刻迟迟未到时，他们就拿起武器对家族首领动武，以便制造既成事实。这种渴望中掺杂着

---

① «Variorum epistolæ ad Alexandrum III», PL, t. 200, n° 32, col. 1389-1390.

② [Jean le Trouvère], *L'Histoire*..., v. 10363-10419. 1173年，亨利二世"原谅了诸幼子，因为他们年纪太轻"，见 Newburgh, «Historia rerum...», II, 38。让·勒·特鲁维尔（Jean le Trouvère）再次提到，亨利二世当时将责任归于他们的顾问，*Ibid.*, v. 2327-2382.

③ G. Duby, «Les jeunes dans la société aristocratique dans la France du Nord-Ouest au XIIe siècle», *Annales ESC*, 19, 1964, p. 835-846, 收录 *Hommes*..., p. 213-226。

对家族产业的垂涎和对父亲权威的嫉妒，它在金雀花家族内部看来表现得特别明显：弑父在这里可不仅仅只是具有象征意义。

总之，在王权的近代观念和权威的家产制理解之间，在国家治理的公共特征与君主王朝的私人性质之间，存在某种根本的不相容；而且，就王朝本身而言，它还有一种矛盾至极的执念：要维护王朝的团结，所以应不惜一切代价维护诸幼子的权利。这一制度的古旧性质同样构成沉重的负担。虽然"金雀花空间"边缘地带的贵族叛乱的确会激发王室的内部争吵，但宫廷看来并不是一个震中，宫廷的阴谋并不像同心波浪那样向外传递，传到边缘地带时就逐步平息了。恰恰相反，是来自边缘的压力摧毁了核心的团结。[1]是国王的儿子们在捍卫他们治下各诸侯国的贵族的利益。而且他们近臣圈子的影响力过于强大。王子们的扈从队伍（mesnies，即领主的家室和武装随从）是一个不利于父王宫廷的动荡因素。

最后，金雀花家族的历史在11—12世纪西方世界的光谱中是个另类吗？是的，这个家族内部叛乱之频繁十分罕见。亨利二世的同代人，无论是路易七世——当然，他只有一个儿子——还是腓特烈·巴巴罗萨，都不曾在自己的后代中碰到如此激烈的对抗。但是，这位英格兰国王的父系和母系家族的历史上都经历过类似的局面。在父系安茹家族的富尔克·内拉和其子锤子若弗瓦时期，在母系诺曼底家族，理查三世（1026—1028年）、光辉者罗贝尔（Robert le Magnifique，1028—1035

---

[1] 1173年叛乱的起因是理查拒绝将阿基坦让给自己的兄弟，参阅Martindale, Status..., XI, p. 22: "在母亲和儿子两代人中，存在一种无法磨灭的地区归属感和共享的经验。"

年）兄弟之间，乃至征服者威廉诸子之间，暴力斗争，终身囚禁，可能还有手足相残的情况时有发生。在亨利二世家族内部的"暴力敌对关系"中，美国历史学家伯纳德·S.巴赫拉齐（Bernard S.Bachrach）甚至发现了某种"安茹世家行为方式的结构性遗产"①。还是应该强调，指出王朝世家的返祖现象很可能是不无道理的，因为这种情况并非金雀花的安茹和诺曼底祖先所独有的。

在当时，近亲之间的争吵并不像人们以为的那么罕见。在巴塞罗那伯爵世家，女伯爵卡尔卡松那的埃摩森德（Ermessende de Carcassonne，卒于1058年）在寡居期间，她的儿子和孙子曾先后掀起叛乱；雷蒙·贝伦加尔二世（Raimond Bérenger II，1076—1082年）被人刺杀很可能是受了其双胞胎兄弟贝伦加尔·雷蒙一世（Bérenger Raimond Ier，1076—1096年）的唆使。在莱昂-卡斯蒂尔王室，兄弟相残的惨剧也时有发生：国王阿方索六世（1065—1109年）曾在熙德（le Cid）强烈要求之下，为自己谋杀长兄桑乔二世（1065—1072年）发表赎罪誓言。这种情况到12世纪更常见了：金雀花的亨利二世的女婿、卡斯蒂尔的阿方索八世（1158—1214年）就和自己的堂兄弟莱昂的阿方索九世（1188—1230年）争持不下，损害了再征服（Reconquista）的大业；与此同时，普罗旺斯伯爵桑乔则在1185年掀起对其兄弟、巴塞罗那伯爵和阿拉贡国王阿方索二世（1162—1196年）的叛乱。②最后，在阿尔比十字军期间，亨

---

① «Henry…», p. 112.
② C. Estepa, *El Reinado de Alfonso VI*, Madrid, 1985; J. Gonzalez, *El Reino de Castilla en la época de Alfonso VIII*, Madrid, 1960; Aurell, *Les Noces*…, p. 182, 226-233.et 625.

利二世的另一个女婿图卢兹伯爵雷蒙六世，不得不与亲兄弟西蒙·德·孟福尔队伍中的武士博杜安（Baudouin）作战；1214年，他俘虏了博杜安并判处他绞刑。[1]这样的例子不胜枚举，它们表明，在君主和诸侯家族中，和谐通常是例外的情况。实际上，法国的卡佩王朝是个独特的案例，"卡佩的奇迹"似乎正在于一代代的长子能让幼弟和儿子们恪守规矩。不过，中世纪史家却将这个家族作为与金雀花家族——它的世仇——进行比较的唯一参照。

不过，法兰西国王也像金雀花家族一样，需要努力将父母的产业转给长子，将新获得的领地以亲王采邑（apanage）的形式赠与幼子们。1225年，路易八世的遗嘱将三分之一的王室领地让予三个幼子。[2]这种分割继承优待长子，因为后者完整地继承了祖先的家产和王权，而王权意味着诸幼弟需要向他行臣从礼。这样的继承规则也适用于金雀花家族，尽管不排除些许差异。[3]另外，在12世纪，这种继承规则是贵族世家的内在要求，法兰西和英格兰的国王只是顺从了普遍的习惯。它甚至经常出现在金雀花宫廷文书们的拉丁文著作中，这些人回顾说，在亚瑟王之前的古代大不列颠，王室家族内部实行的是分割继承。[4]因此，国王在世时的分割继承，或继承规则中的领地分割，是

---

[1] Mace, *Les Comtes*..., p. 74-86.

[2] Lewis, *Le Sang*..., p. 209-220.

[3] Holt, «The End...», p. 240-241; Warren, *Henry II*, p. 108-109, 206, 229-230; Le Patourel, *Norman*..., p. 184-187; Gillingham, *The Angevin*..., p. 119-122, 220. 关于几位作者看法的不同，见 Flanagan, *The Irish*..., p. 276-284。

[4] Giraud de Barri, *Descriptio Kambrie*, I, 7; R[obert de Torigni], *The Story of Meriadoc*..., p. 3-7.

王室和贵族世家广泛接受的做法，我们不应在这方面寻找金雀花家族争吵的原因。原因或许在于帝国边缘各领地的贵族的活力，以及他们的叛乱天性。

近臣的忠诚

在亨利二世近臣的著作中，familia regis（国王的家庭）内部笼罩在不和睦的氛围中，当然，familia regis 一说指的不仅是严格意义上的国王核心家庭。[①]例如，罗杰·德·豪顿就说，小亨利的"家庭"有好几百个骑士。[②]所以这个术语包含一大群武士、谋臣、家仆，还有追随君主的礼拜神父们。家庭首先包括的是国王或远或近的亲属，当然他所生的孩子在其中占有特殊地位。孩子们中间还没有边缘化的情形，似乎非婚生在当时还不构成一个社会障碍。[③]1182年，未来的约克主教杰弗里放弃林肯主教的职务，转而担任父亲亨利二世的文书长，亨利二世在最后一次面对诸位婚生儿子们的叛乱时，曾向自己的臣民这样称呼杰弗里："这才是我真正的儿子。其他的儿子都是杂种！"[④]同样，在无地约翰的随从中十分活跃的长剑威廉（Guillaume Longsword）也是约翰的同父异母兄弟；他娶了索尔兹伯里伯爵领的女继承人为妻，政治生涯十分耀眼：担任八个伯爵领的治

[①] Jolliffe, *Angevin*..., p. 143-146.

[②] *Chronica*, p. 291, 转引自 par Türk, *Nugæ*..., p. 7。

[③] 人们应该还记得，私生子格洛斯特的罗伯特在1141年林肯战役前的辩护词，纪年作家亨廷顿的亨利（Henri de Huntingdon）有过记载："我是最高贵的国王（亨利一世）的儿子，另一位最高贵的国王（征服者威廉，另一个私生子）的孙子，我的身份无人能比。"转引自 Crouch, *The Image*..., p. 4-5。

[④] Giraud de Barri, *De Vita Galfredi*..., I, 3. 另见 Jolliffe, *Angevin*..., p. 110-118; D. L. Douie, *Archbishop Geoffrey Plantagenet and the Chapter of York*, York, 1960。

安长官，国王在加斯科尼的副王，多佛城堡的守备，威尔士边区的负责人，还有数不清的外交职务……①

仆人和内侍也是国王私密圈子的成员。这是由卫兵、厨师、司务长、鹰隼训练师，以及小丑和说书人构成的小世界，这些人和王国显贵们住在一起。理论上说他们承担的是些卑微的家内事务，但经常会受到王室的优待。乳母霍迭尼的儿子、与狮心理查一起长大的亚历山大·内卡姆（Alexandre Neckam，1157—1217年）就靠这种关系在牛津上学，后来成为神学家，并担任了布里斯托尔附近西伦切斯特（Cirencester）修道院的院长。②在中世纪的宫廷，全部的权力经常就在家庭的核心，这个家庭盛行的是家长制，而家长的手下们则将各种职能扩展到不同的政治领域。我们知道，12世纪的很多显赫职位就是从国王家内事务中产生的，如司酒官（bouteiller）、马蹄铁匠（maréchal）、内侍长（chambrier）和总管（connétable），它们虽低微却受人看重。③后来这些职务成为世袭，被一些大家族占据。如奥比尼（Aubigny）家族占据了司酒官，因为这个家族的阿伦戴尔（Arundel）伯爵威廉娶了亨利一世的寡妻。④宫廷官职起源于家内管理工作（ministérialité）。这种提升不仅是制度方面的，还具有社会意义，很多内侍家族地位的上升就证明了这一点：在那个时代，国王的权威与其说是君主制的，不如说是庇护制

---

① Turner, *Men raised...*, p. 17.
② Turner, «Eleanor...», p. 326. 参阅 Hunt, Gibson, *The Schools...*。
③ Boussard, *Le Gouvernement...*, p. 339-348.［译者按：这些源自国王内廷的职务后来成为重要的官职，如 maréchal 同后来的元帅是一个词，connétable 在中世纪后期和近代早期是法国军队的高级职务。］
④ Keefe, «Place-Date...», p. 184.

的，它仍带有家庭色彩。

　　此外，这个"家庭"还包括国王最亲近的谋臣，他们在国王不知疲倦的旅途中追随其左右。对中世纪史研究者而言，国王的漫游实在是一份意外之喜，因为他们可以从文书厅发出的文件的署名名单中得出"长期随从"的名录。这些随从仅限于忠实的仆人，他们随国王到处迁徙，所以不应同那些"临时随从圈子"混淆，后者是那些在国王穿越其领地时前来拜会的显贵，因此只出现在文书的收尾段（eschatocole）中。不少跟随国王到处奔波的亲近随从，还可能被委以地方职务或派往远方履职。他们很少是专业的行政人员，既可以是治安长官，也可以担任巡回法官、使节和武士。整个国家机器就以他们为基础。

　　他们的地理上的出身如何？目前最普遍接受的看法主要是吕西安·缪塞（Lucien Musset）提出来的。[1]传统的看法认为，附庸、武士和忠诚的管理人员主要来自诺曼底，是国王将他们带到了不列颠，但缪塞颠覆了这个认识。从亨利二世开始，国王的主要亲信和官员主要来自英格兰。在狮心理查时期，诺曼底贵族在宫廷的地位进一步降低，得益者仍然是英格兰人。[2]因为英格兰贵族忠实地听从金雀花王朝的召唤，所以人们认为，金雀花在这个岛国的政治整合是成功的，对于一个首先志在成为一个岛国王权的家族来说，这个嫁接堪称完美。诺曼底对腓力·奥古斯都的抵抗相当微弱，这可能也表明，当地贵族对于一个已经成为英格兰人的国王渐渐疏远了。相反，安茹虽然是

---

[1]　«Quelques problèmes…», p. 294.

[2]　Billore, «La noblesse…».

王朝的摇篮，阿基坦虽然是埃莉诺的故乡，但当地精英在亨利二世、狮心理查和无地约翰的亲信中的比重很小。[①] 他们倒是经常策动针对金雀花家族的叛乱，并怂恿与卡佩王朝结盟。这种多变性也是亨利二世和他的儿子们更为倚重英格兰人、其次倚重诺曼底人的另一个理由。直到1204年卢瓦尔河流域的领地丧失之后，一些逃往英格兰的安茹贵族才在无地约翰和亨利三世身边扮演某种有影响力的角色，他们几次策划对大陆采取军事行动，以夺回失去的领主权。[②] 最后，当金雀花的权威在英格兰被完全接受时，他们在大陆却经常遭遇敌意，这种现实局面同样反映在国王近臣的地理来源上。

一项对于国王宫廷更具社会色彩而非空间意义的研究表明，由于廷臣的前途完全依赖于国王的恩典，所以他们的命运经常带有偶然性。戈蒂耶·马普就是这样一个廷臣，他于1172—1173年和1184—1185年担任英格兰的巡回法官，1178年担任驻教廷大使；他就强调廷臣地位的不稳定，宠信之后失宠会随时到来，而且这种转变毫无理由："如果我要像波尔菲里（Porphyre）界定文类一样描写宫廷，我如果说它就是以某种方式指向唯一根源的聚合体，大概是不会错的。我们的人数虽然多到无数，但都努力取悦一个人。今天我们是这样一批人，明天就会改换面目成为另一批人了。但是，宫廷是不会变的：它总是一个样子。波爱修斯（Boéce）说宫廷就是命运（fortune），它既稳定又多变；这千真万确，我们要这么说也一样正确。"[③] 这

---

① Vincent, «King Henry II…».
② Vincent, *Peter*…
③ *De Nugis*…, I, 1-2; trad. Bate, *Contes*…, p. 79-80.

位过去的思想者还对索尔兹伯里的约翰无限称赞,为了谴责享乐主义者,约翰再次引用了命运之轮这个比喻:这些贪图享受、贪恋权力之人,在对转瞬即逝的物质利益的狂热追求中迷失了自我,他们绝不可能获得永恒的幸福。① 对于戈蒂耶和约翰,以赞誉之情引述《哲学的慰藉》(Consolation de la philosophie)的作者可谓别有深意,因为波爱修斯就是因为失去其主人大提奥多里克(Théodoric le Grand,474—526年)的宠信而丢官卸职,还被判处了死刑。②

而且,命运之轮在金雀花宫廷中高速旋转。中世纪史家至少已经确信,几乎所有社会阶层的成员都在国王近臣随从中有代表:从高级贵族到小贵族再到平民。首先我们看到的是英格兰-诺曼底大贵族,他们是直接向国王行效忠礼的封臣,根据封建习惯,他们要向国王提供军事支持和建议。例如,莱斯特(Leicester)伯爵罗伯特·德·博蒙特(Robert de Beaumont,卒于1168年)1154年被任命为大法官:此人很可能是英格兰最有势力的贵族。③ 威廉·德·曼德维尔(Guillaume de Mandeville,卒于1189年)也属于这个阶层,他继承了埃塞克斯伯爵爵位,并通过联姻成为奥马尔(Aumale)伯爵,亨利二世任命他到法兰西国王和德意志皇帝身边担任大使,他还好几次担任国王军队的指挥官;狮心理查登基时,威廉手托王冠,新国王则任命他为大法官。④ 宫廷总管理查德·迪·奥梅(Richard du

---

① *Policraticus*..., VII, 15; éd. Webb, t. 2, p. 155–156; Liebschütz, *Medieval*..., p. 29.
② Türk, *Nugæ*..., p. 167, 191–200.
③ Crouch, *The Beaumont*....
④ Keefe, *Feudal Assesments*..., p. 112–115.

Hommet,卒于1179年）可能还担任过诺曼底大法官,他是征服者威廉的兄弟巴约主教厄德（Eudes）的后代；他的儿子威廉继承了他的诺曼底宫廷总管职务；奥梅家族的产业遍及大陆和不列颠岛的十来个伯爵领。① 这些强大而富有的宫廷显贵,其祖先至少从1066年威廉征服以来就为国王服务,他们的数量此后不断增长。他们来自一个大领主集团,是王国最重要的封臣：这个有限的宫廷核心占据了诺曼底74%的采邑,在英格兰这个比例为68%。另外,在1189年狮心理查颁布的令状中,25个出现频率最高的人中,有9个是伯爵领地（earldoms）持有者。从事这些计量研究的托马斯·K.基弗推断说,在国王的宫廷随从队伍中,高级贵族占多数,他们也构成亨利二世及其儿子们的政府的基础。②

不过,根据拉尔夫·V.特纳的人物志研究,高级贵族并未完全垄断国王的恩典,它也可能落在"起于尘土之人"（hommes élevés de la poussières）头上,这是纪年作家奥德里克·维达尔（Orderic Vital,1075—1142年）带有蔑视的说法,在译成法语时有人用"出自溪水"（tirés du ruisseau）一说。③ 几个简单的计量工作就可佐证这一看法：狮心理查的14个巡回法官中,只有1人是男爵,而在无地约翰任命的46名治安长官中,男爵数量为17人。④ 在国王挑选的官员中,来自小骑士阶层的

---

① Lally, *The Court*..., p. 367-369, 348-350,转引自 Türk, *Nugæ*..., p. 38-39, 29-31。
② *Feudal Assesments*..., p. 93-96, 110-112；«Counting...»；Vincent, «Warin...»。
③ *Men Raised from Dust. Administrative Service and Upward Mobility in Angevin England*。这个著作标题出自 Orderic Vital, *Historia*..., XI, 2。
④ *Ibid.*, p. 13, et *The English*..., p. 292.

人数最多，他们一般持有几块封地，可以为行伍职业提供最低限度的资费。[1]在英格兰，这个阶层习惯于担负封建义务，习惯于服从国王和自己最亲近的男爵领主，他们对王权表现出不可撼动的忠诚。理查德·德·吕塞完美的政治生涯就证明了这一点：他在布卢瓦的斯蒂芬统治时期（1135—1154年）崭露头角，后者授予他好几块封地；这位骑士担任过很多职务，如伦敦塔的总管，埃塞克斯的治安长官，坎伯兰（Cumberland）的法官，财政署的主管，大法官……[2]取代他担任英格兰司法部门首脑的拉努夫·德·格兰维尔（Ranulf de Glanville），也是出身小贵族阶层，但他靠庇护关系而与宫廷高层贵族建立了联系；[3]有人认为他是一部题为《英格兰王国法律和习惯》（*Les Lois et les coutumes du royaume d'Angleterre*，1187—1189年）的法学评论的作者，但此说很可能是错误的。[4]戈蒂耶·马普和基罗·德·巴里都很赞赏他的政治思想，[5]它提升了用心思考的官员的工作效率，这表明精深的研究与世俗身份并非不相容。[6]在金雀花宫廷，骑士和教士（clergie）并非对立，这里的学识既是世俗的也是宗教的，但都在为国王服务。

从国王文书和财政署账目出发，可以重建廷臣的职业生涯，这项研究还可继续深入，让我们得见英格兰政府一些重要岗位

---

[1] 如亨利二世的森林法官内维尔的阿兰（Alain de Neville），他的传记作者说他"出身骑士阶层，但家世并不显赫"。Young, *The Making...*, p. 7.

[2] Amt, «Richard de Lucy...».

[3] Mortimer, «The Family of Rannulf...».

[4] *Tractatus de legibus*...

[5] *De Nugis*..., I, 10, *De Principis*..., III, 12.

[6] Clanchy, «*Moderni*...».

上的平民身影。托马斯·贝克特（卒于1170年）的父亲吉尔伯特（Gilbert），不就是一个出生于鲁昂的商人，后来在伦敦经商发迹，并成为该城的两位司法长官之一吗？贝克特小时候在莫顿（Merton）隐修院和巴黎接受教育，后成为伦敦金融家奥斯伯特·惠德尼埃（Osbert Huitdeniers）的会计员，随后担任该城的治安长官，接着进入坎特伯雷大主教蒂博（Thibaud, 1139—1161年）的"家庭"，并经后者举荐，于1154年成为亨利二世欣赏的文员。[1]索尔兹伯里的约翰的上升之路更为引人注目，他是未来的坎特伯雷大主教的左膀右臂和谋臣，担任过亨利二世驻罗马教廷的大使，他很可能出身农民家庭；在进入欧洲大陆最好的一所大教堂学校之前，他曾跟随一位乡村神甫学习，神甫用圣经中的诗篇传授他基本的阅读能力。[2]伊尔切斯特的理查德（卒于1188年）的境况可能与之类似，此人后来是托马斯·贝克特的眼中钉，因为他坚持不懈地以国王的名义为《克拉伦登法令》辩护。不过，尽管他得到巴斯（Bath）主教甚至还有王室的支持，并与他们有亲戚关系，[3]但他出身于普通人家。理查德生于巴斯主教区，1156年左右他开始职业生涯时，起点很低，只是王家文书厅的抄写员，听从那个不久就会憎恶他的人的指令。他用过几个不太显赫的姓氏：托克里夫（Toclyve）、托克林（Tokelin）和普尔（Poore），也许是他的家族的姓，但在被任命为普瓦提埃教务会的主祭后，他立刻改用主祭（archidiacre）为自己的称号，并以伊尔切斯特为自己的姓，亨利二世为奖赏他

---

[1] 关于他的教育成就，见 Barlow, *Thomas*...; Clanchy, *«Moderni...»*, p. 681。
[2] *Policraticus*..., II, 28, t. 2, p. 164; Clanchy, *From*..., p. 194.
[3] Oggins, «Richard of Ilchester's...».

无数次的效劳，赠与他一块领地，伊尔切斯特就是领地的名字。他担任过巡回法官，曾是财政署的核心人物，在诺曼底，他是不知疲倦的使节和大法官；托马斯·贝克特死后，他于1173年被国王任命为温切斯特主教；他的儿子赫伯特和小理查德先后担任索尔兹伯里、奇切斯特（Chichester）和达勒姆主教。[①]一些并非贵族出身的平民，靠为王权提供宫廷服务而实现社会上升，这是不可否认的事实。对此宫廷作家屡屡表示恼怒，对于这种主张社会秩序应静止不变的话语，我们后文还会进一步考察。

关于拉努夫·德·格兰维尔、威廉·德·曼德维尔，他们的俗语通信保留至今，保存者可能是：玛丽·德·弗朗斯（Marie de France）的某位被保护人，[②]因而属于"有文化的骑士"阶层。[③]这些廷臣的拉丁语水准，大大超过在主教区学校和宗教礼仪中所能学到的拉丁语水平。[④]一些廷臣还掌握了专门适应行政工作的法律文化，因为这种文化要高于实际经验，高于法律和习惯方面的实践性知识——英格兰的任何自由人在出席地方法庭时都会掌握这些知识。[⑤]坎特伯雷大主教蒂博将博洛尼亚的教师瓦加里乌斯（Vacarius）请到了英格兰，此人参与

---

① Duggan, «Richard of Ilchester...».

② 玛丽将她的故事集献给一个叫纪尧姆（译者按：纪尧姆即英语中的威廉）的伯爵，但没有人知道此人是谁。Y. 德·蓬特法西（Y. de Pontfarcy）倾向于认为是元帅威廉，见他编辑的 Marie de France, *L'Espurgatoire seint Patriz*, Louvain, 1995。在这位编辑者看来，玛丽属于博蒙特－墨朗（Beaumont-Meulan）家族，这是英格兰－诺曼底地位最高的贵族世家。

③ Baldwin, «*Studium*...»; Clanchy, «*Moderni*...»; Turner, «*The Miles Literatus*...».

④ Clanchy, *From*..., p. 187−192.

⑤ Clanchy, *England*..., p. 147.

了王国政府的工作。①皮埃尔·德·布卢瓦在图尔、巴黎和奥尔良接受教育，这些地方被视为ars dictaminis（书艺）的中心，这个术语指的是各文书厅中流行的文件起草方式；随后他又在博洛尼亚学习法律，在前往英格兰之前还曾在西西里宫廷效劳过。基罗·德·巴里不无吹嘘地说，1176年他在巴黎开展的教会法教学引起了很大的狂热，人们以为他也是从博洛尼亚来的；但实际上他的背景不那么耀眼，是跟昂热的马蒂厄（Matthieu d'Angers）学习《教令集》（*Décret*）的。②在成为文书长之前，隆尚的威廉编纂过《法律和教令集实践》（*Pratique des lois et décrets*，1183—1189年）。③很多廷臣都具有坚实的判例和法学理论知识。

其他官员则在会计和财政方面拥有高水平的技术知识。司库理查德·菲茨·尼格尔（Richard fitz Nigel）青少年时代就被送往拉昂学习，当时那里是最有名的算术教学中心之一；送他去大陆学习可能是他叔叔罗杰·勒伯尔（Roger le Poer）的决定，这位索尔兹伯里的主教是亨利一世十分信任的官员。④西西里国王罗杰二世死后，亨利二世从巴勒莫请来了一个叫托马斯·布伦（Thomas Brun）的人士，让他负责英格兰财政署的工作。⑤所以，金雀花家族搜罗人才的触角延伸到了意大利南方，因为他们知道，在那个地区，由于拜占庭的长期统治，官僚机

---

① Southern, *Scholastic*..., p. 155-166.
② Türk, *Nugæ*..., p. 126-127, 96.
③ Kuttner, Rathbone, «Anglo-Normand canonists...», p. 289-290.
④ E. J. Realey, *Roger of Salisbury*, Berkeley (Ca), 1972, p. 48-50; Richardson, Sayles, *The Governance*..., p. 158, 271.
⑤ Richard fitz Nigel, *Dialogus*..., p. 35-36.

构的发展很早熟。①

不过，官员的主体仍出自法国北方的主教区学校。计量研究表明，英格兰国王近臣圈子中的教师（maîtres）数量，是卡佩国王们的两倍，而所谓maîtres，指的是有Licencia docendi（教学资格证）的人，这个许可证是由主教座堂教务会学校的监学（écolâtre）发放的。而且应该注意到，当时这些学校坐落在法兰西国王的领地内。②于是便造就出这样一个宫廷和王家行政机构：其人员主要由受过教育的文人（clercs）构成，而且他们受过的教育要远高于西方其他地区。知识人在英格兰国王的国家机器中占据支配地位，这种情况的出现绝非偶然。应该说这是符合某种特定的政治意愿：为了有效地执行国王发出的命令，为了搜集和处理治理所需的情报信息，统治者在有意识地追求学识和技术人才。要想在边缘地区确立中央权威，修辞、法学和数学知识都是不可或缺的。金雀花在学识的"工具化"方面是有创新的。在这一方面，他们与其他欧洲君主国相比甚至领先了好几十年。

快速浏览一下人物志，我们就会对这个既多变又统一的政治社会有某种临场感。从社会出身来说，王权机构的人员构成当然是多样和复杂的：宫廷之中既有同国王沾亲带故的英格兰－诺曼底贵族，也有在英格兰拥有小块封地的小骑士，还有伦敦商人的子弟。前一类人比后两类人更为众多吗？历史学家

---

① 关于托马斯·布伦与西西里和英格兰行政管理的比较（不牵涉互渗和模仿），参阅 H. Takayama, *The Administration of the Norman Kingdom of Sicily*, Leiden, 1993, p. 13–14, 163–169。

② Baldwin, «*Studium...*», p. 204.

们还在争论，他们借助人物志史料，借助文书中插入的证人名单，以便了解在金雀花的政府中，究竟是旧贵族更多，还是新兴骑士和平民更多。与腓力·奥古斯都时代的法兰西宫廷相比，英格兰国王近臣中的显赫贵族所占的比例的确非常之高，在腓力的宫廷中，小贵族和市民在王国政策中占据主导地位。[①]国王宫廷的组成为何会有这种差异，对此约翰·W.鲍德温（John W. Baldwin）和C.沃伦·霍利斯特（C. Warren Hollister）进行了分析。[②]在英格兰和诺曼底，国王可以有效地控制大贵族的采邑，这种监控使其可以确保大贵族们的忠诚、他们的军事支持和政治建议；对于那些他分封给贵族的土地，国王仍然保有监督权。在英格兰−诺曼底，王室产业（domaine royal）和贵族产业呈鱼鳞状相互并置，而法国则分割为国王领主权（seigneuries royales）和贵族古老的地产权（propriétés foncières），对于后者，法兰西国王没有任何权威。法国大贵族的产业回避了王权的监控，他们本人则长期不与宫廷往来。这种现实局面迫使路易七世和腓力·奥古斯都更多地依赖下层贵族，更何况他们更易于操纵，因为他们的一切都归功于国王。相反，金雀花尽管监控着各大封臣，但他们也受这些人掣肘。法国的绝对主义和英国议会制的根基，可能就在这种差异之中：腓力·奥古斯都和路易八世的手下的政治角色很驯服，但无地约翰的高级贵族却富于反抗精神——并且迫使他颁布了《大宪章》。

金雀花的宫廷虽然在社会构成上多种多样，但就地理来

[①] Bournazel, *Le Gouvernement*..., p. 74, 91; Baldwin, «L'entourage...», p. 73.
[②] Hollister, Baldwin, «The rise...», p. 904−905.

源而言，却是很同质的：英格兰人和定居于英格兰的诺曼底人占压倒多数。在为政府服务的官员之中，我们还看到另一种同质性：他们都有过类似的学习经历，掌握类似的学识。基罗·德·巴里出身征服威尔士的诺曼底贵族家庭，托马斯·贝克特是个商人的儿子，虽然社会出身近乎云泥，但这两位廷臣年轻时都曾求学巴黎。宫廷的行政官员普遍具有专门的拉丁语和法律修养，这就为金雀花所继承的辽阔空间的治理提供了便利。不管他们是法学家、辩论家还是数学专家，这些掌握学识的人士都在运用他们的笔、他们的辩才和他们的计算能力，为王权的成功、为其官僚体制的建立服务。所以亨利二世和他的儿子们给他们委派了很多职务，虽然他们有些出身寒微。金雀花的政府体制展现出明显的高效率和现代性。

国王的恩典

要想让有才能的谋士和官员到宫廷服务，国王就该设法吸引他们。于是他赐给他们物质上的报偿。像以前一样，授予一块地产仍然是常用的嘉奖方式，但在12世纪末，封建-附庸关系正处于大变革之中。在内战期间（1135—1153年），前不久还让所有大陆首领称羡的严密的采邑监控，在英格兰和诺曼底都已丧失了。英格兰-诺曼底的封建制当时已不再是终生性和可收回的了；它所产生的军事义务几乎不被遵守了。亨利二世登基时被迫承认了《威斯敏斯特条约》（1153年），条约承认贵族享有采邑的世袭继承权：国王当时处于弱势地位，在长期的继承战争过后，他才让人接受了他对王权的继承。另外，为了巩固他在英格兰的王位，他不得不分割自己的产业，以采邑形式奖赏自己的支持者，羊皮文书卷的授地（terra data）一章中系统记载了这些奖赏。①这种土地赠与随后还在继续。分封的土地主要是泰晤士河谷和威塞克斯中部的地产，这些地区对亨利二世的忠诚无比坚定，而国王在那里的产业的密度也让人叹为观止。②理查德·德·吕塞、拉努夫·德·格兰维尔，还有加林（Garin）和亨利·菲茨杰拉德（Henri fitz Gerald）两位内侍长，都获得了可观的封地。③但此后的采邑分封远没有达到1154年的水准。随着自己权力的巩固，新国王削减了这种损害自己产业完整性的赠礼。现在他更倾向于巩固和扩大王室产业，而不是将它分割让渡给自己的廷臣和武士：1173年的叛乱导致好几块采邑被收回，与此同时，对采邑和封臣的调查也在定期进行。④亨利二世之所以这样做，意在继续征收让渡出去的产业的收入，或者当它们没有直系继承人时将其收回。⑤但封建制还是太有利于地方贵族权势的坐大。随着封臣的军事义务逐渐被盾牌捐（écuage）——封臣不能提供其采邑所负担的军役时缴纳的一种替代性捐税——以及空前发展的雇佣兵制度所取代，封建制就显得过时了，中央权威就更没有理由鼓励采邑分封了。

但是，国王对女性封臣的婚姻的控制，意义就完全不同

---

① R. H. C. Davis, «What Happened in Stephen's Reign», *History*, 49, 1964, p. 1-12; Amt, *The Accession*...; Hudson, *Land*...

② Keefe, «Place-date...».

③ J. H. Round, «The Honour of Ongar», *Transactions of the Essex Archaelogical Society*, n. s. 7, 1900, p. 142-152; Mortimer, «The Family...»; N. Vincent, «Warin...».

④ Warren, *Henry II*, p. 367; Lally, *The Court*..., p. 138-141, 转引自 Türk, *Nugæ*..., p. 43-44; Turner, *Men*... p. 6。

⑤ Lally, «Secular Patronage...», p. 175-176; Warren, *Henry II*, p. 274-275.

了，他可以把一些富有的女继承人嫁给自己最忠实的谋臣。[1]国王也能阻止一些联姻，防止世袭产业集中到不可靠的家族手中。[2]狮心理查为奖赏年届五旬的元帅威廉，将富裕的彭布罗克（Pembroke）女伯爵嫁给他，这位女继承人在英格兰、威尔士和爱尔兰都有产业。[3]他对于卢西尼昂家族也是如此，当理查在圣地时，这个家族对他忠贞不贰：1194年，理查从囚禁中返回后，将诺曼底的尤（Eu）伯爵领的女继承人赐予这个家族的劳尔·德·鄂苏顿（Raoul d'Exoudun），此人正是于格九世勒布伦（Le Brun）的兄弟。[4]1185年，根据亨利二世的命令，编订了一份重要文件：《夫人和男女孩童卷册》（*Rouleaux de dames, filles et garçons*），上面有英格兰12个伯爵领中最受人关注的寡妇和失怙女童名单，国王想按自己的心意处置他们的婚姻。[5]对孤儿的监护权也是贵族很看重的，即使一些成功地行使了这项权利的贵族有时要缴纳wastum，即因为挥霍托付的产业而上交的款项。[6]总之，所有世俗廷臣都想从国王那里得到采邑；他们经常是通过与某位女封臣联姻，或作为某个年幼或无行为能力的继承人的监护者而达到这个目的。必要时他们也可获得国王的直接分封，虽然国王会因为分割自己的产业而不太情愿。

---

[1] Lally, «Secular Patronage...», p. 163-167; Green, *Aristocracy*..., p. 266.

[2] Green, «Aristocratic Women...», p. 62-64, 73.

[3] Crouch, *William Marshal*...

[4] Gillingham, *Richard I*, p. 293.

[5] *Rotuli de dominabus*...; 参阅 E. Van Houts, «Gender and Authority of Oral Witnesses in Europe (800-1300)», *Transactions of the Royal Historical Society*, 6th Series, 9, 1999, p. 208-209。

[6] Lally, *The Court*..., p. 179-190, 转引自 Türk, *Nugæ*...,p. 45。

这些谋臣在宫廷中会有自己的住所。1136年以后，财政署的登记册中保留着《王室组成条例》(Constitution de la maison du roi)，里面记载了应付给宫廷官员的日常开支，包括货币和实物开支。[1]此外，廷臣还能得到国王不定时分发给他们的礼物，如货币、布料、衣服、武器和骑具，这种动产形式的奖赏不应被低估。[2]有两篇以拉丁韵文编写的道德教化故事以漫画的方式描绘了这些赠礼，它们的作者应该是经常与亨利二世有往来的文人们。一个是隆尚的尼格尔（Nigel de Longchamps），人称威尔克尔（Wireker，约1130—1200年）写的《愚人之镜》(Miroir des sots, 1180年)，作者是坎特伯雷的僧侣，很可能还是埃里主教威廉的侄子。他在作品中对国王的赠礼引发的不道德现象进行了长篇抨击。[3]另一个是鲁昂主教座堂学校的教师约翰·德·奥维尔（Jean de Hauville）于1184年写的《哭诉者》(Archipleureur)，他在文中控诉"金钱王后，万恶之母"和"它形影不离的伙伴——贪婪"，正是它们给宫廷中人戴上了枷锁。[4]安茹的地方总管埃蒂安·德·马尔扎伊（Etienne de Marzai）和

---

[1] Richard fitz Nigel, *Dialogus*..., p. 129-135（附录）。有学者对此进行过很有画面感的比较研究：R. Costa Gomes, *A Corte dos reis de Portugal no final de Idade Média*, Lisbonne, 1995, p. 14-15。

[2] Gauthier Map, *De Nugis*..., V, 5, p. 438, 450. 关于稍后的时期，见 F. Lachaud, *Textiles, Furs and Liveries : A Study of the Great Wardrobe of Edward II (1272-1307)*, 牛津大学未刊博士论文，1992年。

[3] *Speculum Stultorum*..., v. 2592-2650, p. 88-90. 尼格尔与威廉的通信，以及著作的题献，都支持二人之间有亲属关系。但编纂者 A. 布特米（A. Boutémy）指出，威廉的母亲是英格兰人，而且威廉的职业生涯从来没有受惠于那位大主教的恩惠，A. Boutémy, *Tractatus*, p. 85-86。

[4] *Architrenius*, V, 4, p. 120.

司库拉努夫·德·格兰维尔的例子表明，成为国王的红人的确可以大发横财。1189年7月亨利二世死去后，狮心理查要他们分别交出4 500和15 000利弗尔，"因为他们被怀疑从与国王的亲密关系中自肥"，纪年作家理查德·德·德维齐斯这样说。[1]他的证词也许不太可信，因为他对国王很是赞赏，不过，拉努夫·德·格兰维尔1170年左右担任约克郡的治安长官时，确实有不光彩的记录，[2]这段历史倒是可以佐证他的说法。此外，行吟诗人约翰（Jean le Trouvère）给出了更为可信的证据。当埃蒂安·德·马尔扎伊拒绝支付将亨利二世的遗体转运到丰特弗罗修道院的花费时，诗人借元帅威廉之口回答道："大人，虽说您没有国王那么多钱，您自己的钱可是盆满钵满，这都是您任职期间搜刮来的啊。"[3]在这里，盗用公款并不会遭受有罪指控并追究其政治责任，这不过是12世纪官僚体制中的内在特征。

每当军事行动带来丰厚的战利品时，赠礼就比和平时期更为慷慨。狮心理查总想给追随自己的近臣营造一个慷慨骑士的形象，他也的确被视为最大度的国王。[4]当他于1190—1191年在西西里过冬时，罗杰·德·豪顿这样写道："他向司库，向全军的所有骑士和见习骑士（écuyers）慷慨赠礼。好多人都说，他一个月内赐予的东西，比从前任何一位国王一年内发的东西还多。"[5]跟随理查参加十字军，来自埃弗勒地区的一个说唱艺人昂

---

[1] *Chronicon*..., p. 5, 85.

[2] Mortimer, «The Family...», p. 15.

[3] *L'Histoire*..., v. 9173-9211.

[4] Flori, Richard..., p. 389-406.

[5] *Chronica*..., t. 3, p. 66.

布瓦兹（Ambroise），也以同样热情的笔调叙述国王在西西里的慷慨："理查既不吝啬也不贪婪，他给了众人丰厚的赠礼，一袋袋的包裹中装满银质的盘子和高脚杯，以及镀金的杯子；国王按众人的身份等级，高中低者均有礼物，人人都称颂国王的慷慨礼品。"[①]这些礼物意味着武士们对国王要有更多的回报。但赠礼具有偶然性，它取决于国王的善意，以及他在战斗中能否取胜，取胜后又能有多少战利品。它不是酬劳廷臣和王家官员的常规方式，所以，这些人就把盗用、榨取和营私舞弊看作自己为国家服务所应得的报酬。

在司法事务上，这样的体制更加放大了国王恩宠的效果。兹举一例。杰弗里·菲茨·彼得（Geoffroi fitz Pierre）只是个普通护林员（forestier）的儿子，但他在英格兰政府中的地位不断上升：森林法官，北安普顿治安长官，然后与大法官威廉·德·隆尚拉上了关系，当时狮心理查不在，他自己也在1198年被任命为大法官。他攀上了一门好亲，娶了贝阿特丽丝·德·萨伊（Béatrice de Say）为妻，此人的表兄弟正是埃塞克斯和奥马尔的伯爵、大法官威廉·德·曼德维尔。不过，当这位威廉表兄弟于1189年无疾而终时，杰弗里·菲茨·彼得运用在狮心理查宫廷中的影响力，挤掉了他的内兄杰弗里·德·萨伊（Geoffroi de Say），获得了埃塞克斯伯爵领，这位内兄既没有搞到获取领地所需的借款，也没有取得国王的赠与许可。在这个继承案例中，杰弗里·菲茨·彼得享有的恩宠显然起了决定性作用：他与国王的私人关系，他在宫廷的影响

---

① *Estoire*…, v. 1053-1108, trad. Brossard-Dandre, Besson, *Richard*…, p. 104.

力，他交给财政署的钱，最终使他在继承竞争中胜出。[1]而带有偏向性的裁决也表明，司法远不是公正的。国王的恩宠是好几次诉讼得以获胜的根源，也是宽宥王室廷臣和地方官员之过错、减轻他们的返款的根源，[2]这些人觉得这些好处是一种合法的报偿形式。最后，国王的人情还可以为其近臣子弟的仕途大开方便之门。莫迪（Maudit）家族就是这样的典型，它在财政署的侍从长的职位上缔造了一个名副其实的王朝。[3]诚然，职务事实上的世袭并非正式和制度化的。但此时它已成为一种风习，索尔兹伯里的约翰在他的《论政府原理》中承认了这一点，[4]不过他在论述这个现象时将之视为一种常态，而且这对廷臣的行为方式而言至关重要。实际上，世袭还有一个好处，就是可以让专业知识在家族内传递。例如，当时最能干的官员之一赫伯特·沃尔特（Hubert Gautier）尽管没有任何神学和教会法学位，但他在自己的亲戚拉努夫·德·格兰维尔司库的培养和教育之下熟悉了财政事务。[5]恩宠、庇护和世袭，都是补偿世俗官员的服务的隐秘但颇为有效的方式。

对宫廷文人的报偿更为容易。至少对国王而言不是那么麻烦，因为他对诺曼底和英格兰的主教、教务会和礼拜堂的职位拥有严格的监护权，在这两个领地上，他可以任意处置教会的

---

[1] Keefe, *Counting*..., p. 141-145. 在这里，作者借助财政卷册和瓦尔登（Walden）修道院的纪年，对这宗复杂的继承案作了详细追踪。

[2] Mortimer, *Angevin*..., p. 73.

[3] Mason, «The Maudits…».

[4] Salisbury, Policraticus, V. 6.

[5] 基罗·德·巴里以习惯性的恶毒语言——像很多主教一样——责备此人将财政署变成了他真正的学校，见 Clanchy, *From*..., p. 53。

选举事务。相反，在安茹和阿基坦，高级教士享有更大的选择自由，这也表明王权对这些地区的控制力较弱。[①]在亨利二世的过问下，很多"国王的文人"（clerici regis）担任了主教和教务会司铎，这个名单非常长。[②]另一方面，我们还记得，在1173年大叛乱之后，利雪主教阿努尔（Arnoul，1109年之前—1184年）在国王的压力下被迫隐退，他的职位让给了比他可靠得多的副文书长库唐斯的戈蒂耶。[③]在主教选任事务上，狮心理查像他父亲一样进行直接干预。1189年9月的派普维尔（Pipewell）教务会议上，他将自己最亲信的随从，甚至这些人的亲戚，安排在出缺的英格兰主教位置上。在他的干涉下，他同父异母的私生子兄弟杰弗里被选为约克大主教；1192年，尽管他被囚于德意志，但仍然能够监督坎特伯雷大主教的选举。[④]1197—1198年，他安排普瓦图的菲利普（Philippe de Poitou）为达勒姆的教会首领，这位亲信文书曾追随他前往圣地；他的副文书长和掌玺官厄斯塔什则当上了埃里的主教。[⑤]在一个盛行庇护关系的国家，国王插手教会职务总是与国家的运转密不可分的。人们为了赢得国王的恩赐，在他身边上演着各种博取影响力和宠幸的斗争，这同样反映在宫廷教士的通信中。[⑥]

金雀花帝国的地方官员以何种方式产生，对此我们的了解

[①] Foreville, *L'Église*..., Pontal, «Les évêques...»。

[②] Lally, *The Court*..., p. 252−256, 335−336, 转引自 Türk, *Nugæ*..., p. 47−49。

[③] Schriber, *The Dilemma*... 阿努尔涉足1173年的叛乱，看来可以从他的一封信中推断出来，见 Barlow ed., n° 76, trad. Schriber, n° 2.16, p. 143−144。

[④] Foreville, *L'Église*..., p. 485−487。

[⑤] Gillingham, *Richard I*, p. 259。

[⑥] Arnoul de Lisieux, *The Letters*..., n° 74, trad. Schriber, n° 3.08, p. 197−198。

并不准确。英格兰的治安长官（sheriffs）的职务是出租的，他们从自己的伯爵领的被管理者那里收取每年的薪俸。他们每年向财政署汇报账目，并接受巡回法官或路经其辖区的宫廷的监察。在安茹和阿基坦，负责管理国王自己产业上的领主权益的，有代理司法长官、巡视员（voyers）和治安官员巴伊（baillis），他们还以此为基地，对邻近地区行使治安和司法权，毋宁说控制着其职位带给他们的一些土地。① 与英格兰和诺曼底相比，他们的管理工作受到国王或其近臣的监督要少得多，后两个地方的治理格外出色。

对廷臣的报偿体制与几个文人的职业生涯的分析，坐实了拉丁文讽刺作家们的辛辣评论，他们对金雀花宫廷中高级教士的野心，对他们汲汲营营于主教职位和司铎俸禄大加嘲讽。他们同样抨击王室官员的腐败，这些人获取报偿的方式有时很不确定。他们话语中的修辞运用应该好好研究，不过眼下还是应该承认，他们的批评有一定的现实依据。国王的官员往往不满于自己的俸禄，总想利用自己的地位，以专横的方式求取钱财。不过，政府职位给他们带来的不仅仅是物质上的好处，还有能够保障其财富的声望、影响力和人脉。

总之，金雀花家族的助手们来自一些非常不同的社会阶层。他们多出身古老的上层贵族，或者有教养的小骑士，但也有市民甚至富裕农民出身的，不过这些人一般都与大人物有庇护关系，从而能进入宫廷的大门。这些人都聚集在国王身边，他们几乎都来自英格兰和诺曼底，但社会出身的差异并非没有产生

---

① Boussard, *Le Gouvernement*..., p. 311-329.

摩擦。各种分封和附庸关系网汇聚在这唯一的权力点，他们都要为获得政治权力而斗争，因而经常会发生冲突。另外，个人或家族的上升策略激发着廷臣们的野心，而这些策略又和安茹家族内部酝酿的各种阴谋叠加在一起：在这个王室家族中，儿子们，也就是不安于现状的年轻人，都在努力让自己的诸侯领地挣脱父亲控制的金雀花帝国。所以宫廷是个充满紧张关系的场所，一些官员自己也屡屡控诉这种令人窒息的氛围。不过，对于这些龃龉丛生的廷臣，我们不应该只抱有一种形象。由于他们通常接受过长期的教育，由于他们掌握某种普遍性或专门性的知识，所以都为构建稳定的行政管理机器贡献了力量，这台机器因而能推行司法，维持秩序，并获取税收收入以资助在远方的战争。

批判与匡正

金雀花宫廷让人印象深刻的一点是，经常造访这里的拉丁作家的数量之多和质量之高：索尔兹伯里的约翰、皮埃尔·德·布卢瓦、基罗·德·巴里、戈蒂耶·马普、利雪的阿努尔、尼格尔·德·隆尚、沙蒂永的戈蒂耶（Gautier de Châtillon，约1135—约1179年）、劳尔·勒努瓦（Raoul le Noir，1140/1146—约1199年）……这些人都以这样或那样的身份成为英格兰国王的随从，并经常得到他的庇护。在12世纪的文化景观中，这样高度集中的现象是独一无二的，它很符合权威当局的政治意愿，但当局并未完全收编这些知识人，他们总是对宫廷持有某种批判的眼光。他们描绘的是一个打上了僵硬的社会规范烙印的环境。这些规范反映的是同时结合了基督教和武士元素、神圣和世俗元素的宫廷文化。要想理解它们，首先应该回顾宫廷文人们对其所处的宫廷社会的道德教化论说，然后再考察典型的骑士风度：这就是courtoisie一词宽泛但明确的意思。我们将在考察过程中发现，教士（clergie）和骑士（chevalerie）的二分法并不像人们认为的那样泾渭分明，俗人的骑士举止也深受教会的影响。

考验中的教士道德

这些思考者虽然拿着亨利二世、狮心理查和无地约翰的钱，但他们经常以讽刺作家的面目出现。而且，他们借用了从前拉丁作家们的文体和修辞手法，后者曾抨击堕落中的罗马帝国的风俗。宫廷曾给了他们生计，那里有他们一起相处过的各色人等，但令人困惑的是，他们是以某种超然、悔悟乃至严厉无情的口吻去谈论宫廷的。仿佛他们经常交往的就是赫勒昆的地狱精灵队伍。埃格伯特·图尔克（Egbert Türk）对他们的作品进行了广泛的分析，他是目前这个领域最好的专家。[①]我们将从更为有限的社会史的角度出发，重温几篇对于廷臣及其所处世界的批评，这些作者对于自己的批评对象都十分了解，所以能让人重回当时的政治和行政语境中。

首先要指出的是，他们有一个持之以恒、反复述说的主题：官僚机构中暴发户们的劣迹。戈蒂耶·马普是个特别喜欢嘟囔

[①] 下文的很多文本借用自他的著作：*Nugæ*...，以及Bezzola, *La Cour*...，但为避开两位作者的考订风格，我们将直接参考原文。

的人，他认为某些法官、治安长官、执达吏和护林员出身低微，同时还指责这些人贪赃枉法，为政苛严，对其治下无辜的百姓而言是名副其实的灾祸。[①]基罗·德·巴里是亨利一世的宫廷总管的后代，出身于一个在威尔士落足的诺曼底望族，在他的笔下，类似的偏见也隐约可见：亨利二世是"贵族的压制者"，他推动了一些无名的下层人的上升，"他提拔下层人，但压制上层人"。[②]纪年作家劳尔·勒努瓦也有这样的抱怨，此人曾狂热地支持托马斯·贝克特对抗亨利二世，并指责后者将重要职位交给"农奴、私生子和唯利是图者"，指责他在自己的"家仆"中挑选主教和修道院院长。[③]有些抨击针对的是被指名道姓的个人。例如，考文垂的沃尔特（Gautier de Coventry，1293—1307年）就抨击过亨利三世年幼时一名最惹人注目的武士法克斯·德·布罗岱（Falkes de Breauté）滥用了无地约翰的恩宠，约翰"将他从一个家仆擢升为骑士，由于他工于逢迎巴结，地位简直和一位伯爵那样高"[④]。这些当然都是经典修辞套路中的陈词滥调，反映了一时的嫉妒之情，但无疑它影响了这些极端鄙视时代风习的作者的话语。同样，这样的人物画像表明，金雀花宫廷中新人的出现已不仅仅是个远景了。

[①] *De Nugis*, I, 9–10; IV, 13.

[②] *De Principis*..., p. 160, *Topographia*..., n° 48. 参阅 Barttlet, *Gerald*..., p. 65。

[③] *Chronica*..., t. 2, p. 167. 圣摩尔（Sainte-Maure）的史学家贝努瓦（Benoît），曾应国王的要求撰写了一部盎格鲁－诺曼语著作，该著也与当时贵族的反动言论遥相呼应，它怀念早期诺曼底公爵的美好旧时光，因为他们将下层人从近臣圈子中排除出去，只从"出身高贵者"中任命总管、司酒官等官员。*La Chronique*..., v. 28835；Flori, *L'Essor*..., p. 314.

[④] *Memoriale*, éd. W. Stubbs (RS 58), Londres, 1873, t. 2, p. 253, 转引自 Turner, «Toward...», p. 13。

在控诉了官僚部门存在过多的"草芥之人"后,每位讽刺作家都要对这种"非法"成就的产生机制作一番拆解。作为草芥们不可遏止的上升势头的动力源,学识的民主化是这些作者优先攻击的目标之一。例如,尼格尔·隆尚写了一部《论反对教士出身的廷臣和官员》(*Traité contre les courtisans et les officiers issus de clergé*, 1193—1194年),著作的标题就耐人寻味:很多教会中人想在长期学习之后进入宫廷,以便有朝一日能成为主教,但作者驳斥了这种意图。[1]在一篇自称与拉努夫·德·格兰维尔的对话中,戈蒂耶·马普同样谴责平民靠求学谋求提升社会地位:"我们地方的贵族(generosi)都鄙视学问,要么就是太懒,不愿让自己的孩子求学。然而,从法理上说,只有自由的人才能专心于所谓的自由技艺。但我们称为农民(rustici)的受奴役者(servi)努力想让自己低贱(ignominici)和没有家世(degeneres)的孩子从事他们被禁止从事的技艺,他们这样做不是为了远离低贱,而是为了发财。他们越是能干就越是危险。"[2]按照戈蒂耶的说法,靠求学来提升地位是一种通行的做法。但他的反应再次表明了致力于捍卫等级制社会的贵族偏见,也夸大了这类现象的影响范围。我们知道,此类社会上升的范围要小得多,不过,如果考虑到戈蒂耶自己也并非贵族阶层出身,他的心理就更是有趣了。看来这些掌握学识的人是不可或缺的了,不管他们的家庭出身如何。

不过,这些转变成行政官员的知识人却也有内心的不安。

---

[1] *Tractatus*... 正如大卫·克劳奇(David Crouch)所提示的,这部著作很可能是尼格尔应叔叔威廉·德·隆尚之请写的,意在诋毁后者在宫廷中的众多对手。

[2] *De Nugis*..., I, 10, trad. Bate, *Contes*..., p. 85.

他们在著作中总是强调文化和文学创作的独立性，拒绝权力机构为达到政治目的而将他们视为工具，但在实践中，他们又愿意被工具化。在他们看来，理论知识和实际工作似乎总是不相容的。对此亚历山大·内卡姆作了长篇论述："哲人经常研究算术难题直到深夜，如今他要忙着为财政署算账。"[①]学者们一直在宣扬三艺（trivium）和四艺（quadrivium）应该是无偿和自立的，但此后这些都干脆为国王服务了。他们以为，如此高贵的学识不应该受雇于权力机构，也不该为迎合行政需求而自跌身价。索尔兹伯里的约翰也对文人职员的大量增加感到担心，他送给这些人一个带有贬斥色彩的称号：Cornificiens*，他们求学完全是为了找个报酬丰厚的职业，他批评这种贪财好利的短期行为。[②]基罗·德·巴里抱怨文学研习的堕落也是出于同样的心态：年轻的学生都在追逐法律和其他的"逐利学问"，此种肤浅风气损害了自由技艺，而只有后者才能给他们带来真正的、作为其他一切知识之基础的学识。[③]但支配他们选择的唯有职业上的抱负。所以基罗认为宫廷（curia）和学堂（schola）之间出现了显著的裂痕，这裂痕将身体和精神对立了起来，前者是死亡和地狱，后者是永恒和幸福，"宫廷是不幸之源，学堂是快乐之源"；他声称，读书和著述是生活中最诱人的快乐，舍此别无其他。[④]

皮埃尔·德·布卢瓦的看法并无二致。他在一封信中曾谴

[①] Hunt, Gibson, *The Schools*..., p. 9, Turner, *Men*..., p. 12.

* 这个词可能是拉丁文中 cornus（角、冠冕）和 facio（做、追求）构成的组合词，有"钻牛角尖"之意。——译者

[②] Riche, «Jean...», p. 51–52.

[③] Hunt, «The Preface...», p. 194, 198.

[④] *De Principis*..., p. LVII; *Expugnatio*..., Préface II. 参阅 Boivin, «Les paradoxes...».

责博韦的劳尔（Raoul de Beauvais）——这位教师放弃了教育事业而前往宫廷；他还将宫廷（cour）的词源追溯到cruor，也就是"流淌的鲜血，谋杀"[①]。他还以拉丁韵文虚拟了一个长篇演说擂台赛，对阵的双方是一个廷臣和他的诋毁者，后者说话的腔调是道学家式的；廷臣的论说推崇俗世的快乐和宫廷的文雅，但后者机智地嘲弄了其说法的荒诞。[②]在自己的人生暮年，皮埃尔决定退出俗世，并质疑自己的整个人生；他说，怂恿他去给亨利二世服务的只有自恋、盲目的野心和发财的欲望，但这些都是不幸之源。[③]这些在君主官僚机器中身居高位的教会中人，当我们阅读他们的文字时都会注意到，国王的所有侍臣都必须全身心投入的那种积极人生，与沉思的生活是不相容的。对于神职人员而言，到宫廷去冒险不是件好事。一旦被数不清的日常琐事裹挟，失去的就不只是冥思给此世人生带来的智识上的幸福，甚至还有丧失天国幸福之虞，失去这个希望可要永远被诅咒的。

以宫廷的腐败之深，它的成员已经很难期待永生了。在指控王室官员的贪污腐败（malversations）时，讽刺作家们赋予这个词各种含义。按照他们的看法，司法已经只是个幌子，它对穷人很昂贵，对富人却免费。[④]贪腐行为无处不在：没有哪个掌

[①] *Epistulæ*, n° 6.

[②] Ed. *Carmina*, 1.5, p. 265–274; ed. et trad. angl. par P. Dronke, «Peter of...», p. 206–209, 不过德隆克（Dronke）强调的是那位廷臣的辩才，以致皮埃尔都表现出某种同情："他有一种高品位人的范儿，一种高超的反讽意识，以致掩盖了自己的愉悦。" *Ibid.*, p. 210. 这位学者就此指出了这类拉丁韵文辩论的关键特征，它不只是高手之间的修辞比武，而且反映了精神理想和世俗取向之间的现实紧张和怀疑心态。

[③] *Epistulæ*, n° 77.

[④] Turner, *Juges*..., p. 105–117, et *The English*..., p. 2–9.

握公共职权的人在履职时不事先向其下属索要一笔回扣。皮埃尔·德·布卢瓦就强调巡回法官、护林员和治安长官的敲诈行为,这些人时刻准备榨取钱财,只有出价最高的人才能得到公正。由于害怕报复,他们的受害者不敢向国王申诉,因为宫廷内部尽管很分裂,但正如他说的,当它受到外部攻击时会表现出完美无瑕的团结。靠影响力来牟利的现象甚至发生在王宫看守和家仆这些人身上,他们只会在获得丰厚的贿赂之后才将别人引荐给国王。①

除了腐败,宫廷中还笼罩着一种可怕的氛围。为了在权力阶梯上爬升,廷臣们展开了无情的竞争。争夺有时会导致武斗:在狮心理查出发参加十字军后,他的文书长、埃里主教威廉·德·隆尚,与英格兰大法官、达勒姆主教休·德·皮塞特(Hugues de Puiset)发生争执,最后这两位英格兰的最高官员彼此交换人质和王室城堡。②日常生活中,斗争主要表现为对国王施加压力,以便打倒竞争对手。1155年,在一封致托马斯·贝克特的信件中,诺曼底大法官利雪的阿努尔说自己受到哈巴狗们的陷害,但正是他自己把这些家伙引入宫廷的。③同样,索尔兹伯里的约翰也控诉说,嫉妒是廷臣首要的罪,它势必会将人引向诽谤和虚伪。④戈蒂耶·马普则讲了一个青年武士的故事:此人靠战场的勇武为葡萄牙国王赢得了一场大胜,但他长期得不到国王的善待,因为廷臣们进谗言说,他与王后通奸,后来这些人干

---

① *Ibid.*, n° 95, 14.
② Richard de Devizes, *Chronicon*..., p. 10–12, 49–52, 95–96.
③ *The Letters*... n° 10, trad. Schriber, n° 3.02, p. 189–191.
④ *Policraticus*..., III, 3–4; VI, 30; VII, 24.

脆在狩猎时杀了他，杀人者却逍遥法外。[1]在宫廷中，流言蜚语总伴随着奴颜婢膝的谄媚逢迎，对此索尔兹伯里的约翰在《论政府原理》中作了长篇论述："阿谀奉承是一切美德的敌人，一旦跟这种人交谈，眼睛里肯定会有梁木。"[2]宫廷环境中的紧张过于强烈，任何举动都是可能的，只要它能带来渴望中的职务。

一旦获得了权力，这些人就设法安插亲信。在当时，裙带之风和庇护关系是实现政治晋升的最可靠的手段。根据皮埃尔·德·布卢瓦的说法，占据地方政府职务的"蚂蟥们"只把自己的权力交给他中意的亲戚朋友。[3]在这些关系中，人们考虑的根本不是公共福祉，约翰·德·奥维尔在《哭诉者》中对它进行了明确的谴责，[4]在金雀花的近臣中，围绕政治职务形成的亲属和庇护关系网的例子很常见。[5]某个大人物的保护、善意和举荐可以将人推到很高的位置上。如果亲属关系不能提供这些机会，靠金钱是可以买到的。索尔兹伯里的约翰就谴责"备上厚礼拜访显贵的人，他们这样做或为亲戚朋友谋取好处，或是自荐为高级教士"。他还进一步鞭笞这些人不受遏制的野心："他们盯着权势者的年龄，一看到他们两鬓花白就高兴。为了了解当权者的命运，他们询问医生和占星师。"[6]约翰还顺带对占星

---

[1] *De Nugis...*, I, 12.

[2] *Policraticus...*, III, 4, p. 177. 参阅 III, 5-7, 10, 13, etc.; Liebschütz, *Medieval...*, p. 27。

[3] *Epistulæ*, n° 95.

[4] *Architrenius*, III, 287-295; IV, 303.

[5] Lally, *The Court...*, p. 354-355, 转引自 Türk, *Nugæ...*, p. 41：1173 年任副文书长、1184 年任鲁昂大主教的戈蒂耶是罗杰·菲茨·兰弗鲁瓦（Roger fitz Rainfroi）的兄弟，而这位亲戚又服务于理查德·德·吕塞。

[6] *Policraticus...*, VII, 19. 参阅 Jaeger, *The Origins...*, p. 57-61。

术斥责了一番，他以为占星术和魔法是一种在廷臣中流播甚广的恶，《论政府原理》第二章对这个问题进行了长篇阐述。[1]所以，亲戚关系和人脉交情阻碍了人们职业生涯的公正发展。这些关系盘绕在整个国家机器中。它们将国家淹没在家族性的财产和政治利益网络中，任何公正都不可能。

这些作家对身边随处可见的腐败、卖官鬻爵和野心怒不可遏，他们把宫廷比作地狱，至少是地狱的入口。赫勒昆队伍中的鬼魂就为宫廷中人制定律法。对于执迷于宫廷的有罪之人，索尔兹伯里的约翰的判断一针见血："法律将学者召进宫廷，让他们忙于琐事或干些犯罪的勾当；但它却把真正的贤哲留在了大门口。"[2]随后他又历数了廷臣们的种种缺点：所有人都懒惰懈怠，背信弃义，罪恶累累，都是说谎者、同性恋者、饕餮之徒，都热衷于打猎、掷骰子、哑剧和其他可憎的活动；所有这些都与哲人那克己、严肃和审慎的理想相悖："对知识的爱不会使人变富。"[3]戈蒂耶·马普的推理走得更远。对于他，宫廷不仅是堕落之地，还是受磨难的地方，那里永远都在重复受诅咒的厄运，在这个名副其实的地狱中，所有的魔鬼都会扬名：地狱之火（Phlégéton）与贪婪，遗忘之河（Léthé）与忘记上帝，冥河（Achéron）与未曾满足的欲望带来的悔恨……"地狱的哪种酷刑不曾在宫廷被放大呢？"[4]最糟糕的当然是无法进行任何文学

---

[1] 可以认为"魔法和占星术在廷臣的私生活中占据重要地位"吗？Liebschütz, *Medieval*..., p. 27. 在我们看来，索尔兹伯里的约翰是在笼统地指责异教迷信，他通过拉丁经典而了解这些现象，并以基督教和经院哲学的视角进行批判。

[2] «The *Entheticus*...», v. 1473-1474.

[3] *Policraticus*..., VII, Prologue et 5.

[4] *De Nugis*..., I, 2. 参阅 I, 10-12; IV, 2, 12-13; V, 7. 参阅 Harf-Lancer, «L'enfer...»。

创作，不能展开任何深刻和持久的思考，在这样的环境中，缪斯被完全遗弃了。

时隔多个世纪之后，研究者们冒着犯时代错误的风险，试图把握这些指控的意义所在：它们反映的是思想者的不满，因为这些人希望把更多的时间用来进行思想探索，而不是将生命耗费在过于浪费时间的行政事务上。[①]其他的心理动机也应该考虑，例如一个文人对国王及其近臣的怨恨之情，如果他没有得到预期的恩典，晚年时又反复咀嚼人生的失落的话。[②]如基罗·德·巴里，他曾因为亨利二世和文书长赫伯特·沃尔特的阻挠而没有获得圣大卫（Tydewwi）的主教职位，虽然他已经被那里的主教座堂教务会选举为自己叔叔的继承人了；还有利雪的阿努尔，他因1173年大叛乱期间的立场而被罢免主教职务；他们的文字中都有这样的怨恨之情，但中世纪史家可能永远不知道其中的真实意图。[③]最后，正如在很多文明中一样，对谋臣

[①] 在公元前2世纪的中国这个颇为不同的语境中，也可见类似的批判。D.R. Knechtges, «Criticism of the Court in Han Dynasty Literature», *Selected Essays on Court Culture in Cross-Cultural Perspective*, Taïpei, 1999, p. 51-77. 感谢作者慷慨分享这篇文章。

[②] Türk, *Nugæ*..., p. 63-66, 103-107.

[③] 关于阿努尔，见 Schriber, *The Dilemma*...。关于基罗，见 Bartlett, *Gerald*..., p. 57; Boivin, *L'Irlande*...。基罗·德·巴里于1176年当选，但亨利二世当时可能担心这个身份很高的人，他的母亲出身菲茨·杰拉德（fitz Gerald）家族，有某种威尔士收复失地倾向，并为圣大卫主教区赢得了大披肩（pallium），从而赢得了对坎特伯雷的独立。1190年和1194年，巴里拒绝担任班戈尔和兰达夫（Llandaff）的主教，因为他还梦想得到圣大卫的主教职位，并于1198年再次当选主教。次年，尽管无地约翰——狮心理查不在时巴里曾支持过他——没有反对，但坎特伯雷大主教赫伯特·沃尔特表示拒绝。在 *Speculum Ecclesie* (1219) 中，他猛烈抨击修会团体，当时一个克吕尼修士和一个西多会修士占据了他渴望的主教职位。

们的批评具有明确的意识形态作用：可以挽救国王的颜面，将滥权行为和不得人心的措施归咎于他的近臣。①

我们应该从字面意思来理解这些作者的批评吗？哪怕是对自己的宫廷同事毫不留情的戈蒂耶·马普，也认为财政署的法官堪称榜样；②我们今天阅读这些人的审计记录仍然会发现，他们对不太可信的治安长官是非常严厉的。但是，同样是戈蒂耶·马普和皮埃尔·德·布卢瓦，他们也强调，滥权和敲诈在行政机器的所有层次上都大范围地传播。贪污、官职买卖和裙带之风饱受金雀花宫廷文人的指责。但事实上，在一个缺少明确规范的报偿方式且总是受困于对相关情况的监控不力的行政体制中，这些都是通行的做法。这些讽刺作家受过法学教育，习惯于以制度化、法理和职责等术语来思考问题。同样的道理，很多地方长官（巴伊）和治安长官之所以言辞犀利，不仅是因为他们作为官员有责任严格汇报施政状况，而且因为他们自己还是上级管理者。在这些还没有获得公共福祉意识、公共领域或"政治化"意识还没有扎根的社会中，他们的风习与严厉的国家官员们并没有太大的不同。③甚至在国家机器的核心，卖官鬻爵也压倒了职业上的公正标准，私人性压倒公共性，家族和家产的考量压倒了公共利益。

在发表自己对宫廷的严厉谴责时，这些讽刺作家喜欢引经据典，运用古老的修辞手法。语文学者从比较文学的角度指

---

① Gautier Map, *De Nugis*..., I, 10; V, 6.
② *Ibid.*, V, 7. 当然，只有这个机构让他另眼相待。理查德·菲茨·尼格尔也赞赏财政署的官员，*Dialogus*..., p. 77, 转引自 Turner, *Juges*..., p. 110。
③ Bisson, «The Politicising...».

出，这些人笔下的主题早在12世纪之前，在古代拉丁作者的作品中就有所论述，如有必要的话，可以将它们置于任何特殊的时代背景之外进行分析。[1]为了抵达和思考超越一切俗务或操劳（necotium）之外的真理，哲人必须有平和与闲暇（otium），这个观念至少可以上溯到苏格拉底。但权力和责任场所不利于产生这种环境。在罗马帝国时期，塞内卡（Sénèque）和斯多葛派就对宫廷发表过这样的批判，而受建制权威迫害的基督教思想家们很早就利用了这些批判。[2]波爱修斯在提奥多里克大帝身边的个人阅历，他的失宠和他撰写《哲学的慰藉》已经足以表明，无须等到索尔兹伯里的约翰、戈蒂耶·马普、基罗·德·巴里和皮埃尔·德·布卢瓦，古代流传下来的套话（topoi）就已扎根在踟蹰于两种人生之间的知识人之中了：一方面是他们对宫廷所负的责任，另一方面是对知识、美和灵性的渴求。在当时文化复兴的时代，他们已经可以发现古代的原著，而不只是从前的摘录了，因而这些金雀花的文人对古典作品了解就更多了。他们对波爱修斯《哲学的慰藉》的兴趣甚至就体现在《哲学传奇》（*Roman de philosophie*）中，它是对《哲学的慰藉》一书的盎格鲁–诺曼语改写本，作者是基罗·德·巴里的朋友西蒙·德·弗雷内（Simon de Freine，卒于1224/1228年）。[3]古代作家无可否认地影响了他们的思想。

---

[1] 例如，这种形式主义就出现在库尔提乌斯的著作：E. Curtius, *European Litterature and the Latin Middle Ages*, New York, 1963。

[2] 索尔兹伯里的约翰就重拾起哲罗姆（Jérôme）对元老阶层的批判，见 Liebschütz, *Medieval...*, p. 66–67。

[3] Legge, *Anglo-Norman...*, p. 183–184.

一旦体味了哲人的悔恨，教士们就毫不留情地抨击廷臣们的道德堕落。这是他们说教的本职工作：革新俗人的行为方式，揭露他们的缺点，为了匡正他们甚至不惜夸大缺点。[①]1180—1197年担任奇切斯特教长的马修曾这样论述教士出现在宫廷的唯一使命："我们不能禁止教士诚实地为君主服务，我们指责的只是以谄媚和贪婪的方式服务，并贪图服务带来的愉悦……教会中人可以在君主宫廷中逗留，可以跟着它一起迁徙，只要他们受到爱，受到矫正君主行止或推进教会事业的意愿的指引。"[②]另一方面，在索尔兹伯里的约翰看来，国王的教士谋臣中最可憎的是逸佞之人，是那些为赞美自己的主子而猖猖狂吠的"宫廷走狗"，他的《论政府原理》有好几章的篇幅用来鞭挞阿谀奉承之举——这是逸佞者最主要的恶；与之对立的教士典范是《圣经·申命记》中的祭司，他们时刻惕励神的律法应被普遍遵守，总是毫不迟疑地警醒统治者。[③]所以当他们告诫或劝说其他廷臣恪守道德时，任何人都不可责备他们。

当教士遂行自己的一项圣职时，他就不必担心受国王的处罚。基罗·德·巴里在《论君主的教育》(*Instruction du prince*, 1192—1218年)的第一篇序言中这样解释言论自由："我发现君主和高级教士的行为中有好多可以指责的现象，虽然后者的任命是为了治理和教化别人，或通过他们的榜样，或依靠他们

---

① Jaeger, «Courtliness and Social...», p. 296.
② 关于《玛拉基书》的未刊布道词，转引自 Smalley, *The Becket's*..., p. 227。
③ *Policraticus*..., IV, 6. 参阅 Liebschütz, *Medieval*..., p. 57; O. Geffroy, *Le Policraticus de Jean de Salisbury (livres I, II et III) : une vision de la cour au XIIe siècle*, 普瓦提埃大学未刊硕士论文，2001年。

的权力。"针对那些抱怨他奉承俗世权贵、缺乏应有的批评勇气的人,皮埃尔·德·布卢瓦提醒他们注意,他对亨利二世的直言不讳,如在他的著作《约伯书概要》(Abrégé du livre de Job,1173年)和《博纳瓦尔院长对话录》(1188—1189年)中所作[1]。就当时的情况来说,这种辩解方式可能有些夸张:这两篇圣经文摘尽管都是针对国王的,但带着一种尊敬且宽容的口吻;它们顶多向国王提出了一种相当经典的基督教生活典范,强调在面对别人的反对时要耐心,对忘恩负义的儿子们要宽大为怀,要经常参加圣礼,要为自己的罪孽忏悔,要践行美德,要对穷人慷慨。总之,对一个混迹宫廷的教士来说,为道德改良的目标而斥责宫廷环境中的缺点,是一件再自然不过的事情了。

这种态度在亨利二世统治时期更为明显,因为它与托马斯·贝克特的冲突重新激活了一个多世纪以前精神权威与世俗权威之间的古老争论。格里高利改革中最有影响力的思想家之一彼得·达米安(Pierre Damien,约1007—1072年),不是写过一本题为《驳宫廷教士和追逐尊贵》(Contre les clerc de cour et la course aux dignités)的小册子,并宣扬上帝与恺撒的严格区分吗?1179年,第三次拉特兰大公会议不是刚刚谴责靠教会收入过日子却总在民事法庭前打官司的大小教士们吗?而这些丑行在英格兰十分普遍。[2]在托马斯·贝克特和亨利二世的斗争中,

---

[1] *Invectiva in depravatorem operum Petri Blesensis*(皮埃尔·德·布卢瓦对堕落行为的谴责),转引自 R.B.C. Huygens, «Dialogus...», p. 93, et *Compendium*...。

[2] PL, t. 145, col. 463. 参阅 Baldwin, *Masters*..., p. 178。关于这个问题的神学争论,见 *Ibid.*, p. 185-186。*Dialogus de Scaccario*(《棋盘对话录》)则为教士参与政府辩护:"一切权力都来自神"(《罗马书》13:1),对教士来说,遵守神的律法与作为国王的导师为后者服务,二者并不矛盾(《彼得前书》2:13)。*Ibid.*, p. 1.

索尔兹伯里的约翰和劳尔·勒努瓦都曾坚定地站在前者一边，对他们而言，对宫廷的批判都指向那些协助国王废黜教会自由的人。相比于他们，基罗·德·巴里的立场要温和得多，但即使是他，也毫不迟疑地指责亨利二世是"堕落之子"，是"砸向教会的锤子"，他甚至认为，他死得不光彩就是神对他谋杀坎特伯雷大主教的惩罚，"宫廷的四条走狗犯下了这桩罪行"。[①]几乎所有贝克特的圣徒传记作者都在这一点上大加发挥，他们都指控国王的"邪恶顾问"是罪行的祸根：这些"告密者的谗言"，他们"恶毒的中伤"和"蛇吞象一般的野心"招致了这桩无法挽回的罪行。[②] 对这些知识分子来说，国王及其邪恶的谋臣还因为下述劣迹而罪加一等：这桩暴行发生在主教座堂中，而且凶手们还践踏了教会的特权。正如娜塔莉·弗赖德（Natalie Fryde）指出的[③]，教士们对安茹王权的敌视态度，延续了捍卫教会自由（libertas）的长期斗争；这种立场同样表现在《大宪章》的文本中，那是通过武力才让国王认可的文献，从此国王不得不尊重它。在一个与授职权之争并无不同的语境中，反宫廷的批评尽管有点老生常谈，但仍然带有新的维度和格外的剧烈性。

[①] 《A quator aulicis canicis》（致宫廷的四条狗），De Principis..., III, 4. 参阅 II, 3; III, 27–31. 此说让人想起布卢瓦伯爵蒂博在给教宗的信中的说法："英格兰国王的亲信，他豢养的宫廷走狗，搞得自己就是国王意志的真正的执行者一样，而且可耻地让那些无辜的人流血。" Roger de Howden, Chronica, t. 2, p. 21, Gesta, t. 1, p. 15–16.

[②] Materials..., t. I, §5, t. II, §46, 转引自 Türk, Nugæ..., p. 178。

[③] "像戈蒂耶·马普和基罗·德·巴里那样的人，是卡佩王权强大的支持者，而且他们也公开这么说。虽然史家们曾倾向于认为，他们俩很怪异，不具代表性，但他们可能是冰山一角，代表了疏离安茹家族的一种强大倾向，尤其是在贝克特被谋杀后。" Why Magna..., p. 124.

这些道德斥责甚至也是金雀花宫廷思想家们作品中的核心论点。他们的主要目标是要矫正国家运转中人为因素导致的功能紊乱。[①]对当代中世纪研究者来说，这种带有强烈伦理色彩的批判似乎带有浓厚的守旧色彩，研究者会将其置于受马基雅维利、霍布斯和黑格尔启迪的分析脉络中，因为在这些思想家看来，政府工具会依据其内在逻辑不可遏止地向前发展。[②]这样的政治哲学强调，现代国家的发展与伦理道德无涉，但金雀花宫廷的教士们却认为，国家发展的独立性对公共福祉而言是有害的，他们会毫不犹豫地斥之为暴政。不过，20世纪最可怕的暴行表明，国家理性和政治伦理根本不是不相容的。考虑到这一点，我们在评判12世纪的思想家时就更为困难了。但另一方面，金雀花宫廷的知识分子深刻地意识到他们的改革使命，他们致力于改变贵族的行止，为此他们向贵族教导特定的学识和行为方式，以克服后者在集体和个人行为中展现其攻击性。

时髦的文雅骑士

在12世纪，国王权威的增长经常会损害贵族，而贵族文化首先是一种战斗文化。从这时开始，萌芽中的国家与贵族的冲

[①] "那位政治理论家（指索尔兹伯里的约翰）的唯一任务，就是阐发有关国王及其顾问的责任意识。" Liebschütz, *Medieval*..., p. 46.
[②] "政治领域和道德领域的混淆，人们已经在塞内卡那里看到了这个错误"；"他们（12世纪的教士）还没有把哲学理性看作与国家理性不同的东西，后者还没有权力的直觉，所以国家理性还没有问世；他们的历史观分为两个方面，即精神和自然两方面，它们带有神秘的同时性"；"国家的运转不是靠实施一劳永逸地确立的伦理学，而是依靠人在实效和道德之间的辩证运动中展开的实际行动"。Türk, *Nugæ*..., p. 189, 196.

突就不可避免了，前者试图成为暴力的唯一合法持有者，后者的行为方式则经常是暴烈的。青年贵族的教育，其根本在于获得某种技能和体能，使其能适应骑马作战；此外就是传授一些军事价值观，如勇敢、忠诚、战友情谊、荣誉感和纪律感。暴力弥漫在贵族的日常行为中，其中战争——无论是私人的还是公共的、领主性质的还是国家性质的——是主要的工作，也是其享有社会统治地位的理由所在。日常生活中的野蛮暴力案例不胜枚举，我们只要想一想贵族的人名学就够了，它几乎总是包含凶猛动物的名字或外号。①此刻刺杀托马斯·贝克特的画面立刻浮现在脑海里：这位大主教受伤倒地后，四个凶手疯狂地用剑砍杀他，一些手无寸铁的教士前来保护大主教，也被他们刺伤；随后凶手们还洗劫了主教宫，夺走了马厩里所有的马匹②……这样的行径发生在光天化日之下，凶手毫无顾忌，仿佛亨利二世边这些骑士都对暴力习以为常了，他们打仗和抢劫的日子过得太久了。③

贝克特案还在另一个方面意味深远。它以极端的实例反映了武士和教士之间的一种古老的辩证关系：武士运用暴力时毫无保留，教士献身于宗教崇拜，掌握书面学识，教会法禁止让

---

① 在约克郡大迫害（1190年）的作案者中，有一个名叫理查德·马尔比斯（Richard Malebisse）的人。关于这个人，牛堡的威廉说这个人"有个恶兽的名字真是名副其实"（*vero agnomine mala bestia*）[译者按：Malebisse 带有恶兽的意思。]另一个姓 Mauleverers（字面意思是"坏野兔"）的家伙，其家族纹章上就有野兔。Thomas, *Vassals...*, p. 62-63.

② Barlow, *Thomas...*, p. 248.

③ 关于贵族暴力的普遍化及其表现，参阅 Strickland, *War...*；以及相关的评论：J. Flori, «Guerre et chevalerie au Moyen Âge», CCM, 41, 1998, p. 352-363. 这位批评者作了一些修正，认为骑士理想弱化了这种暴力和野蛮。

人流血。教士要投身一种说教工作，劝说贵族将暴力严格限制在正义的、合法的、防御性的框架之内，圣奥古斯丁已经对此给出了定义；教士应该实现贵族习俗的基督教化，以此来规范其行为。他们宣扬，应捍卫最无助之人，并以此在大地上确立正义与和平，这样一来，教士就在鼓励贵族培养一种此前仅局限于国王的意识形态。这种价值体系不是别的，它就是骑士气概（chevalerie），从这个词的观念内涵而非社会意义而言，它指的是一种杂糅了宗教品格的伦理学，一种教士向职业武士建议的义务论。①

亨利二世宫廷中的教士们的文字作品，就见证了让贵族习俗走向和平化的意愿。皮埃尔·德·布卢瓦在一封信件中强调了骑士的堕落：一旦行过授甲礼（adoubement），贵族就将武器对准了教会。②同样的观点也出现在《风度书》（*Livre des manières*，约1175年）中，这部作品的标题意味深长，它的作者埃蒂安·德·富热尔（Etienne de Fougères，卒于1178年）是亨利二世的礼拜神父、文书厅的秘书，1168年还担任了雷恩的主教。这部作品以盎格鲁-诺曼语撰写，书中借用了《身份论》（*ad status*，即阐述生活中的各种"状态"）的模式，对每个社会阶层都斥责一番，针砭它们特有的毛病；对于骑士它也没有放过，因为骑士滥用权力，虐待和剥削自己的下属；他们的妻子、贵妇们，则被指控犯有通奸罪。③随后又有好几位作者用这种道

---

① 参阅 J. Flori, *Chevaliers*…。

② *Epistulæ*, n° 94, col. 291-294; Jaeger, «Courtliness…»; Bumke, *Courtly*…, p. 311-312.

③ Ed. R.A. Lodge, III, str. 135-146, p. 80-81; VI, str. 244-281, p. 93-98. 参阅 Short, «Patrons…», p. 239-240。这部著作是献给赫里福德女伯爵塞西尔（Cécile）的。

学家口吻来鞭笞好战的贵族。①

不过,对于武士的行为方式及他们在社会组织中的角色问题,思考最深的是索尔兹伯里的约翰。②他对骑士的义务下了一个很长的定义,其中包含着基督教的典范:"保卫教会,与背信弃义作战,尊重教士,让穷人远离不公,维护地方和平,为自己的兄弟抛洒热血,必要时献出生命。"③所以骑士的职责是捍卫"没有武器的人"(inermes),维护正义与和平;这就是他在社会中应有的独特地位,这位思想家不再根据社会功能三分法来表述骑士的角色,因为随着英格兰政府日益增长的官僚化,传统的三分图式已经过时了。④根据约翰的看法,人类的组织类似于一个人的身体⑤:骑士就是手臂,他盲目地服从作为头颅的君主;所以他应该听从国王。在他看来,骑士违抗国王在任何情况下都是不合法的。

《论政府原理》中阐发了弑君理论,但这不能解释为呼吁武装反抗亨利二世,⑥虽然该著是在亨利二世杀害托马斯·贝克特十来年后撰写的,而且索尔兹伯里的约翰还是贝克特最紧密的

---

① 参阅 M. Aurell, «Chevaliers et chevalerie chez Raymond Lulle», *Cahiers de Fanjeaux*, 22, 1987, p. 141-157。

② Flori, «La chevalerie…», p. 35-77.

③ *Policraticus…*, VI, 8.

④ Smalley, *The Becket…*, p. 98.

⑤ Struve, «The Importance…». 约翰的有机论具有很强的原创色彩,尽管他受到了威姆·德·孔什对柏拉图的评注的影响,见 Dutton, «*Illustre…*», p. 109-111。

⑥ *Policraticus*, VIII, 17-23, t. 2, p. 357.

顾问。[1]如果不注意他的著作的解读者的意见，我们就必须承认，要理解约翰的思想是很困难的。他的方法不是经院哲学式的，而是百科全书式的。这种方法主要依靠对轶闻、对相互矛盾的范例（exempla）的比较，而不是根据同一律或者粗糙的辩证法来挑选论据。[2]这种方法杂糅了大格里高利的智慧，但它要达到"诸矛盾之间的和谐"（concordia discordantium）却是徒劳的：公元千年之际形成的思考方式志在调和矛盾，超越矛盾，使其进入和谐状态；音乐上的和声学是这种思维的源头之一，因为它通过音域而在多元的声音中获得了一致性。[3]在我们关注的这个问题中，约翰论述弑君的一章，恰恰放在谴责廷臣阿谀奉承的一章中，以便更好地对两种立场进行对比。像他习惯所作的那样，他将自己关于政治谋杀的思考放在大量反例（如大卫面对扫罗时的耐心）和例外（如禁止杀害曾宣誓效忠和必须对之保持忠诚的人，或使用毒药）中，这样的例子如此众多，以致让谋杀几乎不可能转入实际行动。[4]相反，他坚持神的正义，这是内在于人的行为之中的，它可以解释何以所有滥用来自上帝

---

[1] 当然，《论政府原理》中的确有些片段谴责攻击教会的君主（VII, 20, t. 2, p. 186-188），人们可以从这个方向上来理解，如 M. Wilks, «John…», p. 282-283。N. 菲德（N. Fiyde）甚至认为，索尔兹伯里的约翰针对的是亨利二世，因为国王为了登上英格兰的王位，他的军队在格洛斯特和牛津附近大肆施暴；为废黜他的兄弟若弗瓦、征服布列塔尼，国王同样采取了暴力手段，见 «The Roots…», p. 61。不过，如果上述意见成立的话，那么约翰为什么要对亨利二世绥靖英格兰的努力进行长篇歌颂呢？

[2] Dickinson, «The Medieval…», p. 336-337.

[3] Th. Lesieur, «The "Policraticus": A Christian Model of "Sapientia"», 剑桥的一次研讨会上的未刊论文 (Peterhouse, 24-26 septembre 2001), *The Plantagenets and the Church*。

[4] Van Laarhoven, «Thou shalt…».

之权力的统治者最后结局悲惨，这些人藐视高级律法，残暴地压迫人民。约翰用词细腻微妙，喜欢玩弄悖论，因而是在极端复杂的推理之中提出政治问题的。①他无可辩驳地接近了现代的感性。

尽管这种思考方式带来了各种变化和不确定性，但在西方政治思想史中，索尔兹伯里的约翰对弑君理论的重新表述无疑具有革新乃至革命性的意义。在几个世纪的遗忘之后，这个理论又赫然出现在中世纪的思想光谱中。②约翰的同代人基罗·德·巴里也重拾这一理论，不过他的表述方式比约翰更为明确和坚决，尽管后代人对此了解较少："攻击暴君者不可受惩罚，而应得奖赏，格言云：'杀死暴君的赢得嘉奖'。"③金雀花宫廷的思想家们肯定走在了时代的前面。

但应该强调这一事实：索尔兹伯里的约翰的理论短期内并无对应的实际行为。毕竟这个理论根本不是针对亨利二世的。《论政府原理》成书于1159年，那时国王和他的文书长之间的关系非常融洽，这本书就是献给托马斯·贝克特的：当时他正带领国王的军队征讨图卢兹。另外，著作中有一章颂词，歌颂年轻的亨利国王如何在英格兰长期的内战后恢复了那里的和平；整部著作以一个短句结尾，句子提到了成年的亨利，现代译者可以将之理解为一种隐蔽起来的批判，批判的对象是国王为了图卢兹战役征收了过高的盾牌捐。④后来，约翰一度失宠，国王

---

① Genet, «Le vocabulaire...».
② Turchetti, *Tyrannie*..., p. 251–256.
③ *De Principis*..., I, 16, p. 56.
④ Trad. VI, 18, Dickinson, p. 237, n. 4.

禁止他回到英格兰：所以他就奉承他，催促文书长——这本书的题献对象——替他向国王求情，以求重新获得恩宠。

另外，约翰还将从前反叛国王布卢瓦的斯蒂芬的领主称为暴君。他还谴责在内战中自肥，占据坎特伯雷教会土地的贵族。[①]在这一点上，他接续了修道院史学的传统，后者至少可追溯到加洛林时代，在这种传统中，暴君就是蔑视王权的人：1154年，《圣塞尔日年鉴》（*Annales de Saint-Serge*）就赞扬亨利二世"对一个反叛的暴君莫特迈尔的于格（Hugues de Mortemer）确立了和平"[②]。所以，索尔兹伯里的约翰的论说从来没有质疑过金雀花的国家建设，而这种建设是损害独立的堡主势力和贵族的惩戒性领主权（seigneurie banale）的。

最后一个方面看来在《论政府原理》中居于次要地位，但它与贵族的暴力使用有关。书中对廷臣们热衷的狩猎活动有猛烈的抨击："狩猎是项愚蠢的活动，它耗费惊人，尽管狩猎成功也能得到一些好处，但这根本不足以抵偿过度行径带来的破坏。"[③]索尔兹伯里的约翰这里表达的显然是教会对狩猎娱乐的定见，因为教会法禁止教士们参与这种会导致流血的活动。此外他也知道，狩猎可能成为杀人活动的预习，而为狩猎设立的保留地和王室森林占到英格兰土地的四分之一，这些土地不准耕种，让农民陷于贫困。最后，他的抨击延续了一个更为广泛的

[①] VIII, 21, t. 2, p. 394-396. 参阅 Liebschütz, *Medieval*..., p. 52-53。

[②] «Annales Sancti Sergii...», p. 102. 在圣丹尼的院长苏热看来，暴政的化身就是路易六世时期那些最喜欢反叛的领主，见 J. Van Engen, «Sacred Sanctions for Lordship», *Cultures of Power*..., p. 224。

[③] I, 4, p. 25.

思潮，当时这个思潮受到圣经解经学家的推动，他们以被国王吞噬的血淋淋的肉体来比喻狩猎，而这个比喻又是在暗指税务机关以类似的方式消耗人民的劳动。基罗·德·巴里也展现了同样的画面：国王红脸威廉在出发打猎的前夜在吃活人。[①]正如菲利普·毕克（Philippe Buc）提示的，吃人肉是教士圣餐礼中的排斥性极点（pôle répulsif），它并没有被消除，而是教会构建中的组成部分。它提示人们注意君主制残忍的面孔，某种意义上说也是贵族的残忍一面，因为他们靠对农民征收领主捐税而致富。[②]

但对于索尔兹伯里的约翰来说，教士与骑士之间的根本分裂完全是另一回事。识文断字是一条分界线。"对一个责任在于通晓使用武器而非文字的文盲（illitteratus），你能要求他操持文字职业吗？"[③]这里的"文盲"一词，应从中世纪的意义上而不是现代含义上理解：文盲是指不懂拉丁文，因而不能接触大部分学术著作的人，这些著作就是备受推崇的神学和哲学著作。而且，不懂拉丁语就不能参与政府工作。因此，俗语在文字中的使用局限于不牵涉真理、只涉足虚构和轶闻的领域，它与真实之间有公认的距离。[④]在我们关心的时代，除了少数例外，文盲就等同于俗人。教士和骑士分属两种不同的文化。可以据此断言两种文化不能兼容吗？它们之间的桥梁终于被斩断

---

① Buc, «*Principes...*», p. 320-321.

② Buc, *L'Ambiguïté...*, p. 112-122 et 225-227; P. Freedmann, *Images of the Medieval Peasant*, Stanford (Ca), 1999, p. 48-50.

③ *Policraticus...*, VI, 10, 转引自 Clanchy, *From...*, p. 25。

④ Nykrog, «The Rise...».

了吗？1150年左右，在诺曼底出现的《底比斯传奇》(Roman de Thèbes)的序言中，两个群体被放在了同一层面，被视为唯一可以描述的群体："愿所有人都在这个话题上保持沉默，除了教士和骑士，因为其他人什么都不懂，对他们就好比对牛弹琴。"[1]文学中的精英主义将教士和贵族结合在了一起，但商人和农民被排除在外。

学识性的文化并不排斥俗人贵族，而且这种文化并不总是带有书面的、拉丁的、宗教的特征，它也可以是口传的、世俗的和传奇式的。前面讨论过的拉努夫·德·格兰维尔和威廉·德·曼德维尔就表明，"有文化的骑士"(miles litteratus)这个说法无论就其本身还是从12世纪末的贵族社会实际而言，都并非不相容。[2]有文化的骑士的出现也不必然意味着贵族内部军事价值观的危机。[3]在基罗·德·巴里的笔下，有学问的武士可能以鬼魂的身份回到大地上，与他的老师莫里斯(Maurice)重逢，像从前一样交流几句随性而作的拉丁诗歌。[4]在金雀花

---

[1] Ed. Raynaud de Lage, v. 13–16, t. 1, p. 1. 参阅 Nykrog, «The Rise...», p. 597–598。对牛弹琴（西文的字面是对驴子弹竖琴）的主题，至少可追溯至伊索（Esope），它在罗马雕塑中很常见，见 S. Garros, *Les Animaux musiciens au Moyen Age*, 普瓦提埃大学未刊学位论文, 1997年。

[2] 但不应忽视克兰奇（Clanchy）的评论（*From Memory*..., p. 182）："在中世纪的史料中，如果一个骑士被描述为'有文化'（litteratus），指的是他非同一般的学识，而不是他的读写能力。"

[3] J. Baldwin, «The Capetian Court under Philip Augustus», dans *The Medieval Court in Europe*, dir. E. Haymes, Munich, 1986, p. 81.

[4] «Miles enim litteratus fuerat et, dum vixit, solebat sœpius alternis versibus»（他曾是个有文化的骑士，活过来时喜欢与人唱和诗句），*De Principis*..., III, 28, p. 310, 转引自 Clanchy, *From Memory*..., p. 182。关于基罗和鬼魂，参阅 Schmitt, *Les Revenants*..., p. 105–106。

宫廷的中层贵族中，同样有这样一种社会类型：他们认为求学会有助于为王权服务的职业之路。[1]高层贵族同样有文化，如果不是更有文化的话。亨利一世的私生子、亨利二世年轻时的支持者格洛斯特的罗伯特（卒于1147年），是一个很慷慨的赞助人，他为马姆斯伯里的威廉（Guillaume de Malmesbury）、蒙茅斯的杰弗里和杰弗里·盖马尔提供过支持。[2]同样，莱斯特伯爵罗伯特·德·博蒙特（卒于1168年）和他的双胞胎兄弟贾勒兰·德·墨朗（Galeran de Meulan），从小就在阿宾顿（Abingdon）修道院接受很好的教育；[3]罗伯特对王权的思考得到索尔兹伯里的约翰的赞赏，理查德·菲茨·尼格尔则说他"深谙文学"（litteris eruditus），贾勒兰能以拉丁文作诗，能读懂令状中的文字。蒙茅斯的杰弗里曾将《不列颠诸王史》的几篇手稿献给贾勒兰，后者可能是《拉伊斯》（Lais）的作者玛丽·德·弗朗斯的父亲，这位夫人的丈夫亨利·德·塔尔伯特（Henri de Talbot）则是赫里福德伯爵领的一个领主。[4]与克莱尔（Clare）家族联姻的吉尔伯特·菲茨·巴德龙（Gilbert fitz Baderon）在自己的蒙茅斯城堡建了一座图书馆，搜罗了一些法语和拉丁文书籍；他还将其中的一些书借给了威尔士的诺曼

---

[1] Turner, «The *Miles litteratus*...», p. 941–945.
[2] Guillaume de Malmesbury, *Gesta regum*..., ep. III, t. 1, p. 10–12, et *Historia novella*..., *t. 2*, p. 252–256. 参阅 Chambers, *Arthur*..., p. 21, 41; Short, «Gaimar's...»。
[3] Crouch, *The Beaumont*..., p. 7, 97, 207–211.
[4] G.S. Burgess, K. Busby, *The Lais of Marie de France*, Harmondsworth, 1986, p. 15–19; Bate, *Contes*..., p. 49; introduction d'y. de Pontfarcy, *à L'Espurgatoire*..., p. 49–52.

诗人休·德·洛特朗德（Hue de Rotelande）。[1]林肯的领主拉尔夫·菲茨·吉尔伯特的夫人康斯坦斯（Constance），很可能向杰弗里·盖马尔订购了盎格鲁－撒克逊纪年的法语译本。[2]这些人物属于英格兰的高级诺曼贵族，但一些为他人服务的中等贵族中也涌现了有文化的骑士。对这些廷臣来说，战争和司法与热爱文学根本不是相互排斥的。

修习文雅

大部分骑士并不掌握这么广博的学术文化，但他们懂得更为实用性的文字。他们并不把闲暇时间用来阅读虚构或学术著作以提升文化水平，但掌握基本的读写和计算能力，以便领会王家文书，了解领地的账目，尽管这些理解仍只是个大概。在英格兰，很多治安长官和地方法官可以阅读拉丁语，或口授拉丁语文件，甚至可以自己写文件，如受亨利二世之托治理汉普郡的理查德就自己立下了遗嘱。[3]戈蒂耶·马普提到，他有一个年轻的英格兰亲戚非常热衷于战争，他到佛兰德尔伯爵菲利普·德·阿尔萨斯（Philippe d'Alsace）身边接受军事教育，但他"不懂拉丁语，这让人很遗憾，但他还是会写字母表"[4]。这个例子看来能表明一般武士的教育水平。

---

[1] Short, «Patrons…», p. 241. 关于 *Ipomedon* 和 *Prothelaus* 两著的作者 Hue de Rotelande（或是威尔士的 Rhuddlan？），参阅 Legge, *Anglo-Norman Literature*…, p. 85-96。

[2] Short, «Gaimar's…»。

[3] Clanchy, *From Memory*…, p. 187, 198.

[4] «*Cum non esset literatus, quam doleo, quamlibet literarum seriem transcribere sciret*», *De Nugis*…, IV, 1, p. 278.

他们还发展出另一种他们特有的文化,即以口传和俗语文化取代教士的书面拉丁文化。戈蒂耶·马普就这样谈论贾勒兰·德·伊弗里（Galeran d'Ivry）:他虽然是没有文化的骑士（miles illitteratus）,也就是他不懂拉丁文,但他会写法语诗。[①]在12世纪末,俗语的使用在金雀花贵族中获得了很高的声望。基罗·德·巴里是出身诺曼底贵族的威尔士人,他直截了当地写道:"对我们来说,拉丁语和法语超越其他所有语言。"[②]在不列颠,盎格鲁–诺曼语（海峡两边所说的法语方言）自1066年征服以来就是精英的语言,这场征服消灭了说盎格鲁–撒克逊语（即中古英语）的地方贵族,或将他们排斥。在整个12世纪,盎格鲁–诺曼语的声望在英格兰贵族、教士和说唱者之中不断上升。早期的法语传奇、历史著述、圣经翻译、修道院教规、科学文献、行政论著和八音节诗歌也出现在英格兰。第一位以法语写作的女作家也出现在英格兰。伊恩·肖特（Ian Short）将这种早熟归因于英格兰精英们中的三语现象和文化多元主义,他们对法语俗语的使用很广泛,因为它比拉丁语更实用,其适用范围也比盎格鲁–撒克逊语更广。[③]

[①] *Ibid.*, V, 5, p. 446. 美男子若弗瓦曾将几个被囚禁在自己监牢中的骑士释放,因为他们给他唱了一首好诗,一时传为美谈,见 Bezzola, *La Cour...*, p. 3。

[②] *Speculum duorum...*, 转引自 Bartlett, *Gerald...*, p. 15。在《爱尔兰之战》（*Expugnatio hibernica*）的第二篇序言中,基罗·巴里却提到,戈蒂耶·马普跟他说,他用拉丁语创作的大量作品,比不上他用俗语写的作品带来的荣誉和声望;基罗回击说,他更期待有人能将他的作品译成法语,但大家应该明白,学识方面的要求不允许他抛弃拉丁语。转引自 P. Bourgain, «L'emploi de la langue vulgaire dans la littérature au temps de Philippe Auguste», *La France...*, p. 769–770。参阅 Bezzola, *La Cour...*, p. 58。

[③] Short, «Patrons...»; «On Bilingualism...»。

在这种背景下，盎格鲁-撒克逊语就被降低到二等地位，成为一种日常的、家庭的和熟人间的用语。①借助于托马斯·贝克特的一个圣徒传记作者，我们得以了解，刺杀这位大主教的一位凶手休·德·摩尔维尔（Hugues de Moreville），他妻子在家跟他说英语，但最后这些凶手与大主教争吵时，他们用的是法语。②在主次两种语言的格局中，声望更高的一方将另一方贬低到日常生活层次，这种情况也反映在一些英语作者的困境中，尤其是当他们像白金（Barking）的修女那样使用奥依语的时候：这位修女在《忏悔者爱德华传》（*Vie d'Edouard le Confesseur*）中请求读者原谅："我只懂一点蹩脚的英格兰法语，因为我没去过别的地方。"③尼格尔·德·隆尚则向他的叔叔、埃里主教威廉建议，应该使用他父亲的语言，即法语，而不是他母亲的语言英语。④法语是国王及其廷臣的语言，它能为职业生涯和社会上升打开方便之门。

在宫廷，盎格鲁-诺曼语的语法、句法和措辞传递的是一种社会规范。熟练掌握它们是声望和名誉之源。要嘲笑一个政治对手，没有什么比取笑他的口音更容易的了。戈蒂耶·马普就

---

① Clanchy, *From Memory...*, p. 214-220.

② Guillaume de Cantorbery, *Vita...*, t. 1, p. 128, t. 2, p. 5. 参阅 Short, «*Tam Angli...*», p. 157, 作者在此指出传记（Vita）中这个片段之解读的复杂性：休·德·摩尔维尔的妻子以盎格鲁-撒克逊语警告丈夫，她的情人要从背后袭击他，但这袭击最初就是她策划的！

③ «*Un faus franceis sai d'Angleterre/ ke ne l'alai ailurs quere*», Legge, *Anglo-Norman...*, p. 63. 参阅 J. Wogan-Browne, G.S. Burgess, *Virgin Lives and Holy Deaths. Two Exemplary Biographies for Anglo-Norman Women*, Londres, 1996。

④ «*Lingua tamen caveas ne sit miaterna, sed illa / quam dedit et docuit lingua paterna tibi*», *Tractatus...*, v. 165-166.

对亨利二世的私生子、约克的杰弗里糟糕的法语大加嘲弄，他说此人讲的是莫尔伯勒（Marlborough）地方的野蛮方言，跟喝泉水的乡下人没有两样。①另一些言语方式更难以理解。例如，在《论政府原理》的序言——人们错误地认为这是尼格尔·德·隆尚撰写的一篇文雅修炼手册②——中，索尔兹伯里的约翰向有志于在宫廷中扬名立万的年轻人提了一个建议："你的举止，你的服饰，你的表情，看起来都该像个外国人。你的语言很独特，只能以奇怪的发声才能说出来。你要向所有人说，你生在普瓦图，那里的言语更加无拘无束。"③这是一种遥远的大陆方言，它摆脱了讲双语的英格兰人形成的独特口音和语法——这是英国人操持基罗·德·巴里所称"阴沟法语"而造成的复杂局面——这种方言真的是社会身份的象征吗？④在不列颠，作为军事和贵族精英偏爱的语言，作为他们教养的象征，盎格鲁－诺曼语的胜利与安茹王朝在政治上的稳固是同步发生的。要完全融入宫廷，就必须会讲这种语言，何况它对盎格鲁－撒克逊语的取代达到了空前的地步，国王亨利二世自己也不会讲

---

① «*Apud Merleburgam ubi fons est quem si quis, ut aiunt, gustaverit, gallice barbarizat, unde cum viciose quis illa lingua loquitur, dicimus eum loqui gallicum Merleburge*»（在莫尔伯勒有一眼泉水，据说谁要是喝过那泉水后再说蹩脚的高卢话，他在跟村民交谈时，我们就说他讲的是莫尔伯勒高卢话），*De Nugis*..., V, 6, p. 496. Cf. Soutern, *Medieval Humanism*..., p. 141。

② 在 Th. Wright, *Rerum Britannicarum Scriptores* 中，该作品标题为 *Versus ad Guillelmum Eliensem*（诗赠埃里的威廉），*Anglo-Latin Satirical Poets* (RS 59), Londres, 1872, t. 1, p. 231-239。

③ *Policraticus*..., p. 1, n° 379A-B, v. 13-16. 这个"有抱负的青年"可能也是他的《论政府原理》中的一个寓意角色，约翰试图通过他来劝导廷臣的转变。参阅 Bezzola, *La Cour*..., p. 25-26。

④ Short, «*Tam Angli*...», p. 156.

英语。在他治下,私生子威廉和其手下通过征服而强加给当地人的法语,仍然是王权对英格兰贵族进行政治统治的一个工具。

不过,在金雀花帝国的奥克语领地,安茹家族感觉没有必要为了更好的治理而诉诸奥依语了。作为阿基坦公爵,奥克语文学的传统保护人,他们的合法性在这里没有受到质疑,而且他们懂得延续这种庇护政策,从中博取名声。阿基坦公爵纪尧姆九世是已知的第一位行吟诗人,他的重外孙狮心理查向他学习,自己谱写奥克语诗歌。[①] 在加冕为英格兰国王之前,理查长期担任阿基坦公爵,他与众多行吟诗人保持着特殊的庇护关系和友谊,这些人在自己的歌曲中也向他表白心迹。他们也写作 sirventes(与爱情诗 cansons 相对的政治作品),很多说唱者都在表演这些作品,以歌颂金雀花家族在卢瓦尔河以南诸领地的作为。聆听、解说和创作这些作品的南方贵族,是绝不会有英格兰人对于奥依语的那种痴迷的。南方的行吟诗人出身骑士或诸侯与贵族的宫廷,他们继续以奥克语创作,直到卡佩王朝征服南方。

所以,不同的语言是一个统一体制中的不同元素,但这个体制的社会规范是一致的,行为方式在其中也扮演着重要角色。在 12 世纪末,骑士文学和教士布道就是宫廷行为方式的某种回声:这些行为都是为了增强国王的威望,提升他在男子中的名誉,并赢得贵妇们的赞誉。这就是骑士风度(courtoisie)的本质,它在金雀花国家的建构中占有核心地位。实际上,骑士风度是一个社会变革要素,一项国王和教会思想家们提出的纲

---

① Ed. Lepage, «Richard Cœur…».

领：用以绥靖他们的战斗风气，向他们灌输如何自我控制。对于这一纲领，C.斯蒂芬·贾格尔（C.Stephen Jaeger）强调了其革新的意义。①金雀花家族奥克语领地上文雅手册（manuels de civilité）的出现，很好地表明了这种趋势。1200年左右，阿诺·威廉·德·马尔桑（Arnaut Guilhem de Marsan）在加斯科尼撰写了一部"教学手册"（Ensenhament），劝导那些想赢得贵妇芳心的骑士如何保持干净，如何着装，如何收拾屋子，如何表现慷慨。②这份文件证明，贵族日益追求举止、衣装和言谈方面的精致了。它也反映出妇女在骑士之爱中扮演的角色，在这种情感中，学习如何控制肉体激情是约束贵族暴力的一部分。

这些手册中的理论思考和其中的礼仪课程，与金雀花宫廷的现实颇为相称。1175年左右，赫伯特·德·博思汉姆（Herbert de Bosham）特别描绘了小亨利的导师托马斯·贝克特给青少年贵族灌输的风度，他就受托负责这些人的教育。在托马斯看来，一起进餐（commensalité）是特别有效的教育方式：年轻人聚拢在他周围，一起分享哲学的盛宴；他们吃饭时要端庄节制，要遵守等级秩序，传递盘子或轮流为宾客服务。③实际上，宫廷中有十分严格的优先权：例如，宫廷侍从可以大半夜将一个贵族从住所中赶出，如果一个比他头衔更高的贵人突然驾到的话。④

---

① "一项社会变革纲领……普遍的议题是让武士的行为方式从暴力转向约束，从不负责任转向社会规范，自10世纪以来，教士就在不同的文本和意识形态中宣扬这种转变"，Jaeger, «Courtliness...», p. 301-302；另见同一作者，*The Origins...*; *The Envy...*。

② Ed. Sansone. 参阅 Bezzola, *La Cour...*, p. 269。

③ Jaeger *The Envy...*, p. 297-308.

④ Pierre de Blois, *Epistulæ*, n° 14.

这些做法有时会引发轰动性的争吵：戈蒂耶·马普讲述了内侍长威廉·德·坦卡维尔（Guillaume de Tancarville）与国王的管家之间的争吵，当时他们是为了争夺几个献给亨利二世的银质洗脸盆；[①]1176年，为了在教廷派往威斯敏斯特宗教会议的特使身边争夺一个更好的座席，坎特伯雷和约克的两位大主教竟然拳脚相加，还动用了棍棒。[②]在这个场合，座位优先权可比优雅的风度重要多了！

繁琐的礼仪在金雀花宫廷占据特别重要的地位。中世纪史家在翻译当时文献时，对以courtisan（宫廷的）一词来翻译curialis间或感到犹疑，他们的理由是，这个法语词让人想起凡尔赛和17世纪君主制的盛大排场，但是，对于金雀花宫廷而言，这种顾虑应该彻底抛弃。诺伯特·埃利亚斯（Norbert Elias）曾大力阐发"风俗的文明化"，其实不用等到扑粉的假发和锯齿状的袖口问世，西方君主制就已经走上了这条路。如果需要的话，金雀花宫廷就可以证明，对行为方式的规训，服从国王的宫廷贵族所必须遵守的先座权（préséance），这些都不是近代的发明。很早之前，君主们的众多作为就已经让我们理解，通过"宫廷化"（curialisation）可以监控、规范和驯服贵族。

在12世纪末，风度对男人的规训发生在特定的思想背景下。这就是受拉丁古典作品的重新发现和某种人文主义推动的思想复兴运动。从沙特尔和巴黎的学校里输入的斯多葛式学术和教育理念，塑造了宫廷思想家们。塞内卡像西塞罗一样受人

---

① *De Nugis*..., V, 6.

② Ramsay, *The Angevin*..., p. 191.

赞赏，亨利二世的老师威廉·德·孔什就曾讲授过塞内卡的政治伦理学，索尔兹伯里的约翰是威廉的另一个学生，他曾说这个世界再也没有产生过比这更美好的作品了。[1]约翰从塞内卡的作品中借用了文雅（civilitas）、美德修养（cultus virtutum）和体面（honestum）等概念，当然，自安布罗西（Ambroise）、伊西多尔（Isidore）和比德（Bède）以来，塞内卡的作品大体被基督教化了。约翰借用的这些观念勾勒了一种为国家服务的道德理想，只有品德高尚的体面公民才能担当此任。治理国家的人不是由遥远且冰冷的教师培养出来的，后者只传授技术性和实用性的知识；治理者都应该由典范的教育者培养，后者懂得以美德、人道和良好的举止来深刻地塑造他们的人格。塞内卡的一句格言很好地总结了这种教育思想："通过理论进行教育收效缓慢，但通过榜样来教育既快也有效。"

托马斯·贝克特对学生们的训导，发生在修辞文化被重新发现的背景下。的确，这位文书长强调，学生的言谈和举止的运用，都应服从严格的道德目标。他认为，完整的人格由双重的恩典构成，即人性的和神性的恩典，前者是"取悦尘世"的善意（benignitas），后者是"取悦天国"的善（bonitas）。[2]同托马斯·贝克特一样，对于索尔兹伯里的约翰而言，教育的人文维度是首要的，他强调的是"文雅"（civilité），唯有通过文雅，人才能通过哲学和美德这唯一的路径通往至福——这里他

---

[1] Türk, *Nugæ*..., p. 69 et 76.
[2] Herbert de Bosham, *Vita*..., II, 1. 参阅 G. Gicquel, «Clercs satiristes et renouveau spirituel à la cour Plantagenêt», *Noblesses*..., p. 79。

显然没有提到超自然秩序。[1]在强调某种世俗文化的益处时，皮埃尔·德·布卢瓦对其意义作了充分发挥："学生的辛苦努力对于灵魂的拯救毫无意义，但它有俗世的正派，有人间的良善无瑕。"[2]在12世纪末，这些来自拉丁古典作家的主题之所以在金雀花宫廷思想者中再现，不仅仅是因为文学趣味和对修辞形式不假思索的模仿癖好。它发生在特定的文化和政治语境中：当时国王正试图在各种领主制中确立其唯一的强制权力。身体训练，智识要求，学识的获取，都发生在贵族被驯服这一更为广泛的进程中，这要求贵族在宫廷中抑制自己的激情，而当暴力使用变为王权的垄断时，贵族也就被禁止私人使用武力了。文雅之爱（fin'amors）的主题正是在这种语境下生成的，这个术语19世纪以来就被准确地译为amour courtois（宫廷骑士之爱）；在西方世界，阿基坦的纪尧姆九世在他的诗歌中第一次定义了这种"文雅之爱"。所以文雅（civilité）和宫廷骑士的礼貌（courtoisie）是并行的。

在我们考察的整个时代，书本学识、骑士价值观和宫廷中的矫揉造作，这些意象在金雀花帝国的贵族脑海中不断深入。不过，仍然应该提出新贵族文化的地理源头问题。这个问题看似老生常谈，而且可能无法解答，但它展现了12世纪政治史中突出的复杂局面。传播论的观念认为，骑士风度在法国有一个中心，它从这里向欧洲周边传播，中世纪宫廷史最出色的专家们大都接受这个看法：约阿希姆·班克（Joachim Bumke）尤其

---

[1] *Policraticus...*, VIII, 9.

[2] *Epistulæ...*, n° 139.

有代表性。他认为，从1100年代开始，商路的开辟，教士的迁徙和王朝兼并，将来自法国王室的贵族文化传入了德国。①卡佩世界在学识上的优越地位，它在行为方式上的全面成功看来佐证了这个论点，不过此说贬低了英格兰、弗拉芒和香槟宫廷的积极作用。

　　亨利二世身边的英格兰贵族也以令人称奇的方式提出了相同的看法。1204年诺曼底失陷后不久，基罗·德·巴里讲述了他同拉努夫·德·格兰维尔的谈话，主题是为何腓力·奥古斯都可以轻易获得成功。当然，这场谈话完全是虚拟的，因为拉努夫早在十几年前就死于十字军中了。作者提出的首要理由是，法国人更热爱学识，这使他们超越了其他民族，就像古代世界的希腊人和罗马人那样。②如果我们相信这个在1216年左右提出的分析——当时基罗甚至支持未来的路易八世入侵英格兰——则巴黎和沙特尔的学校在英法两国国王的对垒中起了关键作用。在英格兰知识分子中，这些学术圣地的确造成了一种盲目崇拜，以致形成了一种与两国国王争战很不协调、近乎亲法的情绪。

---

① *Courtly...*, p. 61-101. 这位作者还指出，德国受法国北方的影响很深，有可能不知道亚瑟传奇，但散文体的《兰斯洛》是个例外，该著在13世纪初有了译本。*Ibid.*, p. 95-96. 这种缺席是因为亚瑟王的主题更具金雀花色彩而非卡佩特色吗？

② *De Principis...*, III, 12, p. 259. 参阅 Powicke, *The Loss...*, p. 297; Bates, «The Rise...». 阿尔弗雷德·理查德（Alfred Richard）显然是从字面意思来分析基罗·德·巴里的话。不管怎样，在法绍达危机及英法协约破裂之后，作者在分析12世纪的学术史时难免流露出反英情绪："这是在思想上与粗野的英格兰人的博弈"，见 *Histoire des comtes de Poitou*, Paris, 1904, t. 2, p. 15.［译者按：法绍达危机是1898年英法两国在非洲进行殖民扩张时的一次严重对峙，但这里说的协约（entente cordiale）如果是1904年的英法协约的话，似乎与上下文有龃龉，似乎应该是英法协约签订之前，阿尔弗雷德·理查德有反英情绪才更易理解。］

当时他们就喜欢对巴黎（Paris）和天国（paradis）两个词玩文字游戏。①基罗·德·巴里断言，"帝国和学术的转移"（translatio imperii et studii）是从希腊到罗马，最后抵达了法兰西。②索尔兹伯里的约翰也对巴黎颇为赞叹，赞叹它居民的幸福，赞叹它对教士的尊重，赞叹其教堂的辉煌，赞叹其学生的哲学——他将自己比作看到天使在天梯上往来的雅各，便证明了这一点：他像雅各那样惊呼："耶和华真在这里，我竟不知道！"（《创世记》28：16）③作为文化典范，法国北方的主教座堂学校声誉很高，它们也懂得自我传播，而这又提升了腓力·奥古斯都的名望，思想辐射有利于他的政治事业。卡佩领地在思想上的诱惑力让诺曼底精英与无地约翰的关系变得松弛了，也削减了他们对卡佩王朝的抵抗力量。

在讨论金雀花宫廷的心态时，如果不提它的宗教性，那将是不完整的。这种特性深受12世纪末最富革新意识的灵性思潮的影响。修道院改革和被称为格里高利改革的教廷改革，可能并未让英格兰和诺曼底教会脱离王权的控制。不过，改革运动的观念、信仰和立场影响了王国的政治精英。同时在俗人和教士之中出现了宗教情感的复兴，而教士还在宣扬精神自由，对基督人性的信仰和内在省思。④索尔兹伯里的约翰在发挥塞内

---

① Haskins, *Studies*..., p. 36-39 ; «*France was the home of freedom, reason and joy ; England of oppression, dullness and dreams*», Southern, *Medieval*..., p. 156, 参阅 p. 143-145。

② *De Principis*..., 1re préface, p. 8. 参阅 Bartlett, *Gerald*..., p. 95-97。

③ *The Letters*..., n° 136, t. 2, p. 6-7. 参阅 J. Le Goff, *Les Intellectuels au Moyen Âge*, Paris, 1957, p. 28。

④ Constable, *The Reformation*...

卡的侄子、斯多葛派的琉善（Lucain）的思想——"欲为虔诚者当须离开宫廷！"[①]——时，肯定夸大了宫廷环境中的宗教冷淡，这个格言并不能遮掩这个环境中产生出的特别的宗教灵性形态。

狮心理查表现出对西多会修士的某种好感，他的忏悔神甫亚当·德·培尔塞涅（Adam de Perseigne，约1145—1221年）就是该修会的修士，而给理查行临终圣礼的是勒班（Le Pin）的修道院院长米隆（Milon）。[②]理查还建立了庞博尔（Bonport）修道院，重建了勒班，并重修了蓬蒂尼（Pontigny）修道院的屋顶。[③]元帅威廉则在爱尔兰兴建了两所西多会修道院：廷泰恩·帕尔瓦（Tintern Parva）和丢斯科（Diúske）。[④]最后，西多会的白衣修士还在外交方面发挥重要作用，或是作为教廷特使和大使或是在英格兰和法兰西国王之间充当仲裁人，斡旋双方的停战事宜。[⑤]他们还享有无可置疑的威望。诚然，戈蒂耶·马普和基罗·德·巴里曾批评过这家修会，这表明它有一点不得人心。[⑥]但应该记住，从1152年开始，西多会总教务会就拒绝

---

① «Exeat aula qui vult esse pius», Lucain, *La Guerre civile (Pharsale)*, Paris, 1929, VIII, v. 493-494, 转引自 Jean de Salisbury, *Policraticus*..., V, 10, p. 330。

② *Cartulaire de l'abbaye cistercienne de Perseigne*, éd. G. Fleury, Mamers, 1880, n° 14 (4 IV 1196, 该文件真实性可疑) et n° 15 (1198), Raoul de Coggeshale, *Chronicon*..., p. 97-98.

③ Ramsay, *The Angevin*..., p. 368-369; Andrault-Schmitt, «Le mécénat...», p. 258-259.

④ 他还建立了一所奥古斯丁隐修院。Crouch, *William*...,p. 188-191.

⑤ Holdsworth, «Peacemaking...», p. 11.

⑥ Türk, *Nugæ*..., p. 50-51. 类似的批判也见于一部1200年左右问世的盎格鲁-撒克逊语著作：*The Owl and the Nightingale*：Coleman, «The Owl...», p. 546-549.

设立新机构了,[1]另外,僧侣们设立修道院时希望有大片荒地,这就使得对他们进行捐赠不太方便。再有一点,克莱沃的修道院院长、欧塞尔的若弗瓦(Geoffroi d'Auxerre)在贝克特案件中的立场,可能损害了修会的名誉。1166年,在若弗瓦的要求下,西多会总教务会决定将托马斯·贝克特和他的追随者驱逐出蓬蒂尼,当时这些人正在那里避难;另一些西多会修士则效仿普瓦提埃附近埃图瓦勒(Etoile)修道院院长、神学家伊萨克(Isaac),拒绝对受英格兰国王迫害的避难者采取这一行动。[2]四年后,坎特伯雷大主教被刺杀,他遇害后深得民众崇敬,这肯定损害了西多会及其各家修道院的名声。

所以金雀花家族的选择也面向其他的机构。亨利二世支持利穆赞的格朗蒙(Grandmont)兴起的各种隐修形式的大发展:戈蒂耶·马普在歌颂这个新修会的贫穷志向时,也记录了国王的慷慨善举,国王自己很担心被贪婪吞噬。[3]格朗蒙的隐士们还和查尔特勒会修士一样,得到了索尔兹伯里的约翰的同情,不过他对西多会很不客气。[4]这些在教司铎们(chanoines réguliers)将布道、集体修道生活和深入的学习时结合在了一起,他们的

---

[1] *Statuta capitulorum generalium ordinis cisterciencis*, éd. J.- M. Canivez, Louvain, 1933, t. 1, p. 45.

[2] Raciti, «Isaac...», p. 138-145 et 204-205, 这位作者以连贯的方式和丰富的文献,在这些事件与伊萨克流放雷岛之间建立起了联系。但在《法国文学词典》的"埃图瓦勒的伊萨克"词条中,P. 普瓦雷尔(D. Poirel)认为,伊萨克前往该岛的原因是,"作为一个修道士他十分渴望孤独和贫穷",但这位作者没有对这句简单的评论展开进一步的论述,见 *Dictionnaire des lettres françaises*, Paris, 1992, p. 714。

[3] *De Nugis*..., I, 26. 参阅 Hallam, «Henry II...»; Andrault-Schmitt, «Le mécénat...»。

[4] *Policraticus*..., VII, 21-23, t. 2, p. 192-205. 参阅 Liebschütz, *Medieval*..., p. 56-57.

发展比黑衣修士*和白衣修士都更加顺利。狮心理查则在阿基坦创办了几座普雷蒙特雷修道院。1170—1239年，王国官方创建了29所修道机构，其中奥古斯丁会占了7所，①它在宫廷也很受器重。基罗·德·巴里对别的修会都很刻薄，但他觉得奥古斯丁会表现最佳，比其他修会要好得多。②理查德·德·吕塞临死前几个月放弃了王国大法官职务，退隐他自己在肯特郡莱斯内斯（Lesnes）设立的奥古斯丁会隐修院。同样，罗伯特·德·博蒙特死后也安葬在他设立于莱斯特领地的奥古斯丁修道院祭坛中。③临终前"为了拯救"（ad succurrendum）的皈依在军事修道团中特别常见——我们记得威廉元帅作为圣殿骑士团的修士是如何死去的，对此乔治·杜比（Georges Duby）作了精彩描绘④——当时十字军的理想依然萦绕在每个人的脑海中。不过，教士看来并没有分享世俗贵族对于僧侣骑士的狂热，正如索尔兹伯里的约翰著名的引文所证实的："圣殿骑士们本来应该向信徒施以基督的血，但他们却以流人类的血为业。"⑤关于军事修道团不合其使命的批评声已然出现。

　　救助贫病的慈善机构，则经常受到贵族的支持。在英格兰，王家官员设立的29个修道院中有11个是这类机构。戈蒂耶·马普讲述了一个劝诫故事（exemplum），虽然说得有点极端，但足

---

*　黑衣修士指本笃会僧侣。——译者
①　Turner, *Juges*..., p. 135–157.
②　«Itinerarium Kambriæ», I, 3, p. 47.
③　Crouch, *The Beaumont*..., p. 95 et 197–201.
④　*Guillaume*..., p. 7–34. 威廉三十五六岁时，打算被埋葬在圣殿骑士中，那时他正在圣地参加十字军。Crouch, *William*..., p. 187.
⑤　*Policraticus*..., VII, 21.

以揭示对于疾病和贫困的新态度："医院享有盛名，很多男女都向它们捐赠家产，好几个人还委身这些机构，服侍那些虚弱的病人。一个惯于被人服侍的贵族，去那里服侍别人（参见《马太福音》20：28，《马可福音》10：45）；但当他给一个双足已溃烂的病人洗脚时，感到一阵恶心：他赶紧喝了一口洗脚水，强迫自己的胃习惯这让他作呕的事。"[1]一些廷臣是在贫病者那里发现基督的人性和受难的。[2]这个例子表明，宫廷接受了关于贫困的全新观念，它完全不是自我封闭的，相反，它对心态的整体演变趋势十分敏感。

宫廷是学识之地，在这里，源自圣经和解经学，还有拉丁古典的传统知识，不可避免地与蓬勃兴起的世俗文化融合了。有文化的骑士就是这种新感知的人格化身，我们在金雀花的宫廷中越来越多地碰到了他们。他们既是武士又是学者，既是廷臣又是骑士，既是官僚又是士兵，他们参与了这个初生国家的构建。他们知道，战争是他们社会优越地位的理由所在，只是他们要在国王的封建军队（ost royal）中服役，要接受正确的引领，甚至要"被整编"。此外，他们还协助国王参与治理，或代表他为政一方，这时他们要以新的司法和税收形式去削弱贵族领主制的基础。他们的这种行动会危及贵族独立的根基和特权，但他们并不希望贵族因此背弃对国王法律上的忠诚。

新姿态的内在矛盾一目了然。有文化的骑士的行动中心

---

[1] *De Nugis...*, I, 23, trad. Bate, *Contes...*, p. 102.

[2] 参阅 A. Vauchez, *La Spiritualité du Moyen Age occidental, VIIIe– XIIIe siècle*, Paris, 1994 (2e éd.), p. 118–130。

在宫廷，他们试图拆毁的贵族权威，其根基则在边缘地带的领主制之中。他们需要立足于宫廷，因为国王就在那里赏赐他们薪水、头衔、关照，甚至还有婚姻。当这些做法越来越流行时，就会触发某种社会身份方面的撕裂：骑士同时具有武士和学人的双重人格；他是祖先家业的继承人，但作为国王的官员，他又要摧毁这种世袭权力，这让人难以接受。这就造成一种私人的而非公共的暴力，它在王国政府控制的新封建结构之外展开。实际上，很多人就是愿意追随国王的儿子们、拿起武器反抗国王的骑士。这种叛乱展现的既是在继承方面处于劣势的幼子们的怒火，但也有更为成熟的长子们的愤怒，因为他们感到自己领主权的资源和权力在不断缩水，而造成这个局面的就是国王代理人的攻势，这些代理人肯定就有他们的亲戚。安茹家族内部此起彼伏的家族战争，也是那些撕裂的贵族世家的常见现象，而导致撕裂的原因就是利益冲突和经常相互对立的政治抉择。金雀花的国家构建打破了传统的封建家族团结。

亲属关系、行政工作、流动性、学识和文雅，这些都是宫廷现象中的侧面。这些侧面构成一个统一的国家建构系统中的各种要素。它们将众多的武士和教士带入宫廷，前者已然厕身于风俗文明开化的进程，后者以其学识为日益增长的官僚制服务；而且，这些侧面也反映在政治和理论方面。作为这些变革的因由，金雀花的宫廷真的就是"尘世的地狱"吗？亨利二世、狮心理查和无地约翰身边的教士知识分子，可能滥用了这个妖魔化的比喻意象，他们想以此推动廷臣的反悔和皈依。像宫廷的其他官员一样，这些人也意识到某种持久的君主制度的建设，意识到国王的各领地正在建立牢固的机构。从政治上说,他们具有奥古斯丁主义的色彩,所以他们也知道,从宫廷(curia)一词的法学意义上说,它的首要使命是维护正义与法律,进而维护和平。他们的遗产还将延续下去。

金雀花意识形态

教士学者和有文化的骑士每一天都在努力增强金雀花的权力。他们占据了中央和地方政府的司法、军事和财政职务,甚至占据了君主国官僚机器的核心。但他们为王权服务的工作并不仅限于官员和职员的角色。这些人的大脑还为着一个更为雄心勃勃的计划而被动员起来:这就是在贵族臣民的思想中塑造安茹帝国及其政府的理想形象,让他们支持帝国的扩张和领土统一战略,最终让他们亲自投身这一伟大的冒险事业。对金雀花帝国精英们的思想和意志施加影响,可以说是巩固王国统治的最有效的方式。

一些偶尔会嘲讽君主及其宫廷的做派的讽刺作家,在形势必需时也不忘记唱唱赞歌。戈蒂耶·马普在写下批评文字时便放低了调门:"我们的国王亨利,他的权力几乎令全世界都感到恐惧。"他声称,路易七世曾说:"你们的英格兰国王什么都不缺。他有人,有马,有金子,有绸缎,有珠宝,有野味,以及所有其他的东西。我们法国人,却只有面包、葡萄酒和快乐。"[①]
虽说与卡佩王朝相比,金雀花的优势尽显,但这首先是一场转

---

① *De Nugis*..., I, 28, p. 116, et V, 5, p. 451.

入想象领域的战役。

由于局势的需要,宫廷思想家们更经常地是在捍卫而不是批评国王的政策。为了给自己的主人服务,他们就给他作宣传。由于这几位英格兰国王都在与路易七世及随后的腓力·奥古斯都进行代价高昂的斗争,而且需要进行持续的战争努力,因而这些思想者的工作意义就更大了。这在1204年诺曼底陷落之前尤其明显:西多会修士、狮心理查的史官科吉舍尔的拉尔夫称,国王从被囚回来直到死去的五年中,他征收的钱财比历史上任何一位国王都要多;他甚至认为,国王过早死去是神对他过分索取的一个惩罚。① 所以,这样的税收抽取,如果没有思想上的准备是难以实行的,而准备工作恰恰就是宫廷意识形态工作者的使命。

国王,宣传大师

宣传(propagande)一词在我们看来尽管很现代,但用在这里既不过分也不会犯时代错误——远不会这样。② 简单地说,它指的是从某个中心,也就是王室宫廷发出某种政治信息,并在边缘被接收,在这个地带,国王努力对贵族的决策权施加影响。他认识到存在一种领主形式的公共舆论,他必须说服它,让它相信,君主及其官员的行动有充分的依据。这个词也意味着,统治者对信息流通的作用有敏锐的意识,他们鼓励对那些

---

① «Chronicon anglicanum», p. 93. 参阅 Carpenter, «Abbot…», p. 1219。

② *Le Forme della propaganda politica nel Due e nel Trecento*, Rome, 1994 («Collection de l'École Française de Rome», 201).

有利于他们的观念进行有意识的推广，为此他们就资助从事思考、写作和口头表演的专业人士。最后，它还意味着存在某种内部机制——当然很原始——它大部分时候像是一种"传播性宣传"①，在远离宫廷的地方层次上，宫廷创制和发起的各种观念，受到自发和无序的修改和加工。

金雀花宫廷具备了各种条件，它可以采用各种手段来传播对王朝有利的观念和形象。例如，宣传可以采取具象形式，在众人可见的地方摆上拉丁铭文。但对于大多数过客来说，阅读和理解这些石板文字肯定是很困难的。②但这种做法的政治意义并不因此就不重要。王家令状中记载的传言可以为证：瓦伦（Varennes）修道院曾立下一块石碑，以歌颂下贝里地方最重要的领主艾博·德·道尔斯（Ebbes de Déols）的庇护恩德；亨利二世得知此事，立刻命令搬走，因为他认为自己才是"这家教会唯一的奠基者、庇护者和监护者"③。这次强力干涉行动表明，国王想在集体记忆中留下一种印记：他是教会的庇护人，他对宗教机构十分慷慨。

肖像也扮演着同样的角色，它已被置于所有人的注视之下。1168—1170年，亨利二世和阿基坦的埃莉诺以及他们的

---

① 关于这些问题，参阅 J. Le Goff, «Conclusions», *Le Forme...*, *Ibid.*, p. 519-520, 收录 Chauou, *L'Idéologie...*, p. 24。

② 关于这些问题，参阅 R. Favreau, *Épigraphie médiévale*, Turnehout, 1997, p. 31-46。

③ «*Removeri lapidem quam ipse posuit in fundamento ecclesie Varenensis, de quo erat dissentio. Quare ego ipse volo esse fundator ecclesie predicte et custos et defensor*»（他安放在瓦伦教堂基座上的那块石头要搬走，此举不合适。因为我自己要成为这个教堂的奠基者、庇护者和监护者），*Recueil des actes d'Henri II*, n° 124 (1159 ?), t. 1, p. 230-231. 参阅 Devailly, *Le Berry...*, p. 405-412。

四个儿子,一起作为捐赠者出现在普瓦提埃大教堂中展现圣彼得受难的大彩绘玻璃上,他们曾赞助这项工程。[1]像在瓦伦一样,国王对教会的慷慨也得到了表现。突出王室家族的意愿也表现在雕塑中了吗?最近的研究强调,在昂热和勒芒的大教堂,以及康代(Candes)的圣马丁教务会教堂,正面的哥特雕塑上有一种系统的雕刻方案。为了弘扬安茹家族君主国的合法性,这些雕塑突出了亨利二世和阿基坦的埃莉诺的肖像学程式,他们希望在教堂中以基督-国王、君主夫妇或《旧约》诸王的形象出现。[2]但这些推测没有得到任何文字资料的佐证,所以仍待证实。不过,卢瓦尔河地区早期哥特艺术中王室题材的选用,与亨利二世登上英格兰王位存在显而易见的关联性。雕塑除了具有明确的基督教特征,它确实也反映了政治宣传的意图。

以下两个例子应该归入世俗而非宗教的类别。一个例子是,温切斯特宫应亨利二世的要求创作了一幅壁画——今已遗失——画面展现的是一只大鹰受自己的四只雏鹰的袭击,象征着他的四个王子对他的反叛。[3]另一个是在希农的圣-拉德贡德(Sainte-Radegonde)隐修院的一面墙上,墙是在一块岩石上凿出的,上面有五个前后紧随的骑士,衣着华丽,其中两个头戴王冠。专家们一致认为,他们是12世纪末或13世纪初安茹王朝的成员。但他们对这幅作品的整体解释却很不一样:有些人认

---

[1] L. Grodecki, *Vitrail roman*, Fribourg, 1977, p. 70-73, pl. 56-58.

[2] 请特别参阅特拉维夫大学两位女艺术史家的研究:N. Kenaan-Kedar, «Eleanor...», et S. Lutan, «La façade...»。

[3] Giraud de Barri, *De Principis*..., III, 26, p. 295-296.

为是无地约翰和他的妻子昂古莱姆的伊莎贝拉的出猎图，其中一个骑士手腕上的隼就是他们狩猎的助手；①有人认为是被丈夫带去监禁的阿基坦的埃莉诺同小亨利和狮心理查道别；②有的认为是亨利二世和他的四个儿子，他们在1173年的叛乱之后和解了，一起到圣拉德贡德朝圣……③金雀花家族定制的这些画像，无论是要歌颂安茹家族的和谐，还是要提醒人们其内部争斗，都表明他们想控制自身形象的展现。

就传播效果而言，歌谣似乎比碑铭、雕塑和壁画远为出色。这就是为什么安茹家族努力想操控政治歌谣（sirventes）的原因所在，在当时它是一种出色的媒介。④纪年作家罗杰·豪顿留下的一份出色的见证可以让我们窥见，狮心理查参加十字军后，他的文书长埃里主教威廉·德·隆尚采用了哪些办法自我宣传："为了提高和光大自己的名声，威廉让人写作吹捧的诗歌和奉承他的歌谣。他还用礼品招引歌手和说唱艺人来到王国，让他们到各地去给他歌唱。到处都有人说，他在世上无人可以匹敌。"⑤这段话出自考文垂主教休·德·纽南特（Hugues de Nunant）一

---

① A. Héron, «La chasse royale de la chapelle Sainte-Radegonde à Chinon», *Archeologia*, février 1965, p. 81-86, «La chapelle Sainte-Radegonde de Chinon» dans Ch. Lelong, *Touraine romane*, La Pierrequi-Vire, 1977, p. 327-335 (3e éd.).

② Kenaan-Kedar, «Aliénor...»。对这篇文章的回应，见 CCM, 42, 1999, p. 397-399; Flori, *Richard*..., p. 496, n. 44。

③ U. Nilgen, «Les Plantagenêt à Chinon. A propos d'une peinture murale dans la chapelle Sainte-Radegonde», *Mélanges Piotr Skubiszewski*, Poitiers, 1999, p. 153-157.

④ 参阅 Aurell, *La Vielle*...。

⑤ Roger de Howden, *Chronica*..., t. 3, p. 143, et *Gesta*..., p. 216, trad. Brossard-Dandre, Besson, *Richard*..., p. 313.

份非常不客气的信件，纽南特正设法诋毁那位赞助人，他大力嘲笑文书长的自大狂，后者为了给自己的纹章贴金，竟让江湖艺人去吹捧自己。我们不能否认这个证据，基罗·德·巴里证实了它的可信。1195年，就在威廉失势后几个月，基罗便宣称，不久前是说唱艺人唱歌吹捧威廉，今天则是文人用文字来诋毁他！[①]这就是那个傲慢主子的高光时刻和倒霉岁月！

但国王并无不同。和他的文书长一样，他也看重那些吟游诗人，赠与他们土地，比如，加林·特罗瑟柏夫（Garin Trossebof）就从亨利二世那里得到了多尔的一处田产，作为罗兰（Roland）大主教的终身年金。[②]另外，国王的账目还显示，1166年他向歌手莫里斯、1176年向琴师亨利付过薪水。[③]皮埃尔·德·布卢瓦和索尔兹伯里的约翰抨击宫廷的文字中，也提到国王随从中有众多的说唱艺人，他们播下了腐化堕落的种子，

[①] «De Vita Galfredi», II, 19, p. 427. P. 德隆克（P. Dronke）认为这首诗歌"文书长知道"（*Discat cancellarius*）（«Peter of...», p. 221），最近皮埃尔·德·布卢瓦作品的编辑者也这样认为，该诗属于反对威廉·德·隆尚的一类，所以不是过去批评者认为的那样，是为了抨击托马斯·贝克特，见 *Carmina*, éd. Wollin, n° 4.3, p. 517−524。

[②] «*Campus Trossebof, quam dedit Rollandus archiepiscopus Garino Trossebof, joculatori, dum viveret*»（一处叫特罗瑟柏夫的产业，大主教罗兰赐予了喜剧作者贾兰，终生享有。[译者按：这里的特罗瑟柏夫应该是个地名，贾兰以此为自己的姓氏。]转引自 E. Faral, *Les Jongleurs en France au Moyen Âge*, Paris, 1910, p. 288, app. III, n. 82。

[③] Haskins, «Henry II as...», p. 73.

在宫廷中上演无聊和伪善的喜剧。①大量的证据表明,他们在宫廷的存在正是因为金雀花意图利用他们达到政治目的。

在我们所见的政治歌谣中,很少是完全歌颂安茹家族的。不过它们可能只是冰山一角,因为大部分歌谣今天已经遗失了。中世纪研究者都了解,口头文学都是为着直接的政治目的、根据时局而随性创作的,它自然是昙花一现的作品。这些因时而作的短歌鲜有被抄录在豪华的手稿上,所以难以抵挡时光的侵蚀。②不过,在我们所见的诗歌中,有一首是借狮心理查的口气,号召将他从帝国的监牢中解救出来;这首歌谣接续了他的外曾祖父行吟诗人纪尧姆九世开创的文学传统,并被说唱艺术到处传诵,应该是鼓励人们缴纳赎金。我们知道,有两位行吟诗人,佩尔·维达尔(Peire Vidal,1184年前—1207年后)和僧侣孟托顿(Montaudon,1193年前—1210年后),也在他们的诗歌中要求释放理查,他们还在作品中顺带歌颂了他新近在反对突厥人

---

① 布卢瓦的厄斯塔什死去时,索尔兹伯里的约翰感到高兴("他离弃了这固有一死的人生,算是他能成就的最高功业了"),这里他借用了贺拉斯的诗句,说只有"女舞者、江湖郎中、乞丐、小丑、哑剧演员之类的狐朋狗友"才会为他哭泣。*Policraticus*..., VI, 18. 参阅 P. Zumthor, *La Lettre et la Voix. De la «littérature médiévale»*, Paris, 1987, p. 79; J. -C. Schmitt, *La Raison des gestes dans l'Occident médiéval*, Paris, 1990, p. 266。关于托钵僧之前基督教思想者对说唱艺人的敌意,参阅 C. Casagrande, S. Vecchio, «Clercs et jongleurs dans la société médiévale (XIIe et XIIIe siècles)», *Annales ESC*, 34, 1979, p. 913-928。

② D'A. S. Avalle, *La letteratura medievale in lingua d'oc nella sua tradizione manoscritta*, Turin, 1961, p. 44-49, 83 et 129. 关于与金雀花家族有联系的游吟诗人的文件,见 Chaytor, *The Troubadours*..., p. 35-70。这部著作 1923 年问世之后,我们上文参考的大量考订版游吟诗人歌集陆续出版。

的斗争中的军功。①1197—1199年，理查获释不久，通过一首政治歌谣向奥弗涅伯爵基（Gui）及其侄子多芬（Dauphin）表达他的不满，因为他们没有全力防止伊苏尔城转入法国国王的控制之下。②后来，十年之后，一首奥伊语匿名短歌鼓舞了萨瓦里·德·莫莱昂（Savary de Mauléon）和无地约翰在普瓦图的其他封臣捍卫图阿尔城，抵抗腓力·奥古斯都的军队。③所有这类创作都有着公开且具体的目标。它们为安茹家族的政治和军事成功而呼号，它们对贵族的情感施加影响，向这些人宣扬金雀花家族勇敢的模范武士形象，将之与卡佩的忤逆背叛进行对比。

在这些政治性的歌谣之外，还应加上planhs，也就是葬礼哀歌，它们的作者是贝特朗·德·博恩（Bertran de Born，1159年前—1215年）和高瑟姆·费迪特（Gaucelm Faidit，约1150—约1202年），他们分别为纪念小亨利和狮心理查而创作了这些作品。④这两位王室成员的兄弟、布列塔尼的若弗瓦，还以奥伊语同伽思·勃律莱（Gace Brulé，1159年前—1212年后），用奥克

---

① Ed. «Richard Cœur...». 这位兰斯游吟诗人撰写的传奇来得较迟，且有浪漫化倾向，它讲述了布隆戴尔·德·内斯勒（Blondel de Nesles，1175年前—1210年后）如何发现被关在德国地牢中的狮心理查，布隆戴尔是理查手下的说唱艺人。*Récit du ménestrel de Reims au XIIIe siècle*, éd. N. de Wailly, Paris, 1876, XII.

② Ed. Peire Vidal, *Poesie*, n° 6, v. 25-32, p. 69-70, et n° 33, v. 35, p. 267; Moine de Montaudon, *Les Troubadours cantaliens*, n° 2, v.43, p. 262.

③ Ed. «Richard Cœur...», p. 904-905.

④ Ed. Bertran de Born, *L'Amour*..., n° 13 et 14, p. 235-267; Gaucelm Faidit, *Les Poèmes*..., n° 50, p. 415-424. 其他歌颂狮心理查的诗歌，见 n°s48, 52 et 54。贝特朗·德·博恩经常批评亨利二世父子，但承认他们很慷慨，喜欢战争，*L'Amour*..., p. LXVI-LXX, et poèmes n° 11-19, 24-32, 36, 38; Moore, *The Young*..., p. 48-51。

奥伊双语同高瑟姆·费迪特相互"唱和"（tenson，两个诗人之间的诗歌往来）。① 在另一些以爱情为主题的诗歌中，一些游离于主题之外的片段中插入的献词隐约可见对金雀花的简短提示。例如，阿诺·德·马乐怡（Arnaut de Mareuil，1171年前—1190年后）曾大胆宣称，尤里乌斯·恺撒（Jules César）的出身远不及"爱尔兰国王、安茹伯爵和诺曼底公爵"高贵；恺撒身材矮小，跟他夫人差距太大，直到他成为罗马皇帝后才赢得后者的芳心；但是，他作为皇帝所征服的土地，与英格兰国王征服的土地相比，其差距就像他们夫妻的身高一样大。② 总是陶醉于自己的诗才的培尔·维达尔，将下面的诗句献给狮心理查："您的声名和我的声名都远超旁人，您以卓越的行动，我靠出色的言语。"③ 基罗·德·伯内伊（Giraut de Borneil，1169年前—1199年后）和马赛的佛凯（Folquet de Marseille，1178年前—1231年）则用几首诗来歌颂狮心理查的十字军壮举。④ 在贝纳尔·德·旺塔多恩（Bernart de Ventadorn，1147年前—1170年后）那里，廷臣色彩更浓厚些，他曾将一首歌谣献给"诺曼人的王后"阿基坦的埃莉诺。⑤ 这些诗人都在称颂安茹王朝，他们的人数应该很

---

① Gace Brule, *Gace*..., n° 67, p. 401-404; Gaucelm Faidit, *Les Poèmes*..., n° 40, p. 385.

② Ed. Arnaut de Mareuil, *Les Poésies*..., n° 2, p. 9, v. 31-32.

③ *Poesie*, n° 38, v. 62-64, p. 340.

④ Giraut de Borneil, *The Cansos*..., n° 75, v. 65-80, p. 473-480; Folquet de Marseille, *Le Troubadour*..., n° 10, v. 33-40, p. 50-51, et n° 18, v. 49, p. 81.

⑤ Ed. *Bernart*..., n° 10, v. 45, p. 96.

多，而且偶尔也能得到奖赏。①

有些歌谣极尽赞美之能事，在行吟诗人中将亨利二世和他的儿子们塑造成极为受人爱戴的人物。他们死后，有关他们的勇敢、他们的骑士风度的追忆已经成为一个文学套路（topos）。1199—1213年间，加泰罗尼亚的雷蒙·维达尔·德·贝萨鲁（Raimon Vidal de Besalù）写过一本《风度教学手册》，即说唱艺人关注的文雅修习论著，书中提到了三种高贵，即心灵的高贵、思想的高贵和学识的高贵："这三种美德提升了英格兰国王亨利和他的三个儿子的功绩，我没有忘记他们，他们是亨利、理查和若弗瓦三位大人。每一年他们给别人的报偿，总会超过常人的两倍；我看到，他们招引了很多人来到宫廷作为朝臣和战士。这就是那美好的旧日时光，那时的人懂得去完成高贵、勇敢和明智的事业。"②与此同时，基罗·德·加兰松（Guiraut de Calanson）写了一篇葬礼哀歌，纪念卡斯蒂尔的王子小费迪南德（Ferdinand，卒于1211年），他的母亲来自金雀花家族；作者总是将费迪南德与金雀花家族的神话祖先亚瑟王作比较，但也将他跟三个舅舅进行比较："年轻的国王，骁勇的理查和若弗瓦，三个勇敢的兄弟，他的外貌、风度和慷慨的心灵，都酷似他们。"③1241年，当亨利三世支持针对普瓦提埃的阿尔方

---

① 在巴塞罗那的宫廷，这类文人可能更多 (M. Aurell,«Les troubadours et le pouvoir royal : l'exemple d'Alphonse Ier (1162-1196)», *Revue des Langues romanes*, 85, 1981, p. 53-67)；图卢兹可能也是如此 (Mace, *Le Comte*..., p. 138-144)，但他们的数量应该可以修正，乃至较少，见 P. Dronke, «Patrons...», p. 239："游吟诗人在亨利宫廷中的存在，并不能证明他们受到国王的积极庇护。"

② *«Abril issis...»*, v. 272-283, p. 52-55.

③ *Jongleurs...*, n° 8, v. 7, 26-28, p. 64.

斯（Alphonse de Poitiers）和法兰西国王的大叛乱时，佩尔·德尔·维拉尔（Peire Del Vilar）还以诗歌来鼓舞士气，他声称，英格兰之豹将向"养育了亨利、理查和若弗瓦这无畏三兄弟的伟大家族"看齐。[①]在此后的几十年中，安茹家族的形象通过奥克语职业歌手之口，变成一笔最为溢美的遗产。

在奥伊语文学中，至少有两首行吟诗人创作的长诗是彻头彻尾地歌颂金雀花家族的武功的。这些作品将众多的片段融汇成一部英格兰安茹诸王的史诗，在不列颠诸岛和海外，国王们同带有威尔士、爱尔兰和萨拉森面孔的"蛮族"作战，[②]在大陆则挫败了永远的敌手法兰西国王。

这样的意图公开表现在《圣战史》(Histoire de la guerre sainte, 1192—1199年）中，这是应狮心理查的请求创作的两部诗歌中的第一部，作者昂布瓦兹意在歌颂国王在反对萨拉丁的战争中的军功。[③]这位说唱艺人利用1192年与塞尔柱人停战的契机前往圣地，那时狮心理查刚走不久，目睹过他战功的证人就向昂布瓦兹作了讲述；他同样受到最古老的法语散文资料的启发，匿名拉丁作者的《国王理查朝圣和军功巡览》(Itinéraire des pèlerins et les gestes du roi Richard) 也是依据这份资料撰写的。[④]作为一名职业行吟诗人，昂布瓦兹说他精通所有传统篇目，"说唱艺人们大力弘扬的各种古老的武功歌"：按照他的说法，不仅

[①] A. Jeanroy, «Un sirventès historique de 1242», Mélanges Léonce Couture, Toulouse, 1902, p. 115-125, p. 122, v. 21.

[②] Gillingham, The English..., p. 41-58.

[③] Ed. et trad. G. Paris, Paris, 1897.

[④] Ed. Itinerarium peregrinorum et gesta... 关于这个文本与昂布瓦兹的关系，见昂布瓦兹的英译者的导言：Hubert, La Monte, L'Estoire..., p. 7-18。

亚历山大大帝和特洛伊、亚瑟王、丕平和查理曼的史诗,而且有关埃斯普雷蒙(Aspremont)和萨克森人(Saisnes)武功歌他也了如指掌。① 此人生于帕西(Pacy)或布勒特伊(Breteuil),这两个村子都位于诺曼底的东南边境地带,卡佩的攻击对这里的破坏特别严重。② 所以,在讲述狮心理查和腓力·奥古斯都在十字军中的争执时,他毫不掩饰地宣泄对法国人的仇恨。

他的第二部诗歌比前面提到的那一部早了大约二十年,同样是以盎格鲁-诺曼语写的,故事的场景则在更北的地方。诗歌篇名曰《老国王亨利史》(Histoire du vieux roi Henri,1174—1175年),讲述他同苏格兰的狮子威廉在诺森布里亚的战争,这个地方就是作者乔丹·方托姆的家乡。他在巴黎曾跟随伟大的神学家吉尔伯特·德拉博雷(Gilbert de la Porrée)学习,后来当上了温切斯特主教座堂的学监。③ 这个身份让他跟伊尔切斯特的理查德很亲近,后者刚刚当选该地的主教,还是亨利二世最乐意倾听的谋臣之一。很有可能国王本人就是他创作的赞助者,④ 诗篇一开头就表明了作者的意图:讲述"世间头戴王冠的最出色之人的故事,他就是英格兰高贵且勇敢无畏的国王亨利"(第1—5行);亨利二世甚至成了查理曼及其十二武士以来"最可敬、功业最大"的君主。在歌颂国王的虔诚时,在关于他的军队中的封臣如何服从他("骑士的自爱,比不上他主人的忏悔。"

---

① 参阅 Guenée, *Histoire*..., p. 58.
② Power, «What did...», p. 200.
③ Ed. et trad. R. C. Johnston. 参阅 Lodge, «Literature...» et Clanchy, *From*..., p. 158;关于此人放弃拉丁语选用奥伊语,见 Bezzola, *La Cour*..., p. 198;Strickland, «Arms...».
④ Tyson, «Patronage...», p. 200.

[第548行］的叙述中，在他对外敌——无论是弗拉芒兵痞还是苏格兰野人——的仇恨中，抑或是他对英格兰-诺曼底英雄武士的怀念——正是他们的兄弟情义带来了战斗的胜利中，政治宣传的意图昭然若揭。[1]当乔丹把以下两个事件当作巧合放在一起时，这种宣传就更明显了：一方面，亨利二世在坎特伯雷为刺杀托马斯·贝克特悔罪；另一方面，他几乎同时在安维克俘虏了狮子威廉，胜利就是上天宽宥他的明证。[2]对事件的这种解读带有明显的意识形态动机，它深深地烙上了天命神意的色彩。

关于亨利二世对小亨利的态度，乔丹·方托姆有过一些批评，但这不能解读为国王没有赞助过他的证据，[3]而应理解这样一种用意：作者想以勉励的方式鼓励亨利二世展现更多的慷慨和容忍。在中世纪，宫廷诗人、官方史家笔调的自由和坦诚，与赞助人的支持是相容的，因为赞助完全不意味着对作品订购者奴颜婢膝的赞美。[4]索尔兹伯里的约翰1159年将《论政府原理》献给文书长托马斯·贝克特，后者当时在很多廷臣眼中特别世俗，但这部作品不就是特地批判"廷臣的虚无"，而著作的标题

---

[1] Lodge, «Literature...», p. 263-264.

[2] *Ibid.*, v. 1906-1907; Damian-Grint, «Truth, Trust...». 关于这次战役的军事背景和谍报，见 Prestwich, «Military...», p. 19-21; Strickland, «Securing...», p. 194-196。

[3] K.M. 布罗德赫斯特（K. M. Broadhurst）持这种观点（«Henry II...», p. 59-60），他认为那些对亨利二世的赞美过分程式化。这篇严厉的论文对一些被广泛接受的观念提出了质疑，尤其是对阿基坦的埃莉诺的文学影响，作者认为被明显夸大了。不过，他所提出的赞助的定义完全基于对创作的定制，对作品的直接干涉，以及对作者的报酬上，这种路径过于狭隘。另外，这个定义也无法兼容赞助和对赞助者的批评，而这两种情形在当时经常是并行不悖的。

[4] 参阅 Aurell, *La Vielle*..., p. 144-147; M. Bakhtine, *L'œuvre de François Rabelais et la culture populaire au Moyen Âge et sous la Renaissance*, Paris, 1970, p. 16-19。

不正是这么说的吗？①

俗语诗歌大范围传播的一个原因是，它是借助乐器、以说唱形式来呈现的。艺人们在国王面前表演，国王也乐得给他们津贴，据科吉舍尔的拉尔夫讲，狮心理查"以赠礼和恳求来激励说唱艺人不断创新他们的表演；他鼓励艺人们的歌唱更为欢快，而且，当他在礼拜堂的祭殿中到处踱步时，他会以嗓音和手来提示艺人们的歌声再高些"②。相反，当要表达笼罩着温切斯特王宫的夜的静谧时，乔丹·方托姆就说，"竖琴和小提琴都不再奏响"③——这是再自然不过的说法。实际上，无论世俗还是神圣，声响世界都被音乐统治，音乐侵入了所有君主的住所，那里聚集着大批的演奏者和乐师。当然，对于说唱艺人欢快的歌曲和淫荡的舞蹈导致的放纵，教士们是要大张挞伐的。索尔兹伯里的约翰就抨击世俗音乐对人类灵魂的危险，它让人沉溺于肉欲，对任何节制的美德而言都是敌人，但它又像妖妇的歌声那样诱惑人，而在宴饮期间尤其具有危险性。④皮埃尔·德·布卢瓦同样批评在亨利二世宫廷中说唱的妇女。⑤在这些尖刻的抨击后面，我们可以看到这样一个社会现实：当时存在一个相当可观的职业音乐人群体。

---

① Jaeger, «Patrons...», p. 51-53.
② «Chronicon...», p. 97, trad. Bezzola, *La Cour*..., p. 215.
③ Ed. Johnston, n° 208, v. 1959, p. 144.
④ *Policraticus*..., I, VI, p. 50-51. 参阅 Bezzola, *La Cour*..., p. 28-29。
⑤ «Candidatrices»［译者按：原文如此，或应为 cantatrices，也有可能原词有接近"妓女"的意思。cantatrices 在拉丁语中是女歌者的复数，这里讲 candidatrices 或有暗示妓女之意，或是因为该词的后半部分接近拉丁语妓女一词的复数 meretrices。］, *Epistulæ*..., n° 14, col. 49。

王权的治理与强制

关于这类艺术行为的政治意蕴,威廉·菲茨·斯蒂芬提供了一个更有趣的证据,他讲述了1158年夏天文书长托马斯·贝克特出使巴黎的情形,此行的目的是要安排小亨利和法兰西的玛格丽特的婚事。250个年轻男子组成了一个庞大的随行队伍,他们一路上以自己的母语表演各式作品;[①]他们的歌曲经常是在歌颂亨利二世及其家族,让队伍的排场更上一层楼,快到巴黎时,其声势更是浩大,似乎是要以强势地位来谈判婚约。在政治歌谣的传播中,音乐扮演了关键角色,它给歌谣带来独特的身份和生命力。歌谣经常配以流行的旋律——直接借自民间的爱情歌曲——所以更易于传唱。更让这种赝品创作平添诙谐意味的是,一些来自宫廷的行吟诗人在某个公共场所进行表演时,围观的听众就转而对听来的歌谣进一步加以改造了。音乐总是这些歌谣最佳的媒介。

至于吹捧安茹王朝的拉丁文学的政治功能,其效果看来并不那么突出。至少这些作品的传播要比说唱艺人表演的俗语歌谣更为困难,后者是所有人都能理解的。不过,我们现在能见到十来首献给亨利二世、小亨利和狮心理查的拉丁诗歌:一首歌颂亨利二世登上英格兰王位的六音部诗;[②]一首悲叹他死去的趣味诗,诗的末尾赞美了他的继承人,因为他彻底改变了父亲的政策;[③]另一首纪念小亨利,将他比作帕里斯(Pâris)和赫克托耳(Hector),提尔波利的杰维斯(Gervais de Tilbury,约

[①] Guillaume fitz Stephen, «Vita...», p. 31.
[②] Henri de Huntingdon, *Historia*..., X, 40, p. 776.
[③] Ed. Roger de Howden, *Gesta*..., t. 2, p. 76; Bezzola, *La Cour*..., p. 215-216.

1140—1220年）后来引用过这首诗；[1]再一首更为程式化，它纪念一位英年早逝的君主，很可能是小亨利；两首诗要求释放狮心理查，抨击德意志、英格兰和罗马，它们像前面那首诗一样，看样子署名者是皮埃尔·德·布卢瓦；[2]八首二行诗赞美国王狮心理查；[3]几首短诗悲叹他的死亡；[4]另一首长达63行的六音部哀歌和三段二行诗，也是纪念狮心理查的，他被视为诺曼底的保卫者，但被背信弃义的骑士杀害，它的作者若弗瓦·德·万索夫（Geoffroi de Vinsauf，卒于1220年左右）在创作中展现了很高的技艺，此人是北安普顿的修辞学教师，他在自己的《新诗艺》（*Poetria nova*，1208—1213年）中插入了一篇注定有光辉未来的诗学论著。[5]除了两个例外，这些拉丁诗歌都属于哀歌文类：它们都是为哀悼国王死去或被囚而创作的。罗杰·德·豪顿也在他的纪年中抄录了这些怀念亨利二世和狮心理查的哀歌，将之视为两位国王各自的统治史结尾的跋语。

众多的拉丁文纪年作家和故事家，不仅表达他们对安

---

[1] «Otia…», p. 447. 在埃克塞特的约瑟夫一反常规，以赫克托耳之死来隐喻小亨利，*Iliade de Darès de Phrygie* (1180–1189), V, v. 534, éd. Gompf, p. 177, trad. Roberts, p. 63–64。

[2] Ed. Pierre de Blois, *Carmina*, 1.4, 2.3, 2.7, p. 257–261. 参阅 Dronke, «Peter of…», p. 191。

[3] Ed. «Notes…», éd. Kingsford, n° 5, p. 321.

[4] Ed. Roger de Howden, *Chronica*, t. 2, p. 455, t. 4, p. 84–85. 参阅 Broughton, *The Legends…*, p. 38。

[5] Ed. Roger de Howden, *Gesta…*, t. 2, p. 251–252; Faral, *Les Arts…*, p. 208–210, vers 368–430. 参阅 Bezzola, *La Cour…*, p. 215–218. 若弗瓦·德·万索夫同样写了一首诗歌以抗议英诺森三世对无地约翰治下的英格兰的禁令。Ed. Faral, *Les Arts…*, p. 24–26。

茹王朝的赞美，也讲述王朝的文治武功，在这些人中，可以看到某些廷臣，但也有国王的朋友和匆匆而过的官吏：戈蒂耶·马普、罗杰·德·豪顿、罗贝尔·德·托里尼、拉尔夫·德·利斯……关于这些人写作的动机和他们工作的条件，基罗·德·巴里比他们说得更直接明了。在1188年为纪念入侵爱尔兰而撰写的两部早期作品中，他并不隐瞒自己对君主事业的支持。一部名曰《征服》(Conquête)，旨在让那些声称英格兰国王对爱尔兰没有任何权益的嫉妒者和冒失鬼闭嘴。① 在另一部著作《地理志》(Topographie)的序言中，他公开宣称要让亨利二世入侵爱尔兰的军功垂诸永久：对于一位宽宏大度的君主，最好不要给他黄金和鹰隼，而是献上一部永不消逝的著作，这著作将永远歌唱这个新亚历山大的伟业，歌颂一个帝国的创建者，歌颂一位以天谴之名消灭一个野蛮残忍民族的勇士。② 不过这样一来，基罗与他的国王之间的利益关系——这种关系导致他思想上的受奴役——就让人看得很清楚了。

基罗在他的自传中说，当他在牛津逗留三天期间，曾自费每天安排一顿餐饭，席间公开朗读他的《地理志》，故此书已广为人知了。第一天，他邀请城里的穷人参加，第二天是博士和杰出的学生们，第三天是骑士和市民。这些人当中，有几个当

---

① «*Cessent igitur invidi, cessent et incauti, amplius obstrepere Anglorum reges nullo Hiberniam jure contingere*»（停止你们的嫉妒，不要再无礼冒失，再多的聒噪也丝毫不能阻止英格兰人的王名正言顺地占领爱尔兰），*Expugnatio*..., II, 6. 参阅 Schrimer, Broich, *Studien*..., p. 140。

② «Topographia...», p. 21, trad. Boivin, p. 165-166.

场要求得到著作的抄本，现存的手稿抄件仍有24份，对当时的文本而言这已经很多了。[1]基罗自己宣称，公开朗读在他的时代很少见。但它在古代很流行，而且在此之前的几十年，遍布学堂的巴黎已经开始恢复这种潮流了。[2]但这还不足以提高拉丁散文史书过低的传播数量，这类著作仅限于少数廷臣和知识分子，就对社会的影响而言，它们的数量还是太少了。

基罗·德·巴里的著作——其中一部《预言书》(*Livre des vaticinations*)今已遗失——中有大量的政治预言。[3]在这位作者的家乡威尔士，吟游诗人（bardes，凯尔特语称cyfarwydd, awennithion，后一个词来源于awen，意思是"诗才或灵感"）构成一个颇有影响的阶层，诗人既是专业的也是世袭的。他们不是纯粹讲故事的人或说唱者：他们被赋予某种巫术性质的权力，因而具有社会声望，以致经常被推举为法官。占卜是他们活动的一部分，他们甚至依据亚欧萨满教的武功歌进行占卜：在引述这些传说过后，他们就进入谵狂状态，开始宣讲那些在幽暗

---

[1] «De Rebus a se gestis», *Giraldi...*, éd. J. S. Brewer (RS 21), Londres, 1861, t. 1, p. 72-73; 参阅 L. Thorpe, «Gerald of Wales : a Public Reading in Oxford in 1188 or 1189», *Neophilologus*, 62, 1978, p. 455-458; Boivin, *L'Irlande...*, p. 287, et Guenée, *Histoire...*, p. 60-61, 291。

[2] Chauou, *L'Idéologie...*, p. 239.

[3] 这里参考的是 R. 巴特莱特（R. Bartlett）的重要论文：«Political Prophecy...»。

中展现出的神谕。① 这类占卜有时还鼓舞了当地人对英格兰－诺曼底人的抵抗。但基罗是为亨利二世服务的，他转而利用凯尔特的古老神谕传统来歌颂这位国王，歌颂他对威尔士人和爱尔兰人取得的军事胜利。这里有1180年代的两个例子："那位有这两边血统的武士，第一个进入爱尔兰的围墙"，这里指的是1169年罗伯特·菲茨·斯蒂芬在爱尔兰登陆，他有诺曼底和威尔士的混合血统；"那骑着马白的白衣武士，手执盾牌，盾牌上立着鸟儿，他第一个冲入阿尔斯特（Ulster）"，这里说的是1177年约翰·德·古尔西（Jean de Courcy）的战斗。此外，基罗还用占卜来论证安茹家族内斗的原因，认为这种斗争不可避免，甚至不是各方的意愿所能左右的。13世纪时，无地约翰特别重视预言，并对其政治寓意进行全面估量。1213年，他下令将约克郡的一个隐士庞蒂弗拉克特的彼得（Pierre de Pontefract）绑在马尾巴上，然后跟他的儿子一起吊死，因为彼得错误地预言他的王位在耶稣升天节后将不保。② 说到底，金雀花君主对预言的广泛而有意识的利用，也是为了达到其宣传目的。

---

① «Sunt [...] viri nonnulli quos Awennithion vocant [...] Hi super aliquo consulti ambiguo, statim frementes spiritu quasi extra se rapiuntur et tamquam arreptiti fiunt. Nec incontinenti tamen quod desideratur edisserunt sed per ambages multas, inter varios quibus effluunt sermones, nugatorios magis et vanos quam sibi coh ærentes, sed omnes tamen ornatos, in aliquo demum verbi diverticulo qui responsum solerter observat quod petit accipiet ennucleatum»（有几个称作 Awennithion 的人……为着几个不太确定的建议，口中念念有词，精神恍惚，仿佛精灵附体。他们倒不是人们认为的那样不能自已，而是要在幽暗之间，在各种纷纷向他们袭来、被包裹起来的空洞呓语之中进行甄别，最后以某种另类话语，以高明的方式得出那个经过仔细筛选的答案），Giraud de Barri, «Descriptio Kambriæ», I, 16, p. 194-195, R. 巴特莱特转引、翻译和评论, Ibid.

② Roger de Wendover, Flores..., t. 2, p. 62-63, 76-77.

在12世纪的知识分子中间，书信文体得到了空前发展，对于他们，西塞罗和塞内卡的通信就是磨炼修辞的出色楷模。语法教师们根据段落行文或措辞的规则，对每封书信都给出了明确的格式，他们以拉丁韵文撰写，阅读轻松，便于记忆；每封信都应包括五个部分：称呼（写信人应明确收信人的身份，可以使用荣誉性的敬称），开头（exorde，意在博得收信人的善意），解释（陈述随后提出的要求的理由所在），请求，结尾（相关说明到此结束）。① 所以通信在当时不是私人事件，它更经常地属于公共领域。我们知道，一些信件刚写成就迅速传播开，例如索尔兹伯里的约翰的《惊愕函》(Ex inesperato)，该信是他在目睹托马斯·贝克特遇刺数小时后写的。阿基坦的埃莉诺致教宗塞莱斯廷三世（Célestine III，1191—1198年）的三封信也是如此，它们很可能是皮埃尔·德·布卢瓦起草的；为了解救被皇帝囚禁的儿子狮心理查，埃莉诺在信中恳求教宗进行干预。②

这些数量众多的信件可以分类抄录在手稿上，然后传阅四方，此举是信件作者捍卫自己权利的一种手段。例如，托马斯·贝克特的亲密朋友们就在1164年前后收集了他的第一部书信集，这成为他与国王斗争的有力武器。1175年左右，就在托马斯·贝克特遇刺后几年，阿兰·德·托克斯伯里（Alan de Tewkesbury，卒于1202年）对他的第一部通信集进行修订和增补，以便让世人更好地了解这位新近被封圣的大主教的立场和

---

① Schriber，见其译利雪的阿努尔的译本，p. 17。

② *Fœdera, conventiones*…, t. 1, 73-78, ou RHF, t. 19, p. 277. 参阅 Labande, «Pour une image…», p. 222-223; Bezzola, *La Cour*…, p. 33。

思想。伦敦主教吉尔伯特·弗里奥支持亨利二世对抗贝克特，他的书信集很可能是为了回击1164年贝克特的书信集而编订的。皮埃尔·德·布卢瓦经常吹捧亨利二世的治国功绩，他书信集也像吉尔伯特·弗里奥一样，是服务于王权的。最终，这些信件不管是单篇还是合集，都到处被阅读。它们存在的理由通常就是教学和宣传方面的。①

前面的例子主要是在政治性的奥克语诗歌中撷取的，它们和奥伊语史诗或拉丁文学一样，看来都不足以让人充分理解如此复杂的宣传现象。从性质上说，当时的资料很难让我们深入地透视宣传的纲领、形态，以及它的规模。不过，资料可告诉我们，金雀花家族曾经招募专业的写手，以俗语来歌唱、以拉丁语来书写他们的丰功伟业，并在他们与卡佩的斗争中，在对萨拉丁发起的十字军中，或在对凯尔特人发动的新领土征服战争中，为王朝增光添彩。这些知识分子的一个明显意图是通过宣传来提升其主人的威望。现在要分析的是他们著作和评论中的主题和意识形态要素。

国王，有文化的骑士

金雀花家族想要留给后世的形象是多面的。形象的构建围绕两大主题：学识和战争。在图兰，约翰·德·马尔穆捷（Jean de Marmoutier）描绘美男子若弗瓦"热衷内战，但也热衷自由

---

① Duggan, *Thomas...*, p. 3–8, 170.

技艺的学习"[1]。基罗·德·巴里也同样宣称,若弗瓦的儿子亨利二世专注于"战争事务,也关注法官的责任,既热爱战斗,也醉心于文学"[2]。在这些作者眼里,这个君主既有文化又很贤明,在战斗中既勇敢又足智多谋。亨利二世身上体现着文化人与骑士的完美结合。说到底,他是有文化的骑士,是世俗廷臣们仰慕已久的崇高典范。

学识与文化的典范

学识即权力。亨利二世到处网罗人才。为了充实自己的宫廷和知识分子组成的办公室,他甚至在"吸收人才"(brain drain)一词产生之前就将之付诸实践了。他心目中的国家服务者不能目不识丁。他以身作则,向人们展示了何谓有文化修养的君主。[3]他儿时的教师肯定时时以这样一句无可上诉的判决来鞭策他:"一个没有文化的国王就是一头戴着王冠的驴子!"

这句格言最早出现在历史学家马姆斯伯里的威廉(约1080—约1142年)笔下,据他记载,征服者威廉在教导他儿子贤者亨利一世时说过这样的话。[4]在随后的一代人中,由于同卡佩王朝的竞争关系,这句话在英格兰或安茹教士口中看来就像是对法兰西国王的公开抨击。1155—1173年安茹伯爵的纪年作者昂布瓦兹的布勒东(Breton d'Amboise),则将这句话放在

---

[1] Jean de Marmoutier, «Historia...», p. 176.

[2] «*Tam armata quam togata, tam martia scilicet quam litterata*»(既披坚执锐,又身披法袍;既善战,又有文化),*De Principis*..., p. 7.

[3] Galbraith, "The Literacy...", p. 213-214.

[4] *Gesta*..., V, n° 390, p. 710.

好人富尔克二世（Foulques II le Bon，约940—约960年）口中，他称赞这位安茹伯爵的"贤明、雄辩和文采"，并以此回击国王"海外人"路易四世（Louis IV d'Outremer，936—954年）的嘲讽，因为国王指责富尔克二世只会在司铎们的唱诗班中单调地附和。[1] 在1159年问世的《论政府原理》中，索尔兹伯里的约翰以这句话来颂扬思想和圣经方面的高深修养，而不是军事方面的训练；他在一封想象的信件中讲了一则很有教育意义的轶闻：神圣罗马帝国的皇帝责令法兰克人的国王要好好教育孩子们。[2] 西多会修士埃里南·德·傅华孟（Hélinand de Froidmont，1160/1170—约1229年）同样提到了这封信：作为行吟诗人，他曾在腓力·奥古斯都的宫廷中效劳，但为了讽刺他从前的主人——法兰西的国王们，他毫不犹豫地引用了这句格言。[3] 最后，基罗·德·巴里将这句格言塞进了《论君主的教育》的第一篇序言中，著作的标题和内容就足以说明问题了，无须指明是何种环境，是哪位君主；但他还是指出了君主能从历史中学到的所有教训，这有利于他的治国和战争。[4] 对于基罗，正如对于所有其他作者，这句格言可以证明，任何国王都需要获得多个世纪来积累的经验和学识，都需要以过去为镜鉴，避免重复前人的错误。

这句格言之所以流行，是否受到教士们的野心的驱动呢？这些人是否想以自己在学校获得学识，在君主身边换取一块阳

---

[1] Jean de Marmoutier, «Gesta consulum...», p. 140.
[2] *Policraticus*..., IV, 6.
[3] *Flores*, PL, t. 212, chap. XV, col. 736.
[4] *De Principis*..., p. 5 et 42. 参阅 Bezzola, *La Cour*..., p. 78。

光下的"底盘"呢?①我们并不这么认为。至少,它不是这些知识分子的主要动机,他们一进宫廷就以怀旧的心情抱怨完全被新职责裹挟,以致完全不能从事思想活动。这句格言的流行似乎反映了一个具有两面性的现象,这就是国家化带来的全面效应:它既提升了国王官僚系统的技术水准,也导致了思想复兴。一方面,宫廷在大陆聚集的学者比以往任何时候都多,它成了学术场所,君主则像他的廷臣一样有才气。如果他想别人甘心服从他,那就需要建立自己的权威;但如果没有文化,他在廷臣中的威望就会大大降低。

另外,国王若要达到善治就必须有学问。只有经过学者的教导和刻苦的阅读,才有可能获得广泛的基督教文化,这种文化中包含着圣经的道德内容、古典的世俗学识,以及关于古代历史典范的知识。在皮埃尔·德·布卢瓦致亨利二世的一封信中,鲁昂的卢特鲁(Routrou)和王国的其他主教敦促国王让当时六岁的儿子小亨利接受教育,而且水准应该像亨利二世接受的教育一样高;信中虽然没有引用"戴王冠的驴子"的说法,但提出的另一个警句同样有力:"一个没有文化的国王就是无桨之船,无翼之鸟。"②作者接着举例说,尤里乌斯·恺撒是文学、民法和哲学大师,亚历山大得到亚里士多德的教导,《旧约》诸王(所罗门、大卫、以西结、约书亚)都很有文化修养,基督教罗马帝国的国王们(君士坦丁、提奥多西、查士丁尼、利奥)

---

① "教士声称,他们有新的商品售卖给君主,这就是学校里的智慧。所以他们要价很高,首先是因为它很有用,其次是因为它是国王所没有的。"Buc, *L'Ambiguïté*..., p. 184–185.

② *Epistulæ*, n° 67, col. 211. 参阅 Bezzola, *La Cour*..., p. 45–46。

既精通军事也通晓文学。于是，圣经和古代世界的贤明帝王就成了金雀花的榜样，这榜样鼓舞他们增强正义、公平与和平意识。为了提升王朝的声望和别人对它的尊重，金雀花君主们也更乐于接受这个榜样。

安茹史学家们传播的一则轶闻就彰显了他们对阅读古书的爱好。这则轶闻是，美男子若弗瓦在读书时发现，蒙特勒伊-贝莱（Montreuil-Bellay）通过阅读罗马帝国大战略家韦杰提乌斯（Végèce，约公元400年前后）得知如何使用希腊火（feu grégeois），从而获得了重要的历史地位。[①]狮心理查和坎特伯雷大主教赫伯特·沃尔特关于介词"在"（coram）应该接宾格还是夺格的讨论，同样是为了为宫廷长脸，并避免被人嘲笑；根据基罗·德·巴里的说法，理查坚持认为应该用夺格，这个正确的见解反衬出了英格兰最高宗教首脑在语法上的欠缺。[②]这位国王在俗语诗歌领域也很好辩，他自认为是个天生的俗语诗人：在十字军期间，勃艮第公爵于格曾写了一首冒犯他的歌谣，

[①] Jean de Marmoutier, «Historia...», p. 218; Bradbury, «Geoffroy V...», p. 40.

[②] *De Invectionibus...* I, 5, p. 100-101. 基罗后来对金雀花家族更严厉，这与他的其他作品有所不同：他甚至将《论君主的教育》（1218年）献给未来的路易八世，后者与安茹家族不同，通晓拉丁文（*De Principis...*, p. 6-7）。他还写道："大部分的人，首先是君主，对拉丁语懂得不够"（*Expugnatio Hibernica*, préface I），他哀叹这个时代"甚至我们的君主也不懂拉丁语"（*Descriptio Kambriæ*, préface II），并对自己以前将《爱尔兰地理志》和《预言史》（今已遗失）献给亨利二世和狮心理查感到后悔，因为这两个人"深陷其他事务，但对文学几乎没有什么兴趣"(*Itinerarium Kambrie*, préface I)。基罗还有其他矛盾之处，这表现在他对安茹家族某些成员的偏爱。正如 J. 埃弗拉德（J. Everard）指出的，他对这个家族的合法继承人亨利和理查的态度，没有对若弗瓦和约翰那样严厉，这两个人的诸侯或君主头衔是靠征服或篡夺得来的（«The "Justiciarship"...», p. 89）。

理查立刻赋诗一首以为回应。[1]他还对神学和解经学感兴趣。1190—1191年冬天,他在前往十字军的路上暂留西西里的墨西拿,其间他与约阿希姆·德·菲奥雷(Joachim de Flore,约1130—1202年)进行了长谈,谈话使用的肯定是拉丁语,内容涉及将来同萨拉丁的战斗,以及《启示录》中恶龙的第七颗头颅和时间的终结,而作为西多会的一位修道院院长,约阿希姆以对圣经的末世论评注而闻名。[2]狮心理查的文学修养是毋庸置疑的。

他的父亲亨利二世的受教育水平并不逊色,当时的教士对此也颇为赞赏。亨利还是个孩子的时候,就被托付给圣特(Saintes)的一位教师,此人被认为是当时西方世界最好的韵文作者。[3]1142年亨利九岁的时候来到英格兰,与他的舅舅格洛斯特的罗伯特生活在一起,此人热爱文学,罗伯特的儿子罗杰后来则担任了伍斯特的主教。四年之中,他以一名叫马修(Matthieu)的教师为导师,有些人以为此人是未来的文书长和昂热的主教。[4]13岁时他回到诺曼底后,纪尧姆·德·孔什(约1080—1154年)很可能负责他的教育,此人是沙特尔的语法学者伯纳德(Bernard de Chartres,卒于1126年左右)的学生,伯纳德的名言"我们不过是巨人肩上的侏儒",堪称对12世纪"文

---

[1] *Itinerarium peregrinorum et gesta*..., VI, 8, p. 394-396. 参阅 Lepage, «Richard...», p. 894; Mayer, *Das Itinerarium*..., p. 140。

[2] Roger de Howden, *Chronica*, t. 3, p. 75-86; *Gesta*, t. 2, p. 151-155。

[3] «Ex Anonymi chronico», RHF, t. 12, p. 120, et p. 415(穆拉托里[Muratori]给普瓦图人理查德的纪年添加的文字)。

[4] Guillaume fitz Stephen, «Vita...», n° 102, p. 104; Gervais de Cantorbery, *Chronica*, p. 125. 参阅 Bezzola, *La Cour*..., p. 6。

艺复兴"的概论，他还是索尔兹伯里的约翰的老师，约翰也热情赞颂过伯纳德的教导。[1]另外，纪尧姆在《道德哲人信条》（*Dogmes des philosophes moralistes*）中对年轻的国王作了长篇表彰，这部受西塞罗启发的论著审视了各种主要美德，并就正直与效用之间的冲突作了论述。[2]这些老师的层次足以表明，亨利二世小的时候就接受过深入的文化教育。

而且这种修养显得相当老成。皮埃尔·德·布卢瓦在致巴勒莫主教的信中强调，国王的闲暇时间全部用来读书，他还赞扬国王谈吐不凡："与英格兰国王在一起就是每天在学习，好比时刻在与最好的老师进行有关思想问题的讨论。"[3]一封如此肉麻的吹捧信件被用心收录在通信集中是毫不奇怪的，何况这集子还是亨利二世要皮埃尔·德·布卢瓦来办理，以便广为传播的。[4]在基罗·德·巴里晚年写成的《论君主的教育》的部分章节中，对国王有非常严厉的批评，但他至少承认，亨利二世在口才和学识方面十分出众，在那个时代可谓罕见。[5]这些评论与

---

[1] *Metalogicon*, I, 5, II, 10 et III, 4.

[2] 其中的序言大有手册指南的口气，像是老师在指点学生，这是该著最好的研究者 P. 德拉艾（P. Delahaye）的看法，见其 «Une adaptation...», p. 256–257。几乎所有史家都认为，纪尧姆·德·孔什曾担任过亨利二世的教师（Warren, *Henry II*, p. 39, Liebschütz, *Medieval*..., p. 10），但也有例外：如 Richardson, Sayles, *The Governance*..., p. 272。的确，1146 年时，纪尧姆就已是巴黎的知名教师，但这并不意味着他不会离开巴黎前往诺曼底，以负责这个年轻人的教育。

[3] *Epistulæ*..., n° 66.

[4] *Ibid.*, n° 1, et Duggan, *Thomas Becket : A Textual*..., p. 7.

[5] «Princeps eloquentissimus et quod his temporibus conspicuum est litteris eruditus»（君主口才极好，那时人们都知道他在文学上很有造诣），*De Principis*..., II, 29, p. 215.

戈蒂耶·马普对这位君主的描绘是吻合的：他的文化教育很充分，足以实施善治，他说拉丁语和法语，并懂得自大西洋到约旦河的所有语言——这一点倒是戈蒂耶的过分吹捧了。[1]不少赞美之词可以得到文书和法律资料的佐证，它们表明，国王能够快速且正确地阅读圣阿尔班（Saint Albans）、巴特尔和贝里圣埃德蒙兹（Bury Saint Edmund's）修道院的令状文书。[2]亨利二世的拉丁语已经达到相当高的水准，而且展现出真正的智识上的好奇心。文化修养和文学爱好很快就得到他的宫廷文人们的奉承，他们将国王视为贤王的典范，用基罗·德·巴里的话来说，就是"第二个所罗门"。[3]

结果就出现了好几篇献给他的论著。论著的序言和塞入正文中的某些评论，都以或明或暗的方式称颂国王的教养和文化。为了不致冒犯国王，这些作者作了低调处理：对国王的整体学识来说，这些学养只是一个补充，说到底都是为了协助他更好地履行国王的使命。三篇直接论述金雀花政府的手册就是如此：理查德·菲茨·尼格尔的《关于财政署的对话》，国王的随从法学家们撰写的《英格兰王国法律和习惯》（1187—1189年）[4]，以及很可能出自提尔波利的约翰手笔的《书记技艺》

---

[1] *De Nugis...*, V, 6.
[2] Clanchy, *From...*, p. 186.
[3] *Salomon alter*, «Topographia Hibernica», III, 48.
[4] *Dialogus de...*, *Tractatus de...*

（*Art notarial*）[①]。我们记得，第一部著作讨论的是英格兰王国政府财政机构的运转的。第二部是一部法律和法律评注的汇编，意在增强国王权威。第三部首先定义了书记人的工作，介绍了它的一些历史概况，随后提供了技术性的建议和缩略语。显然，这些著作与国王及其近臣的日常工作直接相关。

另一些著作讨论的是一些更具基础性、更少实用性的学问，君主不太能直接利用它们。例如巴斯的阿德拉德（Adélard de Bath，约1091—约1160年）的《论星盘》（*Traité de l'astrolabe*，1149—1150年），这位作者是位著名的数学家、天文学家和驯隼师，曾在西方推广数字〇；他先后在图尔、拉昂和西西里学习，在游历过小亚的西利西亚（Cilicie）和叙利亚后，于1120年代回到威尔斯（Wells）主教身边。在这部著作的长篇序言中，作者吹捧了未来的亨利二世的才智，并鼓励他去探索东方世界的天文学[②]："我知道，你，亨利，国王的外孙，已经在哲学的所有方面接受了教育。人们常说，如果国家由哲人来治理，或者治

[①] 这个人物实际上出现在了"圣托马斯的22位博学之士"的名单中，圣徒传记作者赫伯特·德·博思汉姆在贝克特传记的末尾，将这个名单作为"博学教士"（scriba doctus）附加上去，见其 «Vita...», p. 527, n° 13。不过，《书记技艺》的匿名作者对殉道者圣托马斯不吝赞词，是后者让他从事了书记职业，[Jean de Tilbury], «Ars Notaria...», p. 324-325。作品应撰写于作者在文书厅担任秘书之时。参阅 Barlow, *Thomas*..., p. 79；Kuttiner, Rathbone, «Anglo-Normand...», p. 292。

[②] 最近对巴斯的阿德拉德和他的这部著作已有研究发表：North, «Somme Norman...»; Poulle, «Le traité...»。由于他关于算筹的论文和数学方面的知识，有人将阿德拉德与财政署联系在了一起；在他的一幅星图中，有一段老师与学生之间的对话，人们甚至认为那就是阿德拉德和未来的国王，因为1149年前者曾在布里斯托尔当过老师，见 Cochrane, *Adelard*..., p. 93-96。这些推测都很有趣，但很难证实。

理者听从哲学，国家就是幸福的……所以你不仅要懂得拉丁语，还要学习阿拉伯人在天体运行和星体轨迹方面教给我们的知识。"①罗伯特·德·克里克拉德（Robert de Cricklade，约1140—1174年）曾编纂了一部小普林尼（Pline le Jeune）的《自然史》（*Histoire naturelle*）文选，他在序言中也作了同样的表达。此人是牛津圣弗赖德斯维德（Sainte-Frideswide）奥古斯丁隐修院的院长，他这样开导几年后就要成为国王的亨利：一个统治世界如此广大的地区、战无不胜的、在和平时专注于自由技艺学习的君主，还应该了解大地、天空和海洋的本质，了解动植物和矿物的性质。②这些论著的另一个致敬的对象是阿基坦的埃莉诺，仿佛她与丈夫一起君临王国也使她获得了协理国政的睿智。实际上，某部科学论著已知的最早法语译者菲利普·德·塔昂（Philippe de Thaon），就把《博物学》（*Physiologus*）的盎格鲁-诺曼语转写本《动物志》（*Bestiare*，1121—1139年）献给了埃莉诺；而在三十来年前，他将该著的原始版献给了亨利一世的第二任妻子阿德莱德（Adélaïde）。③最后，根据罗德兹的一位司铎多德·德·普拉德（Daude de Prades，卒于1282年）后来提供的证据，亨利二世可能还写过一部有关猎鹰的论著；据多德说，该著的创新之处在于，它的论点都是严格基于实

---

① Ed. Haskins, «Adelard...», p. 515-516.
② «Das Exzerpt...», p. 265.
③ *Le Bestiaire*..., p. VII. 参阅 Short, «Patrons...», p. 237; Legge, *Anglo-Norman Literature*, p. 22-25。

践。①我们不知道此说是否准确，但它让我们有了一点奇特的联想：1130年左右，巴斯的阿德拉德曾写过另一部猎鹰论著献给哈罗德（Harold）。②

后世之所以会以为这位国王能写一部这样的著作，不仅是因为他喜欢打猎，喜爱动物，这一点在史料中有很多证明：比如他有自己的动物园③，君主还掌握有关自然的学识：这个主题应放在一个更为宽广的思想视域中。首先，在中世纪的基督教观念中，要表达君主睿智可以借助《旧约》中的各部智慧书，可以通过所罗门王这个人物，他被认为是《箴言》的作者，但人们也可借助希腊和拉丁的思想。1154年，威斯敏斯特的隐修院院长奥斯伯特·德·克莱尔就写了信件和诗歌，歌颂新近登基的英格兰国王亨利二世，他借用《旧约》传统，将那种人格化的智慧视为和平之源，因为它与邪恶作战。④当时人都懂得，古典文化是良好的治理所必不可少的，查理曼和他的宫廷知识分子就很推崇古典文化，威塞克斯国王阿尔弗雷德大帝（Alfred le Grand，871—899年）更进一步，他着手重建英格兰的学校，吸引外国学者，甚至将拉丁教父们的重要经典文本和赞美诗译

---

① *The Romance*..., v. 1929–1934, p. 136. 一个世纪后的证据到底有多大价值呢？亨利二世的那本书真的存在吗？是国王自己写的，还只是受到国王的启发并题献给他的呢？通过财政卷册和《爱尔兰地理志》的序言我们可以了解到，亨利二世的确很喜欢训练猎隼，见 Haskins, «Henri II as...», p. 76. 亨利的方法完全基于实践而无视传统，这个评论是很有趣的，因为在皇帝腓特烈二世的猎隼学论著中，传统占有显著地位。多德·普拉德可能将这个主题从腓特烈二世转向了亨利二世。

② «De Avibus tractatus», *Adelard of Bath. Conversations with his nephew*, éd. Ch. Burnett, Cambridge, 1998, p. 239–241. 在多德·德·普拉德的脑海中，看来阿德拉德和他的学生被混淆在了一起，前者被认为是亨利二世的老师。

③ Giraud de Barri, «Vita sancti Remigii», p. 45.

④ *The Letters*..., n° 37 et 38, p. 128–132.

成盎格鲁-撒克逊语。这两个经典榜样鼓舞了亨利二世和他的谋臣们。睿智是个十分经典的话题，它一点都不让人奇怪，而且是接续了格里高利关于上帝和平的思想线索。

对这个时代来说，更令人称奇的是对哲人治理的国家中的幸福的思辨，它尤其表现在巴斯的阿德拉德《论星盘》的序言中。这个思想借自柏拉图，一些拉丁理论家已经对此进行了阐发，如约克的阿尔昆（Alcuin d'York），他在自己致查理曼的一篇文献中明确将上述观念归于那位雅典哲学家。[1]同样，斯多葛主义也看重睿智的价值，尤其是对有治国责任的人而言：西塞罗和塞内卡认为它（sagesse）是在理解力（intelligence）之上的品质，是指引人类事务和神的事务走向善的学问。[2]虽说一些思考已经出现在此前的著作中，亨利二世身边的知识分子在引述新柏拉图主义和斯多葛主义经典时，还是就睿智和善治的主题提出了新见解；在这一点上，他们的著作无可争辩地反映了12世纪的知识复兴。

但这些著作的独创性在于别的地方。这就是人们想在国王和自然科学之间，更确切地说，在国王和通过实验获取经验知识之间建立联系。安茹王朝第一位国王的科学形象具有明显的现代性。这个形象比皇帝腓特烈二世（1212—1250年）和卡斯蒂尔的阿方索十世（1254—1284年）早了半个世纪，这两位地中海君主也想给后世留下贤哲的形象。这种无所不知的君主，或许就是18世纪开明专制者的先驱，这些君主以广博学识为加

---

[1] Y. Sassier, «L'utilisation d'un concept romain aux temps carolingiens : la *res publica* aux IXe et Xe siècles», *Médiévales*, 1989, 15, p. 17-30.

[2] Krynen, *L'Empire...*, p. 208-209.

持，向绝对主义推进。贤哲国王的学识是以具体事务为基础的，因而它高于教士们的智慧，因为教士那种基于圣典的神学知识对改进国家治理而言很是无效。当然，无论是亨利二世还是他的手下，都没有在自己的政治言论中走到这样远的地步。但毫无疑义的是，这些文字对学术性国王的呈现，在中世纪西方是已知最早的案例之一。

除了这些技术性著作，还应该指出一些拉丁语和盎格鲁-诺曼语史书和虚构作品，这些著作的序言同样称颂了金雀花的君主们，我们后文将对此作深入讨论。不过，要解读众多对亨利二世及其家族的赞誉之词却是件困难的事。[①]它们是否意味着存在某种严格意义上的庇护关系、作者靠著述赚取薪酬，抑或是那些一直无法接近国王的作者想以此博得国王的恩宠呢？最好还是对两种解释都持保留立场，更合理的做法应该是逐个进行分析，通过作者的履历来考察哪些因素使其接近或疏远国王，以确定他与国王关系的性质和准确程度。基罗·德·巴里对这些历史有广泛的记录，他本人是个热情吹捧金雀花家族的廷臣，不过，尽管他屡屡为王室效劳，但王室还是拒绝将圣大卫主教的职位授予他，这激起了他的怒火——瓦斯也有一样的遭遇——但后来亨利二世还是给了他一份巴约司铎的圣俸，使他可以安心撰写诺曼底诸公爵史，这个例子见证了问题的多面性。这些知识分子即使不能在宫廷受到礼遇，至少能得到一份礼物，何况国王对身边的效劳者总是很慷慨。有时，这些得到圣俸的

[①] 最近的研究对这个有争议的问题进行了澄清：A. Chauou, *L'Idéologie*…, p. 79-88。参阅 Short, «Patrons…», Tyson, «Patronage…»; Jaeger, «Patrons…»。

教士，这些靠修道院收入过活的僧侣，或得到领主权的有文化的骑士，会出于对国王本人自发而纯粹的善意而自行其是。不管他们内在动机是什么，酬答其功劳的方式如何，无可置疑的一点是，正是靠着他们的宣传，有利于统治王朝的观念才能广泛传播。

这些作家提升了安茹家族的威望，从此它被视为奖掖文艺、慷慨赠与的典范。1154年，就在亨利二世登基后不久，奥斯伯特·德·克莱尔就在致国王的信中展现了梅塞纳斯（Mécène）与贺拉斯（Horace）、奥古斯都与维吉尔（Virgile）的关系。[1] 1230年，在亨利二世死去四十来年后，在《寻找圣杯》（*Queste du saint Graal*）和《亚瑟王之死》（*Mort du roi Arthur*）的序言及《湖上的兰斯洛》（*Lancelot du Lac*）的几份手稿的跋语中，作者都奉1209年前后死去的戈蒂耶·马普为其著作之父，并称马普的作品是应亨利二世的要求并在他的指导下完成的。[2] 这些作者对亚瑟传奇的经典文本的敬意是很容易理解的。它与13世纪初广泛流行的另一种观念遥相呼应：亨利二世是文学创作的慷慨赞助人，而且他对文学很感兴趣。另外，这个形象并没有过分夸张，尽管最近有些学者试图弱化其程度。20世纪的一些文献学家和史学家承认了亨利二世的这个形象。1963年，对中世纪各大宫廷的相关文本有着惊人知识的雷托·贝左拉（Reto Bezzola）写道："自加洛林时代以来，乃至自古代以来，西方世界没有哪个文学中心比亨利二世的宫廷更加重要。"[3] 今天，从各

---

[1] *The Letters...*, n° 38, p. 132.

[2] Carman, *A Study of the Pseudo-Map...*

[3] *La Cour...*, p. 3.

种史料中得出的证据也与这个判断相符合。这些证据表明，我们可以毫无保留地接受贝左拉的评价。

愤怒的儿子们

在12世纪末的贵族阶层，战斗仍然经常是任何性质的冲突的自然结局。当然，教士的仲裁、边境地带的会晤、派遣使节、临时休战或联姻，有时的确能防止争吵恶化为公开的战斗，或者至少将暴力的发生推迟几个月。但是，在1154—1224年，国王、领地诸侯和堡主们之间的战争名单长得惊人。在这种战争语境中，安茹君主想在其臣民和敌人面前树立无畏和不可战胜的战士形象。的确，他们中间的一些人在战场上展现了出众的才华，他们既是勇敢的骑士，也是足智多谋的战术师和名副其实的统帅。至少，那些支持他们的纪年作者和诗人从严格的宣传目标出发在传播这个形象，他们希望王室的英明神武能为天下人闻知。由于战争总带有心理特征，所以既要在战场上获胜，也要在集体想象中占据上风。因而考察金雀花政治文化中的武士主题就是个重要问题：我们应了解这个主题的独特之处，了解它们如何被运用于实际的冲突中。

安茹家族的记忆毫无疑问地偏爱骑士文化。12世纪末，地方性纪年就杜撰说，这个家族起源于一个出身寒微的冒险家，他因为武功而成为这个家族的奠基祖先。故事说的托夸提乌斯（Torquatius）的儿子特图尔（Tertulle）负责为秃头查理看管森林，他来自一个没有贵族身份的家族，罗马帝国时代这个家族被逐出了布列塔尼。"护林员"特图尔在法兰西国王的军队中同诺曼人作战，屡立战功，随后进入卢瓦尔河流域的上流社会，国王还许以他妻子，授予他土地。他的儿子英格尔格里乌斯（Ingelgerius）是比他还要出色的武士，并受封为骑士。《昂布瓦兹领主功业记》(*Gestes des sires d'Amboise*)强调特图尔地位上升的突然性，因为他出身低微，对秃头查理就更是忠贞不贰了，而这位国王也更乐见"新人……成为显赫的大人物"，而不喜欢"有着古老家世和众多先祖的人"。[①]金雀花王朝的奠基人看来就是个一文不名的青年，但他通过在行伍中的突出表现而跻身贵族行列，然后又娶了一位富有的女继承人，获得了王朝奠基必需的产业。人们从来没有给这个家族编造一个加洛林王室的伟大祖先，仿佛骑士资格比王室血统更重要。最后，我们还应注意到，金雀花家族还想将亚瑟王视为他们的祖先之一，在他们的官方史家瓦斯笔下，这个传奇人物是"一个勇武高尚的骑士"，具有一切身体和精神上的优点。[②]所以，在亨利二世及其家人关于其家族起源的话语中，骑士价值观是其内在的构成部分。

安茹家族的几个成员效仿他们神话中的祖先，他们更喜欢将自己表现为靠战斗和个人军功而赢得尊重的个人主义骑士，或者为人民服务的高超的战略家、明智的政治家，而不是出自古老家族的君主。狮心理查就是骑士国王的化身，诗人和史学家对这位武士和十字军战士的非凡品格极尽吹捧。他的传记作者、西多会修士科吉舍尔的拉尔夫称之为"战争国王"（Rex bellicosus），这个作者记载说，理查在1192年的雅法战役中表现

[①] Jean de Marmoutier, Thomas de Conches, «Chronica...», p. 29-31. 参阅 Koziol, «England...», p. 133; Bournazel, «Mémoire...», p. 119-122。

[②] *Roman de Brut*, v. 477-478. 参阅 Boutet, *Charlemagne*..., p. 38。

出惊人的勇武，一个人率领6名武士就大败3 000萨拉森人。① 对这个国王的理想化与实际情况并非不相符：因为他身处攻城战的最前线，时刻关注军需供应，所以他就是心思缜密的军事首领。② 夸张一点没什么大不了！正是靠这种宣传，他成了当时最出色的战士：勇敢无畏，慷慨大度。

1173年春天，在正式担任阿基坦公爵一年之后，16岁的理查在巴黎受封为骑士，给他行授甲礼的是路易七世。法兰西国王当时可能怂恿他参加他兄弟们和大批贵族针对亨利二世的反叛。于是，像当时的很多青年一样，理查试图通过武力来摆脱父亲的控制。1174年9月，理查被国王的军队击败，只得投降。此后十年间，他致力于绥靖普瓦图和利穆赞的贵族。1179年，理查在围攻泰业堡的战斗中扬名，这座坚固的堡垒位于一块俯瞰夏朗特地区的岩石上，人们以为它固若金汤。此战之后，理查赢得了手下人的拥戴。1183年起，他开始与兄弟们角逐父王亨利二世的继承权，后者因受理查和他的盟友腓力·奥古斯都军队的袭扰，于1189年死去。理查加冕为英格兰国王后，立刻启程参加十字军，并很快掌握了十字军的主导权，占领了塞浦路斯和巴勒斯坦沿海的几个主要地点。英格兰-诺曼底史家都一致声称，理查直接参加了这些战斗，或是围城战，或是带着少量亲兵进行伏击；1194年回到法国后，理查同腓力·奥古斯

---

① «Chronicon...», p. 45 et 48-49. 参阅 Prestwich, «Richard...». 这个形象是最近一部传记的核心：J. Flori, *Richard Cœur de Lion, le roi-chevalier*, 标题（《狮心理查：骑士国王》）就已能说明问题。

② "理查远不是浪漫传奇中那个爱冲动的头领。相反，一般来说他的行动很注意策略，而且计划周详。" Gillingham, *Richard Cœur*..., p. 224-225.

都展开战斗，并在弗雷特瓦尔（1194年）和伊苏顿（1195年）两次击溃腓力。此外，为了更好地防范法国国王，理查运用自己的学识，命人建造了加亚尔城堡，这是有史以来最为壮观的防御工事之一。1194年，在长期的经验表明比武经常会引发战争的情况下，理查在英格兰恢复了比武，尽管他为此作出了新的规定。他父亲曾禁止比武，因为担心这样的贵族聚会容易导致反叛。1199年3月，理查在围攻利穆赞的夏吕思子爵城堡时，肩头被弩箭镞击中，几天后死去，时年41岁。他短暂的一生将被烙上战争的深刻印记。

理查活着的时候，吹鼓手们就将他描绘成一位应该以武功歌来铭记的英雄。他的光辉形象在其领地上广为传播。例如，1186年，加斯科尼地方拉雷奥尔（La Réole）修道院的一份文件称他为"至为勇武的骑士"（miles probissimus）。[1]对一个领地诸侯来说，这个称号在当时相当罕见，因为它出现在文书的末尾部分（eschatocole），而文书末尾是注明时间地点的，其格式一般很固定。在当时，俗语武功歌和为弘扬国王威名而创作的拉丁纪年都在传播理查的形象。这份修道院文书也是在呼应这类文学主题吗？

1195年左右，诺曼底说唱艺人昂布瓦兹受命撰写一部讲述理查在圣地的丰功伟业的著作：如他在雅法、阿克和阿苏尔的

---

[1] «Anno Incarnatione MC octogesimo sexto, existente [...] comite vero Pictavense probissimo milite Richardo»（主道成肉身1186年，普瓦图伯爵理查……展现为实在的至为勇武的骑士）, «Le cartulaire du prieuré Saint-Pierre de La Réole», éd. Ch. Grelet-Balgerie, Bordeaux, 1863 *(Archives historiques du département de la Gironde*, t. 5), n° 108, § 105, p. 150 (1186). 参阅 Boutoulle, *Société*..., p. 568。

战功。昂布瓦兹毫不犹豫地将理查比作《罗兰之歌》的主人公和其他英雄。他以铺张扬厉的风格刻画这位骑士国王的勇武："你们或许已经看到，国王手执利剑，对突厥人穷追猛打，敌人在他的追击下丢盔弃甲，纷纷被砍倒，最后他们都像绵羊见到狼一样逃窜。"①昂布瓦兹对国王的勇猛无畏的吹捧自然带有夸张的成分，不过他还是通过萨拉丁之口说出了下面的话："这国王果然大胆骁勇，不过行动起来太疯狂！虽然我也是有点高傲的君主，但我更喜欢有节制的慷慨和预判，而不是不假思索的勇武。"② 1210年代，昂布瓦兹依据法语材料，撰写了一部《国王理查的朝圣之旅和功绩录》，该著援引古典论著，对这位国王冠以"赫克托耳的权势，阿喀琉斯的慷慨，还有不逊于亚历山大和罗兰的勇力"③。正是通过昂布瓦兹，理查赢得了超越其十字军同侪的威名，他成了无与伦比的勇敢和坚强的战士。

所以在安茹王朝的纹章系统中，理查被称为"狮子"，他是桀骜不驯、凶猛大胆的兽王，他还有一颗"狮心"，这个外号是昂布瓦兹在讲述他攻克阿克城（1191年）时第一次加在他头上的。④他总是带领手下置身于未曾预见的危险之中，他的勇敢冠绝列位君主，他以战斗来提升自己的威望，在自己手下人那里，

---

① Ambroise, *L'Estoire*..., v. 10459−10466, col. 280, trad. *Richard*..., Brossard-Dandre, Besson, p. 195.

② *Ibid.*, v. 12147−12152, col. 326.

③ *Itinerarium peregrinorum et gesta*..., p. 143.

④ Ambroise, *L'Estoire*..., v. 2310, col. 62. 参阅 Broughton, *The Legends*..., p. 115−119; Flori, *Richard*..., p. 264−269。理查伯爵是萨拉森人的屠夫，他是 Jean Renart, *L'Escoufle* (1200−1202) 中的主人公之一，这位作者同样称他"狮心"，见 «Cœur de lion» (v. 298), Baldwin, *Aristocratic Life in Medieval France*, Baltimore, 2000, p. 38。

这种威望无人能及。[1]对那些衷心追随他参加战斗的人来说，这样的行动只会提升自己的价值。理查领地上的任何骑士，只要参加他的军队就会大有收获，不仅收获名誉，还能分享战利品。在纪年作者和诗人笔下，理查的慷慨是出了名的，这也为他赢得了名声。通过拉丁著作和法语武功歌的专业作者的手笔，理查的美名赢得了其领地贵族的拥戴，并鼓励他们在政治或军事斗争中站在这位骑士国王一边。

时至今日，狮心理查的战功威名仍然掩盖了他的长兄小亨利，不过在12世纪，后者也有同样的名望。但他没有弟弟理查那样出名，所以我们应该追踪一下他的履历。[2] 1170年，约克主教为亨利举行了加冕，这个行动加剧了危机的爆发，最后导致托马斯·贝克特被刺杀。在加冕礼之前不久，他的父亲给他操办了授甲礼。1173年，元帅威廉再次为他佩剑并拥抱了他，而此前威廉已经教他使用武器，带他参加了几次比武。[3]同一年，狮心理查也行了授甲礼，这些仪式应该给了这俩兄弟在新近爆发的叛乱中反抗他父亲的力量。小亨利此后还活了十来年，此间他忙于家族内部争吵和参加比武。1183年，他在利穆赞掀起了反对父王的最后一次叛乱。但6月初他被一场病夺走了性命，是年27岁。意外早夭为他赢得了很多同情。

好几位作者都称颂他的军事才能。他们称他为无与伦比的

---

[1] Strickland, *War*..., p. 99–103.

[2] Moore, *The Young*..., p. 17–23.

[3] [Jean le Trouvère], *L'Histoire*..., v. 2071–2096. D. 克劳奇（D. Crouch）否认这次仪式是授甲礼，因为贝克特的一个通信者说，亨利二世已经在1170年给他行了这个礼。在他看来，这毋宁说是老师为学生举行的一个见证仪式，表明学生现在不是一般的见习骑士（écuyer），而是一个单身军人（bacheler）了。

战士，浸染在骑士的价值观中。在谈到他对比武的无节制的热情时，拉尔夫·德·迪斯甚至责备他"将王室尊严置于一旁，变身为骑士"①。的确，参加比武为他赢得了勇士的美名，没有人认为这与王权的行使不相容。戈蒂耶·马普的看法就更为正面，他赞美小亨利对骑士风度的加持："这种极富想象力的人复活了一个几乎沉睡的行业，将之推向了顶点。"②同样的颂歌也出现在提尔波利的杰维斯笔下，这个作者认为小亨利的早夭就是 militia（骑士）走向毁灭的公开宣言。③按照行吟诗人约翰类似的说法，小亨利年幼时的导师元帅威廉——但传言他与亨利的妻子有染，二人友谊破裂——就称，他的死标志着整个骑士阶层的终结。这位作者还说，佛兰德尔伯爵阿尔萨斯的菲利普（Philippe d'Alsace, 1168—1191年），与元帅威廉一样是亨利比武的导师，他同样在小亨利死后说，已经没有人在年轻的武士有需求时给予他们武器和餐饭。④在这位诗人看来，对穷苦武士的慷慨就是这位热衷于比武的年轻国王的重要性格特点之一——这是很自然的事情——这让他将骑士风度发展到了顶点。

更让人吃惊的是他死后人们对于他的个人崇拜。威尔斯的主祭、元帅威廉的亲密朋友托马斯·德·埃尔利（Thomas d'Earley，卒于1191年）为纪念小亨利的死写过一本圣徒传记般的小册子：天国之门已经为他打开，因为他已经克服了对父亲

---

① «Ymagines...», t. 1, p. 428, 转引自 Flori, *Richard*..., p. 357。

② *De Nugis*..., IV, 1, p. 280–283, trad. Bate, p. 222.

③ «*Ita moriens universæ militiæ fuit exitium*»（他死之时，整个骑士世界就毁灭了），«Otia...», p. 447.

④ [Jean le Trouvère], *L'Histoire*..., v. 2071–2096, 2640, 6987–6988, 7156–7184.

的怒火，他临终的床榻上有亨利二世送给他的礼物：一枚绿宝石戒指，这象征着父子之间的深情，他母亲埃莉诺也梦见他头上有双重光环，这些都可证明他与父母的亲情。随后人们记载了很多的神迹，病人与他死去的身体接触就能治好病，举凡瘘管病、面部化脓、麻风病、水肿、热病和失明，都能痊愈。他的遗体最后被安放在了鲁昂大教堂，这让勒芒人很失望，他们保管遗体三十天，到头来却很不情愿地将它交出去。① 小亨利的身体成为各教堂之间争夺的对象，它是名副其实的圣体，病人和残疾人都向它蜂拥而来。

这种崇拜热潮传到了牛堡的威廉的耳朵中，不过他鄙视那些附和此类神迹的人，好像这个年轻的国王所有的过错都被原谅了似的，不管是人们以为小亨利有冒犯他父亲的合理理由，抑或以为他临终的悔改就使他赢得了上帝的恩典。民众虔诚这种惊人的表达不合这个奥古斯丁会司铎的口味，他大概算是当时最持重最稳健的史家。他不是很瞧得起亨利二世这个不驯服的儿子，"暴躁的年轻人生来就是大肆破坏的，但他深受其追随者的爱戴，因为'愚者的数量无以数计'（《传道书》1，15）"。② 也许愚者中首当其冲的就是对利摩日的圣马夏尔修道院和罗卡马杜尔（Rocamadour）教堂的亵渎行为，年轻的国王临死前曾到这两家机构，以求获得第二次反叛的成功所必不可少的资财。豪顿修道院教堂的堂长罗杰详细描绘了小亨利的抢劫行径，不过他的文字中的怨愤没有牛堡的威廉那样公开和直接。③ 两位教

---

① «Sermo...», p. 263–273.
② «Historia...», III, 7, 这里也提到亨利二世送给临终前的儿子的戒指。
③ Roger de Howden, *Chronica*, t. 2, p. 277–278.

士都对小亨利拿起武器对抗其父感到痛心,因为此举妨碍了亨利二世在整个社会建立和平的计划。小亨利成了所有贵族都应避免的反面典型,他助长了对合法权威的不服从。但对很多追随他的武士和其他年轻的骑士来说,对小亨利行动的认知很不一样,正是在这些人的大力推动下,这位君主在安茹和诺曼底一带深得人们的崇敬。

在年轻武士阶层看来,小亨利根本不是叛乱者,他对父王亨利的反叛有合理之处。在当时的氛围中,反叛只是某个juvenis的表达形式,这个词指的是家族中资财不丰的单身儿子,他在等待继承产业的同时,与人成群结队地四处抢劫,为了寻求荣誉、冒险和战利品而踏上无休止的游荡之旅。① 在纪念小亨利的歌谣(planh)中,贝特朗·德·博恩甚至将他视为"青年之父",就是说,他是上了年纪还没有成家立业的骑士阶层慷慨的保护人。② 诚然,小亨利娶了法兰西的玛格丽特,但罗杰·德·豪顿评论说,这桩婚姻没有使他摆脱父亲的直接监护,因为父亲没有给他独立的产业:"父亲没有分给他任何一块可以让他和自己的王后安顿下来的土地,这让他十分不满。"③ 罗杰平常不怎么批评亨利二世,但这一次他似乎站在了小亨利一边。也许在罗杰看来,慷慨是国王的主要美德,是善治政府的关键要素。而向罗杰所效力的教会的捐赠也是出于慷慨。但亨利二世给他长子的家产确实太过吝啬,在罗杰眼里这无论如何是说

---

① Duby, *Hommes*..., p. 213-226.
② Gouiran, *L'Amour*..., p. 237-245, et Strickland, *War and Chivalry*..., p.108-109.
③ «*Ubi ipse cum regina sua morari posset*»(在那里他和自己的王后可以居留),*Chronica*..., t. 2, p. 46. 参阅 t. I, p. 41, et Boussard, *Le Comté*..., p. 78。

不过去的。

接近亨利二世的史家乔丹·方托姆在描写1173年的大叛乱时，带有同样的认识。在他看来，小亨利是宽宏大量的贵族（li gentilz debonaire），他与苏格兰王狮子威廉——他因为单身而更显"年轻"——和另一些贵族幼子联合造反，是为了获得他们的父亲迟迟不给予他们的权益；这位作者还记载，在决定进攻英格兰的时刻，苏格兰国王的顾问团分裂为两个阵营：凶猛的年轻人（la gent jeufne et salvage）支持狮子威廉参战，他们渴望战利品和军功，而已经获得封地的领主一开始保持谨慎，不想打仗，但最后他们还是附和主战派，以免被指责为胆小鬼。[①]总之，与父王交战的小亨利成了年轻骑士们心目中的模范君主。他的弟弟们也是这么看的。如果说他们把代际冲突变成了一种规则，那是因为他们十分推崇战斗青年的理想，而安茹家族传说中的奠基者护林员特图尔，就是这个理想的完美展现。

这些武装青年团伙的不可控性，的确以某种方式塑造了金雀花王朝的狂暴形象，并给它的对手留下深刻印象。基罗·德·巴里和皮埃尔·德·布卢瓦都强调，这个"怒火之子"家族内部被一种攻击性所笼罩，它是这个家族遥远的魔鬼母亲酝酿出来的，家族成员都继承了她的特征，因此他们必然要彼此争斗。与生俱来的暴力倾向同样表现在这个家族对狩猎的狂热之中：根据瓦斯的说法，美男子若弗瓦的外号"金雀花"（Plante-genêt），指的就是他对森林和树木的兴致，因为他在那

[①] *Chronicle*, II, v. 378-406. 参阅 Strickland, «Arms...», p. 213-215, et «Securing...», p. 196。

里可以尽情驰骋打猎。[1]这种凶猛品性让人想起"诺曼人的狂暴",奥德利克·维达尔对此曾数次谴责,他将诺曼人相互吞食的性格比作《启示录》中的兽类禀性。[2]作者在这里用的furor一词,固然像其他拉丁作者一样,带有古北欧语中ódor(暴怒,相当于德语中的Wut)的意思,但也许还有第二层意思,即斯堪的纳维亚的猛士在醉酒的情形下的状态。维达尔是想以此来为战争中的暴力卸责吗?[3]当然,我们这里不必强调教士对这种凶猛狂野仇恨情绪有多么鄙视。

虽说攻击性是无数家族冲突的根源,不过,当它在反对外敌的斗争中找到出口时,它就能因为其导致的恐惧而成为一张很可观的王牌。一旦这种攻击性被恰当地演绎和呈现,它就能成为战争的宣传工具。科吉舍尔的拉尔夫在叙述狮心理查在床榻上领临终圣体时说,国王七年间都没有忏悔和领圣体,"因为他的心中充满了对法国国王的深仇大恨"[4]。这位西多会修士还突出了理查对圣礼神秘性的敬重,以表明他为何不去忏悔和领圣体是有理由的。但这仍然意味着,国王的态度更多地表现为一

---

[1] *Roman de Rou*, v. 10.269-70, t. 2, p. 266.

[2] *Historia ecclesiastica*, t. 3, p. 198; t. 4, p. 82; t. 5, p. 24 et 300; t. 6, p. 450-458. 参阅 Loud, «The *Gens*...», p. 106。

[3] R. Boyer, « "Dans Upsal où les Jarls boivent la bonne bière". Rites de boisson chez les Vikings», La *Sociabilité à table*, dir. M. Aurell, O. Dumoulin, F. Thelamon, Rouen, 1992, p. 84.

[4] *Chronicon*..., p. 96. 这些作者也思考过亨利二世和路易七世之间持续争执的深层原因,虽然二人的关系没有到理查和腓力·奥古斯那样的地步。他们有时认为原因在于埃莉诺的重婚,有时认为是维克森的归属权的冲突,见 «Annales Sancti Sergii...», p. 101, Otton de Freising, *Gesta*..., IV, 24; Raoul de Diss, «Ymagines...», t. 1, p. 303-304; Pierre Riga, «Un poème...»。

种高傲（hybris），而不是虔诚，这高傲就是某些古代异教英雄对神明的普罗米修斯式的蔑视；确实，狮心理查的态度就像是不道德的武士对神及其律法的挑衅，他恣意放任自己复仇的怒火，渴望报复和消灭对手。

金雀花家族所谓的"暴怒"，与教士们纯然的和平主义话语恰成对比。两个例子足以证明，12世纪末的英格兰教士已经接受了格兰西（Gratien）《教令集》（1140年）对奥古斯丁正义战争论的种种限制，他们已经很难容忍对异教徒和异端的战争了。[1]当亨利二世和路易七世缔结停战协定后，牛堡的威廉称颂斡旋人是和平缔造者，"因为两个君主的嫉妒和骄傲不再引发对无辜人民的屠杀"，接着他又说："两个国王从未长期和睦相处过，他们总让人民忍受因他们可怕的高傲而带来的惩罚。"[2]另一方面，索尔兹伯里的约翰则在讨论镇压犯罪时提到了国王的怒火："君主惩罚罪犯最恰当的方式，不是在他怒火中烧时，而是依据平和的法律的意愿。"[3]在教会知识分子看来，善意的温良是君主的宝贵品质，它的对立面就是仇恨，甚至金雀花家族在战争中也需要有温良，一些史家的记述以及王家文书厅令状的措辞中就道出了这种看法。[4]

金雀花与卡佩的对比就更是鲜明了，基罗·德·巴里就清楚地表达了这一点。基罗暮年对安茹王朝失望至极，他将所有希望都转移到法国王室身上，以致他在一首诗歌中鼓励当时的

---

[1] 参阅萨瑟恩著作第23章的评论，Southern, *Medieval...*, p. 56。
[2] «Historia», II, 12, p. 131, et II, 29, p. 159.
[3] *Policraticus...*, IV, 2.
[4] Jolliffe, *Angevin...*, p. 100.

路易八世率军登陆英格兰。①在他看来，卡佩突出的美德就是温和良善，而安茹的魔鬼出身命中注定要与人斗争：安茹家族的徽章挑选的是熊、狮子和豹之类的猛兽，而他们的对手的徽章却是百合花，在基罗的眼中，前者代表傲慢，后者代表谦卑。②不过，金雀花君主一直拒绝认可基罗当选圣大卫主教。他这样说莫非只是跟这个家族算总账？真要这样认为就未免草率了。

另一些教士也在两个王室之间采用了同样的两分法。我们都知道，索尔兹伯里的约翰曾全心协助托马斯·贝克特反对亨利二世，他在一封信中称，路易七世与家人相处十分平静，并没有骑士保护他。③最为中立的戈蒂耶·马普记载说，香槟伯爵曾责备路易七世就寝时只有两个卫兵守卫，但法兰西国王回答说，没有人想要他的命。④在接近路易七世的法国人的笔下，也有这样的对比。兰斯的司铎、解经学家皮埃尔·里加（Pierre Riga，卒于1209年）在1157年记述，法兰西国王的传令官和英格兰国王的传令官有一次韵文对话：前者鼓吹卡佩国王的领地上一派和平，并指责英格兰国王热衷于战争。⑤这类彼此呼应的

---

① Ed. Bartlett, *Gerald*..., app. II, p. 222-225.

② *De Principis*..., III, 30, p. 320-321; *Gemma ecclesiastica*, Londres, 1862 (RS 21), t. 2, II, 11; 参阅 Bartlett, *Gerald*..., p. 91-100。枢机主教阿尔伯特（Albert）在给托马斯·贝克特的一封信中，有另一个关于豹子亨利二世的不好的暗示："要豹子改变它斑驳的皮毛……可不太容易"（«*non facile mutat [...] pardus varietates suas*»），Thomas Becket, *The Correspondance*..., n° 323, p. 1340。劳尔·勒努瓦说，狮心理查的军旗上有恶龙的图案，见 Fryde, *Why*..., p. 52。

③ *The Letters*..., t. 2, n° 277, p. 592.

④ *De Nugis*... V, 5, p. 226. 参阅 Leyser, *Medieval*..., p. 249。

⑤ «Un poème...». 参阅 Krynen, *L'Empire*..., p. 58 et 62; Baldwin, *Philippe*..., p. 457。

证据总以各种方式证明着同样的论点：长者（senior）路易七世的宁静、节制和虔诚，与金雀花家族青年人（juvenes）的好斗构成对比。[1]教士们的和平话语并不必然与世俗贵族关心的事情契合……

安茹家族，尤其是小亨利和狮心理查，以无可置疑的方式成为受当时贵族赏识的武士价值观的化身。他们是其传奇祖先护林员特图尔和亚瑟王的后代，拉丁史学和盎格鲁-诺曼语武功歌都在歌颂他们的军功。他们在西方战场上的比武，在圣地十字军中的胜利，在攻打城堡时的英武，被作家和说唱者巧妙加工，为金雀花家族赢得了贵族的极大好感。这种政治宣传固然具有惊人的效果，但它也是一把锋利的双刃剑，经常对王权构成致命的威胁。执着于武士理想的亨利二世家族的"年轻人"，便到处散播反抗他们父王权威的贵族叛乱的种子。所以这些叛乱并非完全是贵族发起的，尽管他们的确对国王权威不可遏止的增长心存怨恨。实际上，它们经常是亨利二世的儿子和孙子们发动的，他们通常掌管一片领地，依据不断变化的局势，从个人的利益和内心非理性的怨恨情绪出发，策动领地上的贵族跟他们一起掀起叛乱。因此，叛乱并不严格遵守王权的公共性和贵族私人性质的二元对立模式。

实际上，国王本人也像青年人一样，喜欢充当有文化的骑士的象征，这种形象在宫廷尤其受青睐，正是在这里，世俗战争和教士的学识相互交织和共生。这位安茹国王很器重自己的贵族随从，他想成为贵族之中的第一贵族。既然他和贵族一样

---

[1] Flori, *L'Essor*..., p. 303.

有学识又爱战斗,这是否意味着他们都是平等的呢?回答当然是否定的。涂油和加冕礼赋予君主神圣性,这就需要分析君主与世俗世界的复杂关系。

加冕的国王,登基的公爵

使得安茹家族成为王室的是一个女人,这就是英格兰国王亨利一世的女儿、亨利二世的母亲、皇后玛蒂尔达。无须强调这个新得来的王权对金雀花家族的意义,在当时人的心态中,王权当然要比公爵或伯爵身份高得多,与王权相比,后者毕竟居于次要地位。纪年作者普瓦图人理查德就是这样说的:在列举了亨利二世在大陆的众多领地之后,他说:"由于国王头衔的荣誉和尊严,人们称他为'英格兰人的王'。"[1]可能在这个阿基坦人看来,大不列颠就是个位于边缘地带的偏僻岛屿,所以他认为需要对亨利二世的选择作一番解释,因为这位国王从象征的角度出发,更偏爱母系而非父系的遗产。

在12世纪中叶,这在西方世界并非孤例。1162年,巴塞罗那家族的阿方索二世是伯爵雷蒙·贝伦加尔和阿拉贡王后佩特罗妮耶(Pétronille)的儿子,但他抛弃了父姓,采用了他母系舅爷的姓氏,因而也得到了其母带给他的国王头衔。不过,当时年幼的阿方索二世还受亨利二世的监护。所以,牛堡的威廉和罗贝尔·德·托里尼虽然是在英格兰和诺曼底写作,都对这

---

[1] «Ob honorem tamen et reverentiam regalis nominis rex Anglorum vocatus est», «Chronicon», p. 417. 参阅 Le Patourel, Norman..., p. 242, n. 4。

种靠母系获得阿拉贡国王象征头衔的做法进行了长篇评论，此刻他们肯定想起了自己的主人当上国王的途径。①

加冕礼的限度

享有王权称号的一个重要好处是具有最高主权者的威望，而这种威望就来自加冕礼（sacre），这个仪式包括选举、宣誓、涂油和赠与王权象征物或信物（regalia，包括佩剑、马刺、权杖和其他物件），以及戴上王冠。②这个仪式赋予国王合法性——这通过主教团对他个人施加的祝圣活动实现——并使其权威获得其臣民的集体赞同。这个仪式依据精心设计的程序展开。它展示了国王的威严（majesté），使其高于任何其他俗人。在一个书面记录的重要性仍然有限的世界中，仪态语言就像话语和歌谣一样，用以表达国王的权威，见证着他在俗人共同体中的卓越地位。

在亨利二世登基为英格兰国王的时代，加冕礼仪式已经有很长的传统了。③它服从英格兰-诺曼底的特定仪式，与盎

---

① Aurell, *Les Noces*..., p. 380–388. 不过，牛堡的威廉声称，雷蒙·贝伦加尔四世拒绝过国王头衔："由于我的祖先都不过是伯爵，我自然也就是伯爵……运气不能超越自然出身，我放弃国王的称号和信物……我情愿是排第一的伯爵，也不要做排第七的国王。"Guillaume de Newburgh, «Historia...», II, 10. 另见 Robert de Torigni, *Chronicle*, p. 200–201。

② 参阅 E. Palazzo, *Liturgie et Société au Moyen Age*, Paris, 2000, p. 194–212; J. Le Goff, E. Palazzo, J. -C. Bonne, M. -N. Colette, *Le Sacre royal à l'époque de Saint Louis*, Paris, 2001。

③ 参阅 P. E. Schramm, *A History of the English Coronation*。这部学养深厚的著作还没有受到质疑，虽然不应该忘记其意识形态背景：它的作者是位德国的纳粹党人，1937年他在牛津出版这部著作，是为了恭维英国王室，当时德国正寻求与它的外交接触。

格鲁-撒克逊的仪式——主要受加洛林仪式的影响——诺曼底仪式和神圣罗马帝国仪式有所不同，尽管它是从后三种仪式中产生出来的。记载安茹早期加冕礼的英格兰-诺曼底礼仪书（ordo）今已不存。不过通过三种非常准确的资料，对此我们还是能略知一二，这三种资料是：亨利二世的承诺书（1154年）[1]，罗杰·德·豪顿关于1189年狮心理查在威斯敏斯特加冕礼的详尽描绘[2]，最后是狮心理查从囚禁中归来，于1194年回到温切斯特时，坎特伯雷的杰维斯对他的戴冠仪式的详细描述。[3]这些文献和当时史书中零散的记述，可以让我们追踪英格兰国王加冕礼的程式。

除了少许变化之外，加冕礼仪式总是按下面的方式进行。由主教、修道院院长和教士组成的隆重队列先到国王寝宫门口，迎请他前往威斯敏斯特的祭坛前，这座修道院里安放着忏悔者爱德华（Edouard le Confesseur，1042—1066年）的遗骨。迎请的队伍要走过一条铺有地毯的街道。接下来就是罗杰·德·豪顿描写的戴王冠的程序：走在前面的是手持圣水器、十字架的教士，后面跟着修道院院长和主教们，并有四名手持镀金烛台的贵族护卫，在后面是拿着国王便帽的杰弗里·德·吕西，带着两根金马刺的元帅约翰，手持权杖的元帅威廉，威廉

---

[1] *Councils and Synods...*, n° 152, p. 828.
[2] *Chronica*, t. 3, p. 9-12, et *Gesta*, t. 2, p. 79-83，见拉姆齐（Ramsay）的分析，*The Angevin...*, p. 266-269, trad. frans. par Brossard Dandre, Besson：*Richard...*, p. 66-69。参阅 Richardson, «The Coronation...», p. 131-133; Schramm, *A History...*, p. 69-70。某些史家认为，1189年的加冕程序记录出自财政署的负责人理查德·菲茨·尼格尔，豪顿只是复述者(Fryde, *Why...* p. 54)，但这个推测不太可能，因为这份文献有强烈的神权政治色彩，所以我们更倾向于认为它出自一位教会作者之手。
[3] *Chronica*, t. 1, p. 524-525. 戴冠是个宣示性的重复仪式，它与登基时的第一次戴冠有所不同。

旁边是索尔兹伯里的威廉（Guillaume de Salisbury），手上拿的镀金棒的顶端有一只白鸽。苏格兰国王的兄弟大卫·德·亨廷顿（David de Huntingdon），无地约翰和罗伯特·德·博蒙特每个人都手执佩剑，走在他们后面的是六个伯爵和男爵，肩上抬着大棋盘，上面有王权象征物（regalia）和国王的长袍。威廉·德·曼德维尔手里拿着王冠。最后，在巴斯的雷吉纳德（Réginald de Bath）和达勒姆的休（Hugues de Durham）之间，四个男爵擎着一顶五个开口的丝绸华盖，华盖下就是走在队伍最后面的理查。伯爵、男爵、骑士和教士一行人护送他直到教堂。从这个排列来看，加冕的队伍反映了英格兰社会头两个等级的次序，尽管它并不完全符合严格意义上的先行（préséance）标准。

当时伦敦主教出缺，圣保罗大教堂的主祭拉尔夫·德·迪斯代表主教出席仪式，据他记载，人群很快就爆发出隆重的欢呼声。观众众口一词地表达了拥戴国王的意愿。拉尔夫以为，这种赞同就是"教士和人民庄严而正式的选举"[1]，这对仪式的进行是必不可少的。古老的欢呼仪式在凯尔特人和盎格鲁-撒克逊人的古代部落中都存在过，它在选举原则和世袭原则之间构建起某种互补性。在一个继承规则尚未严格确定的时代，欢呼就更有它存在的理由了。亨利二世在世时，就为小亨利举行了加冕礼，他企图回避选举原则，至少是将它变成对过去做法的一种简单的回忆。但在安茹家族内部，这个提前举措没有说服任何人，甚至成为这位长子反叛的又一个原因。[2] 与卡佩家族比

---

[1] «Ymagines historiarum», t. 2, p. 68.
[2] Schramm, *A History*..., p. 141–162.

起来，提前加冕的做法的接受度并不好。

进入教堂后，国王双膝跪地，双手摊开，置于祭坛上摆放的《福音书》和众多圣骨之上，宣誓将履行三项职责：保卫教会，对人民施行正义，取缔恶劣的习惯。他因而承诺尊重臣民的特权或"私法"（privatœ leges）。某些中世纪史专家还认为，亨利二世确立了国王的第四种职责，这就是不可让渡王权（couronne）的权益和产业。① 这反映了他巩固王权的决心，尤其是在面对教会的要求时。接着，记载国王宣誓内容的文书就被放到祭坛上。文书还要被抄写在羊皮卷上，发往全国各地。② 接下来，在涂油礼及交付佩剑和马刺之后，国王要再次表明他将尊重自己的宣誓。

宣誓在加冕礼中居于首要地位，这时被视为某种英格兰特性。某些人已经指出，宣誓文本与1215年《大宪章》之间有相似性，似乎它们属于同样的法律事实。③ 这个看法可能并不准确。大陆各君主制中同样存在宣誓，法国的君主制同样如此。④ 例如，宣誓也是阿拉贡王权的构成要素，这个王权的基础在于"契约主义"（pactisme），也就是君主与其人民的各个等级之间相互尊重的契约，而各等级的特权在加冕礼时是要得到确认的。⑤ 宣誓也是主权的传统观念的内在要求，根据这种观念，国王对其

---

① Richardson, «The Coronation...», p. 151-153; Richardson, Sayles, *The Governance...*, p. 138; Warren, *Henry II*, p. 218.

② 关于《加冕令状》（carta coronationis）与《宣示令状》（carta professionis）之间的区别，见 Foreville, «Le sacre...», p. 111。

③ Schramm, *A History...*, p. 193-202 et 229.

④ Barbey, *Etre roi...*, p. 35.

⑤ J. Sobreques, *El pactisme a Catalunya*, Barcelone, 1982.

臣民负有契约责任，并根据某种高级法而对上帝负有责任。①

宣誓之后，国王脱去外衣，只剩衬衣和衬裤。之后坎特伯雷大主教为他的头、胸和手臂涂油，这些肢体分别是光荣、学识和力量的所在。②在当时，涂油很可能是整个仪式中最重要的时刻。至少，围绕涂油意义问题的争论，教会人士撰写了大量文献，不过，主要面向世俗大众的虚构作品对此似乎很少关注。③所以，教会思想家们争论的主要是涂油的圣礼性质。涂油相当于主教的受职仪式吗？涂油之后的人具有祭司的权力，成为上帝和上帝要拯救的人之间的中介者了吗？基督的名字就是受膏者的意思，涂油使此人成为类似于基督的人物了吗？最后，涂油的痕迹不可能消除，这种性质禁止罢黜君主吗？甚至禁止反抗他乃至不服从他吗？

在12世纪的诺曼底和英格兰，人们经常支持那些认为涂油赋予君主强大的神圣性（sacralité）的理论。例如，约克的无名者——可能就是鲁昂大主教好心人威廉（Guillaume Bonne Ame，1079—1110年）——就声称，加冕圣礼（sacre）使得国王可以干涉教会立法，甚至可以赦免其臣民的罪。④亨利二世的廷臣中也流行类似的看法，这些人看来对格里高利改革的大潮、对

---

① M. David, «Le serment du sacre du IXe au XVe siècle. Contribution à l'étude des limites juridiques de la souveraineté», *Revue du Moyen Âge latin*, 6, 1950, p. 5-272.

② Roger de Howden, *Chronica*, t. 3, p. 10; Thomas Becket, *The Correspondance*..., n° 74, p. 294.

③ 蒙茅斯的杰弗里曾以拉丁语长篇叙述亚瑟王的加冕，但瓦斯在提到其中的涂油时，只用了四行诗，在 *Erec et Enide* 中，加冕礼中的涂油也只是简单提及，见 D. Boutet, *Charlemagne*..., p. 65。

④ Schramm, *A History*..., p. 120-121; Foreville, «Le sacre...», p. 107.

授职权之争的结果在大陆知识分子中产生的巨大反响漠不关心。1166年底，支持国王反对贝克特的伦敦主教吉尔伯特·弗里奥，在致那位大主教的一封信（Multiplicem）中劝说他改变立场。他提出，国王因为五次涂油已经成了第二基督了，他高于其他所有人，任何情况下他都可以审判这些人，哪怕他们是教会中人。[①]

1185年左右，皮埃尔·德·布卢瓦给他的宫廷朋友们的一封通函则忽略此类司法特权，赋予他的君主魔法禀赋："我承认，对一个教士而言，襄助国王就是遂行一件神圣的事务，因为国王就是圣徒；他就是主的基督；他接受涂油圣礼不是没有理由的，如果碰巧有人不知道涂油礼的效力，或对此有怀疑，就请看看攻击腹股沟的瘟疫是如何消失的，看看瘰疬病是如何治愈的。"[②] 皮埃尔·德·布卢瓦将加冕圣礼与有关国王治病能力的前基督教信仰结合在了一起，[③] 从而将君主置于超自然的世界；此外，由主教涂油是一种旧约传统，皮埃尔将它与具有异教色彩的民众信仰结合在了一起。他提到的瘰疬病是所谓的"国王病"，一种会导致毁容的脓肿，应该是由颈部淋巴结发炎导致的，当时人以为法国和英格兰的国王可以治愈这种病。

当然，对这两个君主制来说，触摸瘰疬直到13世纪末才成为制度化的做法，它是戴冠之后的一个仪式。[④] 不过亨利二世还是不失时机地专注于此事，以证明他的某些臣民认为他具有的

[①] *The Letters and Charters ...*, n° 170, p. 236, 1. 229-235.

[②] *Epistulæ*, n° 150, col. 440, trad. Bloch, *Les Rois ...*, p. 41-42. 参阅 *ibid.*, p. 79-89, 146, 185-216。

[③] J.-P. Poly, «Le Capétien thaumaturge: genèse populaire d'un miracle royal», *La France de l'an mil*, dir. R. Delort, Paris, 1990, p. 282-308.

[④] Barlow, «The King's...»; Le Goff, préface à Bloch, *Les Rois ...*, p. XV-XVI.

神奇能力。相关的证据是最近才被研究者运用的史料。这是有关弗赖德斯维德（卒于735年）的神迹合集，此人原是牛津的一位奥古斯丁会修道院院长，而文集的编纂者是这家古老的修道院的院长菲利普（Philippe）。他说此事发生在1180年，应亨利二世之请，那位女圣徒的圣骨举行了隆重的迁移仪式。他记载说，当时至少发生了一桩令人吃惊的神迹，这就是"脖子上的瘰疬，人称'腺肿'，国王用手一摸就能治好"[①]。有个骑士的女人得了这个病，她到亨利二世那里求助，国王就治好了她。但那天晚上，她又完全瘫痪了。于是她被带到圣弗赖德斯维德的墓前，圣徒又治好了她。菲利普没有说明瘫痪的原因，但不难看出，这个病是因为求助于国王的魔法而遭受神的惩罚。[②] 这种失败无疑表明，在12世纪末，改革派修士对君主神圣性的信念怀有敌意，因为这与格里高利改革的观念不相容。但这个例子同样鲜明地证实了这一点：俗人还是求助于那位接受涂油的君主的神力。无论如何，这个案例不能用来否认12世纪普通人心态中没有任何关于安茹国王神圣性的信念。[③]

圣弗赖德斯维德的神迹故事，应该与另一文本作平行阅读。小亨利在死去前的十来年就被加冕为国王，他早夭之后，

[①] «*Sub faucibus scrophulis, quas vulgo glandulas vocant, vexari cœpit, quæ contactu regiæ manus curari dicuntur*», Philippe d'Oxford, «Ad Acta...», p. 575. 参阅 Koziol, «England...», p. 140。

[②] 关于神迹录中频繁出现的惩罚，参阅 E. Bozoky, «Les miracles de châtiment au haut Moyen Age et à l'époque féodale», *Violence et Religion*, dir. P. Cazier, J.-M. Delmaire, Lille, 1998, p. 151–167。

[③] 部分来说，这也是 G. 科克奥尔（G. Koziol）的立场（«England...»），他的一大功绩是突出了这个 M. 布洛赫不了解的神迹。他的论点基于金雀花和卡佩的对立，前者与后者不同，它靠自己的道德高度和超自然力量，从而克服政治障碍。

托马斯·德·埃里为他写了一篇诔文,讲述一个瘘管病患者、一个麻风病人、一个化脓病人在触摸他的遗骨之后就被治愈了。①这些病人不是严格意义上的淋巴结病人,但他们的症状都是外在的,带有毁容的伤疤,这让人想起瘰疬病。总之,安茹早期君主偶尔也治疗"国王病":他们的超自然光辉因而就更显耀眼了。

这些亨利二世的支持者都在为涂油带来的高级权威辩护,但一些教士却想极力淡化这个仪式的政治意义。在与国王发生冲突时,这些人的看法会更为激进。对于托马斯·贝克特而言,是教会人士给君主涂油,并授予他保卫教会的佩剑:但如果君主的表现不称职,教会自然就可以收回这个行使不当的权力。②另一位坎特伯雷大主教斯蒂芬·朗顿(Etienne Langton,1207—1228年),干脆拒绝承认涂油具有圣礼性质。③1204年,教宗英诺森三世时期的一份教令明确区分了主教的涂油和国王的涂油:前者涂在头上和手上,是内化的、不可见的,它触及的是人心;后者涂在手臂和肩膀上,是外在的、物质性的,完全与身体相关。从逻辑上说,此种神学学说源自1179年的拉特兰大公会议,这次会议确定了七种圣礼(sacraments)的定义,但将国王的涂油礼降格为副圣事(sacramental),严格来说它不是圣礼,而只是教会的一个简单仪式,虽说它也能带来某种灵性的恩德,但并不产生完整的恩典。④

---

① «Sermo...», p. 267-268.
② Knowles, *The Episcopal*..., p. 154.
③ Fryde, *Why*..., p. 53.
④ Lemarignier, «Autour...», p. 14.

关于国王涂油礼的神圣性，支持者和反对派的争论还体现在涂油原料的选择上。支持者认为，应该以圣膏给国王行礼，这是一种添加了香脂的油；但反对派认为，只需用洗礼前初习教理者（catéchumènes）使用的普通的油。在圣周四由主教进行的涂油弥撒上，这两种油的尊贵程度是不一样的。它们的功能不同：前者用于刚进入教会之人，在洗礼之后行礼，或用于接受坚振礼的信徒，甚至用在圣职授予中，这时会在教士的手上和主教的头上敷油；而普通的油意义没那么大，它多用于仪式器物，或在洗礼前涂在胸部。

在12世纪，法兰西国王是以圣膏行涂油礼的，虽然英诺森三世曾想撤销这个特权；圣膏与圣瓶中的油混合在一起，至于圣瓶，传说是克洛维的洗礼上出现神迹，一只鸽子叼来了一只小瓶。① 英格兰的情形就不太清楚了。据说盎格鲁-撒克逊国王曾在头上敷圣膏，直到12世纪初，约克的匿名作者仍然声称，国王可以介入教会事务，因为他和主教涂的是一样的圣膏。但在这个时代，盎格鲁-撒克逊的加冕程序（ordo）有所变化，在神圣罗马教会的影响下，国王加冕礼上引入了洗礼前初习教理者使用的普通油，尽管涂油礼仍像对主教那样，将油涂在头上。② 亨利二世和狮心理查很可能就是用这种油行涂油礼的。③ 但小亨利的情形可能有所不同，从留下来的文字来看，他1170

---

① Barbey, *Etre roi*..., p. 36.

② Schramm, *A History*..., p. 120-122.

③ «*Infundens oleum sanctum super caput eius*»（将圣油涂在他头上），Roger de Howden, *Chronica*, t. 3, p. 10.

年的加冕礼可能使用了圣膏。① 如果情况真是这样，反对托马斯·贝克特的主教们的行动，对教宗亚历山大三世和这位坎特伯雷大主教而言，的确是很有挑衅意味的，这样的行动与他们的恺撒-教宗主义立场是一致的，而且很可能得到了亨利二世的许可。

另外，罗杰·德·豪顿还告诉我们，在狮心理查的加冕礼上，国王涂油之后，坎特伯雷大主教就将杰弗里·德·吕西手持的便帽戴在了国王头上。这种无边圆帽就是洗礼之后戴在涂过油的头上的那种帽子，而受洗者当时只穿一件普通的白袍。但对于国王则有人给他递过一件白长袍和一件祭披，这都是神职人员的衣装。然后大主教把佩剑交给他，这个动作具有显而易见的神权意义：不是国王本人自行取用象征其行使最高司法权力的剑，而是一位高级教士以授予的形式赠与他。两位伯爵随后将马刺放在他脚边，这是骑士的象征物；之前的仪式都是高级教士施行的，此时两位俗人的介入象征的是贵族武士骑马战斗的世界，而国王就是这个世界中的一员。接下来，身披大

---

① P. E. 施拉姆（P. E. Schramm）提出了这个假设（*ibid.*, p. 126-127），并且为 D. 诺尔斯（D. Knowles）接受（*The Episcopal...*, p. 154），此说强调了 1170 年加冕礼的挑衅特征。这个假设基于拉尔夫·德·迪斯对小亨利之死的叙述，拉尔夫提到，在小亨利加冕那天，他的衬衣上浸着香膏（«*quas habuit in sua consecratione, lineis vestibus crismate delibutis*»）. «Ymagines...», t. 2, p. 20. 麻烦在于，油（*oleum*）和香膏（*chrisma*）经常是同义词，"香膏就是给信徒涂抹的油"（«*chrisma, oleum quo fideles unguntur*», Augustin d'Hippone, PL, t. 46, II, 1161）。另一个让人疑惑的问题是，无论是在托马斯·贝克特的通信中，还是在教宗对参与这次加冕礼的高级教士的绝罚令中，都没有提到香膏一事。再如，曾对这次祝圣（consecratio）进行长篇抨击的赫伯特·德·博思汉姆，尽管视其为"诅咒"（execratio），也对此不置一词。«Vita...», p. 458-460.

氅的国王走向祭坛，大主教就在那里嘱咐他再次进行宣誓。这些简短的中间仪式位于涂油和戴冠之间，它们可以分为两类：着法衣，领象征王权的物件（insignes）。这些仪式主要由教士施行，而国王只是被动地接受其权力的象征物，只有一个例外，这就是属于骑士的俗世领域的马刺接收礼。

戴冠礼则完全不同。根据罗杰·德·豪顿的记述，狮心理查自己拿起王冠，将它交给大主教，再由后者将冠戴在自己头上。国王这个带有主动性的动作意味深长。实际上，它使大主教的角色有了微妙的变化。整个加冕礼的这个部分至关重要，因为它涉及一段含义丰富的故事。在12世纪，王冠不再只是王权的简单象征，不只是古代的月桂花环和三重冠（diadème）的后续品。在政治语汇中，它有了一种"不可见"的含义：它与整个王国是一体的。[1]国王接受王冠就是接受他的全体臣民和所有领地。最后，金雀花的王冠来源于神圣罗马帝国。1207年拟定的一份王权信物名单告诉我们，无地约翰的王冠来自德意志。皇帝亨利五世死去后，孀居的玛蒂尔达皇后于1125年回到英格兰，当时她带回的两件信物中很可能就有这项王冠。[2]英格兰国王使用从帝国宝库中得来的象征物，这一点非同小可。一方面，它与神圣罗马帝国在英格兰国王加冕礼中的影响力日益增长很巧合；另一方面，当时安茹家族正在不列颠诸岛和大陆扩张领地，从而酝酿出与帝国理念颇为接近的政治观念，而王冠意义的变迁就发生在这种背景中。

---

[1] Kantorowicz, *The King's*..., p. 336; Boutet, *Charlemagne*..., p. 69-70.
[2] Mason, «The Hero's...», p. 131; Leyser, *Medieval*..., p. 215-240.

接下来的仪式是交付两件象征物：权杖（sceptre）和权棒（baguette）。这两件政治信物有十分古老的象征意义。9—10世纪，它们与主教牧杖仍有对应关系，[①]但到12世纪就完全成为统治权的象征了，而且我们可以在很多文明中看到棍棒形式的统治象征。在那个时代，英格兰的伯爵、元帅和地方长官都将权棒视为他们权威的首要象征物。[②]在这一点上，安茹家族的戴冠礼与盎格鲁-撒克逊国王不同，它没有保留交付指环的痕迹，这个仪式出现在主教的任职礼上，象征他与教会的结合。所以，国王由一位主教戴上王冠，他自己并不是主教。

亨利二世即位的前夕，亨廷顿的主祭亨利（1180/1190—约1160年）写了一篇六音步的韵文表达他的敬意，他在文中强调了权杖和权棒的象征意义："虽然你还不是国王……但你最配得上权杖。愿你早持权杖，你已经掌管了王国。你虽然还没有拿到权杖，但正是由于你，英格兰才享有和平，即使你羁留海外……你光彩熠熠（radians）地走近权棒（radii），它们是确定的信任，善意的宽厚，明智的权威，轻微的约束，公正的复仇，温和的纠正，贞洁的爱，平衡的荣誉感，以及有节制的欲望。所以，你以这些权棒为美丽的权杖增光，你为王冠添彩甚于王冠为你添彩。"[③]亨廷顿的亨利详细列举了王权的外在表征和所有方面，他把权杖和权棒视为统治权的主要象征。

加冕礼的最后一环是国王登上王座（intronisation），这个仪式之前还有一个弥撒。登基之后，狮心理查开始献祭，他离开

---

① Krynen, *L'Empire*..., p. 24.
② Crouch, *The Image*..., p. 211-214.
③ *Historia*..., *X*, 40, p. 776.

王座，在祭坛上放下一枚金马克。作为豪顿教务会教堂称职的教长，罗杰提醒说，每次戴冠礼都应该有这种捐赠：这种赠礼相当于确认宗主权的捐税，也就是再次象征国王服从教会。接下来国王设宴招待，宾客们的座席和享受的服务依据的是他们所在团体在王国中的等级次序，就像加冕礼开始时游行队伍的次序那样。

131 　　王后也要行戴冠礼。1154年12月19日，阿基坦的埃莉诺就跟他丈夫一起戴上了王冠：但当时她可能没有敷油，因为她已经与前夫法兰西国王一起行过涂油礼了。[①]1170年6月14日，小亨利是一个人接受涂油礼和王冠的。他的妻子法兰西的玛格丽特的缺席是因为这次加冕礼的独特性，在英格兰历史上，这是第一次在父王在世时为继承人加冕。但主要可能是因为这次仪式引发的质疑所致，因为坎特伯雷大主教托马斯·贝克特和教宗都谴责这一举动：排斥玛格丽特很可能是亨利二世的意思，他想借此推动她父亲法兰西国王对贝克特施加压力，以便让后者参与加冕礼。[②]不管怎样，1172年8月27日，玛格丽特还是在威斯敏斯特大教堂行了加冕礼，她被戴上了王冠；她丈夫当时跟她一起行礼，因为在刺杀托马斯、亨利二世与教会和解之后，他此前的涂油礼就被认为是无效的了。[③]1199年5月27日，无地约翰在加冕礼上没有带上格洛斯特的伊莎贝拉（Isabelle de

---

① Gervais de Cantorbery, *Chronica*, p. 160. 参阅 Schramm, *A History*..., p. 57。

② Thomas Becket, *The Correspondance*..., n° 285-6, p. 1216-1224. 参阅 Warren, *Henry II*, p. 111; Schramm, *A History*..., p. 58。

③ 由于1170年加冕礼的背景，1172年小亨利的新加冕礼，在我们看来更像是个简单的戴冠礼（crown wearing），这也是P.E.施拉姆的看法（P. E. Schramm, *A History*..., p. 44）。关于文献，参阅 Ramsay, *The Angevin*..., p. 162。

Gloucester）：他可能觉得这桩婚姻已经结束了，而且几个月后婚姻正式宣布无效。最后，纳瓦尔的贝伦加尔（Bérengère de Navarre）和昂古莱姆的伊莎贝拉都是在丈夫加冕之后结婚的，前者是在塞浦路斯的利马索尔举行婚礼时，后者是在到达英格兰时行戴冠礼的。①

从前面的例子中可以得出两点结论。第一，按常规，王后应与丈夫同时行加冕礼；第二，她像国王一样，应行涂油礼和戴冠礼，这是整个仪式的基本组成要素。另外，与国王一样，她的王权信物中包括权杖和权棒，不过她接受指环，但不接受佩剑。②总之，与丈夫一起行加冕礼和戴冠赋予王后同样的君主地位。阿基坦的埃莉诺和昂古莱姆的伊莎贝拉可能从自己的涂油礼中获得了声望和权威，尤其是在她们孀居时。不过，君主的身份并不意味着君主的权威，就像中世纪的地位（权力阶梯上的位置）与角色（权力的实际运用和社会威望）不应混为一谈一样。没有佩剑就是证据，因为这是军事指挥和司法权力的象征，而王后在加冕礼上并不被授予佩剑。因此王后与王位的联系，使其成为名副其实的consort，也就是与国王共命运，结成一个荣誉和尊严的共同体。但她的实际权力从来没有被制度化：这种权力完全依赖于她对丈夫的影响力，依赖于她在故土邦国保有的影响力，或者以后她寡居时的局势。

在英格兰的诺曼王朝时代，国王每年至少三次举行隆重的戴冠仪式，这让人想起奠定其权威的加冕礼。这种"炫耀"总

---

① Gillingham, *Richard I*, p. 149; Vincent, «Isabella…», p. 184.
② Richardson, «The Coronation…», p. 122; Schramm, *A History*…, p. 84.

是出现在举行还愿弥撒的教堂里；其间还可能再次举行戴冠礼，交付王权信物，并会唱起歌颂国王的赞歌（laudes regie），好让人铭记他在欢呼声中当选为王；但涂油礼不会再举行了，因为它具有不可改变的性质。但国王亨利一世决定放弃这种炫耀，很可能是因为前往离他的伍德斯托克寓所很远的大教堂去做这些仪式代价太高。[1]布卢瓦的斯蒂芬内战期间曾被囚禁，后被释放，他于1142年组织了一个奢华的再次戴冠仪式，以抹掉他所遭受的屈辱；狮心理查从德国人的囚禁中返回后，也于1194年在温切斯特大教堂搞了一次类似的活动。[2]无地约翰在位头三年，这种仪式举行了好多次，当时他受到布列塔尼的亚瑟的挑战，公开的仪式就是为了稳固他的权力。

不过，与诺曼王朝的早期君主相比，安茹国王们逐渐放弃了炫耀性做法，只在他们的合法性受到威胁的特殊情况下才会采用。1158年复活节那天，亨利二世和阿基坦的埃莉诺在伍斯特举行弥撒后的布施，他们把王冠放在祭坛上，发誓不再戴它。历史学家们花了很多笔墨讨论他们这一行为的意义，并提出了好几种解释。有心理方面的解释：它是一次谦卑的行动，国王夫妇关心节俭，厌恶仪式的华丽和冗长；有强调其象征意义的：主教是授予王冠时的主要角色，这抢了国王的风头；也有政治性的解释：国王夫妇想避免贵族大量聚集在宫廷中。[3]心理方面的推测意在突出王室的低调，它指涉的修辞套语至少可以上溯

---

[1] D. Crouch, *The Normans : Story of a Dynasty*, Londres, 2002, p. 181.

[2] Richardson, «The Coronation...», p. 113-130; Richardson, Sayles, *The Governance...*, p. 139.

[3] Ramsay, *The Angevin...*, p. 15; Fryde, *Why...*, p. 52-53.

至苏维托尼乌斯（Suétone，70—128年）对皇帝选举的描述，[①]这些推测难以验证，我们姑且将其放在一边；政治性的解释也可否定，因为参加仪式并为国王欢呼的贵族，最终承认他们应该服从国王，而不是突出他们自己的权力。这些解释中最可信的一种，是认为戴王冠和再行戴冠礼是无益的，何况在1158年春天已经没有人敢于质疑亨利二世的权力了。当时，苏格兰和威尔士的统治者已经放下武器，此前国王已经制伏了最后一批不驯服的英格兰贵族。[②]所以已经没有必要再求助于这种仪式了——何况它的神学政治意涵显而易见——无需用它来确立已经被普遍认可的合法性了。国王们将只在重大的危急时刻再次启用它。

附庸身份的弱点

虽然金雀花君主们不再认为必须重复上述仪式来确认其在英格兰的王权，但他们更加突出那些使其成为大陆各诸侯领地的主人的仪式，因为他们必须向法兰西国王宣示这一点。狮心理查和无地约翰都是在鲁昂大教堂正式登基（introniser）为诺曼底公爵，然后才横渡海峡前往英格兰加冕的。鲁昂大主教是他们登基仪式的主持人。他将佩剑交给未来的国王，这是公爵权力最初的象征，虽然我们也知道，狮心理查是自己拿起放在祭坛上的佩剑的。鲁昂大主教将一顶编有玫瑰花的金圈戴在公爵头上，并把绑在一把长矛上的军旗交给他。最后，新公爵向

[①] R. Folz, *Le Couronnement impérial de Charlemagne*, Paris, 1974, p. 176.
[②] Fryde, «Why...», p. 52.

教士和人民宣誓保卫教会，维护和平和正义，他的臣民在仪式中向他行臣从礼，而这就是他给予臣民的公正回报。[1]

在法兰西各大诸侯国中，诺曼底公爵的头衔十分重要。在12世纪末，这片过去的纽斯特里亚的土地，很可能被视为王国的第一块领土。对此可以提出一个证据：1179年11月，在为年幼的腓力·奥古斯都举行的加冕礼上，护送新国王的仪仗队中走在前面的就是小亨利——诺曼底公爵兼英格兰国王，他手里托着王冠，"因为他是诺曼底公爵"，走在他后面的是佛兰德尔伯爵菲利普，他托着佩剑。[2]而且，作为安茹伯爵，小亨利还是法国的宫廷总管（sénéchal），再加上他自己也是国王，这就更强化了他的优先权或上座权（préséance）。

阿基坦公爵的登基仪式我们了解得很详细。关于1172年6月狮心理查的登基礼，我们应感谢利穆赞史家维茹瓦的若弗瓦留下的记录，以及在利摩日完成的一份十分详尽的礼仪程序录（ordo），它可能是教务会的领唱人（précenteur）埃里·埃梅里克（Elie Aimeric）于1218年记录下来的。[3]后一个文本包含借自神圣罗马帝国加冕礼的祈祷文，也许是因为阿基坦公爵纪尧姆五世（996—1030年）和皇帝亨利二世（1002—1024年）之间

---

[1] Roger de Howden, *Gesta*, t. 2, p. 72-73, et *Chronica*, t. 4, p. 87, trad. Brossard-Dandre, Besson, *Richard*..., p. 61; Roger de Wendover, *Flores historiarum*, p. 286-287. 参阅 Schramm, *A History*..., p. 46-47; Crouch, *The Image*..., p. 201-208。

[2] Roger de Howden, *Chronica*, t. 2, p. 194. 参阅 Flori, *Richard*..., p. 57-58; Hollister, «Normandy...», p. 238; Boussard, «Philippe...», p. 267。

[3] Geoffroi de Vigeois, «Chronique», p. 442-443; «*Ordo ad benedicendum ducem Aquitaniæ*», RHF, t. 12, p. 451-453; P. E. Schramm, *A History*..., p. 48-49。对加冕礼程序最熟悉的行家，见埃里的文本，他已知的大部分文本来自1641年贝斯里（J. Besli）的编辑本，当然其中夹杂着一些后世的增补文字。

关系紧密的缘故。公元千年左右,正是在这位公爵治下,登基礼被确立了下来。①

在金雀花时期,这个仪式被极大地丰富了,这个家族的新公爵们认为,应该在恢复阿基坦故土的思想框架内认识登基礼的政治意涵。仪式的第一阶段在普瓦提埃的圣伊莱尔(Saint-Hilaire)修道院教堂进行,公爵是这家修道院的院长;所以他是在修道院院长的座席上,从波尔多大主教和普瓦提埃主教手中接过长矛和军旗,随后人们唱起《哦,杰出的公爵》(*O princeps egregie*),这是利摩日的圣马夏尔修道院创作的赞歌。仪式的第二阶段在利摩日进行,该城的主教在圣埃蒂安大教堂门口为公爵洒圣水,以此向他祝福,并给他披上一件丝质长袍。接下来,主教给公爵戴上一枚圣瓦莱丽(sainte Valérie)指环:圣瓦莱丽是3世纪阿基坦地方的一位殉道者,在中世纪有关她的圣徒传记中,这枚指环处于中心地位。瓦莱丽是阿基坦公爵莱奥卡丢斯(Léocadius)的独生女和继承人,本已与人订婚,但经圣马夏尔规劝而皈依基督;因为拒绝了一桩显赫的婚事,她被斩首了。②主教还要将一顶金冠戴在公爵头上,然后交给他一面军旗。随后一行人进入大教堂,走向祭殿,公爵要在那里被授予佩剑和马刺。礼毕,他宣誓保卫利摩日的教会,然后举行弥撒。最后一环是公爵将自己在仪式中收到的公爵权力信物(ducalia)放在祭坛上。当然,类似的登基礼也要在波尔多举行。

---

① Treffort, «Le comte...», p. 422-423.

② Barrière, «L'anneau...», p. 14-17.

公爵的登基礼也很古老，但金雀花君主赋予它前所未有的气派和奢华。这套仪式主要是授予几种权力象征物：金冠、佩剑、马刺、长矛和军旗。佩剑和马刺是骑士在授甲礼中收到的物件，它们也出现在国王的加冕礼中。但我们注意到，公爵权力信物中有三个特别之处：金冠看来就是王冠的苍白复制品；长矛让人想起象征指挥权的权棒；军旗则是一位首脑统帅的军队走向胜利的象征。瓦莱丽取消定亲后的戒指则是当地最著名的崇拜物之一。用艾迪娜·鲍佐齐（Edina Bozóky）的话来说，"通过这枚作为圣物的戒指，阿基坦公爵与瓦莱丽缔结了象征性婚礼，从而赋予授职礼某种神圣的合法性。"[1] 从这个意义上说，利摩日的戒指完全不是类似主教戒指的信物，后者是从前国王在加冕礼上接受的，象征他与人民的结合。

对金雀花君主来说，提升公爵登基礼的豪华程度，部分而言意在最大程度降低他们对法兰西国王臣从礼的意义，他们因为在大陆的领地而必须举行这种仪式。有一个反例可以佐证这一点：在这个时代的英格兰，戴冠礼仪式有逐渐消失的趋势，因为已经很少有人质疑他们的统治了。但在法兰西王国，登基礼的排场旨在让人相信，他们的权力是经过当地圣徒的中保请求（intercession）而直接由神赐予的；他们对法兰西国王的臣服因而也就被削弱了。圣丹尼的僧侣李戈尔（Rigord，约1158—约1209年）的《腓力·奥古斯都功业记》（*Gestes de Philippe Auguste*）在讲述这些仪式时，就隐约透露了其中的政治博弈，而圣丹尼就是法兰西国王的墓地所在，那里还保管着国王的

---

[1] «Le culte...», p. 281.

权力信物（regalia）。根据李戈尔的记载，阿基坦公爵魏福乐（Waïfre）的遗骨保管在圣丹尼，他于768年被矮子丕平打败并杀死；而且，有好几件公爵权力象征物与遗骨一起被送到了这里，这些物件正是公爵登基礼时应予交付的。读到这段历史时，人们要怀疑的就不仅仅是利摩日教士要将此城视为阿基坦首都的意愿了。这段历史同样正式否认了金雀花家族的说法，是对他们的分裂主义诉求的无可上诉的驳斥。[1]

在这场仪式之战中，安茹国王要面对的不仅是卡佩家族。他们还与英格兰教会，尤其是与托马斯·贝克特和斯蒂芬·朗顿时期的主教们发生了冲突。当时坎特伯雷大主教已经成为国王加冕礼的主持人，他的地位的上升对国王是不利的，因为国王完全是个被动的角色，不仅要通过大主教的手接受涂油，还要从他手中接过王冠。当国王宣誓保卫教会时，也就极大地限制了他的行动空间。就在与亨利二世的争吵最激烈之时，大主教托马斯·贝克特还不忘提醒从加冕宣誓推导出的国王的全部责任："您要记得，当我的前任在威斯敏斯特为您祝圣和涂油时您发下的誓，您宣誓为神的教会服务，并将誓言的文字放在了祭坛上。"[2] 基罗·德·巴里的言辞稍平淡些，他在思考国王的品行时惋惜地说："涂油、王冠、权杖和其他王权的信物在加冕礼上的意义，都已被这位君主摧毁了。"[3] 对于这位教士和其他很多人来说，加冕礼就是国王表明其道德义务的

---

[1] Stoclet, «A la recherche…», p. 374–376.

[2] Thomas Becket, *The Correspondance*…, n° 74, p. 298. 参阅 Foreville, «Le sacre…», p. 106–107。

[3] *De Principis*…, p. 5.

场合。加冕礼更多意味着君主的责任而非权利,而这就束缚了他的手脚。

总之,涂油礼中的神权色彩多于恺撒-教宗主义的色彩。王权神圣论的支持者顶多是尝试恢复约克的匿名者笔下的美好旧岁月,也就是将国王加冕礼比作主教的受职礼,将圣膏引入仪式中,并强调圣膏赋予国王魔法力量。不过这场后续战争看来注定要失败。

但国王还是将加冕礼与为臣民设计的臣服象征结合在了一起。在加冕礼过程中,欢呼和《赞美国王》的歌声就是承认仪式的一部分。更引人瞩目的是,1199年5月,无地约翰在加冕礼之后的第二天,接受了男爵们的臣从礼和王国主教们的承诺。[①] 对贵族来说,这种臣从关系形成了巨大的约束力:除了传统的军事义务,它还意味着国王只要一声令下他们就应交出城堡。例如,1176年,亨利二世派遣代表前往英格兰和诺曼底的领主城堡,这些人以国王的名义举行隆重的入城仪式,此举象征着国王占有了这些城堡,城堡的旗帜换成了国王的旗帜,代表们还接收了城堡的钥匙。由于国王封建制形式的演化,城堡网络被置于王权的严密控制之下了。[②]

在英格兰,加冕礼上集体宣誓成为一项真正的制度,是在无地约翰时期。而且,宣誓涉及国王的所有臣民,包括平民。早在亨利二世在位期间,《北安普顿法令》(1176年)就规定,所有人,从伯爵到农民,都应向国王本人或当地法官宣誓效忠。

---

① Richardson, Sayles, *The Governance*..., p. 147.

② Coulson, «Fortress-Policy...», p. 15–16, 23.

这种立法看来重拾加洛林时代普遍宣誓的习俗，维京人在纽斯特里亚定居时也采纳了这个习俗。安茹王朝在复活传统仪式的同时，也对其进行了改造，以适应这个蓬勃发展的国家，他们已经是诺曼底和英格兰所有居民的无可争辩的主人，而且无需任何中介。实际上，全体臣民向国王集体宣誓削弱了封建附庸关系的契约性内涵，因为宣誓构成一种共同责任，而不是个人选择主人的特权。对于附庸来说，对君主的责任就比他享有的权利更重要了，而封建关系此后在面对君主时就可能显得不可接受了。① 这种新型的优先效忠（ligesse）让国王成为王国所有附庸最主要的封君，当他们反叛时，国王就可以指控他们作伪誓和不忠。加冕礼、各种臣从礼和集体誓言在时间上的接近，与上述演变进程是一致的。

在英格兰之外，早期安茹君主通过效忠仪式将不列颠其他诸侯和国王笼络在一起，这些仪式几乎总是借用封建附庸关系。亨利二世在位初期，发动了对威尔士北部地区的征讨，随后格温内思（Gwynedd）的首领奥维恩（Owain, 1137—1169年）和德赫巴思（Deheubarth）的首领赫斯·厄普·格里菲斯（Rhys ap Gruffydd）向他行臣从礼；仪式于1163年7月在伍德斯托克举行，与这两位首领一起参加这个屈辱仪式的还有苏格兰国王马尔科姆四世（Malcolm IV, 1153—1165年），而且他还不得不将自己的幼弟大卫留下来做人质。他的继任者狮子威廉（1165—1214年）则是亨利二世的囚徒，根据1174年的《法莱兹条约》（traité de Falaise），威廉因持有的全部领地而成为亨利的"直系

---

① Lemarignier, «Autour...», p. 20.

臣从"(hommeige)*，应该将苏格兰的主要城堡让给亨利；威廉所有的臣民都被要求向英格兰国王行臣从礼。[1] 当然，苏格兰国王不会像自己的新主人那样，以威权精神来理解这个仪式，而只是把它看作对等的和平臣从礼。这种暧昧状态在爱尔兰没有出现，在那里，传统的礼仪仍然受尊重。在这个岛屿的东部地区被征服后，当地的国王和贵族们通过特有的仪式认可了亨利二世的统治权：建造带有宴会厅的临时木屋，接受赠礼但不回礼，缴纳贡品，交付人质，在各个小王国的界河边进行忠诚宣誓，亨利二世沿着古老的环形路线巡游，并在传统节日里召集大会……正如玛丽-特蕾莎·弗拉纳根（Marie-Thérèse Flanagan）指出的，这些条约、停战协定和联盟很难约束各缔约方。[2] 威尔士和苏格兰的诸侯也是如此，他们寻找哪怕最小的机会去强化自己对英格兰国王的独立地位，乃至打破他们对国王的臣从关系——这种关系是他们在遭受军事失败后被迫接受的。所以，为了避免这种局面的出现，安茹家族要求他们交出人质和城堡。

在封建法中，涂油礼给了受膏者一张特别的王牌。理论上

---

* 这是封建关系中的一个概念。为了避免多重封君封臣关系造成的混乱，从11世纪初开始，人们开始对效忠臣从关系作出一些限定，于是出现了"优先臣从"（hommage de lige），lige 来自德语中的 ledig，即"不受约束"；当这种人成为别人的封臣时，不影响他对优先臣从的封君的义务。也就是说，狮子威廉无论在何种情况下，都应首先效忠亨利二世。前文的 ligesse 亦来源于此。法语中的 hommage 来自拉丁语中的 hominium，即"谁的人"的意思，在缔结封君封臣关系时，还有另一个表达忠诚的拉丁词 fidelitas，为了区分，这里将 hommage 译为"臣从"，而 fidelitas 在法语中的对应词 fidelité 或 foi 则更接近于效忠。——译者

[1] Roderick, «The Feudal...», p. 204-205; Flanagan, *Irish*..., p. 220 et 234.
[2] *Irish Society*..., p. 173-212.

说，它让受膏者居于所有民事权力之上。没有哪个世俗权威在他之上，他不依赖任何人，他就是自己王国的皇帝。所以，行过加冕礼的国王不向任何人行臣从礼。亨利二世曾要求他的儿子们作为公爵和伯爵向他行臣从礼，但1170年小亨利加冕后，他就不要求后者行礼了。对于后者，涂油和封建依从关系是相互排斥的。①1202年，无地约翰身边的法学家们看来也在运用这个论据，当时他拒不出席腓力·奥古斯都的审判，后者便以抗命而谴责他，责令他奉还在大陆的采邑；当时英国人反驳说，他们的国王只能在边区，也就是在诺曼底的边境接受审判，这是一种习惯性的特权。②1216年，约翰再次陷入困境，当时法国军队准备入侵英格兰，人们觉得法国人要将这个国家从他的暴政下解放出来。但教宗英诺森三世在捍卫他，并在一封信中指责卡佩王室为难约翰，"因为他是一个涂过油的国王，因而就更显高贵了"③。这个理论强调神奇的涂油礼的功效，看来应该是有说服力的。

但在实际中，这个理论并不奏效。安茹家族最早的三位国王有时也不得不行封臣效忠礼，这看来有点丢脸。例如，为了在大陆的领地，尤其是在发生继承争端时，或为了在频繁的家族纷争中击败某个近亲，他们向法兰西国王行从礼不下十次。与早期的诺曼王朝相比，他们的臣服地位加重了，而诺曼王朝很少去表明自己是法兰西国王的附庸。④1151年在巴黎，安茹伯

---

① Schramm, *A History*..., p. 127.
② Lemarignier, *Hommage*..., p. 179.
③ Matthieu Paris, *Chronica*..., t. 2, p. 657.
④ Hollister, «Normandy...», p. 235, 238.

爵美男子若弗瓦要求他的儿子亨利二世成为国王的优先臣从者，当时亨利已经是诺曼底公爵了，而这种附庸身份是此前的诺曼底诸侯都未接受过的，他们几乎总是避免行臣从礼。当他们不得不宣誓臣从时，他们会在边区，也就是在维克森（Vexin）地方的艾普特界河上，这是他们与法兰西国王作战的传统地点，但也是会晤、谈判和协定停战的地点。边区（marche）的臣从礼是"个人性的"，仪式双方要发言，但这个仪式不涉及采邑这样的"实际问题"，契约关系并无物质性依托，它相当于某种忠诚（fidélité）宣誓：好像是个和平仪式，双方似乎存在某种平等。金雀花成为英格兰的王室后，也采用了这个仪式，他们完全懂得其中的政治利害。

臣从礼经常是在吉佐尔和特里（Trie）之间艾普特河的法国一侧的河岸上举行，准确地点是在一棵榆树（orme）下，这就是今天该地地名的由来：铁榆树（L'Ormeteau-Ferré）。这棵树有多重象征意义。首先它是边界线的标志，当时的武功歌也证明了这一点。其次，它是村民的社交地点，社区聚会和领主法庭也在树下举行。[①] 最后，尽管这棵树高大且美丽，但这并不能掩盖它不能产出的弱点。所以，中世纪布道词中有一篇据说是奥古斯丁创作的讲道词，文中将这棵树与最不起眼的葡萄作对比，葡萄虽然低矮，但能结出丰硕的果实。[②] 大格里高利的看法稍微积极一点，他将没有产出的榆树视为葡萄藤的支架，因为

[①] 关于砍倒吉佐尔的榆树，见 Lemarignier, *Hommage*..., p. 85-111, 104-105。作为一个会晤地点，这棵树让人想起德意志的椴树，见 W. Rösner, *Peasants in the Middle Ages*, Oxford, 1996, p. 165。

[②] *Sermones*, PL, t. 39, col. 2334, 转引自 Raban Maur, PL, t. 108, col. 1041。

有人将葡萄挂在树上，以便使其生长结果，就像俗人以自己的慷慨义举支持僧侣结出丰硕的精神果实。[1]关于树无产出的观点可能遭到希尔德嘉德·德·宾根（Hildegarde de Bingen，1098—1179年）的质疑，她认为，树木还有好几种医药用途。[2]总之，榆树在中世纪学人和民众中的意涵既丰富又多样。

所以，1188年8月18日腓力·奥古斯都砍倒这棵树的命令就有特别的含义了。根据拉尔夫·德·迪斯的记载，腓力与亨利二世在吉佐尔的这棵榆树下举行了三天的会谈，会谈失败后，腓力下令砍倒榆树，亨利二世立刻进行报复，抢劫了直到芒特（Mantes）的法国王室产业。李戈尔的续写者纪尧姆·勒·布勒东（Guillaume le Breton，约1165—1226年后）认为，这次冲突的根源在于先座权之争：亨利二世坐在树荫下，让腓力·奥古斯都坐在太阳底下；由于英格兰国王此前已经给树干包了铁，砍倒它就更有象征意义了，有人强调说，亨利失去这棵树的日子，就是他失去土地的日子。最后，按行吟诗人约翰的说法，砍倒这棵树是法国的骑士们在国王不知情的情况下自行其是，实际上腓力·奥古斯都很反对这样做。不过，这三位作者对这件事倾注了如此多的笔墨，倒是见证了他们赋予这一事件的意义。砍倒吉佐尔的榆树象征着法兰西国王和亨利二世走上了一条不归路。但第二年，亨利二世就在一场军事行动中死去，对手正是勾结他儿子的腓力·奥古斯都。

在这种仪式化的暴力背后，我们还可以看到，诺曼底公爵

---

[1] *Homiliæ in Evangelia*, Turnhout, 1999, trad. A. De Vogüe *et alii*, Le Barroux, 2000, I, 20, 13, p. 252.

[2] *Physique* ou *Liber subtilitatum*, III, 44, chap. 35, PL, t. 197, col. 1239.

对法兰西国王行臣从礼的全部意识形态意义。在1140年代，法国北方的法学家们明确指出了这个仪式在封建法上的意义。圣丹尼修道院的院长、路易七世的良师苏热（Suger），为新政治理论的阐发做了很多贡献。新的理论认为，诸侯领地全都是王国的采邑，因采邑之名而向国王行的臣从礼，包括在边区地带的这种仪式，不仅具有个人性质，而且完全具有实际意义。他的封建金字塔形象也许借自伪丢尼修（pseudo-dyonisienne）的光明金字塔论，并将这个理论用于修道院教堂的重修工作，从而使这里成为西方哥特式建筑的第一个试验场。[1]1166年，克吕尼修道院的院长埃蒂安让这种推理更进一步，他在一封信中指出，法国就是一个"完整的身体"，勃艮第和其他所有地方一样从属于国王，而且中间并无任何中介。[2]学者们表述的观念体现在诸侯们的姿态中：1173年，当图卢兹的雷蒙五世被迫向亨利二世行臣从礼时，他对自己的忠诚有所保留，因为法兰西国王是他主要的封君。[3]法兰西王国开始成为一个从属于卡佩家族的统一空间，王权（Couronne）开始成为一个完整且不可分割的实体。

在政治理论和封建学说方面，金雀花的回应是虚弱的。1139年，罗伯特·德·托里尼抄写了《诺曼人的伯爵威廉简史》（*Relation brève sur Guillaume, comte des Normands*，1114—1120年）中的片段，据说该著是巴特尔的一位僧侣的作品，但罗伯

---

[1] Krynen, *L'Empire*..., p. 47–50. 参阅 E. Panofsky, *Architecture gothique et pensée scolastique*, Paris, 1967。

[2] Bournazel, «La royauté...», p. 445.

[3] Mace, *Les Comtes*..., p. 213.

特对诺曼底的"自由地"性质（allodialité）进行了阐发，也就是说，诺曼底公爵的领地是具有完全所有权的土地（alleu），不同于从封君那里领受的采邑（fief），因此他无须承担任何封建义务；他顶多向法兰西国王宣誓效忠臣从，但这个仪式只牵涉消极义务，如不伤害对方的生命和产业，而且国王也要向公爵起誓，所以双方缔结的是一种对等的契约。这里罗伯特无非是重申亨利一世时期流行的那种独立精神。1119年，这位国王在布雷米尔（Brémule）击败路易六世，并拒绝自己的儿子威廉·艾德林（Guillaume Adelin）向后者行臣从礼。[1]几年后，罗伯特成为亨利二世的亲密顾问，这时他的看法有了重大转变。他承认过去的纽斯特里亚属于法兰西王国，关于1151年"亨利公爵因为诺曼底而行臣从礼"，他是金雀花领地上唯一记载此事的作者。[2]但是，在安茹家族的首位英格兰国王的身边，其他的知识分子很可能也有这样的想法，它从此就表现为一种封建金字塔意象，而从前的纽斯特里亚就从属于西法兰克王国。

我们在《卢传奇》中可以看到另一个证据，它的作者是受亨利二世庇护的史家瓦斯，他在写完该著后就前往圣地，一去不返。他在书中说，诺曼底公爵伟大的罗伯特（Robert le Magnifique，1027—1035年）将自己的私生子威廉托付给卡佩国王："他将孩子带到法兰西国王那里，亲手把他交给国王，让他

---

[1] The Gesta..., t. 2, p. 286. 该著作编辑者伊丽莎白·范·豪茨不无道理地怀疑，罗伯特·德·托里尼是否是该传记的作者，而 F. 洛（F. Lot）是持肯定态度的，让·弗朗索瓦·勒马里涅也接受了 F. 洛的看法：Hommage..., p. 96-100。可能的情形是，这位巴特尔的僧侣是抄写了当时流传、今已遗失的几份有关征服者威廉的文献的一份。参阅最近的编辑本：Brevis relatio, Van Houts, History..., VII, p. 21-22, 45。

[2] Chronicle, p. 62. 参阅 Krynen, L'Empire..., p. 47。

成为国王的人,从而能够掌管诺曼底。"①这部著作是以盎格鲁－诺曼语韵文写成的,文学上的证据表明,臣从就其法学意义而言是多么具有实在性:为了诺曼底这块领地而表示臣从。所以,在金雀花的宫廷中,认为从前的纽斯特里亚对法兰西国王有封建从属关系,并不必然意味着对公爵权威的不可饶恕的侵犯。当然,人们也可以反驳说,瓦斯的著作并没有服从亨利二世本来的意愿,尽管这位庇护人对他十分慷慨,而且,作者的这种思想自由最终也让他失去宠幸。

不过,这些新的法学观念看来并没有让亨利二世失去分寸。至少他1164年口授的一封信——信件应该涉及诺曼底的外部事务——可以让我们衡量亨利二世对路易七世的臣服程度,这种臣服也是他自己的说法。这位金雀花君主当时请求释放他的附庸、奥弗涅伯爵纪尧姆七世和八世,他们刚刚被法兰西国王俘虏。亨利二世在信中的表述应该是毫无疑问的:"我已经将我在海这边的土地交给您,您作为主人保有它";"凭着您作为主人而对我,您的人和朋友的信义"。在第二封感谢奥弗涅伯爵获释的信中,亨利二世继续说:"您,我至为珍贵的主人,在您合意的时候,我想为您效劳,无论以何种方式。"②这个例子不是孤立的。同一年,他还致信法兰西国王,请他不要帮助当时正在法国流亡的托马斯·贝克特,信中对收信人的称呼是"致我的主人和朋友路易,尊贵的国王"③。就算我们排除信函的修辞和外交

---

① Ed. Holden, v. 2973-76, t. 1, p. 271-272. 参阅 Gillingham, *The Angevin*..., p. 124。如 D. 克劳奇评论的,瓦斯也坚持认为,公爵理查一世年幼时曾服从路易四世。

② RHF, t. 16, p. 110-111, n° 341-342.

③ *Materials*..., t. 5, p. 134.

礼节方面的因素，还是可以看到，亨利二世接受了对路易七世臣从的所有后果，尽管这些后果看起来很沉重。

唯一一份论证金雀花的封建地位高于卡佩的文献，出自贝克修道院的僧侣、亨利二世的歌颂者鲁昂的埃蒂安（Etienne de Rouen，1143年前—约1170年）。他创作有长达4 390节的二行诗《诺曼底军旗》（*L'Etendard normand*，1167—1168年），诗中描写了一个场景：皇帝腓特烈·巴巴罗萨派遣亨利二世的女婿、萨克森兼巴伐利亚公爵狮子亨利为使节，劝说亨利二世不要向路易七世行臣从礼，因为他至少"在力量、荣誉和尊严上不逊色"于那位加洛林王位的篡夺者，而神圣罗马帝国皇帝才是那王位的合法继承人。腓特烈甚至将法兰西授予亨利二世和他的继承人：他愿意帮助亨利罢黜卡佩。但在鲁昂的埃蒂安描绘的诺曼底公爵们的宏大历史画卷中，有一个意味深长的现象：他没有提到罗隆（Rollon）的臣从礼，尽管他很赞赏罗隆从法兰克人手中夺得胜利；也没有提到私生子威廉年幼时曾被送到法兰西国王身边被托孤看护。①他的著作虽然有很多抄本，但它的例外只是证实了一般的规则。无论是金雀花君主，还是接近他们的作家，都没有忽视对法兰西国王的臣从礼，甚至没有忽视臣从导致的政治后果。

另一些有关臣服的标志也出现在早期安茹与卡佩的关系史中。首先，在一个诸侯世家仍接受高攀婚姻（也就是娶一个地位更高的女子为妻）的时代，安茹家族与法兰西的玛格丽特

---

① «Draco...», III, 4, v. 191-340, p. 718-723. 参阅 Bezzola, *La Cour*..., p. 127-131, 138-139; Harris, «Stephen...»; Holt, «The End...», p. 244-245。

和艾利克斯结亲或订婚：作为"赐予妻子"的人，路易七世就好像是这个家族的主人。当狮心理查拒绝将自己的妹妹雅娜（Jeanne）嫁给腓力·奥古斯都时，他犯下了一个严重的政治错误：他错过了一个颠覆此前不利局面的机会，并且招致了这位盟友永久的敌意。另外，亨利二世和他的儿子们频繁前往巴黎并在那里逗留，他们受到法兰西国王的款待，这表明他们承认了自己对于法兰西国王是廷臣的身份。最后，金雀花献给法兰西国王的一些礼物也被视为他们忠诚的担保。例如，卡佩的官方史家李戈尔就记载说，亨利二世很是殷勤地把自己在诺曼底和阿基坦猎获的雄鹿、黄鹿和野山羊送给腓力·奥古斯都，以充实腓力在巴黎的万森森林重设的狩猎保留地。他还指出，英格兰从来没有给腓力提供猎物，但金雀花在大陆的领地则应交付猎物，因为狩猎这些动物象征着法兰西国王对王国全部领土的统治权。的确，狩猎活动是战争行动的重要象征：以暴力制伏野兽，像凯旋式一样展示它们的尸体，就是象征着在战场上战胜敌人，夺得战利品。[1]说到底，高攀婚姻、滞留宫廷和赠送礼物，这些都像臣从礼一样，意味着安茹君主对卡佩负有义务。

对于这些表达对国王敬畏之心的外在形式，当时人是否意识到其全部的意涵呢？他们有没有忽视臣服的仪式化语言的全部后果呢？他们是否懂得自己的廷臣对此类现象作出的不利的解读呢？或者说，他们是否要等到无地约翰被要求奉还采邑，才意识到封建制在卡佩国家建构中的重要意义呢？

对这些问题的回答不应该是截然分明的。回答应该注意两

---

[1] Buc, *L'Ambiguïté*..., p. 116–118.

个方面。第一，金雀花与卡佩的关系经常采取表明友谊的仪式，这倾向于削弱乃至抹去臣从带来的屈服感。比如同桌就餐，同床就寝，友爱的表达，为失去朋友恸哭……在12世纪贵族的头脑中，这种仪式化、公开性的联合象征，似乎是在反复重申法兰西国王和英格兰国王过去的和约，他们是在平等的基础上缔约的。[1]第二，安茹王朝在处理对路易七世和腓力·奥古斯都的效忠规章、表明他们的臣服时，并没有什么长远的政治目标，而是出于日常的考量。缔结停战协定、承认某块领地的所有权、为了与父亲或兄弟斗争而缔结婚姻，这些情况经常会促使他们接受屈辱性的仪式。他们的政策完全是短期的，没有明确的规划，视不断变化的事态而定。安茹君主们是实用主义者，不是观念论者，他们大概认为，国王的涂油礼，公爵登基礼上的新气派，或者他们与法兰西国王之间友谊的程式化的表达，足以抵消其封臣附庸身份的全部外在标记。但从长期来看，他们的盘算并不可靠。

这种满不在乎也可见于金雀花同其他权威的关系中，因为他们很轻易就接受对后者的依附地位。他们两次成为神圣罗马帝国皇帝的人。一次是在1157年，根据一封据说出自亨利二世的信件，这位金雀花君主将他的整个王国和其臣民交给腓特烈·巴巴罗萨统治，作为交换，他保留圣雅各的手，这是他的母亲玛蒂尔达从帝国宝库中带回英格兰的圣骨：正是因为这只

---

[1] Van Eickels, «"Hommagium"...»。顺便说一下，这类姿态的意义没有任何含糊性，尽管有人对腓力·奥古斯都与狮心理查之间的关系存在一些不同意见。参阅 Gillingham, *Richard Cœur*..., p. 107, 161, 283–289, *et contra*, J. Boswell, *Christianity, Social Tolerance and Homosexuality*, Chicago, 1980, p. 231 et 298。

圣手，亨利一世在雷丁创建的克吕尼修道院才名扬天下，这位国王还葬在了那里，亨利二世和埃莉诺的长子威廉的墓地也在那里。①不过，这封信的真实性很可疑，它只在弗赖辛的拉赫文的文字中被提及，此人是他的主人、皇帝的叔叔奥托（Otton，1111/1115—1158年）的纪年的续写者。第二次是在1193年，这次的信息更为可信：狮心理查要将自己的王国和塞浦路斯岛让给皇帝亨利六世（1190—1197年）。但此时的环境已经大不一样，国王理查成了俘虏，他准备作出任何让步。他将领地交给皇帝，皇帝然后再还给他，同时皇帝给了他一个双面的黄金十字架，作为授予土地的凭证。这是一种回执采邑（fief de reprise），皇帝亨利六世还得到了阿尔勒和勃艮第，这是严格意义上的帝国领地。不过，皇帝在临死前解除了英格兰国王的所有义务，可能是因为意识不清。②虽说他父亲最多渴望获得西方世界的某种政治优先权，亨利六世的抱负却更大。他想要成为皇帝和最高封君——不只是德意志和意大利土地的皇帝和封君，而是欧洲各王国和圣地的皇帝和封君。③

从某些方面看，无地约翰臣服于教宗英诺森三世（1198—1216年）让人想起狮心理查对皇帝的臣服。但是，前者所处的背景很不相同，它带上了13世纪中叶教宗的神权统治的各种前

---

① Leyser, *Medieval Germany*..., p. 215-240. 有意思的是，对于亨利二世这封信的真实性，没有任何研究可供参考，这就让人怀疑，该信只是皇帝的某个歌颂者传下来的。

② Roger de Howden, *Chronica*, t. 3, p. 202-203 et 225-226. 参阅 Schramm, *A History*..., p. 54。

③ R. Folz, *L'Idée d'Empire en Occident du Ve au XIVe siècl^e*, Paris, 1953, p. 122-125.

兆。1208年以来，由于国王与坎特伯雷大主教斯蒂芬·朗顿的冲突，英格兰就被处以禁令，而那位大主教就是教宗在巴黎学习时的同学。虽然这个禁令给约翰的权威蒙上了阴影，但给他的财政政策带来了实惠：为了报复教宗，他没收教会地产，占有教会收入。不过，到1213年，法国人入侵的威胁还是迫使他同英诺森三世谈判。当时他将英格兰王国和爱尔兰献给教宗，后者则以采邑形式，将这些土地交还给约翰，代价是每年1 000马克的贡金。[①]当时英诺森三世的权威达到顶峰，这位不知疲倦的十字军布道者还几次调停西方各位君主之间的冲突。他以祭司国王麦基洗德（Melchisédech）为楷模，因而体现了某种"普世"统治的抱负。总之，无地约翰的臣服只是各种臣服案例中的一例；它还让人想起教宗的加冕，以及阿拉贡和葡萄牙国王的臣从礼。所以这种臣服的意义不宜放大。

在无地约翰的脑海中，臣服的意义很有限，所以他也像亨利二世和狮心理查一样接受臣从礼，双膝跪地，作出将自己交出去的动作，以示自己成为主人的附庸。由于这种仪式经常举行，甚至就在巴黎举行，金雀花的君主们就将自己对法兰西国王的依附关系形式化了，这种做法更像是延续安茹伯爵的传统，而非延续诺曼底诸公爵的传统。他们也臣服于皇帝和教宗，将英格兰作为采邑献给他们。当然，这类臣服仪式出现的历史环境很是特殊，而且，对法兰西国王的臣从礼大多是在边区举行的。但是，这种仪式很难不带有某种屈辱的意味，在一个将荣誉视为最高价值的诸侯和贵族社会中，这种屈辱感应该是存在

[①] Cheney, *Innocent III...*, p. 326–356.

的。说到底，在金雀花的大陆领地上，他们并没有很好地利用加冕礼带来的意识形态影响。他们的权威似乎更多属于诸侯支配权（principauté），而非至上的君权（majesté）。

这个现象要求我们对最后一个问题再行思考，这就是金雀花君主们在位期间的权力展示问题。他们对权力的呈现究竟是王权性质的还是诸侯性质的？这些呈现是奢华还是朴素？在这个问题上，我们可以看到亨利二世时期和他的儿子们掌权时期的差别：父亲毕竟只是个伯爵的儿子，但儿子们已经是王室之子了。狮心理查希望自己公开亮相时带有某种戏剧色彩。罗杰·德·豪顿详尽地描写了他的加冕礼，看来的确是极尽繁复的。像他的弟弟无地约翰一样，他也复活了戴冠礼的记忆，而他父亲生前放弃了这个仪式。的确，他喜欢每天都展现帝王的威严。林肯的主教休就注意到，理查出席弥撒期间都要坐在加亚尔城堡入口的高座上，达勒姆和埃里的主教站在他脚旁。① 总之，理查对自己的王权有强烈的意识，他喜欢让人了解这一点。

从史料来看，他父亲亨利二世给人的印象有点不同。实际上，表明他对国王的排场很感兴趣的证据很少。根据戈蒂耶·马普的记载，他顶多从他母亲、皇后玛蒂尔达那里学到了一点门道：对于臣民迫切请求处理的事务，恰恰应该缓行——皇后说，一只猎隼若对它少喂食，它就更容易养活。她还建议亨利经常独自待在房间里，少在公开场合下进行决策。亨利二世看来吸取了第一个教训，因为皮埃尔·德·布卢瓦就责备他

---

① ［Adam d'Eynsham］, *Magna vita*..., V, 5, p. 101.

说，本来可以当场作出的决定，他经常要拖延。①不过他很喜欢人多热闹的环境，这与母亲的教导相违背了。戈蒂耶·马普说，国王与众人打交道可谓相当热情："每次他外出，人们总会把他引到他本来不想去的地方。更让人惊奇的是，他还能耐心倾听每个人的诉请，虽然人们的哭喊让他不堪忍受，但他不责怪任何人，也没有任何发怒的意思。"②这个说法得到皮埃尔·德·布卢瓦的佐证，在一则亨利二世与博纳瓦尔修道院院长的谈话中，他借国王之口说出了一番抱怨的话："甚至在做弥撒时，都有人来找我，不仅有俗人，还有教士和修士，他们总是向我提各种要求，弄得我对圣礼都失敬了。"③看来国王已经超越了君臣之间的繁文缛节了。他无疑是个很容易接近的人。他的宫廷并不构成他与民众之间的屏障。

廷臣的本质决定他们更易于接近国王。在宫廷中，能让国王享有一点私密性的空间其实少得可怜。即使他睡觉的房间，也难免有想见他的人进入。有些人甚至还能把他从梦中吵醒，即便他的内侍想努力赶走这种人。乔丹·方托姆记载说，安维克大捷的消息，就是信使大半夜跑去通知他的。④在亨利二世那里，并不存在中世纪末期严格的距离感和形式主义。不过，他的儿子无地约翰给人的印象却完全相反，他表现得像个避免与臣民接近的胆怯国王。在《威廉元帅传》中，无地约翰是个警

---

① Gauthier Map, *De Nugis*..., V, 6, p. 478, 484 ; Pierre de Blois, *«Dialogus...»*, p. 104. 参阅 Leyser, *Medieval*..., p. 252。

② *De Nugis*..., V, 6, p. 484.

③ *«Dialogus...»*, p. 105.

④ *Chronicle*, n° 207-210, v. 1950-1980, p. 144-147.

惕和多疑的人,他总是担心在接近陌生人时会受到攻击,所以他在夜间旅行,缩短在城市和乡村的逗留时间,以免与民众打照面。①约翰喜欢独自在隐秘中作出决策。这是个性中的不安,还是更有效地统治并使人尊重的新方式的真实表达呢?抑或是……

亨利二世公开亮相时还有一个特点。他的衣着从来不是炫耀式的。基罗·德·巴里说,他把安茹式的短外套引入了英格兰,这与亨利一世时期的长袍和裙摆大为不同,在僧侣奥德利克·维达尔眼中,那种夸张服饰是女性化的腐化廷臣的典型表征。②威廉·菲茨·斯蒂芬还记载说,衣着朴素的亨利二世曾笑着脱掉托马斯·贝克特的皮衣,将它交给伦敦的一个乞丐,还指责托马斯喜欢奢侈。

这位文书长在受圣职之前,的确比国王更爱显摆衣着。1158年夏,托马斯受亨利二世派遣,作为特使前往巴黎,商讨小亨利与法兰西的玛格丽特的婚事。从威廉·菲茨·斯蒂芬对此事的描写来看,这次出使的确很气派。他的入城式比国王都隆重。250个脚夫边唱歌边拉着车子,其他人手里牵着猎兔狗的绳子。六辆车载着随行队伍,两辆车载着啤酒;每辆车都有一只放开了绳子的狗看护,由五匹马牵引,马的脖颈上都戴有项圈。后面跟着的28匹马驮着金银、丝绸、书籍和礼仪用的装饰品……光是文书长一人的私人随从中,就有200个手持盾牌的

---

① [Jean le Trouvère], *L'Histoire*..., t. 2, p. 96-97, 转引自 Gillingham, *The Angevin*..., p. 102。

② *De Principis*..., III, 28, p. 304; Orderic Vital, *Historia ecclesiastica*, VIII, 10, t. 4, p. 188-189。

见习骑士，坐在马上的两两组队的骑士，还有一些鹰隼训练师。托马斯跟几个近臣一起，骑马走在最后。这样的场面自然产生了期望中的效应，巴黎人惊呼："英格兰国王该是多么辉煌气派的人啊，他的文书长出行都这么奢华！"① 展示财富是激发臣民敬畏之心、引起敌人恐惧的有效手段。不过有点荒唐的是，这里作为奢侈和慷慨之化身的不是国王，而是他的大臣。

最后，国王的尊严与同志情谊和信任感的外在表达是不相容的，这些表达总是备受人思忖。恩斯海姆的亚当记载说，林肯的休曾对一个王家护林员施以绝罚，亨利二世大为光火，他把休召到伍德斯托克。主教一到就劈头盖脸地抨击国王："你跟你的法莱兹的远房亲戚们太像了！"*此说显然是在影射国王先祖系非法婚姻所生。不过，面对这种冒犯，亨利二世竟然报以大笑。② 这种欢快场景与国王在荣誉问题上吹毛求疵的敏感大异其趣：当某位国王的威严和权威一受到冒犯，人们就经常会看到这种反应。当然这可以进行解释。部分来说，这个故事与一个表面看来很不得体的俏皮话遥相呼应：诺曼底家族是靠安茹家族才获得王朝的合法性的。③ 更为重要的是，它看来是一种缓解过分紧张气氛的手段，尽管只是暂时的手段。

某个丑角（bouffon）的几句话也可能引发上述反应，而丑角就是负责向掌握最高权力的人高声说出人人都有但不能说出来的想法。史料中有时也有这些下层演员的身影：1180年，诺

---

① Guillaume fitz Stephen, «Vita...», p. 24-25 et 29-33.
* 英格兰诺曼王朝的创建者征服者威廉出生于法莱兹。——译者
② ［Adam d'Eynsham］, *Magna vita*..., III, 10.
③ Leyser, «The Angevin...», p. 59.

曼底的财政官给一个叫罗杰的丑角40个苏,要他带着两匹马七条狗前往亨利二世身边;亨利二世则把位于萨福克郡的一个执达吏职务给了一个叫罗兰的人,并让此人圣诞节时给他表演翻筋斗,讲黄色笑话;[1]1200年,无地约翰赏给了小丑威廉·皮科夫(Guillaume Picolphe)瓦泽勒里(Oisellerie)庄园,还有诺曼底的摩尔坦伯爵领的香波(Champeaux)和美尼尔-奥泽那(Mesnil-Ozenne)的土地。[2]这些小丑就住在宫廷,他们扮演着某种明确的政治和社会角色。他们要让国王发笑,有时也顺带嘲讽一下他,这样可以让国王从王位上下来,走近自己的臣民。所以他们在宫廷有一定的自由,而且,作为职业的逗乐者,他们有时会化解宫廷的争吵。任何权力场都存在各种纠葛和竞争,而他们的活动就好像是个安全解压阀。某种意义上说,他们的言论自由让人想起宫廷中改革派教士那些言辞激烈的劝诫文,这些人在对国王进行道德训诫时很少有人身安全之虞。国王很乐意游戏活动,他对自己的被统治者展现出某种善意的熟识感,以便赢得他们的信任。

国王的这种形象表面看来很是潇洒,尤其是他表现出与其臣民亲密无间,这当然不是没有政治效应的。在一个王权概念主要在于"契约主义"而非"绝对主义"的时代,这种形象是很合适的;对法律的尊重,对臣民的保护,是国王与臣民之间

---

[1] 亨利二世的令状集正在编辑中,项目负责人 N. 文森特很慷慨地给我出示了一份文献,编号 n° 4739H (1177—1189)。1331 年 1 月的一份调查状中,曾提到向布特莱(Butley)隐修院出让土地。

[2] M. Lever, *Le Sceptre et la marotte. Histoire des fous de cour*, Paris, 1983, p. 119-120.

契约的一部分，而且契约是经过他的誓言确认的。涂油礼固然可以视为其超自然权力的来源，但这个仪式也使得他被主教们束缚了手脚。1215年贵族和教士迫使国王接受的《大宪章》，也应放在这种背景中考察，这个文件大大限制了国王的规范性权威和执行权。最后，金雀花君主们还因效忠和臣从而服从更高级的权威；法兰西国王、神圣罗马帝国皇帝和教宗，都以这样或那样的理由而成为他们的主人。早期安茹诸王的主权权威并非至上和不可触碰的，它与近代的绝对主义君主鲜有相似之处。金雀花君主们是过渡时代君主制的化身。

制造传奇

金雀花家族与过去维持着一种特别的关系，他们想要利用过去，为自己的宣传目标服务。很多为他们的事业服务的史家，都乐于以文字记述他们的功业。他们还编订谱系，讲述王族祖先的丰功伟业。某些作者直接受王室的资助，获利丰厚：瓦斯和圣摩尔的贝努瓦就受亨利二世的委托，以法语撰写他的诺曼底祖先的历史。[1]根据皮埃尔·德·布卢瓦的通信，我们也知道这位廷臣准备为亨利二世写一部武功歌，但他没有完成，而且文稿今已遗失。[2]1205年4月29日，无地约翰急切地下令从威斯敏斯特调两部书到温莎宫，这表明国王想参考利用它们，也许皮埃尔·德·布卢瓦的那部未完成的作品就是其中之一。[3]其他

---

[1] Gouttebroze, «Pourquoi...».
[2] *Epistulæ*, n° 14, col. 45. 感谢 D. 克劳奇告知这份文献。
[3] 见 *Rotuli litterarum* 中的一份信，转引自 Mason, «St Wulfstan's...», p. 162, 但作者更倾向于认为该著出自杰弗里·盖马尔之手。

的史家并不为君主服务，但他们与宫廷保持不固定的关系，比如约克郡豪顿的教长罗杰，他是当地的森林法官，后被狮心理查派往教廷担任使节，理查参加十字军时，他一开始也随国王出征。[1]但即使是最知名的史家，即使他们有独立的思想，但与廷臣往来之后，也不免对这个统治王朝带有肯定的目光：牛堡的威廉就是普瓦图的菲利普的朋友，后者是狮心理查的左膀右臂。[2]与安茹家族多少有些直接联系的史家的名单，还可以继续拉长。

他们的例子可以表明，历史书写经常是为王权服务且受到资助的事业。[3]所以，记忆的操控是君主制宣传纲领的有机组成部分，它鼓励到处传播王室的正面形象。[4]历史著述肯定涉及在位国王的政治行为，证明其决策和选择的正当性是件很重要的事。但史书也涉及一些离1154—1224年很远的事件。我们将看到那些受安茹影响的史家如何处理这些事件，他们叙事的年代顺序从最近的时代追溯到最古老的时代，从很多方面看，这种方法借用了瓦斯的谱系学，这被称作"尊亲纪年"。

金雀花家族仔细维系着对自己母系祖先的回忆，尤其是最近的盎格鲁-撒克逊或诺曼底的记忆。忏悔者爱德华国王，

---

[1] Corner, «The *Gesta*...», p. 135-141.

[2] Gillingham, «Royal...», p. 184.

[3] Cingolani, «Filologia...»; Gouttebroze, «Henri II...»; Short, «Patrons...», p. 245; Guenée, *Histoire*..., p. 334-335.

[4] 当然，R. W. 萨瑟恩注意到，在英格兰史学中，语气相当自由，有很多反王权的批评，这与卡佩史学很不一样。萨瑟恩认为，个中不同在于英格兰的税收不得人心。他总结为"英格兰是效劳但无热情的传统，但在法兰西则是驯服但几乎没有职业性服务的传统"，见 *Medieval*..., p. 151。

1066年死去时带着某种神圣性，他是这个王朝第一个眷恋的对象。亨利二世推动教宗亚历山大三世开启封圣程序，这件事最终在1161年2月完成。两年之后，1163年10月13日，他参加爱德华遗骨迁葬威斯敏斯特的隆重仪式，那里是国王的涂油地：他的圣骨为戴冠礼平添了一份荣耀，增强了英格兰王位上爱德华继承人的神圣特征，并赋予这些继承人像爱德华一样的魔法权力。[1]意味深长的是，这次迁葬仪式举行的同时，威斯敏斯特还在举行主教会议，而托马斯·贝克特第一次在教会司法问题上公开对抗亨利二世。在与祭司阶层（sacerdotium）的冲突框架内，王权（regnum）的一个代表人物的神圣性——还得到罗马教廷的认证——对安茹王朝而言并非没有意义。

在谱系撰述中，这次仪式触发的圣徒传记写作同样服务于国王的利益。人们言之凿凿地论证说，亨利二世就是英格兰的盎格鲁-撒克逊世系的最后那位国王的合法继承人。早在1138年，威斯敏斯特的修士奥斯伯特·德·克莱尔，就在《爱德华传》中遮蔽了哈罗德的父亲戈德温（Goldwin）及其家族在王国政府中的地位，以突出诺曼底公爵继承忏悔者爱德华的权利。[2]就在1163年爱德华的遗骨迁葬前不久，西多会院长埃尔雷德·德·里沃克斯（Aelred de Rievaulx，约1110—1167年）也写过一部《圣爱德华传》，他把这部著作献给亨利二世，书中强调，这位安茹君主好比一块墙角石，英格兰和诺曼底王室好比

---

[1] 亨利二世和狮心理查颁给威斯敏斯特的令状，明确透露了爱德华和加冕礼之间的关系，这些文件于14世纪末被西伦切斯特的理查德抄录在其纪年中。RS 30, t. 2, p. 34-35.

[2] Barlow, *Edward*..., p. XXIV et p. 274, 283-284.

两面墙，它们就是通过这块墙角石连接了起来。亨利二世身上兑现了忏悔者爱德华临终前的预言：一棵树虽然被截为两段，但它的果实将会重新结合为一体，重新焕发生机：这果实不是别的，就是皇后玛蒂尔达的儿子，他将海峡两岸的领地统一在同一个王族手中。① 埃尔雷德对这个预言的解读打破了奥斯伯特的悲观主义，对于后者，树被砍的形象意味着不可能复合。② 同一时代的埃尔雷德也是秉持同一精神撰写《英格兰诸王谱系》(*Généalogie des rois d'Angleterre*) 的。著作开篇就是对亨利二世的热情颂词，作者想追溯国王的家族起源：在他的祖先和亲戚中，有苏格兰的圣玛格丽特（sainte Marguerite d'Ecosse）、虔诚的国王阿尔弗雷德大帝、忏悔者爱德华，新国王应该认真仿效他们以永享至福。③ 这两部作品在时间上的巧合让人印象深刻。大概它们是出于国王或他的近臣的要求：他们向当时最出色的拉丁文学作者订制了这种史书。

几个月后，白金的一名修女——可能就是写过圣卡特琳娜传记的克莱门斯（Clémence）——以盎格鲁-诺曼语翻译和改写了埃尔雷德的《圣爱德华传》。④ 她在文本中引入了"伟大国王亨利"的谱系元素，并在另一部著作中称之为英格兰的解

---

① «Vita...», col. 738 et 773-774. 参阅 Bozoky, «Le culte...», p. 279; Barlow, *Edward...*, p. 247-248. 这个梦已经出现在 1064—1068 年编纂的《传记》(*Vita*) 中，以及马姆斯伯里的威廉的《英格兰诸王功业纪》中。当然，它后来被巴尔金的修女收录埃尔雷德的法译本中。

② F. Morenzoni, «La *Vie d'Edouard le Confesseur* d'Alexandre d'Ashby», *Culture politique...*（待刊）。

③ «Genealogia...». 参阅 Cingolani, «Filologia...», p. 824。

④ Ed. Sodegard. 参阅 Legge, *Anglo-normand Literature...*, p. 60-72。

放者、教会的造福者。一方面，金雀花家族属于诺曼底的神圣世系，其代表者包括罗贝尔伯爵、好人理查和高贵的私生子威廉，但也包括圣爱德华的母亲爱玛（Emma）；另一方面，它又是盎格鲁-撒克逊王朝的继承人，因为他母系的祖父亨利一世与苏格兰的玛蒂尔达的婚姻，而后者的母系曾祖父埃德蒙（Edmond，1016年）国王，正是忏悔者爱德华的异母兄弟。这些松散的联系还是让这位修女认为，它们恢复了那位圣徒国王的古老王朝，但不是通过恐惧和强力，而是通过爱。亨利二世既是英格兰人又是诺曼底人，他出身于"这个圣徒家族"（上引书，第108行），他的人格始终在孩子们身上传递："愿神保佑我们的国王、他的父亲、他的王后、他的母亲。愿神保佑他们健康、安宁、快乐、充盈，愿神赐予他们力量，对抗一切胆敢向他们开战之人"（上引书，第4 996—5 006行）。这段祈祷词可能是几年后写的，当时国王的儿子们几次反叛亨利二世。但从这位作者的角度来说，无疑表达了公开为安茹家族进行宣传的明确意愿。

白金修道院院长的选任受国王控制，所以它对当权王朝的鼓吹并不让人惊奇。12世纪初，亨利一世的寡妻苏格兰的玛蒂尔达，与另一位玛蒂尔达，即布卢瓦的斯蒂芬的寡妻，都曾在这里担任院长。就在那位修女匿名为光大金雀花王朝而撰写历史时，担任这家女修道院院长的是厄斯塔什·菲茨·约翰（Eustache fitz Jean）的妹妹阿德莱德，此人在内战期间曾是皇后玛蒂尔达的支持者。1173年，托马斯·贝克特的姐姐继任为院长；亨利二世之所以任命她，是想补偿他在杀害那位大主教之前对其家庭进行的迫害。在12世纪的最后25年，白金迎来了第三位名叫玛蒂尔达的院长，她是亨利二世的私生女，关于她母亲，我们只知道名叫雅娜。①在当时的政治－宗教环境中，国王对这家女修道院的控制并非例外。这可以解释，在阿德莱德·菲茨·约翰担任院长时期，对亨利二世家族谱系的论述何以如此谄媚。

1162年3月11日，也就是在忏悔者爱德华的遗骨迁葬威斯敏斯特之前一年半，亨利二世参加了在费康（Fécamp）的圣三一修道院的一个仪式，这所修道院位于考克斯（Caux）地区的一个港口；在邻近公爵行宫的地方，还有一个诺曼底公爵的墓地。②亨利二世当时是为了敬拜一件十分显赫的圣物，即基督的圣血——根据不同的圣徒传记的记载，圣血是通过两种方式获得的。根据有些资料，圣血来自一次弥撒上的神迹：989年6月15日，在费康附近的一个村子里，诺曼底公爵参加修道院教堂的祝圣礼，教士伊萨克（Isaac）在做弥撒时发生了这次神迹；关于这个故事的最古老的记述，来自11世纪末这家修道院的一个僧侣撰写的著作，当时围绕图尔的贝伦加尔（Bérenger de Tours）展开的圣餐之争正进入高潮。在1120年左右出现的另一个版本中，费康的圣血出自基督的伤口，是尼哥底母

---

① *The Heads of Religious Houses. England and Wales : 1, 940-1216*, dir. D. Knowles, C. N. L. Brooke, V. C. M. London, Cambridge, 2001 (2e éd.), p. 208. 另可参阅剑桥大学耶稣学院 E. 米切尔（E. Mitchell）正在撰写的博士论文，作者认为，白金修女的著作年代应在1175—1200年，不过这一点很难确认。但作者发现了玛蒂尔达母亲的姓氏，见 Mitchell, «Patrons...»。

② A. Renoux, *Fécamp : du palais ducal au palais de Dieu*, Paris, 1991.

（Nicodème）在将基督放入圣墓时留下的。[1]1162年，公爵理查一世（942—996年）和他的儿子理查二世（996—1026年）的遗骨被掘出，一起葬在这个显赫圣地的主祭坛后面。[2]亨利二世这两位祖先的圣徒名声——尤其是前者——已经没什么可说的了：圣康坦的迪东（Dudon de Saint-Quentin，卒于1043年前）称，理查一世在世时就具有了所有的福音美德，他定能永享至福；马姆斯伯里的威廉则将那位公爵的儿子描写成修道生活的修习者，以及被遗弃的教堂的慷慨修复者。[3]1171年7月19日，他们的遗骨迁葬十来年后，理查一世与圣血之间的联系进一步强化了，何况他还是伊萨克教士祝圣礼神迹的间接导入者。那时候，这家修道院的院长是亨利二世的表兄弟和朋友亨利·德·苏利（Henri de Sully），未来的格洛斯特修道院院长和伍斯特主教；他在进行修复被火灾损坏的修道院教堂的工程时，在一根圆柱中发现了一个圣物瓶，可能是公爵为了避免被人亵渎而藏在这里的。[4]这个发现无疑提升了理查一世的威望，作为亨利二世的诺曼底祖先，他是圣血的虔诚崇拜者和保护者。于是，就像对忏

---

[1] Gouttebroze, *Le Précieux*..., p. 18-20, 29-30. 到中世纪末，两种圣徒传记传统相互交融：当时人们将伊萨克的名字给了尼哥底姆的侄子，传说是他将珍贵的圣血装入无花果树干中，放到了海里，这树干就奇迹般地漂到了费康，费康的名字（Ficus campi）即来自"原野里的无花果树"（Figuier du champ），*ibid.*, p. 65-78. 参阅 Vincent, *The Holy*..., p. 69-70。

[2] *Recueil des actes d'Henri II*, n° 221-223, t. 1, p. 358-361; Robert de Torigni, *Chronicle*..., p. 212-213; Wace, *Roman de Rou*, III, v. 2241-2246, t. 1, p. 244. 参阅 Van Houts, *History*..., X, p. 115。

[3] *De Moribus*..., p. 293-298, *Gesta*..., n° 177-178, p. 304-309。

[4] Gouttebroze, *Le Précieux*..., p. 37-38, 78-83. 有人以为，在狮心理查十字军期间，圣血和亚瑟王寻找圣杯存在关联性，不过这个论断为时尚早（Chauou, *L'Idéologie*..., p. 259, 此前 J. 马克斯［J. Marx］也有这样的认识），因为在13世纪初的罗伯特·德·鲍伦（Robert de Boron）之前，还没有人提出过这个说法。

悔者爱德华那样，亨利二世鼓励，甚至下令，以俗语撰写一部有关这位显赫祖先及其儿子理查二世公爵的传记，他们都具有圣徒的特征。

这件工作落在瓦斯的肩上，他原是一名骑士，出身泽西岛的贵族家庭，后来成了教士，[①] 1155年，他以法语韵文体改写了蒙茅斯的杰弗里的《不列颠诸王史》（1138年），不久就大获成功。从母系出身来说，瓦斯可能是伟大的罗伯特的侍卫长托斯坦（Tostain）的曾孙，他期待像他的那位祖先一样，融入公爵的宫廷，为此他博得了阿基坦的埃莉诺的关注，他的第一部著作很可能就是献给她的。[②] 1160年，亨利二世将他召到身边，给他在巴约谋了个教务会司铎的圣俸，以便他能摆脱物质上的顾虑，全心为他撰述他的祖先、诺曼底诸位公爵的历史。[③] 瓦斯花了很多时间来阅读诺曼底的纪年，聆听武功歌，搜寻当地的口头传说，甚至还研读过巴约大教堂和卡昂圣斯蒂芬大教堂的令

[①] Bennet, «Poetry…», p. 37. 不过，对于瓦斯自称的 vaslet 一词是否就是战士的同义语，D. 克劳奇是有质疑的。

[②] 参阅 Jaeger, «Patrons…», p. 56-57。这个题献不曾出现在有关布鲁图（Brut）的任何一个盎格鲁－诺曼语版本中。我们已知的这个题献，出自盎格鲁－撒克逊译本中的第22行（éd. Brook, Leslie, p. 2），这个译本现存仅两个手抄本，它们是四分之一世纪后一个叫莱亚蒙（Layamon）的人提供的；题献所在的这份手稿名叫 Cotton Caligula，它肯定比另一份名叫 Cotton Otho 的手稿更可靠，更接近原稿，后者甚至没有提到埃莉诺（introduction à la trad. angl. par Allen, p. XX）。圣摩尔的贝努瓦在他的《特洛伊传奇》（Roman de Troie）中，也曾提出同样的题献，以博取亨利二世的赞助。

[③] Li reis Henris li Secunt ; / cil me fist duner, Deus lui rende, / a Baieues une provende, Roman de Rou, v. 172-174, t. 1, p. 167, et v. 5313-5318, t. 2, p. 84. 参阅 Bezzola, La Cour…, p. 180-183; Tyson, «Patronage…», p. 193-198; Short, «Patrons…», p. 238。伊丽莎白·范·豪茨（Elisabeth Van Houts）则指出，瓦斯家族的其他成员可能当过巴约的司铎，这就使得国王的善举更为方便了，见 History…, X, p. 105。

状。①他从这些资料出发，开始撰写《卢传奇》，而卢（Rou）就是诺曼底首位公爵罗隆（Rollon）的名字。他说自己参加了1162年3月的费康遗骨迁葬仪式。他还记载说，理查一世在世时曾驱逐魔鬼，其间三次见证神迹显灵。不过，瓦斯似乎还不能让他的赞助人满意。

让-基·古特布罗兹（Jean-Guy Gouttebroze）指出②，与诺曼底从前的纪年作者和埃尔雷德·德·里沃克斯相比，瓦斯从来没有礼赞过公爵家族的神圣性，但这正是亨利二世期待的；而且，任何旨在鼓吹诺曼底和英格兰家族内部存在超自然权力传递的谱系学，瓦斯也尽量避免。这种沉默是否反映了他接受"格里高利改革"的理念、为着教会的利益而剥夺王权的全部神圣权力呢？瓦斯在巴约担任司铎，当地主教亨利·德·博蒙特在致索尔兹伯里的约翰——被国王放逐的教士首领——的信中曾为教士的自由辩护，反对王权神圣论。瓦斯的上述选择是对这种教会立场的呼应吗？如果情况真是这样，在受贝克特案支配的1164—1170年，亨利二世的这位史官的地位自然就难以维持了。国王公开或隐晦的不满已经在质疑他的行为，何况他还是受国王本人的资助。瓦斯在政治上不正确。

对于这个王朝的某些奠基性的祖先，巴约的这位司铎的评价也太不热情了。这可能是因为，作为一位严格的史家，他懂得与人物和事件保持距离：他对狂热的吹捧很是反感，但这恰恰是慷慨施赠的国王所期待的。他肯定不是私生子威廉的盲

---

① Van Houts, *History*..., X, p. 114-116.
② «Pourquoi...», p. 295-296, 304-307.

目崇拜者，在他看来，威廉排斥哈罗德、登上英格兰王位的权利依据并不总是那么清晰。在这一点上，他可能追随了盖马尔的《英格兰人史》，这位作者对诺曼人征服英格兰的残酷一面进行了指责。瓦斯还婉转地暗示，罗伯特·库特厄斯（Robert Courteheuse）比他的弟弟亨利一世更有权获得英格兰王位，而亨利一世不是旁人，恰恰是亨利二世的外祖父①……在他的笔下，金雀花家族的谱系树失去了其最美的花叶饰。另外，瓦斯出身下诺曼底的贵族家庭，他对该地几个家族的历史的颂扬性叙述是从1173年开始的，而那一年他们就参加了阿基坦的埃莉诺和她的儿子们的大反叛。②所有这类立场的选择，都表明作者具有很大的独立性，而这种思想自由看来与一位享有圣俸的司铎的身份并不相称，何况这个职位是出于国王的善意才取得的。归根结底，瓦斯与亨利二世之间的冲突从来不是文艺方面的，而是意识形态方面的。③

所以国王决定把这位史家打发了事。根据他的命令，瓦斯猝然中断了《卢传奇》的撰写，这就是以不言明的方式表达了

---

① Southern, *Medieval*..., p. 155; Blacker, *The Faces*..., p. 119; Van Houts, *History*..., XI, p. 118.

② Bennet, «Poetry...», p. 36. 瓦斯因为卷入王后的叛乱而失宠，这个说法见 R. Lejeune, «Rôle...», p. 26。不过此说很难证明，参阅 Gouttebroze, «Pourquoi...», p. 290-291。

③ 参阅 contra Dronke, «Peter...», p. 187。作者在这里指出，国王觉得贝努瓦在诗才上胜过瓦斯，而瓦斯不过是冒牌的行家。但让-基·古特罗布兹则认为，瓦斯的作品"更生动、更凝练、更富想象力"。当然这是趣味和偏好的问题……，见 J.-G. Gouttebroze «Pourquoi...», p. 290。

自己因为前庇护人的态度变化而遭遇的困境。①他的位置立刻被圣摩尔的贝努瓦取代，这位作者来自图兰，他刚于1165年以法语转写了荷马史诗中的战争史诗《特洛伊传奇》(*Roman de Troie*，1165年)，激发了贵族的热情。贝努瓦之所以创作这部作品，莫非是想博得英格兰国王的恩典？要知道，他曾连篇累牍地宣泄自己的厌女言论，但忽然又装作对自己刚刚大肆污蔑的女性人物表示愧疚，写了一段致"富裕国王的富有夫人"的颂词（上引书，第13 469行），"在她那里，一切学术都繁荣兴旺"（上引书，第13 466行）。这可能是想献给阿基坦的埃莉诺，他指望得到后者的资助。②如果他真有此愿，那后来的确是在排挤瓦斯后得偿所愿了。

这位诺曼底诸公爵的新任官方史家在履责时可谓步调井然，他的主人应该不会不高兴的。他的著作叙述诺曼底的事件直到1135年，全作超过44 000行。瓦斯停笔时大约写了16 000行，时间截至1106年，与贝努瓦比起来，瓦斯简直是个半吊子。③不过，正如伊丽莎白·范·豪茨指出的，贝努瓦只是将罗伯特·德·托里尼的《诺曼底诸公爵功业记》翻译了过来，并以迂回的修辞术作了长篇铺陈，这就可以理解他的创作速度何以如此夸张。瓦斯是真正的史家，他比较各种分散的资料，编纂出一个原创性的文本，我们今天仍然能从中分辨出难以磨灭

---

① *Le Roman*..., v. 11 420–11 424, t. 2, p. 307. 不巧的是，瓦斯没有提供他失宠的日期，否则可以更好地确定他失宠的原因。
② Bezzola, *La Cour*..., p. 289.
③ 至少有人认为，瓦斯的工作进展太慢是其失宠的原因，见 Schrimer, Broich, *Studien*..., p. 86–88。

的个人色彩。[1]人们说瓦斯动作缓慢，但这应该归因于他对严格性的追求。

但贝努瓦与他的前任不同，他完全为国王的事业服务。作品就是主人的发声器，字里行间充塞着对亨利二世及其祖先，即诺曼底诸位公爵的谄媚辞令。[2]作者着重强调公爵对男爵们的爱，后者则以全天候的忠诚和驯服加以回报。[3]更加意味深长的是他描绘的公爵理查一世的形象。首先，他突出了"出色的皇后玛蒂尔达的出色的儿子，世上的君主之花亨利二世"的一个创举（上引书，第32 058—32 061行），也就是1162年迁葬诸公爵的遗骨，但瓦斯并没有提到亨利二世出席这个仪式。在贝努瓦的笔下，母系姻亲关系已经确认，这位安茹君主具有诺曼底的谱系。其次，贝努瓦指责自己的前任对理查一世对上帝的虔诚和爱心只字不提："让我颇感不悦的是，瓦斯先生虽然才华卓著，竟然对这件我绝不会保持沉默的事情缄口不提。"（上引书，第25 836—25 839行）他说，那位诺曼底公爵懂得利用自己的神学知识和天生的智慧，他向斯堪的纳维亚武士宣教，劝他们皈依。而爱德华之所以被称为忏悔者，是因为他的虔诚，他的慈悲，以及他对人民的拯救的关切。[4]总之，在贝努瓦那里，王权找回了瓦斯曾想掩盖的宗教至上权。对于这部定制的俗语作品，亨利二世的干预、监督和导向角色是再明显不过的了。

---

[1] *History...*, XI, p. 118-119. 参阅 P. Damian-Grint, *The New...*, p. 57-58；作者强调瓦斯"自以为是的做派"带有欺骗性，不能理解为学术上的"诚实"或"批判性判断"的表现。但对此说应持谨慎立场。

[2] Bezzola, *La Cour...*, p. 194-197; Blacker, *The Faces...*, p. 119, 133.

[3] Teunis, «Benoit...».

[4] Gouttebroze, «Pourquoi...», p. 308-310.

正是由于这些拉丁史家和法语诗人的精诚配合,金雀花家族在盎格鲁-撒克逊和诺曼底都找到了坚实的根基,但这并不意味着他们因此就忽视了自己的安茹先祖们。不过,鼓励人们去书写家族先人的丰功伟业并非没有危险。在1130年代,安茹家族的名声在诺曼底是可憎的,圣-埃弗鲁尔(Saint-Evroul)的僧侣、纪年作者奥德利克·维达尔(1075—1142年),就将安茹家族成员及其武士描绘成凶恶的野蛮人,他们在对公国边境的抢劫中犯下了闻所未闻的暴行。① 然而,瓦斯和贝努瓦领受的工作,就是要化解这种古老的斗争,从有利于英格兰新国王的角度重构诺曼底的记忆。

不过,这一工作与继起的对安茹史学的支持并非不兼容。一方面,亨利二世推动图尔城的马尔穆捷(Marmoutier)修道院的僧侣们展开工作,以维系对其父系家族的过去的记忆。② 在他父亲美男子若弗瓦统治初期,这家修道院的院长厄德(Eudes),就开始编纂《安茹诸伯爵纪年》(*Chronique des comtes d'Anjou*)的第一版,1160年代,洛什(Loches)的隐修院院长托马斯(Thomas)、昂布瓦兹的罗宾和勒·布勒东(Robin et le Breton d'Amboise)、马尔穆捷的约翰(Jean de Marmoutier)分别对这个文本进行了抄写、修改和更新。马尔穆捷的约翰还给这部纪年的两份手稿加了前言,他刚刚对纪年作了修改,这是给亨利

---

① *Historia...*, XIII, 21-22. 参阅 J. Bradbury, «Geoffroy V...», p. 21, 27-28; Power, «What Did...», p. 200。

② S. Farmer, *Communities of Saint Martin : Legend and Ritual in Medieval Tours*, Ithaca (NY) -Londres, 1991, p. 76-95.

二世的献礼。[1]另一方面，英格兰国王及其手下也介入武功歌的创作，这些歌颂从前的安茹诸侯的作品不应忽视。由于这些武功歌的影响，马尔穆捷的拉丁历史著作的传播超出了地方范围。从某些方面看，它们让人想起瓦斯和贝努瓦接受的定制创作。

不管怎样，在12世纪末的史诗中再次发现安茹伯爵的一个古老诉求是饶有兴味的：这就是他们作为法兰西国王的掌旗官。此说见于马尔穆捷的纪年。1158年，亨利二世的一个忠实随从、来自昂热内地的骑士于格·德·克莱（Hugues de Claye），竟写了一本小书来讨论这个问题。根据他的说法，卡佩家族的祖先强者罗贝尔（Robert le Fort）——见于866年的史料中——将法国军队的指挥权世袭性地授予安茹伯爵灰袍若弗瓦（Geoffroi Grisegonelle，958-987年）。[2]然而，这个说法最古老的版本见于1160—1170年抄写的《罗兰之歌》，这份手稿现存于牛津柏德林（Bodléienne）图书馆，可能是在亨利二世的宫廷中完成的。在这部作品中，安茹伯爵若弗瓦是查理曼的总管和旗手（porte-gonfanon），牛津手稿的抄写员还两次提到，若弗瓦有个叫亨利的亲戚，而其他的版本并不见此说。若弗瓦依据自己的权力，宣布国王法庭赦免加内隆（Ganelon）的决议无效，因为此人的叛变罪行已经在司法决斗中得到了证实，而在决斗中击倒加内

---

[1] Ed. Halphen, Poupardin, p. VII–VIII et XXVII–LXV. 参阅 Chauou, *L'Idéologie*…, p. 53 ; Bachrach, «The Idea…», p. 298–299。

[2] «De Majoratu…». 参阅 Mireaux, *La Chanson*…, p. 84–92。关于于格·德·克莱，N. 文森特正在出版有关他的很多令状，这有助于我们更好地认识这个人物。

隆的，正是若弗瓦的兄弟梯叶里（Thierry）。①亨利二世的女儿、萨克森和巴伐利亚的公爵狮子亨利的夫人玛蒂尔达很喜欢这部作品，她还让教士康拉德（Conrad le Prêtre）将此书译成德语。②由于金雀花是阿基坦的主人，《罗兰之歌》对他们而言就更是一件家族事务了。隆塞沃（Roncevaux）的残余部队在波尔多、加斯科尼北方的布莱依（Blaye）和贝兰（Belin）受到人们的致敬。一些地方圣地中也可见到杜兰达尔（Durandal）佩剑和象牙号角（olifant）。《圣雅各朝圣向导图》（*Guide du Pèlerin de Saint-Jacques*）——的作者很可能是来自普瓦图地区帕特奈（Parthenay）的教士埃梅里·皮科（Aimery Picaud）——也数次就这些圣物进行长篇铺陈。③总管若弗瓦、决斗中的梯叶里、亲戚亨利：正是通过这些祖先，金雀花成功地在这部传奇中占据了一席之地——而人们曾认为它是专门用来歌颂法兰西国王的。

罗兰的安茹战友们的文学形象还不止于此。12世纪末和13世纪的很多武功歌，特别弘扬了灰袍若弗瓦和其兄弟们的功业，如埃斯普雷蒙、盖盾（Gaydon）、蒙托邦的雷诺（Renaud de Montauban）、费耶拉布拉（Fierabras）、塞斯内（Saisnes）、鲁西永的吉拉尔（Girard de Roussillon）的作品……④

对我们的话题来说，《埃斯普雷蒙之歌》（*Chanson d'Aspremont*）无疑是有意义的。它最近的编订者甚至断言——

---

① Mireaux, *La Chanson*..., p. 79-83 et 101-103. 参阅 Schrimer, Broich, *Studien*..., p. 104-108; Keller, «The Song...», p. 244, 248-249, 256。

② Mireaux, *La Chanson*..., p. 98-101; Bumke, *Courtly*..., p. 77; Southern, *Medieval*..., p. 139; Bezzola, *La Cour*..., p. 302.

③ Ed. Vielliard, p. 24-26, 78-80.

④ Lot, «Geoffroy...».

可能有些夸张——这是"一部歌颂一个伟大王朝，即金雀花王朝的光荣的政治性诗歌"；编订者还认为，这部作品的定制者是蒙茅斯的巴德龙（Baderon de Monmouth，卒于1190/1191年）和他夫人罗黑丝·德·克莱尔（Rohaise de Clare）。[1]《埃斯普雷蒙之歌》讲的是查理曼和罗兰在卡拉布里亚（Calabre）和穆斯林作战，若弗瓦就是皇帝贴身随从中的一位贵族。这些战士之中还有一位吉拉特·德·福莱特（Girart de Fraite），他是加斯科尼和奥弗涅的领主，也是坎特伯雷大主教的敌人，绰号"狮心"（cœur de lion）：这显然与狮心理查建立起了联系；而且理查很熟悉《埃斯普雷蒙之歌》，他手下的说唱艺人昂布瓦兹就无数次地提到过；[2]这方面另一个更有力的证据是，作品中多次提到理查的妹妹雅娜在卡拉布里亚的亡夫遗产，以及某位巴伐利亚公爵的勇武，而此人自然让人联想起他的姐夫狮子亨利。

此外，诺曼底的某位理查（Richard）在《盖盾之歌》中扮演了首要角色。史诗的标题取自理查的兄弟、昂热公爵、查理曼的总管、加斯科尼王后的丈夫梯叶里的绰号。一只松鸦（古法语中的gai）两次站在梯叶里的头盔上，当时他正与加内隆手下的皮纳贝尔（Pinabel）进行决斗，加内隆对安茹人的家族复仇是整部史诗的核心内容。[3]这里我们可以注意一下查理曼的可

---

[1] Ed. Mandach, *Naissance*..., t. 3, p. 1, et t. 4, p. 12-27 et 54. 相反的观点，见 Boutet, *Charlemagne*..., p. 474-482："《埃斯普雷蒙之歌》是一部鼓吹金雀花的宣传作品，这个看法可以被排除"，引文见 p. 478。

[2] *L'Estoire*..., v. 516, 4188 et 8491-8493, col. 15, 112, 227. 参阅 Van Waard, *Etudes*..., p. 263。

[3] J. Subrenat, *Etude sur Gaydon, chanson de geste du XIIIe siècle*, Aix, 1974; Boutet, *Charlemagne*..., p. 99-100, 397-402, 530-535; Mireaux, *La Chanson*..., p. 93-96.

笑形象：他在醉酒后作出了荒唐的军事决定。在这部加洛林题材的史诗中，对金雀花传奇祖先们正面的形象刻画，在《埃斯普雷蒙之歌》和《盖盾之歌》中尤其常见。

不过，保留下来的文字片段表明，那位花白胡子皇帝、安茹祖先的首领，对安茹人来说并不必然是外人。它们是要在查理曼威名的庇护之下，为安茹的王权寻求一席之地吗？可以肯定的是，1165年，亨利二世向腓特烈·巴巴罗萨和伪教宗帕斯卡尔三世（Pascal III）要求为他封圣。①这个举措发生在一个非常特殊的政治背景下。当时亨利二世正与神圣罗马帝国的皇帝结盟反对路易七世；而向帝国立的伪教宗提出的要求，看来也是在贝克特案件中向亚历山大三世施压的一个手段。在皮埃尔·德·布卢瓦、拉尔夫·德·迪斯、乔丹·方托姆，以及行吟诗人吉罗·德·伯内伊和贝特朗·德·博恩的笔下，还有少许将英格兰诸王与查理曼相比的做法，当然这些作者大多与金雀花宫廷很接近。②不过，贝特朗·德·博恩和乔丹·方托姆在提到那位著名的皇帝时，更喜欢将他与路易七世或腓力·奥古斯都相提并论，似乎查理曼首先是个法国人。另外，基罗·德·巴里在《论君主的教育》中毫不掩饰他对卡佩家族的敬重，声称法兰西国王出自查理曼的世系，而布列塔尼人和苏格兰人过去也曾服从于查理曼。③总之，12世纪围绕这位传奇皇

---

① Folz, *Le Souvenir*..., p. 197-207.
② *Epistulæ*, n° 14, col. 45, et *Compendium in Job*, col. 810-811; «Ymagines...», t. 2, p. 178; *Chronicle*, n° 10, v. 112-114, p. 11; *The Cansos*..., n° 75, v. 75, p. 476; *L'Amour*..., n° 12, v. 70, p. 224.
③ *L'Amour*..., n° 10, v. 42, p. 190, et n° 28, v. 23, p. 576; *De Principis*..., I, 17, p. 74; 参阅 Bezzola, *La Cour*..., p. 80, 201-202; Lewis, *Le Sang*..., p. 146, 150-151, 155。

帝发展出的各种武功歌，大大推动了卡佩家族对这个人物的利用。本来，人们可以认为于格·卡佩篡夺了本应属于加洛林家族的王位继承权，但他的后代对查理曼的利用在腓力·奥古斯都在位期间最终完成。当时诞生了一种新的谱系意识：reditus ad stirpem Karoli，即卡佩回归加洛林的根基。这在腓力·奥古斯都与埃诺的伊莎贝拉（Isabelle de Hainaut）的联姻中得以实现，新娘与她的丈夫不同，她是那位传奇皇帝的直系后裔。[①]查理曼成了法兰西国王的祖先，甚至他那象征性的保护者形象，从此也主要位于圣丹尼而不是亚琛。他更像是卡佩家的，而不是霍亨施陶芬家的。即便他喝醉了，也还是史诗中安茹家族的主人，后者对他有服从和服役的责任……

这就是为什么金雀花家族对查理曼的政治工具化利用反而造成危险的原因。所以他们必须寻找另一位显赫的祖先，甚至一位可以与查理曼竞争的祖先。亨利二世时期，这个角色被赋予了不列颠岛民的国王亚瑟，这种潮流在狮心理查继位后甚至更加明显。金雀花家族在意识形态领域引入这个人物具有头等的政治意义，最近历史学家阿莫里·绍武（Amaury Chauou）为此写了一本书。[②]实际上，我们对生活在6世纪的真实的亚瑟知之甚少，因为他的生平因为各种枝蔓丛生的演绎和传奇中的改编而变得十分模糊。我们顶多只能依据《坎布里亚编年》（*Annales de Cambrie*, 950年），再补充一些较早的不太可靠的

---

① Spiegel, «The *Reditus*…».

② Ibid.: *L'Idéologie Plantagenêt. Royauté arthurienne et monarchie politique dans l'espace Plantagenêt (XIIe–XIIIe siècle)*。

史料。这些资料告诉我们,亚瑟是不列颠人的首领,曾率军队与萨克森人作战,并在英格兰南部的巴敦山战役中获胜(516年),但在后来的坎穆兰战役(537年)中,他和一个叫莫德雷德(Modred)的人一起战死。[①]因此,在凯尔特人抵抗日耳曼人入侵的斗争中,亚瑟是个重要的军事首领,后来的史家则将他抬升到为大不列颠的独立而战的英雄层次上。

大不列颠也很快就懂得利用这个传奇。在凯尔特语区,一些历史已经涉足这个主题,它们试图从6世纪之前古老的民歌宝库中汲取材料。一首新的威尔士语散文歌谣《考维奇和欧文》(*Culhwch ac Olwen*)将亚瑟描绘成半神一样的英雄,在这部可能成书于11世纪的作品中,亚瑟的宫廷位于地下,他是个慷慨的统治者,大宴宾客,招募一些非同凡响的武士,这些人能与巨人和鬼怪战斗,凯旋时斗篷里满是财宝。[②]职业的民歌手到处传唱这些故事。他们通常也懂得拉丁语和一些罗曼语,这使他们可以在大陆上远行。比如,布雷赫里(Bléhéri)就曾前往普瓦提埃的宫廷,他也许就是威尔士骑士布雷德利·厄普·卡迪夫(Bleddri ap Kadifor,约1116—约1135年);13世纪初,弗拉芒作家沃谢尔·德·德南(Wauchier de Denain)曾提到过这次经历,这就可以解释,在阿基坦公爵纪尧姆九世的宫廷中,两位行吟诗人马加布律(Marcabru,约1130—约1149年)和塞卡蒙(Cercamon,约1137—约1149年)为何能在诗歌中提到亚瑟

---

① Jackson, «The Arthur…». Les annexes de Chambers, *Arthur*…, p. 234-279, 内含大部分有关亚瑟王的拉丁史料。

② *The Mabinogion*, p. 95-136.

王和特里斯坦。[1]早在亨利二世上台之前,巡游歌手们就在西方各地传播亚瑟王的神话。

如果没有蒙茅斯的杰弗里的贡献,这个传奇的影响范围可能十分有限。杰弗里是牛津的教师和司铎,后来还当选为圣阿萨夫(Saint-Asaph,即威尔士的拉内尔维)的主教,1130年,他创作了梅林预言,八年之后,他将这些预言融入《不列颠诸王史》。这是一部注定要在文学方面大展宏图的拉丁文著作,它里面混杂的神话编造,既有完全来自作者丰富的想象力的内容,也有从凯尔特口头传说和古代历史资料中汲取的学识。[2]它追述了两千年间99位不列颠国王的丰功伟业,从特洛伊人到来,直到日耳曼人赶走不列颠人——特洛伊人被视为不列颠王朝的奠基者。作品三分之一的篇幅讲述亚瑟王,这位乌瑟(Uther)王的儿子战胜了萨克森人,摧毁了皮克特人和苏格兰人,接着又征服了爱尔兰,还有法兰西、斯堪的纳维亚和冰岛;他和罗马贵族出身的桂妮芙(Guenièvre)结婚,夫妻二人的宫廷生活十分气派;但是他的侄子莫德雷德背叛了他,这个人勾引桂妮芙,与萨克森人勾结以对抗亚瑟;亚瑟王在战斗中受伤,退隐阿瓦隆岛。在1150年左右撰写的《梅林传》(*Vie de Merlin*)中,杰弗里对亚瑟王的退隐生活作了详尽描写:仙女墨嘉(Morgane,

---

[1] Weston, «Waucherie…»; Anglade, *Les Troubadours*..., p. 25, 41–42, 47; Bezzola, *La Cour*..., p. 67–68, 163–164, 291–292, et t. 2 (2e partie), p. 318–320; Newstead, «The Origin…»; Nykrog, «The Rise…», p. 602.

[2] Wright, «Geoffrey of Monmouth and Bede» et «Geoffrey of Monmouth and Gildas»; Nykrog, «The Rise…», p. 595.

或译摩根）将亚瑟带到她的船上，为他包扎伤口。[①]于是，这众多故事和传说就组成了一个整体，它取得了前所未有的成功：我们现有的《不列颠诸王史》的中世纪手稿抄本多达215份，其中12世纪的有50份，这是当时的其他任何著作都没有达到的数字。[②]

它的盎格鲁-诺曼语译本也是层出不穷。其中的六个版本可能在作者生前就已传播开。[③]最有影响的是《不列颠人史》，今已遗失，它大概是在1140年前不久由教士杰弗里·盖马尔完成的，著作问世后不久就有了另一个名称："蒙茅斯的不列颠诸王"。实际上，盖马尔是大不列颠高级贵族文学圈子中的活跃分子，这个圈子受格洛斯特的罗伯特的推动，他是蒙茅斯的庇护人，蒙茅斯的作品也是献给他的：据说他向拉尔夫·菲茨·吉尔伯特的妻子康斯坦斯借阅过这部作品的手稿，而康斯坦斯又是从约克郡的贵族沃尔特·厄斯培克（Gautier Espec）那里得到手稿的；厄斯培克捐赠过一些土地，西多会的里沃克斯修道院就坐落在这些土地上，学者埃尔雷德也生活在这里。我们已经碰到过几个这样的贵族，他们，还有他们的妻子，就是那种"有文化的骑士"（milites litterati），而且是盎格鲁-诺曼语文学的赞助人，这是精英领导阶层使用的俗语，这是他们的社会和文化统治身份的象征。[④]他们不久就跟年轻的亨利建立了联系，

[①] 关于杰弗里，已有很好的研究：Ashe, «Geoffroy...»；关于其政治背景，见 Gillingham, *The English*..., p. 19-39。

[②] Crick, *The Historia*...

[③] Damian-Grint, «Redating...».

[④] Legge, *Anglo-Norman*..., p. 28-32; Short, «Gaimar's...»; Damian-Grint, *The New*..., p. 49-50.

他在他的监护人格洛斯特的罗伯特的支持下，拿起武器来到英格兰，要求获得他母亲、皇后玛蒂尔达的继承权。

瓦斯也是他们中间的一员，他以前也是个武士。像他们一样，瓦斯也曾醉心于蒙茅斯的杰弗里的著作，并以八音节法语韵文将其转写成《布鲁图传奇》(Roman de Brut)，著作在1155年前后完成。与其说它是译著，不如说是瓦斯的一部十分自由的改写著作。他扩展了蒙茅斯的杰弗里的描写，增加了很多自编的片段，他想以这些生动的细节来吸引读者和听众。这就改变了亚瑟王的形象：在蒙茅斯的杰弗里的笔下，亚瑟对臣民是个专横的统治者，对敌人则是嗜血的武士，曾下令对他们大肆屠戮；但在瓦斯那里，亚瑟成了一个封建国王，他对手下的附庸很是尊重，他对他们还负有保护和倾听的责任：这是一位与附庸一起坐在圆桌周围的国王，"圆桌"一词就是在《布鲁图传奇》中被首次提到的。① 战斗中的亚瑟王也不再是残忍的杀戮者，不再对男子和马匹毫不留情，不再纯粹为了嘲弄而将他的对手、战败的皇帝的尸首送回罗马。瓦斯笔下的亚瑟王与蒙茅斯的杰弗里刻画的形象恰成对比：他只在别无他途时才进行战斗，他作战的唯一目标是恢复和平。战斗中的国王谨遵骑士风度，对敌人不再有任何不必要的暴力，坐骑也不会遭受蓄意的伤害。当皇帝战死后，他命人以一个在战场上体面地倒下的战

---

① 圆桌骑士究竟是平等的还是存在等级制，这个问题在中世纪研究者中引发了很多讨论，有很多相关文献问世。瓦斯虽然强调平等，但事实上亚瑟还是保留着特别的位置；他给自己规定了先座权，要求骑士们遵守；骑士们围坐成圆形，让人想起某种宇宙形态，表明王权统治的"普世性"。Schmolke-Hasselmann, «The Round...», Guerreau-Jalabert, «Alimentation...»。

士应得的礼遇为他下葬。最后，亚瑟对所有前来投奔他的人都慷慨大度，"以彰显他的风度（courtoisie）"（第1 235行），这是《布鲁图传奇》中展现的豪华的宫廷世界中的首要品德：所有志在成为骑士的年轻武士，都必须在他的宫廷中经受历练。[①]总之，瓦斯将亚瑟王描绘成"品德高尚，慷慨大方，威名远播的骑士"（上引书，第477-478行），他具有君主和贵族们都应赞赏和仿效的一切外在和精神品质。从这个意义上说，他就是典范的国王－骑士的人格化身。

若从其"民族"身份来看，亚瑟王也发生了一个重大变化。蒙茅斯的杰弗里的著作歌颂的是不列颠人，但更主要是歌颂他的威尔士同胞，他将这些人描写成一个坚贞不屈的凯尔特岛民群体，他们抗击着所有外敌的入侵。所以他努力将他们呈现为一些令人崇敬的先人，但当时的英格兰知识人却赋予他们残忍的野蛮人的名声，认为他们的文明几乎还没有超越原始的田园阶段。[②]大概正是由于对不列颠过去的这种矛盾认识，牛堡的威廉和基罗·德·巴里才会拒绝这种著作：前者嘲笑它是些"可笑的编造"，纯粹是为了迎合不列颠人的虚荣；后者则说，《约翰福音》中逃出来的魔鬼，就是那些兴奋不已地投入《不列颠诸王史》的人。[③]的确，杰弗里有时对诺曼底人表现出公开的敌意，从时间上说，后者就是最近的入侵者。书中有个梅林的

[①] Fletchter, *The Arthurian...*, p. 127-142; Bezzola, *La Cour...*, p. 154-157; Boutet, *Charlemagne...*, p. 157-163, 185, 199-203.

[②] Gillingham, *The English...*, p. 20; Nykrog, «The Rise…», p. 595-596.

[③] «Historia rerum...», p. 11-12, 17-18; «Itinerarium Kambriæ», I, 5, p. 57. 参阅Bezzola, *La Cour...*, p. 120-122; Gransden, *Historical...*, p. 264-265; Gillingham, *The English...*, p. 22-23; Roberston, «Geoffrey…», p. 53。

预言，它可能受到威尔士古代诗人的启发，这些人在凯尔特语中有个集体名字，发音也是"梅林"（Myrddin），但也可能是杰弗里发明出来的：在当时，布卢瓦的斯蒂芬正和皇后玛蒂尔达以及她的诺曼底武士战斗，斯蒂芬对他的敌人毫不怜悯："滚出去，纽斯特里亚人！不要再拿着武器，身为狂暴的武士却要统治自由人！已经没有任何东西供你们狼吞虎咽了，因为你们吃光了大自然慷慨孕育的一切东西！哦，基督啊，快来帮助你的子民！快来驯服这些猛兽，快来制止战争，赐予这个王国和平与繁荣！"[1]在康沃尔的约翰（Jean de Cornouailles）1153—1154年搜集的预言中，我们也能看到这种反诺曼底的情绪。[2]梅林肯定是不喜欢大陆人的。

作为一个纯正的英格兰-诺曼底人，甚至仅作为一个想博得王后埃莉诺的恩惠的作者，瓦斯自然要努力赋予这位预言家一副新面孔。他不想把梅林神圣化，乃至成为王权的化身——它决定着亚瑟王的各种行为——而是将他变成为亚瑟王效劳的巫师。另外，瓦斯还说，他决定不翻译梅林的预言，预言在文学上已有定见，人们可以觉察其隐藏的思想。瓦斯手稿中不见梅林预言，这就对蒙茅斯的杰弗里的著作作了恰当的去政治化，尤其是摆脱了不列颠人即将从诺曼底的压迫下解放出来的观念。的确，1140年代，一位匿名的诺曼底作者撰写《英格兰概略》（Description de l'Angleterre）就揭示了当时凯尔特岛民的心态："威尔士人已经复仇了，他们屠杀了我们很多法国人。他

---

[1] *Life of Merlin*..., v. 1511–1515. 参阅 *ibid.*, p. 9; P. Zumtor, *Merlin le Prophète*, Genève, 1973, p. 38.

[2] Ed. Curley, «A New…».

们占领了我们的一些城堡。他们以威胁我们感到骄傲。他们到处传扬,他们最终会占据一切。凭借亚瑟王之名,他们将重新夺回全部土地……他们将再次称这片土地为不列颠。"[①]这份文献公开宣称,亚瑟王的回归将鼓舞威尔士人的反叛。1155年,就在《布鲁图传奇》问世前不久,威尔士人奥温·厄普·葛文尼德(Owain ap Gwynedd)和鲁斯·厄普·格里菲斯成功地突袭了威尔士边境地带的诺曼底人堡垒,刚刚加冕为国王的亨利二世决定进行报复。[②]考虑到这些背景,瓦斯的著作掩盖梅林预言、遮蔽那位传说中的国王的收复失地运动,就更在情理之中了。实际上,瓦斯所构建的亚瑟王形象,不再是不列颠人的国王,而是所有英格兰人——既包括凯尔特人,也包括盎格鲁-撒克逊人和诺曼底人——的国王,这些人开始觉得他们具有共同的身份。[③]

与此同时,亚瑟和他的圆桌骑士在法国作家中间激起了十分浓烈的兴趣,由于这些人物被斩断了不列颠根基,他们就逐渐成为整个西方文学中的"普世主义"英雄。这些文人跟格洛斯特的罗伯特刚出师的弟子亨利二世保持着联系,他如今成了蒙茅斯的杰弗里的保护人。声名卓著、才华横溢的特鲁瓦的克

[①] 转引自 Gillingham, *The English...*, p. 33; L. Johnson, A. Bell, «The Anglo-Norman *Description of England*», *Anglo-Norman Anniversary Essays*, dir. I. Short, Londres, 1993, p. 11–47。

[②] Blacker, «Ne vuil...», «Where...». 直到14世纪末,有关亚瑟王的记忆仍活跃在威尔士诸王的记忆中:1284年,"亚瑟的珠宝"是罗埃林·阿普·格鲁菲德(Llywelyn ap Gruffudd)财宝的一部分,后者被爱德华一世俘虏,见 R. Davies, *Wales, 1063–1415*, Oxford, 1991, p. 355。

[③] Gillingham, *The English...*, p. 253.

雷蒂安（Chrétien de Troyes，约1160—约1190年）虽然在香槟的玛丽的宫廷中效力，但他对英格兰非常了解，很可能在那里生活过。[①]法兰西的玛丽在1160年左右创作了凯尔特化的叙事小诗《兰瓦尔》（*Lanval*）和《忍冬》（*Chèvrefeuille*），她很可能也被邀请到亨利二世的宫廷；她还可能是强大的博蒙特－墨朗家族的一员，这个家族在海峡两边都有很多领地。[②]在同一时代，两位诗人还将亚瑟王写入了特里斯坦和伊索尔德的爱情故事之中，故事受到凯尔特古代传说的启发。这两位作者一位是托马斯，他告诉我们，他的素材来自布雷赫里，他还热情歌颂了伦敦，大概他在那里遇到过王室家族；另一位诗人是贝卢尔（Béroul），他对英格兰也很了解，尤其是康沃尔的约翰的作品，虽然他使用的是大陆的一种诺曼底方言。[③]这些作品通常只有残篇传世，但它们无疑只是传唱亚瑟王的盎格鲁－诺曼语故事的一小部分。

不过，在金雀花帝国，这些故事不只是以奥伊语书写的。1175年左右，亨利二世的某个女儿的教父罗伯特·德·托里尼很可能以拉丁语创作了两部与该主题有关的著作：一部是《高文的诞生》（*Naissance de Gauvain*），作品中的这位骑士英勇地保卫着他叔叔亚瑟王的北方边境，另一部是《梅里亚多克故事》（*Histoire de Meriadoc*），故事的主角是不列颠国王麾下的另一位

---

① Bullock-Davies, «Chrétien...», p. 59–60. 参阅 Bezzola, *La Cour*..., p. 310–311.

② Hoepffer, «The Breton...», p. 116–121; Bezzola, *La Cour*..., p. 305; Y. 德·蓬特法西对其编辑出版的 Marie de France, *L'Espurgatoire*... 一书的序言; Chauou, *L'Idéologie*..., p. 96。

③ Noble, «Romance...»; Newstead, «The Origin...».

勇士，他在国王的帮助下终于向谋杀他父亲的凶手报了仇。①我们知道，罗伯特1139年就在贝克图书馆中拥有一部《不列颠诸王史》抄本，当时他是图书馆的负责人。1191—1205年，伍斯特郡恩勒（Ernley）的教士莱亚蒙（Layamon）以中古英语改写了《布鲁图传奇》，但我们不能确定这项工作与宫廷是否有联系。最后，1195年前后，乌尔里希·冯·查齐霍芬（Ulrich von Zatzikhoven）从这部传奇的盎格鲁-诺曼语版本出发，开始了德语版《兰斯洛》（*Lancelot*）的编纂工作，这个底本可能是由休·德·摩尔维尔带到帝国境内的，此人曾陪同狮心理查一起被囚禁。②所以，英格兰诸王以常规或非常规的、直接或间接的方式，同这些撰写亚瑟王传奇作品的作者建立起了联系。

这些作品流传范围很广，尤其是在金雀花家族统治的辽阔空间中，从各岛屿直到欧洲大陆。普瓦图、利穆赞和加斯科尼的行吟诗人在创作时，自然也会提到这些英雄：贝特朗·德·博恩为布列塔尼的若弗瓦之死而流泪，无论是亚瑟还是高文复活，都不能取代他；李戈·德·巴别丘（Rigaud de Barbezieux，约1140—约1163年）则思忖，当他被自己的夫人弄得神魂颠倒时，他根本不敢向她提任何要求，这种哑口无言就像圣杯前面的珀西瓦尔（Perceval）一样；在高瑟

---

① 这两部著作于1984年和1988年由M.L.戴（M. L. Day）编辑和翻译，M.L.戴还令人十分信服地探讨了二者的作者身份问题。实际上，它们的作者名字只标注了一个首字母R。不过，将作者认定为罗伯特·德·托里尼，遭到J.-Y.蒂莱特（J.-Y. Tilliette）的反对，他追随的是J. D. 布鲁斯（J. D. Bruce）和R. S. 卢米斯（R. S. Loomis）的看法，这几位研究者认为它们是13世纪的作品。最近的评论，见Echard, *Arthurian*..., CCM, 45, 2002, p. 176。

② Jones, «Richard...», p. 76-77; Chauou, *L'Idéologie*..., p. 248.

姆·费迪特笔下,狮心理查就是堪与亚瑟王比肩的人物;小贝特朗·德·博恩(1192年前—1233年)弘扬高文的战功,将之树立为无地约翰的榜样,激励后者效仿他在战斗中的勇武,而不是沉迷于狩猎和俗世的娱乐,"任凭自己活活被剥夺继承权"[①]……阿基坦虽然远离亚瑟传奇的各发祥地,但这里的行吟诗人看来对这个题材有惊人的了解,他们将它纳入了自己的奥克语诗歌中。按照当时就已确立的区分,他们对三大文学主题都十分精通:第一个是"不列颠题材",与亚瑟王及其骑士相关,第二个是"法兰西题材",涉及查理曼、罗兰及其战友,第三个是"罗马题材",题材中的罗马人都处于古代历史背景中。

并不是只有行吟诗人对圆桌骑士感兴趣,关于后者的故事并非都出自职业文学创作者的手笔,他们主要为世俗公众撰写。不过,在皮埃尔·德·布卢瓦的《圣事忏悔书》(*Livre de la confession sacramentelle*)中,当听众在得知亚瑟、高文和特里斯坦的不幸而流下同情之泪时,作者不禁感到遗憾,因为他们从来没有被宣扬爱上帝的布道而感动过。[②]埃尔雷德·里沃克斯也有类似的评论。[③]但西多会修士海斯特巴赫的塞萨尔(Césaire de Heisterbach,约1180—1240年)决定作出回应,此人是一卷《劝世例》(*exempla*)的编纂者。他讲到自己修道院的一位院长,在布道时为了唤醒沉睡的修士们,制止他们的鼾声,就转

[①] Bertran de Born, *L'Amour*..., n° 22, v. 33–40, p. 434. 参阅 Anglade, *Les Troubadours*..., p. 60–77。

[②] *Liber de confessione sacramentali*, PL, t. 207, col. 1088D. 参阅 Loomis, *Studies*... p. 4; Dronke, «Peter...», p. 198–199。

[③] *Le Miroir de la charité. Sermons de l'amitié spirituelle*, trad. Ch. Dumont, Paris, 1961, II, 17, p. 50.

而讲起了亚瑟王的故事。①亚瑟王的肖像甚至出现在宗教建筑的中心,这很好地反映了神圣与世俗之间的互动。两个意大利的例子足以证实这一点:1130年左右,摩德纳主教座堂的拱门缘饰上雕刻了亚瑟王及其武士的队伍;大约三十年后,奥特朗托(Otrante)教堂地板砖的马赛克上出现了这位不列颠国王猎逐公羊的画面。②这时圆桌骑士的故事已流传甚广,它在整个西方贵族社会无疑已是家喻户晓,但教士阶层同样熟知这些故事,它是一个超越所有社会和文化阶层的现象。

金雀花家族很快就想利用这个现象。为此他们要给亚瑟王的墓增添一份他应得的荣耀。③还应该重新找回亚瑟,因为最近才火热起来的那位国王,其实是6世纪的一个面目模糊的小头领,他的外在痕迹早已无处可寻。但人们毕竟在格拉斯顿伯里(Glastonbury)的西多会修道院中发现了一点痕迹。修道院坐落在一个山丘上,四周是干涸的沼泽,可以认为这里以前是个岛屿;山区所在的索默塞特(Somerset)郡与威尔士隔着布里斯托尔海峡。这是一座女修道院,与王室的关系特别紧密,后者控制着院长的选任,那里总是能找到王国政策忠实的支持者。这里发现的是亚瑟王的遗物,基罗·德·巴里在1192年前编写的《论君主的教育》中、在1217年左右撰写的《教会之镜》(*Miroir de l'Eglise*)中,对它的描绘极尽周详。他的描述后来

① *Dialogus...*, IV, 36.
② Loomis, *Arthurian Legend...*, p. 4-10, 31-36; Schmitt, *Les Revenants...*, p. 140-141.
③ 这段文字的论述,参考的是 Gransden, «The Growth...»。这些史料的法语翻译,见 Faral, *La Légende...*, p. 437-441。另见 Chauou, *L'Idéologie...*, p. 203-230; Barber, «The *Vera*...»。

被两份西多会资料采用,这就是科吉舍尔的拉尔夫的著作(约1224年)和格拉摩根的马嘉姆修道院(Margam en Glamorgan)的纪年(约1234年),后者的主要目的是要将这一发现的时间确定在1191年。但基罗的文本仍然是最完整的。它是后来所有史著的底本。

基罗的记载突出了亨利二世的创意,"他听过一个不列颠说唱者讲的故事,根据这个传说,他命人在一棵中空的大橡树中寻找,至少要在16尺深处才可找到遗物"[1]。之所以是国王鼓动发掘这个墓地的,是他将威尔士歌谣的信息传递给了修士们,因而充当了凯尔特文化和修道院文化的中介者。11世纪还出现了另一个传说:爱尔兰科隆马克诺伊斯(Clonmacnoise)修道院奇迹般地发现了一具武士的尸首。这个传说有类似的叙事结构,在爱尔兰和不列颠岛之间的圣乔治海峡的两边,说唱者们很可能采用了它。基罗的叙述融汇了不列颠民歌,记载圣骨发现的圣徒传记文本,以及讲述皇帝、国王和其他奠基性先祖的陵墓被发现的拉丁纪年。

在格拉斯顿伯里,修士们根据亨利二世的指令,找到了一具巨人的尸体,身上有十处伤口,另有一具金色发辫的女性尸体。为了不致对他们的身份有任何怀疑,据说伴随遗体出土的还有一句铭文:"此处安息着著名的亚瑟王,他与第二任妻子桂妮芙一起被葬在阿瓦隆岛。"尸体很快被转移到修道院教堂,安放在一个大理石墓中。这位威尔士-诺曼作家评论说,这个发现揭穿了有关这位昔日国王的传说的不实之处,因为传说使得

---

[1] *De Principis...*, I, 20, p. 126-128.

人们以为，国王身处某个梦想的国度。这个神话不仅与真正的宗教不符，在政治领域也同样危险，因为它赋予不列颠人一种希望，即亚瑟王将作为弥赛亚归来。所以在基罗的笔下，墨嘉只是国王的一个贵族亲戚，她虔诚地为国王安排入葬，只有那些迷信的吟游诗人不羁的想象力，才能将她变成神秘的仙女。掌握经院哲学话术的基罗采取的是一种实用主义，这与他认为各种神奇描述中普遍存在的盲目轻信形成对比，而在威尔士和爱尔兰的此类文字中就有这些神奇描述。的确，这位知识分子懂得如何使其使用的文类，与聆听作品的公众、与他写作时所追求的政治动机相协调。

基罗秉持同样的学者气质，对地名学的语言学演变作了长篇论述，以证明撒克逊语中的格拉斯顿伯里和凯尔特语中的阿瓦隆指的就是同一个地方，因为二者的意思都是"玻璃岛"（Ile de verre）。他还给自己的论证增加了一个附加的细节：亚瑟王盾牌上的圣母形象，指的就是这家修道院是敬拜圣母的，这个物件象征着他的慷慨。于是，在有关不列颠这位深入人心的国王遗骨的发现之外，基罗还附上了一种精妙的言说，即确认发现地点、揭示与阿瓦隆仙女岛相关的不列颠传说之荒诞性。另外，关于亨利二世在这次发掘中的积极角色的评论表明，为推动公众对亚瑟王遗骨的崇拜，安茹家族的努力还是很必要的。

国王的方针刚好与格拉斯顿伯里僧侣们的方针吻合，后者很长时间以来就掌管着声望极高的圣骨，足以吸引朝圣者和捐赠者。早在12世纪初，僧侣们就委托图书管理员威廉（Guillaume）和其他圣徒传记作者，负责论证他们修道院的古老及圣徒的威望，以扩展修道院的影响力，而那位威廉就在布里斯托尔附近的马姆斯伯里修道院，他是格洛斯特的罗伯特的文学圈子的一员，也是蒙茅斯的杰弗里的灵感来源之一。不过，这些受托的作者并不认为亚瑟的遗骨在格拉斯顿伯里。他们顶多只是为这一传说作了一点不情愿的铺垫。马姆斯伯里的威廉在其《英格兰诸王功业记》（1125年）中记载说，在征服者威廉时期，亚瑟王的外甥高文的墓在威尔士被发现了；但他说，那位不列颠人的墓从来没有被找到，这就催生了很多有关他归来的无稽之谈。[1] 同一时期，这家修道院资助的另一位作家、威尔士人加拉多克·德·兰佳凡（Caradoc de Llancarfan），创作了圣吉尔达斯（saint Gildas）的传记，这位苦修的圣徒曾长期在布里斯托尔海峡边隐居，后来到了格拉斯顿伯里，最后终老并安葬于此地。加拉多克是第一位将亚瑟王与这家修道院挂钩的作者，因为他记载说，亚瑟王曾率领大军前往该地，从索默塞特王梅尔瓦斯（Melwas）手中夺回被拐走的桂妮芙：格拉斯顿伯里的院长和吉尔达斯随后让两位国王和解了，后者为表谢意而向他们慷慨捐赠。

1184年，这家修道院在一场火灾中严重受损，此后相关的证明就比以前更形缺乏了。1189年9月，亨利·德·苏利应召从费康前往格拉斯顿伯里担任院长，这次调任得益于狮心理查的亲自过问：这是一个叫亚当·德·多摩汉（Adam de Domerham）的说法，此人在13世纪末续写了这家修道院的纪年。亨利清楚地意识到，他的保护人在十字军征途中泥足深陷，王权的全部财政资源都要被耗光，他不可能资助重建修道院。1191年，他

---

[1] Malmesbury, *Gesta*..., III, 287, p. 520.

主持了又一次墓葬发掘，从很多方面看，这次发掘让人想起三十年前他在费康推动的圣血发现仪式：在海峡两边，火灾之后的工程和发明具有令人惊叹的相似性。不过，在寻找亚瑟王的遗骨时，根据威尔士吟游诗人对刚过世的亨利二世的指点，人们就找到了准确的地点。这次发现有双重的功效。首先是对修道院有利，从此它就拥有了这个岛国最著名的国王的遗骨，然后是对安茹家族有利，他们是传说中的祖先的遗骨的发现者。他们的家族权利的依据就更有力了。同样是在1191年，狮心理查在墨西拿任命他的侄子、年仅三岁的布列塔尼的亚瑟为英格兰的王位继承人；这个选择与格拉斯顿伯里的发现大概不无关系，因为他在安茹家族内部赋予一位同名者以独特意义。[①]所以考古上的发明和谱系重构是同步进行的。还有一种政治寓意：金雀花家族现在拥有一个有力的论据，足以平衡威尔士和阿摩利卡的不列颠贵族，这些人总是以"布立吞的希望"，即亚瑟王的弥撒亚式的回归，来酝酿叛乱。

作为亚瑟王遗骨的发现者，金雀花家族还想重新占有它的某些家族物品。金雀花的君主们开始佩戴那些传说中的英雄的佩剑，根据一种古老的信仰，武器可以传递其最初的拥有者的力量。从基督教的观点来看，在国王加冕礼上，剑如果放在祭坛上，经过祝圣之后再交付，则威力会更大。小亨利在反叛他父亲时，自以为拥有罗兰的佩剑杜兰达尔的威力，这把剑就放在罗卡马杜尔的宝库中。但他的兄弟们更偏爱亚瑟的佩剑，而且拥有这把剑更具合法性。狮心理查就佩戴亚瑟王的剑埃克斯

[①] Wood, «Guenevere...», p. 28.

卡利伯（Excalibur），剑可能传自他祖父美男子若弗瓦，而后者有可能是1127年行授甲礼时从英格兰的亨利一世那里得到的。① 关于此剑的归属，唯一的证据来自罗杰·德·豪顿的纪年，根据他的记载，理查于1191年将剑赐予西西里王坦克雷德（Tancrède），以交换十字军所需的20艘船只。然而，英格兰诸王的这位不列颠祖先在意大利南方人气很高，在这里，提尔波利的杰维斯、海斯特巴赫的塞萨尔和另一位以奥克语创作了亚瑟传奇《乔弗雷》（*Jaufre*，约1160—1190年）的匿名诗人都说，埃特纳山（Etna）是墨嘉仙女的住所，也是亚瑟王最后的居留地。② Excalibur或Caliburnus的名字首次出现在蒙茅斯的杰弗里的笔下：它的凯尔特语词源可能是Chalybs（钢）或Caled-fuwulch（坚韧的刀片）；瓦斯则称，这把剑是在阿瓦隆岛上铸造的，莱亚蒙补充说，它的工匠是名叫魏佳尔（Wygar）的小精灵。③ 有关亚瑟王儿时从台阶中拔出剑的传说，可能受到圣伍尔夫斯坦（Saint Wulfstan，1062—1095年）的教育性轶闻的启发，这个轶闻是奥斯伯特·克莱尔在1138年前后记载的：伍尔夫斯坦是伍斯特的主教，为了对付那些中伤他的人，他将自己的牧杖插入忏悔者爱德华陵墓的一块石头上，然后要求对手将牧杖拔出来，但这些人无一能做到。这个故事在1210年代完全转入亚瑟传奇，这体现在罗伯特·德·鲍伦（Robert de Boron）的著

---

① Mason, «Rocamadour…», «The Hero's…», p. 127−129.

② Bresc, «Excalibur…»; Cassard, «Arthur…», p. 144−145; Schmitt, *Les Revenants*…, p. 140−143.

③ Fletcher, *Arthurian*…, p. 162; Broughton, *The Legends*…, p. 97−99; Cassard, «Arthur…», p. 143.

作中。①这再次见证了亚瑟神话的活力,它一直是个被改造和丰富的题材。

无地约翰也像他哥哥理查一样,有一把在这种文学题材中享有盛誉的剑。1189年,他就以康沃尔伯爵领作为自己的亲王采邑(apanage),这里位于英格兰西南部,是传说中伊索尔德的丈夫马可(Marc)王的领地。然而,1207年的一份清单提到,在王权信物中有"特里斯坦之剑"。1250年左右,这把剑有了一个名字:库泰恩(Courtaine)。特里斯坦就用这把剑与爱尔兰巨人莫华特(Morholt)对阵,他劈开了对手的颅骨,有一块黏在剑上的头骨最后结成了垢。所以到后来,英格兰近代国王加冕礼的有关史料告诉我们,那把剑上有个小凹槽。②在特里斯坦的故事中,与巨人战斗的片段很关键,而且为特里斯坦包扎伤口的是伊索尔德,在某些版本中,这是他们纯真爱情的开端。金雀花家族对这个英雄形象的利用的另一个证据,可能是有关特里斯坦的萨迦传奇中出现的红底金狮盾牌,这个现象大约发生在1225年前后,相关的描述与英格兰安茹诸王的纹章刚好巧合。当然,这个关联性并非没有受到质疑。③不过在1270年左右,切特希(Chertsey)修道院的地板砖上已经出现战胜莫华特的画

---

① 伍尔夫斯坦是被忏悔者爱德华任命的。迫害他的是私生子威廉的手下,这些人指责他不懂法语。无地约翰利用这则轶闻,在教廷特使的面前捍卫自己的权利,也就是以自己那位圣徒祖先方式自行任命主教,见 Mason, «Saint Wulfstan's…»。

② Loomis, «Tristam…», p. 29-30; Mason, «The Hero's…», p. 131-132.

③ 关键是要知道,《特里斯坦传奇》是否翻译了托马斯遗失的片段(Loomis, *Arthurian...*, p. 44-48,作者认为纹章是亨利二世的发明;Brauly, *Early...*, p. 21,这位作者则认为纹章是狮心理查的创造),抑或只是捏造这个片段以取悦挪威王哈康五世(Haakon V, 1217-1263年),此人也佩戴类似的纹章(Pastoureau, *L'Hermine...*, p. 280-283)。

面，而特里斯坦的盾牌上确实有一只匍匐的狮子。无地约翰及其继承人终于将这个不列颠题材的主要角色为自己的家族所用。

在金雀花家族推动下创作的武功歌和传奇中，亚瑟王的形象完美地服务于他们对外霸权和对内强化治理的政策纲领。这位神话中的祖先是个战士，"战事首领"（dux bellorum），用马姆斯伯里的威廉和蒙茅斯的杰弗里的话来说，他是位马上国王，率领着一批坚定团结在他周围的训练有素的战士。[①]他之所以不知疲倦地战斗，不仅是为了保卫自己的领土，也是为了获得新的土地。杰弗里，以及后来比他更具骑士精神的瓦斯，就曾对亚瑟王在大不列颠的战斗，以及随后从罗马人手中夺取高卢的战斗，进行了长篇铺陈。这位开国先祖的帝国主义首先指向的是不列颠诸岛：基罗·德·巴里在他的《爱尔兰征服记》（*Conquête de l'Irlande*）中回想这一点时不无难堪之处，这部著作是为弘扬"强弓"斯特隆堡（Strongbow）的军功和亨利二世的光荣而撰写的；[②]在针对苏格兰的狮子威廉的战争期间，罗伯特·德·托里尼追述了亚瑟王从前如何优雅地解救童女城堡，围困这座城堡的正是来自大不列颠北方的异教国王；[③]在无地约翰时期，莱亚蒙捏造出一个60艘船贡品的桥段：奥加德*的国王每年派60艘满载鱼的船只向亚瑟王进贡，而这个故事在莱亚

[①] Boutet, *Charlemagne*..., p. 102-103.

[②] *Expugnatio*..., p. 148-149. 参阅 Flanagan, *Irish*..., p. 49。

[③] *The Rise*..., p. 112-115. 童女城堡（Castrum puellarum）也是这部传奇的标题，这个名字曾出现在1175年与苏格兰王签订的条约中，见 Roger de Howden, *Chronica*, t. 2, p. 81。

* 奥加德（Orcades）即今苏格兰北方的奥克尼（Orkney）群岛。——译者

蒙依据的底本——瓦斯的叙述——中是找不到的①……对亚瑟王记忆的政治利用，其例证不胜枚举。②总之，支持金雀花领土扩张的知识人能从中找到论证扩张政策的依据，甚至包括那些损害凯尔特诸王国的依据，尽管后者更有权要求亚瑟王遗产的继承权。

因此，蒙茅斯的杰弗里著作的一个重大意义，是让布立吞人传说中的国王在高卢的军功神圣化了，尤其是当他围攻巴黎，根除掉护民官傅罗龙（Frollon）时。傅罗龙是皇帝利奥（Léon）在这座城市的代理人，但皇帝本人后来也在罗马被废黜。此外，亚瑟还将安茹和诺曼底授予自己手下的军官：分封大采邑的权力此时具有了其意义，它一直维系到查理曼时期。1160年代，卢瓦尔河流域的纪年作者，马尔穆捷的约翰和昂布瓦兹的布勒东，再次采用了这个说法。他们为金雀花的事业服务，强调亚瑟王在大陆分封的各诸侯国，大体上与亨利二世的统治空间相符。③安茹家族诸王对这种历史的利用可谓具有头等意义：它表明，他们在大陆上新获的领地具有合法依据，也顺便对他们臣服于卡佩的地位作出了一点抗辩。④

另外，这种叙述充斥着对法国人的严厉批评，后者经常被不列颠人打得落花流水。例如，库唐斯的安德烈（André de

---

① Fletchter, *The Arthurian*..., p. 154.
② 1250年代的几首诗还在延续这个传说："因布鲁图得名的不列颠人，他们害怕（狮心）理查／正如被征服者向亚瑟低下头颅／那粉碎罗马军队的亚瑟"（*A Bruto dicti Britones timuere Ricardum* [Cœur de Lion] / *cui velut Arthuro colla subacta dabunt,* / *scilicet Arthuro qui straverat agmina Romæ*），Jean de Garlande, *De Triumphis*..., p. 52。
③ «Liber de compositione...», p. 10.
④ Chauou, *L'Idéologie*..., p. 44-45 et 54-55.

Coutances)以盎格鲁-诺曼语撰写的《法兰克人传奇》(*Roman des Français*)就是一部无情的讽刺诗,这位作者可能是圣米歇尔山的一个修士,还写过一部《尼哥底姆福音》(*Evangile de Nicodème*),献给他在圣罗(Saint-Lô)附近的堂姐妹特里贝乌(Tribehou)夫人。[①]《法兰克人传奇》面向的是金雀花统治的各个民族:"英格兰人、布立吞人、安茹人、勒芒人、加斯科尼人、普瓦图人。"这部作品以滑稽的方式回应了一个卡佩支持者以同样的意图撰写的诋毁英格兰人的武功歌:这些英格兰人由诺森伯兰的阿弗雷(Arflet,阿尔弗雷德大帝的绰号)国王指挥,他手下都是些被啤酒灌得醉醺醺的酒鬼,或者是亚瑟王的手下,但亚瑟王被一只叫查巴律(Chapalu)的妖猫杀了。为了反击这些论调,库唐斯的安德烈讲述亚瑟王如何征服法兰西,而在他之前,英格兰王位上的先驱马克西姆(Maxime)、康斯坦丁(Constantin)、布列那(Brenne)和贝林(Belin)都曾征服法兰西。那位布立吞人的国王刚开始进攻,就几乎不费吹灰之力占领了巴黎,他还在西岱岛上和傅罗龙单挑,将对手击倒。巴黎的那位首领既可笑又慵懒,他像自己的手下一样,躺在床上等别人给他穿鞋。在出发前往战场前,他口授了一份遗嘱似的命令,但它只是在怂恿背信弃义、谎言、残忍、贪婪、玩乐、渎神、空谈、虚荣和仇恨;他的第一条命令就是"像狗一样活着!"而他的手下都很顺从地听取了这道命令。安德烈接着描写了傅罗龙的死,他如何在前厅中被地狱之火焚化,以及他的人民如何受奴役:法兰克人成了"绿屁股"(culverts),这是最

[①] 我们前面已经提到,尼哥底姆在诺曼底深得人心,是来自圣血崇拜。

底层的农奴，他们向亚瑟王行臣从礼，向他缴纳四个德尼埃的象征奴役身份的捐税（chevage）。安德烈还对法兰克人的贪婪作了长篇论述，尤其是当他们出现在宴会上时：每个法兰克人都为一点吃的扯谎斗殴。[1]除了这些套路化的抨击以及系统地罗列与骑士风度对立的价值观，这份文本的另一个意义在于，它刚好与蒙茅斯的杰弗里书中的反法情绪发生巧合：当然这体现在对后者的一个片段的戏谑式的改写中。[2]

这种对法兰西国王臣民的谴责，让人想起瓦斯在《卢传奇》中的长篇谩骂，这部富有影响力的史书讲述了1174年路易七世对鲁昂的围城战的失败："不应该掩饰法兰西的背信弃义，法兰克人总想剥夺诺曼底人的世袭权益，总是在给他们制造麻烦……他们虚伪，不讲信用，根本不值得信任。他们贪婪至极，永远不知餍足；他们垂涎于别人的礼物，却舍不得吃自己的分内之食。你们看看历史书，法兰克人从来没有对诺曼底人守过信用……但诺曼底人深知如何谴责他们，不是靠背叛行径，而是对他们施以打击。"[3]所以，大陆上的诺曼底作家满怀对法兰西的怨恨之情，何况他们的土地有时还暴露在卡佩的袭击之下。不过，就仇外情绪而言，并非所有英格兰史家都始终如一。的确，理查德·德·德维齐斯和牛堡的威廉有时也会对法兰克人

---

[1] Ed. Holden, cf. Paris, *La Littérature*..., p. 47-51.
[2] J.-C. Holt, «The End...», p. 253. 作者淡化这首诗的政治意义，同时突出其诙谐色调，以及对英格兰人阿弗雷的嘲讽。但应该指出，讽刺也是一种武器，国王虽然贪恋啤酒，但还是令人同情的，诗人一开始就提到了那首安德烈想要回击的法语歌谣。
[3] Ed. Holden, v. 45-58, t. 1, p. 4-5, trad. Paris, *La Littérature*...,p. 45-46.

有些不太明显的评论,有时说他们轻信,有时认为他们傲慢。[1]不过,他们的愤怒之箭主要是射向威尔士人和爱尔兰人,这毋宁说揭示了12世纪末身份认同中的否定性的对应物。[2]他们表现得更像是英格兰人,而不是凯尔特人、盎格鲁-撒克逊人或诺曼底人,他们需要的是一个替罪羊,借以更好地弘扬酝酿中的"民族"情感。

对法兰克人的敌意也是《诺曼底军旗》的底色。鲁昂的埃蒂安在1168年左右创作了这部拉丁诗歌,它是名副其实的金雀花王朝的颂词,作者怂恿英格兰国王在皇帝腓特烈·巴巴罗萨的支持下废黜卡佩的篡位者。他反复向"不可驯服的雄狮"亨利二世提议,应摆脱那个领地狭小的可怜王朝带来的枷锁,它不过是加洛林苍白的反光,何况加洛林自己也是墨洛温王权的篡夺者。作为贝克修道院的修士、圣米歇尔山修道院伯纳德院长(Bernard,1134—1149年)的侄子,埃蒂安有各种诺曼底的纪年,以及蒙茅斯的杰弗里的著作,这些是其历史知识的主要来源。

像其他宫廷知识人一样,这位僧侣也无拘无束地运用亚瑟传奇。他还虚构了这位布立吞人的传奇国王与亨利二世的通信往来。第一封信出自布列塔尼伯爵罗兰,他请求亚瑟来协助他防范亨利二世入侵他的领土。亚瑟在回信中说,根本不用担心英格兰国王,因为他在得知母亲的死讯后暂时陷入了瘫痪。然后亚瑟致信亨利二世,他以布立吞人、英格兰人、法兰克人的

---

[1] *Chronicon*..., p. 64, «Historia rerum...», II, 28, p. 174. 参阅 Partner, *Serious*..., p. 98-99; Mortimer, *Angevin*..., p. 239。

[2] Gillingham, *The English*..., p. 3-18, 41-58, 69-162.

王，罗马人和叛徒莫德雷德的征服者，以及阿瓦隆岛不死的主人自称；他威胁亨利二世，他将带着舰队和不可战胜的大军，从遥远的对跖点回来保卫布立吞人。在决一死战的前夜，亨利二世带着敬畏之情回信说，单纯的查理（Charles le Simple）已经将布列塔尼授予罗隆，所以从法律上说，布列塔尼属于他，但眼下他不会发动入侵，因为他要哀悼自己的母亲，他只满足于将布列塔尼视为亚瑟王封授的采邑。[1]这些虚构的通信被安插在一部公开标举政治立场的小册子论著中，这本身还是很有创意的。著作是各种问题的混搭：文学虚构、历史援引、政治宣传，这就使得其分析更为复杂化了。

不过，中世纪研究者还是尝试着进行解读。[2]首先，在修辞层面上，必须注意到，对书信体的狂热是12世纪拉丁作者们的一大特点。当时的思想复兴促进了对西塞罗和塞内卡的书信的阅读，但人们也在看亚历山大致大流士（Darius）的信，鲁昂的埃蒂安在相关的章节中提到了这些信件，他可能读过大主教莱昂（Léon l'Archiprêtre）的拉丁文译本，他所在的贝克修道院有译本抄件。埃蒂安自己就写过一本《诗艺》（Art poétique），很热衷于拉丁诗歌，此处就是一次风格操练。接下来，政治解读的钥匙相对来说就比较好把握了：布列塔尼伯爵罗兰大概是指隆塞沃的那位英雄，查理曼时代这个公爵领的长官，但更有可能是指皇后玛蒂尔达死去那一年该地的长官，此人名叫迪南的

---

[1] «Draco...», II, 17-23, v. 941-1283, p. 695-708. 参阅 Bezzola, La Cour..., p. 132-136; Fletcher, The Arthurian..., p. 145; Harris, «Stephen...»。

[2] 问题是 J. S. P. 塔特洛克于1933年提出的：J. S. P. Tatlock, «King...»。此处可参考该研究及其他先行研究，尤其是 Day, «The Letter...», et Harris, «Stephen...»。

罗兰（Roland de Dinan），是最有权势的布列塔尼贵族之一，他在英格兰控制着九个伯爵领，其中的里奇蒙（Richmond）1167年之后就成为反叛亨利二世的阿摩利卡叛乱的支持者。在埃蒂安的诗中，亚瑟认真考虑了亨利二世的抗辩，他最后出于好意而将布列塔尼授予了亨利二世。而且，埃蒂安还强调亨利二世在面对亚瑟王时的倨傲和嘲弄态度，他甚至指责亚瑟自视为亚历山大，然而他的野蛮更近乎大流士。这就过渡到戏谑风格的问题：对于埃蒂安这种有意的嘲弄，语文学和史学家提出的假设性解释，见于那些虚构通信中的一个插入桥段，它涉及的是皇后玛蒂尔达之死，作者对皇后怀有真诚的敬意，何况她还是这部作品要敬献的主人的母亲。的确，12世纪知识分子对笑的使用与我们很不一样，他们与自己敬重的死者的关系也不一样。所以，贝克的这位僧侣可能和其他英格兰-诺曼底知识分子一样，[①]只是想嘲弄一下"布立吞的希望"（l'espoir breton），更何况当时迪南的罗兰和他的盟友正试图利用亚瑟王这个传奇角色来对抗亨利二世。

布立吞贵族的弥赛亚式期待，以及一个十分接近英格兰国王的诺曼底知识分子对抗这种期待的努力，反映出亚瑟传奇突出的矛盾性，它服从于各种最相互矛盾的政治操控。在这个意义上，一个很重要的问题是注意到梅林预言是多么具有可塑性，而这些预言构成蒙茅斯的杰弗里著作的内核。预言可以很轻易地被金雀花的支持者利用：鲁昂的埃蒂安就表明，梅林预言了皇后玛蒂尔达要在罗马加冕（鹰将在阿然［Aran］山上筑

---

① Greene, «Qui croit…».

巢），亨利二世将战胜布卢瓦的斯蒂芬（"后者四周都被野猪的獠牙环绕"），以及阿基坦的埃莉诺的再婚（"那鹰将重新连接破碎的联盟"）；①这些预言极力淡化金雀花君主对自己的失败应负的责任，如亨利二世的儿子们三番五次地反叛父王——这个现象上文已经讨论过——如1204年丢失诺曼底，对此科吉舍尔的拉尔夫以"剑与权杖分离"的神谕来解释。②但这些预言更多是用来质疑而非确认建制性权威。1140—1150年，预言被用作批评诺曼底人占领大不列颠、弘扬威尔士人反抗的依据。正如我们已经看到的，这种颠覆性的运用可以解释，何以瓦斯不愿在《布鲁图传奇》中翻译这些预言。1160年代，被亨利二世剥夺莫尔伯勒城堡的元帅约翰，被他流放的索尔兹伯里的约翰和赫伯特·德·博思汉姆，都以敌视这位安茹君主的方式来解读梅林预言。③不列颠题材的传播固然受到金雀花家族的鼓励，但对他们而言并非没有风险。他们对亚瑟王的意识形态上的操控绝非天衣无缝。

12世纪末和13世纪初的俗语文学中布立吞人的传奇国王形象之演变，毋宁说证明了这个形象开始摆脱布立吞人。另一方面，征服者亚瑟王的军事功能退居次要地位了。在特鲁

---

① Tatlock, «King...», p. 44-45; Bezzola, *La Cour*..., p. 129-130. 拉尔夫·德·迪斯同样利用了这个"联盟破裂的鹰"的预言，它大概是12世纪最知名的梅林神谕，尤其是在狮心理查登基——这让他母亲阿基坦的埃莉诺喜出望外——的时候，见 Martindale, «Eleanor...», p. 142-143。在当时，甚至大陆上都出现了征服爱尔兰的预言，如图尔纪年就明确地援引了梅林，见 «Chronicon turonense...», p. 137。

② «Chronicon...», p. 146. 参阅 Partner, *Serious*..., p. 64-66。

③ *The Letters*..., n° 173 et 292, t. 2, p. 134-137 et 668-669; *Materials*..., t. 5, p. 292; Crouch, *William*..., p. 19. 参阅 Blacker, *The Faces*..., p. 39; Bartlett, «Political...»。

瓦的克雷蒂安之后,亚瑟王的主要特征就在于宫廷和骑士风范,而不是军事特征了:他很少离开宫廷,而是在那里命令圆桌骑士们出发远征。他已经很少行动,有时显得滑稽可笑,有时又走向另一个极端,表现得很专横。[1]虽然亚瑟的形象有点黯然失色,但他的君主威严还是为他保留着一些威望。不过现在是那些年轻的武士出风头的时候了,有关他们的传奇一边弘扬军事功勋,一边在悲叹骑士随着商人和平民的致富而走向贫困。

从虚构走向现实的社会领域,金雀花帝国的贵族看来能与这些骑士产生认同感,他们也像传奇中的骑士那样,抱怨自己与君主之间拉开了难以弥合的距离。另外,格拉斯顿伯里修道院虽然发现了亚瑟的遗物,但关于亚瑟不死和他有一天会归来的观念从来没有消失过。在《培尔斯沃》(*Perlesvaus*,1200—1210年或1230—1240年)中,兰斯洛造访亚瑟王在阿瓦隆岛的墓地,但发现墓中只葬有桂妮芙;该著有一个假托的作者,名曰隐士约瑟夫(Joseph),他在天使的授意下撰写此书;阿瓦隆岛上有看守亚瑟王遗体的僧侣,但约瑟夫对他们的说法持保留态度。《亚瑟之死》(*Mort Artu*,1215—1235年)则描写了一个叫杰夫勒(Girflet)的圆桌骑士,他曾看到受伤的亚瑟王被墨嘉带到了贵妇们乘坐的仙女船上,这看来与此前的说法不相符,因为某些人说他被葬在了一座黑色礼拜堂中。这两个例子表明,金雀花家族对亚瑟形象的操控是有局限的。[2]这个形象在13世纪

---

[1] Boutet, *Charlemagne*..., p. 510-511.
[2] 这里我们采用了一篇未刊论文:C. Girbea, «Limites...»,在此谨表谢意。

初已经很成熟,而金雀花创造出的亚瑟,至少是亚瑟身边的那些人物,就开始摆脱过去的程式了。更有甚者,新的形象有可能对金雀花不利,而与此同时,他们的张扬已经标志着帝国解体迈出了第一步。如果贵族们把无地约翰接二连三的军事失利与他完美无瑕的神话祖先进行比照,这个传奇故事就对国王不利了。传奇甚至还滋长了颠覆情绪。于是,这个曾作为一件强大宣传武器的传奇,就转入叛逆的英格兰贵族或为争取独立而战的威尔士和爱尔兰贵族之手。

金雀花君主们在对法兰西和不列颠题材进行操纵时,都试图将自己的祖先插入这些题材中,尽管其手腕之高明程度不一;不过另一方面,他们还试图将自己中意的素材融入罗马主题中。一些知识分子甚至把他们的家族根基上溯到特洛伊战争的英雄们,在当时,这些英雄被视为西方各大城市和民族的奠基人。[1]这样他们就在附和"帝国和学术转移"(Translatio Imperii et Studii)的历史观,即统治权和学识不断从东方向西方转移。特洛伊行程的方向是一直向西,它的逻辑终点就是不列颠民族,因为它坐落在大陆最西端的菲尼斯泰尔和海岛地区,9世纪时,伪涅纽斯(pseudo-Nennius)就已经在《不列颠人史》(*Histoire des Bretons*)中提出了这个论点,在10世纪,凯尔特语的《不列颠大预言》(*Armes Prydein Vawr*)继续对此进行阐发。蒙茅斯的杰弗里的《不列颠诸王史》则让这个传说明确化了。根据这部著作,埃涅阿斯(Enée)的重孙布鲁图(Brutus)根据狄安娜(Diane)的神谕,一路向西

---

[1] Beaune, *Naissance*..., p. 19–54.

寻找落日岛。这位英雄将他的名字带给了大不列颠（Britania即来自Brutus），他最后建立了伦敦，并在那里落足。他就是这个岛国王朝的根基，因而也是亚瑟王的祖先。在蒙茅斯的杰弗里笔下，掌握英格兰王位的世系就拥有了历史的深度和威望。

所以，当瓦斯将蒙茅斯的杰弗里的著作转译成《布鲁图传奇》时，他将三部法语传奇联系在一起就不足为奇了：在抄写员基约（Guiot）制作的这部著作的手稿中，它们涵盖了全部的特洛伊故事，从阿耳戈英雄（Argonautes）直到埃涅阿斯离开熊熊燃烧的特洛伊城：《底比斯》（Thèbes）、《特洛伊》和《埃涅阿斯》三部传奇似乎构成一篇叙事史诗。[①]这些作品写于1155—1165年之间，书中充斥着有关亨利二世宫廷的影射：第一部作品的匿名作者说，他更喜欢阿德拉斯托斯（Adraste）国王女儿们的欢笑和亲吻，她们住在伦敦和普瓦提埃，这可能是暗指他对金雀花的这两座都城很熟悉；[②]圣摩尔的贝努瓦的《特洛伊传奇》很可能是致埃莉诺的颂歌；第三部作品的语言看起来像是诺曼底的方言。这三部著作公开宣扬精英主义，这与查理曼和亚瑟王史诗的民众色彩颇为不同。《底比斯传奇》的序言指出，该著只供教士和骑士聆听和评述。罗马题材是一个极具选择性的封闭小圈子的特权，从社会学意义说，它带有突出的骑士特色，十分迎合亨利二世和阿基坦的埃莉诺周围的教士知识分子

---

① Chauou, *L'Idéologie*..., p. 46-49, 90-93, 171-181.
② Bezzola, *La Cour*..., p. 271, 在L.康斯坦斯（L. Constans）编辑的手稿版本（Paris, 1890）中，第971—972行之后与G.雷诺·德·拉格（G. Raynaud de Lage）的印刷版不相吻合。

及有文化的骑士们。

至少有两部涉足伊利昂（或特洛伊）历史的著作面向的是同样的阶层，它们是以拉丁文书写的，仿佛这种教士的学术化语言能为安茹家族和英格兰王权的世系记忆平添光辉。其中一部作品是讲述特洛伊战争的诗歌，今已遗失，作者是亨利二世孩子的教师圣特的皮埃尔，他让自己的学生熟悉了这个题材。另一部作品的作者是埃克塞特的约瑟夫（Joseph d'Exeter），坎特伯雷大主教鲍德温（Baudouin，卒于1190年）的侄子，他于1189—1190年写了一部六音部的优雅史诗《弗里几亚的达勒斯的伊利亚特》(*Iliade de Darès de Phrygie*)，作品在赫克托耳死去之后，插入了一段对刚刚死去的小亨利的回忆；约瑟夫和他的叔叔鲍德温曾一起参加十字军，他在自己的拉丁文著作《安条克人》(*Antiocheis*) 中描写了这次行动，大力鼓吹狮心理查的功业。[1]最后，在鲁昂主教座堂学校的教师让·德·奥维尔的《恸哭者》(*Archipleureur*, 1184年) 中，有一章名曰"亚瑟的谱系和本书敬献者的起源"，它确立了弗里吉亚人在康沃尔立足后的神话谱系，谱系从埃涅阿斯的父亲安喀塞斯（Anchise）开始，亚瑟在谱系中是第四位的腓比斯（Phébus，光明之神阿波罗的另一个名字），随后是排在第五位的亨利二世，他也拥有这个名

---

[1] A. K. 贝特（A. K. Bate）为其编辑的埃克塞特的约瑟夫的著作的导论，见其 *Iliade...*, p. 4-13, et p. 21，这里也涉及圣特的皮埃尔（Pierre de Saintes）。而《安条克人》现存仅两段残篇，共 22 行：其中一段有对亚瑟王的赞美，见 éd. Bezzola, *La Cour...*, p. 146, n. 2。关于小亨利，见 V, v. 534, éd. Gompf, p. 177, trad. Roberts, p. 63-64。

字。①这三位作家都接近金雀花王室，他们对特洛伊题材的利用，看来他们的主人是不会不高兴的。

我们还可以提到，特洛伊战争中的英雄经常成为安茹家族的比较对象，这是当时文学中的一大主题。埃塞克斯的约瑟夫已经大胆地将小亨利和赫克托耳相比并论，但这绝非例外。戈蒂耶·马普还将亨利二世比作阿喀琉斯，里尔的阿兰（Alain de Lille，约1125—1203年）将狮心理查比作阿贾克斯（Ajax，一译埃阿斯），贝特朗·德·博恩则将萨克森和巴伐利亚的公爵夫人玛蒂尔达比作海伦②……但我们必须注意到，我们这里谈论的是一种文学手法，就好比诗人们经常拿亚历山大大帝来类比金雀花君主，乃至其他国王。与阿喀琉斯和阿贾克斯的类比尤其能说明这一点，因为这两位英雄是亚该亚人，伊利昂的敌人，他们不在安茹宫廷的知识分子们宣扬的布立吞人的特洛伊谱系之内。归根结底，对金雀花的国王们而言，布鲁图和他的祖先的故事是难以操纵的，这和亚瑟王传奇一样。不过，尽管他们不能监控所有主题和形式，但这个故事无疑仍可服务于他们的宣传和政治利益。总之，这个故事将这个家族置于同欧洲其他重要君主家族的同一层次上：他们都骄傲地宣称自己的特洛伊源头。

---

① *Architrenius*, V, 17, v. 443, p. 140. "第五个腓比斯"并没有公开明确身份。这部作品的编辑者 E. 韦瑟比（E. Wetherbee）认为是鲁昂大主教戈蒂耶（Gautier），*ibid.*, p. 262, n. 27. 但亨利二世出现在前面的颂词中，见 *Architrenius*, V, 4, v. 87, p. 120. 尤其重要的是，从时间上看，他是安喀塞斯谱系中的最后一位，紧随亚瑟之后就是"第五个腓比斯"，所以他可能是国王，而不是戈蒂耶大主教。

② *De Nugis...*, V, 1, p. 404, *Anticlaudien*, 转引自 Clanchy, *England...*, p. 136；*L'Amour...*, n° 2, v. 7, p. 44, et n° 3, v. 9, p. 56. 参阅 p. LXXVTI-LXXVIII。

因此，金雀花的过去被它的史家和各地的传奇作者分解成三个片段并加以组合。最早的片段是圣徒国王和整个家族的公爵们的历史，如忏悔者爱德华和诺曼底公爵理查德一世的历史，他们的圣骨在各个宗教圣地被人崇拜，并打上了深刻的王朝印记。在有关他们的圣徒传记文字中，教士们通过带有学术色彩的谱系将盎格鲁-撒克逊王朝和诺曼王朝融汇在一起，从而巧妙地论证了安茹家族登上英格兰王位的合法性。第二个片段基于6—9世纪的真实事件，但人们从古代民歌中汲取资源，甚至由某些作家拼凑起来的传奇，从而极大地丰富了这些历史：在卡佩已经占有查理曼的时代，罗兰，但首先是亚瑟王的安茹战友就成了优选对象。最后的第三个片段将我们一直推向最不可能的特洛伊世界，古希腊的那些神话英雄成了不列颠王朝的奠基祖先，其形象鹤立鸡群。这种对历史的三分解读法，以我们今天的断代法来看极为扭曲，但它与法兰西国王支持的圣丹尼的模式并无太大不同。它无疑是想光大英格兰的王朝，这个王朝的奠基者要么是圣徒国王爱德华，要么是具有骑士风度的征服者亚瑟王，要么是自特洛伊漂流至此的布鲁图。这种史学修正一下子就把图兰地区修道院的纪年史家们的观念挤到了一边，在后者，安茹家族起源于低微的骑士，它是护林员特图尔的后裔。不过，不列颠岛上的几个作家提出的显赫起源论，更具王权色彩而非诸侯特色。这就使得安茹家族可以在西方各大君主国中占有一席之地。

史学只是一个更为广泛的交流体系内部的一个元素，这个体系目标就是为金雀花的权威提供合法性，论证其政策的合理性，为它的错误开脱。这种宣传借用了各种各样的表达模式，不管是有意还是无意，是精心算计还是出于自发，是公开还是隐蔽，是目标明确还是散漫无序。宣传有时是通过图像和程式，即通过精心设计的礼仪来实现，但大多数时候还是靠言语来影响公众。实际上，以多种语言和各种形式呈现的文学是主要的沟通媒介。奥克语武功歌、盎格鲁－诺曼语八音节韵文史书、威尔士语的奇幻故事和拉丁语的晦涩神谕，都在给安茹王朝的纹章镀金，为此它们诋毁安茹的对手，弘扬这个家族的奠基性祖先，并预告它即将到来的胜利。

由于这些文本通过口头传播，它们承载的信息影响就更大了。在12世纪，一切书面作品都是要高声朗读的，它们只以表演的形式存在。① 文本的乐感和韵律有利于背诵和朗读。它们在教士知识分子圈子内以拉丁语被阅读，在公共场所被说唱艺人、行吟诗人和其他民歌手朗诵，在民众中间口耳相传，因而其影响十分广泛。不过，在金雀花的宫廷中，这种文学的说服力，以及它传达的信息的影响力，已经被充分意识到了：人们有意识地操纵文学创作，以传播王朝的政治理念，或者说服倔强的民意支持英格兰国王的军事冒险。几个世纪后，我们还会看到这种宣传伎俩，不过它借用的是最意想不到的传播渠道来遂行其使命：即使在我们这个时代，在广大的公众中间，这个王朝及其功勋仍然占据重要地位。

从宫廷发出的信息传播到各个领地诸侯国，广袤的空间中到处都要听到宫廷的信息，但要达到这个目标，金雀花帝国中心与其边缘之间便出现了棘手的难题。国王和他的宫廷总是在

---

① P. Zumtor, *La Lettre et la Voix. De la «littérature» médiévale*, Paris, 1987.

迁徙，像是在犁耕这个辽阔的帝国；国王和宫廷的实际出现就是其权威的代名词。在地方，权力被委托给国王的代表，但这些代表也像亨利二世的儿子们一样，会拿起武器反对国王。廷臣和地方官员构成名副其实的服役贵族，而凭借学识有幸实现社会攀升的教士，则有可能成为他们的补充队伍。这个参差不齐的行政实体发展出独特的文化。它产生的政治话语十分丰富：关于权力实施的抽象思考，对背弃冥思理想而投身低俗的行政工作的公开批判，对金雀花王朝合法性的赞誉和肯定……宫廷中这些有文化的骑士和教士大部分都是来自贵族和教会阶层，但他们对王权的驯服并不总是那么可靠。公开的反叛甚至都很常见。中心并不总是能让边缘接受它的法律。所以详细考察地方贵族就很重要：我们先测试一下他们的忠诚度，然后再深入探讨金雀花家族与教会的复杂关系，而教会是1200年西方世界的视阈中无法回避的社会角色。

贵族和王权：尊重与反叛之间

1215年6月19日,无地约翰被迫离开他藏身的温莎宫。一场大规模贵族叛乱迫使他前往在兰尼米德(Runnymede)草地附近召开的大会。在那里,他除了在《大宪章》上加盖自己的印玺外别无他途,尽管这份文件的63个条款对他的权威施加了很大的限制。[①]当他从慌乱中恢复镇定之后,就想依靠几支忠实于他的部队摆脱这种束缚。但他那些并没有解除武装的敌人公开对抗他的计划,他们还召来了腓力·奥古斯都的儿子小路易,后者于次年在不列颠岛登陆,并进入了伦敦。1216年10月,无地约翰突然死去,他年幼的儿子亨利三世继位,这个事变最终挫败了未来的路易八世的企图。这位已故国王引发的争端几乎遍及王国的贵族和教会精英阶层。

引发《大宪章》的局面,早在两年前就已成形:1214年,僧侣岩战役失败,重新征服卢瓦尔河地区的行动激起了对国王的敌意。这一年,英格兰北方的贵族拒绝盾牌捐的任意增加,加税是安茹人皮埃尔·德·罗什(Pierre des Roches)的决定,此人是王国的大法官和一些流亡者的代言人:这些人有一个好战的计划,就是要夺回1204年被法兰西国王占领的大陆领地。[②]但英格兰北方的叛乱贵族结成了一个很稳固的群体,以对抗无地约翰,以及他们所称的"普瓦图派",这些人在皮埃尔·德·罗什的带领下,一心要为在大陆的军事行动筹备财政资源。反叛者们难以忍受国王税收机构的加码和官员们的贪得无厌,一个名叫休·德·内维尔(Hugues de Neville)的护林员就是这种永

---

① 有关下文论述,参阅 Holt, *Magna*..., et *Magna Carta*...; Richardson, Sayles, *The Governance*..., p. 368-369。

② Vincent, *Peter*..., p. 114-134.

无餍足的化身。[1]叛乱从诺森伯兰开始并向南蔓延，埃塞克斯的局面尤其严峻。1215年1月，叛军进入伦敦；4月，在牛津附近的布拉克利（Brackley），他们向元帅威廉和国王的其他代表递交了第一份包含他们申诉和要求的文件；在遭到约翰的断然拒绝后，他们于5月9日决定撤销对国王的臣从和忠诚；一个星期后，伦敦城加入了这场抗议运动。国王众叛亲离，只得让步。

在今天的很多人眼里，无地约翰被迫认可的《大宪章》就是"大不列颠宪制的圣经"。这种判断带有法学实证主义和19世纪史学的民族主义特征，它肯定犯了混淆时代的错误；它特别暗含着某种不可能存在的连续性，即国家制度和政治传统呈现为某种几近线性的进程。《大宪章》也不是自发产生的，它有自己的先驱：例如，它几乎一字不差地借用了亨利一世加冕宪章中的几个条款（1100年）。此外，法律史专家们还提醒我们注意，《大宪章》让人想起阿拉贡贵族在缪雷战役（1213年）前夕迫使国王彼得二世和他的儿子詹姆斯一世认可的文件，以及匈牙利的安德烈二世在1231年颁布的黄金诏书。[2]因此，《大宪章》呈现的是在西方世界其他王国同样可以看到的某种演变。无论从时间还是从空间上说，它都不是孤立的。

不过，19世纪英国宪制学者的热情评议也包含着一些真相。反叛的贵族和市民争取到的这份契约，明确地终止了已经被强化了的集权制，以及迟早会导致绝对主义的独断王权。《大宪章》对君主的行动作了很多规范，他的决策今后要得到一个由25名贵族组成的会议的批准（第61条）。更为重要的是，国王自己要服从一条他不得违犯的高级法律。这就是在《大宪章》的63个条

---

[1] Holt, *The Northemers*..., p. 61-78.
[2] Holt, *Magna*..., p. 24-26.

款中被明确的法律。有些条款本身就是尽人皆知的：征税需得到代表大会的同意（第12条）；被告由同类人（pairs）审判（第39条）；司法的普遍性（第40条）；商人的自由迁移权（第41条）；任何人都有离开英格兰而无需国王批准的权利（第42条）……某种意义上说，《大宪章》将安茹王权与贵族之间的复杂关系正式化了，这种关系总是在合作与冲突之间摇摆。从此之后，这种世俗寡头制就以制度化的方式控制了国王。作为这场叛乱的主要行动者，贵族应该被加以详细探讨，以便分析他们与君主制的关系的性质，这是我们在本部分第一章中将要尝试的工作。

《大宪章》的条款不仅涉及俗世，也涉及教士。第一条开始就明确宣称"英格兰教会的自由"，这里所说的自由，是修道院和格里高利改革的古老诉求所确立的libertas，这是教士在面对君主权威时不可让渡的权利；[①]它们可以总结为一条原则：拒绝国王对主教选任的任何干涉。坎特伯雷大主教斯蒂芬·朗顿（1207—1228年）全程参与了这场运动，并且参加了《大宪章》的起草，他对这条立法贡献很大。[②]他见证了英格兰教士和安茹国王们之间的冲突。几年前，无地约翰曾禁止斯蒂芬·朗顿在不列颠岛居留，因为他不承认斯蒂芬作为坎特伯雷大主教的合法性，这是英诺森三世的干涉后出现的任命。托马斯·贝克特在大教堂中遇刺，是教会反对王权的最高潮，斯蒂芬·朗顿对这件事并不赞同，这并不让人意外。作为巴黎各学校的教师和著名的解经学家，朗顿被认为是现行的《圣经》章节划分的创始人，但他也是关于祭司和王权之关系的长期思考中的代表人物。神学思潮和贝克特事件是我们第二卷第二章的主题。

[①] Fryde, *Why*..., p. 82-83, 96.
[②] Powicke, *Stephen*....

贵族：反叛与服从之间

一些知识分子已经表述过安茹家族诸王的贵族意识形态。比如，国王近臣编纂的《英格兰王国法律和习惯》的序言，就呼应了那句著名的查士丁尼格言："君主喜欢的即有法律效力。"[1] 在文书厅很多针对贵族发出的令状中，也可见到同样专横和斩钉截铁的语气：国王以他的"力量和意愿"（vis et voluntas）、以他的"强制"（districtio）和法庭的决议（justicia）的名义，向贵族传达他的"命令"（observantie）和"禁令"（censure）。[2] 这些说法用在文书和指令中，意在要求君主的意志在特定的案件中必须得到执行，它反映的是某种思想状态，这种状态容不得任何的消极抵抗。宫廷是决策的中心，这里铸造出的王权意识形态决定着政府在边缘地带的行政和司法实践。

在地方，国王的官员就是这种意识形态的传声筒，他们将它传递给自己的被统治者。因此他们在努力强化安茹国王们的

---

[1] *Tractatus de legibus...*, p. 2, 格言出自《法学阶梯》(*Institutes*), I, II, 6：«Quod principi placuit legis habet vigorem.»（君主喜欢的即有法律效力）。参阅 Tierney, *Church...*, IV, p. 296-298, 315-316; Jolliffe, *Angevin...*, p. 18; Richardson, Sayles, *The Governance...*, p. 143。

[2] Jolliffe, *Angevin...*, p. 5-6, 24-29。

统治，巩固国王对大部分贵族的控制，从而充当了中央权威在地方层次上的传感器。在一些心怀不满的贵族看来，中央集权方针的实际运用是专横的，他们断然拒绝。实际上，国王不容分享的指挥权遇到了很多贵族的直接对抗。不过，王权可以利用另一些贵族，尤其是那些愿意与王国政策合作，并期待从中获取部分决策权和税收征收权的贵族。

因此贵族的态度是多样的。他们当然可以表现得很驯服，愿意衷心为国王效劳。但他们也经常选择抗辩和追索：贵族十分眷恋自己的司法权力和领主自治权，他们不能忍受安茹家族的权威侵入自己的领地。所以贵族反叛就是对王权强制的回击。从1190年开始，这种反叛受到卡佩王室强势回归政治舞台的愿景的鼓舞，从历史角度说，卡佩这个金雀花家族的夙敌同时又是后者大部分诸侯领地的主人。[1]正是由于贵族接二连三的反叛和改换外交阵营，诺曼底、卢瓦尔河地区和普瓦图才转入法国王权之手。

享有特权的贵族

现代法国史学对1180—1220年的贵族有特别深入的考察。这方面最早的理论是保罗·吉列摩兹（Paul Guilhiermoz）在1902年提出的，作为一位法制史专家，他十分关注贵族这个社会和法律阶层特有的世袭性特权是如何产生的。在他看来，贵族身份的诞生直到13世纪才出现。这之前，任何贵族（noble）

---

[1] Baldwin, «La décennie…».

都是战斗者，不管其资历和家族的声誉如何；职业仍然比血统更加重要。① 三十年后，马克·布洛赫（Marc Bloch）重拾这一假说：他说贵族"直到12世纪末才真正开始形成，随后的13世纪逐渐确定贵族的基本轮廓"②。只是在这个时候，"事实上的贵族"（noblesse de fait）才成为"法律上的贵族"（noblesse de droit）③，"骑士才转变成世袭的种姓"④。在这之前，"严格来说没有贵族，而只有过着贵族生活的人（hommes vivant noblement），没有世袭骑士（chevaliers），只有成色十足的马上武士（cavaliers）"⑤。

从1960年代开始，布赖斯高的弗莱堡（Fribourg-en-Brisgau）学派的德语研究者开始对这些看法提出修正。他们特别指出，加洛林，甚至墨洛温和罗马时代的一小批核心家族在谱系上存在明显的连续性，这种连续性甚至持续到公元千年之后。⑥ 但他们并不否认，更多的骑士出身较为低微的阶层，这

---

① "如果我们研究一下11—12世纪的文献，就会发现当时的贵族完全基于骑士之上，就是说，贵族应该是骑士，这是绝对必须的，如此他才能享有此后我们所称的贵族（noblesse）阶级所具有的权利"，见 *Essai sur l'origine de la noblesse en France au Moyen Age*, Paris, 1902, p. 370. 在这部著作的开头，保罗·吉列摩兹将贵族定义为"这样一个社会阶层，对这个阶层，法律承认其特权的传递仅仅通过出身就可实现"，*Ibid.*, p. 1.

② «Sur le passé de la noblesse française: quelques jalons de recherche», *Annales d'histoire économique et sociale*, 8, 1936, p. 366.

③ *La Société féodale*, Paris, 1968 (5e éd.), p. 445-460.

④ «Un problème d'histoire comparée : la ministérialité en France et en Allemagne», *Revue d'histoire du droit*, 1928, p. 89.

⑤ *Ibid.*, p. 80.

⑥ 参阅 K. F. Werner, *Naissance de la noblesse. L'essor des élites politiques en Europe*, Paris, 1998。

类骑士构成13世纪大部分西方贵族家庭的根基。乔治·杜比大力推动了莱茵河对岸中世纪史家的观点和方法论在法国的传播。不过,对我们关心的时代而言,保罗·吉列摩兹和马克·布洛赫的观点看来并不怎么过时:"1200年前后的这个时期,看来就是这样一个时刻:在法国社会的演进过程中,将名流首领(aristocratie)逐渐塑造成真正的贵族(noblesse)的漫长历程终于完成。"① 文学史家看来也可以提供佐证,他们在13世纪的法语中发现了一个新词:estat,比较恰当的译法是"等级"(ordre),它出现在很多教化性的文本中。② 最后,英国中世纪史专家也采用了相同的解释模式,也许是从大陆借用来的,也许是他们自己的创造。例如,D.克劳奇强调,这个时期大不列颠贵族的自我意识更为清晰了:"在狮心理查、无地约翰和腓力·奥古斯都的时代,大概两代人的时间内,aristocratie 的范围变得更大,定义也更为清晰了。"③ 总的来说,虽然一些研究中世纪后期的专家倾向于将这个现象推迟,④ 但仍有很多史家坚持认为,1180—1230年是贵族群体制度化为一个特别的法律群体的时期。

---

① *Hommes*..., p. 343. 参阅 *La Société aux XIe et XIIe siècles dans la région mâconnaise*, Paris, 1979, p. 470-474。

② D.Boutet, A. Strubel, *Littérature politique et société dans la France du Moyen Âge*, Paris, 1979, p. 110-114; J. Batany, *Les Origines et la formation du thème des états du monde*, 巴黎第四大学未刊博士论文,1979; V. Severat, *La Pourpre et la Glèbe. Rhétorique des états de la société dans l'Espagne médiévale*, Grenoble, 1997.

③ *The Image*..., p. 177.

④ J. Morsel, «L'invention de la noblesse en Haute Allemagne à la fin du Moyen Âge. Contribution à l'étude de la sociogenèse de la Noblesse médiévale», *Mélanges Ph. Contamine*, éd. J. Paviot, J. Verger, Paris, 2000, p. 533-545; Ph. Contamine, *La Noblesse au royaume de France de Philippe le Bel à Louis XII*, Paris, 1997, p. 329, n. 1.

在这个时期，法国西部的法律资料可以证实上述观点。例如，1235年左右编纂的《诺曼底习惯法大汇编》（Grand coutumier de Normandie）可以证明，世系贵族是一种特别的身份，它与行过授甲礼的武士及其儿子构成的集团是一致的，这些人都享有某种税收特权[1]："所有骑士（chevaliers）和他们妻子所生的所有孩子，都豁免货币捐。"[2]实际法令的内容也与此类似。普瓦图的文书们为了区分不同类别的证人，或者列举文件发出的不同对象，他们采用了类似的两分法：即"骑士"（milites）和另一些"人""农奴""下等人""农夫"（homines, servientes, vilani, rustici）[3]；1199年，为了确认普瓦提埃圣十字修道院的权益，阿基坦的埃莉诺对在修道院森林里拾柴火的"天然农奴"（servientes naturales）处以七个半苏的罚金，但骑士如若违反禁令则只罚款五个苏。[4] 显然，王后在财政上优待了贵族，这些人享受到了特权。

贵族定义的日渐明确化，原因之一可能在于王权官僚制度的发展。行政措施的精细化让金雀花王朝有可能清查这个阶层

---

[1] 参阅 D. Crouch, *The Image*..., p. 141："英格兰骑士之所以成为贵族，亨利二世及其顾问们的决定比什么都重要。"

[2] «*Sunt exempti [...] omnes milites et omnes de milite de uxore propria procreati*», *L'Ancienne Coutume de Normandie*, éd. W. L. De Cruchy, Jersey, 1881, chap. 15, p. 44. 15世纪的一个评注者正确地指出："在等级区分中，贵族等级被称为骑士等级"，Guilhiermoz, *Essai*..., p. 144, n. 4; 参阅 M. Keen, *Chivalry*, New Haven (Ct), 1984, p. 145, d'après Bibliothèque nationale de France, ms fr 2765, fol. 45。

[3] Hajdu, *A History*..., p. 29; C. Jeanneau, *La construction de châteaux et la «mutation féodale» : les transformations de la société en Bas-Poitou (1000-1150)*, 普瓦提埃大学未刊学位论文, 2000. 作者指出，当地文献中 *servientes* 并非军事意义上的士卒（sergeants），而与其他地区的 *servi* 是同义词。

[4] «Documents inédits pour servir à l'histoire de l'abbaye de Sainte-Croix de Poitiers», éd. P. de Monsabert, *Revue Mabillon*, 9, 1913-1914, n° 11.

的成员。国王及其宫廷编订贵族名录，是为了更好地开发军事潜力，因为他们认为，每个贵族都应该是骑士，或者，就算还没有行授甲礼，至少是个下级武士或见习骑士。1166年冬天的大调查产生了《男爵文书》(*Carte boronum*)，并在财政署的《红册和黑册》(*Livres rouge et noir*)中录入了从亨利二世手中领取英格兰最大采邑的主要持有者的名字，这些持有者分封的次级封臣、应参加国王军队的骑士的数量，以及他们获取所有采邑的日期——在亨利一世之前或之后——及具体地点；因此，那些还没有向亨利二世行臣从礼的人应尽快履行义务。[1]英格兰的《男爵文书》在诺曼底的对应物，是1172年的《骑士封地录》(*Infeudationes militum*)。[2] 1185年，12个英格兰伯爵领编订了类似的名录，对于那些对王权负有军事义务的采邑，以及采邑上的寡妇和年幼的孤儿，其名字也被录入。[3]凭借这些官方文件，行政机构可以要求领有采邑的贵族每年负担40天的军役，必要时可缴纳货币形式的盾牌捐。另一些名录的目标更具压制性：罗杰·德·豪顿的纪年详细录入了所有参加1173—1174年大叛乱的男爵们的名字，以及他们被俘的时间和地点；[4]这种明确化只能说明他参考了王室档案中的官方文件，但这份文件后来遗失了。[5]总之，计算、清点、编订名单，此类措施有利于财政署

---

[1] *Liber Niger*..., t. 1, 49-340; *The Red*..., p. 186-445; Round, *Feudal*..., p. 225; Stenton, *English*..., p. 136-139. 最近有对1166年大调查的可靠研究：Keefe, *Feudal*...。

[2] Ed. J. Baldwin, *Les Registres de Philippe Auguste*, Paris, 1992, t. 7, p. 267-308.

[3] *Rotuli*...

[4] *Gesta*..., t. 1, p. 56-57.

[5] Strickland, «Against...», p. 58.

向每个采邑要求"应负的义务"(servitium debitum),可以更好地监控那些有叛乱倾向的贵族。某种意义上说,贵族的存在从此就与书面文件结合了起来;贵族身份取决于他的名字存在于王权的卷册和登记簿中。官僚化对贵族身份的定义作用甚大。

是否可以说,"法律上的贵族"的出现废除了传统的"事实上的贵族"内部蕴藏的各种社会区分呢?在公元千年前后,在古老的加洛林世家成员和为他们效劳的骑士之间,的确存在"贵族"(nobiles)和"骑士"(milites)的二分法,这是贵族(aristocratie)之中一个重要的社会事实。[①]在1200年左右,当个人身份在明确化时,这种二分法在法律上也有了具体体现。1166年的大调查就在采邑持有者中区分了"男爵"(barones)和"骑士",即使对于英格兰官僚机构而言,这个区分也是其贵族定义的应有之义。[②]它一直延续到近代的两个社会集团身上,这就是存在明显区别的"贵族"(lords)和"乡绅"(gentry)。在普瓦图,宪章文书同样见证了为城堡主和大地产持有者效劳的底层骑士的存在:例如,在1196年,卢西尼昂伯爵于格九世勒布伦(Hugues IX le Brun),放弃他对普雷迈(Prémay)隐修院要求的习惯性餐饭供应,他在文书中称,"我的很多骑士当时都出席了"[③]。在这里,古老的二分法比此前更有现实意义了。

不过,贵族的二元化并不妨碍其他显赫头衔在贵族内

---

① Aurell, *La Noblesse*..., p. 69-82; Flori, *Chevaliers*..., p. 64-88.
② Crouch, *The Image*..., p. 141.
③ «*Coram militibus meis qui tunc presentes aderant*», *Recueil de documents relatifs à l'abbaye de Montierneuf de Poitiers (1076-1319)*, éd. F. Villard, Poitiers, 1973, n° 108, p. 176. Cf. Hajdu, *A History*..., p. 30,该著提供了其他类似的引文。

部世袭传递。在英格兰，这类头衔中最受看重的是伯爵爵位（earldom），我们在将它译成comté时有一点踌躇：在诺曼征服前，拥有这个头衔的大概有15人，他们是一个或多个盎格鲁-撒克逊的"郡"（shires）的首领，在其辖区内执行司法权，并以三分之一的收入为回报。后来这些人大部分被诺曼底人取代，相应的职权也被缩小。1154年后，earldom不再有任何行政职权，行政工作此时已由可撤换的治安长官接管，他们直接由国王提名，任期较短。金雀花家族顶多能按他们的意思支配伯爵头衔，以奖赏某些特别忠实于自己的亲属，而且这样的机会也越来越少了。[1] 严格来说，这主要是一种荣誉性职衔，它的重要性此后就体现在授职仪式中：有关这个仪式的最早记录是在1189年，当时狮心理查将佩剑和肩带授予达勒姆主教休·德·皮塞特，即后来的诺森布里亚伯爵（earl）了。[2] 同样的演变也见于其他已然世袭的宫廷职务：在诺曼底，内侍长、司酒官和司马（connétable）分别归属于坦卡维尔、奥比尼和奥梅（Hommet）家族占据；[3] 在安茹，纪尧姆·德·罗什（Guillaume des Roches）于1199年从布列塔尼的亚瑟手中接过掌旗官的职务，此后这就成了他们家族的采邑。[4]

---

[1] 1150—1250年，七个伯爵爵位消失，但新立了三个，见 Mortimer, *Angevin*..., p. 79。

[2] Crouch, *The Image*..., p. 73. 正如 J. 基林厄姆指出的，这个仪式只在1200年左右由罗杰·德·豪顿记载过，这个史家对仪式特别关注，但也许仪式此前就存在？

[3] Billore, «La noblesse...», p. 157-158.

[4] *Recueil des actes de Philippe Auguste, roi de France*, éd. H. -F. Laborde, Ch. Petit-Dutatillis, J. Monicat, Paris, 1943, t. 2, p. 156, n° 608. 参阅 Vincent, *Peter of*..., p. 22-25 ; J. Everard, *Brittany*..., p. 167-171。

在1200年左右，所有这些职务都失去了从前的政治职能，仅仅是其持有者的家族荣誉而已。

正如我们已经指出的，当国王举行戴冠礼时，贵族头衔的威望在众人眼中展现得最为充分。在狮心理查于威斯敏斯特举行的加冕队列中，走在最前面的是教士，随后是托着三把佩剑的伯爵，以及托着王权信物及袍服的男爵，他们也是财政署的成员；最后是走在丝质华盖下的国王，五名擎着华盖杆的男爵；骑士们走在最后。①这个场面反映了前述的两分法，以及贵族内部的荣誉层次。不久之后，仪式化的先座权就明确下来，对它的严格遵守堪称一面镜子，它可以让贵族发现自己阶层内部的分裂。

在法律、行政和礼仪层面上，情况看来与廷臣们的意识是一致的。他们的著作证实了这种比以前更为强烈和严格的社会隔阂。②对于基罗·德·巴里来说，即使世界终结也不会消除社会等级，也不会消除身份的高贵或职位的低贱；他的看法与教会的传统观念截然对立，后者坚定地捍卫末世论意义上的完全平等，就是说，随着这个不公正的世界在审判日被摧毁，人与人之间的一切区分都将被完全废除。③到12世纪，人们越来越强烈地意识到，社会区分不是孤立现象。它与宗教感受性的演变不谋而合，在这个演变中，个人希望能成为某个特别的群体的成员，他可以在那里扮演更为明确的角色。对基督教史家而言，

---

① Roger de Howden, *Chronica*, t. 3, p. 9-12; *Gesta*, t. 2, p. 79-83.
② 这些问题曾以其他路径探讨过，见 Gillingham, *The English*..., p. 259-276。
③ *De Principis*..., I, 1, p. 8-9, 另见毕克（Buc）的评论，*«Principes...»*, p. 317; *L'Ambiguïté*..., p. 147-161。

对职业多元化的更为细腻的分析，可以解释何以这个时代会强调个人对上帝的追求，也可以说明宗教团体的激增和它们之间的竞争。因此，在这个思想和人文主义复兴的时代，个人和团体的独特意识开始出现了。[1]

对个人的社会身份的更为清晰的感知，与宗教团体的激增存在同步关系，但史书中却普遍存在一种像基罗·德·巴里一样激进的话语，而且它们都复活了所谓的古代时光，那时的宫廷职务都是留给贵族的。在《诺曼底诸公爵纪年》中，圣摩尔的贝努瓦就缅怀传说中公爵理查二世的美好时光，他以为这是当代人的楷模："他只愿意把宫廷的职位授予贵族们（gentilshommes）。他的礼拜神父、抄写员、内侍和近卫军，都是贵族骑士。"[2]在这里，贝努瓦主要是议论他自己身处的1175年左右的当下，而不是他自认为在描写的过去。亨利二世的另一位老熟人戈蒂耶·马普可以为证，他说自己曾与拉努夫·德·格兰维尔有过一次交谈，内容是抨击因学业而在政治上出人头地的农奴；他最后引用了克劳迪（Claudien，约公元400年前后）的话："没有什么比泥腿子上升到高位更让人讨厌，没有什么劣迹比奴隶对着自由人的后背狂吠更让人反感。"[3]最

---

[1] Bynum, «Did...».

[2] Ed. Fahlin, v. 28832—28840. 参阅 Flori, *Essor*..., p. 314。

[3] *De Nugis*..., I, 10, p. 12—15. 也可以提出反对意见。克劳迪是生活在400年左右的人，虽然戈蒂耶·马普复述他关于固定法律身份的言论，但这可能只是因袭一种老套的修辞模式，甚至只是重复整个文学中普遍性的反动主题。不过，史学家与语文学家不同，他不是从文本本身或"互文性"出发考察问题，而是要将文本重置于其"语境"之中，以分析它是如何反射当时的社会事实的，尽管这种反射可能十分苍白。

后，劳尔·勒努瓦虽然责怪国王谋杀托马斯·贝克特，但他批评国王将政府要职托付给"奴隶、私生子和普通兵弁"[1]。这股反动之风与新近对贵族身份的确定并行不悖，它在英格兰国王的宫廷劲吹。

这股反动之风不仅仅是招致了几桩意图明显的反扑案。皮埃尔·德·布卢瓦在回击那些胆敢抨击他的恶劣言辞时，不仅指责这些话不准确不公正，而且说话的人出身低微："众所周知，我的父亲和母亲出身布列塔尼的贵族（optimates）。我这么说不是为了自吹，而是为了让那些口出秽语的人闭嘴，他们并不高贵的身份（nobilitas degener）竟有这样的傲慢。"[2] 这种关于家族古老性的论战几乎每个时代都存在，但有意思的是它出现在贵族身份与出身更紧密地挂钩的时代。

在自己的宫廷圈子中，皮埃尔还参加了另一场辩论，这次他像基罗·德·巴里一样，不那么个人化了，而是更具抽象色彩。[3] 这次辩论的关键在于尤文纳尔（Juvénal，约60—140年）的一句格言，他们两人都引用了这句话："灵魂的高贵是唯一和仅有的美德。"索尔兹伯里的约翰的老师纪尧姆·德·孔什曾对这位古典作家作过大量注解，托马斯·贝克特在反对吉尔伯特·弗里奥的论战中也援引尤文纳尔为佐证。为了帮助对手理解尘世荣耀的虚妄，坎特伯雷大主教再次申述了那位罗马诗人

---

[1] *Chronica*..., p. 167. 参阅 Türk, *Nugæ*..., p. 179。
[2] *Epistulæ*, n° 49, col. 147.
[3] *Epistulæ*, n° 3, col. 8 ; *De Principis*..., I, 15, p. 51.

的著名问题："谱系之树竟有何用？"①皮埃尔·德·布卢瓦在公开表明他愿意选择出身贫苦人家的基督时，毋宁说是从神学而非哲学的立场出发的。不过，对于所有这些深受西塞罗修辞学滋养的思想家，伦理力量和思想上的贵族情调，是靠雄辩和频繁援引诗人获得的。就如同奥古斯都把维吉尔和贺拉斯视为朋友，任何君主都应该保持与文人之间的持续往来。于是对贵族概念和身份的思考就具有了现实性。

在贵族中间，这场运动可能与日益强烈的自我和家族意识是同步的。不管怎样，注意到英格兰-诺曼底贵族中第一部俗人传记的出现是很有意义的事，这个俗人不是国王，传记本身与教会的圣徒传记也没有任何关系。这就是有关元帅威廉的19 214行韵文传记，是行吟诗人约翰在1220年代创作的。他可能利用了一份拉丁羊皮卷册，它是小亨利后厨中的文书魏根（Wigain）根据威廉本人的要求逐步记录下来的，内容涉及威廉在比武中的功绩。②这部作品刻画的行为典范根本不是教士，这里的典范主要受骑士传奇史诗的感召。威廉的孩子们希望给后世留下的，是一个勇武、正直、忠诚和慷慨的武士形象。贵族的意识首先是成为骑士，这大概可以解释贵族墓地上卧像的演变：1200年左右，平民化的塑像——在1150年左右仍然流行——最终被携带武器的死者雕像取代。③从此武士就是贵族希

---

① *The Correspondance...*, n° 96, p. 432 et note 15. 引文出自 Juvénal, *Satires*, VIII, 20。

② Crouch, «The Hidden...» et *William*...

③ T. S. R. Boage, *Death in Middle Ages: Mortality, Judgement and Remembrance*, Londres, 1972, p. 73-81; Crouch, «The Culture...».

望展现的形象。

纹章学一开始也只是对军事规范的认可。实际上，纹章出现在战场上是为了区分战斗者，因为大家都被头盔蒙住了脸。渐渐地，纹章也反映了个人的一种接近于自传的感知，可以说是对谱系的加倍认证。1120—1150年代，法国北方的领地诸侯——尤其是安茹伯爵——及英格兰的君主开始佩戴纹章。到12世纪末，这个风气从社会最上层蔓延至普通骑士。以敷蜡的模具雕刻出的盾形徽（écu），也用作文书的认证凭据。但在当时，带有纹章的印玺还保留着某种精英主义色彩。至少，巴特尔修道院的纪年借英格兰大法官理查德·德·吕塞（Richard de Lucé，卒于1179年）之口说："现在每个小骑士（militulus）都有个印玺，以前还没有这样的习惯，印玺只是国王和大人物才有。"[1]理查德·德·吕塞的抱怨反过来表明，纹章在所有贵族阶层都已传播开。在关于同苏格兰国王的战争的描述中，乔丹·方托姆注意到了战旗上的闪亮色彩和徽章标记（pennon），尤其是短袖短上衣或中袖战袍（cotte d'armes），那是一种罩在贵族的锁子甲上的名贵料子，上面还有徽章标记。[2]从此，骑士不佩戴徽章就难称骑士了。只是从1230年代开始，平民才有机会获得这个特权，他们也用印玺来认证他们的契约，尤其是在诺曼底。[3]在这之前，这类徽章标志毫无疑问是贵族的身份标记。

在英格兰，比武也经历了类似的演变。亨利一世和亨利二

---

[1] *The Chronicle*..., p. 214.

[2] Crouch, *William*..., p. 179-180.

[3] M. Pastoureau, *Manuel d'héraldique*, Paris, 1997, p. 47-55.

世一方面有教会禁令的压力，另一方面既担心损失战马和武士受伤失去战斗力，也担心武装贵族聚集在一起总是难免谋反，因而一度在英格兰禁止比武。不过，根据牛堡的威廉的记载，狮心理查认为，法兰西骑士的技术优势来自比武，所以他从德意志被囚返回后，就决定取消禁令，不过颁布了严格的规范以减少危险。他特别设立了一个由索尔兹伯里的威廉领导的组织和仲裁团队，规定比武应该在五个地方进行。对我们的话题来说，更有趣的是这个立法规定只有贵族可以比武。法律还为每个战斗者制订了一个注册费用表，伯爵缴纳20马克，无采邑的骑士只缴纳两马克。[①]所以这就为接下来传令官（hérauts d'armes）的出现做好了准备：这就是负责清点贵族参与者队列的官员。

总之，在1150—1230年，贵族作为一个法律概念的轮廓逐渐清晰。这个阶层的成员从此享有某种被高级权威认可的身份。根据当时已经被转化为文字记录的习惯法，他们在社会中享有特殊地位，反过来他们有责任保卫这个社会。国王手中有他们的名录，如果他想要求他们参加他的军队的话。作为回报，他还在宫廷中赐予他们特别的职位，虽然当时的反动话语认为，政府只应是出身高贵的人的专享品。此外，国王戴冠礼上他们还扮演特殊角色，这个仪式本身严格遵守贵族内部现存的等级秩序。确认贵族身份的规范还变得更加可视化了，如各种徽章标记，这时仍然只是这个阶层的特权，再有就是精英们的比武。

[①] *Fœdera, conventiones...*, I, i, 65. 参阅 Gillingham, *Richard I*, p. 278-279; J. Barker, *The Tournament in England (1100-1400);* Woodbridge, 1986, p. 11, 53-56。

贵族和王权：尊重与反叛之间

贵族传记的出现则是这种集体意识的另一个体现，他们每天都比从前更加明确地懂得，自己属于社会的上等阶级。军事理由是贵族论证其优先地位的依据，他们认为只有自己才拥有军事行动的权力。他们的优先和特别的职责就是战争。

被驯化的战争

1200年左右，无论是《诺曼底习惯法大汇编》，还是在令状文书或墓葬雕刻中，都可见到贵族与骑士身份的合一，这种认同在人们的脑海中广泛传播。然而，骑士概念应从两方面的意义来理解。一方面，它指的是一个职业性的战斗群体（milites），但他们的财产和威望逊色于过去的领主贵族，他们为后者服务，并换取采邑；另一方面，"骑士"指的是一种理想，一套带有强烈基督教色彩的价值体系，它决定了贵族的战斗伦理。第二个方面的定义与骑士风度（courtoisie）密不可分，因为在骑士接触的世俗文化中，最具学术性的形式就是在国王的宫廷中问世的。

在12世纪末，王权的强化是迈向现代国家构建的关键一步，对此人们经常以韦伯式的术语定义为"暴力垄断"。在这种环境中，国王及其顾问试图完全控制军事行动，为此他们借用了尚在襁褓中的行政机器：唯有他们可以确定王国的敌人，以及战斗的目的和领土征服的目标！所以他们希望将发动和威胁发动战争的决策转移到政治等级的最高层，这就有可能削弱那些经常在地方层次上决定敌对行动的贵族的权力。为此，国王及其顾问禁止任何自发或任意使用的贵族暴力，至少是要减缓之。

更有甚者,国王的官员也要求骑士的武力为国王服务。索尔兹伯里的约翰已在《论政府原理》中明确表达了这个观念:骑士的军事职责(officia belli)应该服务于公共利益(res publica),并在君主的指挥下,听从他的命令,为教会与和平服务。①公共利益和骑士担负的军事义务——总是服务于高级权威——与对暴力的垄断进程并行不悖。狮心理查和腓力·奥古斯都签署《卢韦耶条约》(1196年)之后,在相关的帕西(Pacy)转让条款中使用了"公共战争"(guerra publica),以称呼英格兰和法兰西国王之间的敌对行动。②就我们所知,这是中世纪西方最早出现的"公共战争"之一,也是军事行动与国家对它的控制公开结合在一起的战争。作为最高权威之化身的国王,掌握着宣布正义之战的权力,如果这样做是为了臣民的共同幸福的话。这是使用武力的唯一合法理由。

毋庸赘言,暴力国家化的演进必然与贵族的习性发生正面冲突,这些人习惯于挑起敌对行动,喜欢随意进行战斗,他们行动的逻辑是要排斥王权的干涉。进一步说,贵族也有终止敌对行动的决策权,这时他们依据的是规范彼此冲突的特有方式。③与国王的这种竞争关系在围绕城堡网络的争夺中表现得特别明显:在英格兰,亨利二世能够确保占有最好的堡垒,以避免他的权威受到不久前布卢瓦的斯蒂芬受到的挑

---

① Flori, «La chevalerie...».

② *Layettes du trésor des chartes*, éd. A. Teulet, Paris 1863, t. 1, n° 433 (2 IV 1195–13 I 1196). 参阅 Power, «L'aristocratie...», p. 127.

③ 参阅 *Le Règlement des conflits au Moyen Age*, dir. S. H. M. E. S., Paris, 2001.

贵族和王权：尊重与反叛之间

战，而且他只允许贵族保留非进攻性的防御设施。[1]地方层次上司法权力的实施和对犯罪行为的弹压也在同一个方向发展：国王希望他的巡回法官能掌握最重要的诉讼案，可以对导致流血的犯罪行为课以罚款，而贵族则想继续维持自己的领主法庭和对农民的强制权。[2]最终，在1154—1224年间，已然投身军事和司法集权化进程的王权，便在目标上与贵族产生了矛盾，因为在贵族内部，每个家族都试图强化自己的权力。在金雀花的统治空间中，贵族对国王的反叛连绵不绝。反复的叛乱已经表明贵族对一个行动和压制手段不断增长的王权的敌意。在这个时期，公共与私人之间的辩证关系是所有关于战争之分析的关键。

对大部分贵族来说，拿起武器反抗君主是对不断增长的王权的一种回击。不管讨论的角度如何，反叛始终是政治不满的一种表达，或者说，是贵族在自己的领主自治权遭受侵犯后的一种反应，他们对这种侵犯心怀怨恨，认为是对家族荣誉的不可饶恕的攻击。在贵族眼里，反叛很容易找到理由。为了给自己的叛逆行为开脱，他可以说国王的官员侵犯了他的领主司法权，官员的税收过于苛刻，或者政府决策及其实施带有专横特征。拉尔夫·德·迪斯不经意间让我们听到了1173年叛乱者的辩词，他忠实于国王，但在歪曲叛乱者时也指出了内在的矛盾：他写道，叛乱的贵族无端谴责亨利二世没收了动用暴力的领主的地产，国王还要求那些有敌视王权嫌疑的城堡主奉还城堡，

---

[1] Brown, «Royal...».

[2] Beauroy, «Centralisation...»; Boorman, «The Sheriffs...».

而且，国王还以沉重的罚款来惩罚穷人的压迫者和叛徒的外逃行径。①

对于叛徒一词，我们应稍作停留，因为在国王的作者的笔下，它的含义十分宽泛。对于拉尔夫·德·迪斯而言，背叛（trahison）很可能包含了贵族对领地上的农民犯下的最严重的罪行。这个概念语义范围之广，还可从另一个例子看出来，这就是1166年一个匿名作者致托马斯·贝克特的信，信中提到了亨利二世对廷臣理查德·迪·奥梅（Richard du Hommet）的怒火，因为后者竟敢说苏格兰国王的好话："国王公开称呼他是'叛徒'（traître）。国王像往常那样暴怒不已，他扔掉头上的帽子，解开腰带，然后把大氅和外衣甩得老远；他一把扯下床上的丝绸华盖，几乎快坐到粪堆上，捡起地上的一根麦草就开始咀嚼起来。"②在当时，国王发火的戏剧化就是一种统治手腕，一种迫使别人听从他的命令的方式③；亨利二世的暴怒主要是一种社会和政治表达，而非个人宣泄。对叛逆的指控同样有意思。国王对所谓叛逆的定义十分宽泛：只要一个词就足以定罪，不一定要刀戈相向；拒绝服兵役或交出城堡当然是叛逆，但未经许可就突然离开宫廷，也会被视为叛逆。这种关于叛逆——文本中的proditio——的标准，显然对某些贵族武士要更为严格，对这些人来说，叛乱并不总是一个贬义词。④这些骑士认为，如

---

① «Ymagines...», t. 1, p. 371.

② Thomas Becket, *The Correspondance*..., n° 112, p. 542.

③ Althoff, «Ira...». 另见1165年3月利雪主教阿尔努尔的信件，他在信中谈到了国王"胸中的狂暴"，éd. Barlow, p. 69—88。

④ Green, *The Aristocracy*..., p. 264.

贵族和王权：尊重与反叛之间

果王权侵犯他们的权益，叛乱就是合法的。当国王在别处遭受军事失利，从而丧失威望时，拿起武器造反就更容易了。[1]背叛自己的君主在贵族的意识中只会引起些微的不安。

但国王及其近臣的看法完全不同。他们深信，这些骚乱本质上就是一种渎神行为。叛逆冒犯的是一个因涂油而带有超自然威严的存在，是对《先知书》中神圣指挥权的藐视："不要触碰我的受膏者（Nolite tangere christos meos，《箴言集》104, 15）。"[2]随着罗马法的复兴，王权的神圣特征增强了，罗马法宣扬王权威严（majesté）的观念；国王是法律的唯一源泉，人们只应盲目地服从：任何对他命令的抵抗都是至为严重的大逆不道（lèse-majesté）。[3]传统封建法较少威权色彩并有更多的契约性质，但它仍将叛乱视为一种悖逆（félonie），如无端中断效忠和臣从誓言。

对这些叛逆的镇压相对严厉：如摧毁领地，没收某些领主权，苛刻的罚款，对犯事者可处以监禁和流放。[4]这里有几个例子。卢西尼昂的基（Gui de Lusignan）可能是在1168年刺杀索

---

[1] "军事上的无能，灾难性的溃败，在当时人看来就是国王履职的失败。一个战败的国王会失去他人的尊重，并有可能丧失其贵族的忠诚。"Richardson, Sayles, *The Governance...*, p. 366.

[2] Strickland, «Against the Lord's...».

[3] 关于罗马法对英格兰的影响，见 Kantorowicz, Smalley, «An English...»。甚至弑君理论的阐发者索尔兹伯里的约翰，也就对政治头脑的忠诚的普遍义务、就大逆不道的罪行进行了长篇论述，他的依据是《查士丁尼法典》和《学说汇纂》。*Policraticus*, VI, 25.

[4] Green, *The Aristocracy...*, p. 257-264.

尔兹伯里的帕特里克（Patrick de Salisbury）[1]之后被迫流亡圣地的，后来他在那里成了耶路撒冷国王；布列塔尼的亚瑟的242名追随者，在米尔波战败后被监禁在多塞特郡的科夫（Corfe）城堡，后来22人饿死在那里；[2] 1157年，国王的掌旗官埃塞克斯的亨利（Henri d'Essex）在威尔士人的伏击中临阵脱逃，蒙特福特的罗伯特（Robert de Montfort）据此指控他叛逆，并在决斗中击败了他，国王则强迫亨利在雷丁出家，并没收了他的家业。[3]

不过，金雀花家族与此前的君主不同，他们没有实施更为残酷的刑罚，如断肢或处决。[4]也许当时流行的新的骑士价值观让惩罚变得更温和了。[5]据当时人说，无地约翰秘密谋杀了布列塔尼的亚瑟，由于这个案子很特殊，它在公众中引发的震动就更强烈了。另一个缓和化的证据是，真正奉还采邑的案件很少见，因为父亲的叛乱而惩罚儿子们，这个做法看来与采邑世袭的观念看来并不相符。[6]莱格尔（Laigle）的诺曼底领主，佩尔

---

[1] 至少罗杰·德·豪顿是这样说的，见 Chronica..., t. 1, p. 273。但这位史家提到，索尔兹伯里的帕特里克从圣雅各朝圣之后回来了，这不太可能，所以他的证据似乎又显得可疑。行吟诗人约翰则将这桩罪行归因于卢西尼昂的兄弟若弗瓦（Geoffroi de Lusignan），见 L'Histoire, n. 52, v. 1600-1652。罗伯特·德·托里尼和提尔波利的杰维斯则将凶手笼统地称为普瓦图人，拉尔夫·德·迪斯则说，他是在阿基坦被长矛刺死的。参阅 P. 迈耶（P. Meyer）编辑的行吟诗人约翰作品集，t. 3, p. 25-26, n. 6；Gillingham, Richard I, p. 90, 该处提到，卢西尼昂家的若弗瓦1188年刺杀了阿基坦公爵的代表，这可能导致英格兰史家将此事与1168年的事件混淆了。

[2] Hajdu, A History... p. 312; Cao Carmichael de Baglie, «Savary...», p. 274.

[3] Robert de Torigni, «Chronicle», p. 218; Guillaume de Newburgh, «Historia...», II, 5, t. 1, p. 325. 参阅 Barlow, Thomas..., p. 84-89。

[4] 12世纪初，阴谋反对国王者被刺瞎和阉割仍是很普遍的刑罚。参阅 C. W. Hollister, «Royal Acts of Mutilation», Albion, 10, 1978, p. 330-340。

[5] Gillingham, The English..., p. 209-232.

[6] Green, The Aristocracy..., p. 264; Jolliffe, Angevin..., p. 44-45, 67-77, 311-313.

什（Perche）边境地带的贵族，他们在英格兰的领地都因为参与1173年的叛乱而被没收，但亨利二世很快就将其祖先的领主权还给了这些人。[1]不过，虽说国王的惩罚不像过去那么严厉，但骑士们的不驯服并没有削弱他对服从的严格要求。

国王对某些贵族的越轨行为的毫不容情，并不排斥他对自己的雇佣兵犯下某些可怕暴行宽大处理。为了粉碎贵族叛乱，他使用了布拉奔、巴斯克、纳瓦尔、苏格兰和威尔士的志愿兵，而且这些人可以蔑视骑士阶层在战争中默认的规则。他觉得招募这些人并不是一种恶，虽然他们是辅助人员，但在对付贵族叛乱时不可或缺，何况贵族在围攻战和开阔地上的战斗中过于相互尊重。从凯尔特部落中征召的部队，以及梅加迭（Mercadier）、法尔克·德·布罗岱（Falkes de Breauté）和卢维凯（Louvrecaire）带领的职业军队，因为作风残暴而普遍受人憎恶。教宗谕令和主教会议的决议谴责他们是"凶猛的野兽""渎神的匪帮"，这些话不太像教士们臆想的恐怖和文学上的套话，更像是对现实中犯下的暴行的指控。拦路抢劫的士兵无视非战斗人员的豁免权，更不消说骑士的特权了，何况他们知道骑士对待步兵是很无情的。国王则允许他们在叛乱者的领地上，或在抗拒其权威的社区抢劫行凶。在战斗过程中，实施示范性惩戒的责任也归于这些士兵，国王则在胜利的次日扮演大好人的角色，下令停止这类暴行，于是镇压的责任就不会落在他个人头上。但雇佣兵对他来说并非万灵膏。长期来看，雇佣兵造成的难题比它短期内解决的问题要多。一旦叛乱被镇压，

---

[1] Thompson, «The Lords...», p. 191–192.

就要设法绥靖这些难缠的兵士,大多数情况下是驱散他们,依靠的力量则是他们服役所在地的诸侯部队。[1]

国王的军队中使用雇佣兵并不始于12世纪末。1066年,他们就已经在征服者威廉的命令下横穿英吉利海峡;后来,亨利二世招募布列塔尼人绥靖英格兰,布卢瓦的斯蒂芬在内战期间则主要利用弗拉芒人。但在亨利二世时期,使用雇佣兵成为一个常见甚至制度化的做法。教士基罗·德·巴里和修士维茹瓦的杰弗里为此曾严厉谴责过亨利二世,说他挥霍国库而不布施穷人,甚至以加冕礼上的王冠和佩剑为抵押,借钱来支付布拉奔雇佣兵。[2]这些批评一下子就切中问题的本质:金钱已经成为战争的中枢神经。更好的税制和财政管理才能支撑国王预算中军饷的沉重负担。在英格兰,盾牌捐的增长促进了这种变革,虽然它后来引发了导致《大宪章》的叛乱。在财政署的进项中,这种新税所占的比重越来越高,这与国王军队中雇佣兵的使用日益增长是同步的。可将军事服役(servitium)兑换成盾牌捐(scutagium)的制度很可能从威廉一世时期就开始了,但它的流行是在亨利一世时代。[3]在亨利二世时期,这种税的征收几乎每两年就会定期出现在财政署的卷册上。不过,中世纪史家托马斯·K.基弗论证说,在亨利二世时期,贵族反叛与盾牌捐

---

[1] 这些问题已有出色的研究,参阅 Strickland, *War*..., p. 291-323。

[2] «Itinerarium...», I, 2; «Chronicon», p. 443. 在当时的苦修文学中,雇佣兵或农奴是服从屈辱地位的角色,他们心地邪恶,违背神意。Bernard de Clairvaux, *De l'Amour de Dieu*, PL, t. 182, XIII.

[3] J. O. Prestwich, «War and Finance in the Anglo-Norman State», *Transactions of the Royal Historical Society*, 5th, 4, 1954, p. 19-43; C. W. Hollister, *The Military Organization of Norman England*, Oxford, 1965, p. 195-204.

的征收规模之间并无直接的因果联系，尽管盾牌捐在贵族中已成常态。① 国王深知，英格兰的贵族不能在确保自己在不列颠岛的城堡防御的同时还在大陆作战，因而就更倾向于征收这种税了。1200年前后，英格兰封建制度的"货币化"已是理解其军队变革的核心条件了，而这种变革就体现在雇佣兵的使用上。

虽然有这种演变趋势，我们还不能说这是一种现代类型的职业军队。② 雇佣兵的招募是偶然行为，它依据的是出征的节奏；一旦军事行动结束，君主又急于设法摆脱他们。这就表明，当时的战争远不是以职业军人部队为基础的，尽管这种部队也有必要。国王军队的核心主要是上百个"国王的家内骑士"（milites de familia regis），这是武士和谋臣构成的家庭，既是国王的近卫军，也是他的常备随从队伍。③ 持有地产采邑的封臣也要追随国王作战，他们为数众多，但只是偶尔出征。他们因为封地而行臣从礼，并须积极回应国王的召唤，每年至少在国王的部队中服役40天。作为采邑持有者或方旗爵士（bannerets），他们不是独自前往国王军中，而是要带着自己手下的骑士队伍。这个战士队伍配备情况各有不同，它与采邑的规模成比例（prorata）：罗杰·庇戈德（Roger Bigod）是英格兰最有权势的领主之一，他的家族占有诺福克郡，可以带领125名骑士为国王

---

① 《The 1168 and 1172 levies were not a factor in the rebellion》, Feudal, p. 117. 托马斯·K. 基弗（T. K. Keefe）此处的看法与约翰·E.A. 乔立弗和威廉·L. 沃伦有所不同。

② 这方面有一篇很可靠的论文，不过其观点或可稍作修正：Boussard, «Les mercenaires...»。

③ Prestwich, «The Military Household...»; Church, *The Household*..., p. 14.

效劳；内侍长威廉·德·坦卡维尔手下有95名骑士。由于这支部队规模很大，戈蒂耶·马普称许他是"骑士之父"，元帅威廉年轻时就是在他麾下成长并行授甲礼的。①当然，在安茹家族的各个领地，利用封建制度为王权服务并不是同样有效。这种制度在英格兰和诺曼底最为突出，国王及其代理人可以很好地控制它，但在阿基坦、安茹和布列塔尼，封建制度很大程度上脱离了国王的监控。在布列塔尼，直到1185年，公爵若弗瓦才庄严宣告如下原则：唯有长子负担向国王行臣从礼的义务，每个贵族领地和骑士采邑都应承担军事义务。②这再次见证了金雀花家族对其不同领地控制程度的差异性。

因此，封建制与国王军队最紧密的关联出现在英格兰-诺曼底领地。直到1204年，海峡两边的这两个领地一直是金雀花帝国的力量核心，在这里，各个采邑的立法和行政控制的精细化达到了很高的程度。在1181年的《军事立法》（Assises d'armes）中，亨利二世对军事问题进行了立法规范，明确要求每个骑士应根据其采邑的收入进行装备。③他经常接受所谓的共同臣从礼，就是所有能使用武器的战士的臣从。他还多次调查骑士们的采邑，尤其是编订了《男爵文书》，调查还涉及教会和待嫁的女继承人的采邑。总之，所有这些报告和立法条款都表明，领受采邑的武士在国王军队中占优势地位。

---

① 根据1172年的《男爵封授册》（Infeodationes baronum），准确的数字是94¾。Crouch, *William*..., p. 22.

② Everard, *Brittany*..., p. 183-203，作者在这里指出，长子继承的习俗已经在布列塔尼贵族中广为传播，这与封建习俗的系统化法律并非不相容。

③ Ramsay, *The Angevin*..., p. 208-209.

1200年后，金雀花各领地的封建制度中出现了一种有趣的创新：这就是年金采邑（fief-rente）的出现，也就是每年向堡主或骑士支付一笔钱，以换取他们的忠诚。无地约翰和亨利三世在面对腓力·奥古斯都和路易八世咄咄逼人的威胁时，不惜一切代价获取大陆贵族的服从，所以他们大力求助于这种手段。[①]在普瓦图，最早有关年金采邑的记载出现在1199年：新国王每年支付100马克，以换取艾什瓦尔·德·普罗伊（Eschivard de Preuilly）的臣从和服务，当时国王刚刚继承他哥哥狮心理查的王位，竭尽全力地自我维持。[②]很快这种做法就流行起来，以致英格兰和法兰西的国王展开了一场名副其实的竞价赛，以购买普瓦图那些最有权势的贵族的忠诚。实际上，不用讨论国王能从中获得多少利益：他很轻松地就能收回某个不忠诚的封臣的年金采邑，但如果要让封臣真正奉还地产采邑，一般情况下几乎没有可能。

在当时，一些较为低微的骑士也接受了金钱或其他形式的捐赠，当然这意味某种服从；[③]国王似乎要绕过这些人的贵族上级，直接获取他们的忠诚和军事服务。[④]而底层骑士也乐于接受这种金钱支配，因为在12世纪末，通货膨胀和租金不振可能让

---

① Church, *The Household*..., p. 74–99.

② Hajdu, *A History*..., p. 317, 作者正确地指出，1199年这个日期也是英格兰第一次出现年金采邑的日期，这与英格兰文书厅登记造册的发展看来是同步的。

③ Jolliffe, *Angevin*... p. 218; 关于稍后的时期，请参阅 F. Lachaud, *Textiles, Furs and Liveries: A Study of the Great Wardrobe of Edward I (1272–1307)*, 牛津大学博士论文，1992。

④ Thomas, *Vassals*..., p. 170.

这些小贵族的生活排场难以为继。[1]戈蒂耶·马普曾提到，一些农奴的社会地位在稳步爬升，而另一面是一些古老的贵族家庭因为懒惰而家道中落；[2]在《有关财政署的对话录》中，理查德·菲茨·尼格尔同样注意到贵族的财政困境和债务负担；[3]这些贵族武士对犹太放贷者的怨恨，可能是1190年约克郡反犹迫害暴行的一个原因。[4]从1130年代开始，贵族家产继承中的分割继承导致采邑碎化，这也是他们收入下降的原因之一。[5]不管怎样，这种财政困境可能为小骑士的军事义务的货币化打开了方便之门，从此他们就是领军饷、年金的随从武士了。

金钱可能会败坏主人和附庸之间的封建关系，所以贵族在领取响当当的硬通货时并非没有踌躇，但这怎能敌得过年金采邑的发展，尤其是军事行动时当场兑现的薪水？贝特朗·德·博恩在《论兵役》(sirventes)中说过，雇佣兵对于骑士的战斗，就好比卖淫对于骑士之爱；不过，他同样赞美那些向众多骑士分发薪水，从而将他们笼络在自己身边的慷慨主人。[6]文学虚构也反映了对待金钱的类似态度。例如，神话中的坎布里亚（Cambrie）国王梅里亚多克（Meriadoc）为了赚取薪水，毫不犹豫就为皇帝效劳：罗伯特·德·托里尼很可能是这个故事的作者，他说这位国王"在皇帝的雇佣部队"中应该享

---

[1] 这是科斯（Coss）的论点，见其 *Lordship*..., p. 19, 264-304; 但受到卡彭特（Carpenter）的质疑，见其 «Was...», 1980, p. 721-752。

[2] *De Nugis*..., I, 10, p. 12.

[3] *Dialogus*..., p. 111. 参阅 Crouch, *The Image*..., p. 148。

[4] Thomas, *Vassals*..., p. 166-167.

[5] Green, *The Aristocracy*..., p. 381.

[6] *L'Amour*..., n° 8, v. 78-88, p. 135, et n° 36, v. 25-32, p. 715.

贵族和王权：尊重与反叛之间

有"头等武士"的荣耀；他丝毫没有负面的评价，而是恰恰相反；而且，这位领薪水的亚瑟传奇中的神话骑士，其名字让人奇妙地联想起卡多克（Cadoc），此人就是法兰西国王的一名雇佣兵。[①]史诗和传奇反映并塑造了骑士的行为典范，如今它们展现的是金钱出现在了战场上；不过这似乎不应该在贵族的观念中引发过分的不安。

其他的报偿形式看来与贵族的价值观更为契合。它们与骑士的传统、与骑士文学中经常贩卖的主题更为贴近。这时我们立刻就会想起某个终于娶到了富有的女继承人的"青年"（juvenis），这个女继承人将把自己父亲赖以创立家世的城堡转让给那青年。但只有通过冒险、出色的军功，漫长的前期努力，才有可能获得这样诱人的猎物。在金雀花王朝，这样的高攀婚姻（hypergamie）是存在的。不过在实际中，这种婚姻需要经过非常无聊的精打细算，而这是骑士们热衷的亚瑟传奇所不愿面对的。某个极尽忠诚的骑士在常年追随之后，国王若要奖赏他，就会将某个家世显赫的贵妇，或某个持有家产的女继承人许配给他：国王无论如何不希望这继承人的产业和联姻落入那些不驯服的贵族手中。[②]1189年冬天，亨利二世已经感觉到，由于儿子理查的反叛，权力正从他的手中溜走，于是他赶忙为那些危难之际还追随他的武士安排一桩好婚事：兰开斯特的爱洛依丝（Héloïse de Lancaster）嫁给吉尔伯特·菲茨·莱恩弗里德（Gilbert de fitz Reinfrid），斯特隆堡和埃法（Aífa）的女儿伊莎

[①] *The Story...*, p. 102 et p. XIII, M. L. Day.
[②] Green, *The Aristocracy...*, p. 264-265.

贝拉·德·克莱尔（Isabelle de Clare）嫁给元帅威廉。[1]像过去一样，这些骑士努力在他们岳父的城堡和产业上立足，而岳父通常就是他们的封君。不过，对于英格兰贵族们最为垂涎的妇女，国王掌握着决定她们婚姻大事的权力。

在12世纪末，另一个现象同样可以揭示政治和行政演变的趋势。为了更好地控制联姻，国王下令进行一系列调查，以了解所有女继承人的姓氏和她们家产的性质。其中的一份调查记录见于1165年，但它的结果今天已经遗失。不过，现存档案保留有《夫人和男女孩童卷册》，这是1185年左右编订的12份羊皮卷，每一份涉及英格兰一个郡。每一卷上都有贵族寡妇和孤女的名单，亨利二世可以为她们指定一个丈夫，必要时还可因她们结婚未经自己批准而课以罚款。对于那些姓名被录入羊皮卷的孤儿男童，国王可以将监护权和采邑管理权让渡给对自己忠诚的贵族，这对后者是一项获利丰厚的收入来源。[2]于是一整套的庇护制就这样建立了起来，它的基础在于财政署对寡妇孤儿产业的分配权。它还给贵族带来额外的进项，这些贵族本来就想对这个制度保留某种监护权。1211年，无地约翰试图采取措施，削减监护人从这类产业中获取的收入。从更为全面的角度来看，他的政策旨在大力扩展国王对整个封建附庸制度的控制权。他尤其想把基于忠诚和服从之上但薄弱又模糊的关系，改造成一种靠契约和人质担保的、具有内在一致性的效忠关系

---

[1] Crouch, *William*..., p. 57，作者还提到了沙托鲁的女主人嫁给了贝蒂讷的博杜安（Baudouin de Béthune），也许是因为混淆了1177年的一桩婚姻，当时沙托鲁的德尼斯（Denise）嫁给了罗德维尔的博杜安（Baudouin de Redvers）。

[2] Keefe, «Proffers...»。

网,虽然前一种关系能给他带来附庸的臣从。[1]这些新的专横做法有助于约翰更好地控制自己的手下。但这很不得人心,于是指责他的人就有了叛乱的依据,叛乱最终迫使国王签署《大宪章》,恢复过去的状态。[2]

这种行政压力在无地约翰时期更为强大,它非常自然地酝酿出贵族的自卫运动,他们试图恢复被最近的改革剥夺的权力。英国中世纪史家习惯于称呼这场反动为"变态封建主义"(Bastard Feudalism)。它指的是围绕某个权贵构建庇护网、派系和压力团体,这个首脑权贵向追随者分发礼物或钱财,或者为手下人从国王那里谋取好处。[3]例如,我们可以在威廉元帅周围看到这种基于保护、交情、物质利益、钻营和地方统治权之上的人际关系,最近他的传记作者认为是传统封建忠诚的终结和"变态封建主义"的开端。[4]中世纪史家们的上述分析也许是对个人联系的某种理想化解读,这种关系似乎慷慨无私,从源头上说它并不意味着采邑的自动授予,即使长期来看,对物质利益的垂涎会导致主人和附庸之间的关系"变态",但这种关系在开始时似乎还是纯洁的。[5]

当代史家对附庸关系(vassalité)的这种理解提出了一个关键问题。金雀花王朝的封建立法和贵族的强硬是否反映了一场忠诚危机呢?这种情况是否意味着国王和他的武士之间相互信

---

[1] Jolliffe, *Angevin*..., p. 339.
[2] Waugh, «Marriage...».
[3] 参阅 Coss, «Bastard...»。这位作者与 D. 克劳奇和 D. 卡彭特的导论,见 «Debate: Bastard Feudalism Revived», *Past and Present*, 131, 1991。
[4] Crouch, *William*..., p. 133-134, 161-162.
[5] Aurell, «Appréhensions...».

任的丧失呢？以前因效忠和臣从宣誓关系而产生的服务，如今已趋于消失，而上述情形是否是一种补救呢？这些问题隶属于法制史专家们提出的两类问题，即"人际关系"（lien personnel）和"实物关系"（lien réel）问题，前者是一种基于服务的互惠性之上的关系，但它也基于主人和附庸之间的封建制度所确立的信任、忠诚和服从；后者是一种以采邑为基础的主人和附庸之间的关系，采邑是一块出让给附庸的土地或一份财产，以换取后者的军事服务和建议。[1]这种两分法在认识论上有充分的依据，尽管并不是所有中世纪史专家都接受，但必须注意到，它对分析封建附庸关系并在这种关系中引入某种理性化，都是不无裨益的。

主人和附庸之间人际关系的性质，对理解贵族对国王的服从或反叛是至关重要的。而且，这个主题在有关金雀花家族的史著中很常见。例如，乔丹·方托姆声称，亨利二世的男爵们之所以能战胜苏格兰国王威廉，是因为他们对自己的主人的信任和忠诚。[2]威廉元帅死去后不久某位作者撰写的《元帅威廉传》，目的就是要证明，他在世时的决策尽管经常受到争议，但总是很正当的，因为所有决策都是出于对他主人的誓言，或出于对自己部下的承诺。[3]罗杰·德·豪顿也经常讨论这个话题：例如，在谈到英格兰-诺曼底贵族效忠年轻的亨利二世而

---

[1] F. -L. Ganshof, *Qu'est-ce que la féodalité ?* Bruxelles, 1957 (3e éd.), p. 14.

[2] *Chronicle*..., II, v. 457–458.

[3] Crouch, «The Hidden...», p. 113. 关于威廉元帅对国王的忠诚，参阅一份文献的序言，该序言复述了圣经中烈火真金的形象："如炉中黄金历经考验"（*Tamquam aurum in fornace, sic in necessitate probavit*），见 *Patent Rolls de 1216–1225*，转引自 Holt, *The Northerners*..., p. 254。

背弃布卢瓦的斯蒂芬时，他夸大他们对皇后玛蒂尔达的宣誓的影响力。[1] 1189年7月狮心理查成为国王后，这位作者又评论说，新国王远不是要抛弃那些凭着对他父王的忠诚而同他战斗到底的人，而是要奖赏他们，让他们为自己服务；相反，他要清理那些在老国王临终时背叛他并投靠自己阵营的机会主义者。[2] 基罗·德·巴里也讲了一个故事：亨利二世手下的骑士欧文（Owain）的一只猎狗，为了援救自己的主人而在同威尔士人激战的战场上受伤达七处；这只狗被带到国王面前，受到很高的礼遇，基罗还为狗的忠诚写了长篇颂词。[3] 亨利二世对所有臣民都期待类似的忠诚。

关于人际关系在贵族政治导向中的重要性，最后一份证明文献来自腓力·奥古斯都的官方史家李戈尔。根据他的记载，1202年，无地约翰手下的很多武士不愿与卡佩王朝作战，他们宁愿参加十字军，"因为国王理查的死勾起了美好的回忆"[4]。不管中世纪史专家乐意与否，年鉴学派很幸运地教会他们如何以结构性术语、以深层的社会和心态运动来思考，无地约翰在贵族中不得人心很大程度上导致他丧失了诺曼底，正如狮心理查的光芒可以解释他抵抗卡佩的成功一样。总而言之，贵族的政

---

[1] "*Memores sacramenti quod fecerant imperatrici et heredibus suis*"（他们记得对皇后和她的继承人的誓言），*Chronica*..., t. 1, p. 212.

[2] "*Illos autem omnes, tam clericos quam laicos, qui, relicto patre suo, illi adhæserunt, odio habuit, et a familiaritate sua alienos fecit: illos vero, qui patri suo fideliter servierunt secum retinuit et multis bonis ditavit*"（离弃他父亲的人，无论教士还是俗人，纷纷依附于他，但他对这些人都很憎恶，疏远他们；而那些曾忠实地为他父亲服务的人，他都挽留他们，赠与他们厚礼），*ibid*., t. 3, p. 5.

[3] «Itinerarium...», I, 7, p. 69.

[4] «Gesta...», t. 1, p. 153, n° 139.

治选择是个人的和自由的，如果要准确理解其中的原因，我们就应该透视贵族武士的意识，探测他们的头脑和脾性。贵族的反应是简单的，这反倒凸显了史家们的困境，因为他们在解释贵族在面对金雀花王朝日益增长的行政压力时，使用的是笛卡尔式的阅读眼镜。贵族反叛当然可以被解释为一种机制，其主要因素可能就是国王中央政府的强化，其官员在边缘地带的存在，向国王交付城堡，损害领主法庭的国王司法的进展，为了让封臣履行军事义务或缴纳盾牌捐而施加的压力，雇佣兵的残暴，国王的儿子们采取的"青年"行为方式……这个名单还可以拉长，就我们目前的研究状况而言，很难对贵族抗议的各种原因排出个先后顺序。

将贵族作为王权的对立面，正如公共和私人截然对立，以这样的逻辑来衡量贵族对安茹王朝政府接受或拒绝的程度，似乎也是不充分的。当阿基坦公爵狮心理查拿起武器反抗他的父亲英格兰国王时，他是作为一个公共人物还是一个私人角色在行动呢？理查受他母亲阿基坦的埃莉诺的怂恿，这时他是在清算年幼时就滋生出的对父亲的怨恨，[①]还是在冒犯阿基坦人权益的英格兰国王前面捍卫他们的利益呢？他动身参加十字军又该如何解释呢？是为了挽救自己过去的过错，提升自己的骑士光辉，还是在圣地捍卫基督教，提升英格兰王权的威望并为手下的武士寻找新出路呢？1200年左右是中央权威开始复苏的时期，对国王和贵族而言，暴力的使用就更形复杂了。在这个过渡时期，国家在艰难的酝酿之中，诉诸战争不是某个社会角色的专

---

① 参阅 contra Aurell, «Aliénor...»。

享权力。这些行为方的军事行动经常交织在一起，因为贵族构成国王军队的主体，而国王也是他们中间的一位战士。

不可能存在的统一性

不可将安茹的地缘政治视为铁板一块。实际上，地缘政治主要依靠国王同各个领地的贵族的联系，这种联系或松弛或紧密，而这些领地是围绕国王个人而人为组合起来的。不过，贵族与王权之间关系的性质，每个国王在位时期都很不一样。美男子若弗瓦对差异性有深刻的体认，1151年临死前，他告诫自己的儿子亨利二世，要尊重他所继承的各个诸侯国的习惯，不要将一个地方的法律移植到另一个地方。在他看来，虽然英格兰和诺曼底的统治模式很有效率，但如果将这个模式运用到安茹，那将是个严重的政治错误，因为这个伯爵领还不能忍受那样的权威。[1] 即使在八个世纪之后，我们仍然应该承认这个分析不乏深刻性。这番话来自一位伯爵，它反映的是对地方性的无可置疑的认知。问题是要确定亨利二世及其儿子们是否接受这个看法，他们的政治行动中是否有某个突出的特征。

现在的历史学家们关心的是，第一位登上英格兰王位的安茹君主是否遵循了他父亲的建议，尤其是当他发现王国行政机器的活力和税收进项很高时。根据雅克·布萨尔和安德烈·德

---

[1] Jean de Marmoutier, «Historia Gaufridi», p. 224 ; Newburgh, «Historia...», t. 1, p. 105.

波尔的看法，我们可以认为亨利二世在大陆推行的是一种集权化的威权主义。① 但英国的中世纪专家更多强调权力委托给了各诸侯国的专业机构，地方势力反对金雀花家族将各领地组合成一个强制性"帝国"的企图。② 观点的分歧表明了问题的复杂性，但也是两种不同的史学传统的反映。如果可以的话，我们可以作一个极其简单的判断：当代法国中世纪史家的论点来源于中央集权主义的雅各宾共和传统，它与英国学者的立场不同，后者习惯于看到王国各地区的自治。美男子若弗瓦的遗愿究竟有没有被遵守，对这个问题哪怕最简单的回答都要对帝国各领地作一番巡视。我们将从最"自由"的地区出发，那里的贵族最为明确地表达出他们的独立意志，而在随后考察的地区，统治精英不仅愿意臣服于中央政府，而且积极提升这种权威的行动能力。在分析的过程中，我们将找到一条线索，这就是贵族在面对建设中的安茹国家时，采取的合作与抵制之间的辩证关系。

阿基坦，反叛如家常便饭

12世纪末，法语和盎格鲁-诺曼语史家，都众口一词地认为阿基坦和它的贵族很不驯服，经常反叛和敌视王权，不管是卡佩还是金雀花的王权。他们关于地方贵族武装反抗君主的记述不胜枚举。罗伯特·德·托里尼谴责1168年叛乱的肇事者，

---

① Boussard, *Le Comté*..., et *Le Gouvernement*...; "地域化、集中化是亨利二世统治的特征……君主司法在他治下有了长足进展"，Debord, *La Société*..., p. 370, 378。

② Gillingham, *The Angevin*..., Bates, «The Rise...». 美国学者哈吉杜（R. Hajdu）同样对亨利二世在普瓦图地区的行政努力表示质疑，也许只有他在位末期有所进展。R. Hajdu, *A History*..., p. 254-257, 266, 287-288.

说这些阿基坦贵族"愤怒地反抗国王，恣意纵火，欺压穷人，蹂躏整个地区"①。狮心理查的赞美者理查德·德·德维齐斯，热情地讲述了国王在镇压加斯科尼贵族的斗争中大获成功，并称这些反叛者是"可鄙的匪帮"（latrunculi）、"难以驯服的暴君"（tiranni indomabiles）。②基罗·德·巴里同样如此，他描绘了狮心理查攻占泰业堡的场景，歌颂国王如何有效地恢复被贵族叛乱蹂躏的普瓦图的秩序。③对于战争的这种返祖式眷恋甚至存在于无地约翰的宫廷中，那里有一批被称为"普瓦图派"的大陆好战派，他们为了前途未卜的军事冒险不惜榨干英格兰的国库。④根据当时人的记载，1154—1224年的阿基坦人十分好斗。他们陶醉于军事狂热中，为了此时此地的利益而任意使用武力，没有丝毫的公共利益意识。

他们既然有了这个名声，在面对承诺和誓言时的态度自然就很没有骑士风度了。纪尧姆·勒·布勒东——腓力·奥古斯都的礼拜神父和官方史官——认为阿基坦到处都是些好战和不驯服的贵族，国王很难制伏他们，这尤其是因为"普瓦图不存在忠诚""朝三暮四是普瓦图人的特性"。⑤英格兰-诺曼底的宫廷中也盛行这样的套话。在圣康坦的迪东的纪年中，长剑威廉（927—942年）曾犹豫要不要把自己的妹妹嫁给阿基坦公爵纪尧姆三世（卒于963年），后来圣摩尔的贝努瓦对这件事又作

---

① *Chronicle*, p. 235.
② *Chronicon*..., p. 11, 76.
③ *De Principis*..., III, 7, p. 245.
④ Vincent, *Peter*..., p. 28.
⑤ «Historia...», p. 210, et «Philippidos...», VIII, v. 451.

了一番发挥:"普瓦图人对于战斗都是胆小如鼠,畏首畏尾,没有进取心;但他们在贪婪、轻浮、背叛和谎言方面比其他的人民更胜一筹,这种德性是父子相传的。"①1210年左右,诗人劳尔·德·乌登科(Raoul de Houdenc)也论及普瓦图人背信弃义的主题:"普瓦图是骗术的乐土……背叛的坚固堡垒。"(Que tricherie ert en Poitou [...], ferme chastel de trahison)②十几年后,行吟诗人约翰在谴责1202年某些普瓦图贵族背弃无地约翰并改换阵营时,也重复着这样的陈词滥调:"普瓦图人该干什么时就立刻会动手。但什么是他们该干的?诓骗自己的主人,勾结外敌。他们总是这么干的。"③稍后,马修·帕里斯(Matthieu Paris,1200—1259年)记载说,狮心理查临死前要求把自己的内脏留在利穆赞境内的沙吕思教堂,因为他就是在利穆赞被杀的,内脏就是"给普瓦图人的礼物,以指证他们的背叛,而且他觉得身上没有任何肢体可以作他们的礼物"。帕里斯还在著作的其他地方抱怨"普瓦图人与生俱来的背叛"。④关于阿基坦人善于欺骗、悖逆和朝秦暮楚的刻板印象,在史书中俯拾皆是。这种印象来自远方,但它在亨利二世的宫廷中影响日增,何况国王本人曾为将南方各领地整合进自己的帝国而费尽心力。

---

① *Chronique*..., v. 12059-12064, p. 350,迪东说:"对于战争普瓦图人总是胆小如鼠,畏首畏尾,但为人总是很贪婪"(*Pictavenses semper sunt timidi frigidique armis et avari*), *De Moribus*..., p. 192.

② *Le Songe d'enfer*, éd. M. T. Mihm, Tübingen, 1984, p. 59-60. 参阅 M. -A. De Mascureau, *Les Lusignan ou l'insurrection des grands féodaux du duché d'Aquitaine entre 1154 et 1242*, 普瓦提埃大学硕士论文, 2000, p. 97-105。

③ *L'Histoire*..., v. 12545-12550, et trad. *ibid.*, p. 170.

④ *Chronica*..., t. 2, p. 451; «*O innata Picatavensibus proditio !*», *ibid.*, t. 3, p. 84.

当然，文学论述中的夸张修辞还是一目了然的。它旨在强调国王维持和平的困难，赞赏他们在这个地区的军功，这里因为人民狂暴狡诈而越发难以控制。它植根于一种更深层次的地区偏见：北方人通过变色眼镜来观察卢瓦尔河以南的居民，认为后者对任何稳定、公平和公正的政治组织都不耐烦。1209年之后，由于教宗特使皮埃尔·德·卡斯特尔诺（Pierre de Castelnau）被刺杀，南方盛行无政府主义的论点进一步加剧，并给了法兰西岛的骑士参与镇压阿尔比派的十字军以充分的理由，这次十字军被称作"和平事业"[①]。军事对垒以戏剧化的方式展现了深层的对抗，也就是法国北方与南方的对抗，而对抗的前线几乎完全与奥伊语和奥克语的分界线吻合；一个罗马化的世界与一个日耳曼世界的断裂，可能比法兰西、英格兰和德意志贵族之间的文化隔阂还要深刻。[②]1200年前后，北方传奇作者和史家们对阿基坦的描写无疑受到这种仇外情绪的影响。

仇外情绪当然不能解释一切。不过，尽管当下的批判性研究在大力解构中世纪作者的话语，但话语还是有切实的现实基础的。他们无可辩驳的族群偏见并不构成一概排斥他们言论的理由；他们强调，无论路易七世还是亨利二世，抑或是他们的继承人，在驯服南方的过程中均遭遇巨大的困难，这个看法还

---

① M. -H. Vicaire, « "L'affaire de paix et de foi" du Midi de la France», *Cahiers de Fanjeaux*, 4 (1968) 1969, p. 102-126.

② "东西之间的对抗不应该忽视另一种格外持久的敌视关系，也就是南北方之间的敌视，这种情绪在阿尔比十字军达到顶点，并因为奥伊语和奥克语的语言隔阂而恶化……阿基坦人可以是法兰克人的王国（regnum Francorum）的一部分，但没有人愿意被称作法兰克人（或法国人Français）", C. Brühl, *Naissance de deux peuples : Français et Allemands (IX-XIe siècle)*, Paris, 1994, p. 135-137。

是相当公正的。更糟糕的是，对南方各诸侯领地自治地位的执着，甚至就出现在金雀花家族内部。阿基坦的埃莉诺和年轻时的狮心理查，就以其公爵头衔作为不服从亨利二世的依据；他们的态度承接了历代普瓦提埃伯爵拒绝任何上层权威的古老传统。[①]在较低的社会层级上，我们也可以看到，普瓦图贵族对亨利二世政府的参与度很低，利穆赞和加斯科尼就更低了；他们也只是偶尔出现在英格兰国王的随从中，比如当国王到访他们的领地时。[②]在这个地区，抗拒国王政策的人要比支持者多得多。他们竭力提防国王对其领地进行任何干涉。正如某些令状文书程式所揭示的，公爵司法的发展远没有损害强制领主制的基础。例如，1160年，赖斯（蒂孚日［Tiffauges］）的领主贾希尔（Garsire）的文书中提到他的"产业，权益，管辖权，司法权，辖区，高级和低级司法权，以及纯粹或混合的统治权（le mère et mixte empire）"[③]。安茹家族对地方豪强慷慨赏赐，但无济于事，他们还是不愿意合作，不甘心放弃特权，因为他们太眷恋自己的独立地位了。

卢西尼昂的例子很有说服力。1190年，狮心理查曾支持这个家族的基（Gui）出任耶路撒冷国王。1194年，又把诺曼

[①] 1173年大叛乱的前夜，埃莉诺在阿基坦享有"公认的权威和主权"，但因为亨利二世的监督，"统治工具缩减了"，Hivergneaux, «Aliénor...», p. 73; 参阅 Martindale, *Status*..., XI, p. 22。

[②] Vincent, «King...»。

[③] 给布勒伊-赫伯德（Breuil-Herbaud）修道院的捐赠，«Cartulaire des sires de Rays», éd. R. Blanchard, *Archives historiques du Poitou*, 30, 1899, n° 253, p. 343 (11 X 1160)。纯粹或混合的统治权（Merum et mixtum imperium）是《查士丁尼法典》中的说法，指的是高级和低级司法；掌握纯粹或混合统治权的领主，可以审理严重的刑事案，执行各种体罚，直至绞刑。

底强大的厄郡（Eu）伯爵领的女继承人许配给埃克苏顿的劳尔（Raoul d'Exoudun）。① 虽然他为确保这个家族忠诚于英格兰王室而费尽心血，但他的努力归于徒劳。1202年，卢西尼昂家族的于格九世勒布伦，也就是埃克苏顿的劳尔的兄弟，在腓力·奥古斯都的法庭上指控无地约翰夺走了昂古莱姆的伊莎贝拉，而他已经与后者以"当面承诺"（verba de presenti）仪式缔结了婚姻。② 法兰西国王以这个案子为借口，撕毁1200年的《顾莱条约》，入侵英格兰国王在大陆的采邑，并要求他奉还。③ 昂古莱姆的伊莎贝拉婚约案及其后果表明，金雀花王朝不可能驯服阿基坦人，他们所有的努力都是徒劳的。因此他们更愿意让英格兰或诺曼底人，而不是当地贵族来治理南方领地，而且当地人几乎总是使用形容词colonial（殖民者）来称呼这些他们敌视的外来者。

阿基坦不愿意与王权合作的姿态，经常演变成公开的反叛。罗杰·德·豪顿便再现了当地民众对狮心理查的抱怨，他们指控国王玷污他们的妻子和女儿，然后把她们交给手下的武士。④ 根据他的说法，这场大叛乱的起因就是上述冒犯荣誉的恶行。这位史家还记载，1194年6月，狮心理查在回复腓力·奥古斯都的停战请求时承认，他不是总能控制普瓦图高级封臣的暴力行为，"而且他不愿违反普瓦图或其他地方的习惯和法律，在那个地方，很早就确立了这样一种习惯：大人物之间的争端靠剑来

---

① Gillingham, *Richard I*, p. 149; Hajdu, *A History...*, p. 22. ［译者按：此人即卢西尼昂家族的劳尔·伊苏顿［Raoul d'Issoudun］，埃克苏顿是同一地点的另一种写法。］

② Vincent, «Isabella...», p. 173–174.

③ 相关问题的可靠研究，见 Vincent, «Isabella...»；另请参阅 E. Carpentier, «Les Lusignan...»; Jordan, «Isabelle...»。

④ *Gesta...*, t. 1, p. 292.

解决"①。在罗杰·德·豪顿的笔下，国王和阿基坦人之间有无法逾越的鸿沟。他们之间的关系只能是冲突性的。

在这一点上，当代的中世纪专家像罗杰·德·豪顿一样，认为当地贵族有摆脱一切国家框架、自行诉诸武力的习性。②普瓦图贵族经常性的叛乱佐证了这个分析，根据计算，在亨利二世时期，平均每三年半发生一次叛乱；叛乱的震中在利穆赞，国王在这里没有亲自领有的产业，而昂古莱姆伯爵领的情况尤其严重，在这里首先是泰耶菲尔（Taillefer）家族，然后是卢西尼昂家族，始终与公爵处于冲突状态，它构成一个名副其实的领地诸侯国，而且就嵌入阿基坦的中心地带。③叛乱的暴烈程度令人发指，有时甚至导致国王代理人被谋杀：1168年，索尔兹伯里的帕特里克被谋杀也是卢西尼昂家族导致的，1188年狮心理查的一个亲密朋友被杀同样如此。④最后，1202年与无地约翰

---

① *Chronica*..., t. 3, p. 255. 正如 J. 基林厄姆向我们揭示的，理查当时处于对腓力·奥古斯都的强势地位，他完全有理由继续战斗，但他竟然以普瓦图人的叛乱为理由，拒绝其对手的提议，这本身足以表明他的现实处境。

② "1242年之前，普瓦图的公共生活中的一个显著特征就是——暴力"，Hajdu, *A History*..., p. 278。关于亨利二世和狮心理查时期加斯科尼北方的状况，见 F. 布图勒（F. Boutoulle）的相关章节标题"无法根治的动荡和骚乱"，"世俗贵族的劫掠"，*Société*..., p. 442。

③ Debord, *La Société*..., p. 382-396. 关于昂古莱姆伯爵领，这位作者甚至说它已有了"国家的雏形"，*ibid.*, p. 392；另请参阅 Dubuc, «Les possessions...»; Barrière, «Le comté...»。

④ 关于索尔兹伯里的帕特里克，见上文。关于1188年的事件："普瓦图伯爵理查非常亲密的朋友杰弗里·德·里奇尼亚可（Gaufridus de Liziniaco），在一次精心设计的伏击中被杀"(*Gaufridus de Liziniaco quemdam familiarissimum Richardi, comitis Pictavensis, structis insidis interfecit*), Raoul de Diss, *Opera*..., t. 2, p. 54；1188年的叛乱见于 Roger de Howden, *Chronica*..., t. 2, p. 339, et *Gesta*..., t. 2, p. 34。但前文提到的"理查非常亲密的朋友"尚不为人知。

发生争执的卢西尼昂家族，对这位国王丢失诺曼底负有首要责任。阿基坦贵族对英格兰国王及其代理人不但充满敌意，而且经常导致公开的冲突。

在整个诸侯领地，刺杀索尔兹伯里的帕特里克和狮心理查的密友，应该伴随有对英格兰人特有的仇视。两份文献反映出这种不安全感，至少是深层的警觉，居留在普瓦图的英格兰官员就感受到了这种警觉。埃图瓦勒西多会修道院的院长伊萨克，曾在自己的《弥撒规程》（Canon de la messe, 1166年）的手稿边上涂写了一个注释，道出了他对一个窥伺修道院土地的当地贵族的恐惧："绍维尼（Chauvigny）的领主于格，曾站在屋顶上威胁我说，他要将对所有英格兰人的仇报在我身上。啊，但愿我不是英格兰人，但愿在我现在流亡的地方，我从来没见过英格兰人！"①伊萨克当时可能经常造访普瓦提埃主教约翰·贝勒斯曼（Jean Bellesmains），当地的文书称呼他为"英格兰人约翰"（Johannes Anglicus），他们俩都是托马斯·贝克特的支持者，因为介入这场纷争而差点被人毒杀。索尔兹伯里的约翰很同情地说："这个外国人在别的民族中长大和接受教育，对阿基坦人的特殊习惯和闻所未闻的法律不甚了解。"②一个英格兰人如果担任阿基坦的教会或民事机构的领导人，看来是无法融入当地社会和政治生活的。

这种抗拒持续反映在对公爵权威别具一格的不服从中。卢西尼昂家族对无地约翰与昂古莱姆的伊莎贝拉婚姻的态度，很

---

① PL, t. 194, col. 1895B. 参阅 Raciti, «Isaac...» 13, 1961, p. 145。
② The Letters..., n° 177, t. 2, p. 179. 参阅 Pouzet, L'Anglais..., p. 9-10。

能反映他们按自己的想法操纵其联姻策略的意愿。这个例子不是孤立的。1177年，亨利二世声称对劳尔·德·道尔斯（Raoul de Déols）的独生女德尼斯（Denise）拥有监护权，她父亲刚刚在从圣地朝圣的归途中死于意大利；这位孤女只有三四岁，但她是道尔斯和沙托鲁的继承人，因而成了贝里地方最令人垂涎的礼物。她叔叔已决定将她放在自己的查特勒（Châtre）城堡中看管，他公开反对国王，因为后者想把这位孤女许配给罗德维尔的博杜安（卒于1188年），此人正觊觎德文郡。于是小亨利被派到该地，但不得不在沙托鲁城墙前退缩，几个月后，国王亲率部队来弹压。最后，亨利二世只有靠武力才夺得这个女继承人的监护权。[1] 从比较的角度看，这个插曲是很有意思的。在同一个时代的英格兰，以国王的名义对所有采邑持有者的领地进行了调查，编订了寡妇和待嫁孤女的名单，这就是1185年的《夫人和男女孩童卷册》。[2] 在这个岛国，财政署旨在控制女继承人婚姻的行动手段是非常高明的。对贵族男童的监护权同样如此，不过，1156年亨利二世为了夺得利摩日子爵艾马尔五世（Aimar V）的监护权遭遇了很大的困难，他的对手是这个年轻人的叔叔。[3] 国王在阿基坦确立自己的权威时碰到的难题，与他树立对埃莉诺的夫权时碰到的难题一样多，而埃莉诺就是这个诸侯领地的首领，也是1173年大叛乱的首领。公共领域和私人生活再次难分难解地纠结在一起。

---

[1] Vincent, «William...»; Devailly, Le Berry..., p. 409-410.

[2] 在亨利二世授意下，诺曼底与佩尔什边境地带贵族之间有联姻关系，其中的一个例证见 Thompson, «The Formation...», p. 302 et 313, n. 62.

[3] Debord, La Société..., p. 381.

贵族和王权：尊重与反叛之间

1189年，狮心理查，这对冲突不断的夫妇的儿子，继承了王位，新国王年轻时候起就在阿基坦站稳了脚跟，并获得了很大的成功。1190年左右，很明显的一点是，当德尼斯·德·道尔斯守寡、她与自己的附庸绍维尼的安德烈（André de Chauvigny）再婚时，并没有遭到特别的反对，新郎出身于普瓦提埃主教手下的一个骑士世家。更为重要的是，官员们会因为自己的身份，即所谓王权的代表而受到尊重：理查甚至任命出身低微的人员，如来自商人家庭和领地主管家庭的罗伯特·德·蒙米拉伊（Robert de Montmirail）和皮埃尔·贝尔坦（Pierre Bertin）担任普瓦图的地方总管，要知道，这个职务相当于该地区的总督或副王。① 不过，狮心理查仍然不能取缔堡主们的自治、禁止他们的司法特权，这个任务大大超越了他的能力。不过，理查和他的官员还是在夺取贵族部分司法权的斗争中取得了一些战果。

1199年，这位国王的早夭标志着行政集权化的低调进程猝然中断。他弟弟无地约翰虽然有母亲埃莉诺的支持，但继承王位仍大费周章，此时他不得不向普瓦图贵族作出惊人的让步：这个伯爵领*的地产权因而严重受损，得益的就是地方贵族；为了交换贵族的忠诚而支付的年金采邑耗尽了英格兰的国库；普瓦图的地方总管职务已经被萨瓦里·德·莫莱昂（Savary de Mauléon）、雷吉纳德·德·彭斯（Réginald de Pons）和其他地方堡主攫取；各个面积辽阔、地位独立的伯爵领和子爵领组

---

① Hajdu, *A Nobility...*, p. 23-24 et 258.
* 普瓦图是大阿基坦的一部分，阿基坦公爵兼领普瓦提埃（普瓦图的首府）伯爵领。——译者

成一个真正的地方四巨头实体（卢西尼昂、图阿尔、帕特奈-拉什维克［Parthenay-Larchevêque］和莫莱昂），它们掌握实际权力，跟国王平起平坐地讨价还价，并将堡主、小贵族和城市置于自己的控制之下。[①]例如，图阿尔子爵若弗瓦（Geoffroi de Thouars）甚至还声称自己对阿基坦公爵职位有权益，因为他母亲普瓦提埃的阿涅丝（Agnès de Poitiers）的关系，他是阿基坦公爵纪尧姆九世的外孙。[②]阿涅丝守寡后，又成为阿拉贡的拉米尔（Ramire d'Aragon）的妻子，这就让若弗瓦与阿拉贡王后佩特罗妮耶成了同母异父的兄妹，而后者同时又是巴塞罗那伯爵的夫人[③]：这就意味着，他的联姻网的范围和声望大为提升。所以，这四大家族的首领执行的都是自己的家族威望政策，他们会根据政治形势推翻自己与腓力·奥古斯都和无地约翰的联盟关系。直到他们最终于1242年被粉碎之前，他们的个人选择构成了普瓦图的历史。

在这个问题上，萨瓦里·德·莫莱昂（约1180—1233年）的生涯很有说服力。他是布列塔尼的亚瑟的支持者，在米尔波战败后，他被无地约翰囚禁，但国王后来与他和解，并在1205年任命他为普瓦图的地方总管。接着他在阿尔比十字军期间为图卢兹伯爵雷蒙六世服务，1212—1213年之间为腓力·奥古斯都效劳，1214—1216年又给无地约翰帮忙。1219年，他与十字军一起到了达米埃特（Damiette）。从十字军返回后，亨利三世

[①] 这里我们借用了哈吉杜的分析，见 Hajdu, *A Nobility*..., p. 26, 45–47, 50, 63, 71–78, 210–227, 257–270, 326–330, 403；参阅 Debord, *La Société*..., p. 397–398。

[②] Collet, «Le combat...».

[③] Aurell, *Les Noces*..., p. 361–371.

又任命他为英格兰人在普瓦图的最后一位地方总管。1224年，他带领部队和辎重投靠路易八世，法兰西国王委托他守卫拉罗歇尔和奥尼（Aunis）。不过他后来又参加了针对法国王后卡斯蒂尔的布朗什（Blanche de Castille）的叛乱，并在1227年不得不与路易九世签署停战协定。1230年他死去之前，还参加了亨利三世从圣玛洛发起的夺回普瓦图的战斗。他的一生无数次地改换政治阵营、背弃联盟关系，表面看来很混乱：他将背叛视为自己的行为准则。不过他也服从某种逻辑。像大部分普瓦图贵族一样，萨瓦里从法兰西国王和英格兰国王的战争中渔利，以便维持其领主权；在混乱的局面下，他懂得如何玩弄两面派手法，向出价最高的一方提供军事和行政服务。[1]这种定期背叛和发自肺腑的变化无常，既反映了地方贵族绵延已久的独立意愿，也反映了他们对任何试图侵犯其领主自主权的强大中央权威的敌视。

更南方的加斯科尼，直到1058年才归并于阿基坦，在这里，贵族的行为方式更为躁动。公爵们出身普瓦图，他们的家产主要在那里，所以他们对加斯科尼的控制很脆弱：在这里，他们自有的产业几乎不存在，除了波尔多城及其附近地区。[2]所以他们在这个南方地带的活动很少。亨利二世对这个地区只发出过六份文书，但狮心理查的文书厅对加龙河及阿杜尔（Adour）河两岸的修道院和城市发出过50来份文书，理查了解这个边境地带的战略意义。[3]最后，对金雀花家族路线图的研究也表明，他

---

[1] Cao Carmichael de Baglie, «Savary...».
[2] Boutoulle, *Société*..., p. 163–166, 1061.
[3] Vincent, *Peter*..., p. 44.

们很少去这一地区。公爵权力的缺席就意味着其他权力会前来填补。

比戈尔（Bigorre）和阿马尼亚克（Armagnac）的伯爵，巴约讷（Bayonne）、达克斯（Dax）、罗马涅（Lomagne）、奥罗龙（Oloron）、科马哥（Comargue）和加巴勒（Gabarret）的子爵，以及大部分的堡主，都是当地名副其实的主人。当狮心理查试图扭转当地局势、树立自己的权威时，这些地方贵族便掀起了叛乱，就像他们的普瓦图、昂古莱姆和利穆赞的远房亲戚那样。为了粉碎叛乱，国王不得不定期对这些地方展开军事行动。1191年5月，他与纳瓦尔的贝伦加尔的联姻战略得以实现，此举正是要争取新娘的父亲在该地区的支持，这就使得理查在十字军和被囚期间，纳瓦尔的骑士能够镇压当地的叛乱贵族。[1]1196年，理查的妹妹雅娜嫁给图卢兹的雷蒙六世，并给后者带去阿让地区作为嫁妆，从而将图卢兹伯爵纳入了控制南方地区的战略轨道。[2]次年，国王颁布法令，期待在地方主教的支持下重建两海地峡（Entre-deux-Mers）[3]的和平。另外，在南方实施的新联姻策略也反映了日益增长的介入加斯科尼的意愿。它们改变了南方政治的既定棋局。

另外，狮心理查懂得，他的南方政策如要成功，就必须依靠城市市民来对抗上层贵族。例如，在1175年，比戈尔的桑图

---

[1] Gillingham, *Richard Cœur*..., p. 119-139.

[2] H. Debax, «Stratégies matrimoniales des comtes de Toulouse (850-1270)», *Annales du Midi*, 100, 1988, p. 131-151; «Les comtesses de Toulouse : notices biographiques», *ibid.*, p. 215-234.

[3] Boutoulle, *Société*..., p. 449-454.［译者按：两海地峡指的是大西洋比斯开湾与地中海之间的地区，即今天法国南方的朗格多克一带。］

尔三世（Centulle III）和达克斯的皮埃尔二世（Pierre II）发动叛乱，但随后躲藏到达克斯城，该城居民杀死了后者，并将前者交给理查，国王马上就确认了这个城市公社的特权。[①]1205年出现了同样的局面。这一年，在阿马尼亚克伯爵、贝阿尔内（Béarn）子爵和其他地方贵族的支持下，卡斯蒂尔的阿方索八世入侵加斯科尼，声称这是他妻子、亨利二世的女儿埃莉诺带来的嫁妆。但是，巴约讷、拉雷奥尔（La Réole）和波尔多紧闭城门，入侵者只得撤退。[②]这两个例子足以表明，金雀花与西南部各城市的联盟意义重大。

这样的政策在普瓦图也结出了果实。拉罗歇尔城1130年才建立，但很快就因为优越的商业环境而经历了飞速发展：它在1173年大叛乱期间仍忠实于亨利二世，两年后国王便授予它众多特权，于是便成为该地区第一个自由城市（commune jurée）。它对安茹家族的忠诚在13世纪更为坚定，并成为无地约翰重新夺回失地的桥头堡，也是路易八世最后占领的一块普瓦图土地。[③]该地区其他大型城市公社同样归附英格兰国王，如圣特、普瓦提埃、尼奥尔（Niort）、圣-让-当热里（Saint-Jean d'Angély）、科尼亚克（Cognac）和昂古莱姆：国王则以授予特许权作为回报，特许权一般以《鲁昂条令》（Etablissements de Rouen）为模板，这是1199—1204年阿基坦的埃莉诺颁布的，当时她为了争取这些城市支持无地约翰，并对抗布列塔尼的亚瑟

[①] Monlezun, *Histoire*..., t. 2, p. 220-221.
[②] Alvira, Buresi, «Alphonse...»; Marsh, *English*..., p. 5-9.
[③] Favreau, «Naissance...», p. 11-21.

和腓力·奥古斯都。[1]一个意味深长的案例是，1220年，尼奥尔城向亨利三世提出请求，该城应由一位英格兰长官治理和守卫，而不应将这个职责交付给本地一个忠诚度不可靠、立场摇摆的领主。[2]在这个地区，城市公社与国王之间的衷心谅解是反击贵族的最佳方式。

在12世纪末的地方政治棋盘上，以公爵和城市为一方，以阿基坦各伯爵、子爵和堡主为另一方的冲突，是个全新的现象。国王致力于保障道路安全，废除贵族的路桥费，压制领主任意的捐税征收，这符合城市精英（patriciat）和商业阶层的利益。城市欣欣向荣的寡头们，如今通过公社特许权获得了部分的司法、行政和税收权力。特许权换来了市民的忠诚，他们也懂得如何表达感激。与此同时，英格兰和大陆各港口则成为蓬勃发展的商业的转车盘。商人增加了财富，因而也增强了其政治权力。金雀花王朝已经赢得他们的忠诚，他们似乎与王室有很多共同利益。

加斯科尼各城市，尤其是波尔多的市民，享有各种城市自由和商业特权，这是这些南方领地保持与英格兰国王联系的重要原因：这已是一个老生常谈的话题。[3]根据这个假说，城市精英从1150年代开始就成为政治生活中的关键角色，它与乡村的古老城堡贵族展开正面竞争。这个分析并非全然错误。但商业精神，获利的渴望，甚至加龙河地区对英格兰各港口的葡萄酒出口，并不能解释一切。即使在政治和制度全面发展的13世纪，

---

[1] Renouard, «Essai...», p. 301–303.
[2] Gillingham, *Angevin*..., p. 64–66.
[3] Powicke, *The Loss*..., p. 32; Marsh, *English*..., p. 2–4.

市民仍然不能摆脱与贵族的联系。

在阿基坦,真正的社会角色仍然是伯爵、子爵、堡主、男爵和骑士,他们的领主权和军事技能确保其占据权力顶点。这些贵族很早就懂得,让一个遥远的外来王朝来统治符合他们的利益,而一个带有征服性的法兰西官僚机构会压缩他们的自治空间。他们也懂得,应该通过改换阵营、不忠和背叛来挑拨金雀花和卡佩之间的冲突,并确保两个王朝任何一方都不能最终占据上风,在阿基坦建立持久的、排他性的统治。改换联盟阵营如果拿捏得当,就是在两个王朝的斗争中维持微妙平衡的绝妙政治武器。这就导致某种竞价局面的出现,阿基坦贵族可以利用对金雀花家族的忠诚为筹码,换取更多的土地、年金采邑和职务,而王室也只能出高价收买。但在英格兰宫廷,这一政策——其唯一的目标就是维持阿基坦各堡主领地的独立——很快就不得人心了。人们拒绝"普瓦图派"和他们一条路走到底的姿态;很多英格兰人拒绝参加前途未卜的大陆军事冒险。但他们没有最后的决定权。无地约翰和亨利三世在阿基坦的大陆军事行动延续到1224年,甚至1242年。这表明这个王朝对其母系故土的眷恋之情。

对贵族来说,将自己的自治和特权押在英格兰这张牌上很明智吗?在无地约翰和亨利三世时期,很多证据表明公爵对加斯科尼的税收压力在加重。贵族的金库如今被新开征的税收撬开了,新税中我们可以发现一种类似于盾牌捐的军役代理税,并由监理人和托管代表王权进行直接监管。对波尔多贸易征收的通行税在上涨,虽然这个城市的商人因为专享同英格兰港口的贸易特权而获利甚丰。税收和管制增强的主要原因是"大陆领地被压缩到加斯科尼一地"①。不过，英格兰国王对法国西南部的治理却变得更好了，而此前这里一直是个难以控制的区域，这真是历史的悖论；不过与此同时，其他诸侯领地则进入了法兰西王国的轨道。从1224年以后，当英格兰王国卸除了大陆其他的领地之后，它就将集权化的努力集中在比利牛斯山区到加龙河之间的狭小地区，并取得了较大的成功。

大安茹和布列塔尼：不可靠的驯服

安茹是亨利二世的家族故土，自11世纪中叶开始，它的领地经历了空前的扩张。1152年，这个伯爵领已经囊括了曼恩和图兰。空间上的拓展与伯爵权威的强化相互吻合。1144年以来，对诺曼底公爵领的控制，让美男子若弗瓦成为一个治理高效的诸侯国的首领，这个诸侯国为他提供了可兹效仿的榜样。②他的家族很早以来就在安茹有稳固的家族产业，所以他将诺曼底的体制植入安茹就更易成功了。③亨利二世完善了其父的事业，他对这个卢瓦尔河流域的诸侯国的控制越来越有效了。他将安茹、勒芒和图兰*的领地划分为十来个司法长官辖区，每个都配备伯爵城堡和相应的土地，用来酬劳担负司法和治安责任的代理人，以及城堡的守卫们。如果将这里同加斯科尼作一个比较，就能发现两个地区的差距：在亨利二世时期，加斯科尼几乎只有波

---

① Boutoulle, *Société*..., p. 508, 477-488.
② Boussard, *Le Comté*..., p. 64.
③ O. Guillot, *Le Comte d'Anjou et son entourage au XIe siècle*, Paris, 1972.

* 安茹（Anjou）、漫恩（Maine）和普瓦图（Poitou）三个地区名与各自的中心城市昂热（Angers）、勒芒（Le Mans）和普瓦提埃（Poitiers）有词源关系，相关的形容词同样如此。图兰（Touraine）和图尔（Tours）也是这种情况。——译者

贵族和王权：尊重与反叛之间

尔多和拉雷奥尔存在公爵任命的司法长官。[1]在安茹地区，希农城堡是当时令人叹为观止的工程，它与洛什一起成为卢瓦尔河地区最坚固的堡垒，在安茹的臣民眼中，它们堪称亨利二世及其儿子们对该地控制的物化见证。[2]不过，虽然有这些治理上的进步，当地贵族却只愿意把自己的领地设想成独立于一切高级权威的飞地，一个名叫布沙尔的此等贵族就是他们的代表：直到1189年，他还骄傲地自称"蒙神恩的布沙尔岛的主人"[3]。

所以，面对不断增长的伯爵权威，卢瓦尔河地区的贵族仍摇摆于忠诚合作与公开反叛之间。亨利二世在世时，曾有几个终生追随他的地方领主为依靠：莫里斯·德·克拉昂（Maurice de Craon）和布里恩·德·马迪涅（Brient de Martigné）经常担任他的军队的指挥；前者在1173年大叛乱期间曾率领国王的军队，后者则担任1158年夺取的图阿尔城堡的守卫。[4]不过在安茹贵族内部，相互串通以反对亨利二世的领主似乎更多，只要局势有利他们就会行动，尤其是在国王在位初期。当时他们依托联姻网络和封建忠诚关系，组织了一次大范围的叛乱，而且还有蔓延之势。不久他们就懂得，面对已成为西方世界最强大君主的国王，如果还像以前那样，靠单个家族发起零星孤立的反叛，其诉求不会有任何兑现的机会。因此他们需要结成具有一定规模的同盟，如亨利二世的兄弟若弗瓦在1152—1156年组织

---

[1] O. Debord, «La politique...», p. 10; Boutoulle, *Société*..., p. 497-499.

[2] Rocheteau, «Le château...».

[3] «Cartulaire de Cormery», éd. J.-J. Bourasse, dans *Mémoires de la société archéologique de Touraine*, 12, 1860, n° 72, 转引自 Hajdu, *A Nobility*..., p. 14.

[4] Boussard, *Le Comté*..., p. 30 et 74; Baudry, «Les fortifications...», p. 300.

的同盟,或他的儿子们于1173年的同盟,这种同盟甚至可以动员整个金雀花帝国的军队。

一些地方贵族在1173年大叛乱的发起中扮演着首要角色,如阿基坦的埃莉诺的叔叔劳尔·德·法耶(Raoul de Faye)、小亨利的谋臣圣摩尔的于格(Hugues de Sainte-Maure)。他们召集了很多对亨利二世日益增长的权威心怀不满的领主:圣摩尔的纪尧姆和若瑟兰(Guillaume et Joscelin de Sainte-Maure)、拉海耶的若弗瓦和劳尔(Geoffroi et Raoul de la Haye)、罗伯特·德·萨布雷(Robert de Sablé)、拉瓦尔丹的若弗瓦(Geoffroi de Lavardin)、马迪厄·德拉·扎伊(Matthieu de la Jaille)、菲利普·德拉·查特勒(Philippe de la Chartre)、维维安·德·蒙特弗罗(Vivien de Montevrault)……这些领主在米尔波地区和图兰东南部建立了坚实的据点。但希农地区仍保留着对国王的忠诚,他在这里根基牢固,卢瓦尔河谷地区也忠实于国王;而他手下的英格兰-诺曼底骑士和雇佣兵将在战场上起决定性作用。安茹的贵族们于1174年被制服,从此他们只得服从伯爵权威的要求。1189年狮心理查掌权后,开始对仍然忠实于其父王的卢瓦尔贵族采取行动:最早的措施之一是革除和监禁安茹的地方总管埃蒂安·德·马尔扎伊,侵吞他的产业,并将他的地方总管职务交给英格兰人索恩汉姆的罗伯特(Robert de Thornham)。[1]这次人事撤换表明,英格兰国王处理安茹事务还是比较轻松的,他可以让一位英格兰官员来治理该地。

---

[1] Richard de Devizes, *Chronicon*..., p. 5, 85; Boussard, *Le Comté*..., p. 68-70, 80-82, 105-106, 113, 117,127-128.

贵族和王权：尊重与反叛之间

蓬勃扩张的安茹伯爵领的历史，与布列塔尼的历史纠结在一起。与习惯性的见解不同，在金雀花王朝建立前，这个诸侯国在制度方面没有任何的滞后性。相反，布列塔尼公爵柯南三世（Conan III，1112—1148年）重建了公爵的财政秩序，从而大力增强了自己的权威。[1]柯南死后，他的女婿布列塔尼公爵厄德·德·波尔厄特（Eudes de Porhöet，1148—1156年）和他的儿子南特伯爵霍尔（Hoel，1148—1156年）之间发生了继承战争，阻碍了行政机构的发展。1155年左右，南特人向亨利二世发出请求，这位国王就是附近卢瓦尔河上游昂热城的伯爵，正是因为这河流，双方保持着很紧密的商业联系。南特人当时拒绝了厄德和霍尔的统治。亨利二世认可自己的兄弟成为这座城市的伯爵，后者刚刚在第二次安茹叛乱中被击溃，这个安排间接地解决了他的封地问题。

这位若弗瓦不幸于1158早逝，他的遗产转给他的侄子，也就是亨利二世的儿子、另一位若弗瓦，而安茹家族的军队也在协助南特抵抗布列塔尼新公爵柯南四世（1156—1171年）的进攻。1166年，柯南四世与英格兰国王签署了一个长期性和约：他将自己的独生女和继承人康斯坦斯（卒于1201年）嫁给若弗瓦，然后逊位于后者，退隐甘冈普（Guingamp）伯爵领。[2]亨利二世与柯南四世的接近，还因为这位布列塔尼公爵占有里奇蒙德伯爵领（约克郡）而更为方便：作为布列塔尼的领主，彭铁弗尔（Penthièvre）家族*的成员曾随私生子威廉一起征服英

---

[1] Guillotel, «Administration...».
[2] Hillion, «La Bretagne...», p. 111-144 ; Everard, *Brittany*...,p. 31-36.
* 彭铁弗尔是柯南四世的一份祖产，故他是这个家族的后裔。——译者

格兰，如果柯南四世想要维持海峡对岸的那块辽阔领地，就必须服从英格兰国王。①另外，通过自己的逊位，公爵似乎愿意保持布列塔尼领地的完整性，而不致让南特伯爵领被安茹兼并。在公国问题的这一解决方案中，他同样希望保持对英格兰国王的独立，无论是理论上的还是制度上的。最后，他的姿态还是对某种家族传统的延续：他的曾祖父布列塔尼公爵阿兰四世（Alain IV），先后娶征服者威廉之女和安茹的富尔克四世之女为妻，并且已经因为自己的公国而向亨利一世行臣从礼。而一向以自己的身份自豪的布列塔尼贵族，很可能也支持柯南四世的决定，反对将南特伯爵领分割出去，并保护公爵制度的完整性。

后来的事态表明，这个决定非常英明，因为布列塔尼在此后几个世纪中一直保持着领地的完整和公爵王朝的连续性。1181年，若弗瓦与已经成年的康斯坦斯结婚，这就保证了他的继承权；但五年后他死在了巴黎，这是他经常去的地方；死因是突染夏季病毒，而不是像罗杰·德·豪顿添油加醋地描写的那样，因为比武的意外事故而亡故。②腓力·奥古斯都下令将他安葬在新建成的圣母院大教堂主祭坛对面，并在那里建了两个小礼拜室为他的灵魂安息而祷告。腓力对他表现出了一种名副其实的友谊：李戈尔甚至鼓吹国王的柔情，基罗·德·巴里甚至评论说，国王扑倒刚刚挖出的坟墓中时，应该有人拦住他的。③这种情感表演不仅展示了面对死亡和失去朋友时的心态，在当时，它主要从属于公共领域而非私人领域；它甚至具有不

---

① Le Patourel, *Feudal...*, X, p. 101.
② Hillion, «La Bretagne...», p 112, 128–129; Everard, *Brittany...*, p. 141–145.
③ «Gesta...», n° 44, p. 68; *De Principis...*, III, 10, p. 176.

可否认的政治维度。因为它与若弗瓦和卡佩家族的联合策略遥相呼应,而这个联合是不利于亨利二世的。腓力是在一个象征性的日子,很巧妙地将他与公爵的联盟关系作了戏剧化的表演。[1]也许若弗瓦已经懂得,在面对自己家族的众多成员时,他与巴黎的这种关系对维持布列塔尼的地位必不可少。

若弗瓦死后,他的遗腹子、1187年复活节当天出生的亚瑟就成为与卡佩关系的担保,尤其是在卡佩与他的叔叔斗争的时刻。1199年狮心理查死去后,亚瑟就对英格兰王位提出了要求,这与无地约翰发生冲突,但亚瑟在米尔波被叔叔击败,并被囚禁在了鲁昂,并很可能在那里被约翰杀害。布列塔尼公爵家族就此消亡。不过,在约翰遭受法兰西国王的一连串的打击过后,布列塔尼再次享有它的公爵与卡佩王室的友谊。布列塔尼女公爵康斯坦斯与图阿尔的基(Gui de Thouars,卒于1213年)第三次婚姻所生的艾利克斯(Alix),于1213年嫁给了腓力·奥古斯都的侄子兼附庸、德勒的皮埃尔(Pierre de Dreux),人称莫克勒克(Mauclerc)。随后的几十年间,他们奠定的卡佩世系——从此与金雀花没有血缘关系而只有亲属关系——在法兰西和英格兰国王面前保持着公爵领的独立。[2]

整个这段历史反映的都是安茹家族内部的继承冲突:亨利二世对抗兄弟若弗瓦、对抗自己的同名儿子,然后是无地约翰对抗侄子亚瑟。布列塔尼夹在诺曼底、阿基坦和安茹之间,从本质上说,它的历代安茹伯爵的政策是与遥远甚至虚幻的盟友——卡佩家族达成妥协,以切断与邻近的金雀花势力的联系。

---

[1] 关于中世纪爱的政治维度和描写强烈友爱的文本,参阅 Jaeger, *Ennobling*...。
[2] *The Charters*..., éd. Everard, Jones.

对安茹家族的幼子们来说，这种策略看起来可能不忠诚，甚至带有自杀性质。但不要忘记，在这个家族内部，分裂和内战是主旋律，而这又受到各位诸侯统治的领地上的贵族的左右。在这些斗争中，布列塔尼虽然是个很边缘的角色，但在更大的政治棋局上，它依然是一枚重要的棋子，这里同样是金雀花与卡佩斗争的场所。

在地方层次，斗争反映的是这个公爵领的地理与政治分裂，它的各个伯爵领地有时发生混战。这就导致一种混乱局面，但它有利于堡主和领主贵族维持其地位。柯南四世在世时，就不得不面对贵族的反叛，这次反叛的主要挑动者是他母亲的后夫厄德·德·波尔厄特、莱昂（Léon）伯爵领的头领基罗马什（Guilhomarch）——此人完全不受公爵监控——以及劳尔·德·富热尔（Raoul de Fougères）。为粉碎他们的叛乱，公爵求助于亨利二世，但这反过来加剧了布列塔尼对这位强邻的依附，何况他还是诺曼底的公爵和安茹的伯爵；他自己的逊位、将女儿康斯坦斯嫁给若弗瓦也是同一联盟逻辑的后果：地方贵族的叛乱让他不得不遵循这种逻辑。1173年，若弗瓦与厄德·德·波尔厄特和劳尔·德·富热尔达成临时妥协，他还任命后者为布列塔尼的掌旗官，这与其岳父的政策是相反的。但政治上的改弦易辙只是暂时的：若弗瓦不久就要面对布列塔尼武士对自己父亲的全面反抗，不得不进行干涉。1179年，他再次与金雀花家族和解，并击溃莱昂伯爵。[①]在各伯爵领飞地之内，尤其是在布列塔尼西部，反叛运动此起彼伏，这让人想起阿基坦的局面。

---

① Pocquet du Haut-Jusse, «Les Plantagenêt...» ; Quaghebeur, *La Cornouaille*..., p. 358-361.

贵族和王权：尊重与反叛之间

不过，布列塔尼虽然内乱不已，但这里的贵族竟然希望在某个地方权威之下维持这个公爵领的统一，因为这是它们独立性的保证。与卢瓦尔河以南的情况不同，布列塔尼贵族致力于维护这个诸侯国的独立，它的独特性已经在地方自治的漫长历史、在与各邻近诸侯国的斗争得以巩固。所以他们希望看到一个掌握布列塔尼命运的自治王朝的出现和延续。英格兰国王亨利二世和狮心理查从来不敢使用"布列塔尼公爵"的头衔，也不敢任命这个公国的行政首脑瑟内绍（即地方总管），这一事实意味深长，很可能是为了不与地方贵族发生冲突，后者只希望由某个特别的家族统治。①这种精神状态渗透在武功歌中。例如，当时西布列塔尼编纂的《艾奎传奇》(*Roman d'Aiquin*)，追忆了传说中这个公国如何驱逐萨拉森人的故事，传奇大力歌颂了当地的诺米诺埃（Nominoë，原文中为Naimes）伯爵在击败萨拉森人的战斗中的重要作用，他的个人魅力完全盖过了年迈昏庸、虚弱摇摆的查理曼的滑稽形象：根据最近让-克里斯托弗·卡萨尔（Jean-Christophe Cassard）的评论，这个桥段表现了布列塔尼人收复失地的意愿，他们对外部势力颇为敌视，而当时英格兰的安茹国王就是外敌的化身。②

在1187年，这种情感尤其体现在若弗瓦的儿子亚瑟身上。当地人民热情地欢呼他的诞生，人们对此期待已久。③按照英格

---

① Everard, «The "Justiciarship"...», p. 89-90.
② «Propositions...», 转引自 *Aiquin*...。
③ "*Natus est Arturus filius Gauffridi ducis Britanniæ, desideratus gentibus*"（布列塔尼公爵若弗瓦之子亚瑟诞生，实乃万民期待）：1187年3月2日的一个评注，出自一份今已遗失的文件，转引自 A. de la Borderie, *Histoire de la Bretagne*, Paris-Rennes, 1899, t. 3, p. 286。

兰史家罗杰·德·豪顿和拉尔夫·德·迪斯的记载，他的姓氏的选择甚至也呼应了布列塔尼人的集体决策。[1]不过，真正道出这场名副其实的命名之争的政治内涵的，是牛堡的威廉："国王（亨利二世），他的祖父，已经下令以他的名字给孩子命名，但布列塔尼人不听他的，他们以庄严的欢呼，在洗礼盆中称呼他为亚瑟。布列塔尼人很早就听说过传说中的亚瑟王，如今他们找到了真正的亚瑟，并寄予很大的希望，这希望来自某些先知在著名的亚瑟传奇中的预言。"[2]正如香槟的西多会修士、三泉村的奥布里（Aubri de Trois-Fontaines）在其《纪年》（Chronique, 1227—1241年）中证明的，这个孩子的家世一直上溯到那位传说中的凯尔特人的国王。[3]他是遗腹子，而且就出生在复活节那一天，这就平添了他的光辉，并在人民之中唤醒了近似政治千禧年的热望。

在那个时代，人们的脑海中的确萦绕着一种期待：亚瑟王将从阿瓦隆岛，或从埃特纳山的深处归来。1150—1200年的文学深受蒙茅斯的杰弗里的影响，而在这种文学中，对亚瑟归来甚至成了一个反复出现的主题。1155年左右，瓦斯公开提到，布列塔尼存在这样一种期待。[4]皮埃尔·德·布卢瓦也有同样的

---

[1] *Gesta*, p. 469; «Ymagines...», p. 629; 参阅 Hillion, «La Bretagne...», p. 129, n. 26。

[2] Newburgh, «Historia...», III, 7.

[3] «*De qua genuit Arturum juvenem* [...] *de genere antiqui Arturi*»（小亚瑟出自……那古代亚瑟的世系），*Chronica*, p. 859. 参阅 Chauou, *L'Idéologie...*, p. 258。

[4] «*Fu el cors navrez mortelmant, / An Avalon s'an fist porter / Por ses plaies mediciner. / Ancor i est, Breton l'atandent, /Si com il dient et antandent*»（心已受伤，转向阿瓦隆，以疗伤口。布列塔尼人，还在等待，期待他"），*Le Roman de Brut*, v. 12327-12331。

说法，当他谈到自己对某个恩典的期待时，他曾写道："就像布列塔尼人期待亚瑟的归来一样，犹太人期待弥赛亚的到来。"①但是，虽说他赞赏这种信念在阿摩利卡人中间的力量，但他根本不相信这个故事。所以当他嘲笑某个抱负过大的廷臣时，他说："如果这类徒劳的希望你也能相信，那你也能期待亚瑟王带着他的布立吞军队归来。"②同样，对于埃克塞特的约瑟夫而言，"布列塔尼人的信仰和他们的轻信是可笑的：他们还等着亚瑟王，而且还会永远等下去"③。行吟诗人们在讲到布列塔尼人等待传说中的那位国王的耐心时，也是带着调侃的口吻，例如，他们会用它来形容等待犯有拖延症的贵妇时所必需的耐心。不过，佩尔·维达尔在1187年创作的一首诗中敬告大家不要嘲笑，"因为现在布列塔尼人有亚瑟，他们可以在他身上寄予希望"④。非布列塔尼作者撰写的大部分文字当然都是嘲弄这个信念，在他们眼里，等待凯尔特人的神话国王归来的信念传播得太广了。不过，这个话题也被他们用来讽刺当地人：这种迷信让他们更显可笑了。⑤

　　这种对凯尔特"他者性"的强烈拒斥当然暗含着他们的嘲讽，但是否应该就忽视此类证据呢？恰恰相反，阿摩利卡贵族对若弗瓦的遗腹子的态度表明，对外人来说十分可笑的"布列塔尼希望"，可能激发他们收复失地的努力。在很多情况下，这

---

① *Epistulæ*, n° 34, col. 112A; n° 51, col. 154C.

② *Carmina*, 1.5, p. 265-274; Dronke, «Peter of...», p. 206-209, str. 8.

③ *Iliade*..., III, v. 472-473.

④ *Poesie*, n° 40, v. 12-13, p. 366; 参阅 n° 31, v. 39, p. 248 ; Anglade, *Les Troubadours*..., p. 39-40。

⑤ Greene, «Qui croit...».

个希望赋予布列塔尼公爵一种具有一定效果的象征资本,因为拥戴战士和征服者亚瑟王的集体情感在当时十分普遍。对布列塔尼历史的解读,无论是大不列颠的还是大陆的解读方式,其核心都是布列塔尼人对罗马人和撒克逊人的独立,这有利于一位志在维护地区独立地位的诸侯的利益,但不利于英格兰国王。在期待已久的若弗瓦的继承人、遗腹子亚瑟出生之后,在布列塔尼人中不能不引发政治上的弥撒亚信仰。

亨利二世和狮心理查在与卡佩王朝的斗争中,试图不惜一切代价地控制这种可怕的意识形态武器的运用,因为这种武器有可能对他们不利。他们声称亚瑟是自己的祖先,是他们对抗法兰西国王时的保护者,而后者已经有查理曼为依仗了。正如我们已经看到的,他们试图让布列塔尼题材的传说为自己所用,所以在1168年,金雀花家族向鲁昂的埃蒂安定制了一份英格兰国王与亚瑟王的虚拟通信往来,亚瑟将阿摩利卡授予亨利二世,条件是亨利只能成为他的附庸;另外,在1191年,英格兰的格拉斯顿伯里修道院发现了亚瑟的遗骨,这同样无可辩驳地证明了布列塔尼希望的虚妄性。

1187年若弗瓦死后几个月,亨利二世派军队夺回了埃尔维·德·莱昂(Hervé de Léon)刚刚占领的摩尔莱(Morlaix)城堡,这件事当然并不光彩。另外,国王还要求若弗瓦的寡妻康斯坦斯嫁给切斯特的拉努夫(Ranulf de Chester),此人是他的亲信,是位于布列塔尼北部动荡边境上的阿弗朗钦(Avranchin)地方的子爵,但他在英格兰的林肯郡持有大量土地,这些土地与布列塔尼公爵在里奇蒙德伯爵领的领地交织在一起。①对于若弗瓦和康斯坦斯的长女埃莉诺,亨利二世也严加监控,将她扣留在英格兰,以防这个公国有任何逃脱其王朝控制的图谋。他儿子狮心理查成为国王后,试图以康斯坦斯为跳板,继续控制这个公国。1196年,他甚至在切斯特的拉努夫的协助下监禁了那位女公爵,他的军队还劫掠了布列塔尼。②对于这次攻击行动,英格兰史家的记载很简略,其原因已难以辨明。当时在雷恩聚会的贵族们欢呼他侄子亚瑟为公爵,也许理查想以此作出反击?后来的史料就是这么说的。③也许他拒绝将这个孩子的监护权交给他母亲?这似乎更有可能。④不管怎样,这次行动给理查带来了灾难性的政治后果,布列塔尼贵族与英格兰国王之间的隔阂进一步加深。而且,威特雷的安德烈(André de Vitré)、莱昂的子爵们和瓦内(Vannes)的主教葛泰诺克(Guéthénoc)成功地将孩子隐藏起来,并将他带到了巴黎,他在那里由腓力·奥古斯都和未来的路易八世抚养长大,腓力还想把女儿玛丽嫁给他。

布列塔尼公爵流亡、他母亲遭监禁之后,狮心理查仍要平定这个地方。现在他掌握了一个对阿摩利卡贵族施加压力的重要工具,因而这件工作看来就更容易了。实际上,大部分反叛者,如富热尔、威特雷、多尔(Dol)、迪南和马延(Mayenne)家族,他们的祖先都曾追随私生子威廉征服英格兰,并在那里

---

① Everard, *Brittany*..., p. 157; *The Charters*...
② Quaghebeur, *La Cornouaille*..., p. 363-364.
③ Hillion, «La Bretagne...», p. 119, n. 108, 这里引述的是修士洛比诺(Lobineau)的说法,出自南特教堂一份很古老的手抄本。
④ Gillingham, *Richard I*, p. 298.

殖民，所以他们还在那里持有领地，如今国王可以威胁没收这些土地了。[①]1199年狮心理查意外死亡后，他的官员就控制了布列塔尼。不过，国王刚一死去，这个公国的贵族几乎全体一致地拥戴亚瑟，这个孩子还是法国国王中意的英格兰王位的继承人：腓力二世以此来对抗狮心理查临死前指定的无地约翰。布列塔尼对亚瑟的忠诚可谓白璧无瑕，这个孩子身上寄寓着太多传说中的期待和希望。

在与无地约翰作战时，布列塔尼贵族发现，他们与安茹、曼恩、图兰和普瓦图北方的贵族处于统一战线中，他们的首领是地方长官纪尧姆·德·罗什。[②]1199年后，他们的历史就与这个公国的历史纠缠在一起了。就在几十年前，卢瓦尔河流域的武士们曾占领布列塔尼，前不久这里还是他们扩张冲动指向的对象，而现在他们与布列塔尼公爵和这里的贵族站在了一起，这看起来有些让人困惑。他们的这个选择的原因是复杂的。

也许他们只是承认，根据他们自己遵循的继承习惯法，布列塔尼的亚瑟享有合法的继承权？[③]不过，在这个地区的部分贵族中，盛行所谓的过渡权或回归权（droit de viage ou de retour），它优待的是死者的弟弟而不是儿子，按照这个习惯，无地约翰

[①] M. Jones, «Notes sur quelques familles bretonnes en Angleterre après la conquête normande», *Mémoires de la société d'histoire et d'archéologie de Bretagne*, 1981, p. 73-91; Hillion, «La Bretagne...», p. 120; Everard, «Lands...»。

[②] 关于这个人物，参阅 Vincent, *Peter*..., p. 23-26。

[③] 这是雅克·布萨尔（J. Boussard）的观点，见其 *Le Comté*..., p. 94-95。

享有优先权。①但在当时,继承规则远非固定不变的,它似乎也不构成拥戴哪位候选继承人的决定性要素。行吟诗人约翰描写的一个场景便可以为证:当威廉元帅和坎特伯雷大主教大半夜接到狮心理查的死讯时,他们立刻聚在一起审查无地约翰和布列塔尼的亚瑟各自的王位继承权:大主教支持亚瑟继位,因为他是其父若弗瓦的长子;但威廉支持约翰,因为他不仅担心亚瑟年幼难当大任,更不相信他的随从,因为他们都对英格兰人怀有敌意,同腓力·奥古斯都的联盟就坐实了这一点。为此他还提到了一个甚为虚假的习惯法:"儿子比侄子更靠近父亲的土地。"但是行吟诗人约翰的读者懂得,所谓的法律依据,只是要为已然作出的决定平添一点分量,这种决定主要依据的是个人情况和政治上的必要,而不是继承法。②说到底,威廉不想让英格兰的王位落到腓力·奥古斯都的傀儡手中。至于卢瓦尔河流域各伯爵领地的贵族,他们对继承次序的看法其实和威廉元帅一样,根本不是固定不变的,而是依据政治局面而采取实用主义的方针。

既然中世纪史专家不能满足于法学论据,那就应该为安茹贵族选择布列塔尼的亚瑟寻找别的原因。亚瑟是在巴黎长大的,他服从那个抚养他的卡佩王室——金雀花家族的世仇,对这些贵族来说,追随这个孩子,不就可以痛快地发泄他们对英格兰

---

① 关于过渡权或回归权,见 M. Garaud, «Le viage ou le retour dans le *Vieux Coutumier de Poitou*», *Mémoires de la Société des Antiquaires de l'Ouest*, 1964, p. 747-786; *Les Châtelains...*, p. 74。

② *L'Histoire...*, v. 11837-11908, t. 2, p. 62-65. 参阅 Powicke, *The Loss...*, p. 194, n. 1; Richardson, Sayles, *The Governance...*, p. 139-141; Legge, «William...»。

国王的怨恨吗？他们拒绝一个比以前更具存在感且被理解为诺曼底和英格兰特质的行政体制，这当然是可能的。不过，地方贵族大概不会不知道，在一些边境地区，如在上贝里和奥尔良一带，这种不断发展的集权化趋势，其实是腓力·奥古斯都直接推动的。他们或许没有长远的政治眼光，但他们不会对卡佩王朝的政治抱负一无所知：总有一天，王权要以集中统一的方式对各个诸侯领地实行有效的直接统治。他们的权力被侵蚀、对金雀花王朝的不满，可能是他们反对无地约翰的一个原因，但可能还不至于让他们更青睐于约翰的侄子，因为后者的政治方案与约翰鲜有差别。

还有一个解释，不过它大概会让习惯于结构分析而非侧重局势、强调社会而非个体的史家感到不适应。这就是最近约翰·基林厄姆重新提出的看法，他是研究狮心理查统治时期最好的专家，如果不提一下他的看法那将是件憾事。简单地说，他认为问题在于无地约翰没有赢得贵族尊重的能力，[①]而在一种封建主义的语境中，人际关系很大程度上决定了附庸对主人的忠诚。1199年秋天，他在安茹的早期行动彻底摧毁了其已经受到重创的声誉。根据罗杰·德·豪顿的记载，那时布列塔尼的亚瑟正赶往勒芒，以便和自己的叔叔面对面地商讨解决冲突的外交方案，但他已得知国王有监禁他的计划。而约翰不顾停战协定攻占希农堡的行动更坐实了他的担忧：当天他就原路折返，跟他的随从和母亲逃往昂热，当时他母亲已经离开切斯特的拉

[①] "溃败的主要原因很可能是约翰个人造成的不利局面，而不是社会结构方面的理由……当约翰继位时，他的名声甚至比腓力还要差。"，见 Gillingham, *Richard I*, p. 340。

努夫，嫁给了图阿尔的基。①在很多人看来，这个没有得逞的计谋坐实了约翰蒙受的背信弃义的恶名。正是因为名声不好，他才失去了地方贵族对他的信任，进而废弃了作为附庸对他的忠诚。在这个问题上，罗马法中那些公私有别的范畴看来并无多大效力。在贵族的心态中，情感的、个人化的考量压倒了为王权服务的朦胧抽象的理念。

从这个方面看，狮心理查的胜利无可否认。这可以解释，他因参加十字军和被囚禁在德意志而长期不在时，仍能维护乃至扩大他从父亲那里继承的领地范围。安茹和南特伯爵领的贵族依然对他大体保持忠诚，他之所以能做到这一点，原因是多方面的：他的慷慨为他赢得了很多同情分；他在外交上的灵活手腕扩大了自己的庇护关系网；他参与十字军的漫长生涯强化了自己的声望，因为在他这个层次的君主中，他可谓绝无仅有；他的一生都在捍卫骑士理想，而这正是贵族这个阶层的武士所赞许的理想……②他死后，行吟诗人约翰哀叹说，人们失去了一个行为的导师，这个损失不可挽回，因为理查懂得在战斗中让人如何勇敢：他在世时，诺曼底人"是麦粒，如今他们都变成了麦秸"③。

然后无地约翰就构成了一个再明显不过的对比了。冲突一开始，金雀花家族就碰到了一个巨大障碍，而这位国王看来无法应付。必须再次提醒，在大陆的封建等级制中，这个家族是

---

① *Chronica*..., t. 4, p. 96-97. 参阅 Gillingham, *Richard I*, p. 337。

② 弗洛里（J. Flori）著作的整个第二部分都在讨论狮心理查的骑士风度，见 J. Flori, *Richard*...。

③ *Histoire*..., v. 4644 sq, t 3, p. 58; Bates, «The Rise...», p. 22. 1193 年狮心理查被囚时，牛堡的威廉说诺曼底人像"失去了牧人的羊群"，他们不再忠诚了，也不能抵挡腓力·奥古斯都夺取吉佐尔，见 Powicke, *The Loss*..., p. 144-145。

它的对手卡佩王室的封臣。安茹伯爵向卡佩国王行的臣从礼，是个明显的服从举动，这比诺曼底公爵在边区举行的简单宣誓严重得多。金雀花的君主必须承认，他的伯爵领地从属于法国王权，甚至就是一个辽阔的王国内部的一块领土。在1170—1209年，在加斯科尼和朗格多克大约编订了400份文书，在文件的日期标注中，只有26份文书没有提到路易七世或腓力·奥古斯都的在位时期，这一点是很能说明问题的。① 卡佩国王从心态上占据了整个法兰西王国，这一意识已经深深植根于安茹家族臣民的脑海中。由于大西洋沿岸地区的宗教区划对卡佩王朝有利，由于它控制了两个大主教区，这种优势就更加明显了。路易七世和腓力·奥古斯都看来满足于控制图尔和布尔日，前者是一块位于金雀花家族在卢瓦尔河地区的领地中的飞地，直到1195年的嘉永（Gaillon）条约才改变局面；后者位于上贝里，卡佩就是这里的主人。这两个地方的大主教支持卡佩的事业，并且不忘提醒他们对下辖各主教区的权利，而这些主教区经常位于安茹家族领地的中心地带。金雀花王朝唯一的回应就是扩大波尔多大主教的辖区，并支持将布列塔尼的多尔提升为大主教区，但没有成功。② 这些都只是权宜之计，因为13世纪有一种普遍趋势，无论是在法国还是在欧洲其他地方，这种趋势都有利于王国的出现，而领地诸侯国的势力随之衰落。

安茹贵族对英格兰国王忠诚的起伏，也可以佐证他们仍享有很大的自治权。他们是个独立行动的政治角色：1199年，他

---

① Higounet, «Problèmes...», p. 319.
② Concklin, «Les Capétiens...»; Vincent, *Peter*..., p. 47, n. 10.

们对亚瑟的拥护为安茹地区归附法国王权做好了准备。纪尧姆·德·罗什前不久还是狮心理查任命的地方总管，但他既是亚瑟的盟友，也是无地约翰的盟友，在腓力·奥古斯都征服安茹后的次日，他仍然是安茹的掌旗官（1205年）；他是贵族机会主义的化身，他们会看国王的名声、依据家族利益而改换阵营。从此，安茹、勒芒和图兰的贵族就表现出了对法国王权的忠诚。金雀花家族最终丢失了自己家族的摇篮安茹。北普瓦图的情况同样如此，奥古斯都在占领卢瓦尔河流域后迅速进驻该地区：1206年，埃梅里·德·图阿尔（Aimery de Thouars）又被法兰西国王任命为普瓦图的地方总管，官复原职了。无地约翰曾授予普瓦图贵族高额的年金采邑，以鼓动他们投靠英格兰国王，但因为他们在地理上相距较远，因而又能确保一定的独立性。①而布列塔尼贵族还没有准备好接受一种外来统治。1213年，腓力·奥古斯都成功地选择了一种外交策略，通过联姻而为自己的手下和亲戚德勒的皮埃尔谋取了公爵头衔。

　　金雀花家族带来了强势的伯爵权威，这为卡佩王朝在大安茹地区创造了条件。但布列塔尼的情况与此完全不同，因为安茹家族的公爵们从未让其北部的伯爵和男爵们接受他们的管理体制。说来有些荒诞，在此后的几个世纪中，他们的失败反而维持着这个公国对法国王权的直接依附。

诺曼底和不列颠诸岛：经受严峻考验的忠诚

　　金雀花家族在各岛屿和大陆拥有辽阔领地，但诺曼底和英

---

① Collet, «Le combat...».

格兰才是其统治权的核心。它们是对宽广的外围地区进行统治的中枢,是安茹家族试图控制的整个空间的结构枢纽。它们的财政和税收效率——更多地来自加洛林而非斯堪的纳维亚的传统[1]——使得英格兰王权可以汲取资源进行军事冒险。[2]但是,国王首先是从英格兰-诺曼底贵族中招募其最可靠的武士和官员的,这个人力资源库更能倾向于为王权服务,而不是企图反叛。当然,在安茹王朝和英格兰-诺曼底武士和谐合作的画卷之上,还是有若干阴影区,在这个时代,英格兰和诺曼底似乎不复以前的精诚团结。

与阿基坦和布列塔尼,乃至与安茹相比,金雀花家族对英格兰-诺曼底领地的控制更为强固。对城堡体系的控制就是明证。1154年,亨利二世下令拆毁内战期间在英格兰建造的大部分"非法城堡";只有那些最坚固、位置最好的城堡被保留下来,但被国王没收。[3]在诺曼底,几乎所有堡垒,甚至那些简单的土堆和木制工事,公爵都有权要求奉还给他;它们很多已被国王的守卫占领。[4]诺曼底的大约25个司法长官辖区构成一个严密的网络,它挟制了城堡主领主权,城堡主不得扩展自己的辖区,也不享有真正的政治自治。

王权没收领主指挥权的过程得以深入推进。在1190年左右的英格兰,亨利二世及其手下的改革创建了西方世界最完备

---

[1] L. Musset, *Autour du pouvoir ducal normand*, Caen, 1985, p. 45-59 ; Bates, «The Rise…», p. 25; Neveux, *La Normandie*…, p. 185, 190-191.

[2] Holt, «The Loss...»; Moss, «The Norman...».

[3] Guillaume de Newburgh, *Historia*…, p. 102; Gervais de Cantorbery, *Chronica*…, p. 160 ; 参阅 Coulson, «Freedom...»; Brown, «Royal...»。

[4] Yver, «Les châteaux...», Louise, *La Seigneurie*…, Debord, «La politique...».

的司法体制。在司法领域内，庄园法庭的权限在收缩，它们只能审理农奴之间的日常小冲突和小罪行。在地方层次上，百人组（centaine）[①]和伯爵领的法庭——分别由一位巴伊和一位治安长官主持——受到巡回法官的监督，这些人按照非常固定的路线，定期巡视地方。任何自由人均可向国王法庭（curia regis 或 King's bench）上诉，这类法庭可以在国王不在时自行运转。[②]司法成为公共事务，而在普通法（Common law）的形成中，领主几乎只涉足与轻罪和低额罚款相关的案件。在理查德·菲茨·尼格尔的《有关财政署的对话录》中，国王削减领主强制权的意图很明显，这部著作将领主们视为"内部敌人"，他们专横的敲诈勒索就是他们的暴政的最明显的表现。《英格兰王国法律和习惯》也持同样的看法，声称领主们滥用了扣押（distrain）和强占（desseisin）权，任意占据农民的牲畜和其他财物，应该像盗窃犯和和平破坏者一样受到惩罚：如割嘴唇、处死或者剥夺后代的继承权。[③]这类愿望在实际中可能很少得以实现。但从精神实质上说，它们还是见证了王权的强势和在削弱领主司法权方面取得的进展，后者正在丧失从前的很多权力。这种剥夺表明了英格兰-诺曼底贵族权力的局限，这种贵族制不是司法性或强制性的，而是处于正在崭露头角的国

[①] 这个涉及"百"的术语，指的是郡（shire）或伯爵领内部的行政区划。
[②] Mortimer, *Angevin*..., p. 52-73; P. Brand, «*Multis*...»; Turner, *The English*...
[③] *Dialogus*..., p. 101, et *Tractatus*..., I, 2, et VII, 17. 参阅 Hudson, *Land*..., p. 40-43。

家的全面控制下。①

国王宫廷中也可以见到这样的服役贵族（noblesse de service）。他们通常来自地位很高的家族，根据1166—1172年的调查结果进行的计算就证明了这一点：构成亨利二世近臣圈子的小集团，掌握着英格兰－诺曼底三分之二以上的采邑。②相比之下，路易七世的近臣队伍中没有任何法兰西岛的大城堡主，③因此金雀花王朝的宫廷随从的阵势远为煊赫。不过，与卡佩宫廷相似的一点是，这里也有地位较低的人物。实际上，贵族的所有阶层都无一例外地出现在金雀花的宫廷中。对于狮心理查在旅途中跟随和协助他的诺曼底人，最近的研究也证明了这一点。④这里面我们可以看到世袭占有宫廷官职的家族，如奥梅、坦卡维尔和奥比尼家族；有在政治上具有重大影响力的领主，如亨利·德斯图特维尔（Henri d'Estouteville）和罗伯特·德·哈尔古特（Robert de Harcourt）；有追随国王参加战斗和十字军行动的普通次级附庸（arrière-vassaux），如让·德·普雷奥和吉拉尔·塔尔伯特（Girard Talebot）；有"子爵"（vicomtes）⑤，有在大家族幼

---

① 对于这个结论，可能应作一点地区性的区分。根据 H. M. 托马斯（H. M. Thomas）的看法，在约克郡，亨利二世的司法改革对当地贵族影响不大，贵族仍然在法律框架之外使用暴力，并毫无限制地在领主法庭行使司法权，见其 Vassals... p. 84–85。在靠近苏格兰的北部边境地带，征服者威廉的确曾将辽阔的封地封授给自己的亲信随从，并出于军事考虑而授予他们很大的自治权和行动空间。应该注意的是，1214—1215 年的大叛乱就是这些人发起的，见 Holt, The Northerners...。

② Keefe, Feudal...

③ Bournazel, Le Gouvernement..., p. 74 et 91.

④ Billore, «La noblesse...».

⑤ 在诺曼底，子爵完全不是加洛林时代世袭的头衔，而只是王权在地方的司法和行政助手，与英格兰的治安长官或安茹的司法长官类似。

子或普通家庭中招募的巴伊、法官和巡回法官，如凡尔登的贝特朗（Bertrand de Verdun）、纪尧姆·德拉·马尔（Guillaume de la Mare）和纪尧姆·德·圣约翰（Guillaume de Saint-Jean）……总之，诺曼底的贵族和骑士，不管其家世古老与否，不论其家族财富多寡，都愿意为国王效劳。[①]

但若是跟英格兰贵族相比，他们的热情就相形见绌了。无论是中央宫廷还是在地方的管理机构，英格兰的贵族数量都更多，而且他们经常出现在大陆。1150年代，当布卢瓦的斯蒂芬和皇后玛蒂尔达的长期内战结束之后，英格兰的大贵族就决定，应通过停战协定和条约来终止敌对行动，这为亨利二世的登基、为英格兰与诺曼底的重新联合准备了条件。[②]1154年亨利二世即位时，就已经赢得了大贵族们的忠诚。难道当他们支持玛蒂尔达的儿子为王位继承人时，也许就是想不惜一切代价恢复王国与公国的统一，以收复他们在大陆的领地？[③]但新国王也始终懂得如何安抚他们。他并不召唤诺曼底和安茹贵族前来英格兰担任政府官员。[④]他也赢得了英格兰贵族们的信任，不久他就依靠他们的建议、他们的行政知识和军事服务，用以统治他在大陆那些不够忠诚的领地。以亨利二世和狮心理查的名义，英格兰人索尔兹伯里的帕特里克和索恩汉姆的罗伯特在普瓦图和安茹就像副王一样。在这些诸侯国，当地贵族时刻准备拿起武器

[①] 关于亨利一世时代王权对中高层服务贵族的报偿，见 Green, *Aristocracy*..., 作者对奥德利克·维达尔和 R. 特纳（R. Turner）支持的"起于尘土之人"一说表示怀疑。

[②] Davis, *King*..., p. 111-114; Amt, *The Accession*..., p. 7-29.

[③] Le Patourel, *Feudal*..., VII, p. 8; VIII, p. 293.

[④] Le Patourel, *The Norman*..., p. 115.

反对国王,来自英格兰的掌权者不会太多。但这些人脱离了原来的联盟关系和庇护关系网,被置于某个充满敌意的遥远地区,他们对王权的忠诚因而是无可挑剔的。

更让人意外的是,类似的现象也出现在了诺曼底,当地的政治角色对公爵十分顺从,所以他们应该不会抵制金雀花王朝。但我们不能忘记,1136年后,安茹家族为了皇后玛蒂尔达的利益而对诺曼底实施的占领,主要依靠的是武力而不是说服;而且,1152—1160年,亨利二世为保留诺曼底的维克森地区而不得不进行艰苦的战斗。[①]1173年,小亨利的叛乱得到诺曼底很多贵族的支持,尤其是在上诺曼底,而且佛兰德尔伯爵很轻松就占领了厄城地区,路易七世则围困了鲁昂。在诺曼底南部,阿朗松伯爵据有辽阔的领地,这本来可以成为诺曼底防范安茹和曼恩的屏障,但这位伯爵背叛了英格兰国王。[②]诺曼底边境地带的领主同样摇摆不定,他们在金雀花与卡佩之间玩弄骑墙战术,这一点是1204年诺曼底被迅速征服的重要原因。[③]亨利二世靠的是英格兰的骑士和威尔士的雇佣兵才将这个公国置于自己的控制之下。

在这种背景下,英格兰人在这个公国的权力就很扎眼了,这有时让人想起外来征服者的权利。1176年,伊尔切斯特的理查德着手改革诺曼底财政署;1178—1200年,来自德比郡的威

[①] Power, «Between…», «What Did…». 关于1136—1154年安茹军队在诺曼底的破坏及在当地引发的仇恨情绪,见 Orderic Vital, *Historia*…, t. 2, p. 190, 279; Bradbury, «Geoffrey V…», p. 21, 27-28; Neveux, *La Normandie*…, p. 503-513。

[②] Bates, «The Rise…», p. 23, 32; Powicke, *The Loss*…, p. 158.

[③] 关于这些问题,请参阅 DJ. Power, *The Norman frontier in the 12th and early 13th centuries*, Cambridge University Press, 即出。

廉·菲茨·拉尔夫（Guillaume fitz Raoul）担任诺曼底的大法官；同样来自德比郡的杰弗里·德·雷普顿（Geoffroi de Repton）则于1200年担任卡昂市长。英格兰人掌握了诺曼底的核心决策权，在吕西安·缪塞（Lucien Musset）看来，这种外来控制是当地贵族在腓力·奥古斯都入侵时采取消极被动立场的一个原因。[①] 部分而言，他附和了莫里斯·鲍维克和大卫·贝茨（David Bates）的分析，这两位学者都十分强调安茹在诺曼底的统治，但忽视了英格兰人才是那里的主人。[②] 他们的观点来自基罗·德·巴里的说法："诺曼底人，就像英格兰人一样，受到一种暴力统治和岛国（insulaire）专制的压迫……贵族已经在残酷暴政的奴役之下低下了高贵的头颅，他们怎能奋起抵抗骄傲勇敢而又自由的法国人的军队呢？因为，如果要激发人心的勇敢，任何东西都比不上享有自由。"[③] 当然，这段话带有修辞色彩，但也有基罗·德·巴里对金雀花王朝的偏见，以及相应的对法国的好感。[④] 同样，对腓力·奥古斯都的抵抗因为前所未有的行政和财政压迫而大为减弱。

1066年征服后不久，海峡两边诺曼底贵族的精诚团结曾是

---

① "世俗贵族，不管他们来自哪里，对其诺曼底的身份感知越来越弱，而对英格兰的认同感越来越强……总的来说，英格兰和诺曼底之间的古老平衡被完全颠倒了，天平向有利于英格兰的一方倾斜。"，见 «Quelques problèmes...», p. 293-294。

② «Absolutism of the Angevin rule in Normandy», Powicke, *The Loss*..., p. 438; Bates, «The Rise...», p. 22.

③ *De Principis*..., III, 12, p. 258. 专制的岛屿特性（l'insularité）的观念，借自希腊罗马的古典文本，它们认为最具压迫性的政府形式出现在古代的西西里。

④ Bartlett, *Gerald*..., p. 95-96.

英格兰国王的力量基础,但这种团结现在已经不复存在了。[1]更糟糕的是,这种团结甚至不能抵挡1144年的强制性分离:皇后玛蒂尔达据有诺曼底,布卢瓦的斯蒂芬据有英格兰。这里需要专门谈一下英格兰和诺曼底贵族的团结问题。当然,对其"民族"身份认定的研究肯定是很困难的。全部的困难在于,很难确定中世纪人的集体情感,如他对某个民族的归属意识,或别人赋予他的从属观念,这些经常是难以窥视的,因为当时史料中留下的痕迹很少;而且,情感状态的转变可能很快,有时就发生在个人的一生,或在一辈人之中。不过,根据12世纪后半期的一些文献,可以确定诺曼底贵族是如何界定自己的身份的,无论他们生活在大陆还是在岛屿上。不过从表面看来,这些文字呈现某些矛盾现象。

在《关于财政署的对话》中,亨利二世的财务官理查德·菲茨·尼格尔写道:"今天,英格兰人和诺曼底人的生活如此密切,他们彼此通婚,他们的民族彼此交融之深,让人很难区分谁是英格兰人出身,谁是诺曼底人出身,至少对自由人是如此。"[2]埃尔雷德·德·里沃克斯的看法大致类似,他强调了忏悔者爱德华临死前的预言:一棵被砍倒的树会重新立起,并且焕发生机,这象征着诺曼底人和英格兰人的和解与融合,而这

---

[1] J. Le Patourel, *Feudal*..., p. 164–176 认为,英格兰-诺曼底的统一是结构性的:在他看来,海峡更像是个方便的通道,它便利了交流和运输,而1120年的白船(Blanche Nef)海难不过是个例外的事故。有一种看法则强调航海的危险和困难,见 Bates, «Normandy...», p. 859–861.

[2] *Dialogus*..., p. 53–54.

一切就在亨利二世个人身上实现了。[1]不过，这两位作者都在为那位安茹国王服务：前者负责国王的财政；后者的作品是国王定制的，用来弘扬那位圣徒祖先遗骨的迁葬。他们的言论铸造了一种团结观念，而这正是亨利二世希望在各诸侯国的贵族内部维护的，尤其是在一段时间的分离和内战之后。

不过，这种难以掩饰的宣传还是有现实基础的，这就是英格兰贵族自己的身份认同。自征服者威廉实现财产转移以后，这些贵族就主要是诺曼底人，至少是大陆人。这种诺曼底民族（gens Normannorum）的神话在12世纪的史书中仍很活跃，[2]这个"民族"的成员不仅出现在英格兰，也出现在西西里和圣地。1020年左右，圣康坦的迪东就再现了诺曼底公国的奠基人罗隆的梦：罗隆得了麻风病，但他在一泓泉水中洗礼后被治愈了，那泉的四周聚集了各色飞鸟，它们和谐相处，象征着他洗礼后治理的各族人民，而且这些人将在他继承人的治下不断繁衍增长。一个半世纪后，瓦斯和圣摩尔的贝努瓦重拾金雀花的宫廷中这则早已尽人皆知的轶闻。[3]亨利·德·亨廷顿强调这样一种理念：诺曼底征服者并非压迫者，他们就是英格兰人；[4]他转述了奥卡德（Orcades）主教拉尔夫（Raoul）1138年的演讲，当时主教是为了鼓舞一支开赴前线抗击苏格兰人入侵的军队：这位高级教士在演讲中列举了诺曼底人在法兰西、英格兰、意大利

---

[1] «Vita...», col. 774. 参阅 Barlow, Edward..., p. 283; Short, «Tam Angli...», p. 170-171。

[2] Davis, The Normans...

[3] De Moribus..., p. 146, 莱尔（J. Lair）这里援引了 Wace (v. 1025) 和 Benoît de Sainte-Maure (v. 1559)。参阅 Beaune, «Les ducs...», p. 718。

[4] Gillingham, The English..., p. 123-145, 69-92.

的普利亚、耶路撒冷乃至安条克的丰功伟业。[1]这些说法表明，诺曼底起源的神话已经与英格兰贵族融为一体，这发生在采用法语，以及上文分析的大陆骑士道德观的背景下。贵族的人名学同样表现了这一点，人们抛弃了盎格鲁－撒克逊的名字，如戈德温（Godwin）、哈丁（Harding）、埃尔夫吉瓦（Aelfgiva）、艾迪斯（Edith），而改用诺曼底的名字，[2]这其中就有英格兰征服者威廉的名字，它尤其受到人们的青睐。[3]总之，英格兰贵族并不排斥自己的诺曼底起源，相反与之完美融合了。这种记忆提升了他们在大不列颠社会的统治地位。

是否可以说他们不想成为英格兰人呢？我们缺少对这个问题作出过公开回答的明确史料，但有些证据与"诺曼底民族"精诚团结的信念是抵触的，尽管前面的那些史家大力歌颂这种团结。在亨利二世时期，某些诺曼底领主仍在海峡对岸占有领地，如曼德维尔家族在埃塞克斯，古尔西家族在索默塞特、坎伯兰、肯特和汉普郡，费列尔家族在卢特兰（Rutland）和格洛斯特郡。[4]但他们的数量在下降。由于内战的影响，横跨海峡两边的贵族家产开始碎化，这是朱迪斯·格林（Judith Green）著作的主要论点。不过她的另一个看法是，无论是在诺曼底还是

---

[1] *Historia*..., p. 716. 参阅 Davis, *The Normans*..., p. 66; Loud, «The "gens..."», p. 105−106; Green, *Aristocracy*..., p. 429; Clanchy, *England*..., p. 30。

[2] Green, *Aristocracy*, p. 344; Short, «*Tam Angli*...», p. 160−161; Clanchy, *England*..., p. 57.

[3] 1172年圣诞节，小亨利在诺曼底举行宴会，邀请的骑士当中竟然有110个人叫威廉（Guillaume［译者按：即法语中的纪尧姆。］），见 Torigni, *Chronicle*..., p. 253。参阅 Crouch, *William*..., p. 37。

[4] Billore, «La noblesse...», p. 154−155.

在英格兰,一些大贵族开始聚集起众多产业;但在1135—1153年,由于国王和诺曼底女公爵处于冲突状态,贵族家庭内部的这种分割趋势在加速。[1]虽然政治统一在1154年后重新恢复,但解体趋势在亨利二世时代仍在继续,孪生兄弟博蒙特家的历史就突出地揭示了这一点。他们两人在分别继承海峡两边的家产后,各自走上了独立的人生道路:贾勒兰·德·墨朗(卒于1166年)继承了在诺曼底的领地,他对路易七世采取了暧昧的协商策略,以便保全自己在法属维克森的领地,而他的兄弟莱斯特的罗伯特(Robert de Leicester,卒于1168年)在英格兰领有土地,并当上了英格兰的大法官,成为国王宫廷中最有影响力的人之一。[2]博蒙特兄弟的平行历史反映了英格兰和诺曼底两个贵族集团各自的独特性。

这种英格兰身份也体现在大陆人对英格兰贵族的判断方式中。然而,大陆人的感知经常是很排外的。行吟诗人约翰的著作也是一个证明,这部书写于1226—1229年,那时与诺曼底的决裂已经很久了。在他的书中,被威廉元帅在比武中战胜的诺曼底和安茹骑士,据说因为被"一个英国人"(uns Engleis)打败而感到丢脸(abastardis)。[3]他们在小亨利的宫廷中策划反对威廉,也是出于某种堪称民族性的考量:他们指控威廉与王后玛格丽特通奸,篡夺国王的特权,后来他们把威廉赶出了宫廷。[4]这种团结感在著名的马恩河上的拉尼(Lagni-sur-Marne)

---

[1] *Aristocracy*..., p. 16 et 325-326.
[2] Crouch, *The Beaumont*..., p. 76-79.
[3] *L'Histoire*..., v. 5214-5215. 参阅 Billore, «La noblesse...», p. 156。
[4] Crouch, *William*..., p. 44-45.

比武中同样展现了出来,此事行吟诗人约翰也有讲述:几个来自诺曼底维克森地区的骑士出现在了法兰西而不是英格兰骑士之中,并与英格兰人、弗拉芒人一起构成三个阵营。[1]这些文字的出现时间较晚,但应该注意到,它们描写的态度和情感,12世纪末就已在某些群体的想象中酝酿了。

更宽泛地说,反英传说在诺曼底传播,但同样在法国的土地上传播。人们总是称呼英格兰人是"长尾巴的英格兰人"(Angli caudati),以此嘲笑他们的落后野蛮。这个侮辱的来源可追溯至坎特伯雷的圣奥古斯丁(卒于604年),他曾绝望地尝试让他们皈依。英格兰人嘲笑他,还假装成长尾巴的野兽来威胁他,但据说神迹对他们施加了惩罚,这些人的背后真的长出了尾巴。这个传说可能也暗指武士假扮成野兽和异教巫师,它反复出现在中世纪早期的圣徒传记中。它在亨利二世和狮心理查时期的传播更为广泛:瓦斯在《布鲁图传奇》中重拾起这个传说;1159年,行吟诗人奥弗涅的佩尔(Peire d'Auvergne)也说起过;1163年左右,一首匿名拉丁诗歌也这样讲;1191年,理查德·德·德维齐斯记载说,西西里人用这个传说来反对狮心理查带领的海外十字军。[2]这一传说在12世纪后半期的大范围传播,间接地表明存在一种作为英格兰人的集体意识。在大陆上,对这个"民族"群体的看法是负面的,而它的轮廓此后就越来越明晰了。

---

[1] *L'Histoire...*, v. 4481-4542.

[2] Broughton, *The Legends...*, p. 93-95; Short, «*Tam Angli...*», p. 153; Southern, *Medieval...*, p. 141, n. 1. 亲法诗人皮埃尔·里加(Pierre Riga)的最后一首诗同样包含对英格兰"尾巴"的影射,éd. Haureau, p. 11。

此外，从反向意义上说，英格兰身份还体现在他们对别人的负面印象中。例如，基罗·德·巴里就极力强调大陆诺曼底人的相异性，说诺曼底人爱吹牛说大话，渎神且放纵；他们还从法国人那里学来了同性恋，这种恶习如今已经融入他们的民风之中。[①] 当然，基罗出身一个古老的诺曼底家族，但这个家族早已在威尔士南部立足，所以他在身份认同问题上有很深的困扰，这尤其体现在他对盎格鲁－撒克逊人的鄙视上。[②] 不过，他对自己英格兰身份的确认，至少是作为1066年征服者的后代而产生的岛国认同，还是很能说明问题的。同样，在乔丹·方托姆看来，外国人对小亨利和狮心理查进谗言是导致反亨利二世大叛乱的根源。[③] 在无地约翰和亨利三世时期，这种针对大陆廷臣的仇外情绪，在罗杰·德·文多佛（Roger de Wendover，卒于1236年）和马修·帕里斯（约1200—约1259年）笔下是常见的主题，他们对"外国人"（gent estrange）和"本国人"（gent natural）进行了区分。[④] 但马修·帕里斯有个新颖之处，他复

[①] *Gemma*..., p. 348; «Vita Galfredi...», p. 423. 参阅 Bartlett, *Gerald*..., p. 12; Mortimer, *Angevin*..., p. 240。

[②] Bartlett, *Gerald*..., p. 50. 基罗毫不犹豫地对英格兰人（Anglici）进行长篇抨击，这公开反映了他的威尔士情感，或诺曼底－威尔士情感："英格兰人（或盎格鲁－撒克逊人）从来都是处于屈服者的地位，因为他们几乎天生就是农奴"，V, 21, p. 202；"英格兰人是天底下最可鄙的民族……在他们自己的国家，他们是诺曼底人最卑贱的奴隶。在我的国家，英格兰人只能当牛倌、羊倌、鞋匠、皮毛商、工匠、打兔子的和掏阴沟的"，*Invectiones*, I, 4, p. 98, 转引自 Bartlett, *Gerald*..., p. 93。参阅 Gillingham, «Slaves...»。

[③] Strickland, «Arms...», p. 196, 209–210.

[④] Clanchy, *England*..., p. 241–262. 一些自大陆流亡而来的"外国人"（alieni），接收了那些1204年投靠腓力·奥古斯都的英格兰－诺曼底贵族被没收的土地。关于这些人对国王政策的影响，参阅 Vincent, *Peter*..., p. 6–7, 28–30。

活了哈斯廷斯战役之后诺曼底人压迫的观念,并颂扬了王权的盎格鲁-撒克逊根源。[1]最后,更为有趣的一点是,一些拉丁诗人,尤其是平时一向严肃的皮埃尔·德·布卢瓦,[2]很是热衷于葡萄酒和啤酒孰高孰低的争吵,这个主题对歌利亚游方文人(goliards)来说很重要,它也能反映法兰西与英格兰之间的隔阂在加深。[3]索尔兹伯里的约翰也曾歌颂英格兰啤酒,认为它优越于法兰西的葡萄酒,尽管他承认法兰西葡萄酒好过意大利或希腊葡萄酒:当西西里国王的文书长给他献上后一种葡萄酒时,简直"拿我的性命和拯救开玩笑"[4]。总之,从1150年代开始,英格兰贵族就开始意识到他们构成一个民族群体,他们因为历史和文化原因而区别于大陆的居民,这标志着他们渐渐与自己的诺曼底亲戚拉开了距离。[5]

这种分裂对金雀花帝国的政治生活来说是个重大现象,并在很大程度上解释了1204年腓力·奥古斯都的征服为何能轻而易举。由于英格兰人在国王政府中的权责高于诺曼底人,后者对安茹家族的统治感受就更深了。几个数字也佐证了这种变化:亨利二世文书厅的文件65%涉及的是英格兰,25%涉及诺曼底,只有10%涉及金雀花帝国的其他领地。这种情形在狮心理查和无地约翰时期并无改变。比例很能说明英格兰-诺曼底在王家

---

[1] Reader, «Matthew...».
[2] *Carmina*, 1.6, p. 277; 1.7, p. 285 et 1.7a, p. 289.
[3] Southern, *Medieval*..., p. 142-143.
[4] *The Letters*..., n° 1, 33, p. 57-58, 转引自 Brooke, «John...», p. 9。
[5] 参阅 Gillingham, *The English*..., p. 99, 123-144。根据杰弗里·盖马尔、马姆斯伯里的威廉和亨利·德·亨廷顿的文字来看,岛国的诺曼底后代对英格兰身份的强调"至少在 1140 年"就可以看到, *Ibid.* p. 99。

行政中的核心地位，因为90%的文件与它们相关。但它尤其表明，英格兰在金雀花的政治中占有压倒优势。在安茹家族统治下，君主国的决策中心从诺曼底转移到了英格兰，尤其是泰晤士河畔和过去的威塞克斯王国境内，国王的产业在这里最为致密。这一带也是国王们最常去的地方，他们在那里有很多行宫和狩猎临时居所。在历次叛乱期间，当地贵族都展现了对君主制毫不动摇的忠诚。[1]英格兰变成了金雀花的神经中枢，这个王朝逐渐失去它的诺曼底根基，尤其是安茹的根基。

英格兰贵族是金雀花帝国主义的尖兵，他们的影响力比这个岛国的任何居民都更强大。他们对岛国其他人民的看法相当负面。与诺曼底人相比，凯尔特人成为英格兰首选的替罪羊。爱尔兰人、威尔士人、苏格兰高地人只是徒有虚名的基督徒，他们的教会没有经过改革，所以他们与野蛮人无异。这种刻板形象经常出现在12世纪末英格兰-诺曼底思想者的笔端。他们的史书和论著连篇累牍地复述着这类陈词滥调：生性野蛮，战争中十分残暴，抢劫是他们的一种制度，伪誓和背信弃义[2]，乱伦和通奸，懒洋洋的羊倌[3]……这就是帝国主义意识形态中常用

---

[1] Keefe, «Place-Date...».

[2] 很有意思的一点是，这里可以再次看到对普瓦图人的背叛指控，后者像威尔士人一样，也有对独立和叛乱的癖好。这个问题可参阅赫伯特·德·博思汉姆的证据，这个不太知名的人物曾追随托马斯·贝克特一起流亡，并提到过坎特伯雷大主教的另一位朋友、威尔士人亚历山大·卢埃林（Alexandre Llewellyn），当时他这样说："他不仅效率很高，而且无论何时何地都忠实于自己的主人，这在他那个民族（in natione illa）之中真是绝无仅有"，«Vita...», p. 528, 转引自 Knowles, *Thomas*..., p. 109。

[3] Bartlett, *Gerald*..., p. 16, 44; Davies, «Buchedd...»; Strickland, *War*..., p. 291-340. 特别要指出的是，牛堡的威廉在谈到这些民族时，其鄙夷之情就像对犹太人一样，见其 «Historia...», II, 5, 15, 26, 28, 32, III, 36; Gransden, *Historical*..., p. 266。

的几个污点指控，它们可以证明，征服这些下等人的部落是合理的。①凯尔特人拒绝尊重公共权威，对它们的征服就更形必要了。②正如对于加斯科尼"不可驯服的小暴君"，以武装入侵和殖民来绥靖他们是一种道德上的必需。于是，英格兰贵族心安理得地将领土扩张抱负指向了近邻地区，这为他们的攻击欲提供了一个方便的出口，虽然他们认为自己的行为方式更具骑士风度而不是野蛮人的作风。

从1093年开始，罗杰·德·蒙哥马利（Roger de Montgomery）和威廉·菲茨·鲍德温（Guillaume fitz Baudouin）就开始征服威尔士南部地区，不过在亨利二世在位初期，作为这些征服者的后代，英格兰武士在维持这些地区时遇到了很大困难。威尔士北方仍然保持独立，那里的威尔士人对英格兰人的领地发起了持续不断的攻击。1157—1164年，当地英格兰武士对欧文·厄普·葛文尼德和利斯·厄普·格里菲斯发动多次战役，其中有几次还是国王亲自指挥的。但战斗的成果很有限：威尔士人抵挡住了他们的进攻，并对英格兰人的领地发起反攻。1164年，亨利二世意识到，最好还是跟这些好斗的人民缔结和约，何况

---

① Gillingham, *The English*..., p. 3-18, 41-58. 维多利亚时代的史学重拾起有关爱尔兰人抱残守缺的陈词滥调，由于有12世纪的征服，乃至19世纪英国的统治为背书，这种滥调就更容易被接受了，见 Flanagan, *Irish*..., p. 1-2。

② "*Quoniam inter eos* [les Irlandais] *publica potestas constituta non fuerat, quæ metu pænarum impunitatem minime repromitterent, cum patres suos mutuis cædibus interfectos sæpissime doluissent, ut in virtute regis pax fient in diebus suis, ei et in eum jus suum transtulerunt et potestatem*"（以前他们［爱尔兰人］中间没有组成公共权力，因而他们几乎不惧刑罚，无法无天；当他们为自己祖辈经常相互残杀而感到悲痛时，国王当时就给他们带去和平，他们因国王的权力而得享公正），Raoul de Diss, «Ymagines...», t. 1, p. 350。

那里的武士还可以雇佣兵的身份加入他的军队。此外，他对威尔士南方的英格兰贵族也不信任，这些人在战斗中并不是毫不含糊地支持他。他们的诺曼底祖先在征服这个边境地带时曾构建起辽阔的领地，如今这些远离王权控制的贵族就占据这些领地，他们很看重自己的独立地位，很少前往宫廷。正如他们中间的基罗·德·巴里所表现的那样，他们既鄙视大陆的诺曼底人和安茹人，同样也看不起英格兰人。他们甚至更加不能容忍亨利二世对该地区的干涉，因为国王竟然跟他们的世仇威尔士人缔结了和约。

这些威尔士-诺曼底（cambro-normand）武士就转向了爱尔兰人，这里的凯尔特人像威尔士人一样，是打仗的好对手。1166年，他们等来了机会。当时伦斯特（Leinster）的国王、威金塞拉（Uì Chennselaig）王朝的迪亚梅特·马克·慕沙达（Diarmait Mac Murchada）流亡，他招募大量威尔士-诺曼底武士，以图夺回王位。这些来自英格兰的骑士取得了一系列胜利，尤其是在占领沃特福德（Waterford）和都柏林（Dublin）的战斗中。他们的首领是彭布罗克伯爵理查德·菲茨·吉尔伯特（卒于1176年），后来他就得了个外号"斯特隆堡"（Strongbow，即"强弓"的意思）；1171年戴梅特死后，他娶后者的女儿埃法（Aífa）为妻，而此前他已经被指定为老国王的继承人了。亨利二世对此人很是猜忌，他的家族曾在内战期间支持过布卢瓦的斯蒂芬。所以，对于"强弓"的军事胜利及其在爱尔兰日益增长的权势，国王心怀恶意，何况"强弓"的亲戚们还纷纷跑到爱尔兰去。后来国王没收了他在英格兰和威尔士的领地，他的近亲也遭遇同样的命运。这样，亨利二世就迫使斯特隆堡服从，后者承认他在爱尔兰东部征服领土上的最高主权，这个地区在1185年成为无地约翰的亲王采邑。然后，国王允许斯特隆堡的朋友们——这些人曾在1173年忠实于国王并粉碎了小亨利在诺曼底的反叛——继续他们的征服：于格·德·赖希（Hugues de Lacy）占领米斯郡（Meath），约翰·德·古尔西占领阿尔斯特。当地独立的小国王和大贵族逐渐臣服于亨利二世。[①] 不过，这些地方势力很少遵守与亨利二世的条约，而是根据政治局势随时毁约。由于亨利二世不能控制斯特隆堡的手下，也不能在爱尔兰建立一套行政机构，局面就进一步恶化了。威尔士-诺曼底贵族就控制了爱尔兰岛。

对爱尔兰的征服见证了英格兰贵族的活力，他们为安茹家族控制这个岛屿做好了前期准备。不过，像在别处一样，安茹的控制对国王而言不是彻底的胜利，如果不考虑他没收斯特隆堡在威尔士的领地，不考虑后者于1173年参与粉碎诺曼底的叛乱的话。不过我们还是要注意，斯特隆堡的女儿、另一个埃法的婚姻此后受到严密监控。狮心理查将埃法许配给威廉元帅，并将斯特隆堡在爱尔兰海两边的全部领地赠与后者，以犒赏威廉的各种效劳。婚姻控制反映了岛国贵族与国王之间关系的真正性质。这种关系总是以效劳和驯服为皈依。贵族在地理上的流动性就是明证，在大陆，这种流动性对巩固安茹家族的控制通常十分有利。

索尔兹伯里的帕特里克、索恩汉姆的罗伯特和元帅威廉的忠诚，与阿朗松的约翰（Jean d'Alençon）的叛乱形成对比，他

---

① Flanagan, *Irish*..., p. 56-228.

的儿子罗伯特在1203年为腓力·奥古斯都敞开了诺曼底的南大门。对当时的诺曼底贵族而言，这个阿朗松家族与法兰西国王的积极合作并非意外，当无地约翰遭受其封君法庭的谴责时，他们未经多少自责就背弃了无地约翰。这些贵族了解安茹家族在1190年代的脆弱地位，这是腓力·奥古斯都增强其军事力量、完善王国的制度机构、提升其财政资源的决定性十年。[①] 当然，他们也曾为狮心理查而战斗，后者头上的骑士光环使他们仍然对这位国王保持忠诚。但他们并不准备以同等力度支援无地约翰，他的权威因为近期的军事失利而被削弱，人们把失利归因于他的懒散和愚蠢；但他与昂古莱姆的伊莎贝拉的婚姻——贵族们主要是出于情感而非理性诋毁他——以及他对布列塔尼的小亚瑟的死亡所负的责任，也对其权威造成了负面影响。最后一批在海峡两边都有产业的家族终于选择了法兰西国王：他们宁愿失去在大不列颠岛的产业，也不愿继续进行蹂躏自己土地的战争，他们心里事先就已知道，战争已经失败了。总之，他们的选择表明，大陆的诺曼底人和英格兰人之间已经出现一条很深的鸿沟，如果岛国的诺曼底人已经认同自己是英格兰人，人们就不敢再称他们是诺曼底人了。在几代人的时间里，征服者威廉战友们的后代已经有了一种新的身份意识。他们当然知道自己的祖先是诺曼底人，但他们首先想成为英格兰人，为一位在威斯敏斯特加冕、在威塞克斯居住的国王效劳，而这位国王正在与卡佩王朝正面交锋。总之，在塑造"民族"认同的时刻，与国王的个人关系是关键性的因素。

---

① Baldwin, «La décennie...».

1154—1224年，政治方面的演变也反映在社会层面上。这几十年是个转折时代，贵族的自我定义更为清晰了，法学家们也给他们厘定了更准确的身份地位。法律轮廓的明确化伴随着新的标记和准则，这些东西仍然是他们的等级特权，就像纹章一样。当然，贵族内部的等级制并未废除，而是更为具象化了，尤其是在王权强大的英格兰。在这个岛国，受封建金字塔体系的影响，从头等封臣（tenants en chef）到次级附庸（arrière-vassaux），上层贵族与下层贵族之间的分野日益明晰。大片产业集中到少数大贵族手中是这个时期的特征，普瓦图的情况跟英格兰类似。出身伯爵和子爵的贵族上层与国王相往来，他们通过与王室联姻而强化与国王的关系。从此他们就成了宫廷的常客，并掌握了在宫廷中实施的权力。他们也与出身较低的贵族成员——因其驯服和利用价值——有往来，后者经常在读写和账目方面有专业训练。贵族在各个层次上都掌握了政治权力。没有他们国王就无法统治，而他们几乎定期掀起的反叛也在提醒国王这一事实。如果国家的定义就是对暴力的垄断，那么在金雀花帝国，这种垄断还处于萌芽状态。

在制度建设的这个阶段，贵族（aristocratie）只是纯粹的穿袍贵族（noblesse de robe）的时刻还没有到来。贵族的职业仍然是战斗。所有行过授甲礼的人都是贵族，领受武器的公开仪式确认了这一点。在贵族内部，军事活动享有的声望高于任何其他活动。威廉元帅是已知有传记的第一位中世纪贵族，传记以他在战争或比武中的丰功伟绩为轴心，当然比武是严格遵守骑士道德的；而他的政治和社会地位的上升就是这些功绩的直接结果。威廉一生都忠实地为国王服务，可以说这也是某种更为普遍的趋势的一个反映。他的形象就是宫廷知识分子喜欢的行伍贵族的形象，用索尔兹伯里的约翰的话来说，是身体的手臂，而身体的头颅则是君主；他全身心地投入公共战争，这也是被高级权威所宣告的、唯一合法的战争，而这个权威的化身就是道德方面无可指摘的国王。这种理想与出现在军队中的雇佣兵是不相符的，教士和世俗贵族对此一致谴责，世俗贵族更是希望垄断战斗，至少是马上战斗。他们坚决反对带薪骑兵和步兵。然而这无非是种姓理念的一种投射，因为在那个时代，一个武士，也就是一个贵族，从来不会拒绝薪水、恩惠、礼物和年金采邑。

于是，贵族的身份区分就越来越依据他们所遵守的、约制其暴力的骑士道德规范。这种价值观体系已经打上了深刻的基督教色彩，它对武器的使用施加了严格的规范，人们希望武器只被用来维护正义与和平。理念被抬得很高，对那个时代来说可能太高了。在针对非贵族的战场上，它是否得到体现了呢？或者说，它是否减轻了领主对农民的压迫呢？回答必须是否定的。就那些马上武士而言，不必要的暴力展示屡见不鲜。1200年的贵族真的还不是地道的骑士。英格兰教会的最高权威坎特伯雷大主教，以及一群典型的非武装人员，对此将有真切的体验。

贝克特案

1170年12月29日,坎特伯雷大主教托马斯·贝克特在自己的大教堂中被刺杀,这是英格兰安茹诸王和教会关系的标志性事件,二者的紧张达到顶点。①这件罪行在整个西方世界引起巨大骚动。贝克特死后两年,他因为自己的牺牲而被封圣,被确认为殉道者。他的死激起了广泛的崇敬之情,这不仅涉及投身有关双剑论的神学和政治论争的教会知识分子,也涉及最遥远的乡村文化阶层。②案件发生几个月后,坎特伯雷大教堂就成为基督教世界最受青睐的朝圣地之一,几乎像罗马、耶路撒冷和圣雅各一样知名。在中世纪晚期和近代初期,对这个圣徒的持久记忆承载着强大的政治意涵,亨利八世(1509—1547年)下令摧毁他的圣骨,禁止对他的崇拜恰恰证明了这一点。由于受时局的影响,当时关注贝克特案的史家的态度,自然受到这些争斗和论战的影响。这个人物从来都不能让人超然视之。

我们先简要回顾一下他的生平,以了解其人生履历的独特之处。托马斯1118年生于伦敦一个来自诺曼底的富商家庭。

---

① 在有关托马斯·贝克特的众多传记中,较新且资料丰富的一部是F.巴洛(F. Barlow)撰写的;D.诺尔斯(D. Knowles)的著作年代较早,但读者甚众。

② 关于这一崇拜,见 Foreville, *Thomas*...。

1142年，已经接受良好教育的托马斯成为坎特伯雷大主教蒂博的文书。正是在这位大主教的手下，他被刚刚加冕为英格兰国王的亨利二世发现，至迟从1155年开始，他就担任国王的文书长了。他曾以国王的名义处理过一些重要事务，如1158年出使路易七世的宫廷，次年又率领国王的军队马不停蹄地出征图卢兹。他还负责小亨利的教育，在当时，他对国王的这位长子怀有不可动摇的忠诚。

所以亨利二世在1162年为他谋得了坎特伯雷大主教的职位，国王大概认为，他给自己的政策找了一个忠实的支持者。正式担任教士和主教后，托马斯衷心接受了这一新的使命，但这让国王失望了：托马斯违背他的心愿，辞去文书长职务，并很快就与他发生了冲突。早在1164年1月，托马斯就开始重新思考《克拉伦登法令》，因为它有利于王权但削弱了教会的司法权。11月他逃往法国，在那里与同样流亡的教宗亚历山大三世会面，他们都受到路易七世的保护。托马斯在蓬蒂尼的一所西多会修道院住过一阵，但后来这家修会的总教务会决定驱逐他，因为亨利二世威胁要没收它在英格兰的产业；他最后逃到桑斯的一家本笃会修道院圣科隆波。与此同时，亨利二世在英格兰迫害托马斯的支持者，甚至将他的家族成员全部流放。[1]1166年，教宗委任托马斯·贝克特为英格兰特使，后者便对支持《克拉伦

---

[1] 这个措施的范围之大，即使平时支持国王政策的作家也深感震撼："暴君，你做了啥？你头脑疯癫，以致毫无理由就把那些没有干过坏事，也没有欺骗言辞的人驱逐出你的王国"（Quid facis, tyranne ? Quæ te dementia vicit, ut sic sine causa expelleres a regno tuo, qui malum non fecerunt, nec dolus inventus est in ore eorum）, Roger de Howden, *Chronica*, t. 1, p. 241。

登法令》的俗人和教士处以绝罚。1170年6月，约克大主教为小亨利举行加冕礼，贝克特对所有参加这次活动的高级教士发出革出教门令（anathème）。虽然国王和贝克特分别在蒙米拉伊（1169年1月）、蒙马特尔（Montmartre，1169年11月）和弗雷特瓦尔（1170年7月）举行了会晤，但这些和解努力都没有结果。1170年12月1日，托马斯登船前往桑威奇（Sandwich），在那里人们以欢呼声迎接他的归来，他要重掌大主教的权杖。但一个来月后，这个决定让他付出了生命的代价。亨利二世身边的四名骑士对拒绝取消绝罚令的大主教进行了名副其实的威胁恫吓。他们以剑和斧子将他砍死在大教堂中，当时托马斯正前往那里举行晚祷。

所以他人生的最后七年的主旋律就是与亨利二世的对峙，争执的焦点是教会的自由问题，贝克特说他已准备为捍卫这些自由而献身。这场争吵损害了王国的政治行动和社会关系，它甚至波及金雀花家族的所有诸侯领地。争论的最高潮就是他在大教堂中被刺杀，这一刻凝结着众多的争端，其中有些争端已经持续了几个世纪。所以毫不奇怪的是，"贝克特案"在其主角在世以及死后不久，就催生了大量的文献，1875—1885年，编辑者们将它们汇编成七大卷《不列颠著作汇编》（*Rerum Britannicarum Scriptores*）。①卷入这场冲突的教士们为托马斯辩护，但也有少数人为亨利二世辩解。相关文字的数量使这个事件成为12世纪案卷记录最丰富的事件之一。这些资料的另一个惊人之处是其叙述和描写的细致。它们经常是由目击者或与事

---

① *Materials*...

态发展很接近的人亲自撰写的。

它们大致可以分为三类。首先是十几种纪念这位殉道者的圣徒传记，年代在1200年之前，以拉丁语、盎格鲁-诺曼语或冰岛语撰写。其中最早的一份名曰《惊愕函》(*Ex Inesperato*)，是索尔兹伯里的约翰在案发一两周后写的，他曾陪伴托马斯一起流亡，堪称他的思想导师，并目睹了他被刺杀。这类文献中还包括一些更为详细的长篇传记，其作者分别为：托马斯的秘书威廉·菲茨·斯蒂芬，他详述了托马斯的青年时代；赫伯特·德·博思汉姆，当时最杰出的解经学者之一，托马斯流亡时的另一位同伴；牛津的教师爱德华·格林（Edouard Grim），他曾为抵挡砍向托马斯的剑而断了手臂；还有圣马克森斯桥的盖尔内（Guernes de Pont-Sainte-Maxence），他是个行吟诗人，曾在这位殉道圣徒的墓前朗诵他以盎格鲁-诺曼语创作的作品。①第二类是岛国作者撰写的史书，其数量之丰当时已为人知。在有关亨利二世时期的纪年中，牛堡的威廉、坎特伯雷的杰维斯、罗杰·德·豪顿和其他作者，自然都会关注国王与英格兰最重要的宗教权威之间的冲突。最后一类是书信集，它们是由托马斯的支持者和反对者对信件进行汇编整理而成。由于这类文献是为宣传而编纂的，其意义因而格外独特。②总的来说，圣徒传记、史书和书信集，为这些事件及与之关联的问题提供了一个更为具体的面貌。

众多历史学家，主要是大不列颠的史学家，已经利用了这

---

① E. Walberg, *La Tradition hagiographique de saint Thomas Becket avant la fin du XIIe siècle*, Paris, 1929; Barlow, *Thomas*..., p. 5-9.

② Duggan, *Thomas*...

些资料。人们经常是因为论战而涉足这个课题，因此注意到他们的情感投入之深是件很有趣的事。有很多人对托马斯和他的举动进行了斩钉截铁的宣判。19世纪末，《主簿丛书》(*Rolls Series*)中贝克特文献的编辑者之一詹姆斯·C.罗伯逊（James C. Robertson）牧师写道，这位大主教的方案，"其精神实质就是教士的专制和不宽容"，如果它得以实施，英格兰就会成为"受教士支配最深、受奴役最深的现代国家"，而不是今天这个"最自由"——在他看来——的国家。[①] 有趣的是，浪漫主义与实证主义的终结，以及顺理成章的历史主义的终结，[②] 并没有让这类辛辣尖刻的评判消失。1963年，亨利·G.理查森（Henry G. Richardson）和乔治·O.塞尔斯（George O.Sayles）发表的著作仍然受论争甚至战斗精神的左右，他们写道："亨利二世最严重的错误，就是挑选了这个浮夸（flashy）、肤浅和极度自我的托马斯·贝克特，并给予他信任……我们不应将贝克特视为一个殉道者，也许应该将他看作一个疯疯癫癫的白痴，就像吉尔伯特·弗里奥（1163—1187年的伦敦主教）愤怒地指出的那样。"[③] 十年之后的1973年，贝尔法斯特女王大学的教授威廉·L.沃伦（William L. Warren），为亨利二世写了一部很厚实的传记，但他同样在宣泄类似的陈词滥调："当他向国王宣示他那些自以为是的想法时，每一次都比上一次更加脱离实际，但他的自我论证却更加歇斯底里。是他自己招致了暴死的命运……贝克特太执

---

① *Life of Becket*, Londres, 1859, p. 320.
② G. O. Oexle, *L'Historisme en débat : de Nietzshe à Kantorowicz*, Paris, 2001.
③ *The Governance*..., p. 267, 294.

拗、太狭隘，方法步骤也太简单。"[1]这样的文字摘录还可以继续拉长。[2]不过这些有限的样本足以让人窥视贝克特案牵涉的意识形态争端，甚至包括21世纪的争端。

当然，这种情况在托马斯的时代更为严重。不管这个案子看起来多么令人震惊，杀害主教，对他们进行攻击、致残和监禁的做法并不罕见：在11—12世纪，仅仅在西法兰克一地，被杀害的主教就不下12个，但他们的死难并未产生特别的宗教崇拜。[3]然而，贝克特案的独特之处正在于它在英格兰，乃至在整个欧洲引发的情感冲动。它在当时的知识分子中导致大范围的介入，无论他们是这位大主教的支持者还是反对者。我们将首先介绍相关背景和知识人的思想观念，然后分析这场争吵的若干重要时刻，以及它们在当事人和旁观者眼中的意义。这个案件招致金雀花帝国知识分子的分裂，他们有些人仍然尊重亨利二世的权威，但有些人拒绝国王的做法，因此这个话题的重要性就更是不言而喻了。

知识分子的介入

不管表面看起来如何简单明了，国王与大主教之间的这场争吵具有很复杂的面貌。这不能简单地归结为双方脾气性格突

---

[1] *Henry II*, p. 400–401.

[2] 三十多年前，一部文集很好地展现了这一史学研究的面貌：*The Becket Controversy*, éd. T. M. Jones.

[3] M. Soria, *Les violences antiépiscopales dans le royaume de France aux XIe–XIIe siècles*, 普瓦提埃大学博士论文，2002. 另请参阅2000年9月在哥廷根举行的"主教谋杀案研讨会"（Bischofsmord Tagung）的论文集（即出）。

然之间相互对立，以致两人十余年友谊的猝然中断。从一系列的外交失策来寻找冲突的根源，可能也是荒谬的，虽然这两位主角并不总是在和解的方向上努力。

必须强调的是，两人之间的对立首先是意识形态上的，属于政治理论和神学的范畴。实际上，争论为古老的世俗和精神双剑论，即王权和教权（sacerdotium）的辩证关系提供了新的题材；具体来说，就是亨利二世时代效率提高了的英格兰君主国，与亲格里高利改革的教士阶层之间的争吵，对后者而言，王权尽管已在盎格鲁-诺曼世界牢牢扎根，但它对教会的庇护姿态让人难以忍受。安茹家族的第一位王的宗教政策，与亨利一世与罗马的关系形成鲜明对照，而在内战期间，由于王权经历了某种衰落，这个岛国的教会的自治权和声望有所增长，相比之下亨利二世的政策就显得更加专制了。在内战时期，由于缺少强有力的权威，主教们在政治舞台上占据了首要地位：1138—1161年担任坎特伯雷大主教的蒂博，就是王国政治生活中具有支配性影响力的角色，亨利二世的继位也得益于他的协助。[1]不过，新国王试图终结主教的霸权及其干涉教会生活的政策，只是在接续诺曼底的一个古老传统，即公爵对教会体制的庇护权。[2]因此他的政策在教士中间赢得了很多支持者，我们应该尝试理解他们的动机。但在考察这个敌视大主教的群体之前，我们先来看一看托马斯的支持者来自哪个阶层。

---

[1] Saltman, *Theobald*..., p. 153.

[2] Brooke, *The English*..., p. 198-199; Warren, *Henry II*, p. 402-403.

贵族和王权：尊重与反叛之间

从社会意义来说，这个案件的主角是一个另类。他不属于上层贵族，英格兰的文书长和首席主教通常就是来自这个阶层，但托马斯是新兴的商人阶层出身。[①]他父亲吉尔伯特是位来自鲁昂的商人，后来跻身伦敦社会，还是首都的两位治安长官之一。坎特伯雷大主教蒂博·德·迭斯维尔（Thibaud de Thierceville），或贝克的蒂博，是吉尔伯特的同乡，所以他能出入蒂博的圈子，后者则将吉尔伯特年幼的儿子接纳进了自己的宫廷。[②]托马斯先后在伦敦的默顿（Merton）隐修院和巴黎的学校学习，接受过修辞和人文学科的教育，掌握了一个修习自由技艺的学生应备的学识。随后，蒂博还打发他去博洛尼亚和欧塞尔学习法律。[③]另外，托马斯还跟随大主教学到了行政管理经验。大主教还向刚刚加冕的亨利二世举荐了托马斯。1155年托马斯37岁时，他成为国王的文书长和最亲密的顾问之一。[④]但七年后两人的关系就破裂了，就在托马斯担任大主教后不久，国王取消了他的职务。

索尔兹伯里的约翰是托马斯的老师，他在这场冲突中坚定地支持托马斯，他撰写的传记也更为切近事实。约翰大约生于1115—1120年间，很可能出身于老萨勒姆（Old Sarum）的一个农民家庭，这个地方在中世纪叫索尔兹伯里（Salisbury）。[⑤]他在巴黎和沙特尔求学，钻研很深，并与当时最出色的知识人有

[①] Barlow, *Thomas*..., p. 270.
[②] Guillaume fitz Stephen, «Vita...», p. 14–18.
[③] Smalley, *The Becket*..., p. 109–112.
[④] Warren, *Henry II*, p. 56–57.
[⑤] Clanchy, *From Memory*..., p. 194.

往来，如纪尧姆·德·孔什、彼得·阿伯拉尔、吉尔伯特·德拉·博雷、西蒙·德·普瓦西、罗伯特·普伦（Robert Pullen）和罗伯特·德·墨伦（Robert de Melun）。所以他卷入了"12世纪文艺复兴"的洪流。[1]由于自己所受的教育，他在人文学科和神学方面都有良好的素养。1148年后，他应召出任蒂博大主教的秘书，也许这得益于克莱沃的伯纳德的推荐。[2]随后他与托马斯结下了友谊，后者也在大主教的宫廷工作，不过此前他在巴黎学习时，可能二人就有往来了。对约翰来说，坎特伯雷大主教的宫廷似乎为他敞开了平静的职员生涯之路。

但约翰在1156年失去了亨利二世的宠幸，国王禁止他在英格兰逗留。他被流放的原因不甚明了。我们顶多只能提出三种假设。首先，由于他坚定地反对图卢兹战役，反对由此导致的沉重税收，引得国王不快。他的上述立场有文字为证。[3]其次，亨利二世曾派遣他为外交使节，前往英格兰教宗阿德里安四世（Adrien VI, 1154—1159）的宫廷，他在那里提出了一个征服爱尔兰的法律框架，但国王并不是很欣赏。一方面，约翰动用虚假的"君士坦丁的赠与"说，将不列颠和爱尔兰诸岛的统治权授予教廷，以确认教宗对爱尔兰的领主权，然后由教宗将一枚象征教廷权力授予的绿宝石戒指交给亨利二世；[4]另一方面，约翰可能起草了教宗谕令《值得赞美》（*Laudabiliter*）的草案，这

---

[1] Smalley, *The Becket*..., p. 87-89; Dronke, «New Approches...», p. 121-123; Southern, *Scholastic*..., p. 167-177.

[2] Brooke, «John...», p. 5.

[3] *The Letters*..., n° 168, p.104; *Policraticus*, VI, 18, trad. Dickinson, p. 237, n. 4; *Metalogicon*, IV, 42, p. 183; 参阅 Liebschütz, *Medieval*..., p. 13-14, 16。

[4] *Metalogicon, ibid.* 参阅 Constable, «The Alleged...», p. 75。

份文件虽然赞同英格兰人的军事行动，但保留了爱尔兰教会的独立性，以对抗坎特伯雷所要求的优先地位。[1]最后，作为蒂博大主教的秘书，国王很可能认为他跟后者沆瀣一气，而大主教曾公开反对国王关于几个主教的任命决定。[2]

不管怎样，约翰不得不逗留在罗马的教宗身边。在远离了日常事务后，他完成了两部主要著作《原逻辑》(*Metalogicon*)和《论政府原理》，前者是人文技艺的辩护词，后者则不断反思教士身份与世俗政治服务之间的不相容。1159年，他将后一部著作献给文书长，并为此撰写了热情的献词，他希望文书长能帮他求得国王的谅解，但也表明自己在教会事务上支持文书长的立场。

但事态随后的发展超出了他的料想。托马斯曾与国王达成了暂时的和解，但此时卷入了在王权面前维护英格兰教会的斗争，这完全出乎国王意料。约翰陪伴他一起流亡，这是他的第二次流亡了。但约翰在原则上从未有过动摇。在自己的对手面前，他表现出了某种外交式的尊重和分寸，这是基于他对古代典籍的阅读和神学思考。他写道："我比任何其他人都更为经常、更为坚定地批评我的大主教，因为他一开始就受一种错误的热情的驱使，他挑衅国王和他的手下，但没有考虑时间、地点和人物身份。"[3]但是，根据约翰的看法，托马斯在态度上的灵活性，并不一定能掩饰他在立场上毫不动摇的坚定性。他通

---

[1] Flanagan, *Irish*..., p. 51-53；约翰通信集的附录二：W. J. Millor, H. E. Butler et C. N. L. Brooke, t. 1, p. 257-258。

[2] Liebschütz, *Medieval*..., p. 12.

[3] *The Letters*..., n° 150, p. 48.

信中常用的几句套话就透露了其不妥协的意志:"对人类传统而言,《克拉伦登法令》不过是新的福音书";但托马斯并不一定会让步,因为他是"基督徒而不是亨利派(henricien)",后面这个形容词在格里高利派的套话中指的是皇帝亨利四世(1054—1106年),此人是教廷的大敌;1168年后,皇帝腓特烈·巴巴罗萨被罢黜,他所立的对立派教宗也不复存在[①]……约翰在第一次流放期间提出的理论,虽然在论证方法上很讲策略,并明确指出他不针对亨利二世,但理论本身是闻所未闻的弑君论,这是一种很极端的思想,某些方面看甚至是革命性的。[②] 如果说在形式上是温和的,但它在内容上则具有无可置辩的坚定性。

此外,亨利二世时刻都能注意到,他过去的文书长及其朋友在发生彻底转变,而他自己可能就是这种转变的责任者。[③] 不过,在贝克特遇刺之后,国王进行了公开的悔罪,对诋毁他的人进行了大赦,以便尽量不让英格兰教会对他提出任何指控。1176年,索尔兹伯里的约翰担任法兰西王国的沙特尔主教,这可能得益于他的朋友、当时的桑斯大主教白手纪尧姆(Guilluame aux Blanchesmains,卒于1202年)的斡旋,此人是路易七世的内兄。[④] 沙特尔拥有著名的主教座堂学校,它在知识上的动力和思维上的现代性堪称12世纪文艺复兴的象征,而这

[①] Smalley, *The Becket*..., p. 103-108; Duggan, «John...», p. 429-432. 1159年左右,当托马斯还是文书长的时候,他就被一个巴黎教士指控为"亨利派"了,此人指责他加重了税收,见 Ross, *«Audi Thomas...»*。

[②] "没有任何其他理论如此断然和明确。索尔兹伯里的约翰在中世纪是绝无仅有的。",见 Turchetti, *Tyrannie*..., p. 255。

[③] Liebschütz, *Medieval*..., p. 95.

[④] Brooke, «John...», p. 19.

位新主教就是其化身。①1179年，约翰参加了第三次拉特兰大公会议，并于次年去世。

两个证据可以证明，他的理论对托马斯·贝克特的实践有强烈影响。一个证据是，这位大主教的信件中多次可见《论政府原理》中的片段和表述。②另一个证据是，托马斯著作的一份手稿可能是他亲手批注过的，它也证明托马斯对该著的阅读和记忆很认真；③不过，由于这位大主教没有其他的手迹保留至今，这个推测很遗憾地无法核实。不管怎样，没有人能否认索尔兹伯里的约翰扮演的关键角色，在托马斯·贝克特与国王的冲突中，前者的立场和决策的确可见约翰的突出影响力。

托马斯的另一个密友赫伯特，1120年左右出生于苏塞克斯的博思汉姆，但我们不知道他的家庭状况。他一直是托马斯的顾问，例如在1164年10月的北安普顿公会议期间，他坚定地站在后者一边，并建议他对所有对手采取绝罚措施。同样，当大主教准备流亡法国时，他也是派赫伯特前去准备。④像托马斯一样，此人也曾是王室宫廷中的文员，经常为亨利二世服务，但后来也失宠了。1157年，他成为驻腓特烈·巴巴罗萨身边的大使，这是项艰难的使命，最后他只得到了圣雅各的手臂圣骨，后来一直放在雷丁的修道院中。⑤不过在这次行动中，他用自己

---

① 但应该强调，无论是沙特尔的学校还是拉昂的学校，与巴黎比起来都相形见绌了，见 Southern, *Medieval*, p. 61-83。

② Foreville, *L'Église*..., p. 260-263.

③ 至少这是 N. 弗赖德（N. Fryde）的观点（«The Roots...», p. 62），作者的研究基于剑桥大学圣体学院的第 46 号手稿。

④ Smalley, *The Becket*..., p. 63.

⑤ Leyser, *Medieval*..., p. 215-240.

的谈判才能为亨利二世服务。

这位教士对权力场的运作十分了解，无论在仪态还是在行为上，他都熟谙宫廷的规矩。威廉·菲茨·斯蒂芬曾描写了他在1166年5月见到亨利二世时的第一印象，以及他的随从进入昂热宫廷大厅时的印象："当赫伯特·德·博思汉姆进来时，人们称呼他是'老师'。国王这样评价他的这个臣民：'你们看，一个十分骄傲的人到了。'真的，他身材高大，外表俊美。另外，他的衣着也很奢华，肩上披着欧塞尔产的绿色布料大氅和长裙，下摆饰带是日耳曼式的，一直垂到脚跟，衣着的优雅很适合他的身份。"[1] 华丽的衣装不能不让人想起托马斯穿的裘皮大氅，那时他还是国王的文书长，国王还以幽默的口吻责备了他；不过，道学家们转述的教会法也不主张教士穿戴颜色过于鲜艳的衣装，尤其是绿色和红色的。[2] 同样，他的仪表风度也让人想起贝克特的教育方式，亨利二世和上层贵族都将孩子们的教育托付给他。[3]

博思汉姆在国王面前的表现给人留下了十分深刻的印象。他的自信和嘲弄神情甚至惹恼了亨利二世，威廉·菲茨·斯蒂芬就揭示了这场对话的要害："国王说：'真是放肆！这个教士的儿子竟搅扰我的王国，搞乱王国的和平，这种事真是太令人愤慨！'赫伯特回答说：'根本不是这样。我不是教士的儿子，因为我不是教士所生的，因为我的父亲是在我出生后才正式成为教士，而你也不是国王的儿子，因为你父亲不是国王。'这

---

[1] «Vita...», p. 99–101.

[2] Smalley, *The Becket*..., p. 64, n. 17.

[3] Jaeger, *The Envy*..., p. 297–308.

时一位名叫乔丹·德·泰松（Jordan de Tesson）的旁观者说道："不管他是谁的儿子，我都愿意给他一半的土地，让他成为我的儿子。'"这是个机智的回答，如果说它给了赫伯特面子，但对国王来说却很丢脸。相对封闭的宫廷环境比任何其他社会都更讲荣誉，所以嘲弄可能是件可怕的武器：它简直意味着象征性地杀死对手。赫伯特扭转了对自己不利的局面，以致旁观者都表示赞叹；被这场对话吸引的乔丹·德·泰松是个诺曼底贵族，但他在海峡的另一边拥有众多领地。显然，这里讲到的故事对赫伯特而言是恭维，因为它是托马斯·贝克特从前的秘书写的，而且带有党同伐异的目的。对那些曾跻身坎特伯雷大主教宫廷的文人来说，他们也培育出了某种行为方式，而这个故事对阐明这种行为方式同样具有启示意义。

赫伯特·德·博思汉姆曾常年在学校学习，他懂得如何高超地运用辩证法。很久以来他就熟悉了修辞学，也很了解作为经院学术之核心的矛盾论辩。他自己就是一位知名的解经学者，可能还是那个世纪最出色的解经学者，并且掌握了拉比们的圣经希伯来语，可能还懂阿拉米语。1150年左右，他在巴黎追随彼得·隆巴德（Pierre Lombard，卒于1159年）求学，后者是圣母院学堂的教师和巴黎的主教；这段经历给他留下了深刻的记忆，他曾尝试整理和修改彼得·隆巴德因早逝而未能完成的著作，尤其是他的《评注集》（Glose）和关于《诗篇》及圣保罗书信的评论。他还是另一位《圣经》专家圣维克多的安德烈（André de Saint-Victor）的学生。所以赫伯特所受的教育很深入，这为他参与行政和外交工作做好了准备，他接受这些工作时看来并无怨言。

在托马斯死后，赫伯特在学术和政治之间徘徊。一开始，他拒绝向亨利二世宣誓效忠，并滞留在法国。在那里，他受到白手纪尧姆的兄弟、香槟伯爵慷慨者亨利（Henri le Libéral）的庇护，他写给亨利的几封信还保留至今。1174年，他收到了英格兰圣职薪俸的欠款，这可以使他潜心解经学研究，并在圣丹尼讲学。1180年代，他终于承认亨利二世悔罪的真诚，回到了英格兰。1189年亨利二世死后，埃里主教、狮心理查的文书长威廉·德·隆尚将他召回宫廷：新国王与老国王之间的恶劣关系反倒对他有利了。1191年，他还是离开了宫廷，他在通信中说，宫廷让他感觉疲惫，他想专心于《诗篇》的评注；[①]不过他的离去也可能是因为政治原因，与威廉·德·隆尚的失宠有关。他回到大陆，住在阿拉斯教区乌斯坎（Ourscamp）的西多会修道院，直到1194年在那里死去。他曾重回俗世生活，但迅速就放弃了，这表明他作为一个知识人的多面性，但也表明研习希伯来语对他一直具有不可抗拒的吸引力。

约翰·贝勒斯曼（Jean Bellesmains，1122—1204年）是托马斯的同代人，是后者最亲密的顾问之一。我们不知道他的社会背景，但知道他来自坎特伯雷，可以设想他出身商人或城市贵族阶层，甚至出身工匠家庭。约翰年轻时，就与托马斯在蒂博大主教的宫廷中往来。教宗后来支持他担任伦敦的主祭，但最后是著名史家拉尔夫·德·迪斯谋得了这个职位。1155年，约翰成为约克主教座堂的司库，1163年又担任普瓦提埃主教，

---

① Smalley, *The Becket*..., p. 61–62, 70–74, 82–85.

这很可能得益于亨利二世的介入；约翰在这座城市住了二十年，然后晋升为里昂大主教。在《克拉伦登法令》引发危机后，他公开支持托马斯·贝克特，这使他招致国王代理人的严密监控，甚至有可能被这些人下毒。[①]不过，他鼓励这位大主教采取温和立场，尤其是在蒙米拉伊会晤期间，当时他坚定地建议大主教与国王和解。[②]约翰虽然忙于牧灵工作，但没有放弃解经学和神学研究。他的学养水准还是很可观的。索尔兹伯里的约翰、罗伯特·德·托里尼和戈蒂耶·马普，都异口同声地称颂他的文字和口才，无论是拉丁语、法语还是英语，都很出色，而我们不能认为这些称赞者都是先入之见。[③]在普瓦提埃，约翰·贝勒斯曼可能与教师让·萨拉森（Jean Sarrasin）有往来，此人是伪丢尼修著述的译者和评注者，也是索尔兹伯里的约翰的热情通信者。[④]

劳尔·勒努瓦来自萨福克郡贝里圣埃德蒙兹，他也像前面的教会中人一样，在金雀花网罗人才的运动中被吸纳进宫廷。劳尔运用自己的才智为王家官僚制服务，他像托马斯、索尔兹伯里的约翰、赫伯特·德·博思汉姆和约翰·贝勒斯曼一样，接受过很好的教育。1168年，他在巴黎成为自由技艺教师，那时还只是个二十多岁的青年。不过他的通信可以证明，他同当时与亨利二世对立的这个群体之间保持着密切联系，这种联系

---

① Pouzet, *L'Anglais*..., p. 22-35. 下毒的问题，见前引米里亚姆·索里亚（Myriam Soria）的博士论文（前文第381页注③）。

② Warren, *Henry II*, p. 516.

③ Pouzet, *L'Anglais*..., p. 16-17.

④ Jean de Salisbury, *The Letters*..., n° 194, t. 2, p. 268-274. 参阅 Liebschütz, *Medieval*..., p. 109。

有时还是一种友谊。这也是国王将他逐出英格兰的原因；在托马斯被刺杀后，他出现在小亨利的随从队伍中，并参加了后者1173年反对其父王的大叛乱，这很可能使得亨利二世不能原谅他。劳尔在文字中尖锐地反击了"那位国王，正是在他治下，英格兰人的殉道者、善良的托马斯才会受难"；他反过来表达了对国王的儿子的感激，他"死于利穆赞的村庄马特尔（Martel），根据几个圣洁之人的证据，他在笃信的虔诚中死去"[①]。像托马斯流亡期间的同伴们一样，他受到了白手纪尧姆大主教的保护，可能还受到彼得·隆巴德的继任者、巴黎主教莫里斯·德·苏利（Maurice de Sully，1160—1196年）的保护。亨利二世死后，他回到英格兰：1199年，他收到王室宫廷的资助，他肯定已经在那里工作了。像赫伯特·德·博思汉姆一样，他也给我们留下了解经学著作，还有"普世"纪年和一篇十字军辩词，后者是在1187年耶路撒冷陷落后撰写的。[②]

1135年生于里尔附近的沙蒂永的戈蒂耶·德也属于同一个圈子。他撰写了一首纪念托马斯·贝克特的诗歌，并将技艺高超的藏头诗《亚历山大颂》（*Alexandreis*）献给白手纪尧姆，这部六音部诗歌颂扬了亚历山大这个人物和他的行为。他是位无与伦比的拉丁诗人，曾在巴黎各学校接受教育，也曾是亨利二世招募的文人，在其文书厅工作到1166年。不过，作为托马斯的支持者和索尔兹伯里的约翰的密友，他逐渐与国王拉开了距离，并最终回到了大陆，担任兰斯大教堂教务会的司铎。他在

---

① *Chronica*..., p. 93.

② Flahiff, «Ralph Niger...».

这座城市与白手纪尧姆重逢，后者从1176年起担任这里的大主教。[1]他曾撰文抨击皇帝，为教宗亚历山大三世辩护：他将教宗比作在滔天洪水中驾驶方舟的诺亚，而那方舟就是教会；教宗之所以受恺撒排挤，仅仅是因为他不服从恺撒。当托马斯于1170年被刺杀后，戈蒂耶就把他从前的雇主亨利二世视为暴君了。[2]

在亨利二世的宫廷中，他应该经常与提尔波利的约翰有往来，约翰很可能是《书记技艺》的作者，该著特别歌颂了那位在文书厅中培训其书记技艺的"光辉的殉道者"。[3]和前文提到的那些文人一样，约翰也位列"圣托马斯的二十二位博学之士"的名单之中：这是赫伯特·德·博思汉姆在贝克特晚年拟定的。[4]也许赫伯特已经意识到，知识分子在托马斯一派中占有核心位置，这一点很重要。博学之士（eruditi）对这位大主教的影响，是其生平传记的主要题材之一，在书中，托马斯如果事先不向这些人咨询，就不会作出任何重大决策；而且书中的大主教看来很关心将这些饱学之士提拔为主教；根据博思汉姆的说法，贝克特最初之所以赞同《克拉伦登法令》，以致铸下大错，是因为他在"恺撒的宫廷"待得太久了，而他更应该逗留的地方是修道院的图书馆，是主教座堂学校，那些地方才是

---

[1] Bezzola, *La Cour*..., p. 145; Dronke, «Peter...», p. 190; A. C. Dionisotti, «Walter of Chatillon and the Greeks», *Latin Poetry and the Classical Tradition*, Oxford, 1990, p. 73-96.

[2] Smalley, *The Becket*..., p. 33-34.

[3] «Ars Notaria...», p. 324-325. 参阅 Barlow, *Thomas*..., p. 79; Kuttner, Rathbone, «Anglo-Normand...», p. 292。

[4] «Vita...», p. 527, n° 13.

培养主教的好去处。① 所以，赫伯特更希望教会——以及国家——的高级职位，都应该归学者群体行使，他们是柏拉图式的文人共和国的继承人，12世纪文艺复兴重新发现了这个共和国。

中世纪同代人的这些人物形象巡览表明，行动的基础在于理论认知。至少这是贝利尔·斯默里（Beryl Smalley）那部激动人心的著作的主导思想，该著的标题便有提示意义："贝克特冲突与学校：一项关于政治中的知识分子的研究"。作者将托马斯、他的朋友和支持者的生平进行了平行对照，以揭示某种名副其实的思想者群体或圈子，他们的活动在英格兰和大陆构成一个网络；他们都从事某项实际活动，都有共同的政治意识，在他们与国王的冲突最激烈的时刻，他们彼此间为相互支持而进行的众多通信就突出地反映了这一点。他们出生于1120—1140年之间，可以说属于同一代人。虽然他们不全是贵族，但他们通过学业提升了社会地位。他们年轻时都离开英格兰前往大陆，尤其是在巴黎的各学校学习，学习科目既有修辞学，也有解经学和神学。

这些博学者有时从教会行政管理工作中开始职业生涯，然后进入亨利二世的宫廷。但他们往往很怀念在大陆的学习时光，当英格兰国王和教会发生重大冲突时，他们就会回到那里。贝克特案之后，教宗英诺森三世于1208—1213年对英格兰发布了长期禁令，这可以解释岛国学者何以大量流向那座学识之都：1179—1215年之间，我们了解较多的42位巴黎教师中，只有10

---

① Smalley, *The Becket*..., p. 78.

位来自腓力·奥古斯都自己的领地,而16位来自英格兰。[1]这些岛国官僚知识分子的亲法情节经常会被放大,索尔兹伯里的约翰和基罗·德·巴里的文字就是明证。但它在很大程度上可以解释腓力·奥古斯都之子在英格兰的军事行动最初何以会成功。总之,对于英格兰国王来说,其行政机器的骨干的学识着实是一把双面刃。

不过,对于那些反对亨利二世的教会知识分子,不应该过分强调其光鲜的一面。有些同样接受过学校教育的英格兰教士,在国王与托马斯的冲突中公开支持国王,他们更青睐知识分子的"组织性"和解,而不是参与神学家的抗辩和反叛。吉尔伯特·弗里奥(约1105—1187年)是这个阵线的领导人。他在克吕尼出家之前,学习过自由技艺、解经学和法律,很可能是在法国求学的;1139年,他作为阿贝维尔隐修院修士,陪同院长参加了第二次拉特兰大公会议。这时国王布卢瓦的斯蒂芬召他前往英格兰,任命他为格洛斯特的修道院院长。1148年兰斯主教会议期间,他被坎特伯雷的大主教蒂博正式任命为赫里福德主教,然后又担任亨利二世的忏悔神父。吉尔伯特公开反对任命托马斯为坎特伯雷大主教,他觉得此举不合常规:可能他自己想谋得这个职位,因为它经常被授予一位修道院院长,何况基督教堂的修道社群还直接附属于大主教座堂。1163年,他当选为伦敦主教,但没有履行向托马斯表示服从的仪式,后者当时已经是坎特伯雷大主教了;吉尔伯特的理由是,1148年他被任命为主教时,已经向蒂博大主教行过礼了。事实上,他当时

---

[1] Baldwin, «Masters at Paris...», p. 147–150.

为伦敦主教职位而要求大披肩（pallium），[1]这就可以解释他为何要拒绝向托马斯行礼：根据索尔兹伯里的约翰的说法，为了论证自己对这个新职务的权力诉求，他甚至援引了梅林预言。1170年春，他在威斯敏斯特参加了小亨利的加冕礼，这件事也不令人奇怪，尽管这给他招致了教廷的绝罚令。[2]

加冕当天，吉尔伯特看到了约克大主教、诺曼底人主教桥的罗杰（Roger de Pont-l'Evêque，卒于1181年）。亨利二世之所以举行这个加冕礼，意在安排王位继承的同时要求诸幼子向长子行臣从礼，但这加速了他与贝克特冲突的最终摊牌。罗杰年轻时曾在蒂博·德·迭斯维尔的宫廷中度过，并在那里遇到了托马斯·贝克特、索尔兹伯里的约翰和约翰·贝勒斯曼。1154年10月，就在亨利二世加冕前两个月，他被推选为英格兰北方大主教区的首领，他试图巩固这个职位的权利。所以他对托马斯的反对立场，承继了约克与坎特伯雷竞争大不列颠首席宗教权威的传统。[3]他趁贝克特不在举行国王加冕礼，这种情况以前有两个先例：一个是在1066年，征服者威廉拒绝承认坎特伯雷的西甘德（Sigand），另一次是在1100年，当时的大主教贝克的安瑟尔姆（Anselme du Bec）正在流放中，因此他可以视为托马斯的精神导师之一，而托马斯本人及安瑟尔姆的传记作者索尔兹伯里的约翰都要求给他封圣。[4]不过，罗杰认为他这样做的

---

[1] 大披肩是教宗授予大主教的肩带，作为某个宗教省的首脑，大主教可以是若干主教的上级。故大披肩是大主教地位的象征。

[2] Knowles, *The Episcopal*..., p. 39–47, 160–162; Smalley, *The Becket*..., p. 168–182.

[3] Knowles, *Thomas*..., p. 72–76, 127–129; Barlow, *Thomas*..., p. 204–210.

[4] Barlow, *Thomas*..., p. 85 et 295. 其《传记》编入 *Materials*..., t. 3, p. 299–322.

理由更加有依据，因为他有教宗亚历山大三世的谕令，后者于1161年准许他为小亨利涂油。实际上，这样做的前提条件是坎特伯雷大主教的职位应出缺，但加冕礼举行时，情况并非如此，所以这次行动在1166年的另一份教廷文献中受到了谴责。在仪式举行前，罗杰似乎并没有意识到，亚历山大三世会向所有参与加冕礼的人员施以绝罚，因为这份文献被国王的官员截留了。[1]这样一来，小亨利的加冕礼就引起了多重的宗教和政治纠纷。罗杰和吉尔伯特参与这次活动，旨在增强他们自己的主教职位在面对坎特伯雷大主教职位时的特权。他们对自己的大教堂的眷顾很大程度上解释了他们在冲突中的立场。

其他一些在英格兰官僚系统中担任要职的高级教士，也像他们一样无条件地支持亨利二世的政策。这些人有：普瓦提埃的主祭、财政署官员兼巡回法官伊尔切斯特的理查德，坎特伯雷的主祭、掌玺官杰弗里·瑞德尔（Geoffroi Ridel），主教索尔兹伯里的若瑟兰（Joscelin de Salisbury）的私生子、后担任其生父所在的主教座堂的主祭——这在12世纪末的英格兰教会中是非常不合时宜的——的雷诺·德·博亨（Renaud de Bohun），此外还有牛津的约翰（Jean d'Oxford）。这些教士人士在危机期间扮演了重要角色，他们作为特使或大使前往教廷，或作为代表出使神圣罗马帝国皇帝的宫廷。他们对国王政策的完美支持招致了托马斯及其友人的敌意，他们针对这些对手使用了一些非常严重的说法：主祭被称为"主祭魔鬼"（archidiable）、"儿子教士"（fils de prêtre）、"叛徒""臭名昭著的分裂分子"

---

[1] Heslin, «The Coronation…».

（schismatique notoire）……不过亨利二世可没有忘记他们的驯服。1170年代，当他与教宗实现和解之后，他为这些人弄到了期望中的主教职位：理查德任温切斯特主教，杰弗里到埃里赴任，雷诺前往巴斯，约翰去了诺维奇。[①]可以认为，这是对他们支持国王的事业和各种服务的一种奖赏。作为那位殉难的大主教的最可怕的敌人，他们得到了国王的回报。国王通过教会职务进行报答的做法，看来几乎没有变化，尽管他曾为坎特伯雷的罪行而公开悔罪。

如果不介绍一下冲突期间的犹疑派和双重忠诚派，英格兰主教团的这种整体画卷就不完整。1164—1174年担任伍斯特主教的罗杰，是格洛斯特的罗伯特的幼子，因而是亨利二世的侄子，他就采取了一种有时看来摇摆不定的行为方式：在危机最严峻的时刻，他经常出入国王的宫廷，但他却毫不迟疑地支持托马斯，并去大陆见过托马斯，他也没有参加小亨利的加冕礼，为此国王很严厉地批评过他。[②]巴黎著名的神学家罗伯特·德·墨伦（约1100—1167年），1163年继承吉尔伯特·弗里奥担任赫里福德主教，他对亨利二世的态度更具和解色彩，不过他从未断绝与托马斯的联系，而是尝试让其行为更为温和。他在当选为主教之前曾坚定地表示，将反对任何违反教士权益的国王；而他从前在巴黎圣维克多修道院的友人，后来却责怪

[①] Knowles, *The Episcopal*..., p. 17-20; Warren, *Henry II*, p. 311-313, 535; Duggan, *Canon*..., XII, p. 2, «Richard of Ilchester...»; Keefe, *Feudal*..., p. 110-111.

[②] Knowles, *The Episcopal*..., p. 106-108; Warren, *Henry II*, p. 216, 520, 551.

他在争吵期间没有将自己的观念付诸实践[1]：如果考虑到这些情况，这个知识分子的案例就更显得复杂了。利雪主教阿努尔（1141—1184年）的历史记载很丰富，因为他留下了众多的书信卷，[2]这些文字反映了他在整个危机期间的矛盾：他支持教会的改革和精神权威的独立性，但他也忠实地为国王服务，后者还任命他为大法官。他的私人通信表明，他衷心赞许托马斯的事业，但他不敢公开表明他的立场，以免失去国王的恩宠。他从来没有摆脱过这种困境。[3]骑墙游戏推动他去促成亨利二世与教会的和解。1173年，阿努尔担任中间人，调解小亨利和反叛的诺曼底领主与国王的矛盾。但亨利二世不喜欢他的立场，跟他断绝了关系。这场冲突导致阿努尔失去了主教职务，退隐巴黎的圣维克多修道院。这三位主教虽然惋惜贝克特不够冷静，但他们都因为选边站而遇到了麻烦，至少是为公开表明立场而遇到了麻烦。

不管他们支持还是反对托马斯，哪怕是温和的支持或反对，这个教士群体都呈现某种同质性。当然，在国王政策的辩护者中，更经常地看到的是僧侣或地位很高的贵族，而托马斯的支持者则更多地属于在俗教士和不太显赫的家族。但这些社会-宗教标准并不总能行得通。对于这两类人而言，应该注意到其学习生涯——经常是在大陆完成的——在他们职业生涯中的位置。他们通过学业敲开了国王宫殿的大门，国王也懂得如何用

---

[1] Knowles, *The Episcopal...*, p. 29-30, 59-60, 86-87, 104-106; Warren, *Henry II*, p. 473, 550; Smalley, *The Becket...*, p. 53-56.

[2] *The Letters of Arnulf...* et *The Letters Collections...*

[3] Schriber, *The Dilemma...*

主教职位，或者较为低端的教会职务来犒劳他们的行政服务。相比之下，托马斯的支持者虽然也出身廷臣阶层，但他们介入这场冲突意味着他们与国王和宫廷彻底决裂，当然他们也在文字中对后者进行了妖魔化。这让他们失去了获利丰厚的教会或民事官职，即便他们不流亡的话。如果不考虑他们坚定的神学思想，他们态度的坚定，态度后果之严重，都将是无法理解的。正是这种思想拒绝国王的权威，至少是将它与精神权威割裂开。

捍卫教士自由

这场冲突的意识形态背景十分复杂。它牵涉基督教社会中权威的性质，以及通过明确的立法实施权威的问题。[1]这种立法将某些教会法学者的实用主义，与神学家们的原则对立了起来：伦敦主教就是这样的实用主义者，他们很早就找到了与国王达成谅解的空间；而神学家们则认为，应全力维护教会的古老自由，甚至应加强它的特权，如此才能终结大陆上的授职权之争。

伦敦主教吉尔伯特·弗里奥在写给托马斯的信件（Multiplicem）中，很好地总结了他和支持国王的教士的立场。[2]为了说服贝克特服从亨利二世，弗里奥一方面提醒加冕礼赋予王权的宗教特质，另一方面又强调精神权力和世俗权力的分离，而这位主教也承认，自己的辖区在世俗事务上服从国王。对这些原则的

---

[1] Duggan, *Canon*..., I, p. 367.

[2] *The Letters and Charters*..., n° 170, p. 229-243. 这套文件的真实性无可置疑，见 Knowles, *The Episcopal*..., p. 119。相关评论，见 Smalley, *The Becket*..., p. 182-185。

表述也许不能称作"格拉西派"（gélasien），如某些中世纪史家所称的那样，他们这样做是为了突出与托马斯的"格里高利派"立场的不同。[1]教宗格拉西一世（492—496年）的立场被称为"双剑论"，它固然要求严格区分精神权威（auctoritas sacrata）和世俗王权（regalis potestas），并认为基督的王权使得《旧约》中的祭司国王们的形象归于无效。[2]不过，像这位伦敦主教一样，这种学说也可以国王涂油礼为依据，捍卫亨利二世带有恺撒-教宗主义的宗教政策。双剑论学说并非与尊重教宗权威的立场不相容，吉尔伯特·弗里奥就一直在理论上和实践中承认教宗的权威，甚至毫不迟疑地称之为"基督的代理"，他在接受1170年教宗的绝罚令时并无怨言。[3]但从政治观念来说，他仍然是宣扬主教应服从王权的——尽管需要对此进行细致的剖析。

托马斯和他的"博学之士"的观点完全不同。12世纪前期，巴黎各学校已经开始反思双剑论，这些人就在那里学习过，他们的观点就是对这种反思的延续。双剑论的基础在于《新约》中的两段文字，它们讲述的是耶稣在橄榄山被捕：在耶稣离开最后的晚餐前往橄榄山时，他的门徒们送给他两把剑，耶稣说数量够了（《路加福音》22:38）；当他被捕时，彼得用剑割掉了大祭司的佣人马勒古（Malchus）的右耳，但基督很快就医好了他，并请使徒之首彼得将剑放回鞘中（《约翰福音》18:10—

---

[1] "在实践中他更像格拉西派，而非格里高利派"，Knowles, *The Episcopal*..., p. 42；参阅 p. 146. "吉尔伯特发展了当时教会中广泛持有的温和的格拉西派立场"，Barlow, *Thomas*..., p. 154。

[2] J. Lecler, *L'Église et la souveraineté de l'État*, Paris, 1946, p. 32.

[3] Knowles, *The Episcopal*..., p. 119; Barlow, *Thomas*..., p. 140; Smalley, *The Becket*..., p. 177.

11，另参见《马太福音》26:51，《马可福音》14:47，《路加福音》22:50）。在11—12世纪，这些奠基性文本具有重大意义。另外，我们可以见到，基督被捕的场景经常出现在罗曼风格的雕塑中，紧随这个场景的是基督在天使协助下进行祈祷的画面。

在托马斯曾经学习过的法国各学校，福音书中的上述章节被人大加评述。解经学家们以此来论证权力的二元性，一个是精神的，另一个是世俗的。基督将二者都交给了后来的教宗彼得，但他又要求彼得将第二把剑插回鞘中，因为行使外在的暴力与祭司的身份并不相配：彼得的继任者就把世俗之剑交给世俗权威，这是后者的责任。相反，他们保留着精神之剑，也就是通过绝罚来惩罚的可能。以物理性暴力进行镇压的责任就这样委托给了君主，因为行使这种暴力会玷污教士。对福音书的这种解读带有约束性，因为教会只是将某种强制权转给俗世权威。

从11世纪末开始，在一些反对世俗君主干涉宗教事务的阶层中，这种分析产生了巨大回响，更准确地说这些理论可以用来反对世俗君主对主教和修道院机构过分的管控。彼得·达米安（卒于1072年），即通常所称的格里高利改革的主要神学家之一，第一个将双剑比作教会（sacerdotium）和王权。12世纪的很多思想家就像他一样，认为整个世俗权威，而不仅仅是它的强制性方面，都是教会委托的。在1130年代，圣维克多的于格就认为，与教宗相比，王权处于下级地位，就像身体依附于精神；所以领导的角色归于高级教士，他们优先于君主。于格的修道院就坐落在圣热纳维耶芙山冈上，这里是巴黎主要的思想活动中心，所以圣维克多的修士们热情地站在托马斯一边就是很自然的事了：而他原来就是这里的学生。①

他们的观念在索尔兹伯里的约翰那里得到了公开的表述。他在《论政府原理》中认为君主应服从教士。"国王只服从于上帝和在地上代表上帝的教士""君主是教士的执行者""所有统治者都服从教宗的精神权威"，他这样写道。②1166年，托马斯·贝克特在致吉尔伯特·弗里奥的一封信中清楚地阐发了这个论点："王国、人和天使的主宰，分派了两种权力，一个是君主的，一个是教士的，一个是尘世的，一个是精神的，一个是执行者，另一个是上位者，后者向前者出让权力，但它希望得到世人的敬畏。"③这段文字堪称争论的源泉，它显示了索尔兹伯里的约翰的启发，但其表达更为清晰，因为在托马斯的思想导师的神学论著中，这种观点并不总是很明确。托马斯则直截了当地坚持国王是执行者、是教士的服务者的观点。这显然具有无法抹去的神权政治色彩。

为了强化这种观点，《论政府原理》使用了国家有机论的比喻，这个比喻具有深远的革命性意义。如果说国王是政治体的头颅，但没有教士他将一事无成，因为教士是沐浴着神恩的灵魂，是他们赋予政治体生命。④约翰说这种意象借自普鲁塔克（Plutarque）的《图拉真的教诲》(*Institution de Trajan*)，这个古典权威无疑是其大胆观点的依靠：实际上，现代批评性研究已经证明，他自己捏造了这篇著名文献，以避免对他个人的批

---

① Smalley, *The Becket*..., p. 26–30, 51–58.
② IV, 10, 3; V, 2. 参阅 Nedermann, Cambell, «Priests...»。
③ *The Correspondance*..., n° 96, p. 436–438.
④ IV, 3, 7–10; V, 2.

评和追究。①这种论点的实际推论是教士对王权的直接控制。先知撒母耳不就因为扫罗王不服从耶和华而将他罢黜了吗？另外，当因继承问题发生争吵时，选择合法的王位继承人，就是教士的权责了。②此外，约翰在自己的著作中还将君主制描述为一种最小的恶，但它并非从社会中的人的生活状态自然而然地推导出来的。《旧约》（《列王记上》8）表明，虽然以色列急切地想要把撒母耳立为王，但耶和华很不情愿给以色列一位国王。如果说神最后向这种制度上的权宜之计让步，那是因为人民的邪恶。③这样，大卫王的威名就被恰当地打了折扣。

与大卫王的统治相比，约翰更青睐之前士师们的统治，因为希伯来人曾在他们的祭司的领导下，依据政治能力，尤其是道德品质来选择自己的领导。在这一点上，索尔兹伯里的约翰的思想更接近大格里高利（Grégoire le Grand, 590—604年）的《牧灵规章》（Règle pastorale），而不是希波的奥古斯丁（Augustin d'Hippone, 354—430年）的《上帝之城》（Cité de Dieu）：在索尔兹伯里的约翰看来，统治者和被统治者的伦理优先于任何社会秩序，后者即权威通过强制力向冲突的尘世城邦施加的秩序；君主的私人生活不可能与其政治行为的公共领域分离开。④在这个问题上，约翰将图拉真作为伪普鲁塔克的著作的敬献对象，这个选择是能说明问题的。实际上，根据流传很广的传说，

---

① Liebschütz, Medieval..., p. 24–25. B. Smalley, The Becket..., p. 92，作者更愿意认为，约翰利用的这份伪文献并非他自己捏造的。

② Dickinson, «The Mediaeval...», p. 318.

③ Policraticus, VIII, 18, t. 2, p. 358 et IV, 3; VIII, 17. 参阅 Dickinson, «The Mediaeval...», p. 310–311; Buc, L'Ambiguïté..., p. 246–249。

④ Dickinson, «The Mediaeval...», p. 319–320, 335.

图拉真是因为大格里高利的请求才得救的；教宗在祈祷中向神呼告，这位皇帝活着的时候，对贫穷的寡妇表现出很大的同情，并且减轻了她们的痛苦。[①] 所以，约翰更强调政治家的道德品质，而不是国家自身的管理。[②]

实际上，他的思想深深植根于12世纪复兴的古代人文主义之中，这一思想基于这样一个柏拉图式的前提：人的思想很难理解总是在流变之中的知觉现实，但可以通过观点的交流和经验来获得知识，而观点和经验可以通过教师的指导和参阅古典著作来获得。[③] 具有教育意义的典范，斯多葛主义的论著，都是值得国王认真阅读的。这些文本强调，应该通过修辞术的学习来掌握演讲才能；它们更关注行为方式和优良风度的培养，而不是治国技艺的教育。所以，对王位的年轻继承人的教育方式的核心，就应是学习正确的书面和口头表达技艺，优雅的社交风度，以及简单质朴的处世之道。[④] 所以，外在表现和实际的存在混合在了一起：审美变成了伦理。

回归古人的愿望可以揭示约翰何以热衷于西塞罗（公元前106—前43年）和塞内卡（公元前4—公元65年），《原逻辑》和《论政府原理》中经常引述他们。西塞罗的哲学，早已在米兰大主教安布罗西（Ambroise，卒于397年）的《职责论》（*Offices*）中基督教化了。西塞罗将正直（honestum）和效用（utile）结

[①] C. Galdersi, «Le "crâne qui parle" : du motif aux récits. Vertu chrétienne et vertu poétique», CCM（即出）.

[②] Liebschütz, *Medieval*..., p. 35-36 et 46; Smalley, *The Becket*..., p. 92.

[③] Luscombe, «John».

[④] *Policraticus*, IV, 6. 参阅 Liebschütz, *Medieval*..., p. 32, 46, 49; Jaeger, «Courtliness...»。

合在了一起，也就是将统治者的品行和道德，与其服务公共福利的效果结合了起来，而这正是索尔兹伯里的约翰的根本观念。[1]他很赞赏塞内卡，曾这样写道："在异教道学家中，几乎没有任何一个人能像塞内卡那样，其著作和格言警句适用于所有类型的事务。"[2]《论政府原理》的副标题就很有提示意义，它既是对权力受托者的腐败的批评，也反映了对古代智慧的热情："廷臣碎语和哲人遗痕"（Balivernes des courtisans et vestiges des philosophes）。这部著作虽然也曾质疑古典作家的冷漠或心神安宁——借自2世纪的奥卢-杰尔（Aulu-Gelle）和奥古斯丁——但其语调仍然具有无可置疑的斯多葛主义色彩。[3]它传递的信息是清晰的：道德应该统治一切，因此一个好的统治者应饱览古代文化，这样他的每个决策和行动才能具有智慧。

在这样一种制度的核心，法律的观念有举足轻重的位置。它与罗马法根本不是不相容的，而1145年左右，索尔兹伯里的约翰曾在坎特伯雷追随博洛尼亚法学家瓦卡留斯（Vacarius）学习，他对罗马法很了解，而且发自内心地赞赏。[4]当然，这并不预示着国王的两个身体的理论，即清晰地区分其行为中的私人性和公共性，这是后来罗马法学家们阐发的。[5]约翰在书中再次

---

[1] Smalley, *The Becket...*, p. 91-97, 106.

[2] *Metalogicon*, I, 21, 转引自 Liebschütz, *Medieval...*, p. 84。

[3] Smalley, *The Becket...*, p. 106-107. 参阅 T. Lesieur, *Consonantia: construction d'une raison chrétienne à l'aube de la réforme grégorienne*, E.H.E.S.S. 未刊博士论文, 2001, p. 510-514。

[4] Rathbone, «Roman...», p. 259, *Introduction à Letters of John of Salisbury*, p. XXII-XXIII; Leyser, *Medieval...*, p. 265-266.

[5] Kantorowicz, *The King's...*, p. 94-97；"12世纪是一个非个人的王权观念还没有完全发育出来的时代", Jolliffe, *Angevin...*, p. 54。

赞美了《查士丁尼法典》和他所称的"我们的君士坦丁"(notre Constantin)的立法。他还援引尤里安(Julien)关于贪污的立法,主张取缔官职买卖。他拒绝两条帝国时代的箴言,"凡君主意愿的就具有法律效力"和"君主不受法律约束";他这样做是以正义、理性和公平的原则为名,这也是很罗马化的。[①]最后,约翰关于国王的一些论点尽管具有一些契约论的色彩,但国王只是人民的"代表"和"代理人"的说法,的确见于《法学汇纂》(Digeste)。博洛尼亚学派的著名法学家布尔加鲁斯(Bulgarus,卒于1166年)和普拉钱廷(Placentin,1135—1192年),曾在评注这部古典著作时复述过这个看法。统治者与其臣民缔结的契约,不仅要求他遵守法典和习惯,而且要求他在必要时以强力让他们接受法律。虽然这一法律充分自足的学说与皇帝的全权观念对立,但国王本人不能逃避法律的观念,说到底与罗马法是不矛盾的。[②]它没有让所有重新发现《查士丁尼法典》的人们失望,他们在赞叹之余努力从字面意思上将其运用于立法中。无论如何,这一整套古典规范遵循永恒和既定的法则,而约翰自己是完全服膺这种法则的。[③]

法律固然可以带来优良的君主,也可以拒绝因藐视法律、因践踏法律而成为暴君的坏君主。优良的君主服从法律,后者则无视法律。前者生活正派(recte),在塞维利亚的伊西多尔(Isidore de Séville,约560—636年)的《词源学》(Etymologies)中,这个副词就来自rex(国王);而坏君主则是暴政的化身,

---

① Krynen, «Princeps...».
② Dickinson, «The Mediaeval...», p. 312-313.
③ Liebschütz, Medieval..., p. 55-56.

因为他在法律之外行事，其行为是不道德和伊壁鸠鲁主义的（这显然是斯多葛主义的影响）。"暴君的意志就是自己欲望的奴隶。"《论政府原理》这样说。[①]的确，法律总是不可避免地与自由原则结合在一起，因为在生活中严格遵循理论准则的国王不会受激情支配，更重要的是，他不会以自己的昏乱施政来压迫自己的臣民。卡里古拉（Caligula）和尼禄（Néron）的历史就见证了私人生活的放荡和公共生活中的暴政的联系。[②]所以君主应该服从这一超验的法律；他应自愿遵守教士的道德，就像基督自愿接受天父要求他承受的苦难一样。对于讲求美德之人，遵循法律就是一种习性（habitus），一种无须强制便毫无困难地履行其善举的意愿。[③]对约翰来说，这种有关自由（libertas）的道德观念是他所期待的、教会在政治体内部的自治地位的基础，因而它就更显珍贵了。

在12世纪，这种观念的颠覆性意蕴是毫无疑问的。它们有时可以招致对所谓坏君主的拒绝和否认，因为他行为不端，因为他施行了暴政。不过，《论政府原理》没有以这些观念公开评判年轻的亨利二世，相反这位国王的形象是正面的。在"附注"（Entheticus）中，约翰对一位外号为"反父"（Antipater）、名曰曼德罗杰鲁斯（Mandrogerus）的国王的态度更为严厉，这位国王攻击教会的自由，颁布专横的法律镇压教士和人民：在这里，对亨利二世的影射应该是足够清晰的。[④]它的读者可以毫无疑虑

---

① VIII, 22. 参阅 Dickinson, «The Mediaeval...», p. 326-328。
② IV, 1, 4; VIII, 16-18.
③ Nedermann, Cambell, «Priests...».
④ V. 1378 et v. 1389-1392, p. 179-180. 参阅 Wilks, «John...», p. 285。

地得出几乎是必然的结论：反抗违背教会特权的国王是合法的。

约翰的密友的著述也在很大程度上复述了这些观点。我们应该从托马斯·贝克特本人开始，他强调精神之剑对世俗之剑的优越性：前者是金，后者是铅。①由此就引出宗教社群全面的豁免权，但主教们还有引领坏领导人的责任，他们应该像大卫斗歌利亚那样同领导人的缺点做斗争。②这里有贝克特致亨利二世信件的一段引文："您作为主人，我应该向您提供我的建议和尊重；您作为国王，我应该对您表示敬重，但我应该警示您；您作为人子，我出于职责应该处罚您、约束您。"③于是这位坎特伯雷大主教再次重申了教会优先于王权的理论。

他的得力助手赫伯特·德·博思汉姆选择了一条更极端的道路。在给教宗亚历山大三世的一封信中，他提醒说，亨利二世和他的盟友、"大分裂分子"腓特烈·巴巴罗萨，试图废除教会的全部自由权利；他说，只有托马斯勇敢地站起来阻止他们的企图。所以教宗应该对英格兰国王施行绝罚，取消其臣民的忠诚宣誓，他们应该奋起反抗他。④这种反抗是亨利二世的绝对主义统治的逻辑后果："国王就像人类的车辆，而教宗是驾车者和刺棒。教宗引领他们，管理他们。教宗是他们的恐惧，他们

---

① Édouard Grim, «Vita...», t. 2, p. 398. 参阅 Knowles, *The Episcopal*..., p. 147。
② Smalley, *The Becket*..., p. 34-35.
③ Thomas Becket, *The Correspondance*..., n° 74, p. 292. 参阅 Jolliffe, *Angevin*..., p. 17. 1182 年，鲁昂大主教卢特鲁和其他诺曼底的主教在致小亨利的信中，采用了同样的说法："您作为主人，我们向您请求，您作为国王，我们给您鼓舞，您作为人子，我们给您教导。"见 Pierre de Blois, *Epistulæ*, n° 33, col. 109。
④ *Materials*..., t. 5, p. 285-294. 参阅 Smalley, *The Becket*..., p. 67-68。

的鞭子。他纠正他们，指导他们，激发他们。"[1]金雀花家族也像车夫一样领导自己的臣民，臣民被比作骡子，而骡子的缰绳就在统治者手中。对暴政的指控自然就指向权力的源头。圣雅各山的尼古拉（Nicolas du Mont-Saint-Jacques）曾作为托马斯·贝克特的特使前往拜访皇后玛蒂尔达，他希望皇后能让她儿子恢复良知，但这次拜访无功而返，让他备感挫折，因为"这个女人就是暴君一族"[2]。

劳尔·勒努瓦的口气同样具有批判性，如果不是更具批判性的话。他的著作中有一本《国王道德论》(Les Morales des Rois, 1179—1187年)，这个标题意味深长，它是对《旧约·列王记》的评注：他在书中谴责了博洛尼亚那些无所顾忌的法学家讲授的罗马法，这是增强王权、论证其破坏传统习惯权益之合法性的可怕武器。[3]耶和华在准许犹太人拥有君主体制时不太情愿，在评注这段经文时，劳尔将人民受王权的奴役和君主恣意宣泄的狂热放在了一个层面上。他反对过分强势的英格兰君主制，抨击亨利二世的卑鄙无耻，人民应该大范围地撤回对他的服从，以永远削弱其权威的基础。[4]这是公开地怂恿叛乱。

他在流亡期间写了《纪年》(Chronique)，该著对国王的名誉进行了名副其实的诋毁。亨利二世是玛蒂尔达重婚生下的儿

---

[1] *Liber melorum*, PL, t. 190, col. 1322. 参阅 Jolliffe, *Angevin*...,p. 140; Clanchy, *England*..., p. 114。

[2] Thomas Becket, *The Correspondance*..., n° 41, p. 166. 同样的指控也针对狮心理查（Pouzet, *Jean*..., p. 44）和无地约翰（Giraud de Barri, De *Principis*..., p. 310）。

[3] Kantorowicz, Smalley, «An English...»; Rathbone, «Roman...», p. 256-257.

[4] Buc, *L'Ambiguïté*..., p. 367-369, 376-378.

子，他外祖父亨利一世已经很荒淫，①他自己的放纵更是给自己的臣民带来了可怕的后果。亨利二世被描述为"毫无羞耻心的腐败者，完全继承了他外祖父的放荡"，他凌辱自己臣民的妻子和女儿："为了更加恣意地放纵自己的淫欲，他把王后关进了监狱，而他从前就像色情狂萨提（Satyre）一样娶她为妻。"这样荒淫的私生活对俗人的恶劣影响是一个长期性的过程：王国官员的数量前所未有的增长，对财产权的不尊重，专属森林范围及其特权的扩展，对贵族婚姻的严厉监控，废除习惯法而以国王司法会议颁布的专横法律取而代之，恩惠犹太人放高利贷，任意提高丹麦金、盾牌捐和其他税收额度，货币贬值，驱逐居民，用勒芒的妓女取代英格兰的贞洁妇女，废除一切自由……但受专制政府戕害最深的是教会：亨利二世将主教和修道院院长职位任意赏赐给最谄媚的廷臣；从前的主教只能给他看狗，眼看自己的权益被没收；他强迫主教们宣誓接受那些堕落的法律，让教士臣服于他的法庭。他勇敢的对手托马斯大主教被谋杀，对此他应该负全责。②劳尔控诉亨利二世的罪状名单很长，我们暂且打住。但这位教士已经将神学家、格里高利派的教会法学家、圣维克多修道院的僧侣们的抽象观念具象化了。他将索尔兹伯里的约翰的理论兑现在了当下的实践中。

在这场"十字军斗争"中（dans cette croisade），托马斯·贝克特和他的朋友可以指望教廷的无条件支持。索尔兹伯

---

① 对于亨利一世，他重拾起国王的荒淫和对臣民镇压之间的套话，对于亨利二世，他则就这一套话作了长篇发挥。"那位国王（亨利一世）就像他整个家族一样荒淫，并以自己的森林专享权残酷压迫英格兰人。"，见 *Chronica*..., p. 165。

② *Ibid.*, p. 167-169.

里的约翰的朋友、教宗阿德里安四世的继承者亚历山大三世,是一位坚定的法学家,他的立法永远确定了修道院豁免权、圣徒封圣和婚姻有效性的条文。1140年代格兰西的《教令集》的编订,为教会法的实施提供了方便,而新教宗的主要目标之一就是推行教会法。这部法令汇编确认了圣座在世俗事务上对皇帝和国王们的优先权,教廷有权介入这些事务;当然它还确认了教会的绝对自由。① 教廷与腓特烈·巴巴罗萨的长期对峙强化了这个原则,并使得教宗与托马斯接近,而亨利二世则明显打出了与皇帝结盟的牌,1165年初,他甚至威胁让英格兰教会服从另一位并立的竞争性教宗帕斯卡尔三世(1164—1168年)。② 亚历山大三世曾通过吉尔伯特·弗里奥向亨利二世转达一封信件,信中的一段话表明了他与坎特伯雷大主教的圈子在思想上的一致性:"希望国王不要像现在这样,混淆教会事务和世俗事务,愿他不要再按自己的意愿处置教务事务……而仅限于世俗领域。"③

还应指出,托马斯和他流亡时的同伴——其中有未来的贝内文托(Bénévent)的主教、法学家隆巴德·德·普拉桑斯(Lombard de Plaisance)——很注重教会法的学习,教会法从1150年代开始就在英格兰大范围传播。④ 亚历山大三世曾就法学问题与英格兰人有过意见往来,他共作出了1 100份回复,其中有400份12世纪的文字保留至今,这一点是很能说明问题

---

① Pacaut, *Alexandre III*...
② Barlow, *Thomas*..., p. 136 et 147; Knowles, *Thomas*...,p. 110-111.
③ *Materials*..., t. 5, p. 157.
④ Knowles, *Thomas*..., p. 108; Kuttner, Rathbone, «Anglo-Norman...».

的。①另外，教会法强调宗教法官的集中化进程，从而将教廷变成一个"普世性"的上诉法庭，它只能增强那些抗辩教士与教廷的联系。支持贝克特的教会法学家就将斗争转移到了法学领域，他们要求获得教会法庭的豁免权，教会财产的免税权，教廷特使在英格兰的行动自由，以及英格兰高级教士前往罗马的自由。

亨利二世及其手下人的政治话语比他的诋毁者的话语更难以分析。最明确的是皮埃尔·德·布卢瓦撰写的一篇国王与博纳瓦尔院长之间的虚拟对话，对话中的国王说，罗马一直确认英格兰国王对教会事务的权威和特权。②吉尔伯特·弗里奥同样捍卫国王因涂油而获得的神圣性。就金雀花家族某些立场中的反教权主义而言，它更具民众色彩而非学术性，应该将它放在另一个层次上来考察。基罗·德·巴里曾记载，十字军的布道神甫富尔克·德·内伊（Foulques de Neuilly）曾指责狮心理查有傲慢、奢华和贪婪这三个邪恶之女，国王则回答说："我已经将这三个女儿嫁了出去：傲慢嫁给了圣殿骑士，奢华嫁给了本笃会修士，贪婪嫁给了西多会修士。"③不过，基罗之所以讲述这个故事，也是为了揭示在教僧侣们的堕落，这是其讽刺性论著中反复出现的主题之一，这一点他与戈蒂耶·马普意气相投，他们两人都是在俗教士。④不过，这些针对僧侣的辛辣言辞，并

---

① Duggan, *Decretals*..., II, p.87; Brooke, *The English*..., p.212-213.

② «*Dialogus*...», p.107, 当时博纳瓦尔院长回击说，不应该利用教廷来牟利，而应该想着服务教廷。

③ «*Itinerarium*...» I, 3, p.44; «*Speculum Ecclesiæ*», II, 12, p.54. 参阅 Broughton, *The Legends*..., p.128-129。

④ *De Nugis*..., I, 16-18, 22-28, p.51-117. 参阅 Bezzola, *La Cour*..., p.99。

不能告诉我们多少有关王权意识形态的实际情况。同样，无地约翰在林肯主教、阿瓦隆的休面前的不虔诚举止，也说明不了什么：当时约翰当着主教的面，将一个从祖先那里继承的护身符戴在脖子上，祈求保护他的领地。①这些故事在教士中间激起了反响，但它们顶多反映出君主在与教士发生冲突时经常放肆无礼，而无法让人窥视其政治思想的幽微。总的来说，王权的实践很少成为理论思考的对象，至少是没有留下堪与《论政府原理》相比的论著，后者对我们了解贝克特支持者们的学说贡献很大。

我们所能了解的只有王权的作为。它旨在直接控制教士，这是英格兰-诺曼底王权的传统做法，现在又受到新政治局势的激发：内战的插曲过后，国王的行动手段大为增强。当亨利二世插手主教选举时，其实是将传统与现代结合了起来，但正是由于这个最引人瞩目的政策，托马斯·贝克特才得以晋升为坎特伯雷大主教。②鲁昂的埃蒂安在解释这个任命时，毫不犹豫地将贝克特比作魔法师西蒙（Simon le Magicien）。③不过他忘了，

---

① 那位圣徒则用手指指着丰特弗罗修道院教堂的三角楣，那上面有在地狱中受折磨的国王，他试图以此敦促国王改革向善。[Adam d'Eynsham], *Magna*..., p. 139-141. 参阅 *ibid*. p. 412, 当时无地约翰嘲笑了那位主教，并拿一年布施的金币来打赌。

② Barlow, *Thomas*..., p. 65-67; Smalley, *The Becket*..., p. 118-120. 国王介入大陆主教选举的案例，见 Avril, *Le Gouvernement*..., p. 240-242; Boussard, *Le Comté*..., p. 97-102; Foreville, *L'Église*...。另一个出色研究，见 Pontal, «Les évêques…»。对照 Pacaut, *Louis VII et les élections*... ; 另请参阅米里亚姆·索里亚 2001 年 9 月于剑桥彼得豪斯召开的研讨会上关于阿德马尔德·佩拉特（Adémar de Perrat）被下毒的研究，此人当选利摩日主教不合狮心理查的意思，1198 年他从罗马受职返回后被杀。另外，J. 佩尔策尔（J. Peltzer）目前正在 N. 文森特的指导下撰写有关金雀花帝国主教选举的博士论文。

③ «Draco…», II, 8, v. 415-488, p. 675-677.

托马斯本人意识到自己当选不合常规，并要求教宗接受他的辞呈，他并不想履职。[1]不管怎样，在金雀花的领地内，主教团是由更易受国王操控的宫廷教士出任的；此外国王还握有推迟主教选举的权力，以便将出缺的主教职位或其他圣职的收入收归己有。在教会等级的较低层次上，地方领主也对教区施加同样的控制权，他们对当地教士的选任享有支配性的权力。这种情况在英格兰-诺曼底的教会中十分普遍，以致索尔兹伯里的约翰对此愤愤不平："今天，一切都可公开买卖……贪婪的肮脏火焰甚至威胁到了神圣的祭坛……圣职授予权或庇护权……善意的安布罗西却要看异教徒出价多少……"[2]很多在巴黎的学校中受过教育的教士，也发出了类似的抨击。

但他们的同行并不是一致赞同这种立场。实际上，在部分教士，尤其是在俗教士中，王权的庇护受到一定的欢迎。一个教士写给亨利二世的小册子就证明了这一点：它敦促国王改革阿基坦高级教士的风习，[3]其作者可能是1170—1189年格朗蒙的隐修士纪尧姆·德·特赖尼亚克（Guillaume de Treignac）。作者尤其批评了圣特和利摩日的主教，但也为地方教会描绘了一幅十分阴暗的画卷：它早已腐败不堪，充斥着裙带关系、圣职买卖、虚伪狡诈、性方面的不检点，以及很多其他污点。面对如此严重的腐败，作者恳请国王担负起改良教会风气的责任："如果主教的剑已然凋谢，国王的剑就该挥舞……在这

---

[1] Guillaume de Newburgh, «Historia...», II, 16. 参阅 Baldwin, *Masters*..., p. 171-172。

[2] *Policraticus*, VII, 17.

[3] «Tractatus quales sunt». 该著作者的身份见于一份匿名的注释，*Histoire littéraire de la France*, dir. P. Paris, Paris, 1869, t. 15, p. 140-141, 406-408。

邪恶泛滥的时代，英格兰国王，阿基坦的指导者，难道他要昏昏欲睡吗？当然不能！"①在海峡另一边，1166年，亨利二世残酷镇压了织工们反对圣事的异端运动，因为他自视为自己土地上正统教义的保卫者。②只有从这种传统精神出发，我们才能理解吉尔伯特·弗里奥和其他很多高级教士为何反对托马斯，对他们而言，国王对宗教生活的保护和监督是稳定的保障。

1164年1月颁布的《克拉伦登法令》，是诱发亨利二世和托马斯争吵的根源，但法典本身是对从前做法的延续。③不过它也包含一个重大的创新之处：以书面形式确定了国王此前逐步实施的政策，尽管这要冒险与高级教士们重开谈判的风险；皇后玛蒂尔达也认识到，儿子犯了一个战术性错误，因为他要将某种习惯变为主教们赞同的成文法，而这种习惯此前一直运转顺利。④法典中的几个条款受到贝克特及其支持者的激烈反对：国王有权处置与教区神职人员的提名和选派相关的争端（第一条）；任何被控刑事犯罪的教士应转交国王法庭，由其裁决该教士是否适用教会司法（第三条）；主教离开英格兰应征得国王同意并向他申请通行证（sauf-conduit）（第四条）；他们在对国王的直接封臣和官员施行绝罚时应得到国王的许可（第七条）；向罗马教廷上诉的权利被废除，因为国王就是其土地上最高的司

---

① [Guillaume de Treignac], «Tractatus…», col. 1049C.
② Ramsay, *The Angevin*…, p. 75-76.
③ 该法典最好的版本，见 *Councils*…, n° 159, p. 852-893。
④ Thomas Becket, *The Correspondance*…, n° 41, p 166. 参阅 Brooke, *The English*…, p. 206-207; Duggan, *Canon*…, I, p. 370。

法代表（第八条）；国王保留出缺的主教和修道院院长职位的大部分收入，替补者应在他的礼拜堂中选举产生并得到他的同意，新的当选者应向他行优先臣从礼（hommage lige）（第十二条）……1169年，还有些新条款被添加到该法典之中，以增强国王对教会司法的控制权，对教士征收新税，并让英格兰主教最终脱离罗马，对于任何违逆该立法的行为，则予以更为严厉的镇压。[①]

但争论主要围绕第三条，即与教士刑事嫌疑犯有关的条款。托马斯意识到其中的要害。如果该条款付诸实施，教士的特殊司法体制将会迅速消失，转入国王的司法机器。他坚定地维护教会的自由。根据一种古老的传统，一个教士刑事嫌疑犯如果要交给民事当局，只能依据其主教的许可，因此托马斯就更有理由反对这个新条款了：因为习惯法规定，被指控的教士若是再犯，必要时可降格为世俗身份，转归国王的司法机构审理。在捍卫教会司法权的同时，托马斯还抗议民事法官普遍使用的残酷刑罚：脸部烙上红色标记尤其让他感到愤怒，因为它扭曲了面容，而面容在他看来是神的影子。亨利二世受罗马法的启发，受其镇压性武器库的鼓舞，觉得以前为确保王国秩序而能动用的惩戒手段过于软弱。[②]第八条规定，废除向罗马教廷上诉的程序，这就给王权重新控制整个教会司法体制提供了基础。这个举措在当时人看来非常具有挑衅性，因为那是格兰西的《教令集》被广泛接受的时代，这部文献集

[①] 相关文本和评注，见 «Henry II's Supplément...»。
[②] Duggan, «The Becket...»; Smalley, *The Becket*..., p. 123-131.

中包含着教廷的大量决议,对教宗享有最高裁判权之观念的传播,它们的贡献前所未有。[①]格里高利派思想者捍卫的教宗至上论,几乎不可能与王权控制下盎格鲁－撒克逊自治教会的诞生相容。

对峙从此就不可避免了。这是有关权力的后格里高利观念与现代类型的政府集权化意愿的对抗:前者是自由和特权,是高于人的不变法律的优先性,是关于政府的一套伦理话语;后者关心的是制度的统一,以国王的意愿进行立法创制,以及民事权威控制教会事务……我们当代人的心态已经世俗化,这些政治理论如要归结为我们所能充分理解的说法是很难的:教会反对国家的辩证法并不一定能奏效,因为两种事实在当时是相互渗透、相互补充的。对于一个12世纪的思想者,这两种制度相互依赖,就像基督的神性和人性合为一体。我们在这里处理的问题,不是神权政治和恺撒－教宗主义这种极端问题,前者如13世纪中叶意大利教宗国出现的理论,后者存在于受皇帝(Basileus)完美控制的拜占庭帝国。我们必须回过头去考察冲突中的主要角色的话语。他们在讨论世俗之剑和精神之剑,讨论王权和祭司时,这种话语的确在谈论政治社会,但如果没有每个人最终的拯救,社会的共同福祉就不可能实现。不断提醒这一真理是教士的一项责任,唯有他们掌握学识,因而是任何政府都不可或缺的助手。不过,就冲突的性质和尖锐性而言,没有什么比冲突行动者本身的姿态语言更能说明问题的了。

---

① Duggan, «Papal...», p. 173–175; Smalley, *The Becket*..., p. 122.

贵族和王权：尊重与反叛之间

大教堂中的谋杀

大量详尽的史料使我们可以准确地追述贝克特案中各位主角的活动，这场致命的冲突最后导致了1170年12月29日的罪行。从文化人类学的视角来看，最好首先考察一下不同角色的态度和话语，以理解其中的意义。随后我们要找到他们在制度中所处的位置，在这套制度中，个人与自己承担的功能、与他捍卫其利益的群体高度认同，而且个人具有高度的荣誉感。名誉、名声，周围人的赞同或对手的拒绝，总之追求自己人的认可，这些要素对亨利二世和托马斯·贝克特态度的解释都同样重要，他们彼此都拒绝妥协，以致没有能阻止暴力的恶性升级。此外，殉道者的基督教色彩也可以很好地解释这位大主教毫不退让的立场。三个重要时刻可以阐明这场戏剧的要害所在，其中每个动作都带有某种含义，后者在不同的层次上能为所有见证者理解。

标举十字架（1164年10月）

这个场景出现于1164年北安普顿的主教会议期间，国王召集这次会议是为了摆脱几个月来《克拉伦登法令》引起的危机。但他不打算做任何让步，只是敦促出席会议的主教们批准法典，但大部分主教拒绝这样做。形势紧张达到了顶点，托马斯担心国王的部下会对他动手。正是在这一背景中，史家和圣徒传记作者才赋予一个事件以重大意义。实际上，托马斯前去参加主教会议时标举过一个仅仅用的十字架，此举让国王火上浇油，并迅速导致托马斯于1164年底自愿流亡法国。

牛堡的威廉在其《历史》中对这个插曲有简短的介绍,并强调了它的意义所在。他在标举十字架与亨利二世的怒火之间建立起直接的联系,仿佛这个举动意味着对国王尊严的公然冒犯:"那天托马斯不得不回应对他的指控,在弥撒上,他请人唱起庄严的圣斯特凡圣歌,其中的应答轮唱中有'首领坐着妄论我,罪人反倒迫害我'(《诗篇》119:23)。然后他走进宫殿,手里举着从前一般戴在胸前的银十字架。一些主教建议他承担自己的职责,并将十字架戴在这位大主教的胸前,但托马斯拒绝了,虽然同僚们竭力恳求,他还是不允许任何人在这次公开的会议上佩戴这个十字架。国王本来就非常生气了,现在更有了暴怒的理由。所以第二天晚上,大主教流亡到了海峡对岸。"①

威廉·菲茨·斯蒂芬在《圣托马斯传》(*Vie de saint Thomas*,1173—1174年)中也提到这个插曲,但他强调其他高级教士的态度,尤其是伦敦主教吉尔伯特·弗里奥的态度。托马斯在一个已被祝圣过的祭坛上举行圣斯特凡仪式(office de saint Etienne)。在前往宫殿时,他向负责十字架的官员威尔士的亚历山大(Alexandre le Gallois)说,他要到国王那里去,自己带着十字架,赤足,披上各种饰品,以恳求国王尊重教会的和平。但他的手下不同意。进入城堡后,他还是拿起了十字架。他的手下、利雪的主祭于格·德·纽南特(Hugues de Nunant)转向了正目睹这一场景的吉尔伯特·弗里奥,请求后者阻止这种行

---

① «Historia…», II, 16, p. 142.

为。伦敦主教回答说："不值得。他就是个疯子，而且总会如此！"托马斯在主教们惊愕目光的注视下回到了自己的位子上。吉尔伯特最后嘱咐他将十字架交还给手下的某位教士，因为大家都觉得他要在整个王国引起骚动了："你自己拿十字架。但请想想，国王如果现在腰悬佩剑出现在这里会如何。我们会有一位披挂戎装的国王，还有一位派头类似的大主教。"托马斯回击说："如有可能，我将一直拿着这十字架。我知道，我这样做是为我个人和英格兰教会而维护上帝的和平。随便你怎么说吧。但如果你在我的位置上，想法就会有不同。如果我的主人，国王，像你说的那样，此刻拿着佩剑，那就很难说是和平的象征了。"威廉·菲茨·斯蒂芬写道，约克大主教、主教桥的罗杰最后走了进来。他让人拿着十字架走在他前面，但他身处坎特伯雷的管区，而教宗是禁止他公开这样做的。但罗杰就这个决定向罗马上诉，以争取这样的行动权。[①]

这一文本的意义是多样的。首先，它将标举十字架与上帝的和平联系了起来。在11世纪，上帝的和平运动在空间上的投射，具体的表现就是安全地带（sauvetés）的创立：在这个避难地点，武器的使用被禁止，而其具体范围是以十字架为标记的。其次，菲茨·斯蒂芬还告诉我们，在会议的讨论过程中，托马斯和吉尔伯特在大主教的十字架和国王的佩剑问题上发生了公开的对峙，我们随后还会讨论这个问题。最后，他提醒我们注意，坎特伯雷与约克的两位大主教的竞争，后者窃取了举十字架的特权，即便是在其邻近的主教省也有这样的权利。

[①] «Vita...», p. 56-58.

关于最后一点，我们应该注意坎特伯雷的僧侣史家杰维斯的一则记述，它涉及的是三十来年后的一个事件，即1193年伦敦主教会议上约克大主教杰弗里（Geoffroi）的入场式。由于新近当选的坎特伯雷大主教赫伯特·沃尔特缺席，杰弗里就标举十字架，这个行动招致其他主教的指责，他们认为这是对坎特伯雷大主教优先地位的公然冒犯。杰维斯还提醒，从前伦敦的群众曾经折断主教桥的罗杰胆敢在该城举起的十字架。这位僧侣说，坎特伯雷的教士中还发生了一场讨论，已经当选和被祝圣、但还没有从教宗那里收到大披肩（pallium）的大主教，是否能够标举十字架。最后杰维斯本人亲往罗马请求大披肩，并以教宗的名义将十字架交给新任大主教，并告诉后者："他请你接受这个教会，治理它，爱它，以真诚的信仰保护它。鉴此，我将这面国王使者的旗帜交给你，让你来标举它。"赫伯特于是就作弥撒，并正式任职了。[①]这里我们可以清楚地看到，在岛国两位大主教的竞争中，标举十字架的全部意义，以及这个礼仪器物附带的重大象征意义，对它的接收与主教职位的权利和义务的接收相关。

第三篇与北安普顿标举十字架事件相关的文献来自罗杰·德·豪顿的纪年。[②]他对该事件的表述与威廉·菲茨·斯蒂芬很接近，至少就各位主教对该事的态度而言很接近。他提到了托马斯主持的圣斯蒂芬弥撒，他说这招致吉尔伯特·弗里奥的嘲笑，他说这是"巫术技艺"。弥撒之后，托马

---

① *Chronica*, p. 518–520, 1193 (16).

② *Chronica*, t. 1, p. 226–227.

斯身披襟带和司铎的黑风帽，骑上马，右手拿着十字架。接下来就是托马斯与支持国王的伦敦和约克主教之间的口角，前者得到年迈的布卢瓦的亨利（Henri de Blois，卒于1171年）的支持，此人是前国王斯蒂芬的兄弟，1129年以后一直担任温切斯特的主教。[①]约克的罗杰责备托马斯"拿着个十字架来到宫廷，因为国王拥有更锋利的佩剑"。对此托马斯回答说："如果说国王的剑从肉体上杀人，那我的剑从精神上进行打击，将灵魂送入地狱。"

这种划分让人想起两把剑的镇压功能说：世俗之剑的暴力是一种物质力量，它的对应者就是精神层次上的绝罚。我们应该回顾一些12世纪初解经学者对《新约》中客西马尼园（Gethsémani）一幕的评注。罗伯特·普伦（约1080—1146年）是托马斯在巴黎求学时的一位老师，他认为，剑之所以呈现十字架形状，是它的使用只能为教会服务的象征。基督要求彼得将世俗之剑插入剑鞘，这就能够解释，何以教士阶层不能让人流血。相反，作为使徒之首的彼得使用精神之剑攻击马勒古，后者的名字Malchus的意思是"王"；彼得割下了他的右耳，也就是精神性的耳朵，以阻止他聆听圣言。[②]绝罚将人排除出教会团体，使其不能得救，这远比国王之剑导致的伤残和肉体死亡更为可怕。用托马斯的话来说，宗教诅咒将灵魂打入地狱，这是最严重的惩罚，而世俗之剑只能杀死肉体。所以宗教惩

[①] 关于这个人物，见 N. E. Stacy, «Henry of Blois and the Lordship of Glastonbury», EHR, 114, 1999, p. 1–33。

[②] «Sentences», PL, t. 196, col. 905–906, 919–922. 参阅 Smalley, *The Becket*..., p. 26, 42–43。

处能让马勒古王服从主教们,后者才是掌握宽恕罪恶或清算罪恶之权的人。

我们知道,这类赋予主教优越于王权之地位的观念,被托马斯及其"博学之士"广泛接受了,他们就是罗伯特·普伦从前的学生。就北安普顿主教会议而言,礼仪用的十字架仅仅意味着牧灵者为引领和纠正其羊群而接受的司法权力。教宗特使将十字架庄严地交给新当选和祝圣的主教,他以这个动作确认主教享有的全权。因此十字架象征着精神之剑,即发起绝罚的权力。在有关《克拉伦登法令》的辩论最关键的时刻,托马斯挥舞十字架就是向国王表明,他准备以宗教诅咒和禁令来反击国王的攻击。从更具根本意义的方式来看,他想让国王明白,祭司权力高于王权。主张与国王和解的主教们因此就严厉指责他。

这种解释基于12世纪的神学和教会法文献,但它迫使我们拒绝如下两条研究思路。一方面,武士出征前,尤其是在与穆斯林开战前,[①]高级教士向他们交付十字架,如关照这个事实,则双剑之间并无矛盾,这与北安普顿主教会议上看到的情况不同,因为在前者,十字架只是授予出征前的俗人的礼仪器

---

① 关于伊比利亚半岛,参阅 M. Ferotin, *Le Liber Ordinum en usage dans l'Église wisigothique et mozarabe d'Espagne du Ve au XIe siècle*, dans *Monumenta Ecclesiæ Liturgica*, Paris 1904, t. 5, col. 149-153。这个仪式肯定起源于西哥特人,但也用于同穆斯林的战争中,见 S. de Silva, *Iconografia del siglo x en el reino de Pamplona-Nájera*, Pampelune, 1984, p. 158-161; B. Cabañero, F. Galtier, «*Tuis exercitibus crux Christi semper adsistat. El relieve preromânico de Luesia*», *Artigrama*, 3, 1986, p. 11-28。感谢 E. 帕拉佐(E. Palazzo)告知我这篇文章。人们当时也认为,萨拉丁在1187年的哈廷(Hattin)战役中攫取了真十字架圣物。

具：而圣马克森斯桥的盖尔内则强调，托马斯的行为纯粹是防御性的，没有任何的攻击性，他拿起十字架是"以上帝的武器来捍卫自己的安全"[1]；另一方面，非洲问题研究者维克托·特纳（Victor Turner）的民族志研究得出了一个令人吃惊的结论：国王是男性元素，教士是女性元素；当托马斯标举男性象征物时，他就颠倒了前述的角色分配，因而其举动就更具有挑衅意味了。[2]但这样的解释忽视了12世纪对这两种权力之关系和性质的丰富思考。[3]它是基于某种集体无意识上的，但在八个世纪之后，这种无意识看来是个人难以把握的，而且它也忽视了最重要的事实：托马斯的同代人对他的举动有清楚的意识，他们想要赋予这个举动某种意义，并将其清楚地表达了出来。最后，这个过分的比较还有一个问题：它将当下非洲的万物有灵论和中世纪的基督教礼仪放在同一层面，但双方的文化参照系统和社会状况相距太遥远。[4]托马斯·贝克特在北安普顿标举十字架，首先是强调其大主教的司法权，以及他在面对王权时的强制性精神权威。

---

[1] *La Vie...*, v. 1640-1650. 感谢玛尔塔·加内瓦（Martha Ganeva）向我提到这段文字。

[2] "沉重的木十字架将面对亨利的剑和权杖，神圣的男性气概挑战骑士的男性气概。"，见 «Religious...», p. 91。这篇文章中有些史实错误，例如说亨利二世的一个女儿嫁给了皇帝亨利六世，**应该是将后者与萨克森和巴伐利亚公爵狮子亨利混淆了**，作者还说托马斯从来没有对英格兰国王实施绝罚。

[3] 关于这些问题的认识论和方法论，参阅 P. Buc, «Political Ritual : Medieval and Modern Interpretations», *Die Aktualität des Mittelalters*, dir. H. -W. Goetz, Bochum, 2000, p. 255-272。关于对维克托·特纳分析的批评，见 *Ibid.* p. 257, n. 8。

[4] 在这个意义上，可以重述 M. 布洛赫对 J. 弗雷泽（J. Frazer）的批评："我们不能把地球另一边的事物（Antipodes）完全移植到巴黎或伦敦。"见 *Les Rois...*, p. 54。

和平之吻（1169年11月—1170年7月）

与前面的故事不同，这次发起挑衅的不是大主教，而是国王。托马斯主要是承受挑衅而不是发起挑衅。两位对手先后于1169年11月18日、1170年7月22日，分别在蒙马特尔和弗雷特瓦尔会晤，以达成一项协议，终结这场已延续六年的冲突。在这两次会晤中，会谈几乎就要取得成功了。谅解的基础已经找到，双方都准备接受对方的提议。但就在协定即将签字盖章时，亨利二世拒绝拥抱托马斯。他声称自己并无任何怨恨，而只是不愿违背已经发出的誓言，当时他曾在盛怒之下当着廷臣的面发誓，绝不再亲吻托马斯·贝克特。在领圣餐前，应该举行弥撒，当《主的和平永与你们同在》(Pax Domini sit semper vobiscum)的歌声响起时，两人应该互吻对方，如此方能象征和平的到来。亨利二世则要求，弥撒应是为死者举办的，因为祈祷书的条目当时禁止这种礼仪式上的拥抱亲吻。所以在这场无法化解的冲突中，国王扮演了发起者，乃至激化者的角色。托马斯则认为，这一拒绝是一种冒犯：他的手下劝他不要计较，但大主教回答说，教宗规定他必须有亲吻礼。①

对于这件事，所有文献的记载几乎都是一致的，只有一个例外。在《圣托马斯传记》中，圣阿尔班的贝尼特（Beneit de Saint Albans）认为是大主教拒绝了国王的拥吻，而不是国王拒

---

① 关于与这些事件相关的文本介绍，见 Barlow, *Thomas*..., p. 188, 194-195; Knowles, *Thomas*..., p. 124-133。

绝对方。①但在贝尼特看来，这里的问题不是和平之吻，而是封建分封仪式中附庸对主人应行的亲吻礼。1184年左右，这位作者曾以盎格鲁-诺曼语转写1172—1177年罗伯特·德·克里克拉德（Robert de Cricklade）以拉丁语创作的托马斯传记——原著今已遗失——但他似乎没有忠实于原著的下述片段：在罗伯特·德·克里克拉德的冰岛语译本——译者很可能是名叫博格·冈斯坦松（Berg Gunnsteinsson）的教士——中，这场对峙的肇事者应该是国王。②贝尼特完全支持亨利二世：在他看来，托马斯本来有机会服务于"尘世间最高贵的主人，品格极其高尚的国王"，他曾在内战中与暴君们勇敢战斗，是第一个用尽所有权力为教务服务的君主。③主教应服从国王的谄媚理念可以解释，为何贝尼特会遭受有意无意的忽视。在这个问题上，他的叙述因为存在矛盾而应被忽视。

人们对国王的拒绝态度有一些评论。此事发生在一个讲求荣誉的文明中，别人对自己、对自己所在群体及自身地位的看法意义重大。不过，亨利二世出乎意料的举动，会让他的名声在其廷臣、贵族乃至百姓眼中大为受损，任何公开立下的誓言，都要超越个人的仇隙。我们还记得，二十来年后的1189年，国

---

① «Ne se pœit pas acorder / a sun seignur, / kar pur home n'el vout baiser, / ne sun maltalent pardoner / a icel jur», v. 1166-1170, p. 121. 诗的大意是："他不能与自己的主人和解，因为不愿像拥抱自己的手下那样拥抱他，也不能原谅他当天的恶行。"

② *Thomas Saga...*, § 67, t. 1, p. 446-449.

③ *La Vie...*, n° 333, v. 1993, p. 155; v. 97-110, p. 80. 国王并不是其著作的定制者，过去人们曾从一份原始件的手稿抄本的献词出发，错误地作出了这个推论；它的主人是西蒙·菲茨·西蒙（Simon fitz Simon，卒于约1199年）和他妻子伊莎贝拉，后者是托马斯·德·卡克尼（Thomas de Cuckney）的女儿；夫妇二人来自米德兰东部，这里是贵族庇护俗语文学的著名地点，见 Short, *«The Patronage...»*。

王与他的儿子狮心理查之间发生了一场战争。当国王不得不前去恳求儿子停战时,他不得不交换和平之吻。就在行亲吻礼的时候,一个声音滑入他的耳朵:"只要上帝不让我死,我就一定要向你报仇!"[1]当然,这个故事是基罗·德·巴里在1218年讲述的,离事发已经三十来年了,而这位廷臣本人也对安茹家族心怀怨恨,所以总是在诋毁他们。不过这则轶闻还是很有启发意义的:它表明,亨利二世无论如何也必须拥吻一个他憎恨至极的对手。公开的和平姿态远比内心状态更重要。亲吻礼是社会性行为,根本不是个人行为。所以,当国王一边告诉托马斯,他对后者没有任何敌意,但同时又不想因为背弃誓言而拒绝拥吻他时,他的态度是一致的,他遵守了规范诸侯和贵族生活的行为规则。

托马斯的立场同样坚定,其内涵和结局则更复杂。实际上,这立场与教士的心态颇为契合,但其中的伦理、经文和教会法的要求则超出了他的意愿。首先,这位大主教懂得,道德会检验出一切不公的誓言,如希律王(Hérode)对莎乐美(Salomé)的誓言,这导致施洗者约翰被杀头:因此国王的借口在他看来是不存在的。这样一来,拒绝亲吻礼就是一个性质很严重的举动,对于这样的行为者,教会保留处以诅咒的权利:1166年,当圣殿骑士团的骑士们靠近亨利二世,以行亲吻礼向他致敬时,国王避开了其中的两个人,"告诉他们他不想让他们亲吻一个受过绝罚的人"[2]。最后,托马斯之所以如此坚持国王应行亲

---

[1] Giraud de Barri, *De Principis*..., p. 296.
[2] Thomas Becket, *The Correspondance*..., n° 112, p. 542.

吻礼，还因为教宗要求他这样做；不过，弗兰克·巴娄（Frank Bawlow）认为这个论据不够有力，因为如果双方的和解竟然要取决于这种细节的话，托马斯完全可以不服从亚历山大三世的要求，随后再通报后者。①不管怎样，对不公誓言的反对，对受绝罚者的态度，以及教廷的指令，还是为大主教的固执立场提供了某种解释。

从人类学的角度来看，和平之吻的意义看来更为重大。这种举止是爱与友谊的戏剧化表达，12世纪时经常还具有政治意味。②它"再现了"联盟关系。用结构主义的话语来说，它是一种缺少它就不能运转的制度的相关要素。任何冲突的解决，其仪式中必须有这项内容。赫伯特·德·博思汉姆记载说，教宗在强调这个动作在和平仪式中的意义，尤其是教士成员的亲吻礼的意义时说："因为对一个想维护正义事业的教士来说，和平之吻本身就足以担保了。"③所以，当一个教士必须进行担保时，他不必像武士之间为确认停战而交换人质和城堡，这在他是不可想象的，因为亲吻礼就足以保证他遵守诺言了。总之，和平仪式没有亲吻礼是不可想象的。对于一个教士，这个动作不仅必须，而且本身就很充分。

贝克特案卷中的这个面向还没有被研究姿态的专家重视，这一点因而更形重要了，因为在中世纪，主宰和解仪式的就是姿态动作。关于亲吻礼在和平仪式中的地位问题，存在两个学派。有些人认为，它在整个仪式中纯粹是偶然和形式化的：亲

---

① *Thomas*..., p. 195.
② Jaeger, *Ennobling*...
③ *Vita*..., p. 449–450.

吻礼仅仅是接纳或致敬的动作，而这个仪式的关键时刻是从前对手之间相互宣誓。另一些人则认为，亲吻是嘴唇上的动作，灵魂的气息借此就相互交融，因而像宣誓一样重要，如果不是更重要的话：这是"整个仪式核心的表意时刻"；它"在缔结民事和平的外交仪式中构成根本性的象征动作……在文学中，和平仪式就是围绕亲吻礼这个核心动作展开"。① 这种解释基于众多史学和文学资料，如果我们可以接受的话，托马斯的固执态度就具有了完整的意义。这位大主教接受过神学教育，他当然相信仪式的价值，肯定会认为应该严格遵守仪式，如此圣礼才能有效。此外，像任何教会法学家一样，他也认为程序具有重大意义，它在形式上不能有丝毫的缺陷，否则就可能无效。总之，他的固执来自一种深刻的信念：没有亲吻则无和平。

此后事态的发展似乎也佐证了他的看法。1174年7月，亨利二世结束了在坎特伯雷的托马斯墓前的长时间的悔罪。为了补偿刺杀的罪行，为了与上帝和这位圣徒和解，他还必须践行和平之吻。殉难的大主教的密友、普瓦提埃主教约翰·贝勒斯曼以死者的名义接受了这次亲吻礼。② 几年之后，另一位高级教士也卷入了和平之吻事件，这次的另一位主角是新任英格兰国王狮心理查。相关的记述来自恩斯海姆的亚当。1198年8月，国王正在加亚尔城堡的礼拜堂出席弥撒，林肯的休突然要求国王对他行亲吻礼。这位主教曾拒绝理查为同法兰西国王作战而提

---

① Carré, *Le Baiser*..., p. 155, 177, 179. 第一句引文来自R.特雷克斯勒（R. Trexler），是该作者收到的一封信中的话，凯里（Carré）将其收录书中。

② Pouzet, *L'Anglais*..., p. 40-41.

高税金，所以国王对他心怀不满，这次他就拒绝行亲吻礼。①但休最后还是争取到了亲吻礼。这纯粹是个财政事件，其意义不比王国的基本法问题，它没有引发流放和谋杀。基罗·德·巴里在评论这件事时甚至说，狮心理查是为了取笑而拥吻林肯的休的。②不过，林肯主教为了与国王交换亲吻礼，曾亲自穿越海峡来与他会晤，这件事本身不乏意义。他的行为方式很好地证明，中世纪人赋予这一和解仪式的重要价值。

殉难（1170年12月29日）

对托马斯遇刺的分析，只有采取与考察标举十字架与和平之吻类似的角度才有可能，这些都是高度仪式化的动作，它们从属于某种宗教仪式或有严格规章的世俗仪式。在坎特伯雷大教堂刺杀大主教，这件事除了有其偶然和突发的性质，从整个事态的发展而言，也有其内在的连贯性；它展现的是中世纪的某种常态性的行为方式——如果不是日常行为的话。③即便如此，严格来说，谋杀是不能视为仪式或圣礼性质的事件的，④尽管它对其主要角色来说意义很沉重。

对这个事件的叙述不可胜数。由于它们出自目击证人的手笔，所以看来就更有意思了，他们很快就将自己的记忆记录

---

① [Adam d'Eynsham], *Magna*..., V, 5.
② «Sub risus modici significantia»（以嘲笑的意味），*The Life*..., p. 29, n° 39.
③ 参阅 R. Kaiser, «Evêques...»，以及米里亚姆·索里亚的博士学位论文。
④ 对某个仪式化献祭、某种象征性死亡，有一种解释，这种解释认为，它们是为了恢复社区的和谐，平息其中自发的混乱，见 V. Turner, «Religious...»。但若要完整理解贝克特案，这种解释远远不足。关于对仪式的过分人类学解释中的风险，深入的思考，见 Buc, *The Dangers*...。

了下来。索尔兹伯里的约翰与谋杀现场有距离；但威廉·菲茨·斯蒂芬就在大主教身边；爱德华·格林（Edouard Grim）挡在大主教和刺客之间，并因此受了伤；彼得伯罗的本笃（Benoît de Peterborough，卒于1193年）和坎特伯雷的威廉当时是依附于大教堂的基督教堂的僧侣，他们在大教堂等着托马斯来举行晚祷……其他的作者基于第一手的信息，如赫伯特·德·博思汉姆，托马斯遇刺时他受大主教差遣出使法国；还有行吟诗人圣马克森斯桥的盖尔内，他是在坎特伯雷、从托马斯的姐姐白金的修女院院长玛丽（Marie）那里了解相关信息的。[1]所有这些作者都为这次谋杀提供了大量细节。

比照这些文本，可以对这个事件进行相当可信的重建。根据文献记载，亨利二世曾说他豢养的就是一批叛徒，因为没有哪个男爵能让他摆脱托马斯，"这个平民出身的教士"[2]。但是，当四位卸除武装的骑士前往主教宫时，看来他们听信了国王的话：他们同托马斯进行了第一次谈话，要求后者解除针对为国王继承人加冕的主教们的绝罚令。托马斯回答说，他不能代替教宗赦免这些人。他提醒四位骑士，他们是自己的附庸，因为当年他担任文书长时，他们曾向他行优先臣从礼；但骑士们回答，他们唯一的主人是国王，并威胁对他使用暴力。托马斯回应说，他就站在他们面前，并作出了一个伸脖子的动作。

四位骑士当晚就回来了，这次他们带了武器，撞开大门企

---

[1] 各种传记的书目和相关文本，参阅 Barlow, *Thomas*..., p. 5-9。另可见其著作最后一章关于刺杀的叙述，以及 Knowles, *Thomas*..., p. 140-149。这两部著作叙述非常详细，引文明确，可以减轻后文考订的任务。

[2] «A plebeo quodam clerico», Édouard Grim, «Vita...», p. 429.

图进入主教宫。托马斯本来想直面他们的挑战,但被其手下的教士强行带到大教堂,一些修士和平信徒正在那里等着他作晚祷。但托马斯拒绝躲藏或逃走,而且禁止关闭他身后的大门,因为"神的教堂不能变成一座堡垒"。就在一群教士穿过回廊进入大教堂时,那几个手执佩剑和斧子的骑士也到了托马斯身边。他们再次控告他犯有叛逆大罪,要求他解除宗教诅咒令。托马斯拒绝了,随后他就被杀死。修士们为他的遗体在教堂中准备墓室,他们发现托马斯穿着鬃毛衬衣,这是他的苦行衣,身上还有苦修留下的伤痕。

对事件的简要介绍之余,还应该稍作补充。首先我们要看看四位骑士犯下暴行的方式,应该注意到,这里面没有任何偶然。他们的举止仪态首先向所有人表明,他们的职业、他们的社会身份和价值观:他们是骑士。他们武装到了牙齿,身披锁子甲,头盔把脸都罩住了,只露出了眼睛。他们就这样闯入宗教圣地,"和平与和解的房屋"[①],这座建筑中的避难权应该得到所有人的尊重,在这里流血是最恶劣的玷污。这同样是一种非常严重的亵渎,教堂在再次用于礼拜之前,必须对它进行专门的祝圣仪式。面对这些武士,作为典型的非武装人员(inermes)的教士,是不能有任何的暴力抵抗的。在从前的上帝和平运动期间,骑士与教士之间的对抗达到顶点,如今这种古老的对抗又清晰地展现出来。在教士阶层中,militia(骑士)与malitia

---

① «*A plebeo quodam clerico*», Édouard Grim, «Vita...», p. 435. 爱德华·格林对刺客们进行了激烈的抨击,否认他们的骑士(milites)头衔,这个称号在教士圈子中带有强烈的基督教色彩:"那一刻那些可悲的家伙就是狗,不配被称作骑士"(canes ipsi ex tunc et miseri non milites appelandi)。

（邪恶）这两个十分接近的词被混为一谈，这种文字游戏又开始流行起来，这一点很有意义。这桩罪行发生在大教堂的配殿中，有个骑士一斧子砍在了北拐角的挡板上，这个证据被基督教堂的修士们保留了下来，由此可见刺客们对教堂作为圣地的环境并不在意。相关的颂词就是圣徒殉道的证据，它以形象化的方式展现了教士和骑士之间的竞争。

此外，由于骑士属于血统贵族（noblesse du sang）阶层，这场冲突还有社会特征。围绕这桩谋杀产生了名副其实的阶级仇恨，亨利二世还激化了这种仇恨情绪，因为当他公开要求托马斯消失时，他特地指出了托马斯的出身低微。就在贝克特遭受最终的厄运之前不久，雷吉纳德·菲茨·乌尔斯（Reginald fitz Urs）还用家族姓氏"贝克特"来称呼他，但这个名字只出现在他的传记中。[①]这样的称呼提醒人们，托马斯的父亲是商人出身，这对他是一种侮辱。正如我们已经看到的，教士经常是出身低微的知识人，贵族对他们的傲慢是显而易见的。那位大主教的思想导师索尔兹伯里的约翰也是出身这个阶层，他是农民的儿子。这种对低微出身的嘲笑，对那四位刺客来说肯定不是陌生的，因为他们在砍伤爱德华·格林时哈哈大笑，他们错误地认为砍下的是索尔兹伯里的约翰的胳膊。在面对大主教及其同僚的时候，武士们看来有双重的优越感：他们既属于职业骑士阶

[①] "托马斯·贝克特，那个国王和王国的叛徒，他在哪里？"（*Ubi est Thomas Beketh, proditor regis et regni*？），Édouard Grim, «Vita...», p. 435。参阅 Knowles, *Thomas*..., p. 146。贝克特的名字也出现在格拉蒙院长皮埃尔·贝尔纳（Pierre Bernard）写给亨利二世的信中，这是在案发之后的事，见其 *Thesaurus novus anecdotorum*, col. 563。不过，这个名字也的确可能是后来被插入传世的后期抄本中的。

层，也属于贵族阶层。

这几位骑士的犯罪方式具有罕见的残暴性质。他们穿过隐修院的回廊，在教堂的配殿中找到了托马斯和教士们。当时发生了一场口角：大主教坚定地拒绝撤销绝罚令。他严厉地斥退了雷吉纳德·德·乌尔斯，这时一个刺客一剑砍向托马斯的肩头，托马斯跪倒在地，手捂着脸，并向圣母祷告，圣母像与圣丹尼和圣亚菲齐（Alphège）像就矗立在案发现场。一个僧侣也受了伤。雷吉纳德猛击托马斯的头部，武器在削去头饰露出剃度后的秃顶后，又切入他的左肩；这个人还砍伤了试图保护其主人的爱德华·格林。托马斯眼见自己在流血，就作了最后一次祷告，将双臂伸展成十字架形状。威廉·特拉西（Guillaume Tracy）再次发起攻击，受害者的身体瘫倒下去。理查德·勒布莱特（Richard le Bret）用剑劈开了死者的头骨，他用力太猛，剑撞在地板石上时竟然折断了。骑士们的一个随从兵士休·默克莱克（Hugues Mauclerc），用脚踩住托马斯的咽喉，踩得死者的脑浆喷到自己的剑锋上，他还狂叫道："这叛徒再也别想站起来了！"当刺杀发生的时候，休·德·摩尔维尔将人群挡在了一边。凶手们离开大教堂后，又到主教宫和附属的马厩中进行了一番抢劫。

因此这桩暴行是极其残忍的。武士们配备斧子和佩剑两种武器，对受害者进行了无情的攻击，甚至在他倒地后仍不住手。但这样的行径还是服从某种逻辑的。几乎所有攻击都是指向头部的，这一点很能说明问题。第一下对头部的攻击打掉了剃度者的帽子，索尔兹伯里的约翰注意到了这一点，他在事发后不久给约翰·贝勒斯曼的信件《惊愕函》中指出了其中的意义:"主教冠上敷的圣油是献给上帝的。"① 这件事后几十年,基罗·德·巴里对这个动作进行了长篇分析:"宫廷豢养的四条疯狗,其狂暴甚于疯狗,他们给他头上的冠冕留下了四道伤口,不多不少,但冠冕本来应是保护教士的象征物。他的身体只有这个部分遭受折磨。这位勇敢的战士为基督而忍受殉道之苦,并因此而升入天国,他用一顶会腐败的冠冕换得了另一个永不朽坏的冠冕。"②

这种解读的意义所指是很明显的。正如基罗所言,剃度是教士的身份象征。在当时,剃度就是拔除部分头皮。法官如果要确定被告是否应归教会法庭审理,首先就要核实他头上是否有疤痕。所以,用基罗的话来说,剃度也是一种"保护性象征"。但在颁布《克拉伦登法令》时,教士刑事嫌疑犯的审理权正是亨利二世和托马斯·贝克特争吵的主要诱因。这样我们就能理解,为何刺客们一定要打落大主教头顶的圆帽、劈开他的头颅,这应该是响应国王的愿望,因为头部就是其教士身份和特殊的法律地位的可视化象征。不过教士们也指出,就其象征意义而言,这种暴力是徒劳的。基督教堂的僧侣彼得伯罗的本笃曾目睹过这场谋杀,他曾这样评论那把撞地时折断了的剑:"这个意外与真相看来非常符合,因为它不乏先知预言的意义。凶手的剑折断了,除了说明教会的胜利和对手暴力的失败,说明殉道者的血蒙受神恩之外,还能说明什么呢?"③在一场关

---

① Lettre *Ex Inesperato*, *The Later Letters*..., p. 732-733.

② *De Principis*..., II, 3, p. 161. 参阅 *Expugnatio Hibernica*, I, 20。另外,狗的形象经常被用来比喻谄媚的廷臣,他们只按主人的意思狂吠。

③ «Passio...», V, p. 13, trad. Panzaru, «*Caput...*».

键斗争中，精神权威看来战胜了世俗权力。托马斯剃度过的头顶甚至在坎特伯雷大教堂的建筑中都有物化的象征：1180年代初，在大教堂祭坛后部的配殿，延伸出了存放这位殉道者圣骨盒的圣三一礼拜堂，以及一个轴向的塔楼，其称呼正是"冠冕"（couronne）①。

即使在受害者死后，刺客们的暴行仍没有停下来。我们知道，他们曾禁止基督教堂的修士举行合宜的葬礼，或将死者葬在大教堂，而是命令僧侣们秘密地将尸体扔到水塘或烂泥中，甚至还要将尸体吊起来。这些凶手甚至威胁要把尸体拿去喂狗。在这个问题上，复述一下罗伯特·雅各布（Robert Jacob）对中世纪社会谋杀领主的研究很有意义。这位研究者好几次指出，罪行之后是"非常规的、排斥性的下葬，这在谋杀者看来是某种象征性的胜利"②。在托马斯的刺杀案中，他注意到每个刺客的动作的重复性，以及大量的流血。这次刺杀的集体性特征，在圣阿尔班的贝尼特那里得到了明确的表述："他们每个人都发了疯，血和脑浆到处流淌"（Chascun de eus i ad feru, / sanc et cervel unt espandu）③。基罗·德·巴里补充说，三个骑士在完成致命的砍杀之后，要求第四个骑士完成最后一击：这最后一个人猛击尸体的脑壳，以致脑浆迸裂，溅了一地。④ 刺客们的这种集体团结可以解释，为何他们要砍杀那么多次，这与他们谋划这

---

① 承蒙 C. 安德罗·施米特（C. Andrault-Schmitt）的好意，我们注意到了这个细节，在此对她深表谢意。

② Jacob, «Le meurtre...», p. 257.

③ «Chacum d'eux l'a blessé, et a répandu son sang et sa cervelle»（他们中的每个人动手杀了他，让他都流了血和脑浆），La Vie..., p. 146, n° 294, v. 1759-1760.

④ «Vita sancti Remigii», p. 60.

次行动时的团结、与承诺在受到弹压时相互支持、与为达到目标而立下的誓言，都存在一致性。大致来说，同样的模式也出现在刺杀托马斯的实际行动中。为了敲定这个计划，四个人曾好几次进行秘密聚会。好几个圣徒传记作者都提到，四个人在谋划罪行时根本没有喝酒，所以这个谋划就更加令人发指了。[①]圣马克森斯桥的盖尔内记载说，四个刺客曾在卡昂附近的比尔（Bures）公爵宫宣誓一定要完成这桩罪行，而他们宣誓的房间，就是当初哈罗德承诺将英格兰王位让与征服者威廉的地方，但随后哈罗德食言了。[②]所以这是一次十足的阴谋策划，堪与罗伯特·雅各布描述的阴谋相比。不过，这位史家并不认为，谋杀托马斯是个典型的案例。这并不是某位无法维持和平与繁荣的主人的仪式化的牺牲，在这种牺牲中，流血复归大地能够让大自然更为丰产，从而促进未来的新生长。托马斯的死虽然也是牺牲，但用圣徒传记作者们的话来说，这是一种圣体似的献祭。

在结束对刺客们的评论之前，还应该考察一下他们是如何论证刺杀的合理性的。论证包括两个层次。首先是数次指责托马斯背叛国王，所以他犯下了冒犯君主的大罪（lèse-majesté），这足以给他招致死刑。另一方面，凶手理查德·勒布莱特在对托马斯发起致命一击时曾喊道："出于我对国王的兄弟、我的主人威廉的爱，你接我这一招吧！"[③]这个威廉是亨利二世的幼弟，他曾被许诺可以娶英格兰最令人垂涎的女子伊莎贝拉·德·瓦

[①] 1129 年，阴谋反对马格德堡大主教诺贝尔的人，决意把自己灌得酩酊大醉，以致任何责任都落不到他们头上，Kaiser, «Evêques...», p. 69。

[②] *La Vie...*, v. 5042, 5096-5100. 参阅 Knowles, *Thomas...*, p. 139。

[③] Guillaume fitz Stephen, «Vita…», p. 142. 参阅 Barlow, *Thomas...*, p. 247。

林（Isabelle de Warrene），此人是萨里郡的女伯爵、国王布卢瓦的斯蒂芬的儿子的寡妻。鲁昂的埃蒂安在托马斯遇刺之前不久完成了《诺曼底军旗》，他非常讨厌托马斯；根据他的说法，那位大主教曾竭尽全力阻止缔结这宗近亲婚姻；郁郁寡欢的威廉最终于1164年1月30日死去。[①]这是贵族希望的婚姻和教会倡导的婚姻之间的冲突，[②]在它背后还可以看到司法权问题，因为婚姻问题的裁决是教会法庭的事务，国王无权过问。说到底，四个刺客在以国王的名义处决王国最邪恶的叛徒时，他们自认为是在服从国王的命令。

不久前，四人曾在内战中为斯蒂芬国王服务，他们需要加倍表明，最近对安茹王朝的效忠是可靠的，所以其热情就显得更为急切了。[③]急于取悦新主人的心情可以解释，他们为何会从字面意思来理解国王盛怒之下对大主教的言辞。我们面对的这四个人甚至不只是罪犯，他们更像是刽子手。无论如何，亨利二世在他们眼中就是名副其实的谋杀下令者。的确，这不是针对托马斯的恫吓行动。国王不是派遣王国的大贵族参加克拉伦

[①] «Draco...», II, v. 441–455, p. 676. 参阅 Barlow, *Thomas...*, p. 106。

[②] 近期对这个问题有很多研究：G. Duby, *Le Chevalier, la Femme et le Prêtre. Le mariage dans la France féodale*, Paris, 1981; J. Gaudemet, *Sociétés et Mariage*, Strasbourg, 1980, et *Le Mariage en Occident*, Paris, 1981; Aurell, *Les Noces...*; P. Corbet, *Autour de Burchard de Worms. L'Église allemande et les interdits de parenté (IXe–XIe siècle)*, Francfort-sur-le-Main, 2001. 阿基坦的埃莉诺的曾祖纪尧姆九世，曾因为与沙泰勒罗女子爵同居而被普瓦提埃主教皮埃尔处以绝罚，但纪尧姆转而监禁了主教。关于这个案件，参阅 F. Villard, «Guillaume IX d'Aquitaine et le concile de Reims de 1119», CCM, 15, 1973, p. 169, et G. Beech, «The Biography and the Study of 11th Century Society : Bishop Peter II of Poitiers (1087–1115)», *Francia*, 7, 1977, p. 101–121。

[③] 在2000年9月哥廷根举行的"主教谋杀案研讨会"上，N. 文森特发表了关于刺杀托马斯·贝克特的凶手的报告（即出），请参考。

登主教会议,"卸掉大氅,露出胳膊"以威胁主教们吗?[1]国王的暴力不只是口头上的。这种暴力超出了文书厅令状中的套话形式——令状中的"王的怒火"(ira regis)往往意味着威胁,即对不服从国王命令的抵抗者进行报复和惩罚。暴力也可能发展成失控的实际行动。

我们已经从凶手的角度探讨了大教堂的谋杀案,现在可以看看它在受害者亲友中激起的反响。他们的反应是一致的:面对确定无疑的死亡,托马斯是甘愿受死的。他死之前四天是圣诞节,那天他还向羊群布道说,它们不久就会有自己的牧人,因为他回到英格兰就是要以生命挽救教会的自由。他还拒绝随从的请求,不愿意逃走或躲藏。他就是要直面凶手。罪行发生当天,他甚至下令不要关闭主教宫的大门。在第一次与这些骑士交谈之后,他斥责那些为他还能活下来而高兴的僧侣,就像基督对彼得发出"退下"(Vade retro)的训令。圣徒传记作者记录了他最后的话语,那言语的意义就更为明确了:"我愿意为我主而死,以我的血为教会迎来和平与自由。"他在凶手面前引颈受戮,这就是认同于"献祭给上帝的羔羊"。托马斯不仅遭到了谋杀,他还不只是以克己忘我之心而接受死亡的。相反,这是他追求的目标,他就这样一步步走向这个目标。

尽管死亡是自愿的,但他的行动还是不折不扣的殉道。他的朋友们立刻就把他的死视为英雄般的自我牺牲,以见证他对基督及其教会的信仰。僧侣们在安葬他之前不愿意清洗尸体,

---

[1] "王国贵族们……进入我们开会的房间,卸掉大氅,露出胳膊"(Regni principes, [...] conclave quo sedebamus ingressi, rejectis palliis exsectisque brachiis), Gilbert Foliot, *The Letters*..., n° 170 (1166), p. 233, 1.140-142。

因为他们觉得流出的血足以证明他灵魂的洁净。几个传记作者说，他的脑浆是白色的，这与忏悔者和贞洁者礼拜时的色彩是一致的，但它夹杂着象征殉道的血红色：从1180年代开始，圣三一礼拜堂将保管死者的遗骨，礼拜堂的石灰石和大理石上也交替出现这两种颜色。圣徒传记作者们甚至说他不只是位殉道者，因为他追求的不是他个人的拯救，而是教会的得救。[1]在遭受打击后倒下时，他向巴黎的圣丹尼和坎特伯雷的亚菲齐祈求，这也是符合前述逻辑的：这两位圣徒都是殉道的主教。一年前亨利二世在巴黎的圣丹尼修道院逗留时，他们曾有过谈判，其间一个教士对托马斯说："今天，在殉道者的礼拜堂中商谈教会的和平；我觉得只有靠您的殉道，教会才能重获和平。"[2]最后，他在教堂中的下葬地选在施洗者约翰的祭坛前，而那位圣徒也是被一个国王斩首的。所以，托马斯的同代人大多相信，他的被谋杀的确是一次殉道。

很快就有人将它与基督之死进行比较了，大部分关于大教堂谋杀案的圣徒传记，遵循的就是这种叙事线索。这一叙事模式最早的奠基者是索尔兹伯里的约翰，具体文本则是谋杀发生后他立刻撰写的信件《惊愕函》。随后，《殉道者圣托马斯受难记》(*La Passion de Saint Thomas martyr*)提供了一个增补过的版本，这个标题就很有深意，书中的历史叙述大量使用了书信体。[3]大部分圣徒传记作者都将从索尔兹伯里的约翰的文字中汲取灵感。他们像约翰一样，将基督的受难和托马斯的受难进行

---

[1] Smalley, *The Becket*..., p. 194–195.
[2] Herbert de Bosham, «Vita...», p. 451.
[3] Duggan, «John...».

类比，以突出二者的相似性。托马斯流亡六载之后重回坎特伯雷，就好比荆棘的安息日（le dimanche des Rameaux）：在他将要经过的道路上，围观的人群将外衣扔在路上，并且高唱"祝福因主之名而来的人"（《马太福音》21：12—22，《马可福音》11：8—10，《路加福音》19：37—38）。在禁止别人为防范凶手而关闭大门时，他高喊"神的意愿应得以实现"，就像基督在客西马尼园那样（《路加福音》22：42）。他怒斥四个想要杀死他的骑士，但要他们放过自己的随从，就像耶稣要求大祭司派来捉他的人那样做一样（《约翰福音》18：8—9）。同样，刺杀他的刽子手服从亨利二世的命令，后者就像彼拉多（Pilate）那样不公。贝克特遭受第一次打击时，就双膝跪地，背诵基督最后的话，就像之前第一位殉道者司提反在遭受石刑时那样："父啊，我将我的灵放回你手中"（《诗篇》31：6，《路加福音》23：46，《使徒行传》7：59）。凶手们在抢劫主教宫之后瓜分了圣瓶、礼器和马匹，就像杀害耶稣的刽子手夺走他的衣衫那样（《诗篇》22：19，《约翰福音》19：24）。所以威廉·菲茨·斯蒂芬得出了一个看来很有力的结论："就像从前基督遭受身体上的磨难，他的战士托马斯现在也在受难。"[1]

将托马斯殉道视同基督上十字架的情形也见于弥撒中，前者的献身让基督之死更具现场感了。"你们看看托马斯牺牲的地点。那是在王国第一位的教堂中，这里是基督的众教堂之母，他就牺牲在祭坛边，在教士们中间……他曾习惯于在祭坛上奉献基督的身体和血。现在他倒在祭坛脚下，献出了自己被歹徒

---

[1] «Vita…», p. 142.

刺出的鲜血。"索尔兹伯里的约翰这样说。①他在顺便重申坎特伯雷主教的优先地位时，还将托马斯的牺牲比作基督为人类的救赎而钉死在十字架上，圣餐就是这个场景的再现。作为奉献牺牲祭品的祭坛则反复出现在他笔下。托马斯曾在那里作弥撒，也在那里献出了自己。

从这个主题出发，观察一下它如何进入图像是一件很有意思的事。据考察，装有托马斯头骨和带血的祭披残骸的圣物盒上均装饰有图案，共计48个，大部分是案发后不久在利摩日的珐琅炉中烧制出来的。图案中的大主教正在放着圣杯和圣体盒的祭坛前举行弥撒，就在此刻他受到骑士们的攻击。同样的表达也出现在一些壁画中，它们再现的也是托马斯在作弥撒期间被刺杀。②殉道的观念更多是将这位举行圣餐礼的教士与十字架上受难的基督等同起来，因而其效果就更为增强了。

但这种关联不是所有教士都喜欢。还在托马斯活着的时候，关于他有可能成为殉道者的身份争论就已经出现了。赫里福德的主教、神学家罗伯特·德·默伦在与另一些高级教士的争论中就提出了这个问题："如果大主教真的为了教会的自由而被人杀害——当然这不是神所期望的——我们应该认为他是

---

① Lettre *Ex Inesperato*, *The Later*..., p. 728–729.

② T. Borenius, *Saint Thomas Becket in Art*, Londres, 1932; *Valérie*..., M. Guardia, «Sant Tomàs Becket i el programa iconogràfic de les pintures murals de Santa Maria de Terrassa», *Locus amœnus*, 4, 1998-1999, p. 37–58. 米里亚姆·索里亚和埃里克·帕拉佐已经为我们指出了图像学的线索。

殉道者吗？要成为殉道者，真的应该是为信仰而死的。"[1]根据爱德华·格林的记载，就在谋杀案发生的当晚，一个教士就对托马斯是作为殉道者而受难的看法提出了质疑。[2]据海斯特巴赫的塞萨尔的记载，在巴黎，西西里宫廷从前的官员、教师诺曼人罗杰（Roger le Normand），和博洛尼亚的法学学生、1181年后的鲁昂大教堂教长、著名道学家"唱诗人"彼得（Pierre le Chantre，1120/1130—1197年）产生了对立：在罗杰看来，大主教的固执己见是他死亡的根源，但彼得认为他是为教会的自由而牺牲的；塞萨尔说，神对这场争论的裁决偏向了后者，因为贝克特的祷告带来了众多的神迹。[3]对这位大主教的崇拜之所以深得人心，主要是因为他死得很壮烈，就像基督的殉道和受难一样。另外，他的血也成为专门的治疗仪式中的法物：血与水混合后制成清洗剂或饮品，可以治愈病人。[4]

所以，对教士们来说，贝克特的死提供了很多强化其诉求的依据：他们据此可以强调信徒人生中圣体牺牲品的意义，强调在弥撒中实现圣体转换的教士群体的地位，强调由此产生的教士的特殊法律身份，以及祭坛、教堂和主教座堂在基督教空间中的核心位置。这些评论完全与12世纪末分裂教俗社会的王

---

[1] Guillaume fitz Stephen, «Vita…», t. 3, p. 60-61. 参阅 Smalley, *The Becket*…, p. 56-58。

[2] Édouard Grim, «Vita…», p. 440.

[3] *Dialogus miraculorum*, VIII, 69. 参阅 Baldwin, *Masters*…,p. 146-147; Kuttner, E. Rathbone, «Anglo-Normand…», p. 289。

[4] P. A. Sigal, «Naissance et premier développement d'un vinage exceptionnel: l'eau de saint Thomas», CCM, 44, 2001, p. 35-44. 对于一些有关托马斯的神迹，已经有了新颖的研究：D. Lett, *L'Enfant du miracle. Enfance et société au Moyen Âge (XIIe-XIIIe siècle)*, Paris, 1997。

权－教会冲突相呼应。

在这场辩论中，坎特伯雷谋杀案为托马斯赢得了最终的胜利，尽管这是他死后的胜利。国王本人在听到这个消息时大惊失色。利雪的阿努尔的一封信就描绘了国王内心的沮丧和痛苦：他穿上了悔罪衣，周身圣灰色；他高声表达哀悼；他将自己关在屋里三天，不吃不喝，不准人来访。[①]就这样，他开始了悔罪的历程，时间至少持续了四年。这种行为除了精神上的象征意义，还表明了政治上的失败。也许亨利二世很快就理解了谋杀的后果，它埋葬了确认《克拉伦登法令》的最后希望。国王以悲怆的戏剧化方式来展现他的悲伤，他的悔罪是对自己十年来执行的驯化教士政策的彻底省思。

此后，即使在最支持国王的教士中间，他的形象也大为受损。在这一点上，格朗蒙隐修会的榜样很能说明问题，这个修会本来得到王后玛蒂尔达的大力推动。[②]罗杰·德·豪顿记载说，1170年8月，也就是谋杀案发生前四个月，国王得了一场重病，他要求死后葬在母亲支持的这家修道院的母院，即位于利摩日北部的修会创建者埃蒂安·德·缪雷（Etienne de Muret，卒于1124年）的墓地旁边。[③]这表明国王对格朗蒙修道院非常依恋，当时他还为修道院的兴建慷慨捐赠。但在谋杀发生后不久，这家修道院的院长纪尧姆·德·特赖尼亚克致信国王，他已经辞退了应国王要求前来修建教堂的工人，因为他无法与国王达成

[①] *The Letters*..., n° 72, trad. Schriber, n° 3.06, p. 194-196.
[②] 参阅 Graham, *English*..., p. 216-217; Hallam, «Henry II...»；以及近著：Andrault-Schmitt, «Le mécénat...», p. 244-248, 268。
[③] *Gesta*, t. 1, p. 7.

妥协。应该注意的是，很可能是这个人写了一本向亨利二世揭发阿基坦教士腐败，并要求予以惩办的小册子。拒绝国王的赞助，既引人侧目又闻所未闻：但这足以表明谋杀案激起的对国王个人的排斥。纪尧姆的前任皮埃尔·伯纳德（Pierre Bernard）曾于1153—1170年担任院长，他也给国王写了一封长信，对比了他对格朗蒙穷人的慷慨和谋杀托马斯的凶恶，谋杀"将雪白的披肩变成无玷羔羊的血红色"："你曾用心建造和装点我们的教堂，但怎能攻击正教羊群的牧人，让他流血？"皮埃尔·伯纳德评论说，国王遭到自己儿子的反叛，这就是罪行发生后的公正惩罚。[1]因此，对国王的责难是相当普遍的。

亨利二世没有别的选择，只能屈膝下跪，放弃对于司法管辖权的所有要求。1172年5月，国王不得不在阿弗朗什庄严宣誓，他尊重教廷特使向他提出的妥协方案，不再阻止向罗马教廷上诉，废弃所有与教士相关的新法律，并着手恢复坎特伯雷教会和贝克特的支持者的一切权益和财产。这时亚历山大三世将英格兰纳入教廷司法管辖之下，并强化了教会法在这个岛国的实施，对教宗而言这是个巨大的胜利；教士刑事嫌疑犯仍像过去一样归宗教法庭审理，而且小亨利必须重新行加冕礼。[2]不过，亨利二世及其继承人还是对主教选任保持着广泛的影响力，用斯蒂芬·朗顿善意的话语来说，主教选任不是受圣灵的精神

---

[1] *Thesaurus novus anecdotarum*, col. 561–569, 收录 PL, t. 204, col. 1168 et RHF, t. 16, p. 471。

[2] Ed. *Councils*..., n° 166, p. 942–956. 参阅 Cheney, «The Compromise...»; Foreville, *L'Église*..., p. 329–367; Duggan, *Canon*..., I, p. 372–374; Barlow, *Thomas*..., p. 260–261; Knowles, *Thomas*..., p. 152–155。

指引，而是受财政署的精神指引的。①最后，亨利二世还在阿弗朗什承诺三年后参加十字军。

前往圣地是更广泛的赎罪仪式的延续：国王已在1174年7月完成了他在坎特伯雷的赎罪。那时他只穿着宽大的粗麻布衣，赤足从城外走进大教堂。主教、修道院院长和基督堂的僧侣们用荆条鞭打他。他一整天都要跪在托马斯的墓前，不吃不喝。接着他走遍教堂里的各个祭坛，向那里的圣徒遗骨致敬。礼毕后他回到贝克特的墓前。他需要听主日晚上的弥撒。末了他要到殉道者的井边喝水，这时有人给他一小瓶掺入了贝克特血迹的水。②描绘这个场景的教士们说，神向他发出了一个标志，认可他悔罪的诚意。实际上，就在他完成这些表演时，他的部队在安维克俘获了苏格兰国王威廉，这场决定性的胜利终于平息了他的领地上的全面叛乱。③英格兰君主国正在扭转这意想不到的局面，将贝克特案转而为己所用吗？人们大概会相信，正是由于对圣徒的祷告，由于亨利二世和他的儿子们反复到他墓前朝圣，便出现一些有利于王朝的神迹显灵。④有一件事是很肯定的：1185—1188年，亨利二世的女儿玛蒂尔达让人在一部福音书的彩饰字母中展现她丈夫狮子亨利、他的双亲以及她同名祖母的形象，而陪伴他们的则

---

① Bibliothèque nationale, ms latin 14415, fol. 242v, 转引自 Buc, *L'Ambiguïté*..., p. 62。参阅 Turner, «Richard...»。

② Gervais de Cantorbery, *Chronica*, p. 248-249; Guillaume de Newburgh, «Historia...», III, 25, 35; Roger de Howden, *Chronica*, t. 2, p. 61-62; Robert de Torigni, *Chronicle*, p. 264; Geoffroi de Vigeois, «Chronique», t. 12, p. 443; *The Chronicle of Battle*..., p. 276; Pierre de Blois, *Epistulæ*, n° 66.

③ Damian-Grint, «Truth...», p. 63.

④ Bozoky, «Le culte...», p. 285-286.

是手执殉道棕榈叶和主教信物的托马斯大主教。①

但亨利二世从来没有克服这桩罪行激发的人们的反感情绪。所以一向稳重的牛堡的威廉在解释他为何死得不光彩时说,国王对这件罪行的悔过仍然不到位。②一个流传很广的看法是,他妻子和儿子们的叛乱——科吉舍尔的拉尔夫说这是他"持续的家庭内部倾轧"③——他长子的早夭,都是坎特伯雷罪行的直接后果,这件罪行从来没有真正清偿过。而国王拒绝发动十字军更是让其虚假的悔罪意愿暴露无遗,他将这场赎罪之旅换成修建三座修道院,虽然他也花了不少钱。④直到1193年,斯蒂芬·朗顿还说,狮心理查之所以"被囚禁,是因为他父亲的罪孽",正如《创世记》表明的:含(Cham)的罪行由自己的儿子迦南(Canaan)来抵偿。⑤人们所称的托马斯的保护,要到几十年后才出现在亨利二世的后代身上。

对贝克特的崇拜首先是教会人士维持的,他们在大主教活着的时候就支持他对抗王权的事业。某种意义上说,他的殉道壮举使他们的斗争具有了神圣性。⑥另外,与传统的看法相反,金雀花家族并没有向利摩日的珐琅炉订制50来个圣骨盒,以收藏那位圣徒的遗骨。这些流散到西方各地的圣骨盒,很可能是

---

① Oexle, «Lignage...».

② «Historia...», III, 26.

③ «Quæ persecutio intestina atque domestica ideo ei justo Dei judicio, ut credimus, illata est quia in beatum Thomam plurimum deliquerat»(我们认为,那家族内部倾轧是神的正义施予他的,这尤其是因为他对被祝福的托马斯犯的罪),«Chronicon...», p. 26.

④ Giraud de Barri, *De Principis*..., II, 7.

⑤ Bibliothèque nationale, ms latin 14414, fol. 118r, 转引自 Buc, *L'Ambiguïté*..., p. 62。

⑥ Smalley, *The Becket*..., p. 191-193, 200-201, 212-213.

主教们主动要求制造的。① 面对一个正在兴起的君主行政机构不太坚定的扩张意愿，教士阶层正在努力捍卫教廷裁判权，捍卫宗教特权和教会法，他们很自然地将托马斯视为一个楷模、一个卫士和施恩者。

最后，这桩罪行也对法兰西国王有利。作为亨利二世的世仇，法兰西国王是巴黎各学校的保护者，教士们就是在这里阐发他们的理论的。托马斯活着时曾是路易七世的密友，据说是他在1179年帮助治好了14岁的腓力·奥古斯都的病，当时这个孩子的父亲曾亲往托马斯墓前朝圣。纪尧姆·勒·布勒东强调说，这位圣徒之所以护佑这个少年，是"为了铲除那个嗜血的弑父世家"②。同样，一贯亲法的基罗·德·巴里也把1188年6月腓力·奥古斯都攻占沙托鲁归因于贝克特的祷告：法兰西国王的一个礼拜神父曾梦到，这位大主教以一把冒火的剑刺向亨利二世。③ 所以，精神之剑坚定地指向金雀花王朝而支持卡佩王朝，因为敌人的敌人就是朋友。斯蒂芬·朗顿也将重拾起这把剑同无地约翰斗争，他对这位国王将给予最终一击。这就是1215年确立的《大宪章》，它将在数个世纪中维持教会的自由免受专断王权的干涉和侵犯。

---

① 相反的看法，见 M. -M. Gauthier, 转引自 Bozoky, «Le culte…», p. 286; Caudron, «Thomas…», p. 62。

② «Philippidos…», I, v. 325-328, p. 20; Roger de Howden, *Chronica*, t. 2, p. 192-193. 参阅 Baldwin, *Philippe*…, p. 476 ; Foreville, «L'image…», p. 126; Beaune, «Les ducs…», p. 730。J. -P. Poly et E. Bournazel, «Couronne…», p. 231-232, 作者认为，李戈尔曾把治病的能力赋予圣丹尼，而不是那位英格兰大主教。

③ *De Principis*…, p. 251-252. 参阅 Bartlett, *Gerald*…, p. 87。

结　　论

在1154—1224年三代人的时间里，安茹家族控制着大西洋岸边的辽阔空间。从哈德良长城到比利牛斯山，从阿尔斯特王国到中央高原，众多的诸侯国都承认这个家族的某个成员是它们的首脑。人们也许会为这样的领地聚合感到吃惊，并以为它是自发产生的。的确，此前从未有差异如此之多的王国、公爵领、边区、伯爵领和子爵领以某种方式被置于单一家族的控制之下。这些领地具有不同的政治和文化传统，其民族构成各异，它们操持各种不同的语言；领地分布在英吉利海峡两岸、加斯科尼海湾和爱尔兰海沿岸，构成一个人为的联合体。这个拼凑起来的联合体虽然协调性不佳，但它出人意料地维系了七十年。这个联合体在14—15世纪甚至一度靠武力复活了，当然二者之间有些不同。因此，这个帝国的连续性在短暂的中断之后，百年战争又使它找回了其往日的某些特点。

我们今天的中世纪史学者如果要理解这一地缘政治现实，将会处于一种特别不利的境地。各王国在近代的发展，19世纪民族国家的胜利，这些进程，不管人们愿意与否，都扭曲了相关的分析。对于国家构建来说，制度和语言的统一不可或缺，这种意识和自然疆界观念——尽管疆界的形成本身非常偶然——构成一个具有歪曲效应的棱镜,以这个棱镜来观察,安茹家族对如此广阔、如此缺少协调性的空间的控制,乍看起来就是历史反常。我们应该记得,儒勒·米什莱(Jules Michelet)和威廉·斯塔布斯对这个帝国连篇累牍的抨击;这足以让人理解,在一个民族主义汹涌泛滥的时代,它在海峡两岸激起的众口一词的谴责。1850年左右的第一批职业历史学家,无论是"法国自古以来就存在"的支持者,还是不列颠宪制优越性和光荣革命的赞赏者,都一致谴责亨利二世和他手下人的行为。他们对这场"事后看来"必定要失败的冒险的憎恶,不是一直延续到今天吗?从很多方面看,金雀花帝国这个不好的名称并不总是让人喜欢。它几乎不能适应后来的主权国家给我们留下的心态模式。

因为12世纪君主的政治观念完全不同。用戈蒂耶·马普的话来说,他们可能想"以一位优良家长管理自己家务的方式"来统治自己的领地。所以,金雀花帝国在他们看来首先是一件家产事务。亨利二世不就是靠婚姻和继承构建这个帝国的吗?当他自己设想帝国的继承事宜时,不是准备将它分割,以便以他认为的公平方式,让他的每个儿子都受益吗?他不是准备将稍后以武力夺取的布列塔尼和爱尔兰让给他的两个幼子吗?他的妻子阿基坦的埃莉诺不是在孀居后对幼子们扮演了重要的监督角色吗?几个儿子英年早逝不是让狮心理查和无地约翰先后继位,从而有点意外地保留了帝国的完整吗?在那时,继承和婚姻规则还是在演变之中。家族血统和联盟才是帝国存在的唯一理由。

正因为如此,帝国的内聚力乃至帝国的生存,均有赖于统治家族的团结。然而，安茹家族内部总是争吵不休。它的成员也没有与卡佩和霍亨施陶芬家族达成衷心谅解，而且不断酝酿对巴塞罗那和卡斯蒂尔-莱昂的仇视。用理查德·德·德维齐斯的话来说，他们让人想念起"混乱纷扰的俄狄浦斯（OEdipe）家族"。这些阿特柔斯的后代人只想着彼此争斗。从很多方面看，这种家族内部的敌对状态难以理解；而且，他们在世时，家族争斗就已经遭受众多的抨击。经常造访他们宫廷的凯尔特民谣爱好者，如基罗·德·巴里，就求助于这样的假说：这个家族历史遥远的奠基者是一个女妖所生；这些作者仔细检审了梅林的神秘预言，以求理解这个家族为何会自我摧毁。在这些教会知识分子看来，圣经告诉人们，任何自我分裂的王国都将遭受蹂躏。虽然他们不能看清其中的原因，但他们还是知道，家族内部的战争，不论持续时间长短，都会导致金雀花家族支配的空间的解体。家族内战是自杀性的。

亲属关系与主从附庸关系相关，后者只是前者隐喻式的复制品。王朝家族的长者应该居于封建等级的顶点。这就是为什么他可以接受父亲的王冠，他的幼弟们要向他行臣从礼。在较低的层次上，他还试图从贵族、城市和农民那里获得形式化的效忠。在英格兰和诺曼底，全民效忠国王的宣誓广泛流行。但地方掌权者还需专门履行一种包含献出自我（autodédition）之姿态的仪式，这让人想起收养继子的礼仪：爱尔兰的小国王们建造木制房屋以款待亨利二世，后者则向他们赠送礼物，以保证双方的关系；普瓦图的大领主双膝跪地，怒目而视，口中念着诅咒，但不得不忍受臣从礼的羞辱。这种服从换来的是对他们对其祖传领地的权威的确认，不过采取的是回执采邑的形式，或是响当当的年金采邑通货。大家都懂得，对王权的服从纽带是多么脆弱。如果说他们太缺乏始终如一的坚定性，那是因为他们太过经常地依赖主人和附庸之间的信任和情感。如果国王在战斗中失败，如果他对贵族保持的地产权和司法权感到不满，或者仅仅是他不懂得如何保持对贵族的好意，贵族们就会公然造反。无地约翰的笨拙很大程度上应为1204年的结局负责。

但无地约翰的笨拙不能解释一切。还应回顾一下亲族和封建制的概念，而对腓力·奥古斯都最终的成功来说，对封建制度的操纵显然更具分析价值。小亨利和狮心理查分别选择路易七世的女儿玛格丽特和法兰西的艾利克斯为妻子或未婚妻，但这就让他们在面对自己的岳父时处于下级地位。他们曾与自己的兄弟、布列塔尼的若弗瓦一起前往巴黎的宫廷，与腓力·奥古斯都一起进餐，甚至睡在一张床上，但他们受到的待遇是下属的待遇，这创造了一种类似于幼弟与长兄的关系。封建制仍然是这种具有强制力的人造亲属关系中最引人瞩目的形式。不过，金雀花家族并不反感对法兰西国王进行臣从宣誓。这一点上他们更像安茹家族，而非诺曼底家族。他们觉得，无条件地服从西法兰克最高权力的持有者是很自然的事。就在这个家族的势力闪电般地蹿升时，1151年夏天，年轻的亨利在巴黎就诺曼底而行臣从礼，其间他还第一次看到了他主人的妻子阿基坦的埃莉诺。这件事还应与另一件事联系起来。1188年8月，腓力·奥古斯都砍倒了吉佐尔的榆树，这个粗暴的举动标志着边区地带的对等臣从礼无可挽回地终结了。十几年后，他着手收回无地约翰在大陆的采邑，因为约翰的婚姻伤害了其封君的另一位附庸的利益，但他拒不前往封君的法庭接受审判。

亨利二世的一个女儿的教父、圣米歇尔山的修道院院长罗伯特·德·托里尼，曾徒劳地找出一份古老的文件，以证明公爵对诺曼底享有完全的所有权，但安茹家族还是法兰西国王的封臣，他们很早以来在口头和手势上都确认了这一点。他们从来没有克服这个沉重的阻碍。

如果说"帝国"一词不能很好地理解金雀花的政治建构，那是因为这个家族在大陆的领地从属于另一个"王权"（couronne），这个概念的空间特征，已经在腓力·奥古斯都身边的法学家的脑海中清晰地呈现出来。这些公爵领、边区、伯爵领和子爵领首先是领地诸侯国（principautés territoriales）。对这个概念应该稍作阐释。它肯定包含着对12世纪欧洲地缘政治最清晰的阐释。它们随加洛林帝国的解体而诞生，这类地域性实体在法国西部为数众多，它们的构建遵循的是具有一定内聚性的经济、民族和文化标准。虽然理论上说它们从属于国王，国王作为主权者接受其封臣的效忠，封臣也以国王在位期作为其令状标注日期的标准，但实际上他们享有很大的自治权。诸侯国与邻近的诸侯国会出现聚集：11世纪中期，普瓦图和加斯科尼的联合、大安茹的构建，与诺曼底公爵征服英格兰王国刚好巧合。一个世纪后，这些领地聚合体就构成了金雀花帝国的框架。在这个辽阔的诸侯国聚合体中，人们似乎可以发现某种一致性，尤其是在它形成的大西洋之弧（arc atlantique）上。不管原因如何，先后掌管帝国的四位统治者还是相信帝国有存在的理由。

对统治这些领地——包括大陆领地——而言，戴上英格兰王冠是否意味着一张附加的王牌呢？王权当然可以导致声望的增值，并随之提升权威，这体现在集体情感赋予王权的魔法权力上。实际上，在威斯敏斯特举行的加冕礼使国王们成为"被主敷油的人"，对他们的任何反叛或不服从都是渎神行为，因而其后果就更为严重了。但是，安茹王朝与法兰西国王及神圣罗马皇帝共享的这个著名仪式，也带来了沉重的负担。一方面，它要求国王宣誓尊重教会和人民的自由；另一方面，它将国王置于受主教们左右的象征领域内，他们在这场仪式中扮演着重要角色。所以加冕礼具有契约性和神权政治的双重特征，正是这一点敞开了通往兰尼米德草坪的道路，无地约翰不得不在这里给《大宪章》盖上印玺，从而终结了自己的专制主义。在大陆上，加冕礼的影响力看来要有限得多。它并没有让安茹家族逃避对法兰西国王、皇帝和教宗的服从，尽管这是一种形式和礼仪上的服从。不管怎样，为了抵偿对卡佩家族的屈从，安茹家族赋予公爵登基礼仪格外的光彩。这个仪式在诺曼底和阿基坦的大教堂中举行，其中有交付金冠、佩剑、马刺、长枪和军旗的程序。这个仪式的意义不可小觑，因为法国王家墓地圣丹尼的僧侣们，就试图证明阿基坦的公爵信物保存在他们的宝库中。

在和平时期，金雀花家族针对路易七世和腓力·奥古斯都的意识形态战争，是在别的领域展开的。与其他西方君主国相比，他们在宣传方面表现出惊人的早熟。他们按圣经或修辞标准被再现为"贤王"，但更主要的是"有学识的国王"，具备经验主义学识和世俗的科学知识。另外，对瓦斯和圣摩尔的贝努瓦的纪年创作，金雀花家族既有奖掖也有监控，这反映出他们操纵记忆的意愿，即使是对十分遥远的过去的记忆——它一直将这个家族的根基延伸到特洛伊传说的幽暗时代:"帝国和学识转移"的逻辑终点就是大不列颠,这个名称来自埃涅阿斯的重孙布鲁图。母系的亲缘关系酝酿出古代英雄与英格兰和诺曼底的圣徒国王或公爵之间的联系,相比之下父系祖先就不那么显赫了。严格来说安茹家族的奠基祖先就是秃头查理的护林员特图尔,也是位抗击维京人的勇士,他的儿子英格尔格里乌斯靠军功赢得了骑士授甲礼。这个祖先世系更具骑士色彩而非贵族色彩,它也许会让小贵族们高兴,因为这些人很在意自己的军功,这会给他们带来公正的回报,也就是上升到权力的上层。家族史诗讲述的是查理曼的地方总管和掌旗官安茹的若弗瓦及其手下的丰功伟业。

但王朝圣殿中的桂冠最终落在了亚瑟王的头上。中世纪早期以来,凯尔特的民间歌手就在吟唱这位小国王的故事,他于516年在巴顿山粉碎了入侵不列颠岛的撒克逊人,他在神秘地死去之后,变成了半人半神一样的角色。12世纪初,蒙茅斯的杰弗里以他的故事创作了拉丁语传奇《不列颠诸王史》,这大概是中世纪最受欢迎的作品了。瓦斯将它译成盎格鲁-诺曼语,莱亚蒙将它译成盎格鲁-撒克逊语,这两个译本与其他诗歌和传奇一起,大大推动了这类主题的传播。它们的作者大多以这样或那样的身份与安茹宫廷有往来,也乐于将这个家族的成员与亚瑟相比。这位神秘国王的死敌就是法国人(或法兰克人),他的军事征服覆盖了金雀花的领地。狮心理查大力推动了新的家族崇拜的构建:他鼓动对格拉斯顿伯里的亚瑟王和桂妮芙陵墓的发掘,将亚瑟的王者之剑(Excalibur)授予西西里国王,选择自己名为亚瑟的侄子为继承人。同样,他兄弟无地约翰的剑是特里斯坦击败巨人莫华特的库泰恩。总之，亚瑟王与他的圆桌骑士一起成为金雀花家族最喜爱的祖先，而在当时，一种特别英国化的身份将岛国各贵族群体黏合在了一起。在政治想象中，这位英格兰化的亚瑟王，已经直接与被卡佩家族法兰西化的查理曼对垒了。

整个宣传方案旨在帮助英格兰国王行使其权力。控制金雀花帝国实际上是一场豪赌，因为这个帝国不仅幅员辽阔，而且构成帝国的各诸侯国差异很大。为了达到控制目标，安茹家族采取了一种巡游的生活方式，不停地在自己的土地上巡视，以亲自露脸的方式彰显他们的权威。皮埃尔·德·布卢瓦在一封信中画了一幅亨利二世的像，把他画成半人马形象，他的双腿因为常年几乎不离鞍马而变形了。当这位国王想赠送一件名贵礼品给腓特烈·巴巴罗萨和西西里的威廉二世时，这礼物自然就是一顶丝绸质地的豪华帐篷，尤其是因为它具有临时居所功能。他几乎从未在同一个地方过圣诞节，在位期间曾穿越海峡三十来次。他儿子狮心理查也过着一样的生活，第三次十字军期间，他亲自前往圣地，他就是这次十字军的鼓动者，也是最为人关注的战士。但无地约翰拒绝这种狂热的漫游生活，他将自己幽闭在泰晤士河边的宫殿和狩猎亭中，避免暴露在人群面前，他对人多的场面很反感，其程度就像他父亲很喜欢这种场面一样，这一点是他丢失大陆领地的重要原因。

漫长的旅途将亨利二世和狮心理查带到了帝国最偏僻的地方。不过，国王们前往每个诸侯国的频率是不一样的。他们逗留在英格兰和诺曼底的时间最长。这个王国和公爵领为管理其他领地、为发动对卡佩家族和征服爱尔兰的战争提供了必需的大部分人力和物力。不过说起来很悖谬的是，对诺曼底和英格兰的牢固统治恰恰可以解释，它们在面对1204年卡佩攻城略地以及1215年的《大宪章》时何以消极迟钝，这是对被视为强制色彩过重的王权控制的两次沉重反击。与英格兰-诺曼底这个核心相比，其他诸侯国的治理水平看来不够好。在面对地方贵族的反复叛乱时，王权的手段是非常有限的：在普瓦图南部，这种叛乱每三年半就会来一次。叛乱有时极端暴力，杀害国王在该地区的代表索尔兹伯里的帕特里克就是一例，这次暴行发生在1168年，是当地的贵族世家卢西尼昂家族策划的；或者如狮心理查在攻取地方堡垒泰业堡时遭遇的抵抗，这是国王首次展现其攻城战技艺的舞台，他在攻打沙吕思城堡时，被一个守城军兵射出的箭镞击中并由此丧命。为了平衡地方领主的不驯服，金雀花家族依靠城市公社，并赐予它们大量特权。安茹虽是这个王朝的摇篮，但局面几乎没有什么不同。至于布列塔尼，英格兰国王从来没有占有过这里的公爵头衔，而是把它留给了自己的近亲，这里也发生了类似的反叛，尤其是在其北部。总之，我们应该承认，所有这些躁动不安的诸侯领地，与金雀花家族牢牢控制的英格兰王国和诺曼底公爵领，在政治上存在巨大鸿沟。

最近的人物传记研究佐证了这个结论。这类研究针对的是长期伴随国王的近臣，他们会领受重要的职务，治理各边缘诸侯国。在最接近国王的顾问群体中，英格兰人和诺曼底人占据了压倒多数。这两个群体的领地分布在英吉利海峡两岸，他们的"民族"认同有时难以确定，但我们可以看到，前者始终对后者占据优势地位。在狮心理查时期，国王随从中的岛国特征更为明显了。这是个明显的倒转,因为自1066年以来,权力经常掌握在诺曼底人手中。但在1204年,这个公爵领的贵族更情愿加入腓力·奥古斯都的阵营,更何况他们已经感觉到,自己祖辈一个世纪以来的权威正在丧失。还应补充一句,在亨利二世和狮心理查最重要的朋友圈中,没有来自安茹、阿基坦和布列塔尼的。不过在无地约翰时期有几个来自这些地方的人物,其中来自安茹的皮埃尔·德·罗什堪称一位重臣;但这类人被赋予一个贬义的称呼:"普瓦图派",而且岛国人对他们收复诺曼底和卢瓦尔河领地的好战方案也大加诋毁,因为这导致税收负担加重。大陆人别无选择,只有英格兰化,尤其是在1224年的失败之后。从此以后,亨利三世的宫廷从人员来源上说就有明显的地理一致性了。

从社会维度来说,国王的宫廷随从似乎更为驳杂。首先,直接封臣(tenants en chef)群体,也就是英格兰和诺曼底最大的封建主,占据了这两个地方一半以上的领主封地,他们在君主宫廷中地位显赫:王国的大法官、莱斯特伯爵罗伯特·德·博蒙特也许是不列颠最有权势的贵族,与他的财富不相上下的是埃塞克斯和奥马尔的伯爵威廉·德·曼德维尔:这里提到的只是亨利二世身边两位最耀眼的权臣。接下来是服役小贵族群体,他们有效忠君主国的传统,同样为国王提供了大量谋臣顾问,理查德·德·吕塞就是榜样。最后是一些通过学业从平民阶层攀登上权力阶梯的官员,当然,地位牢靠的世家贵族对这种靠学识实现社会提升的现象大加贬斥。不过,这种接近安茹国王的社会上升还是很罕见的,君主的随从主要还是由老贵族构成。这种精英主义与路易七世和腓力·奥古斯都的宫廷形成鲜明对比，在后者，小贵族和城市精英比例很高。从长期来看，这种社会区分大概可以解释，英国的君主制为何受贵族控制，权力为何会被授予贵族掌控的议会。这种制度与法国王权无制约的权威构成反题。

国王的英格兰-诺曼底宫廷随从不仅构成一个政治群体，而且构成其军队的核心。这个有限的贵族武士群体经常由直接封臣构成，他们则将采邑让与众多骑士，并与这些人一起参加国王的军队。威廉·德·坦卡维尔就带着上百名骑士为亨利二世服役，其中就有年轻的威廉元帅。对于每年40天的封建军役，看来英格兰和诺曼底贵族执行得不错，但在其他诸侯领地，执行起来就困难多了。贵族情愿缴纳盾牌捐而不愿服兵役，这是很常见的现象，这笔沉重的捐税可以解除他们的兵役。这项捐税对国王来说意义重大，他越来越多地利用这笔钱来招募雇佣兵，支付他们军饷。这些雇佣兵来自边境或山区的居民，如布拉奔人、巴斯克人或凯尔特人，光是他们的出身就招人憎恶。他们在国王军队中同样占有核心地位，狮心理查忠实的副官梅加迭就是个典范。金雀花领地上的贵族反叛是个顽疾，但雇佣兵可以不顾忌灵魂和家族联系，无情地镇压反叛，因而他们对金雀花家族就更有用了。

在雇佣兵问题上，贵族只会表现出更大的鄙视。其共同的心态都认为，贵族构成一个完整的法律阶层，他们的特权是靠出身传递的，其成员经过国家行政机构的审查。贵族还想垄断武器的使用权。贵族除了享有来自骑士功能的威望和社会优越感，还能利用国王的优待致富。在君主身边，贵族当然可以获得新的采邑，还有年金、礼物和其他好处。贵族某种意义上甚至可以构建自己的武士扈从队伍,将其财产,尤其是可能从国王那里得到的好处分配给自己的亲戚朋友。在安茹家族在英格兰和诺曼底构建的这个年轻国家,贪污腐败是一种内在特征,这种现象较小程度上也存在于帝国的其他诸侯国。

金雀花宫廷中有为数众多的教士,他们只是不断地谴责这些缺陷。的确,他们的著作对这种政治制度的态度是审慎的,但令人困惑的是,他们曾致力于巩固这个制度。他们的学业几乎都是在巴黎或法国北方的主教座堂学校完成的,学识为他们敲开了王宫的大门。在这一点上,安茹家族表现出了明显的现代性:它的宫廷人员中有学位的人员是卡佩宫廷的两倍,从而享有很大的优势。在英格兰国王身边,这些教士出身的教师、受过罗马法教育的优良的拉丁语学者与"有文化的骑士"相往来,这些骑士鼓励甚至亲自创作传奇文学作品。的确,掌握盎格鲁-诺曼语,就像掌握一点古典文化一样,成为跻身岛国贵族精英圈的品位标准。这种精英主义反映在《底比斯传奇》的序言中,作者以对牛弹琴(l'âne à la harpe)为比喻,将任何听众都置于边缘地位,不管是教士还是骑士。

但骑士与教士的勾连并非是不言自明的。对于宫廷的世俗服务者,教士经常采取敌对口吻,但他们又自相矛盾地自愿到宫廷中为王权效劳。赫勒昆的队伍就是他们最喜欢使用的比喻之一,而那些堕落到这一步的灵魂将招致霹雳。他们抨击这些人的钻营、贪婪和汲汲于功名,这样做时他们肯定以为是在履行敦化风俗的牧灵职责,这是他们的教士身份要求他们做的。但他们也展现出某种深刻的困境,贝克特案使得这种困境暴露无遗。在这位坎特伯雷大主教的知识分子支持者中,有很多是在亨利二世身边担负重要政府职责的廷臣，他们有很高的地位。但他们大部分人选择与国王决裂和流亡。这就是所谓"王权"与"祭司"之间冲突的顶点。《克拉伦登法令》诱发的危机，其意义的确非常深刻。它超出了教士坚持司法特权这个简单的问题，反映的是对王权对教会的监护制度的坚定反对立场。它还见证了格里高利式的社会观念，根据这个观念，对教会特权的保护有利于教士履行牧灵职责，从而有利于全体基督教人民的得救。危机最后导致了大教堂的谋杀案，这是亨利二世及其继承者们在位期间意义最深远的事件之一。

在1200年的地平线上，金雀花"帝国"在西方世界各君主国中有什么特别的位置呢？廷臣戈蒂耶·马普的直觉判断中包含了部分真相：对于他所生活的环境，他说存在某种"现代性"，这环境既经历了思想的复兴，也见证了国家行为手段的增长。1152年内战结束后不久，英格兰和诺曼底再次成为欧洲治理最好的政治实体，某种意义上说它们是见识过各种治理尝试的实验室，在税收和司法方面尤其领先。王权控制下的封建制度为王家军队提供了众多武士，必要时还可缴纳盾牌捐，以便招募雇佣兵取而代之。安茹家族一个多世纪以来对教会的控制，已经预示着欧洲民族教会的产生，甚至是安立甘主义的产生，尽管它们看起来还很原始。不过，这种威权主义的现代性与金雀花家族其他领地的情形差别很大。在布列塔尼、安茹和阿基坦，当强制权和审判权还没有彻底碎化时，它会集中到几个势力强大的子爵或领主家族手中，如卢西尼昂、图阿尔和莱昂家族，他们在英格兰国王面前桀骜不驯。从将来现代国家的发展来看，这种局面显得很原始，而现代国家就是要摧毁一切集体性特权和领主飞地。

  说来蹊跷的是，这些领地在转入法兰西国王之手后，终有一天会经受绝对主义和雅各宾主义的洗礼。诺曼底的"模范"行政机构让这个公爵领的征服者腓力·奥古斯都懂得，应该沿着它的道路，踏上构建集中统一国家的漫长旅途。相反，在英格兰的土地上，官僚现代化的早熟进程激起了意想不到的反应。宫廷中人数众多、势力强大的贵族，现在决意要监督国王的一切决策。贵族随时准备对君主任意裁量权的增长踩刹车。他们的叛乱导致了1215年的《大宪章》，这份文件奠定了英格兰议会政治的基础。金雀花帝国因滥用权威而告终结，看来是它作茧自缚了。

大事年表

1124年，阿基坦公爵纪尧姆十世的女儿埃莉诺出生。

1133年，美男子若弗瓦和皇后英格兰的玛蒂尔达的儿子亨利出生。

1151年，安茹伯爵、诺曼底公爵美男子若弗瓦，由他儿子亨利代表，向路易七世行臣从礼；同年美男子若弗瓦死去。

1152年，亨利二世与阿基坦的埃莉诺结婚。

1153年，沃灵福德条约，英格兰国王布卢瓦的斯蒂芬指定亨利二世为继承人。

1154年，亨利二世和阿基坦的埃莉诺在威斯敏斯特行加冕礼。

1155年，托马斯·贝克特被认命为英格兰文书长；小亨利出生。

1156年，亨利二世与其兄弟若弗瓦作战，亨利以封其为"南特伯爵"作为对兄弟的补偿。

1157年，狮心理查出生。

1158年，小亨利与法兰西的玛格丽特订婚；布列塔尼的若弗瓦出生。

1159年，围攻图卢兹失败，兼并凯尔西部分地区。

1162年，托马斯·贝克特任坎特伯雷大主教。

1164年，《克拉伦登法令》，北安普顿主教会议，托马斯·贝克特流亡。

1166年，无地约翰出生；斯特隆堡率领威尔士-诺曼武士开始入侵爱尔兰；布列塔尼的康斯坦斯与若弗瓦结婚，重新占有这个公爵领。

1167年，图卢兹的雷蒙五世向亨利二世行臣从礼；皇后玛蒂尔达死去。

1168年，国王的女儿玛蒂尔达嫁给萨克森和巴伐利亚公爵狮子亨利。

1169年，蒙米拉伊会谈失败。

1170年，国王的女儿小埃莉诺嫁给卡斯蒂尔的阿方索八世；小亨利由约克大主教和伦敦主教加冕，两位高级教士被托马斯·贝克特处以绝罚，贝克特不久被刺杀。

1173年，阿基坦的埃莉诺和她的儿子们掀起反叛。

1174年，苏格兰国王狮子威廉在安维克被俘；路易七世围攻鲁昂，亨利二世与儿子们和解，并开始监禁埃莉诺。

1176年，狮心理查发起对阿基坦贵族的征战。

1177年，国王的女儿雅娜与西西里的威廉结婚；无地约翰加冕为爱尔兰国王。

1179年，腓力·奥古斯都在兰斯加冕为法兰西国王。

1180年，路易七世死去。

1183年，小亨利在利穆赞的马特尔死去。

1186年，布列塔尼的若弗瓦在巴黎死去。

1187年，若弗瓦的遗腹子亚瑟出生，亨利二世与腓力·奥古斯都发生战争；圣地发生哈丁战役，耶路撒冷陷落。

1189年，被儿子们抛弃的亨利二世在希农死去，儿子们转投腓力·奥古斯都阵营，理查在威斯敏斯特加冕。

1190年，狮心理查出发参加第三次十字军，并在西西里过冬。

1191年，理查征服塞浦路斯，他在那里同纳瓦尔的贝伦加尔结婚，并在阿苏尔战役中取胜。

1192年，占领雅法，腓力·奥古斯都和无地约翰达成协议，瓜分国王的产业；理查与萨拉丁签署条约，他在归途中被奥地利的列奥波德俘获并被交给皇帝亨利六世。

1194年，在阿基坦的埃莉诺交付了赎金后，理查被释放，他与无地约翰和解，在弗雷特瓦尔获胜，征服昂古莱姆。

1195年，理查在伊苏顿取胜。

1196年，英格兰的雅娜再嫁给图卢兹的雷蒙六世，布列塔尼的亚瑟被带到巴黎；《卢韦耶条约》。

1199年，狮心理查在利穆赞的沙吕思死去。

1200年，腓力·奥古斯都与新国王无地约翰签署《顾莱条约》；约翰与昂古莱姆的伊莎贝拉结婚，此举损害了卢西尼昂的于格九世的利益。

1202年，腓力·奥古斯都下令约翰奉还采邑，并认可布列塔尼的亚瑟为英格兰王位继承人，但亚瑟在普瓦图的米尔波被俘。

1204年，腓力·奥古斯都征服诺曼底、安茹和图兰；阿基坦的埃莉诺死去。

1206年，约翰与法兰西国王签署停战协定，保留了阿基坦。

1208年，约翰拒绝任命斯蒂芬·朗顿为坎特伯雷大主教，结果导致教廷对英格兰发布禁令。

1214年，约翰的军队试图夺回失去的大陆领地，但在僧侣岩战败，其盟军在布汶溃败。

1215年，英格兰贵族叛乱，国王颁布《大宪章》。

1216年，腓力·奥古斯都的儿子路易，在英格兰贵族的支持下进入伦敦；约翰死去，其子亨利三世继位。

1224年，卢西尼昂的于格十世和妻子、无地约翰的寡妻昂古莱姆的伊莎贝拉，协助路易八世攻取普瓦图；亨利三世在大陆只剩下加斯科尼。

金雀花简明谱系表

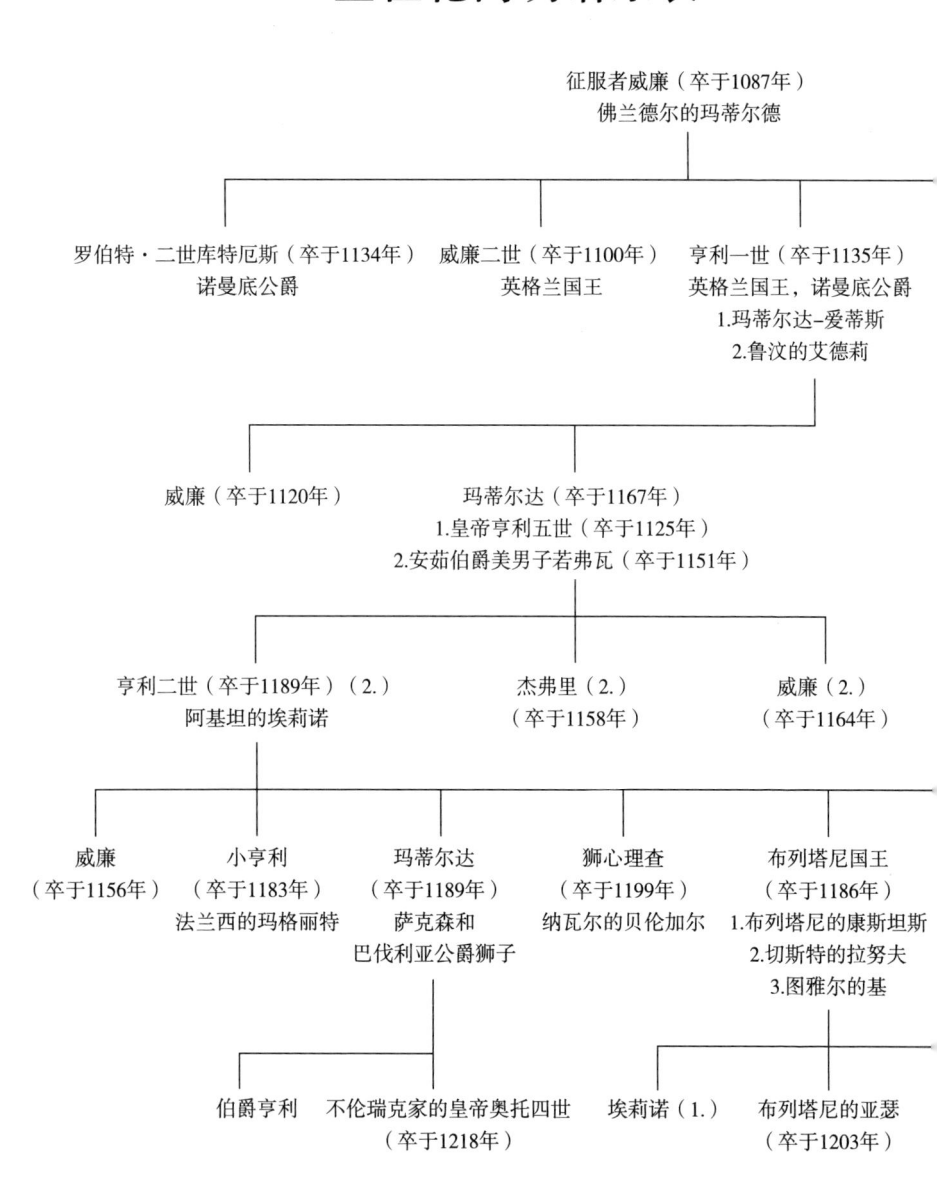

- 征服者威廉（卒于1087年）
- 佛兰德尔的玛蒂尔德

  - 罗伯特·二世库特厄斯（卒于1134年）诺曼底公爵
  - 威廉二世（卒于1100年）英格兰国王
  - 亨利一世（卒于1135年）英格兰国王，诺曼底公爵
    1. 玛蒂尔达–爱蒂斯
    2. 鲁汶的艾德莉

    - 威廉（卒于1120年）
    - 玛蒂尔达（卒于1167年）
      1. 皇帝亨利五世（卒于1125年）
      2. 安茹伯爵美男子若弗瓦（卒于1151年）

      - 亨利二世（卒于1189年）（2.）阿基坦的埃莉诺
      - 杰弗里（2.）（卒于1158年）
      - 威廉（2.）（卒于1164年）

        - 威廉（卒于1156年）
        - 小亨利（卒于1183年）法兰西的玛格丽特
        - 玛蒂尔达（卒于1189年）萨克森和巴伐利亚公爵狮子
        - 狮心理查（卒于1199年）纳瓦尔的贝伦加尔
        - 布列塔尼国王（卒于1186年）
          1. 布列塔尼的康斯坦斯
          2. 切斯特的拉努夫
          3. 图雅尔的基

          - 伯爵亨利
          - 不伦瑞克家的皇帝奥托四世（卒于1218年）
          - 埃莉诺（1.）
          - 布列塔尼的亚瑟（卒于1203年）

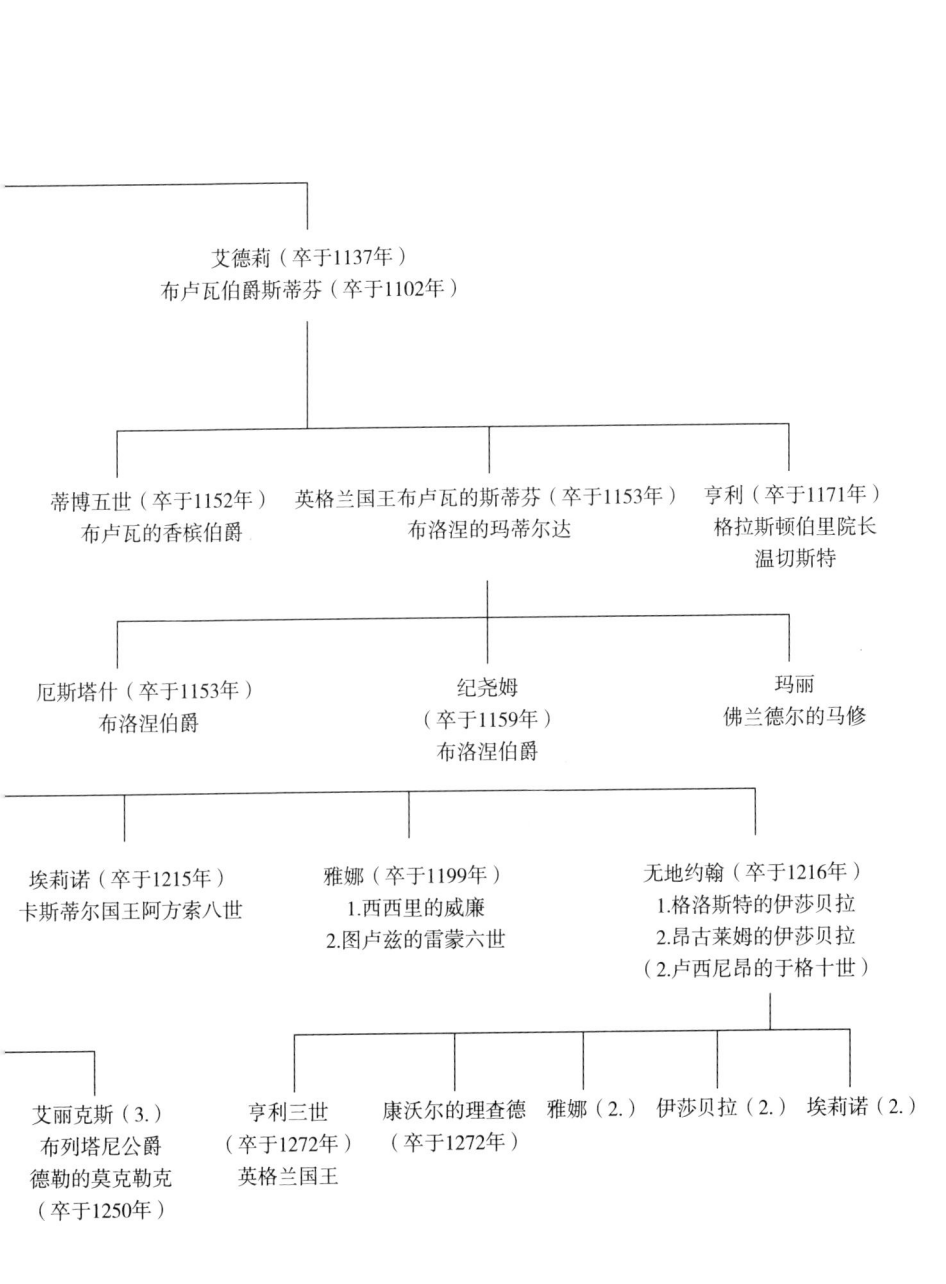

```
                    艾德莉(卒于1137年)
                    布卢瓦伯爵斯蒂芬(卒于1102年)
     ┌──────────────────┼──────────────────┐
蒂博五世(卒于1152年)  英格兰国王布卢瓦的斯蒂芬(卒于1153年)  亨利(卒于1171年)
布卢瓦的香槟伯爵      布洛涅的玛蒂尔达                  格拉斯顿伯里院长
                                                       温切斯特
        ┌──────────────────┼──────────────────┐
厄斯塔什(卒于1153年)      纪尧姆              玛丽
布洛涅伯爵              (卒于1159年)         佛兰德尔的马修
                        布洛涅伯爵
   ┌──────────────────┼──────────────────┐
埃莉诺(卒于1215年)   雅娜(卒于1199年)    无地约翰(卒于1216年)
卡斯蒂尔国王阿方索八世  1.西西里的威廉       1.格洛斯特的伊莎贝拉
                       2.图卢兹的雷蒙六世    2.昂古莱姆的伊莎贝拉
                                           (2.卢西尼昂的于格十世)
   ┌────┬──────┬──────┬──────┬──────┬──────┐
艾丽克斯(3.) 亨利三世  康沃尔的理查德  雅娜  伊莎贝拉(2.)  埃莉诺(2.)
布列塔尼公爵  (卒于1272年) (卒于1272年)  (2.)
德勒的莫克勒克  英格兰国王
(卒于1250年)
```

史料和参考文献

缩略语: ANS *(Anglo-Norman Studies)*, BIHR *(The Bulletin of the Institute of Historical Research)*, CCM *(Cahiers de Civilisation Médiévale)*, EHR *(English Historical Review)*, HSJ *(The Haskins Society Journal)*, MGH *(Monumenta Germaniæ Historica)*, PL (J.-P. MIGEN, *Patrologia Latina)*, RHF (M. BOUQUET, L. DELISLE, *Recueil des Historiens des Gaules et de la France)*, RS *(Rerum Britannicarum Medii Aevii Scriptores, Roll Series)*.

史　料

[ADAM D'EYNSHAM], *Magna Vita sancti Hugonis. The Life of St Hugh of Lincoln*, éd. et trad. angl. D. L. DOUIE, H. FARMER, Londres, 1961-62.

AELRED DE RIEVAULX, «Genealogia regum Anglorum», PL, t. 195, col. 711-736.

—, «Vita sancti Edwardi regis et confessoris», PL, t. 195, col. 737-790. Trad. angl. J. BERTRAM, Guildford, 1990.

[AIMERY PICAUD], *Le Guide du Pèlerin de Saint-Jacques de Compostelle*, éd. et trad. fr. J. VIELLIARD, Mâcon, 1960.

Aiquin ou la conquête de Bretagne par le roi Charlemagne, éd. F. JACQUES, Aix-en-Provence, 1979.

ALIENOR D'AQUITAINE, «The Letters and Charters of Eleanor of Aquitaine», éd. H. G. RICHARDSON, EHR, 74, 1959, p. 193-213.

AMBROISE, *L'Estoire de la guerre sainte*, éd. G. PARIS, Paris, 1897. Trad. angl. M. J. HUBERT, J. LA MONTE, New York, 1941.

ANDRE DE COUTANCES, «*Le Roman des Franceis*», éd. A. J. HOLDEN, *Etudes de langue et de littérature du Moyen Age offerts à Félix Lecoy,* Paris, 1973, p. 213-234.

«Annales Sancti Albini Adegavensis», *Recueil d'annales angevines et vendômoises,* éd. L. HALPHEN, Paris, 1903, p. 1-49.

«Annales Sancti Sergii Adegavensis», *ibid.,* p. 91-110.

ARNAUT GUILHEM DE MARSAN, *«Ensenhament»,* éd. G. E. SANSONE, *Testi didatico-cortesi di Provenza,* Bari, 1977, p. 109-180.

ARNAUT DE MAREUIL, *Les Poésies lyriques du troubadour Arnaud de Mareuil,* éd. et trad. fr. R. C. JOHNSTON, Paris, 1935.

ARNOUL DE LISIEUX, *The Letters of Arnulf of Lisieux,* éd. F. BARLOW, Londres, 1939. Trad. angl. C. P. SCHRIBER, *The Letters Collections of Arnulf of Lisieux,* New York, 1997.

AUBRY DES TROIS-FONTAINES, «Chronica», éd. P. SCHEFFER-BOICHORST, MGH, SS, t. 23, p. 631-950.

BENEIT DE SAINT ALBANS, *La Vie de Thomas Becket par Beneit. Poème anglo-normand du XIIe siècle,* éd. B. SCHLYTER, Lund, 1941.

BENOIT DE PETERBOROUGH, «Passio sancti Thomæ Cantuariensis», *Materials...,* éd. J. C. ROBERTSON (RS 67), Londres, 1876, t. 2, p. 1-20.

[BENOIT DE PETERBOROUGH, fausse attribution pour ROGER DE HOWDEN], *Gesta Henrici Secundi,* éd. W. STUBBS (RS 49), Londres, 1867.

BENOIT DE SAINTE-MAURE, *Chronique des ducs de Normandie,* éd. C. FAHLIN, Uppsala, 1951-1979.

[BERG GUNNSTEINSSON], *Thomas Saga E. Erkibyskups,* éd. et trad. angl. E. MAGNUSSON (RS 65), Londres, 1875-1883, 2 vol.

BERNARD ITIER, *Chronique,* éd. et trad. fr. J.-L. LEMAITRE, Paris, 1998.

BERNART DE VENTADORN, *Bernart de Ventadour, troubadour du XIIe siècle: chansons d'amour,* éd. et trad. fr. M. LAZAR, Paris, 1966.

BERTRAN DE BORN, *L'Amour et la Guerre. L'œuvre de Bertran de Born,* éd. et trad. fr. G. GOUIRAN, Aix-en-Provence, 1985.

BRETON D'AMBOISE, voir à JEAN DE MARMOUTIER.

CESAIRE DE HEISTERBACH, *Dialogus miraculorum,* éd. J. STRANGE, Cologne, 1851. Trad. angl. E. SCOTT, C. C. SWINTON, New York, 1922.

Chanson d'Aspremont, éd. A. B. DE MANDACH, *Naissance et Développement de la chanson de geste en Europe*, t. 3 et 4, Genève, 1975 et 1980.

The Charters of Constance, Duchess of Brittany, and her Family (1171- 1221), éd. J. EVERARD, M. JONES, Woodbridge, 1999.

The Chronicle of Battle Abbey, éd. et trad. angl. E. SEARLE, Oxford, 1980.

Chronicles of the Reigns of Stephen, Henry II, and Richard I, éd. R. HOWLETT (RS 82), Londres, 1884-1889.

«Chronicon turonense magnum», *Recueil des chroniques de Touraine*, éd. A. SALMON, Tours, 1854, p. 64-161.

Chroniques des comtes d'Anjou et seigneurs d'Amboise, éd. L. HALPHEN, R. POUPARDIN, Paris, 1913.

The Church Historians of England, trad. angl. J. STEVENSON, Londres, 1854-1858.

The Complete Peerage of England, Scotland, Ireland, Great Britain and the United Kingdom, éd. H. V. GIBBS, Londres, 1910-1959.

Councils and Synods, with other Documents relating to the English Church, I part II, 1066-1204, éd. D. WHITELOCK, M. BRETT, C. N. L. BROOKE, Oxford, 1981.

Court, Household and Itinerary of King Henry II, éd. R. W. EYTON, Londres, 1878.

DAUDE DE PRADAS, *The Romance of Daude de Pradas, called Dels Auzels Cassadors*, éd. A. H. SCHUTZ, Columbus (Oh), 1945.

DUDON DE SAINT-QUENTIN, *De Moribus et actis primorum Normanniæ ducum*, éd. J LAIR, Caen, 1865.

EDOUARD GRIM, «Vita Sancti Thomæ Cantuariensis archiepiscopi et martyris», *Materials...*, éd. J. C. ROBERTSON (RS 67), Londres, 1876, t. 2, p. 353-450.

English Historical Documents, 1142-1189, trad. angl. D. DOUGLAS, G. W. GREENWAY, Londres, 1953.

English Historical Documents, 1189-1327, trad. angl. H. ROTHWELL, Londres, 1975.

ETIENNE DE FOUGERES, *Le Livre des manières*, éd. A. LODGE, Genève, 1979.

ETIENNE DE ROUEN, «Draco Normannicus», *Chronicles...*, éd. R. HOWLETT (RS 82), Londres, 1885, t. 2, p. 587-781.

Fœdera, conventiones, litteræ et cujuscumque generis acta publica, éd. T. RYMER, R. SANDERSON, G. HOLMES, La Haye, 1745.

Folquet de Marseille, *Le Troubadour Folquet de Marseille,* éd. et trad. fr. S. Stronski, Cracovie, 1910.

Gace Brule, *Gace Brulé, trouvère champenois,* éd. H. Petersen Dyggve, Helsinski, 1951.

Gaucelm faidit, *Les Poèmes de Gaucelm Faidit, troubadour du XIIe siècle,* éd. et trad. fr. J. Mouzat, Paris, 1965.

Gautier Map, *De Nugis Curialium. Courtiers' Trifles,* éd. et trad. angl. M. R. James, C. N. L. Brooke, R. A B. Mynors, Oxford, 1983. Trad. fr. A. K. Bate, Turnhout, 1993.

Geoffroi Gaimar, *L'Estoire des Engleis,* éd. A. BELL, Oxford, 1960. Trad. angl. J. STEVENSON, *The Church Historians...,* t. 2, part 2, p. 729-810.

Geoffroi de Monmouth, *The Historia Regum Britannie of Geoffrey of Montmouth I : Bern, Burgerbibliothek, ms 568,* Cambridge, 1984. Trad. fr. L. Mathey-Maille, Paris, 1992.

—, *Life of Merlin : Vita Merlini,* éd. et trad. angl. B. Clarke, Cardiff, 1973.

Geoffroi de Vigeois, «Chronique», RHF, t. 12, p. 421-451, et t. 18, p. 211-223.

Gervais de Cantorbery, *Chronica,* éd. W. Stubbs (RS 73), Londres, 1879, t. 1. Trad. angl. J. Stevenson, *The Church Historians...,* t. 5, part 1.

Gervais de Tilbury, «Otia imperialia (excerpta)», éd. J. STEVENSON (RS 66), Londres, 1875, p. 419-449.

The Gesta Normannorum Ducum *of William of Jumièges, Orderic Vital and Robert de Torigny,* éd. et trad. angl. E. Van Houts, Oxford, 1995.

Gilbert Foliot, *The Letters and Charters of Gilbert Foliot,* éd. A. Morey, C. N. L. Brooke, Cambridge, 1967.

Giraud de Barri, *Giraldi Cambrensis Opera,* éd. J. S. Brewer, J. F. Dimock, G. F. Warner, 8 vol. (RS 21), Londres, 1861-1891.

—, *De Principis instructione,* éd. G. F. Warner (RS 21), Londres, 1891, t. 8. Trad. angl. partielle J. Stevenson, *The Church Historians...,* t. 5, part 1, Londres, 1858, p. 133-241.

—, «Descriptio Kambriæ», *Giraldi...* éd. J. F. Dimock (RS 21), Londres, 1868, t. 6, p. 155-227. Trad. angl. L. THORPE, Harmondsworth, 1978.

—, *Expugnatio Hibernica. The Conquest of Ireland,* éd. et trad. angl. A. B. Scott, F. X. Martin, Dublin, 1978.

—, *Gemma ecclesiastica,* éd. J. S. BREWER (RS 21), Londres, 1862 (RS 21), t. 2.

—, *Invectiones,* éd. W. S. DAVIES, Londres, 1920 («Y. Cymmorodor. The Magazine of the Honourable Society of Cymmorodorion», 30).

—, «Itinerarium Kambriæ», *Giraldi...,* éd. J. F. DIMOCK (RS 21), Londres, 1868, t. 6, p. 3-152. Trad. angl. L. THORPE, Harmondsworth, 1978.

—, *The Life of St Hugh of Avalon, Bishop of Lincoln, 1186-1200,* éd. et trad. angl. R. M. LOOMIS, New York, 1985.

—, *Speculum duorum or A Mirror of Two Men,* éd. Y. LEFEVRE, R. B. C. HUYGENS, trad. angl. B. DAWSON, Cardiff, 1974.

—, «Speculum Ecclesiæ», *Giraldi...,* éd. J. S. REWER (RS 21), Londres, 1873, t. 4, p. 3-354.

—, «Topographia Hibernica», *Giraldi...,* éd. J. F. DIMOCK (RS 21), Londres, 1867, t. 5, p. 3-204. Trad. fr. J.-M. BOIVIN, *L'Irlande...,* p. 155- 381.

—, «Vita Galfredi, archiepiscopi Eboracensis», *Giraldi...,* éd. J. S. BREWER (RS 21), Londres, 1857, t. 4, p. 357-431.

—, «Vita sancti Remigii», *Giraldi...,* éd. J. F. DIMOCK (RS 21), Londres, 1877, t. 7, p. 3-80.

GIRAUT DE BORNEIL, *The Cansos and Sirventes of the Troubadour Giraut de Borneil : A Critical Edition,* éd. et trad. angl. R. SHARMAN, Cambridge (Mass.), 1989.

GUERNES DE PONT-SAINTE-MAXENCE, *La Vie de Saint Thomas le Martyr de Cantorbire,* éd. et trad. angl. J. SHIRLEY, Londres, 1975. Trad. fr. J.-G. GOUTTEBROZE, A. QUEFFELEC, Paris, 1990.

GUILLAUME LE BRETON, «Historia de vita et gestis Philippi Augusti», *Œuvres de Rigord...,* t. 1, p. 168-320.

—, «Philippidos libri XII», *ibid.,* t. 2, p. 1-385.

GUILLAUME DE CANTORBERY, «Vita Sancti Thomæ», *Materials...,* éd. J. ROBERTSON (RS 67), Londres, 1875, t. 1, p. 1-136.

GUILLAUME DE MALMESBURY, *Gesta regum Anglorum. The History of the English Kings,* éd. R. A. B. MYNORS, R. M. THOMSON, M. WINTERBOTTOM, Oxford, 1998.

—, *Historia novella,* éd. et trad. angl. K. R. POTTER, Londres, 1955.

GUILLAUME DE NEWBURGH, «Historia rerum Anglicarum», *Chronicles...,* éd. R. HOWLETT (RS 82), Londres, 1884-1885, t. 1, p. 11- 408, t. 2. p. 416-583.

Trad. angl. J. STEVENSON, *The Church Historians...*, t. 4, part 2.

GUILLAUME FITZ STEPHEN, «Vita Sancti Thomæ Cantuariensis archiepiscopi et martyris», *Materials...*, éd. J. ROBERTSON (RS 67), Londres, 1878, t. 3, p. 1-154. Trad. angl. partielle G. GREENWAY, Londres, 1961.

[GUILLAUME DE TREIGNAC], «Tractatus quales sunt», PL, t. 207, col. 1005-1052.

GUIRAUT DE CALANSON, éd. et trad. fr. A. JEANROY *Jongleurs et troubadours gascons des XIIe et XIIIe siècles,* Paris, 1923, p. 26-74.

HENRI DE HUNTINGDON, *Historia Anglorum. The History of the English People,* éd. et trad. angl. D. GREENWAY, Oxford, 1996.

«Henry II's Supplement to the Constitutions of Clarendon», éd. D. KNOWLES, A. J. DUGGAN, C. N. L. BROOKE, EHR, 87, 1972, p. 757-771.

HERBERT DE BOSHAM, «Vita Sancti Thomæ Cantuariensis archiepiscopi et martyris», *Materials...*, éd. J. ROBERTSON (RS 67), Londres, 1879, t. 3, p. 155-534.

—, *Liber melorum, ibid.,* p. 535-554.

Historia Pontificum et comitum Engolismensium, éd. J. BOUSSARD, Paris, 1957.

HUGUES DE CLAYE *(cleriis),* «De Majoratu et senescalcia Franciæ», *Chroniques des comtes d'Anjou...,* p. 239-246.

Itinerarium peregrinorum et gesta regis Ricardi, Chronicles and Memories of the Reign of Richard I, éd. W. STUBBS (RS 38), Londres, 1864. Trad. angl. H. NICHOLSON, *The Chronicle of the Third Crusade,* Ashgate, 1997.

Das Itinerarium Peregrinorum. Eine Zeitgenössische englische Chronik zum dritten Kreuzzug in ursprünglicher Gestalt, éd. H. E. MAYER, Stuttgart, 1962.

JEAN DE CORNOUAILLES, «A New Edition of John of Cornwall's *Prophetia Merlini»,* éd. M. J. CURLEY, *Speculum,* 57, 1982, p. 217-249.

JEAN DE GARLANDE, *De Triumphis Ecclesie libri octo,* éd. Th. WRIGHT, Londres, 1856.

JEAN DE HAUVILLE, *Architrenius,* éd. et trad. angl. W. WETHERBEE, Cambridge, 1994.

JEAN DE MARMOUTIER, BRETON D'AMBOISE, THOMAS DE CONCHES, *ET ALII,* «Chronica de gestis consulum Andegavorum», *Chroniques des comtes d'Anjou...,* p. 25-73.

—, «Gesta consulum Andegavorum. Addimenta», *ibid.,* p. 135-171.

—, «Historia Gaufredi ducis», *ibid.,* p. 172-231.

—, «Liber de compositione castri Ambaziæ», *ibid.,* p. 1-24.

JEAN DE SALISBURY, «The *Entheticus* of John of Salisbury», éd. R. E. PEPIN, *Traditio,* 31,1975, p. 127-193.

—, *The Letters of John of Salisbury, t. 1, The Early Letters (1153-1161),* éd. et trad. angl. W. J. MILLOR, H. E. BUTLER et C. N. L. BROOKE, Londres, 1955 ; *t. 2, The Later Letters (1163-1180),* éd. et trad. angl. W. J. MILLOR, C. N. L. BROOKE, Oxford, 1979.

—, *Memoirs of the Papal Court. Historia Pontificalis,* éd. et trad. angl. M. CHIBNALL, Londres, 1956.

—, *Metalogicon,* éd. J. B. HALL, Turnhout, 1991. Trad. angl. D. D. Mc GARRY, Los Angeles, 1955.

—, *Policraticus I-IV,* éd. K. S. KEATS-ROHAN, Turnhout, 1993; *Policraticus,* éd. C. C. J. WEBB, Oxford, 1909,2 vol. (rééd. Francfort, 1965), utilisée seulement pour les livres 5-8. Trad. angl. J. B. PIKE, Minneapolis (Mn), 1938, pour les livres 1-3 et sélections des 7 et 8 ; J. DICKINSON, New York, 1927, pour les livres 4-6 et sélections des 7 et 8. Le prologue du *Policraticus* a été faussement attribué à NIGEL DE LONGCHAMPS, voir ci-dessous à cet auteur.

[JEAN DE TILBURY], «*Ars Notaria.* Tironische Noten und Stenografie in 12. Jahrhundert», éd. V. ROSE, *Hermes. Zeitschrift für Classische Philologie,* 8, 1874, p. 303-326.

[JEAN LE TROUVERE], *L'Histoire de Guillaume le Maréchal,* éd. et trad. fr. P. MEYER, Paris, 1891-1901.

JOCELIN DE BRAKELOND, *Chronicle of the Abbey of Bury St Edmunds,* éd. et trad. angl. D. GREENWAY, J. SAYERS, Oxford, 1989.

JORDAN FANTOSME, *Chronicle,* éd. et trad. angl. R. C. JOHNSTON, Oxford, 1981.

JOSEPH D'EXETER, *Iliade de Darès de Phrygie.* Pour les livres 1 à 3 : *De Bello trajano. Trajan War I-III,* éd. et trad. angl. A. K. BATE, Londres, 1986 ; pour les livres 4 à 6 : JOSEPH ISCANUS, *Werke und Briefe,* éd. L. GOMPF, Leiden-Cologne, 1970. Trad. angl. G. ROBERTS, *The Iliad of Dares Phrygius,* Le Cap, 1970.

The Itinerary of King Richard I, éd. L. LANDON, Londres, 1935.

LAYAMON, *Brut/Layamon, edited from British Museum Ms Cotton Caligula A.*

IX and Bristish Museum Ms Cotton Otho C. XIII, G. L. BROOK, R. F. LESLIE, Oxford, 1963. Trad. angl. : R. ALLEN, Londres, 1992.

Liber Niger Scaccarii, éd. T. H. HEARNE, Londres, 1728.

The Mabinogion, trad. angl. G. et T. JONES, Londres, 1974.

MARIE DE FRANCE, *L'Espurgatoire seint Patriz,* éd. et trad. fr. Y. DE PONTFARCY, Louvain-Paris, 1995.

—, *Les Lais,* éd. J. LODS, Paris, 1959.

Materials for the History of Thomas Becket, archbishop of Canterbury, éd. J. C. ROBERTSON, J. B. SHEPPARD (RS 67), Londres, 1875-1885.

MATTHIEU PARIS, *Chronica majora,* éd. H. R. LOUARD (RS 57), Londres, 1872-1883.

MOINE DE MONTAUDON, éd. et trad, fr. *Les Troubadours cantaliens,* Aurillac, 1910, t. 2, p. 241-405, et *Notes complémentaires,* p. 1-60.

Mort Artu, éd. J. FRAPPIER, Genève, 1954.

NIGEL DE LONGCHAMPS, *alias* WIREKER, *Speculum Stultorum,* éd. J. H. MOZLEY, R. R. RAYMO, Berkeley (Ca), 1970, trad. angl. J. H. MOZLEY, Notre-Dame (In), 1963.

—, *Tractatus contra curiales et officiales clericos,* éd. A. BOUTEMY, Bruxelles, 1959.

—, [Fausse attribution du prologue du *Policraticus* de JEAN DE SALISBURY], «Versus ad Guillelmum Eliensem», *Anglo-Latin Satirical Poets* (RS 59), Londres, 1872, t. 1, p. 231-239.

NONNE DE BARKING, *La Vie d'Edouard le Confesseur,* éd. O. SÖDEGARD, Uppsala, 1948.

«Notes and Documents», éd. C. L. KINGSFORD, EHR, 5, 1890, p. 311-326.

Œuvres de Rigord et de Guillaume le Breton, éd. F. LABORDE, Paris, 1882.

ORDERIC VITAL, *Historia ecclesiastica,* éd. et trad. angl. M. CHIBNALL, Oxford, 1968-1980.

OSBERT DE CLARE, *The Letters of Osbert of Clare, prior of Westminster,* éd. E. WILLIAMSON, Oxford, 1929.

OTTON DE FREISING, *Gesta Frederici,* éd. G. WAITZ, B. SIMPSON, F.-J. SCHAMLE, s. l., 1965. Trad. angl. C. C. MIEROW, R. EMERY, New York, 1953.

PEIRE D'AUVERGNE, *Liriche,* éd. et trad. it. A. DEL MONTE, Turin, 1955.

Peire Vidal, *Poesie,* éd. D'A. S. Avalle, Naples, 1960.
Pierre de Blois, *Carmina,* éd. C. Wollin, Turnhout, 1998.
—, *Compendium in Job,* éd. et trad. fr. J. Gildea, Liège, 1974-1979.
—, «*Dialogus inter regem Henricum II et abbatem Bonnevallis*», éd. R. B. C. Huygens, *Revue bénédictine,* 68, 1958, p. 87-112.
—, *Epistulæ,* PL, t. 207, col. 1-560. Pour les lettres tardives : *The Later Letters of Peter of Blois,* éd. E. Revell, Oxford, 1993.
—, *De Hierosolymitana peregrinatione acceleranda,* PL, t. 207, col. 1057-1070.
—, «Tractatus quales sunt» [fausse attribution, voir ci-dessus à Guillaume de Treignac].
The Political Songs of England, from the Reign of John to Edward II, éd. J. T. Wright, Londres, 1839 (rééd. P. Coss, 1996).
Philippe d'Oxford, «Ad Acta sanctæ Fideswidæ. De Libro miraculorum ejus», *Acta Sanctorum,* Paris-Rome, 1865, *Octobris,* t. 8, p. 568-589.
Philippe de Thaon, *Le Bestiaire de Philippe de Thaün,* éd. E. Walberg, Paris-Lund, 1900.
Pierre Riga, «Un poème inédit de Pierre Riga», éd. B. Hauréau, *Bibliothèque de l'Ecole des Chartes,* 1883, 44, p. 5-11.
Pons de Capdoil, *Leben und Werke des trobadors Ponz da Capduoill,* éd. M. Von Napolski, Halle, 1879.
Raimon Vidal de Besalu, «Abril issis e mays intrava», éd. et trad. fr., J.-CH. Huchet, *Nouvelles occitanes du Moyen Age,* Paris, 1992, p. 37-139.
[Ranulf de Glanville], voir *Tractatus* ci-dessous.
Raoul de Coggeshale, «Chronicon Anglicanum», éd. J. Stevenson (RS 66), Londres, 1875, p. 1-208.
Raoul de Diss *(de Diceto),* «Ymagines historiarum», *Opera Historica,* éd. W. Stubbs (RS 68), Londres, 1876, t. 1, p. 292-440, t. 2, p. 3-176.
Raoul le Noir *(Ralph Niger), Chronica. The Chronicles of Ralph Niger,* éd. R. Anstruther, Londres, 1851.
Recueil des actes d'Henri II, éd. L. Delisle, E. Berger, Paris, 1909-1927.
The Red Book of the Exchequer, éd. H. Hall, Londres, 1886.
Richard Cœur de lion, «Richard Cœur de Lion et la poésie lyrique», éd. Y. G. Lepage, *Mélanges J. Dufournet,* Paris, 1993, p. 893-910.

Richard Cœur de Lion. Histoire et légende, trad. fr. M. BROSSARD-DANDRE, G. BESSON, Paris, 1989.

RICHARD DE DEVIZES, *Chronicon Richardi Divisensis de tempore regis Richardi Primi. The Chronicle of Richard of Devizes,* éd. et trad. angl. J. T. APPLEBY, Londres, 1963.

RICHARD FITZ NIGEL, *Dialogus de Scaccario. The Course of the Exchequer,* éd. et trad. angl. C. JOHNSON, F. E. L. CARTER et D. E. GREENWAY, Londres, 1983.

RICHARD LE POITEVIN, «Chronicon», RHF, Paris, 1877, t. 12, p. 411-421.

RIGORD, «Gesta Philippi Augusti», *Œuvres de Rigord...,* t. 1, p. 1-167.

ROBERT DE CRICKLADE, «Das Exzerpt der *Naturalis Historia* des Plinius von Robert von Cricklade», éd. K. RÜCK, *Sitzungsberichte der Königlichbayerischen Akademie der Wissenschaften, Phil.-hist. Klasse,* 1902, p. 195-286.

ROBERT DE TORIGNI, *Chronicle, Chronicles...,* éd. R. HOWLETT (RS 82), Londres, 1889, t. 4. Trad. angl. J. STEVENSON, *The Church Historians...,* t. 4, part 2, p. 675-813.

—, *The Gesta Normannorum...,* voir ci-dessus au titre.

R[OBERT DE TORIGNI], *The Rise of Gawain, Nephew of Arthur. De Ortu Waluuanii nepotis Arturi,* éd. et trad. angl. M. L. DAY, New York, 1984.

—, *The Story of Meriadoc, King of Cambria. Historia Meriadoci Regis Cambrie,* éd. et trad. angl. M. L. DAY, New York, 1988.

ROGER DE HOWDEN, *Chronica,* éd. W. STUBBS (RS 51), Londres, 1868-1871. Trad. angl. T. H. RILEY, Londres, 1853.

—, *Gesta,* voir ci-dessus à [BENOIT DE PETERBOROUGH].

ROGER DE WENDOVER, *Flores historiarum,* éd. H. G. HOWLETT (RS 84), Londres, 1886-1889.

Roman de Thèbes, éd. G. RAYNAUD DE LAGE, Paris, 1966-1968.

Rotuli de dominabus et pueris et puellis de XII comitatibus (1185), éd. J. H. ROUND, Londres, 1913.

«Six Charters of Henry II and his Family for the Monastery of Dalon», éd. A. W. LEWIS, EHR, 1110,1995, p. 653-665.

The Song of Dermot and earl Richard Fitzgilbert. La Chansun de Dermot e li quens Ricard Fitz Gilbert, éd. et trad. angl., D. J. CONLON, Francfort, 1992.

Thesaurus novus anecdotorum, éd. E. MARTENE, U. DURAND, Paris, 1717.

THOMAS BECKET, *The Correspondence of Thomas Becket, archbishop of Canterbury, 1162-1170,* éd. A. J. DUGGAN, Oxford, 2001.

THOMAS DE CONCHES, voir ci-dessus à JEAN DE MARMOUTIER.

THOMAS D'EARLEY (*DE AGNELLIS*), «Sermo de morte et sepultura Henrici regis junioris», éd. J. STEVENSON (RS 66), Londres, 1875, p. 263-273.

THOMAS DE FROIDMONT, *Thomas von Froidmont Die Vita des heiligen Thomas Becket Erzbischof von Canterbury,* éd. et trad. all. F. STEINER, Stuttgart, 1991.

Thomas Saga E. Erkibyskups, éd. E. MAGNUSSON (RS 65), Londres, 1875-1883.

«Vie et miracles de saint Laurent, archevêque de Dublin», éd. C. PLUMMER, *Analecta Bollandiana,* 33, 1914, p. 121-185.

Tractatus de legibus et consuetudinibus regni Angliæ qui Glanvilla vocatur, éd. G. D. G. HALL, M. T. CLANCHY, Oxford, 1993.

Le Très ancien coutumier de Normandie, éd. E.-J. TARDIF, Rouen, 1881-1903.

Los trovadores. Historia literaria y textos, éd. et trad. esp. M. DE RIQUER, Barcelone, 1983.

WACE, *Le Roman de Brut,* éd. I. ARNOLD, Paris, 1938-1940.

—, *Le Roman de Rou,* éd. A. J. HOLDEN, Paris, 1970-1973.

WIREKER, voir ci-dessus NIGEL DE LONGCHAMPS.

参考文献

Adelard of Bath. An English Scientist and Arabist of the Early 12th-Century, dir. C. BURNET, Londres, 1987.

J. W. ALEXANDER, «The Becket Controversy in Recent Historiography», *Journal of British Studies,* 9, 1970, p. 1-26.

G. ALTHOFF, «Ira regis. Prolegomena to a History of Royal Anger», *Anger's Past. The Social Uses of an Emotion in the Middle Ages,* B. ROSENWEIN éd., Cornell (NY), 1998, p. 59-74.

M. ALVIRA, P. BURESI, «"Alphonse, par la grâce de Dieu, roi de Castille et de Tolède, seigneur de Gascogne". Quelques remarques à propos des relations entre Castillans et Aquitains au début du XIIIe siècle», *Aquitaine-Espagne (VIIIe-XIIIe s.),* dir. Ph. Senac, Poitiers, 2001, p. 219-232.

E. M. AMT, *The Accession of Henry II in England. Royal Government Restored,*

1149-1159, Woodbridge, 1993.

—, «The Reputation of the Sheriff, 1100-1216», HSJ, 8, 1996, p. 91-98.

—, «Richard de Lucy, Henry II's Justiciar», *Medieval Prosopography, 9*(1), 1988, p. 61-87.

C. ANDRAULT-SCHMITT, «Le mécénat architectural en question : les chantiers de Saint-Yrieix, Grandmont et Le Pin à l'époque de Henri II», *La Cour...,* p. 235-276.

J. ANGLADE, *Les Troubadours et les Bretons,* Paris, 1929.

Anglo-Norman Political Culture and the 12th-Century Renaissance, dir. C. W. HOLLISTER, Woodbridge, 1997.

Arthurian Literature in the Middle Ages. A Collaborative History, dir. R. S. LOOMIS, Oxford, 1959.

G. ASHE, «Geoffroy de Montmouth», *The New Arthurian...,* New York, 1991, p. 179-182.

—, «A Certain Very Ancient Book», *Speculum,* 56,1981, p. 301-323.

M. AURELL, «Aliénor d'Aquitaine et ses historiens : la destruction d'un mythe?», *Guerre, pouvoir et noblesse au Moyen Age. Mélanges Philippe Contamine,* dir. J. PAVIOT, J. VERGER, Paris, 2000, p. 43-49.

—, «Appréhensions historiographiques de la féodalité anglo-normande et méditerranéenne (XIe-XIIe s.)», *Présence du féodalisme et présent de la féodalité,* dir. N. FRYDE, P. MONNET, G. OEXLE, Göttingen, 2002, p. 175-194.

—, «La cour Plantagenêt : entourage, savoir et civilité», *La Cour Plantagenêt...,* p. 9-46.

—, «Le meurtre de Thomas Becket: les gestes d'un martyre», *Bischofsmord Tagung,* actes du colloque de Göttingen (septembre 2000), sous presse.

—, *La Noblesse en Occident (V^e-XVe siècle),* Paris, 1996.

—, «Noblesse et royauté Plantagenêt (1154-1224)», *Noblesses de l'espace...,* p. 9-64.

—, *Les Noces du comte. Mariage et pouvoir en Catalogne (785-1213),* Paris, 1995.

—, «Révolte nobiliaire et lutte dynastique dans l'Empire Plantagenêt (1154-1224)», ANS, 24, 2001, p. 25-42.

—, *La Vielle et l'épée. Troubadours et politique en Provence au XIIIe siècle,*

Paris, 1989.

J. AVRIL, *Le Gouvernement des évêques et la vie religieuse dans le diocèse d'Angers (1148-1240)*, Paris, 1984.

B. BACHRACH, «Henry II and the Angevin Tradition of Family Hostility», *Albion*, 16, 1984, p. 111-130.

—, «The Idea of Angevin Empire», *Albion*, 10, 1978, p. 293-299.

—, «King Henry II and Angevin Claims to the Saintonge», *Medieval Prosopograhy*, 6 (1), 1985, p. 23-46.

J. W. BALDWIN, «La décennie décisive : les années 1190-1203 dans le règne de Philippe Auguste», *Revue historique*, 266, 1981, p. 311-337.

—, «L'entourage de Philippe Auguste et la famille royale», *La France de Philippe...*, p. 59-73.

—, «Masters at Paris from 1179 to 1215 : A Social Perspective», *Renaissance and Renewal...*, p. 138-172.

—, *Masters, Princes and Merchants. The Social Views of Peter the Chanter and his Circle*, Princeton, 1970.

—, *Philippe Auguste*, Paris, 1991.

—, «*Studium et Regnum*. The Penetration of University Personnel into French and English Administration at the Turn of the 12th and 13th Centuries», *Revue islamique*, 44, 1976, p. 199-211.

R. BARBER, «The *Vera Historia de Morte Arthuri* and its place in Arthurian Tradition», *Arthurian Literature*, 1, 1981, p. 62-93.

J. BARBEY, *Etre roi. Le roi et son gouvernement en France de Clovis à Louis XVI*, Paris, 1992.

F. BARLOW, *Edward the Confessor*, Berkeley (Ca), 1970.

—, «The King's Evil», EHR, 95, 1980, p. 3-27.

—, *Thomas Becket*, Londres, 1986.

N. BARRATT, «The Revenues of John and Philip Augustus Revisited» *King John...*, p. 75-99.

B. BARRIERE, «L'anneau de Valérie, mythe ou réalité ?», *Valérie...*, p. 11-18.

—, «Le comté de la Marche, une pièce originale de l'héritage Lusignan», *Isabelle...*, p. 27-35.

D. BARTHELEMY, *La Société dans le comté de Vendôme de l'an mil au XIVe siècle*,

Paris, 1993.

R. BARTLETT, *Gerald of Wales, 1146-1223,* Oxford, 1982.

—, «Political Prophecy in Gerald of Wales», *Culture politique...* (sous presse).

A. K. BATE, «Walter Map and Giraldus Cambrensis», *Latomus,* 31, 1972, p. 860-875.

D. BATES, «The Rise and Fall of Normandy, c. 911-1204», *England and Normandy...,* p. 19-35.

—, «Normandy and England after 1066», EHR, 104, 1989, p. 859-861.

M.-P. BAUDRY, *Les Fortifications des Plantagenêt en Poitou (1154-1242),* Paris, 2001.

—, «Les fortifications des Plantagenêt à Thouars», *La Cour...,* p. 297-314.

R.-H. BAUTIER, «Conclusions. "Empire Plantagenêt" ou "espace Plantagenêt". Y eut-il une civilisation du monde Plantagenêt ?», CCM, 29, 1986, p. 139-147.

—, «Philippe Auguste: la personnalité du roi», *La France de Philippe...,* p. 33-57.

—, «La place du règne de Philippe Auguste dans l'histoire de la France médiévale», *ibid.,* p. 11-27.

C. BEAUNE, *Naissance de la nation France,* Paris, 1985.

—, «Les ducs, le roi et le Saint Sang», *Saint-Denis et la royauté : études offertes à Bernard Guenée,* dir. F. AUTRAND, C. GAUVARD, J.-M. MŒGLIN, Paris, 1999, p. 711-732.

J. BEAUROY, «Centralisation et histoire sociale : remarques sur l'*Inquisitio vicecomitum* de 1170», CCM, 37, 1994, p. 3-24.

The Becket Controversy, éd. T. M. JONES, New York, 1970.

R. BENJAMIN, «A Forty Years War : Toulouse and the Plantagenêt», BIHR, 61, 1988, p. 270-285.

M. BENNET, «Poetry as History ? The "Roman de Rou" of Wace as a Source for the Norman Conquest», ANS, 5, 1982, p. 21-39.

R. R. BEZZOLA, *Les Origines et la formation de la littérature courtoise en Occident (500-1200),* partie 3, t. 1 : *La Cour d'Angleterre comme centre littéraire sous les rois angevins (1154-1199),* Paris, 1963.

J.-M. BIENVENU, «Henri II Plantegenêt et Fontevraud», CCM, 37, 1994, p. 25-32.

M. BILLORE, «La noblesse normande dans l'entourage de Richard Ier», *La Cour...,*

p. 151-166.

T. N. BISSON, «The Politicising of West European Societies, c. 1175-c. 1225», *Mélanges Georges Duby,* dir. C. DUHAMEL-AMADO, G. LOBRICHON, Bruxelles, 1996, p. 245-255.

J. BLACKER, *The Faces of Times : Portrayal of the Past in Old French and Latin Historical Narrative of the Anglo-Norman Regnum,* Austin (Texas), 1994.

—, «*Ne vuil sun livre translater.* Wace's omission of Merlin's prophecies from the *Roman de Brut*», *Anglo-Norman Anniversary Essays,* dir. I. SHORT, Londres, 1993, p. 49-60.

—, «Where Wace Feared to Tread: Latin Commentaries on Merlin's Prophecies in the Reign of Henry II», *Arthuriana,* 6 (1), 1996, p. 36-52.

M. BLOCH, *Les Rois thaumaturges,* préface J. LE GOFF, Paris, 1983 (3e éd.).

P. BOISSONADE, «Administrateurs laïques et ecclésiastiques anglo-normands en Poitou à l'époque d'Henri II Plantagenêt (1152-1189)», *Bulletin de la Société des Antiquaires de l'Ouest,* 3e série, 5, 1919, p. 159-190.

Quomodo comites Engolismenses erga reges Angliæ et Franciæ se gesserint, Angoulême, 1893.

J.-M. BOIVIN, *L'Irlande au Moyen Age: Giraud de Barri et la Topographia Hibernica (1188),* Paris-Genève, 1993.

—, «Les paradoxes des *clerici regis:* l'exemple de la cour d'Henri II Plantagenêt de Giraud de Barri», *Senefiance,* 37,1995, p. 47-61.

J. BOORMAN, «The Sheriffs of Henry II and the Significance of 1170», *Law and Government...,* p. 255-275.

A. BOUREAU, *La Loi du royaume : les moines, le droit et la construction de la nation anglaise,* Paris, 2001.

M. BOURIN-DERRUAU, *Temps d'équilibres, temps de ruptures (XIIe siècle),* Paris, 1990.

P. BOURGAIN, «Aliénor d'Aquitaine et Marie de Champagne mises en cause par André le Chapelain», CCM, 29, 1986, p. 29-36.

E. BOURNAZEL, *Le Gouvernement capétien au XIIe siècle,* Limoges, 1975.

—, «Mémoire et parenté», *La France de l'an mil,* dir. R. DELORT, Paris, 1990, pp. 114-124.

—, «La royauté féodale en France et en Angleterre (Xe-XIIIe siècle)», *Les*

Féodalités, dir. E. BOURNAZEL, J.-P. POLY, Paris, 1998, p. 389-510.

J. BOUSSARD, *Le Comté d'Anjou sous Henri Plantagenêt et ses fils, 1151-1204,* Paris, 1938.

—, *Le Gouvernement d'Henri II Plantagenêt,* Paris, 1956.

—, «Les institutions de l'Empire Plantagenêt», *Histoire des institutions françaises au Moyen Age,* dir. F. LOT, R. FAWTIER, Paris, 1957, t. 1, p. 35-69.

—, «Les institutions financières des Plantagenêt», CCM, 1, 1958, p. 475-494.

—, «Les mercenaires au XIIe siècle : Henri II Plantagenêt et les origines de l'armée de métier», *Bibliothèque de l'Ecole des chartes,* 106, 1945-1946, p. 189-224.

—, «Philippe Auguste et les Plantagenêt», *La France de Philippe...,* p. 263-287.

D. BOUTET, *Charlemagne et Arthur ou le roi imaginaire,* Paris, 1992.

F. BOUTOULLE, *Société laïque en Bordelais et Bazadais des années 1070 à 1225,* thèse de doctorat inédite de l'université de Bordeaux III, dir. J.-B. MARQUETTE, 2001.

E. BOZOKY, «Le culte des saints et des reliques dans la politique des premiers Plantagenêt», *La Cour...,* p. 277-291.

J. BRADBURY, «Geoffroy V of Anjou, Count and Knight», *The Ideal and Practice...,* t. 3, 1990, p. 21-38.

—, «Philip Augustus and King John: Personality and History», *King John...,* p. 347-361.

P. BRAND, *The Making of the Common Law,* Londres, 1992.

—, «*Multis Vigiliis Excogitatam et Inventam*: Henry II and the Creation of the English Common Law», HSJ, 2, 1990, p. 197-222.

G. J. BRAULT, *Early Blazon. Heraldic Terminology in the 12th and 13th Centuries with Special Reference to Arthurian Literature,* Woodbridge, 1997 (2e éd.).

H. BRESC, «Excalibur en Sicile», *Medievalia,* 7, 1987, p. 7-21.

K. M. BROADHURST, «Henry II of England and Eleanor of Aquitaine : Patrons of Literature in French?», *Viator,* 27, 1996, p. 53-84.

C. BROOKE, «John of Salisbury and his World», *The World of...,* p. 1-20.

Z. N. BROOKE, *The English Church and the Papacy from the Conquest to the Reign of John,* Cambridge, 1952 (2e éd.).

B. B. BROUGHTON, *The Legends of King Richard I Cœur de Lion,* La Haye-Paris,

1966.

E. A. R. BROWN, «Eleanor of Aquitaine : Parent, Queen and Duchess», *Eleanor of Aquitaine : Patron and Politician,* dir. W. KIBLER, Austin (Texas) et Londres, 1977, p. 9-34.

—, «La notion de légitimité et la prophétie à la cour de Philippe Auguste», *La France de Philippe...,* p. 77-110.

—, «The Tyranny of a Construct: Feudalism and Historians of Medieval Europe», *American Historical Review,* 79, 1974, p. 1063-1088.

R. A. BROWN, «Royal Castle Building in England, 1154-1216», EHR, 70, 1955, p. 353-398.

P. BUC, *L'Ambiguïté du livre : prince, pouvoir et peuple dans les commentaires de la Bible au Moyen Age,* Paris, 1994.

—, *The Dangers of Ritual. Between Early Medieval Texts and Social Sientific Theory,* Princeton (NJ), 2001.

—, «*Principes gentium dominantur eorum* : Princely Power Between Legitimacy and Illegitimacy in 12th-Century Exegesis», *Cultures of Power...,* p. 310-328.

C. BULLOCK-DAVIES, «Chrétien de Troyes and England», *Arthurian Literature,* 1, 1981, p. 1-61.

J. BUMKE, *Courtly Culture: Literature and Society in the High Middle Ages,* Berkeley (Ca), 1991.

C. W. BYNUM, «Did the Twelfth Century Discover the Individual ?», *Journal of Ecclesiastical History,* 31, 1980, p. 1-17.

M. CAO CARMICHAEL DE BAGLIE, «Savary de Mauléon (ca. 1180-1223), chevalier-troubadour poitevin : traîtrise et société aristocratique», *Le Moyen Age,* 105, 1999, p. 269-305.

J. N. CARMAN, *A Study of the Pseudo-Map Cycle of Arthurian Romance,* Kansas City, 1973.

D. A. CARPENTER, «Abbot Ralph of Coggeshall's Account of the Last Years of King Richard and the First Years of King John», EHR, 113, 1998, p. 1210-1230.

—, «The Decline of the Curial Sheriff in England, 1194-1258», EHR, 91, 1976, p. 1-32.

—, «Was there a Crisis of the Knightly Class in the 13th-Century? The

Oxfordshire Evidence», EHR, 95, 1980, p. 721-752.

E. CARPENTIER, «Les Lusignans entre Plantagenêt et Capétiens: 1200-1246», *Isabelle...*, p. 37-45.

Y. CARRE, *Le Baiser sur la bouche au Moyen Age,* Paris, 1992.

J.-C. CASSARD, «Arthur est vivant ! Jalons pour une enquête sur le messianisme royal au Moyen Age», CCM, 32, 1989, p. 135-146.

—, «Propositions pour une lecture historique croisée du *Roman d'Aiquin»*, CCM, 45, 2002, p. 111-128.

S. CAUDRON, «Thomas Becket et l'Œuvre de Limoges», *Valérie...*, p. 56-68.

F. A. CAZEL, «Religious Motivation in the Biography of Hubert of Burgh», *Studies in Church History,* 15, 1978, p. 109-119.

E. K. CHAMBERS, *Arthur of Britain,* Cambridge, 1927.

A. CHAUOU, *L'Idéologie Plantagenêt. Royauté arthurienne et monarchie politique dans l'espace Plantagenêt (XIIe-XIIIe siècle),* Rennes, 2001.

H. J. CHAYTOR, *The Troubadours and England,* Cambridge, 1923.

A. CHEDEVILLE, N.-Y. TONNERRE, *La Bretagne féodale (XIe-XIIIe siècle),* Paris, 1987.

C. R. CHENEY, *From Becket to Langton. English Church Government, 1170-1213,* Manchester, 1956.

—, *The English Church and its Laws, 12th-14th Centuries,* Londres, 1982.

—, *Pope Innocent III and England,* Stuttgart, 1975.

M. G. CHENEY, «The Compromise of Avranches of 1172 and the spread of Canon Law in England», EHR, 56, 1941, p. 177-197.

M. CHIBNALL, «Clio's Legal Cosmetics' : Law and Customs in the Work of Medieval Historians», ANS, 20, 1997, p. 31-43.

—, *The Debate on the Norman Conquest,* Manchester, 1999.

—, «Monastic Foundations in England and Normandy, 1066-1189», *England and Normandy...*, p. 37-49.

S. D. CHURCH, *The Household Knights of King John,* Cambridge, 1999.

S. M. CINGOLANI, «Filologia e miti storiografici : Enrico II, la corte Plantageneta e la letteratura», *Studi Medievali,* 32, 1991, p. 815-832.

M. T. CLANCHY, *England and its Rulers, 1066-1272 : Foreign Lordship and National Identity,* Totowa (NJ), 1983.

—, *From Memory to Written Record: England, 1066-1307,* Cambridge (Ma), 1979.

—, «*Moderni* in Medieval Education and Government in England», *Speculum,* 50, 1975, p. 671-688.

L. COCHRANE, *Adelard of Bath: the First English Scientist,* Londres, 1994.

J. COLEMAN, «*The Owl and the Nightingale* and Papal Theories of Marriage», *Journal of Ecclesiastical History,* 38, 1987, p. 517-568.

J.-Ph. COLLET, «Le combat politique des Plantagenêt en Aquitaine: l'exemple des vicomtes de Thouars (1158-1199)», *Noblesses...,* p. 139-164.

G. CONKLIN, «Les Capétiens et l'affaire de Dol-de-Bretagne, 1179-1194», *Revue d'Histoire de l'Eglise de France,* 78, 1992, p. 241-263.

G. CONSTABLE, «The Alleged Disgrace of John of Salisbury in 1159», EHR, 69, 1954, p. 67-76.

—, *The Reformation of the Twelfth Century,* Cambridge, 1996.

Ph. CONTAMINE, *La Guerre au Moyen Age,* Paris, 1980.

D. CORNER, «The *Gesta regis Henrici Secundi* and *Chronica* of Roger, parson of Howden», BIHR, 56, 1983, p. 126-144.

P. R. COSS, *Lordship, Knighthood and Locality: A Study in English Society, c. 1180-c. 1280,* Cambridge, 1991.

—, «Bastard Feudalism Revised», *Past and Present,* 125, 1989, p. 27-64.

C. COULSON, «Forteress-Policy in Capetian Tradition and Angevin Practice: Aspects of the Conquest of Normandy by Philip II», ANS, 6, 1983, p. 13-38.

—, «Freedom to Crenellate by Licence: A Historiographical Révision», *Nottingham Medieval Studies,* 38, 1994, p. 86-137.

La Cour Plantagenêt (1154-1204), dir. M. AURELL, Poitiers, 2000.

C. CRICK, *The* Historia Regum Britannie *of Geoffrey of Monmouth III: A Summary Catalogue of the Manuscripts,* Cambridge, 1989.

D. CROUCH, *The Beaumont Twins. The Roots and Branches of Power in the 12th-Century,* Cambridge, 1986.

—, «The Culture of Death in the Anglo-Normand World», *Anglo-Norman Political...,* p. 157-180.

—, «The Hidden History of the 12th-Century», HSJ, 5, 1993, p. 111-130.

—, *The Image of Aristocracy in Britain, 1000-1300,* Londres, 1993.

—, «Normans and Anglo-Normans: A Divided Aristocracy?», *England and...*, p. 51-61.

—, «Robert of Gloucester's Mother and Sexual Politics in Norman Oxfordshire», BIHR, 72, 1999, p. 323-333.

—, *William Marshall: Court, Career and Chivalry in the Angevin Empire, 1147-1219,* Londres, 1990.

Cultures of Power : Lordship, Status and Process in 12th-Century Europe, dir. T. N. Bisson, Philadelphia (Pen), 1995.

Culture politique des Plantagenêt (1154-1224), dir. M. AURELL, Poitiers, 2003 (sous presse).

P. DAMIAN-GRINT, *The New Historians of the 12th-Century Renaissance : Inventing Vernacular Authority,* Woodbridge, 1999.

—, «Redating the Royal Brut Fragment», *Medium Aevum,* 65 (2), 1996, p. 280-285.

—, «Truth, Trust, and Evidence in the Anglo-Norman *Estoire*», ANS, 18, 1995, p. 63-78.

R. R. DAVIES, «Buchedd a moes y Cymry. The Manners and Morals of the Welsh», *Welsh History Review,* 12, 1984-85, p. 155-179.

R. H. C. DAVIS, *King Stephen,* Londres, 1967.

—, *The Normans and their Myth,* Londres, 1976.

M. L. DAY, «The Letter from King Arthur to Henry II : Political Use of the Arthurian Legend in *Draco Normannicus*», *The Spirit of the Court,* dir. G. S. BURGESS, R. A. TAYLOR, Cambridge, 1985, p. 153-157.

A. DEBORD, *La Société laïque dans les pays de la Charente, X^e-XIIe siècle,* Paris, 1984.

—, «La politique des Fortifications des Plantagenêt dans la seconde moitié du XIIe siècle», *Les Fortifications dans les domaines Plantagenêt de France (XIIe-XVe siècle). Actes du colloque de Poitiers (11-13 novembre 1994),* dir. M.-P. BAUDRY, Poitiers, 2000, p. 9-14.

P. DELAHAYE, «Une adaptation du *De Officiis* au XIIe siècle : le *Moralium Dogma Philosophorum*», *Recherches de Théologie Ancienne et Médiévale,* 16, 1949, p. 227-258, 17, 1950, p. 5-28.

G. DEVAILLY, *Le Berry du Xe siècle au milieu du XIIIe siècle,* Paris, 1973.

Dictionnaire des Lettres françaises. Le Moyen Age, dir. G. HASENOHR, M. ZINK, Paris, 1992.

J. DICKINSON, «The Mediaeval Conception of Kingship and Some of its Limitations as Developed in the *Policraticus* of John of Salisbury», *Speculum,* 1, 1926, p. 308-337.

P. DRONKE, «New Approches to the School of Chartres», *Anuario de estudios medievales,* 6, 1969, p. 117-140.

—, «Peter of Blois and Poetry at the Court of Henry II», *Mediaeval Studies,* 38, 1976, p. 185-235.

J. DOR, «Langues française et anglaise et multilinguisme à l'époque d'Henri II», CCM, 28, 1985, p. 61-72.

G. DUBY, *Guillaume le Maréchal ou le meilleur chevalier du monde,* Paris, 1984.

—, *Hommes et structures du Moyen Age,* Paris, 1973.

C. DUBUC, «Les possessions poitevines des Lusignan», *Isabelle...,* p. 17-26.

A. DUGGAN (voir ci-dessous A. HESLIN), «John of Salisbury and Thomas Becket», *The World...,* p. 427-438.

—, *Thomas Becket: A Textual History of his Letters,* Oxford, 1980.

C. DUGGAN, «The Becket Dispute and the Criminous Clerks», BIHR, 35, 1962, p. 1-28.

—, *Canon Law in Medieval England: The Becket Dispute and Decretal Collections,* Londres, 1982.

—, *Decretals and the Creation of the "New Law" in 12th-Century,* Aldershot, 1998.

—, «Papal Judges Delegate and the Making of the "New Law" in the 12th-Century», *Cultures of Power...,* p. 172-199.

—, «Richard of Ilchester, Royal Servant and Bishop», *Transactions of the Royal Historical Society,* 16 (5e série), 1966, p. 1-21.

D. N. DUMVILLE, «An Early Text of Geoffrey of Monmouth's *Historia Regum Britanniæ* and the Circulation of Some Latin Histories in 12th-Century Normandy», *Arthurian Literature,* 4, 1985, p. 1-36.

P. DUTTON, «*Illustre civitatis et populi exemplum.* Plato's Timaevs and the Transmission from Calcidius to the End of the 12th-Century of a Tripartite Scheme of Society», *Mediaeval Studies,* 45, 1983, p. 79-119.

England and Normandy in the Middle Ages, dir. D. BATES, A. CURRY, Londres, 1994.

S. ECHARD, *Arthurian Narrative in the Latin Tradition,* Cambridge, 1998.

J. EVERARD, *Brittany and the Angevins. Province and Empire, 1158-1203,* Cambridge, 2001.

—, «The 'Justiciarship' in Brittany and Ireland under Henry II», ANS, 20, 1997, p. 87-105.

—, «Lands and Loyalties in Plantagenet Brittany», *Noblesses...,* p. 185-198.

C. FAGNEN, «Le vocabulaire du pouvoir dans les actes de Richard Cœur de Lion, duc de Normandie (1189-1199)», *Actes du 105ᵉ congrès national des sociétés savantes,* Caen, 1980, Paris, 1984, t. 1, p. 79-93.

Family Trees and the Roots of Politics, dir. K. S. B. KEATS-ROHAN, Woodbridge, 1997.

E. FARAL, *Les Arts poétiques du XIIᵉ et du XIIIᵉ siècle,* Paris, 1924.

—, *Les Jongleurs en France au Moyen Age,* Paris, 1910.

—, *La Légende arthurienne,* Paris, 1929.

R. FAVREAU, «Naissance et premier développement de la ville», *Histoire de La Rochelle,* dir. M. DELAFOSSE, Toulouse, 1985, p. 11-22.

G. B. FLAHIFF, «Ralph Niger : An Introduction to his Life and Works», *Mediaeval Studies, 2,* 1940, p. 104-126.

M.-T. FLANAGAN, *Irish Society, Anglo-Norman Settlers, Angevin Kingship. Interactions in Ireland in the Late 12th-Century,* Oxford, 1983.

R. H. FLETCHTER, *The Arthurian Material in the Chronicles,* Boston, 1906.

J. FLORI, «La chevalerie selon Jean de Salisbury (nature, fonction, idéologie)», *Revue d'histoire ecclésiastique,* 77, 1982, p. 35-77.

—, *Chevaliers et Chevalerie au Moyen Age,* Paris, 1998.

—, *Essor de la chevalerie (XIᵉ-XIIᵉ siècle),* Genève, 1986.

—, *Richard Cœur de Lion, le roi-chevalier,* Paris, 1999.

R. FOLZ, *L'Idée d'Empire en Occident du Vᵉ au XVᵉ siècle,* Paris, 1953.

—, *Le Souvenir et la légende de Charlemagne dans l'Empire germanique médiéval,* Paris, 1950.

R. FOREVILLE, *L'Eglise et la royauté en Angleterre sous Henri II Plantagenêt, 1154-1189,* Paris, 1943.

—, «L'image de Philippe Auguste dans les sources contemporaines», *La France de Philippe...*, p. 115-130.

—, «Le sacre des rois anglo-normands et angevins et le serment du sacre (XIe-XIIe siècle)», *Le Sacre des rois,* Paris, 1985, p. 101-117.

—, *Thomas Becket dans la tradition historique et hagiographique,* Londres, 1981.

Les Fortifications dans les domaines Plantagenêt (XIIe-XIVe siècle), dir. M.-P. BAUDRY, Poitiers, 2000.

La France de Philippe Auguste. Le temps des mutations, dir. R-H. BAUTIER, Paris, 1982.

N. M. FRYDE, «The Roots of Magna Carta. Opposition to the Plantagenets», *Political Thought and the Realities of Power in the Middle Ages,* dir. J. CANNING, O. G. OEXLE, Göttingen, 1998, p. 53-65.

—, *Why Magna Carta ? Angevin England Revisited,* Hambourg, 2001.

V. H. GALBRAITH, «The Literacy of the Medieval English Kings», *Proceedings of the British Academy,* 21, 1935, p. 201-238.

M. GARAUD, *Les Châtelains du Poitou et l'avènement du régime féodal (XIe-XIIe siècle),* Poitiers, 1964.

B. GAUTHIEZ, «Paris, un Rouen capétien? Développements comparés de Rouen et Paris sous les règnes d'Henri II et de Philippe Auguste», ANS, 16, 1993, p. 117-136.

J.-Ph. GENET, «Histoire politique anglaise, histoire politique française», *Saint-Denis et la royauté : études offertes à Bernard Guenée,* dir. F. AUTRAND, C. GAUVARD, J -M. MŒGLIN, Paris, 1999, p. 621-636.

—, «Le vocabulaire politique du *Policraticus* de Jean de Salisbury: le prince et le roi», *La Cour...*, p. 187-215.

M. GIBSON, «Adelard of Bath», *Adelard...*, p. 7-16.

J. GILISSEN, «La notion d'empire dans l'histoire universelle», *Les Grands...*, p. 759-885.

J. GILLINGHAM, *The Angevin Empire,* Londres, 2001 (2e éd.).

—, *The English in the 12th-Century,* Woodbridge, 2000.

—, «Historians without Hindsight : Coggeshall, Diceto and Howden on the Early Years of John's Reign» *King John...*, p. 1-26.

—, *Richard Cœur de Lion. Kingship, Chivalry and War in the 12th-Century,* Londres, 1994.

—, *Richard I,* New Haven (Ct), 1999.

—, «Richard I and the Science of War in the Middle Ages», *War and Government...,* p. 78-91.

—, «Royal Newsletters, Forgeries and English Historians: Some Links Between Court and History in the Reign of Richard I», *La Cour...,* p. 171-186.

—, «"Slaves of the Normans" ? Gerald de Barri and Regnal Solidarity in Early 13th-Century England», *Law, Laity and Solidarities,* dir. P. STAFFORD, J. L. NELSON, J. MARTINDALE, Manchester, 2001, p. 160-171.

C. GIRBEA, «Limites du contrôle des Plantagenêt sur la légende arthurienne : le problème de la mort d'Arthur», *Culture politique...* (sous presse).

J.-L. GOUTTEBROZE, «Henri II Plantagenêt, patron des historiographes anglo-normands en langue d'oïl», *La Littérature angevine médiévale,* Angers, 1981, p. 91-109.

—, «Pourquoi congédier un historiographe ? Henry II Plantagenêt et Wace (1155-1174)», *Romania,* 112, 1991, p. 289-311.

—, *Le Précieux Sang de Fécamp. Origine et développement d'un mythe chrétien,* Paris, 2001.

R. GRAHAM, *English Ecclesiastical Studies,* Londres, 1929.

Les Grands Empires, Bruxelles, 1973 («Recueils de la Société Jean Bodin», 31).

A. GRANSDEN, «The Growth of Glastonbury: Traditions and Legends», *Journal of Ecclesiastical History,* 27, 1976, p. 337-358.

—, *Historical Writing in England, c. 550-c. 1307,* Ithaca (NY), 1974.

—, *Legends, Traditions and History in Medieval England,* Londres, 1992.

L. GRANT, «Suger and the Anglo-Norman World», ANS, 19, 1996, p. 51-68.

J. A. GREEN, *The Aristocracy of Norman England,* Cambridge, 1997.

—, «Aristocratic Women in Early 12th-Century», *Anglo-Norman Political...,* p. 59-82.

V. GREENE, «Qui croit au retour d'Arthur ?», CCM, 2002 (sous presse).

B. GUENÉE, *Histoire et culture historique dans l'Occident médiéval,* Paris, 1980.

A. GUERREAU-JALABERT, «Alimentation symbolique et symbolique de la table dans les romans arthuriens (XIIe-XIIIe siècles)», *Annales ESC,* 47, 1992-1993,

p. 561-594.

H. GUILLOTEL, «Administration et finances ducales en Bretagne sous le règne de Conan III», *Mémoires de la Société d'Histoire et d'Archéologie de Bretagne,* 68, 1991, p. 19-43.

R. HAJDU, «Castles, Castellans and the Structure of Politics in Poitou, 1152-1271», *Journal of Medieval History,* 4, 1978, p. 27-54.

—, *A History of the Nobility of Poitou, 1150-1270,* Ph.D., Princeton University, 1973.

E. M. HALLAM, «Henry II, Richard I and the order of Grandmont», *Journal of Medieval History,* 1, 1975, p. 165-186.

G. L. HAMILTON, «Tristam's Coat of Arms», *The Modern Language Review,* 15, 1920, p. 425-429.

L. HARF-LANCNER, «L'enfer de la cour : la cour d'Henry II Plantagenêt et la mesnie Hellequin», *L'Etat et les aristocraties (XIIe-XVIIe siècle),* dir. Ph. CONTAMINE, Paris, 1989, p. 27-50.

I. HARRIS, «Stephen of Rouen's *Draco Normannicus:* A Norman Epic», *The Epics in History,* dir. L. S. DAVIDSON, S. N. MUHKHERJEE, Z. ZLATAN, Sydney, 1991, p. 112-124.

C. H. HASKINS, «Adelard of Bath and Henry Plantagenet», EHR, 28, 1913, p. 515-516.

—, «Henry II as a Patron of Literature», *Essays in Medieval History presented to T. F. Tout,* dir. A. G. LITTLE, F. M. POWICKE, Manchester, 1925, p. 71-77.

—, *The Renaissance of the 12th-Century,* Cambridge (Ma), 1927.

—, *Studies in Medieval Culture,* Oxford, 1929.

R. HEISER, «The Households of the Justiciars of Richard I : An Inquiry into the Second Level of Medieval English Government», HSJ, 2, 1990, p. 223-235.

A. HESLIN [A. DUGGAN], «The Coronation of the Young King in 1170», *Studies in Church History,* 2, 1965, p. 165-178.

E. C. HIGONNET, «Spiritual Ideas in the Letters of Peter of Blois», *Speculum,* 50, 1975, p. 218-244.

C. HIGOUNET, «Problèmes du Midi au temps de Philippe Auguste», *La France de Philippe...,* p. 311-320.

Y. HILLION, «La Bretagne et la rivalité Capétiens-Plantagenêt. Un exemple : la duchesse Constance (1186-1202)», *Annales de Bretagne,* 92, 1985, p. 111-144.

M. HIVERGNEAUX, «Aliénor d'Aquitaine : le pouvoir d'une femme à la lumière de ses chartes (1152-1204)», *La Cour...,* p. 63-88.

E. HOEPFFNER, «The Breton Lais», *Arthurian Literature...,* p. 112-121.

C. HOLDSWORTH, «Peacemaking in the 12th-Century», ANS, 19, 1996, p. 1-17.

C. W. HOLLISTER, «Anglo-Norman Political Culture and the 12th-Century Renaissance», *Anglo-Norman Political...,* p. 1-16.

—, «The Aristocracy», *The Anarchy of Stephen's Reign,* dir. E. KING, Oxford, 1994, p. 37-66.

—, «Normandy, France and the Anglo-Norman *regnum*», *Speculum,* 51, 1976, p. 202-242.

C. W. HOLLISTER, J. BALDWIN, «The Rise of Administrative Kingship : Henry II and Philip Augustus», *American Historical Review,* 83, 1978, p. 867-905.

C. W. HOLLISTER, T. K. KEEFE, «The Making of the Angevin Empire», *Journal of British Studies,* 12, 1973, p. 1-25.

J. C. HOLT, «The Assizes of Henry II : the Texts», *The Study of Medieval Record,* D. A. BULLOUGH, R. L. STOREY, Oxford, 1971, p. 85-106.

—, *Colonial England, 1066-1215,* Londres, 1997.

—, «The End of the Anglo-Norman Realm», *Proceedings of the British Academy,* 61, 1975, p. 223-265.

—, «The Introduction of Knight Service in England», ANS, 6, 1983, p. 88-106.

—, «The Loss of Normandy and Royal Finances», *War and Government...,* p. 92-105.

—, *Magna Carta,* Cambridge, 1992 (2e éd).

—, *The Northerners. A Study in the Reign of King John,* Oxford, 1961.

J. HUDSON, *Land, Law and Lordship in Anglo-Norman England,* Oxford, 1994.

R. W. HUNT, «The Preface of the "Speculum Ecclesiæ" of Giraldus Cambrensis», *Viator,* 8, 1977, p. 189-213.

R. W. HUNT, M. GIBSON, *The Schools and the Cloister: The Life and Writings of Alexander Nequam,* Oxford, 1984.

The Ideal and Practice of Medieval Knighthood, dir. C. HARPER-BILL, R. HARVEY, Woodbridge, 1990-1995.

Isabelle d'Angoulême, comtesse-reine et son temps (1186-1246), Poitiers, 1999.

G. B. JACK, «The Date of *Havelock*», *Anglia: Zeitschrift für englische Philologie*, 95, 1977, p. 20-33.

C. S. JAEGER, «Courtliness and Social Change», *Cultures of Power...*, p. 287-309.

—, *Ennobling Love. In Search of a Lost Sensibility*, Philadelphie (Pen), 1999.

—, *The Envy of Angels. Cathedral Schools and Social Ideals in Medieval Europe, 950-1220*, Philadelphie (Pen), 1994.

—, *The Origins of Courtliness Trends and the Formation of Courtly Ideal in Medieval Europe, 950-1220*, Philadelphie (Pen), 1985.

—, «Patrons and the Beginings of Courtly Romance», *The Medieval Opus*, dir. D. KELLY, Amsterdam, 1996, p. 45-58.

K. H. JACKSON, «The Arthur of History», *Arthurian Literature...*, p. 1-11.

R. JACOB, «Le meurtre du seigneur dans la société féodale. La mémoire, le rite, la fonction», *Annales ESC*, 45, 1990, p. 247-264.

P. JOHANEK, «König Arthur und die Plantagenets. Über den Zusammenhang von Historiographie und höfischer Epik in mittelalterlicher Propaganda», *Frühmittelalterliche Studien*, 21, 1987, p. 346-389.

J. E. A. JOLLIFFE, *Angevin Kingship*, Londres, 1963 (2e éd.).

M. H. JONES, «Richard the Lionheart in German Literature of the Middle Ages», *Richard Cœur...*, p. 70-116.

W. C. JORDAN, «Isabelle d'Angoulême, By the Grace of God, Queen», *Revue belge de philologie et histoire*, 69, 1991, p. 821-852.

R. KAISER, «Evêques expulsés, évêques assassinés aux XIe et XIIe siècles», *Le Temps des Saliens en Lotharingie (1024-1125). Actes du colloque de Malmedy (12-14 septembre 1991)*, Malmedy, 1993, p. 63-85.

E. KANTOROWICZ, *The King's Two Bodies: a Study in Medieval Political Theology*, Princeton, 1957. Trad. fr. Paris, 1989.

H. KANTOROWICZ, B. SMALLEY, «An English Theologian's View of Roman Law: Pepo, Irnerius, Ralph Niger», *Mediaeval and Renaissance Studies*, 1, 1943, p. 237-252.

K. S. B. KEATS-ROHAN, «Aspects of Robert of Torigny's Genealogies revisited», *Nottingham Medieval Studies*, 37, 1993, p. 21-27.

—, «Le problème de la suzeraineté et la lutte pour le pouvoir: la rivalité bretonne et l'Etat anglo-normand (1066-1154)», *Mémoires de la société d'histoire et d'archéologie de Bretagne,* 68, 1991, p. 45-69.

T. K. KEEFE, «Counting those who Count : A Computer-Assisted Analysis of Charter Witness-Lists and the Itinerant Court in the First Year of the Reing of King Richard I», HSJ, 1, 1989, p. 135-145.

—, *Feudal Assesments and the Political Community under Henry II and his Sons,* Berkeley (Ca), 1983.

—, «Geoffrey Plantagenet's Will and the Angevin Succession», *Albion,* 6, 1974, p. 266-274.

—, «Place-Date Distribution of Royal Charters and the Historical Geography of Patronage Strategies at the Court of King Henry II Plantagenet», HSJ, 2, 1990, p. 179-188.

—, «Proffers for Heirs and Heiresses in the Pipe Rolls: some Observations on Indebtedness in the Years before the Magna Carta, 1180-1212», HSJ, 5, 1993, p. 99-109.

H. E. KELLER, «The *Song of Roland* : a Mid-12th-Century Song of Propaganda for the Capetian Kingdom», *Olifant,* 3, 1976, p. 242-258.

N. KENAAN-KEDAR, «Aliénor d'Aquitaine conduite en captivité. Les peintures murales commémoratives de Sainte-Radegonde de Chinon», CCM, 41, 1998, p. 317-330.

—, «Eleanor of Aquitaine: Dynastic Consciousness and the Early Gothic Portals of Le Mans and Angers Cathedrals», *Culture politique...* (sous presse).

King John: New Interpretations, dir. S. CHURCH, Woodbridge 1999.

D. KNOWLES, *The Episcopal Colleagues of Archbishop Thomas Becket,* Cambridge, 1951.

—, *Thomas Becket,* Stanford (Ca), 1971.

G. KOZIOL, *Begging Pardon and Favor: Ritual and Political Order in Early Medieval France,* Ithaca (NY), 1992.

—, «England, France, and the Problem of Sacrality in 12th-Century Ritual», *Cultures of Power...,* p. 124-148.

J. KRYNEN, *L'Empire du roi. Idées et croyances politiques en France, XIIIe-XVe siècle,* Paris, 1993.

—, «"Princeps pugnat pro legibus..." un aspect du *Policraticus»*, *Etudes d'histoire du droit et des idées politiques,* 3, 1999, p. 89-99.

S. KUTTNER, E. RATHBONE, «Anglo-Norman Canonists of the 12th-Century», *Traditio,* 7, 1949/51, p. 279-358.

E.-R. LABANDE, «Le Poitou dans les chansons de geste», *Bulletin de la Société des Antiquaires de l'Ouest,* 13 (4e série), 1975/76, p. 329-352.

—, «Pour une image véridique d'Aliénor d'Aquitaine», *Bulletin de la Société des Antiquaires de l'Ouest,* 1952, p. 175-234.

J. E. LALLY, *The Court and Household of King Henry II (1154-1189),* Ph. D. inédite, University of Liverpool, 1969 (non consultée).

—, «Secular Patronage at the Court of Henry II», BIHR, 49, 1979, 159-184.

Law and Government in Medieval England and Normandy. Essays in honour of sir James Holt, dir. G. GARNETT, J. HUDSON, Cambridge, 1994.

G. LECUPPRE, «L'empereur, l'imposteur et la rumeur: Henri V ou l'échec d'une "réhabilitation"», CCM, 42, 1999, p. 189-197.

Y. LEFEVRE, «De l'usage du français en Grande-Bretagne à la fin du XIIe siècle», *Etudes de langue et de littérature du Moyen Age offerts à Félix Lecoy,* Paris, 1973, p. 301-305.

«L'image du roi chez les poètes», *La France de Philippe...,* p. 133-144.

M. D. LEGGE, «Anglo-Norman as a Spoken Langage», ANS, 2, 1979, p. 108-117.

—, *Anglo-Norman Literature and its Background,* Oxford, 1963.

—, «La précocité de la littérature anglo-normande», CCM, 8, 1965, p. 327-349.

—, «William the Marshal and Arthur of Brittany», BIHR, 55, 1982, p. 18-24.

R. LEJEUNE, «Rôle littéraire d'Aliénor d'Aquitaine et de sa famille», *Cultura neolatina,* 14, 1954, p. 5-57.

J.-F. LEMARIGNIER, «Autour de la royauté française du IXe au XIIIe siècle», *Bibliothèque de l'Ecole des chartes,* 113, 1956, p. 5-36.

—, *Hommage en marche: recherches sur l'hommage en marche et les frontières féodales,* Lille, 1945.

B. LEMESLE, *La Société aristocratique dans le haut Maine (XIe-XIIe siècle),* Rennes, 1999.

J. LE PATOUREL, *Feudal Empires. Norman and Plantagenet,* Londres, 1984.

—, «Feudal Empires: Norman and Plantagenet», *Les Grands...,* p. 281-307.

—, *The Norman Empire,* Oxford, 1976.

A. W. Lewis, *Le Sang royal. La famille capétienne et l'État. France, (X^e-XIVe) siècle,* Paris, 1986.

K. S. Leyser, «The Angevin Kings and the Holy Man», *Saint Hugh...,* p. 49-74.

—, *Medieval Germany and its Neighbours, 900-1250,* Londres, 1982.

H. Liebschütz, *Medieval Humanism in the Life and Writings of John of Salisbury,* Londres, 1968 (2e éd.).

—, «John of Salisbury and Pseudo-Plutarch», *Journal of the Warburg and Courtland Institutes,* 6, 1943, p. 33-39.

A. Lodge, «Literature and History in the *Chronicle* of Jordan Fantosme», *French Studies,* 44, 1990, p. 257-270.

R. S. Loomis, «The Oral Diffusion of the Arthurian Legend», *Arthurian Literature...,* p. 52-63.

—, *Studies in Medieval Literature,* New York, 1970.

—, «Tristam and the House of Anjou», *Modern Language Review,* 17, 1922, p. 24-30.

R. S. et L. H. Loomis, *Arthurian Legend in Medieval Art,* Londres, 1938.

F. Lot, «Geoffroy Grisegonelle dans l'épopée», *Romania,* 19, 1890, p. 377-393.

G. A. Loud, «The "gens Normannorum" : Myth or Reality?», ANS, 4, 1981, p. 104-116.

G. Louise, *La Seigneurie de Bellême (X^e-XIIe siècle),* Flers, 1992-1993.

J.-C. Lozachmeur, «Recherches sur les origines indo-européennes et ésotériques de la légende du Graal», CCM, 30, 1987, p. 45-63.

D. Luscombe, «John of Salisbury in Recent Scholarship», *The World...,* p. 21-37.

S. Lutan, «La façade septentrionale de Saint-Martin de Candes (ca. 1180) et l'iconographie dynastique des Plantagenêt», CCM, 2002 (sous presse).

L. Mace, *Les Comtes de Toulouse et leur entourage (XIIe-XIIIe siècle),* Toulouse, 2000.

Magna Carta and the Idea of Liberty, dir. J. C. Holt, New York, 1972.

F. B. Marsh, *English Rule in Gascony, 1199-1259,* Ann Arbor (Mich), 1912.

J. Martindale, «Eleanor of Aquitaine: The Last Years», *King John...,* p. 137-164.

—, *Status, Authority and Regional Power: Aquitaine and France, 9th-12th Centuries,* Aldershot, 1995.

—, «"An Unfinished Business" : Angevin Politics and the Siege of Toulouse, 1159», ANS, 23, 2000, p. 115-154.

E. MASON, «The Hero's Invincible Weapon : An Aspect of Angevin Propaganda», *The Ideal...*, t. 3, p. 121-137.

—, «The Maudits and their Chamberlainship of the Exchequer», BIHR, 49, 1976, p. 1-23.

—, «Rocamadour in Quercy above all Churches: The Healing of Henry II», *Studies in Church History,* 19, 1982, p. 39-54.

—, «Saint Wulfstan's Staff : a Legend and its Uses», *Medium Aevum,* 53, 1984, p. 157-179.

D. J. A. MATTHEW, «The English Cultivation of Norman History», *England and...*, p. 1-18.

A. MICHA, *Essais sur le cycle du Lancelot-Graal,* Genève, 1987.

—, *Etude sur le Merlin de Robert de Boron,* Genève, 1980.

S. F. C. MILSOM, *The Legal Framework of English Feudalism,* Cambridge, 1973.

E. MIREAUX, *La Chanson de Roland et l'histoire de France,* Paris, 1943.

E. MITCHELL, «Patrons and Politics in 12th-Century Barking Abbey», *Revue Bénédictine,* 2003 (sous presse).

J. J. MONLEZUN, *Histoire de la Gascogne,* Auch, 1846-1849.

O. H. MOORE, *The Young King, Henry Plantagenet (1155-1183) in History, Literature and Tradition,* Columbus (Ohio), 1925.

W. A. MORRIS, *The Medieval English Sheriff to 1300,* Manchester, 1927.

R. MORTIMER, *Angevin England, 1154-1258,* Oxford, 1994.

—, «The family of Ranulf de Glanville», BIHR, 54, 1981, p. 1-16.

V. MOSS, «Normandy and England in 1180 : The Pipe Roll Evidence», *England and...*, p. 185-195.

—, «The Norman Fiscal Revolution, 1193-1198», *Crises, Revolutions and Self-Sustained Fiscal Growth,* dir. R. BONNEY, M. ORMROD, Oxford, 1999, p. 38-57.

—, «The Defence of Normandy, 1193-1198», ANS, 24, 2001, p. 145-162.

L. MUSSET, «Quelques problèmes posés par l'annexion de la Normandie au domaine royal français», *La France de Philippe...*, p. 291-307.

C. J. NEDERMANN, G. CAMBELL, «Priests, Kings and Tyrants: Spiritual and Temporal Power in John of Salisbury's *Policraticus», Speculum,* 66, 1991,

p. 572-590.

P. Ó. NEILL, «The Impact of the Norman Invasion on Irish Literature», ANS, 20, 1997, p. 171-185.

F. NEVEUX, *La Normandie des ducs aux rois (X^e-XIIe s.),* Rennes, 1998.

The New Arthurian Encyclopedia, dir. N. J. LACY, New York-Londres, 1996.

H. NEWSTEAD, «The Origin and Growth of the Tristan Legend», *Arthurian Literature...,* p. 122-133.

P. S. NOBLE, «Romance in England and Normandy in the 12th-Century», *England and...,* p. 69-78.

Noblesses de l'espace Plantagenêt (1154-1224), dir. M. AURELL, Poitiers, 2001.

J. D. NORTH, «Some Norman Horoscopes», *Adelard of...,* p. 147-161.

P. NYKROG, «The Rise of Literary Fiction», *Renaissance...,* p. 593-612.

O. G. OEXLE, «Lignage et parenté, politique et religion dans la noblesse du XIIe siècle : l'évangéliaire d'Henri le Lion», CCM, 36, 1993, 339-354.

V. D. et R. S. OGGINS, «Richard of Ilchester's Inheritance : An Extended Family in 12th-Century England», *Medieval Prosopography,* 12(1), 1991, p. 57-129.

D. D. R. OWEN, *Eleanor of Aquitaine. Queen and Legend,* Oxford, 1993.

M. PACAUT, *Alexandre III. Etude sur la conception du pouvoir pontifical dans sa pensée et dans son œuvre,* Paris, 1956.

—, *Louis VII et les élections épiscopales dans le royaume de France,* Paris, 1957.

I. PANZARU, «*Caput mystice:* fonctions symboliques de la tête chez les exégètes de la seconde moitié du XIIe siècle», *Le Moyen Age,* 107, 2001, p. 439-454.

M. A. PAPPANO, «Marie de France, Alienor d'Aquitaine and the Alien Queen», *Eleanor of Aquitaine : Lady and Lord,* dir. J. C. PARSONS, B. WHEELER, New York, 2002 (sous presse).

G. PARIS, *La Littérature normande avant l'annexion,* Paris, 1899.

N. F. PARTNER, *Serious Entertainments : The Writing of History in 12th-Century England,* Chicago-Londres, 1977.

M. PASTOUREAU, *Figures et couleurs. Etudes sur la symbolique et la sensibilité médiévales,* Paris, 1986.

—, *L'Hermine et le sinople. Etudes d'héraldique médiévale,* Paris, 1982.

Ch. PETIT-DUTAILLIS, *La Monarchie féodale en France et en Angleterre (Xe-XIIIe*

s.), Paris, 1933.

A. PIOLETTI, «Artù, Avallon, l'Etna», *Quaderni medievali,* 28,1989, p. 6-35.

D. PITTE, «Château-Gaillard dans la défense de la Normandie Orientale (1196-1204)», ANS, 24,2001, p. 163-176.

B.-A. POCQUET DU HAUT-JUSSE, «Les Plantagenêt et la Bretagne», *Annales de Bretagne et des pays de l'Ouest,* 53, 1946, p. 1-27.

J.-P. POLY, E BOURNAZEL, «Couronne et mouvance : institutions et représentations mentales», *La France...,* p. 217-236.

O. PONTAL, «Les évêques dans le monde Plantagenêt», CCM, 29, 1986, p. 129-138.

A. L. POOLE, «Henry Plantagenet's Early Visits to England», EHR, 47, 1932, p. 447-452.

E. POULLE, «Le traité de l'astrolabe d'Adélard de Bath», *Adelard of...,* p. 119-132.

P. POUZET, *L'Anglais Jean dit Bellesmains (1122-1204 ?),* Lyon, 1927.

D. J. POWER, «L'aristocratie Plantagenêt face aux conflits capétiensangevins: l'exemple du traité de Louviers», *Noblesses...,* p. 121-138.

—, «Between the Angevin and Capetian Courts : John of Rouvray and the Knights of the Pays de Bray, 1180-1225», *Family Trees...,* p. 361-384.

—, «The End of Angevin Normandy: the Revolt at Alençon (1203)», BIHR, 74, 2001, p. 444-464.

—, «King John and the Norman Aristocracy», *King John...,* p. 117-136.

—, «What did the Frontier of Angevin Normandy Comprise», ANS, 17, 1994, p. 181-201.

F. M. POWICKE, *The Loss of Normandy, 1189-1204,* Manchester, 1913.

—, *Stephen Langton,* Oxford, 1928.

J. O. PRESTWICH, «The Military Household of the Norman Kings», EHR, 6, 1981, p. 1-35.

—, «Military Intelligence under the Norman and Angevin Kings», *Law and Government...,* p. 1-30.

—, «Richard Cœur de Lion: *Rex Bellicosus»*, *Richard Cœur...,* p. 1-16.

J. QUAGHEBEUR, *La Cornouaille du IXe au XIIe siècle. Mémoire, pouvoirs, noblesse,* Quimper, 2001.

G. RACITI, «Isaac de l'Etoile et son siècle», *Cîteaux,* 12, 1960, p. 281-306 ; 13, 1961, p. 18-34, p. 133-145, p. 205-216.

J. H. RAMSAY, *The Angevin Empire or the three reigns of Henry II, Richard I, and John (A. D. 1154-1216),* Londres-New York, 1903.

E. RATHBONE, «Roman Law in the Anglo-Norman Realm», *Studia Gratiana,* 11, 1967, p. 255-271.

R. READER, «Matthew Paris and the Norman Conquest», *The Cloister and the World. Essay in medieval History in Honour of Barbara Harvey,* dir. J. BLAIR, B. GOLDING, Oxford, 1966, p. 118-147.

Renaissance and Renewal in the 12th-Century, dir R. L. BENSON, G. CONSTABLE, Oxford, 1982.

D. RENN, «Plantagenet Castle-Building in England in the Second Half of the 12th-Century», *Les Fortifications...,* p. 15-22.

Y. RENOUARD, «Essai sur le rôle de l'empire angevin dans la formation de la France et de la civilisation française aux XIIe et XIIIe siècles», *Revue Historique,* 195, 1945, p. 289-304.

A. RENOUX, *Fécamp: du palais ducal au palais de Dieu,* Paris, 1991.

Renovación intelectual del Occidente europeo (siglo XII). XXIV semana de estudios medievales (Estella, 14-18 julio 1997), Pampelune, 1998.

Richard Cœur de Lion in History and Myth, dir. J. L. NELSON, Londres, 1992.

H. G. RICHARDSON, «The Coronation in Mediaeval England», *Traditio,* 16, 1960, p. 111-202.

—, «Gervase of Tilbury», *History,* 46, 1961, p. 102-114.

H. G. RICHARDSON, G. O. SAYLES, *The Governance of Mediaeval England from the Conquest to Magna Carta,* Edimbourg, 1963.

P. RICHE, «Jean de Salisbury et le monde scolaire du XIIe siècle», *The World...,* p. 39-61.

K. ROBERSTON, «Geoffrey of Monmouth and the Translation of Insular Historiography», *Arthuriana,* 8/4, 1998, p. 42-57.

S. ROCHETEAU, «Le château de Chinon aux XIIe et XIIIe siècles», *La Cour...,* p. 315-353.

J. RODERICK, «The Feudal Relations between the English Crown and the Welsh Princes», *History,* 37, 1952, p. 201-212.

B. Ross, «*Audi Thomas... Henriciani nota:* A French Scholar Appeals to Thomas Becket ?», EHR, 89, 1974, p. 333-338.

J. H. Round, *Feudal England,* Londres, 1895.

J. E. Ruiz-Domenec, «Les souvenirs croisés de Blanche de Castille», CCM, 42, 1999, p. 39-54.

Le Sacre des rois, Paris, 1985.

Saint Hugh of Lincoln, dir. H. Mayr-Harting, Oxford, 1987.

A. Saltman, *Theobald Archbishop of Canterbury,* Londres, 1956.

Y. Sassier, *Louis VII,* Paris, 1991.

—, «L'âge féodal. Le retour de la royauté (1108-1223)», *Pouvoirs et institutions dans la France médiévale,* Paris, 1994, t. 1, p. 247-302.

J.-C. Schmitt, *Les Revenants. Les vivants et les morts dans la société médiévale,* Paris, 1994.

B. Schmolke-Hasselmann, «The Round Table : Ideal, Fiction, Reality», *Arthurian Literature,* 2, 1982, p. 41-75.

R. Schnell, «L'amour courtois en tant que discours courtois sur l'amour», *Romania,* 110, 1989, p. 72-126, 331-363.

G. M. Spiegel, «The *Reditus Regni ad Stirpem Karoli Magni.* A New Look», *French Historical Studies, 7,* 1971, p. 145-174.

P. E. Schramm, *A History of the English Coronation,* Oxford, 1937.

C. P. Schriber, *The Dilemma of Arnulf of Lisieux : New Ideas versus Old Ideals,* Bloomington (Ind), 1990.

W. F. Schrimer, U. Broich, *Studien zum literarischen Patronat in England des 12. Jahrhunderts,* Cologne, 1962.

I. Short, «Gaimar's Epilogue and Geoffroy of Monmouth's *Liber Vestustissimus*», *Speculum,* 69, 1994, p. 323-343.

—, «On Bilingualism in Anglo-Norman England», *Romance Philology,* 33, 1979-1980, p. 467-479.

—, «The Patronage of Beneit's *Vie de Thomas Becket*», *Medium Aevum,* 56, 1987, p. 239-256.

—, «Patrons and Polyglots: French Literature in 12th-Century England», ANS, 14, 1992, p. 229-249.

—, «*Tam Angli quam Franci:* Self-Definition in Anglo-Norman England», ANS,

18, 1995, p. 153-175.

B. SMALLEY, *The Becket Conflict and the Schools: A Study of Intellectuals in Politics,* Oxford, 1973.

R. W. SOUTHERN, *Medieval Humanism and Other Studies,* Oxford, 1970.

—, «Peter of Blois and the Third Crusade», *Studies in Medieval History presented to R. H. C. Davis,* dir. H. MAYR-HARTING, R. J. MOORE, Londres, 1985, p. 208-211.

—, *Scholastic Humanism and the Unification of Europe,* Londres, 2001.

—, «The Schools of Paris and the School of Chartres», *Renaissance and Renewal...,* p. 113-137.

D. H. STENTON, «Roger of Howden and *Benedict»,* EHR, 68, 1953, p. 374-382.

F. M. STENTON, *English Feudalism,* Londres, 1932.

A. STOCLET, «A la recherche du ban perdu. Le trésor et les dépouilles de Waïfre, duc d'Aquitaine (†768), d'après Adémar de Chabannes, Rigord et quelques autres», CCM, 42, 1999, p. 343-382.

M. STRICKLAND, «Against the Lord's Anointed : Aspects of Warfare and Baronial Rebellion in England and Normandy, 1075-1265», *Law and Government...,* p. 57-79.

—, «Arms and the Men: War, Loyalty and Lordship in Jordan Fantosme's Chronicle», *The Ideal and Practice...,* t. 4, p. 187-220.

—, «Securing the North: Invasion and the Strategy of Defence in 12th-Century Anglo-Scottish Warfare», ANS, 12, 1989, p. 177-198.

—, *War and Chivalry. The Conduct and Perception of War in England and Normandy, 1066-1217,* Cambridge, 1996.

T. STRUVE, «The Importance of the Organism in the Political Theory of John of Salisbury», *The World...,* p. 303-317.

J. S. P. TATLOCK, «King Arthur in *Normannicus Draco»*, *Modern Philology,* 31, 1933, p. 1-18, p. 114-122.

H. B. TEUNIS, «Benoit of St Maure and William the Conqueror's *Amor»*, ANS, 12, 1989, p. 199-209.

H. M. THOMAS, *Vassals, Heiresses, Crusaders and Thugs : The Gentry of Angevin Yorkshire, 1154-1215,* Philadelphie (Pen), 1993.

K. THOMPSON, «The Lords of Laigle: Ambition and Insecurity on the Border of

Normandy», ANS, 18, 1996, p. 177-199.

—, «The Formation of the County of Perche: the Rise and Fall of the House of Gouet», *Family Trees...*, p. 299-314.

—, *Power and Border Lordship in Medieval France. The County of the Perche, 1000-1226*, Woodbridge, 2000.

B. TIERNEY, *Church, Law and Constitutional Thought in the Middle Ages*, Londres, 1979.

C. TREFFORT, «Le comte de Poitiers, duc d'Aquitaine, et l'Eglise aux alentours de l'an mil (970-1030)», CCM, 43, 2000, p. 395-445.

M. TURCHETTI, *Tyrannie et tyrannicide de l'Antiquité à nos jours*, Paris, 2001.

E. TÜRK, *Nugæ curialium Le règne d'Henri II et l'éthique politique*, Genève, 1977.

R. V. TURNER, «The Children of Anglo-Norman Royalty and their Upbringing», *Medieval Prosopography*, 11/2, 1990, p. 17-52.

—, «Eleanor of Aquitaine and her Children: An Inquiry into Medieval Family Attachment», *Journal of Medieval History*, 14, 1988, p. 321-335.

—, *The English Judiciary in the Age of Glanvill and Bracton, c. 1176-1239*, Cambridge, 1985.

—, «Good or Bad Kingship ? The Case of Richard Lionheart», HSJ, 8, 1996, p. 63-78.

—, *Juges, Administrators and the Common Law*, Londres, 1994.

—, *Men Raised from Dust. Administrative Service and Upward Mobility in Angevin England*, Philadelphie (Pen), 1988.

—, «The *Miles Literatus* in 12th and 13th-Century England», *American Historical Review*, 83, 1978, p. 928-945.

—, «The Problem of Survival for the Angevin "Empire": Henry II's and his Sons' Vision versus Late 12th-Century Realities», *American Historical Review*, 100, 1995, p. 78-96.

—, «Richard Lionheart and English Episcopal Elections», *Albion*, 29, 1997, p. 1-13.

—, «Toward a Definition of the *Curialis*: Educated Court Cleric, Courtier, Administrator, or "New Man" ?», *Medieval Prosopography*, 15/2, 1994, p. 3-36.

V. Turner, «Religious Paradigms and Social Action : Thomas at the Council of Northampton», dans V. Turner, *Dramas, Fields and Metaphors. Symbolic Action in Human Society,* Ithaca, 1974, p. 60-97.

D. B. Tyson, «Patronage of French Vernacular History Writers in the 12th and 13th Centuries», *Romania,* 100, 1979, p. 180-222.

C. Uhlig, *Hofkritik im England des Mittelalters und der Renaissance. Studien zu einem Gemeinplatz der europäische Moralistik,* Berlin, 1973.

Valérie et Thomas Becket. De l'influence des Plantagenêt dans l'Œuvre de Limoges, dir. V. Notin, Limoges, 1999.

K. Van Eickels, «"Hommagium" and "Amicita" : Rituals of Peace and their Significance in the Anglo-French Negotiations of the 12th-Century», *Francia,* 24/1, 1997, p. 133-140.

J. Van Laarhoven, «Thou shalt *not* Slay a Tyrant ! The So-Called Theory of John of Salisbury», *The World...,* p. 319-341.

E. M. C. Van Houts, *History and Family Traditions in England and the Continent, 1000-1200,* Aldershot, 1999.

R. Van Waard, *Etudes sur l'origine et la formation de la Chanson d'Aspremont,* Groningen, 1937.

J. Verger, *La Renaissance du XIIe siècle,* Paris, 1996.

N. Vincent, «Conclusion», *Noblesses...,* p. 207-214.

—, *The Holy Blood. King Henry III and the Westminster Blood Relic,* Cambridge, 2001.

—, «Isabella of Angoulême : John's Jezebel», *King John...,* p. 165-219.

—, «King Henry II and the Poitevins», *La Cour...,* p. 103-136.

—, *Peter des Roches. An Alien in English Politics, 1205-1238,* Cambridge, 1996.

—, «Warin and Henry Fitz Gerald, the King's Chamberlains: The Origins of the Fitzgeralds Revisited», ANS, 21, 1999, p. 233-260.

—, «William Marshal, King Henri II, and the Honour of Châteauroux», *Archives,* 25, 2000, p. 1-14.

War and Government in the Middle Ages. Essays in Honour of J. O. Prestwich, dir. J. C. Holt, J. Gillingham, Woodbridge, 1984.

W. L. Warren, *Henry II,* Londres, 1973.

S. L. Waugh, «Marriage, Class, and Royal Lordship in England under Henry

III», *Viator,* 16, 1985, p. 181-207.

F. J. WEST, «The Colonial History of the Norman Conquest», *History,* 84, 1999, p. 219-236.

J. L. WESTON, «Waucherie de Denain and Bleheris (Bledherius)», *Romania,* 34, 1905, p. 100-105.

S. D. WHITE, «English Feudalism and its Origins», *American Journal of Legal History,* 19, 1975, p. 138-155.

M. WILKS, «John of Salisbury and the Tyranny of Nonsense», *The World...,* p. 263-286.

R. M. WILSON, «English and French in England, 1100-1300», *History,* 28, 1943, p. 37-60.

C. T. WOOD, «Guenevere at Glastonbury: a Problem in Translation(s)», *Arthurian Literature,* 16, 1998, p. 23-40.

The World of John of Salisbury, dir. M. WILKS, Oxford, 1984.

N. WRIGHT, «Geoffrey of Monmouth and Bede», *Arthurian Literature,* 6, 1986, p. 27-55.

—, «Geoffrey of Monmouth and Gildas», *Arthurian Literature,* 2, 1982, p. 1-33.

C. R. YOUNG, *The Making of the Neville Family in England, 1166-1400,* Woodbridge, 1996.

J. YVER, «Les châteaux forts en Normandie jusqu'au milieu du XIIIe siècle», *Bulletin de la société des antiquaires de Normandie,* 53, 1955-1956, p. 28-121.

J. ZATTA, «Translating the *Historia*: The Ideological Transformation of the *Historia regum Britannie* in 12th-Century Vemacular Chronicles», *Arthuriana,* 8/4, 1998, p. 148-161.

索　引

（词条中页码为原书页码，即本书边码）

Abingdon, 阿宾顿, 85
Absalon, 押沙龙, 46
Arle, 阿克, 117
Adam de Domerham, 亚当·德·多摩汉, 166
Adam d'Eynsham, 恩斯海姆的亚当, 43, 52, 147, 274
Adam de Perseigne, 亚当·德·培尔塞涅, 91
Adelaide, 阿德莱德, 英格兰国王亨利一世的次女, 111
Adelaide fitz Jean, 阿德莱德·菲茨·约翰, 151
Adelade de Bath, 巴斯的阿德拉德, 110, 111
Adoubement, 授甲礼, 81, 134, 291
Adour, 阿杜尔河, 213
Adraste, 阿德拉斯托斯, 174
Adrien IV, 阿德里安四世, 245, 262
Aelred de Rievaulx, 埃尔雷德·德·里沃克斯, 149, 152, 159, 231
Agathe, 阿加特（乳母）, 53
Agenais, 阿让, 213

Agnes de Poitiers, 普瓦提埃的阿涅丝, 212
Agnes de Poitou, 普瓦图的阿涅丝, 52
Aifa, 埃法, 201, 236
Aimar V, 艾马尔五世, 利摩日子爵, 211
Aimery Picaud, 埃梅里·皮科, 156
Aimery de Thouars, 埃梅里·德·图阿尔, 226
Aix-la-Chapelle, 亚琛, 157
Alain IV, 阿兰四世, 布列塔尼公爵, 218
Alain de Lille, 里尔的阿兰, 175
Alain de Tewkesbury, 阿兰·德·托克斯伯里, 105
Alcuin d'York, 约克的阿尔昆, 112
Alexandre III, 亚历山大三世, 55, 129, 149, 157, 241, 250, 253, 261, 262, 263, 284
Alexandre le Gallois, 威尔士的亚历山大, 268
Alexandre le Grand, 亚历山大大帝, 9, 101, 104, 108, 117, 171, 175, 250

Alexandre Neckam, 亚历山大·内卡姆, 58

Alfred le Grand, 阿尔弗雷德大帝, 111, 150, 169

Aliénor, fille d'Henri II, 埃莉诺, 亨利二世之女, 22, 213

Aliénor d'Aquitaine, 阿基坦的埃莉诺, 25, 27—29, 45, 51—53, 59, 97—99, 105, 111, 118, 131, 132, 143, 152, 153, 162, 172, 174, 187, 204, 208, 211, 214, 217, 288, 289

Aliénor de Bretagne, 布列塔尼的埃莉诺, 222

Alix, héritière d'Eu, 厄城的女继承人艾丽克斯, 209

Alix de Bretagne, 布列塔尼的艾丽克斯, 219

Alix de France, 法兰西的艾丽克斯, 142, 289

Allemagne, 德意志（日耳曼）, 61, 69, 90, 129

Alnwick, 安维克, 27, 101, 145, 285

Alphège, saint, 圣亚菲齐, 277, 281

Alphonse II, roi d'Aragon, 阿拉贡国王阿方索二世, 57, 123

Alphonse VI, roi de Castille-Léon, 卡斯蒂尔-莱昂国王阿方索六世, 57

Alphonse VIII, roi de Castille, 卡斯蒂尔国王阿方索八世, 27, 29, 57, 213

Alphonse IX, roi de Léon, 莱昂国王阿方索九世, 57

Alphonse X, roi de Castille, 卡斯蒂尔国王阿方索十世, 112

Alphonse de Poitiers, 普瓦提埃的阿尔方斯, 100

Amboise, 昂布瓦兹, 114

Ambroise, jongleur, 说唱艺人昂布瓦兹, 22, 68, 100, 117, 156

Ambroise de Milan, 米兰大主教安布罗西, 89, 259, 264

André II, roi de Hongrie, 匈牙利国王安德烈二世, 182

André de Chauvigny, 绍维尼的安德烈, 211

André de Coutances, 库唐斯的安德烈, 169

André de Saint-Victor, 圣维克多的安德烈, 248

André de Vitré, 威特雷的安德烈, 223

âne couronné, 戴王冠的驴子, 107, 108

Angers, 昂热, 63, 97, 109, 155, 217, 225

Angleterre, 英格兰, 10, 13, 15, 16, 18, 20, 21, 25, 27, 28, 30, 37—39, 42, 47, 59, 61, 63—66, 69, 70, 74, 79, 83, 85, 86, 91—93, 97, 103, 108—111, 119, 123, 124, 126—137, 142—146, 149, 150, 152, 153, 158, 159, 162, 166, 167, 169, 171, 174, 175, 181—185, 188, 189, 192, 195, 198, 199, 205, 211, 212, 219, 223, 224, 227—229, 231, 232, 234, 238, 240—246, 249—253, 263, 265, 279, 280, 284, 289, 290, 293—296

anglo-normand, langue, 盎格鲁-诺曼语, 86, 87

Angoulême, 昂古莱姆, 28, 131, 209, 214

Angoumois, 昂古莱姆人, 10, 29
Anjou, 安茹, 11, 13, 22, 25, 26, 29, 37—39, 42, 46, 48, 49, 51, 52, 54, 59, 67, 69, 99, 107, 133, 138, 144, 155, 168, 189, 192, 199, 205, 216—220, 223, 225—229, 290, 293, 294
Anneau, 指环, 118, 130, 131, 134, 245
Anonyme d'York, 约克的无名者, 126, 128
Anselme du Bec, 贝克的安瑟尔姆, 253
Apollon, 阿波罗, 175
Aquitaine, 阿基坦, 13, 22, 25, 26, 29, 30, 37—39, 42, 46, 51, 53, 54, 59, 69, 87, 92, 97, 115, 133, 134, 142, 156, 163, 199, 206—212, 215, 219, 227, 264, 291, 297
Aragon, 阿拉贡, 26, 144, 182
Aristote, 亚里士多德, 108
Arles, 阿尔勒, 143
Armagnac, 阿马尼亚克, 213
Armes *Prydein*,《不列颠大预言》, 173
Arnaut Guilhem de Marsan, 阿诺·威廉·德·马尔桑, 88
Arnoul de Lisieux, 利雪的阿努尔, 24, 71, 74, 76, 254, 283
Arnaut de Mareuil, 阿诺·德·马乐怡, 99
Arras, 阿拉斯, 249
ars dictaminis, 书艺, 63
Arsur, 阿苏尔, 28, 116
Arthur, 亚瑟, 29, 45, 48, 57, 100, 101, 113, 115, 122, 158—175, 221, 222, 291
Arthur de Bretagne, 布列塔尼的亚瑟, 29, 45, 49, 132, 166, 189, 197, 212, 214, 219—226, 237
Assises d'armes, 军事立法, 199
astronomie, 天文学, 110
Aubigny, 奥比尼, 58, 189, 228
Aubri de Trois-Fontaines, 三泉村的奥布里, 221
Auguste, empereur, 皇帝奥古斯都, 113, 191
Augustin de Cantorbéry, 坎特伯雷的奥古斯丁, 233
Augustin d'Hippone, 希波的奥古斯丁, 17, 42, 52, 80, 138, 258, 259
augustins, 奥古斯丁会修士, 21, 92, 111, 118, 127
Aulu-Gelle, 奥卢-杰尔, 259
Aumale, 奥马尔, 60, 68, 294
Aunis, 奥尼, 212
Auvergne, 奥弗涅, 9, 99, 141, 156
Auxerre, 欧塞尔, 92, 244, 247
Avalon, 阿瓦隆, 159, 164, 165, 167, 170, 173, 221
Avranches, 阿弗朗什, 254, 284
Avranchin, 阿弗朗钦, 222

Baderon de Monmouth, 蒙茅斯的巴德龙, 156
Baiser, 吻, 43, 271, 272, 273, 274, 275
Bannière, 旗帜, 136, 192, 269
Barcelone, 巴塞罗那, 26, 56, 123, 212, 288
Bardes, 民谣, 104, 158, 164—166, 176, 291
Bastard Feudalism, 变态封建主义, 202

Bâtardise, 私生子, 52, 58, 147, 190
Bath, 巴斯, 62, 112, 254
Battle, 巴特尔, 43, 110, 140, 192
Baudouin, archevêque de Cantorbéry, 坎特伯雷大主教鲍德温, 174
Baudouin, guerrier de Simon de Montfort, 博杜安, 西蒙·德·孟福尔手下的武士, 57
Baudouin IX, comte de Flandre, 佛兰德尔伯爵博杜安九世, 28
Baudouin de Redvers, 罗德维尔的博杜安, 210
Bayeux, 巴约, 113, 152
Bayonne, 巴约讷, 213
Béatrice de Say, 贝阿特丽丝·德·萨伊, 68
Beaugency, 博让西, 25
Beaumont-Meulan, 博蒙特-墨朗, 162
Bec, 贝克, 22, 141, 162, 170, 171, 244
Bède le Vénérable, 可敬者比德, 89
Belin, 贝兰, 45, 156, 169
Beneit de Saint Albans, 圣阿尔班的贝尼特, 272, 279
Bénévent, 贝内文托, 263
Benoît de Peterborough, 彼得伯罗的本笃, 275, 278
Benoît de Sainte-Maure, 圣摩尔的贝努瓦, 22, 148, 153, 174, 190, 207, 231, 291
Bérenger de Tours, 图尔的贝伦加尔, 151
Bérenger Raimond Ier, comte de Barcelone, 巴萨罗那伯爵贝伦加尔·雷蒙一世, 57

Bérengère de Navarre, 纳瓦尔的贝伦加尔, 28, 131, 213
Berg Gunnsteinsson, 博格·冈斯坦松, 272
Bermondsey, 柏蒙塞, 13
Bernard, abbé du Mont-Saint-Michel, 圣米歇尔山的修道院长伯纳德, 170
Bernard de Chartres, 沙特尔的伯纳德, 109
Bernard de Clairvaux, 克莱沃的伯纳德, 48, 245
Bernard Itier, 贝尔纳·伊蒂耶, 22
Bernart de Ventadorn, 贝纳尔·德·旺塔多恩, 99
Béroul, 贝卢尔, 162
Berry, 贝里, 28, 29, 96, 210, 224, 226
Bertran de Born, 贝特朗·德·博恩, 17, 99, 119, 157, 163, 175, 201
Bertran de Born le Jeune, 小贝特朗·德·博恩, 163
Bertrand de Verdun, 凡尔登的贝特朗, 229
Bigamie, 重婚, 50, 52
Bigorre, 比戈尔, 213
Blanche de Castille, 卡斯蒂尔的布朗什, 212
Bléhéri, 布雷赫里, 158, 162
Boèce, 波爱修斯, 60, 77
Bologne, 布洛涅, 63, 244, 259, 261, 283
Bonneval, 博纳瓦尔, 46, 145
Bonport, 庞博尔, 91
Bordeaux, 波尔多, 17, 29, 134, 156, 213, 214, 216, 226
Bouchard de l'Ile-Bouchard, 布沙尔岛

索 引

的布沙尔, 216
Bourgeoisie, 市民, 70, 214
Bourges, 布尔日, 30, 226
Bourgogne, 勃艮第, 139, 143
Bouvines, 布汶, 30
Brémule, 布雷米尔, 140
Brenne, 布列那, 45, 169
Bretagne, 布列塔尼, 13, 26, 45, 54, 85, 114, 152, 158, 160, 162, 170, 171, 191, 199, 217—223, 227, 288, 291—293, 297
Breteuil, 布勒特伊, 101
Breton d'Amboise, 昂布瓦兹的布勒东, 107, 155, 169
Brient de Martigné, 布里恩·德·马迪涅, 216
Bristol, 布里斯托尔, 58, 164, 165
Brutus, 布鲁图, 173, 175, 176, 291
Bulgarus, 布尔加鲁斯, 259
bureaucratie, 官僚制, 20, 21, 38, 65, 74, 94, 107, 187, 188, 253
Bures, 必列斯, 279
Bury Saint Edmund's, 贝里圣埃德蒙兹, 110, 250

Cadoc, 卡多克, 197, 201
Caen, 卡昂, 39, 152, 230, 279
Calabre, 卡拉布里亚, 156
Caligula, 卡里古拉, 260
Camlann, 坎穆兰, 158
Cantorbéry, 坎特伯雷, 20, 24, 27, 30, 44, 63, 67, 69, 79, 83, 88, 92, 101, 108, 125, 128, 129, 144, 156, 183, 224, 240, 241, 245, 249, 253, 259, 261, 262, 264, 268, 269, 274, 275, 278, 281—285, 296
Capétiens, 卡佩, 17, 18, 27, 43, 47, 52, 59, 63, 91, 95, 106, 107, 121, 135, 138, 141, 142, 155, 157, 169, 170, 175, 186, 215, 219, 222, 224, 225, 227, 230, 288, 292, 293
Caradoc de Llancarfan, 加拉多克·德·兰佳凡, 165
Catalogne, 加泰罗尼亚, 100
Catherine, sainte, 圣卡特琳娜, 150
Caux, pays de, 考克斯地区, 151
Célestin III, 塞莱斯廷三世, 28, 105
Celtes, 凯尔特人, 106, 160, 161, 221, 235, 295
Centulle III de Bigorre, 比戈尔的桑图尔三世, 213
Cercamon, 塞卡蒙, 158
Césaire de Heisterbach, 海斯特巴赫的塞萨尔, 48, 163, 167, 283
César, 恺撒, 35, 79, 99, 108, 250, 251
Châlus, 沙吕思, 13, 29, 116, 207, 293
Champagne, 香槟, 122, 249
chancellerie, 文书厅, 20, 41, 59, 62, 81, 121, 185, 213, 234, 241, 250, 251, 280
Chanson d'Aspremont,《埃斯普雷蒙之歌》, 101, 156
Chanson de Dermot,《德默特之歌》, 23
Chanson des Saisnes,《塞斯内之歌》, 101, 156
Charente, 夏朗德, 115
Charlemagne, 查理曼, 10, 18, 101, 111,

513

112, 155-157, 163, 168, 171, 174, 175, 220, 222, 291, 292
Charles le Chauve, 秃头查理, 114, 291
Charroux, 夏卢, 18
Chartres, 沙特尔, 18, 22, 46, 89, 91, 245, 246
chartreux, 查尔特勒会修士, 51, 92
chasse, 狩猎, 15, 75, 76, 83, 97, 120, 142, 163, 234, 292
Château-Gaillard, 加亚尔城堡, 13, 42, 116, 145, 274
Châteauroux, 沙托鲁, 210
Châtellerault, 沙泰勒罗, 51
Châtre, 查特勒, 210
Chertsey, 切特希, 168
Chester, 切斯特, 50
chevalier lettré, 有文化的骑士, 63, 106, 122, 159, 295
Chichester, 奇切斯特, 62, 78
Chinon, 希农, 27, 30, 42, 47, 97, 216, 217, 225
Chrétien de Troyes, 特鲁瓦的克雷蒂安, 162, 172
Christ Church de Cantorbéry, 坎特伯雷的基督堂, 252, 275, 276, 278, 284
Chypre, 塞浦路斯, 28, 115, 131, 143
Cicéron, 西塞罗, 89, 105, 112, 171, 258
Cilicie, 西利西亚, 110
Cirencester, 西伦切斯特, 58
Cîteaux, 西多, 92
Clairvaux, 克莱沃, 92
Clarendon, 克拉伦登, 27, 42, 62, 241, 246, 249, 251, 265, 267, 270, 278, 280, 283, 296

classe marchande, 商人阶层, 18, 214
Claudien, 克劳迪, 190
Clémence de Barking, 白金的克莱门斯, 150
Clonmacnoise, 科隆马克诺伊斯, 164
Cluny, 克吕尼, 252
Cognac, 科尼亚克, 214
Cologne, 科隆, 48
Comargue, 科马哥, 213
Common law, 普通法, 228
Conan III de Bretagne, 布列塔尼的柯南三世, 217
Conan IV de Bretagne, 布列塔尼的柯南四世, 26, 218, 219
Concussion, 贪污, 67, 68, 72, 74, 259
Constance, femme de Raoul fitz Gilbert, 拉尔夫·菲茨·吉尔伯特的夫人康斯坦斯, 85
Constance de Bretagne, 布列塔尼的康斯坦斯, 159, 218—220, 222
Constantin, empereur, 君士坦丁大帝, 108, 169, 245, 259
Corfe (Dorset), 科夫（多塞特）, 197
Cornouailles, 康沃尔, 162, 167, 175
correspondance, 通信集, 24, 63, 69, 105, 148, 152, 170, 171, 222, 242, 246, 249, 250
Couronnement, 戴冠礼, 11, 28, 54, 122—125, 129—132, 136, 144, 149, 172, 182, 189, 193, 253, 291
Courtaine, 库泰恩, 167, 292
courtoisie, 骑士风度, 71, 88, 90, 100, 160, 169, 194
Coventry, 考文垂, 98

croisade, 十字军, 21, 27, 43, 48, 57, 68, 74, 90, 92, 98, 99, 101, 106, 108, 115, 144, 148, 166, 167, 174, 204, 205, 208, 213, 225, 228, 250, 263, 284, 285, 292

croisade albigeoise, 阿尔比十字军, 212

cruentation, 创口流血, 47

Culhwch ac Olwen,《考维奇和欧文》, 158

Damiette, 达米埃特, 212

Danegeld, 丹麦金, 38, 262

Darès de Phrygie, 弗里几亚的达勒斯, 174

Darius, 大流士, 171

Daude de Prades, 多德·德·普拉德, 111

Dauphin, comte d'Auvergne, 奥弗涅伯爵多芬, 99

David, roi d'Israël, 以色列王大卫, 35, 46, 82, 108, 260

David de Huntingdon, 亨廷顿的大卫, 124, 137

Dax, 达克斯, 213

Deheubarth, 德赫巴思, 137

Denis, saint, 圣丹尼, 277, 281

Denise de Déols, 道尔斯的德尼斯, 210, 211

Derbyshire, 德比郡, 230

Devon, 德文, 210

Diane, prophétesse, 女先知狄安娜, 173

Diarmait Mac Murchada, 迪亚梅特·马克·慕沙达, 236

Diglossie, 主次双语, 86

Dîme, 什一税, 28, 38

Dinan, 迪南, 223

distrain, 扣押, 228

Diúske, 丢斯科, 91

Dol, 多尔, 223, 226

Douer, 杜埃, 189

Douvres, 多佛, 13, 42, 58

droit canonique, 教会法, 63, 83, 247, 262

droit féodal, 封建法, 137, 139, 196

droit romain, 罗马法, 17, 196, 259, 261, 266, 295

ducalia, 公爵信物, 134, 291

Dudon de Saint-Quentin, 圣康坦的迪东, 151, 207, 231

Durandal, 杜兰达尔, 156, 166

Durham, 达勒姆, 19, 62, 69, 74, 145, 189

Ebbes de Déols, 艾博·德·道尔斯, 96

Echiquier, 财政署, 10, 19, 20, 24, 36, 39, 42, 44, 61—63, 67—69, 73, 76, 110, 147, 188, 189, 198, 200, 202, 211, 230, 231, 253, 284

écoles cathédrales, 主教座堂学校, 91, 251, 295

Ecosse, 苏格兰, 9, 22, 27, 101, 119, 124, 133, 150, 168, 192, 196, 203, 285

ecrouelles, 瘰疬病, 126, 127

ecuage, 盾牌捐, 198

Edouard Grim, 爱德华·格林, 242, 275, 277, 283

Edouard le Confesseur, 忏悔者爱德

华, 86, 124, 149, 150, 151, 154, 167, 175, 231

Elie Aimeric, 埃里·埃梅里克, 133

Elie de Malmort, 埃里·德·马尔默特, 29

Ely, 埃里, 19, 67, 69, 74, 86, 98, 145, 249, 254

Emma, mère de saint Edouard, 圣爱德华的母亲爱玛, 150

Enée, 埃涅阿斯, 173, 174, 175, 291

enquête, 调查, 41, 42, 66, 188, 199, 202, 228

Entre-deux-Mers, 两海之间, 213

épigraphie, 碑铭学, 96, 98

Ermessende de Carcassonne, 卡尔卡松那的埃摩森德, 56

Ernley (Worcestershire), 恩勒（沃斯特郡）, 162

Eschivard de Preuilly, 艾什瓦尔·德·普罗伊, 200

Essex, 埃塞克斯, 21, 60, 61, 68, 182, 232, 294

étendard, 军旗, 133, 134, 291

Etienne, abbé de Cluny, 克吕尼的院长埃蒂安, 139

Etienne, protomartyr, 第一位殉道者斯蒂芬, 282

Etienne de Blois, 布卢瓦的斯蒂芬, 25, 26, 61, 83, 132, 151, 161, 172, 195, 198, 203, 229, 230, 236, 252, 269, 279

Etienne de Fougères, 埃蒂安·德·富热尔, 81

Etienne Langton, 斯蒂芬·朗顿, 30, 128, 135, 144, 183, 284—286

Etienne de Marzai, 埃蒂安·德·马尔扎伊, 67, 217

Etienne de Muret, 埃蒂安·德·缪雷, 284

Etienne de Rouen, 鲁昂的埃蒂安, 141, 170, 171, 172, 264, 279

Etna, 埃特纳, 167, 221

Eu, 厄城, 66, 229

Eudes, abbé de Marmoutier, 马尔穆捷修道院院长厄德, 155

Eudes, évêque de Bayeux, 巴约主教厄德, 61

Eudes de Porhoët, 厄德·德·波尔厄特, 217, 219, 220

Eustache, vice-chancelier, 副文书长厄斯塔什, 69

Evreux, 埃弗勒, 22, 29, 68

Excalibur, 亚瑟的王者之剑, 167, 292

exemplum, 劝诫故事, 53, 93

Ezéchias, 以西结, 108

Falaise, 法莱兹, 137, 147

Falkes de Breauté, 法尔克·德·布罗岱, 72, 197

Faucon, 隼, 97, 104, 111, 145

Fécamp, 费康, 151, 152, 166

Ferdinand, infant de Castille, 卡斯蒂尔王子费迪南, 100

fief-rente, 年金采邑, 200, 201, 289

fin'amors, 文雅之爱, 90

Flandre, 佛兰德尔, 27, 28, 85, 118, 229

Flavius Joseph, 弗拉维乌斯·约瑟夫, 46

Folquet de Marseille, 马赛的佛凯, 99
Fontevraud, 丰特弗罗, 12, 67
Forêt, 森林, 68, 83, 142, 187, 262
Fougères, 富热尔, 223
Foulques II le Bon, comte d'Anjou, 安茹伯爵好人富尔克二世, 107
Foulques III Nerra, comte d'Anjou, 安茹伯爵富尔克三世内拉, 46, 52, 56
Foulques IV, comte d'Anjou, 安茹伯爵富尔克四世, 218
Foulques de Neuilly, 富尔克·德·内伊, 263
France, 法兰西（法国）, 14, 16, 17, 19, 21, 28, 29, 57, 63, 64, 90—92, 95, 98, 121, 127, 140, 141, 143, 157, 159, 169, 176, 186, 187, 192, 212, 216, 226, 228, 230, 232, 234, 241, 246, 247, 252, 275, 287, 290, 295, 297
Frédéric Barberousse,（红胡子）腓特烈·巴巴罗萨, 27, 37, 56, 141, 143, 157, 170, 246, 247, 261, 262, 292
Frédéric II, 腓特烈二世, 112
Fréteval, 弗雷特瓦尔, 28, 116, 241, 271
Frideswide, sainte, 圣弗赖德斯维德, 127
Frollon, 傅罗龙, 168, 169

Gabarret, 加巴勒, 213
Gace Brulé, 伽思·勃律莱, 99
Gaillon, 嘉永, 226
Galaad, personnage biblique, 基列, 圣经人物, 46

Galeran d'Ivry, 贾勒兰·德·伊弗里, 85
Galeran de Meulan, 贾勒兰·德·墨朗, 85, 232
Galles, pays de, 威尔士, 9, 23, 30, 36, 58, 66, 72, 104, 133, 137, 158, 161, 164—166, 233, 235
Ganelon, 加内隆, 155, 156
Garin fitz Gerald, 加林·菲茨杰拉德, 66
Garin Trossebof, 加林·特罗瑟柏夫, 98
Garonne, 加龙河, 213, 215, 216
Garsire, seigneur de Rais, 贾希尔, 赖斯的领主, 208
Gascogne, 加斯科尼, 9, 13, 25, 29, 30, 58, 88, 156, 212—216, 225, 235, 287, 290
Gaucelm Faidit, 高瑟姆·费迪特, 99, 163
Gaule, 高卢, 168
Gautier, archevêque de Palerme, 巴勒莫主教戈蒂耶, 35
Gautier de Châtillon, 沙蒂永的戈蒂耶, 71, 250
Gautier de Coutances, 库唐斯的戈蒂耶, 28, 69
Gautier de Coventry, 考文垂的沃尔特, 72
Gautier Espec, 沃尔特·厄斯培克, 159
Gautier Map, 戈蒂耶·马普, 24, 36, 37, 41, 47, 49, 50, 51, 53, 60, 61, 71, 72, 75—77, 85, 86, 88, 92, 93, 95, 103, 109, 118, 122, 145, 175, 190,

517

199, 200, 249, 263, 288, 296
Gauvain, 高文, 162, 163, 165
Gélase I, 格拉西一世, 255
généalogie, 谱系, 150
genre épistolaire, 书信体, 24, 105, 171, 281
Geoffroi le Bel, comte d'Anjou, 安茹伯爵美男子若弗瓦, 15, 25, 50, 51, 54, 106, 108, 120, 138, 155, 167, 205, 206, 216
Geoffroi Martel, comte d'Anjou, 安茹伯爵锤子若弗瓦, 46, 52, 56
Geoffroi, duc de Bretagne, 布列塔尼公爵若弗瓦, 27, 45, 49, 99, 163, 199, 218, 220, 222, 224, 289
Geoffroi, frère d'Henri II, 亨利二世的兄弟若弗瓦, 26, 217, 219
Geoffroi Gaimar, 杰弗里·盖马尔, 45, 85, 153, 159
Geoffroi Grisegonelle, 灰袍若弗瓦, 155, 156, 291
Geoffroi Ridel, 杰弗里·瑞德尔, 253
Geoffroi de la Haye, 拉海耶的若弗瓦, 217
Geoffroi de Lavardin, 拉瓦尔丹的若弗瓦, 217
Geoffroi de Lucy, 吕西的杰弗里, 49
Geoffroi de Marisco, 马里斯克的杰弗里, 30
Geoffroi de Monmouth, 蒙茅斯的杰弗里, 45, 46, 48, 85, 152, 158—161, 162, 165, 167—170, 172—174, 221, 292
Geoffroi fitz Pierre, 杰弗里·菲茨·彼得, 68
Geoffroi de Repton, 杰弗里·德·雷普顿, 230
Geoffroi de Thouars, 图阿尔子爵若弗瓦, 212
Geoffroi de Vigeois, 维茹瓦的若弗瓦, 22, 50, 133, 198
Geoffroi d'York, 约克的杰弗里, 28, 58, 69, 86, 269
Gervais de Cantorbéry, 坎特伯雷的杰维斯, 21, 51, 124, 242, 269
Gervais de Tilbury, 提尔波利的杰维斯, 118, 167, 336
Gethsémani, 客西马尼园, 270, 281
Gilbert fitz Baderon, 吉尔伯特·菲茨·巴德龙, 85
Gilbert Foliot, 吉尔伯特·弗里奥, 24, 105, 126, 243, 252, 254, 255, 257, 262, 263, 265, 268, 269
Gilbert de la Porrée, 吉尔伯特·德拉博雷, 101, 245
Gilbert fitz Reinfrid, 吉尔伯特·菲茨·莱恩弗里德, 201
Gildas, saint, 圣吉尔达斯, 165
Girard de Roussillon, 鲁西永的吉拉尔, 156
Girard Talebot, 吉拉尔·塔尔伯特, 229
Girart de Fraite, 吉拉特·德·福莱特, 156
Giraud de Barri, 基罗·德·巴里, 9, 21, 47—53, 62, 63, 65, 71—73, 76—79, 82—84, 86, 87, 90, 92, 98, 103—110, 113, 120, 121, 135, 146, 157,

160, 164, 168, 190, 191, 198, 203, 206, 218, 230, 233, 236, 252, 263, 272, 274, 278, 279, 286, 288

Giraut de Borneil, 基罗·德·伯内伊, 99, 157

Girflet, 杰夫勒, 173

Gisors, 吉佐尔, 42, 138, 289

Glastonbury, 格拉斯顿伯里, 164—166, 173, 222, 292

Gloucester, 格洛斯特, 131, 152, 252

Goliath, 歌利亚, 260

Goulet, 顾莱, 29, 209

Graal, 圣杯, 113, 163

Grande Charte, 大宪章, 30, 42, 65, 125, 148, 181-183, 198, 202, 286, 291, 293, 297

Grandmont, 格朗蒙, 92, 264, 283

Gratien, 格兰西, 121, 262, 266

Grégoire le Grand, 大格里高利, 139, 258

Guenièvre, 桂妮芙, 159, 164, 166, 173, 292

Guernes de Pont-Sainte-Maxence, 圣马克森斯桥的盖尔内, 242, 271, 275, 279

Guéthénoc de Vannes, 瓦内的葛泰诺克, 223

Gui, comte d'Auvergne, 奥弗涅伯爵基, 99

Gui de Lusignan, 卢西尼昂的基, 197, 208

Gui de Thouars, 图阿尔的基, 219, 225

Guilhomarch de Léon, 莱昂的基罗马什, 220

Guillaume III, duc d'Aquitaine, 阿基坦公爵纪尧姆三世, 207

Guillaume V, duc d'Aquitaine, 阿基坦公爵纪尧姆五世, 46, 50, 51, 134

Guillaume IX, duc d'Aquitaine, 阿基坦公爵纪尧姆九世, 46, 50, 51, 87, 90, 98, 158, 212

Guillaume le Conquérant, duc de Normandie, 诺曼底公爵征服者威廉, 25, 43, 52, 56, 61, 87, 107, 140, 141, 150, 153, 165, 198, 218, 223, 231, 237, 253, 279

Guillaume Longue Epée, duc de Normandie, 诺曼底公爵长剑威廉, 207

Guillaume, frère d'Henri II, 亨利二世的兄弟纪尧姆, 279

Guillaume, fils d'Etienne de Blois, 布卢瓦的斯蒂芬的儿子纪尧姆, 26

Guillaume, fils d'Henri II, 亨利二世的儿子威廉, 143

Guillaume le Lion, roi d'Ecosse, 苏格兰国王狮子威廉, 27, 101, 119, 137, 168, 234

Guillaume II, roi de Sicile, 西西里国王威廉二世, 28, 35, 37, 292

Guillaume Adelin, 威廉·艾德林, 140

Guillaume d'Arundel, 阿伦戴尔家的威廉, 58

Guillaume fitz Baudouin, 威廉·菲茨·鲍德温, 235

Guillaume aux Blanchesmains, 白手纪尧姆, 246, 249, 250

Guillaume Bonne Ame, 好心人威廉,

126

Guillaume le Breton, 纪尧姆·勒·布勒东, 139, 207, 286
Guillaume de Conches, 纪尧姆·德·孔什, 89, 109, 245
Guillaume de Longchamps, 威廉·德·隆尚, 19, 28, 63, 67, 68, 74, 86, 98, 249
Guillaume de Malmesbury, 马姆斯伯里的威廉, 84, 107, 151, 165, 168
Guillaume de Mandeville, 威廉·德·曼德维尔, 60, 63, 68, 84, 124, 294
Guillaume de la Mare, 纪尧姆·德拉·马尔, 229
Guillaume le Maréchal, 威廉元帅, 23, 66, 67, 91, 92, 117, 118, 124, 146, 182, 191, 199, 201—203, 224, 233, 236—238, 295
Guillaume de Newburgh, 牛堡的威廉, 21, 51, 52, 118, 119, 121, 123, 148, 160, 170, 193, 221, 242, 267, 285
Guillaume Picolphe, 威廉·皮科夫, 147
Guillaume fitz Raoul, 威廉·菲茨·拉尔夫, 230
Guillaume de Sainte-Maure, 圣摩尔的纪尧姆, 217
Guillaume de Saint-Jean, 纪尧姆·德·圣约翰, 229
Guillaume de Salisbury, 索尔兹伯里的威廉, 124, 193
Guillaume fitz Stephen, 威廉·菲茨·斯蒂芬, 22, 102, 146, 242, 247, 248, 268, 269, 275, 282
Guillaume de Tancarville, 威廉·德·坦卡维尔, 88, 199, 294
Guillaume Tracy, 威廉·特拉西, 277
Guillaume de Treignac, 纪尧姆·德·特赖尼亚克, 264, 284
Guillaume des Roches, 纪尧姆·德·罗什, 189, 223, 226
Guiraut de Calanson, 基罗·德·加兰松, 100

Hadrien, empereur, 皇帝哈德良, 287
hagiographie, 圣徒传记, 149
Harold, 哈罗德, 111
Hastings, 哈斯廷斯, 43, 234
Haveloc, 哈维洛克, 45
Hector, 赫克托耳, 103, 117, 174, 175
Hélinand de Froidmont, 埃里南·德·傅华孟, 107
Hellequin, 赫勒昆, 36, 71, 76, 296
Héloïse de Lancaster, 兰开斯特的爱洛依丝, 201
Henri le Libéral, comte de Champagne, 香槟伯爵慷慨者亨利, 249
Henri le Lion, duc de Saxe et Bavière, 萨克森和巴伐利亚公爵狮子亨利, 27, 141, 156, 285
Henri II, empereur romano-germanique, 神圣罗马帝国皇帝亨利二世, 134
Henri V, empereur romano-germanique, 神圣罗马帝国皇帝亨利五世, 10, 50
Henri VI, empereur romano-germanique, 神圣罗马帝国皇帝亨利六世, 28, 143
Henri Ier, roi d'Angleterre, 英格兰国王亨利一世, 20, 26, 47, 52, 63, 72, 84,

107, 123, 132, 140, 143, 146, 150, 151, 153, 167, 182, 192, 198, 218, 244, 261

Henri II, roi d'Angleterre, 英格兰国王亨利二世, *passim*

Henri III, roi d'Angleterre, 英格兰国王亨利三世, 11, 30, 31, 60, 72, 100, 181, 200, 212, 214, 215, 234, 294

Henri VIII, roi d'Angleterre, 英格兰国王亨利八世, 240

Henri le Jeune, roi d'Angleterre, 英格兰国王小亨利, 26, 27, 45, 49, 58, 88, 97, 99, 101—103, 108, 117, 119, 122, 125, 127, 128, 131, 133, 137, 146, 166, 174, 175, 191, 210, 217, 229, 233, 234, 236, 241, 250—254, 284, 289

Henri de Beaumont, 亨利·德·博蒙特, 152

Henri de Blois, 布卢瓦的亨利, 269

Henri d'Essex, 埃塞克斯的亨利, 197

Henri d'Estouteville, 亨利·德斯图特维尔, 228

Henri fitz Gerald, 亨利·菲茨·杰拉德, 66

Henri de Huntingdon, 亨廷顿的亨利, 130, 231

Henri de Sully, 亨利·德·苏利, 151, 166

Henri de Talbot, 亨利·德·塔尔伯特, 85

Héraclius, patriarche de Jérusalem, 耶路撒冷教长赫拉克利乌斯, 48

Herbert de Bosham, 赫伯特·德·博思汉姆, 88, 172, 242, 247, 248, 251, 261, 273, 275

Hereford, 赫里福德, 36, 85, 252, 254, 282

Hérésie, 异端, 264

Hereward, 赫里沃德, 45

Hérode, 希律, 273

Highlanders, 高地人, 235

Hildegarde de Bingen, 宾根的希尔德嘉德, 139

historiographie, 史学, 16, 17, 19, 22, 83, 104, 108, 122, 154, 155, 164, 176, 182, 186, 190, 203, 204, 207, 242

histrions, 丑角、江湖骗子, 147

Hobbes, 霍布斯, 79

Hodierne, nourrice, 霍迭尼, 乳母, 53, 58

Hoel, comte de Nantes, 南特伯爵霍尔, 26, 217

Hohenstaufen, 霍亨施陶芬家族, 157, 288

hommage en marche, 边区臣从礼, 138

Hommet, 奥梅, 189, 228

Horace, 贺拉斯, 113, 191

Hubert de Burgh, 赫伯特·德·伯格, 30

Hubert Gautier, 赫伯特·沃尔特, 20, 69, 76, 108

Hue de Rotelande, 休·德·洛特朗德, 85

Hugues Capet, roi de France, 法兰西王于格·卡佩, 15

Hugues d'Avalon, 阿瓦隆的休, 43, 51,

521

52, 263
Hugues de Bourgogne, 勃艮第的于格, 108
Hugues de Chauvigny, 绍维尼的于格, 210
Hugues de Claye, 于格·德·克莱, 155
Hugues de Durham, 达勒姆的休, 124
Hugues de Lacy, 于格·德·赖希, 236
Hugues de Lincoln, 林肯的休, 147, 274
Hugues IX le Brun de Lusignan, 卢西尼昂的于格九世, 29, 66, 189, 209
Hugues X de Lusignan, 卢西尼昂的于格十世, 30
Hugues Mauclerc, 休·默克莱克, 277
Hugues de Moreville, 休·德·摩尔维尔, 86, 162, 277
Hugues de Mortemer, 莫特迈尔的于格, 83
Hugues de Neville, 休·德·内维尔, 182
Hugues de Nunant, 休·德·纽南特, 98; 于格·德·纽南特, 268
Hugues de Puiset, 于格·德·皮塞, 19, 74, 189
Hugues de Sainte-Maure, 圣摩尔的于格, 217
Hugues de Saint-Victor, 圣维克多的于格, 257
hypergamie, 高攀婚姻, 142, 201

Ingelgerius, 英格尔格里乌斯, 114, 291
Innocent III, 英诺森三世, 128, 138, 143, 183, 252
ira regis, 王的怒火, 120, 121, 196, 280
Irlande, 爱尔兰, 9, 13, 23, 26, 30, 37, 66, 91, 99, 103, 104, 137, 144, 159, 165, 168, 236, 245, 287, 288, 293
Isaac, prêtre, 教士伊萨克, 151
Isaac de l'Etoile, 埃图瓦勒的伊萨克, 92, 210
Isabelle d'Angoulême, 昂古莱姆的伊莎贝拉, 29—31, 97, 131, 209, 210, 237
Isabelle de Clare, 克莱尔的伊莎贝拉, 66, 201
Isabelle de Hainaut, 埃诺的伊莎贝拉, 157
Isabelle de Warrene, 伊莎贝拉·德·瓦林, 279
Iseult, 伊索尔德, 162
Isidore de Séville, 塞维利亚的伊西多尔, 89, 260
Islande, 冰岛, 159

Jacques Ier, roi d'Aragon, 阿拉贡国王詹姆斯一世, 182
Jaffa, 雅法, 28, 116
Jaufre, 乔弗雷, 167
Jean sans Terre, roi d'Angleterre, 英格兰国王无地约翰, 10, 11, 16, 20, 27—30, 42, 45, 47, 53, 55, 58, 59, 61, 65, 71, 72, 79, 91, 94, 97, 99, 105, 124, 129, 170, 208, 226, 228, 229, 232, 240, 241, 246, 286, 289, 291, 294
Jean d'Alençon, 阿朗松的约翰, 237
Jean-Baptiste, saint, 施洗者圣约翰, 273, 281

Jean Bellesmains, 约翰·贝勒斯曼, 210, 249, 253, 274, 277

Jean de Cornouailles, 康沃尔的约翰, 161

Jean de Courcy, 约翰·德·古尔西, 105, 236

Jean de Hauville, 约翰·德·奥维尔, 67, 75, 174

Jean le Maréchal, 元帅约翰, 124, 172

Jean de Marmoutier, 马尔穆捷的让, 106, 155, 169

Jean d'Oxford, 牛津的约翰, 253

Jean de Préaux, 让·德·普雷奥, 229

Jean de Salisbury, 索尔兹伯里的约翰, 22, 24, 60, 62, 68, 71, 73—92, 98, 102, 105, 107, 109, 121, 152, 172, 194, 210, 234, 238, 242, 245, 247, 249, 250, 252, 253, 257, 259, 262, 264, 275, 277, 281, 282

Jean Sarrasin, 让·萨拉森, 250

Jean de Tilbury, 提尔波利的约翰, 110, 251

Jean de Worcester, 伍斯特的约翰, 46

Jean le Trouvère, 行吟诗人约翰, 67, 118, 139, 191, 207, 224, 225, 232

Jeanne, fille d'Henri II, 亨利二世的女儿雅娜, 28, 35, 37, 142, 156, 213

Jeanne, maîtresse d'Henri II, 亨利二世的情妇雅娜, 151

Jephté, personnage biblique, 耶弗他, 圣经人物, 46

Jérusalem, 耶路撒冷, 28, 197, 208, 232, 240, 250

jeunesse, 青年, 55, 119, 120, 204

Joachim de Fiore, 约阿希姆·德·菲奥雷, 109

Jongleurs, 说唱艺人, 22, 58, 68, 87, 98, 100, 102, 103, 116, 156, 176

Jordan Fantosme, 乔丹·方托姆, 22, 101, 102, 119, 145, 157, 192, 203, 234

Jordan de Tesson, 乔丹·德·泰松, 248

Joscelin de Sainte-Maure, 圣摩尔的若瑟兰, 217

Joscelin de Salisbury, 索尔兹伯里的若瑟兰, 253

Joseph l'Ermite, 隐士约瑟夫, 173

Joseph d'Exeter, 埃克塞特的约瑟夫, 174, 175, 221

Josias, 约书亚, 108

justice, 司法, 14, 19, 37—41, 61, 68, 70, 74, 81, 82, 85, 93, 108, 125, 129, 133, 149, 182, 189, 195, 204, 208, 214, 216, 228, 239, 259, 265, 273

justicier, 法官, 148

Justin, 查士丁, 46

Justinien, 查士丁尼, 108, 259

juvenis, 青年, 55, 70, 115, 119, 122, 201

Kent, 肯特, 13, 30, 232

La Réole, 拉雷奥尔, 116, 213, 216

La Rochelle, 拉罗歇尔, 30, 212, 214

Lagni-sur-Marne, 马恩河上拉尼, 233

Laigle, 莱格尔, 197

Lancelot, 兰斯洛, 113, 162, 173

Languedoc, 朗格多克, 225
Laon, 拉昂, 63, 110
Latran, 拉特兰, 79, 128, 246, 252
Layamon, 莱亚蒙, 162, 167, 168, 292
Le Mans, 勒芒, 97, 118, 225
Leicester, 莱斯特, 60, 85, 92, 232, 294
Leinster, 伦斯特, 236
Léocadius d'Aquitaine, 阿基坦的莱奥卡丢斯, 134
Léon, 莱昂, 57, 108, 220, 222, 288, 297
Léon, empereur, 皇帝利奥, 168
Léon l'Archiprêtre, 大主教莱昂, 171
Léopold d'Autriche, 奥地利的列奥波德, 28
Lesnes (Kent), 莱斯内斯（肯特）, 92
Limassol, 利马索尔, 28, 131
Limoges, 利摩日, 29, 30, 116, 133—135, 264, 282, 284, 285
Limousin, 利穆赞, 13, 22, 25, 27, 29, 45, 92, 117, 207, 209, 250
Lincoln, 林肯, 43, 51, 58, 145, 263
Lincolnshire, 林肯郡, 85, 222
Lisieux, 利雪, 24, 55, 69, 268
Llywelyn ap Iorwerth, 勒韦林·阿普·约维斯, 30
Loches, 洛什, 42, 155
Loire, 卢瓦尔河, 14, 17, 26, 27, 37, 87, 181, 207, 216, 217, 220, 224
Lomagne, 罗马涅, 213
Lombard de Plaisance, 隆巴德·德·普拉桑斯, 263
Londres, 伦敦, 10, 24, 30, 61, 62, 105, 126, 146, 162, 168, 174, 181, 182, 240, 243, 249, 252, 255, 268, 269

Louis VI, roi de France, 路易六世, 法兰西国王, 140
Louis VII, roi de France, 路易七世, 法兰西国王, 18, 21, 25, 26, 29, 51, 56, 64, 95, 115, 121, 122, 139, 141—143, 157,
Louis VIII, roi de France, 路易八世, 法兰西国王, 18, 30, 57, 65, 91, 121, 181, 200, 212, 214, 223
Louis IX, roi de France, 路易九世, 法兰西国王, 212
Louviers, 卢韦耶, 28, 194
Louvrecaire, 卢维凯, 197
Lusignan, 卢西尼昂, 29, 66, 208—212, 293, 297
Machiavel, 马基雅维利, 79
Maine, 曼恩, 25, 216, 223, 230
Malchus, 马勒古, 256, 270
Malcom IV, roi d'Ecosse, 苏格兰国王马尔科姆四世, 137
Manche, 英吉利海峡, 14, 16, 21, 37, 38, 133, 150, 162, 166, 198, 199, 218, 230, 232, 233, 237, 248, 274, 287, 293
Mantes, 芒特, 139
Marc, époux d'Iseult, 马可, 伊索尔德的丈夫, 167
Marcabru, 马加布律, 158
Marche, 边区, 29, 30
Margam en Glamorgan, 格拉摩根的马嘉姆修道院, 164
Marguerite de France, 法兰西的玛格丽特, 26, 102, 119, 131, 142, 146, 233,

索 引

Marie de Champagne, 香槟的玛丽, 162

Marie de France, 法兰西的玛丽德·弗朗斯, 63, 85, 162

Marie, fille de Philippe Auguste, 腓力·奥古斯都的女儿玛丽, 223

Marie, sœur de Thomas Becket, 托马斯·贝克特的姐姐玛丽, 151

Marlborough, 莫尔伯勒, 86, 172

Marmoutier, 马尔穆捷, 155

Martel, 马特尔, 250

Martial, 马夏尔, 134

Mathilde, fille d'Henri II, 亨利二世的女儿玛蒂尔达, 155, 175, 285

Mathilde, fille illégitime d'Henri II, 亨利二世的私生女玛蒂尔达, 151

Mathilde, impératrice, 皇后玛蒂尔达, 10, 25, 50, 123, 129, 143, 145, 150, 151, 154, 159, 171, 172, 203, 229, 230, 261, 265, 283

Mathilde, veuve d'Etienne de Blois, 布卢瓦的斯蒂芬的寡妻玛蒂尔达, 151

Mathilde d'Ecosse, 苏格兰的玛蒂尔达, 150

matière de Bretagne, 布列塔尼题材, 163, 166, 168, 172, 173, 222

matière de France, 法兰西题材, 163, 173

matière de Rome, 罗马题材, 173, 174

Matthieu [d'Angers], 昂热的马蒂厄, 109

Matthieu de la Jaille, 马迪厄·德拉·扎伊, 217

Matthieu Paris, 马修·帕里斯, 207, 289

Maubergeonne, 墨百荣, 50

Maudit, 莫迪, 68

Maurice, conteur, 歌手莫里斯, 98

Maurice de Craon, 莫里斯·德·克拉昂, 216

Maurice de Sully, 莫里斯·德·苏利, 250

Maxime, 马克西姆, 169

Mayenne, 马耶那, 223

Meath, 米斯郡, 236

Melchisédec, 麦基洗德, 144

Mélusine, 梅露西娜, 48

Melwas, roi du Somerset, 索默塞特王梅尔瓦斯, 166

Mercadier, 梅加迭, 197, 295

mercenaires, 雇佣兵, 72, 197, 199, 201, 204, 217, 230, 235, 295, 296

Meriadoc, 梅里亚多克, 162, 201

Merlin, 梅林, 48, 49, 158, 161, 172, 252, 288

Merton, 莫顿, 62, 244

Messine, 墨西拿, 108, 166

miles litteratus, 有文化的骑士, 84, 93, 106, 159, 174

Milon, abbé du Pin, 勒班的修道院院长米隆, 91

Ministérialité, 家内管理, 59, 62, 257

miracles, 神迹, 118, 127, 283, 285

Mirebeau, 米尔波, 29, 45, 197, 212, 219

Mirebellais, 米尔波地区, 217

Modène, 摩德纳, 163

Modred, 莫德雷德, 45, 158, 159, 170

525

Mont Badon, 巴敦山, 158, 292
Montmartre, 蒙马特尔, 241, 271
Montmirail, 蒙米拉伊, 241, 249
Montreuil-Bellay, 蒙特勒伊-贝莱, 108
Mont-Saint-Michel, 圣米歇尔山, 22, 169, 170, 290
Morgane, 墨嘉, 159, 165, 167, 173
Morholt, 莫华特, 167, 292
Mortain, 莫尔坦, 26, 147
Muret, 缪雷, 182

Nantes, 南特, 225
Néron, 尼禄, 260
Neustrie, 纽斯特里亚, 133, 136, 140
Nicodème, 尼哥底母, 151, 169
Nicolas du Mont-Saint-Jacques, 圣雅各山的尼古拉, 261
Nigel de Longchamps, 尼格尔·德·隆尚, 67, 71, 72, 86, 87
Niort, 尼奥尔, 214
Nominoë, comte breton, 布列塔尼伯爵诺米诺埃, 220
nonne de Barking, 白金的修女, 86, 150
Norfolk, 诺福克, 199
Normandie, 诺曼底, 11, 13, 16, 21—25, 29, 37-39, 42, 43, 52, 56, 59, 62, 64, 65, 69, 70, 74, 84, 90, 96, 99, 101, 103, 109, 113, 123, 126, 133, 136, 138—144, 147, 149—154, 168, 172, 186, 187, 189, 192, 193, 199, 204, 205, 210, 216, 219, 220, 225, 227—237, 289, 290, 293—297
Northampton, 北安普顿, 68, 103, 136, 247, 267, 269, 270, 271

Northumberland, 诺森伯兰, 169, 182
Northumbrie, 诺森布里亚, 9, 22, 101, 189
Norwich, 诺维奇, 254
Notre-Dame de Paris, 巴黎圣母院, 218, 248

OEdipe, 俄狄浦斯, 45, 288
Old Sarum, 老萨勒姆, 245
Oléron, 奥莱龙, 30
Oloron, 奥罗龙, 213
onction, 涂油, 91, 122-132, 135, 137, 143, 148, 149, 196, 253, 256, 263, 277, 290
Orderic Vital, 奥德里克·维达尔, 61, 120, 146, 154
Orléanais, 奥尔良地区, 224
Orléans, 奥尔良, 63
Ormeteau-Ferré, 铁榆树, 138
Osbert de Clare, 奥斯伯特·德·克莱尔, 111, 113, 149, 167
Osbert Huitdeniers, 奥斯伯特·惠德尼埃, 62
Otrante, 奥特朗托, 163
Otton IV de Brunswick, empereur, 不伦瑞克家的奥托四世, 皇帝, 29
Ourscamp, 乌斯坎, 249
Owain ap Gwynedd, 奥温·厄普·葛文尼德, 137, 161, 235
Owain, chevalier d'Henri II, 亨利二世的骑士欧文, 203
Oxford, 牛津, 16, 58, 104, 111, 127, 155, 158, 182, 242

pactisme, 契约主义, 125, 147
Pacy, 帕西, 101
Palerme, 巴勒莫, 63, 109
Pallium, 大披肩, 252, 269
Paris, 巴黎, 25, 27, 31, 62, 63, 89, 91, 101, 102, 104, 115, 138, 142, 144, 146, 168, 169, 218, 223, 224, 244, 245, 248, 250, 254, 270, 283, 289, 295
Pâris, 帕里斯, 103
Parthenay, 帕特奈, 156
Parthenay-Larchevêque, 帕特奈-拉什维克, 212
Pascal III, 帕斯卡尔三世, 157, 262
patriciat urbain, 城市精英, 10, 214, 294
Patrick de Salisbury, 索尔兹伯里的帕特里克, 197, 210, 229, 237, 293
patronage, 庇护制, 扈从关系, 37, 39, 69, 71, 87, 96, 112, 113, 155, 202, 244, 249, 257, 264, 296
paysannerie, 农民, 70, 83, 195, 240, 277, 289
Peire d'Auvergne, 奥弗涅的佩尔, 233
Peire Vidal, 佩尔·维达尔, 99, 221
Peire del Vilar, 佩尔·德尔·维拉尔, 100
Pembroke, 彭布罗克, 66, 236
Penthièvre, 彭铁弗尔, 218
Pépin le Bref, 矮子丕平, 101, 135
Perche, 佩尔什, 197
Pétronille d'Aragon, 阿拉贡的佩特罗妮耶, 123, 212
Phébus, 腓比斯, 175
Philippe, prieur de Sainte-Frideswide, 圣弗赖德斯维德的隐修院院长彼得, 127
Philippe Auguste, roi de France, 法兰西国王腓力·奥古斯都: 16, 18, 21, 27—30, 59, 64, 90, 95, 99, 101, 115, 116, 133, 135, 138, 139, 142, 143, 157, 181, 187, 194, 200, 204, 207, 209, 212, 214, 218, 219, 223, 224, 226, 230, 234, 237, 286, 289, 290, 291, 294, 297
Philippe d'Alsace, 阿尔萨斯的菲利普, 85, 118, 133
Philippe de la Chartre, 菲利普·德拉·查特勒, 217
Philippe de Poitou, 普瓦图的菲利普, 69, 148
Philippe de Thaon, 菲利普·德·塔昂, 111
Pierre II, roi d'Aragon, 阿拉贡国王彼得二世, 182
Pierre II, vicomte de Dax, 达克斯子爵皮埃尔二世, 213
Pierre Abélard, 皮埃尔·阿贝拉尔, 245
Pierre Bernard, prieur de Grandmont, 格朗蒙的隐修院院长皮埃尔·伯纳德, 284
Pierre Bertin, 皮埃尔·贝坦, 211
Pierre de Blois, 皮埃尔·德·布卢瓦, 24, 35, 36, 38, 46, 49, 63, 71, 73—78, 81, 90, 98, 102, 103, 108, 109, 120, 126, 145, 148, 157, 163, 191, 221, 234, 263, 292
Pierre de Castelnau, 皮埃尔·德·卡斯

特尔诺, 208
Pierre le Chantre, 唱诗人彼得, 283
Pierre de Courtenay, 库特奈的皮埃尔, 29
Pierre Damien, 彼得·达米安, 79, 257
Pierre de Dreux, 德勒的皮埃尔, 219, 226
Pierre Lombard, 彼得·隆巴德, 248, 250
Pierre le Mangeur, 贪食者彼得, 46
Pierre de Pontefract, 庞蒂弗拉克特的彼得, 105
Pierre Riga, 皮埃尔·里加, 122
Pierre des Roches, 皮埃尔·德·罗什, 181, 294
Pierre de Saintes, 圣特的皮埃尔, 174
Pilate, 彼拉多, 282
Pin, le, 勒班, 91
Pipe rolls, 羊皮卷, 20, 36, 65, 198
Pipewell, 派普维尔, 69
Placentin, 普拉钱廷, 259
Planh, 葬礼哀歌, 99, 100, 119, 163
Platon, 柏拉图, 112
Pline le Jeune, 小普林尼, 110
Plutarque, 普鲁塔克, 257
Poitiers, 普瓦提埃, 62, 92, 97, 134, 158, 174, 208, 210, 211, 214, 249, 253, 274
Poitou, 普瓦图, 11, 13, 22, 25, 29, 30, 50, 52, 87, 156, 186, 188, 200, 206—214, 223, 226, 229, 238, 290, 293
Pontigny, 蓬蒂尼, 91, 92, 241
port de la couronne, 戴冠, 124, 132, 145
Portugal, 葡萄牙, 75, 144

Prémay, 普雷迈, 189
Prévôté, 司法长官, 38, 216, 227
prophéties, 预言, 48, 51, 52, 104, 105, 150, 158, 161, 172, 252
pseudo-Denis l'Aréopagite, 亚略巴古的伪丢尼修, 250
pseudo-Nennius, 伪涅纽斯, 173
Pyrénées, 比利牛斯山, 9, 216, 287

Quercy, 凯尔西, 26

Rahewin de Freising, 弗赖兴的拉赫文, 37, 143
Raimon Vidal de Besalù, 雷蒙·维达尔·德·贝萨鲁, 100
Raimond V, comte de Toulouse, 图卢兹伯爵雷蒙五世, 26, 28, 140
Raimond VI, comte de Toulouse, 图卢兹伯爵雷蒙六世, 28, 57, 212, 213
Raimond VII, comte de Toulouse, 图卢兹伯爵雷蒙七世, 31
Raimond Bérenger II, comte de Barcelone, 巴塞罗那伯爵雷蒙·贝伦加尔二世, 56
Raimond Bérenger IV, comte de Barcelone, 巴塞罗那伯爵雷蒙·贝伦加尔四世, 26, 123
Ramire, roi d'Aragon, 阿拉贡国王拉米尔, 212
Ranulf de Chester, 切斯特的拉努夫, 222, 225
Ranulf de Glanville, 拉努夫·德·格兰维尔, 61, 63, 66, 67, 69, 72, 84, 90, 190

Raoul de Beauvais, 博韦的劳尔, 73

Raoul de Coggeshale, 科吉舍尔的拉尔夫格思黑尔, 96, 102, 115, 120, 164, 172, 285

Raoul de Déols, 劳尔·德·道尔斯, 210

Raoul de Diss, 拉尔夫·德·迪斯, 21, 46, 48, 50, 103, 117, 124, 139, 157, 195, 221, 249

Raoul d'Exoudun, 劳尔·德·鄂苏顿, 66, 209

Raoul de Faye, 劳尔·德·法耶, 217

Raoul de Fougères, 劳尔·德·富热尔, 220

Raoul fitz Gilbert, 拉尔夫·菲茨·吉尔伯特, 85, 159

Raoul de Houdenc, 劳尔·德·乌登科, 207

Raoul de la Haye, 拉海耶的劳尔, 217

Raoul le Noir, 劳尔·勒努瓦, 71, 72, 79, 190, 250, 261

Reading, 雷丁, 143, 197, 247

reddibilité des châteaux, 奉还城堡, 13, 136, 196, 204, 227

regalia, 王权信物, 123, 124, 129, 131, 132, 135, 167, 189

Réginald de Bath, 巴斯的雷吉纳德, 124

Réginald de Pons, 雷吉纳德·德·彭斯, 211

Reginald fitz Urs, 雷吉纳德·菲茨·乌尔斯, 277

reliques, 圣骨, 118, 125, 127, 134, 143, 149, 151, 154, 156, 164, 165, 175, 222, 231, 240, 247, 282, 285

renaissance du XIIe siècle, 12世纪文艺复兴, 24, 245, 246, 251, 258

Renaud de Bohun, 雷诺·德·博亨, 253

Rennes, 雷恩, 81, 223

Rhys ap Gruffydd, 赫斯·厄普·格里菲斯, 137, 161, 235

Richard Ier, duc de Normandie, 诺曼底公爵理查一世, 150-154, 175

Richard II, duc de Normandie, 诺曼底公爵理查德二世, 151, 190

Richard III, duc de Normandie, 诺曼底公爵理查德三世, 56

Richard Cœur de Lion, roi d'Angleterre, 英格兰国王狮心理查, 11, 13, 15, 16, 20—22, 26—27, 38, 42—48, 53—55, 58, 59, 61, 66—71, 74, 87, 91, 92, 94, 96—103, 105, 108, 115, 117, 120, 122, 124, 128—133, 142—144, 148, 156, 158, 162, 163, 166, 167, 174, 175, 187, 189, 193, 194, 200, 203—213, 217, 219—229, 233, 234, 236, 237, 249, 263, 272, 274, 285, 288, 289, 292, 293, 295

Richard le Bret, 理查德·勒布莱特, 277, 279

Richard de Devizes, 德维齐斯的理查德, 19, 21, 45, 67, 170, 206, 233, 288

Richard du Hommet, 理查德·迪·奥梅, 61, 196

Richard d'Ilchester, 伊尔切斯特的理查德, 62, 101, 230, 253

Richard de Lucé, 理查德·德·吕塞,

44, 61, 66, 92, 192, 294

Richard Malebisse, 理查德·马尔比斯, 315

Richard fitz Nigel, 理查德·菲茨·尼格尔, 10, 63, 85, 110

Richard le Poitevin, 普瓦图人理查德, 22, 48, 123

Richmond, 里奇蒙德, 171, 218, 222

Rievaulx, 里沃克斯, 159

Rigaud de Barbezieux, 李戈·德·巴别丘, 163

Rigord, 李戈尔, 135, 139, 142, 204, 218

Robert le Fort, comte de Paris, 巴黎伯爵强者罗贝尔, 155

Robert le Magnifique, duc de Normandie, 诺曼底公爵光辉者罗贝尔, 56, 140, 152

Robert de Beaumont, 罗伯特·德·博蒙特, 60, 85, 92, 124, 294

Robert de Boron, 罗伯特·德·鲍伦, 167

Robert de Courson, 罗伯特·德·古尔松, 51

Robert Courteheuse, 罗伯特·库特厄斯, 153

Robert de Cricklade, 罗伯特·德·克里克拉德, 110, 272

Robert de Gloucester, 格洛斯特的罗伯特, 26, 84, 109, 159, 162, 165, 254

Robert de Harcourt, 罗伯特·德·哈尔古特, 228

Robert de Melun, 罗伯特·德·墨伦, 245, 254, 282

Robert de Montfort, 孟福尔的罗伯特, 197

Robert de Montmirail, 罗伯特·德·蒙米拉伊, 211

Robert Pullen, 罗伯特·普伦, 245, 270

Robert de Sablé, 罗伯特·德·萨布雷, 217

Robert fitz Stephen, 罗伯特·菲茨·斯蒂芬, 104

Robert de Thornham, 索恩汉姆的罗伯特, 217, 229, 237

Robert de Torigni, 罗伯特·德·托里尼, 22, 51, 103, 123, 140, 154, 162, 168, 201, 206, 249, 290

Rocamadour, 罗卡马杜尔, 119

Roche-aux-Moines, 僧侣岩, 30, 181

Rodez, 罗德兹, 111

Roger Bigod, 罗杰·庇戈德, 199

Roger de Howden, 罗杰·德·豪顿, 21, 47, 48, 50, 58, 67, 98, 103, 119, 124, 129, 130, 145, 148, 167, 188, 203, 209, 218, 221, 225, 242, 269, 283

Roger de Montgomery, 罗杰·德·蒙哥马利, 235

Roger le Normand, 诺曼人罗杰, 283

Roger de Pont-l'Evêque, 主教桥的罗杰, 252, 268

Roger de Wendover, 罗杰·德·文多佛, 234

Roger de Worcester, 伍斯特的罗杰, 109, 254

Rohaise de Clare, 罗黑丝·德·克莱尔, 156

Roland, archevêque de Dol, 多尔大主教罗兰, 98

Roland, boufon, 小丑罗兰, 147

Roland, comte de la marche de Bretagne, 布列塔尼边区伯爵罗兰, 116, 155, 156, 163, 167, 170, 171, 175

Roland de Dinan, 迪南的罗兰, 171

Rollon, 罗隆, 141, 152, 171, 231

Roman d'Aiquin,《艾奎传奇》, 220

Roman de Thèbes,《底比斯传奇》, 84, 174, 296

Rome, 罗马, 10, 91, 103, 149, 160, 163, 168, 172, 240, 244, 245, 263, 265-269

Roncevaux, 隆塞沃, 156, 171

Rosemonde Clifford, 罗莎蒙德·克利福德, 54

Rouen, 鲁昂, 26, 62, 67, 118, 126, 133, 170, 174, 214, 219, 222, 229, 244, 283

Routrou de Rouen, 鲁昂的卢特鲁, 108

Saint Albans, 圣阿尔班, 110

Saint David's (Tydewwi), 圣大卫, 76, 113, 121

Saint Paul de Londres, 伦敦的圣保罗, 21, 124

saint Sang, 圣血, 151, 166

Saint Swithurn (Wessex), 圣斯威瑟恩（威塞克斯郡）, 19

Saint-Asaph (Llanelwy), 圣阿萨夫, 48, 158

Saint-Aubin d'Angers, 昂热的圣欧班, 47, 52

Saint-Denis de Paris, 巴黎的圣丹尼, 135, 139, 157, 176, 249, 281, 291

Sainte-Colombe de Sens, 桑斯的圣科隆波, 241

Sainte-Croix de Poitiers, 普瓦提埃的圣十字, 187

Sainte-Frideswide d'Oxford, 牛津的圣弗赖德斯维德, 111

Sainte-Geneviève de Paris, 巴黎的圣热纳维耶芙, 257

Sainte-Radegonde de Chinon, 希农的圣拉德贡德, 97

Saint-Etienne de Caen, 卡昂的圣埃蒂安, 152

Saint-Etienne de Limoges, 利摩日的圣埃蒂安, 134

Sainte-Trinité de Fécamp, 费康的圣三一, 151

Saint-Evroul, 圣埃弗鲁尔, 155

Saint-Florentin de Bonneval, 博纳瓦尔的圣弗洛伦坦, 46

Saint-Georges, canal, 圣乔治海峡, 164

Saint-Hilaire de Poitiers, 普瓦提埃的圣伊莱尔, 134

Saint-Jacques de Compostelle, 康波斯特拉的圣雅各, 51, 156, 240

Saint-Jean-d'Angély, 圣-让-当热里, 30, 214

Saint-Lô, 圣罗, 169

Saint-Malo, 圣马洛, 212

Saint-Martial de Limoges, 利摩日的圣马夏尔, 22, 119, 134

Saint-Martin de Candes, 康代的圣马丁, 97

Saint-Paul de Londres, 伦敦的圣保罗, 21
Saint-Serge d'Angers, 昂热的圣塞尔日, 9, 83
Saint-Siège, 圣座, 20, 245, 262
Saint-Victor de Paris, 巴黎的圣维克多, 254
Saintes, 圣特, 30, 109, 214, 264
Saladin, 萨拉丁, 22, 28, 100, 106, 109, 116
Salisbury, 索尔兹伯里, 62
Salomé, 莎乐美, 273
Salomon, roi d'Israël, 以色列王所罗门, 108, 110, 111
Samuel, 撒母耳, 257
Sanche II, roi de Castille, 卡斯蒂尔国王桑乔二世, 57
Sanche VI, roi de Navarre, 纳瓦尔王桑乔六世, 27, 28
Saül, roi d'Israël, 以色列王扫罗, 82, 257
Savary de Mauléon, 萨瓦里·德·莫雷昂, 29, 99, 211, 212
Scandinavie, 斯堪的纳维亚, 159
sceptre, 权杖, 123, 124, 130, 131, 135, 172
Seine, 塞纳河, 16
Sénèque, 塞内卡, 77, 89, 91, 105, 112, 171, 258
sheriffs, 治安长官, 38, 42, 58, 59, 61, 62, 67, 68, 69, 72, 74, 76, 85, 189, 228, 244
Sicile, 西西里, 28, 35, 37, 63, 67, 108, 110, 167, 231, 234, 283

Sigand de Cantorbéry, 坎特伯雷的西刚德, 253
Sigebert de Gembloux, 让布鲁的西哥贝特, 46
Simon de Freine, 福莱纳的西蒙, 77
Simon le Magicien, 魔法师西蒙, 264
Simon de Montfort, 西蒙·德·孟福尔, 57
Simon de Poissy, 西蒙·德·普瓦西, 245
sirventes, 政治诗歌, 23, 87, 98, 201
Socrate, 苏格拉底, 77
Soissons, 苏瓦松, 18
Somerset, 索默塞特, 164, 166, 232
Strongbow, Richard fitz Gilbert, 强弓（斯特隆堡），理查德·菲茨·吉尔伯特, 23, 168, 201, 236
Suger, 苏热, 139
Syrie, 叙利亚, 110

Taillebourg, 泰业堡, 13, 115, 206, 293
Taillefert, 泰耶菲尔, 209
Tamise, 泰晤士, 66, 234, 292
Tancarville, 坦卡维尔, 189, 228
templiers, 圣殿骑士, 93
tenants en chef, 头等封臣, 61, 64, 188, 199, 200, 211, 228, 238, 265, 294
Terre sainte, 圣地, 22, 28, 43, 66, 69, 100, 116, 140, 143, 197, 205, 210, 231, 284, 292
Tertulle le Forestier, 护林员特图尔, 114, 120, 122, 176, 291
Théodoric le Grand, roi des Ostrogoths, 提奥多里克大帝, 东哥特王, 60, 77

Théodose, empereur, 提奥多西, 皇帝, 108
Thibaud de Cantorbéry, 坎特伯雷的蒂博, 62, 63, 240, 244, 245, 249, 252, 253
Thierceville, 迭斯维尔, 244
Thierry, duc d'Angers, 昂热公爵梯叶里, 156
Thomas Becket, 托马斯·贝克特, 20, 22, 24, 26, 27, 42, 44, 62, 65, 72, 74, 79—81, 86, 88, 89, 101, 102, 105, 117, 121, 126, 127, 129, 131, 135, 141, 146, 149, 151, 157, 183, 190, 196, 210, 240, 243, 248, 249, 253, 257, 260—262, 267, 271, 278
Thomas Brun, 托马斯·布伦, 63
Thomas d'Earley, 托马斯·德·埃尔利, 118, 127
Thomas de Loches, 托马斯·德·洛什, 155
Thouars, 图阿尔, 30, 99, 212, 216, 297
Tiffauges, 蒂孚日, 208
Tintern Parva, 廷泰恩·帕尔瓦, 91
tonsure, 剃度, 277, 278
Tostain, 托斯坦, 152
Toulouse, 图卢兹, 26, 28, 31, 57, 82, 83, 240, 245
Touraine, 图兰, 28, 29, 106, 153, 216, 217, 223
tournois, 图尔地区, 116, 117, 122, 192, 193, 218, 233, 238
Tours, 图尔, 63, 110, 155, 226
Trajan, empereur, 图拉真, 皇帝, 257, 258

Tribehou, 特里贝乌, 169
Tristan, 特里斯坦, 158, 162, 163, 167, 292
Trogué-Pompée, 特罗哥-庞培, 46
Troie, 特鲁瓦, 101, 153, 173-175
troubadours, 游吟诗人, 23, 87, 99, 157, 158, 163, 221
trouvère, 行吟诗人, 22, 242, 275
tutelle, 监护, 66, 94, 119, 123, 202, 210, 211, 223
tyrannicide, 弑君, 81, 82, 246

Uı́ Chennselaig, 威金塞拉, 236
Ulrich von Zatzikhoven, 乌尔里希·冯·查齐霍芬, 162
Ulster, 阿尔斯特, 105, 236, 287
Uther, 乌瑟, 159

Vacarius, 瓦卡留斯, 63, 259
Valérie, sainte, 圣瓦莱丽, 134
Varennes, 瓦伦, 96, 97
Végèce, 韦杰提乌斯, 108
Vexin, 维克森, 26, 28, 29, 138, 229, 232, 233
Virgile, 维吉尔, 113, 191
Vitré, 威特雷, 223
Vivien de Montevrault, 维维安·德·蒙特弗罗, 217

Wace, 瓦斯, 9, 22, 45, 55, 113, 115, 120, 140, 148, 149, 152—155, 159, 161, 167, 168, 170, 172, 174, 221, 231, 233, 291, 292
Waïfre, duc d'Aquitaine, 阿基坦公爵魏

福乐, 135
Wallingford, 沃灵福德, 26
Wauchier de Denain, 沃谢尔·德·德南, 158
Wells, 威尔斯, 110, 118
Wessex, 威塞克斯, 19, 66, 111, 234, 237
Westminster, 威斯敏斯特, 17, 25, 26, 39, 42, 65, 88, 102, 111, 124, 131, 135, 148, 149, 151, 189, 237, 252, 290
Winchester, 温切斯特, 39, 49, 62, 97, 101, 124, 131, 132, 253, 269
Windsor, 温莎宫, 148, 181
Woodstock, 伍德斯托克, 132, 137, 147
Worcester, 伍斯特, 132, 152, 167
Wulfstan, saint, 圣伍尔夫斯坦, 167
Wygar, elfe, 魏佳尔, 小精灵, 167
York, 约克, 28, 58, 69, 86, 88, 117, 135, 200, 249, 252, 268, 269
Yorkshire, 约克郡, 21, 67, 105, 148, 159, 218

致　　谢

　　我的职业生涯几经波折，如果不是来到普瓦提埃大学，不是供职于该校的中世纪文明高等研究中心——它以研究金雀花王朝的传统而闻名——这本书也许永远不会问世。在此我由衷地感谢中心的主任埃里克·帕拉佐（Éric Palazzo）、不幸过早离世的秘书长让·米绍德（Jean Michaud）、这家研究机构的所有其他同事和学生们，尤其要感谢他们对最近举办的相关主题的研讨会的支持：1999年在图雅尔、2000年和2002年在普瓦提埃的研讨会。同样要感谢的是让·菲利普·热内（Jean-Philippe Genet）主持的"法兰西－不列颠诸岛"研究小组。1999年，我在普林斯顿大学高等研究院研究访学期间，接触到了几乎无限的资料文献，这次机遇使得该研究成为可能，当然这部分也得益于吉尔斯·康斯特布尔（Giles Constable）的热情接待。同样，四位英国研究者提供的便利，也有力地推进了本研究，他们是：尼古拉斯·文森特、约翰·基林厄姆、大卫·克劳奇和娜塔莉·弗赖德。他们的建议、文献方面的指点、对某些手稿章节的耐心阅读，以及他们邀请我参加相关的主题研讨会，都具有不可估量的价值。他们在必要时向我证明，研究中世纪英格兰是件多么容易的事,这主要不是体制方面的便利,而是人际方面的便利。除了上引中世纪研究者,那些为本书提供慷慨协助的人士的名单,还可以拉得很长:Claude Andrault-Schmitt, John Baldwin, Marie-Pierre Baudry, Maïté Billoré, Boris Bove, Edina Bozóky, Philippe Buc, Martine Cao Carmichael de Bagly, Amaury Chauou, Frédérique Chauvenet, Jean-Philippe Collet, Marie-Hélène Débiès, Thomas Deswarte, Judith Everard, Jean Flori, Odile Geffroy, Guillaume Gicquel, Catalina Girbea, Elisabeth van Houts, Stephen Jaeger, Laurent Hablot, Marie Hivergneaux, Jacques Krynen, Gilles Lecuppre, Thierry Lesieur, Isabelle Marchesin, Marie-Aline de Mascureau, Emily Mitchell, Philippe de Monneron, Laurence Moulinier-Brogi, Michel Pastoureau, Georges Pon, Daniel Power, Philippe Sénac, Myriam Soria, Kathleen Thompson, Cécile Treffort, Egbert Türk, Eugene Vance, Hanna Vollrath,还有其他的很多人。最后,我还应感谢佩兰出版社,玛丽·勒鲁瓦(Mary Leroy)是一位十分专注的读者,与她的交流总是令人鼓舞,她的付出大大改进了本书的可读性,洛朗·泰斯(Laurent Theis)同样提供了有益的帮助。只言片语难以表达我对这些朋友、同事和博士生们当之无愧的感激之情。

图书在版编目（CIP）数据

金雀花帝国 /（法）马丁·奥莱尔著；黄艳红译 . —北京：商务印书馆，2024
（中世纪史名著译丛）
ISBN 978-7-100-23383-5

Ⅰ.①金… Ⅱ.①马…②黄… Ⅲ.①安茹王朝（12世纪—15世纪）—历史 Ⅳ.① K503

中国国家版本馆 CIP 数据核字（2024）第 041098 号

权利保留，侵权必究。

中世纪史名著译丛
金雀花帝国
（1154—1224 年）
〔法〕马丁·奥莱尔 著
黄艳红 译

商 务 印 书 馆 出 版
（北京王府井大街36号 邮政编码100710）
商 务 印 书 馆 发 行
北京市十月印刷有限公司印刷
ISBN 978-7-100-23383-5

2024 年 6 月第 1 版　　开本 880×1230　1/32
2024 年 6 月北京第 1 次印刷　印张 17½
定价：85.00 元